LE

LE COMTE DE WARRENS

Les Invisibles de Paris, 8ᵉ volume.

TABLE DES MATIÈRES

		Pages.
I.	Où Charbonneau veut faire oublier Coquillard.	399
II.	De Charybde en Scylla.	407
III.	M. Benjamin.	420
IV.	Après la lionne, la gazelle.	432
V.	Journal d'une jeune fille. — Un ménage parisien.	439
VI.	Débuts de Kirschmark dans la banque.	449
VII.	La piste de M. Jules	458
VIII.	La contre-piste de Rifflard.	468
IX.	Où M. Jules n'y est plus du tout.	477
X.	Où Rifflard soulève son masque.	491
XI.	Un amour vrai.	501
XII.	En plein Paris, pleine Bretagne.	510
XIII.	Au lapin courageux.	519

FIN DE LA TABLE

Sceaux. — Imprimerie Charaire et Cⁱᵉ.

LES INVISIBLES DE PARIS

LE

COMTE DE WARRENS

PAR

GUSTAVE AIMARD

ET

HENRY CRISAFULLI

PARIS
ROY et GEFFROY, LIBRAIRES-ÉDITEURS
222, BOULEVARD SAINT-GERMAIN, 222

1893

LE COMTE DE WARRENS

I

OU CHARBONNEAU VEUT FAIRE OUBLIER COQUILLARD

La camériste rentra; son absence n'avait pas duré cinq minutes; un singulier personnage marchait dans son ombre.

Cet homme ou plutôt ce bonhomme, bien connu de nos lecteurs, n'était autre chose que l'âme damnée de M. Jules, l'honnête Coquillard, dit Charbonneau, dit... etc., etc.

Vêtu comme tout le monde, cette fois il n'attirait les regards ni par l'excentricité de sa mise trop voyante et de sa barbe trop touffue, ni par des airs de componction ou de trop grande simplicité.

Son enveloppe, essentiellement faubourg Saint-Martin, dissimulait autant que possible l'expression ordinaire de sa mine légèrement matoise, où se lisaient, à l'état de pure nature, l'astuce du Bas-Normand doublée de la sournoiserie du Bas-Breton.

Par-ci par-là, un éclair animait ce visage aux apparences placides.

Mais Charbonneau grondait Coquillard de ce moment d'absence, et Coquillard, éteignant de plus belle le feu de son regard, souriait d'un air plus paterne, devenait deux fois plus honnête et plus bourgillon qu'avant sa faute.

En somme, malgré l'échec subi par lui chez le comte de Warrens, dans l'affaire des *Invisibles*, qui avaient dignement mérité leur nom en cette circonstance critique, l'agent de police en sous-ordre n'était pas un *argousin* ordinaire.

Il se présenta devant Mme de Casa-Real sans gaucherie, sans humilité, en homme qui connaît le terrain sur lequel il pose le pied.

Le propre des gens de basse police est de se trouver chez eux partout.

Il salua, et il attendit qu'on lui fît signe de parler ou de s'asseoir.

La créole, qui l'avait parfaitement entendu entrer, ne se donna pas la peine de changer de position.

Sans paraître le voir, elle avait laissé filtrer sous ses longs cils de velours un de ces regards perçants dont seules les femmes possèdent le secret, et qui en une seconde leur permettent de juger un individu et de le déshabiller moralement.

— Voici la personne que vous attendez, maîtresse, dit la camériste.
— Bien, chica, mets-toi là, sur ce coussin, à la place habituelle.

Anita obéit.

La comtesse examina si la présence de ce tiers ne contrarierait pas l'agent de police.

Celui-ci ne sourcilla pas.

Il n'eut même pas l'air de s'apercevoir qu'à tout prendre la grande dame eût pu lui offrir l'extrémité d'un tabouret quelconque.

Mais en affaires Charbonneau avait pour principe de laisser sa dignité à la porte de tous les appartements où il mettait le pied.

— Vous vous nommez? fit M%%me%% de Casa-Real du ton qu'elle eût employé envers le dernier de ses gens.

— Je me nomme ainsi qu'il plaira à madame la comtesse, répondit-il en saluant.

— Plaisantez-vous, monsieur?

— Nullement, madame la comtesse... Je veux dire que, dans notre profession, nous n'avons guère de nom, les prenant tous, au besoin.

— C'est une raison comme une autre, répliqua la créole, qui avait déjà pris ses plus grands airs pour montrer à son interlocuteur qu'elle n'entendait accepter de lui que des réponses succinctes et explicites. Cependant vous vous êtes présenté, vous vous êtes fait annoncer sous le nom de Charbonneau.

— Oui, madame la comtesse.

— Vous êtes un des agents secrets de monsieur... de monsieur..., aidez-moi donc un peu.

— De M. Jules. Est-ce de lui que madame la comtesse entend parler?

— En effet.

— Alors il y a une petite erreur dans tout ceci, et je me permettrai de la rectifier.

— Une erreur?

— M. Jules est bien une ancienne connaissance à moi, un vieil ami...

— Eh bien?

— Je possède toute sa confiance; il n'a rien de caché pour moi... mais...

— N'est-ce pas lui qui vous a adressé à moi? s'écria la créole avec un commencement d'inquiétude et en jetant un regard soupçonneux sur Anita, qui se tenait silencieuse à ses pieds.

Celle-ci soutint, sans broncher, l'interrogation menaçante de ce regard.

Elle comprenait mieux que sa maîtresse la nature de ce limier de bas étage.

Charbonneau n'était pas fâché de laisser sa hautaine cliente dans une sorte d'indécision qui ne pouvait être que pénible pour elle.

Il se moucha et repartit de sa voix la plus béate :

— Mon ami, M. Jules, m'a prié de me rendre auprès de madame la comtesse.

— Ah! fit celle-ci en respirant plus à son aise.

— Et j'ai accepté ce mandat agréable, continua l'agent de police avec un de ses saluts les plus aimables, les plus doucereux.

— Un mandat! dit M%%me%% de Casa-Real étonnée; je ne vous comprends pas, monsieur.

— Quand je me sers du mot mandat, c'est une manière de parler.

Jouant avec le poignard indien elle lui demanda : — Que vouliez-vous ?

Elle haussa les épaules dédaigneusement en s'apercevant que maître Charbonneau cherchait tout clair et tout net à se donner une importance qui l'obligeât à le traiter de puissance à puissance, et elle reprit :

— Que M. Jules soit votre chef ou votre ami, peu importe! Je l'avais chargé d'une commission.

— D'une mission!... interrompit l'agent avec un sang-froid inaltérable.

Il fallait que le but vers lequel tendait Mme de Casa-Real, que le dessein pour la réussite duquel elle employait M. Jules et son administration fussent plus que graves pour lui faire supporter la présence, les interruptions et les rectifications de maître Charbonneau.

— D'une mission, soit. Avez-vous fait le nécessaire ?
— Oui, madame la comtesse, j'ai tout mis en œuvre.
— Et...
— Et j'ai fait le nécessaire, le possible et l'impossible.
— Quelle brute! pensa la créole en écoutant sans même avoir envie d'en rire, le pathos important de l'agent de M. Jules.
— Alors vous avez réussi ? ajouta-t-elle.
— De point en point.
— Vous avez trouvé...
— L'homme que cherche madame la comtesse.
— Si cela est, fit celle-ci avec une joie qui éclata malgré tous ses efforts, si cela est, je vous récompenserai au delà de vos fatigues... Mais... voyons... quels sont vos renseignements?
— Courts, exacts et précis, répondit Charbonneau avec un noble orgueil.
— Parlez! parlez!
— Je ne le cacherai pas, ces démarches m'ont coûté bien des marches et des contre-marches.
— Oui... oui...
— Il n'est pas si facile qu'on le pense, quand on n'est pas de la partie, de trouver dans Paris...
— Un homme qui se cache ? fit impatiemment la créole.
— Eh! non, madame la comtesse, un homme qui ne se cache pas le moins du monde, répliqua l'agent de police en souriant ironiquement et sans se gêner pour montrer la satisfaction que lui causait l'innocence de sa cliente.
— Comment ?
— Il n'y a que les imbéciles qui se sauvent dans un désert ou qui se fourrent au fond d'un puits; les malins marchent au grand soleil et s'implantent au beau milieu de la foule, en pleines masses, en pleine vie active. Ceux-là ne trouvent pas souvent leurs maîtres.
— Enfin, quelque habile qu'ait été, que soit ce...
— Ce Passe-Partout, dit M. Charbonneau, voyant que la comtesse attendait ce nom pour achever sa phrase.
— Oui, ce Passe-Partout... quelque grande que soit son adresse, vous avez trouvé moyen de mettre la main sur lui?
— Notre administration pouvait seule venir à bout d'une pareille tâche.
— Je le reconnais... Après?
— Madame la comtesse ne pouvait espérer un prompt succès qu'en s'adressant à elle.
— Oui! oui! j'en conviens, faisait la créole, qui aurait ordonné de jeter M. Charbonneau à la porte, s'il ne lui avait pas paru si nécessaire à l'accomplissement de ses projets mystérieux.
— Mais, quel que soit le prix demandé par M. Jules; quelle que soit la somme que tout cela coûte à madame la comtesse, continua de sa plus belle

lenteur le séide de M. Jules, furieux de n'avoir pas été invité à s'asseoir, madame la comtesse en aura pour son argent.

Un peu plus il allait ajouter :
— Et pour son impolitesse.

Mais il eut le bon goût de ne prononcer ce dernier membre de phrase qu'à part lui, *in petto*.

— Dites, dites tout ce que vous savez sur cet homme.
— Par où madame la comtesse désire-t-elle que je commence ? fit-il toujours imperturbablement.
— Quel est son pays ?
— On le croit Belge.
— Après ?
— Né à Mons.
— Êtes-vous sûr de cela ?
— J'ai eu l'honneur de spécifier à madame la comtesse que mon rapport porte : On le croit né à Mons.
— Je ne le crois pas, moi.
— On a pourtant lu son acte de naissance.
— Continuer.

Et comme la quarteronne se permettait de rire entre ses dents et de changer de position, sa maîtresse, digne émule de ces dames romaines qui lardaient de coups d'épingle leurs esclaves maladroites, sa maîtresse lui ferma la bouche d'un soufflet virilement appliqué.

— Continuez, répéta-t-elle.

M. Charbonneau se recula instinctivement d'un pas, pour mettre une distance respectable entre son auguste faciès et cette main si petite et si leste.

— A la suite de quelques fredaines, bien excusables dans un si jeune garçon, Passe-Partout quitta son pays pour s'embarquer.
— Allez, allez ! Je vous écoute.
— Il s'embarqua sur un bateau qui faisait la pêche aux harengs dans les mers du Nord.
— Jusqu'à présent, objecta Mme de Casa-Real, je ne vois rien dans tout cela...

Charbonneau, blessé dans son amour-propre, ne lui laissa pas achever son observation sardonique :

— Après avoir parcouru toutes les mers et tous les océans connus en qualité de mousse, de novice, de matelot, de quartier-maître, etc., il se lia, à bord d'un navire dont le nom m'échappe, avec un mauvais drôle qui ne vaut pas mieux que lui...
— Et qui se nomme la Cigale ?
— Madame la comtesse l'a dit... fit l'agent de police en prenant sa physionomie la moins étonnée, preuve qu'il était légèrement stupéfait. Mais pardon, ajouta-t-il, si madame la comtesse est au fait de tout ce que je croyais lui apprendre, il est parfaitement inutile que je l'importune plus longtemps.
— Ce la Cigale et Passe-Partout sont liés ? reprit la créole sans répondre à la parenthèse de l'agent.

— Comme les deux doigts de la main. Je veux parler de mon index et de mon médium.
— Se quittent-ils souvent?
— Oui, mais ils se retrouvent toujours.
— Qu'est-ce que c'est que ce la Cigale?
— Une manière de géant qu'on pourrait montrer dans un café-chantant, fort comme un taureau et méchant comme un âne rouge! répondit vivement M. Charbonneau, qui avait encore sur le cœur la dégringolade de Coquillard dans l'escalier de la Pacline.
— Vous avez déjà eu maille à partir avec lui, monsieur Charbonneau? demanda innocemment la comtesse.
— Non pas.
— Vous êtes sûr de?...
— Que la foudre m'écrase, madame la comtesse, si cet hercule raté à jamais eu affaire à M. Charbonneau.
En cela, l'agent de police ne mentait pas.
Le débardeur n'avait jamais eu l'occasion de se rencontrer avec lui que quand il portait le nom et les vêtements de l'agréable Coquillard.
— Est-il à Paris? demanda la jeune femme.
— Qui, la Cigale?
— Non, Passe-Partout.
— Certes, oui.
— Depuis quand?
— Depuis trois mois.
— Que fait-il?
— Il débarde sur les ports en compagnie de son inséparable.
— Débarder, qu'est cela?
— Débarder, répliqua l'agent de police avec une condescendance pleine de supériorité, c'est défaire les trains de bois qui descendent la Seine, et ranger les bûches de toute taille sur le quai.
— Et vous pensez que Passe-Partout exerce réellement ce métier?
— Je l'ai vu à l'ouvrage.
— Vous l'avez vu, de vos yeux...
— *Je l'ai vu, dis-je, vu, ce qui s'appelle vu*, répondit effrontément l'agent de M. Jules, qui ne manquait pas d'une certaine littérature, ayant failli devenir sous-chef de claque à l'Odéon, mais qui mentait comme un Scapin de bas étage, n'ayant rien vu du tout.

Mme de Casa-Real se contenta de cette assertion.
Elle continua de le questionner.
— Vous connaissez sa demeure?
— Parfaitement.
— Donnez-moi son adresse.
— Rue d'Astorg, n° 35.
— Bien. Il loge seul?
— Il loge dans une soupente, que son ami et matelot, le généreux la Cigale, partage avec lui.

— Vous êtes certain de ces renseignements? demanda la créole, qui, tout en sentant que son interlocuteur se vantait de tout savoir, indûment, reconnaissait que de temps à autre il était dans le vrai.

— On ne peut plus certain, madame la comtesse.

— De qui les tenez-vous?

— Du concierge de ladite maison, rue d'Astorg, le père Pinson, un vieux brave du temps de l'autre, à qui je fais l'honneur de tailler une petite bavette quand l'occasion s'en présente.

— Et vous croyez que ce concierge ne se ferait pas un scrupule de vous tromper?

— Il s'en ferait un scrupule. Je lui offre des gâteaux pour son chien, une superbe bête, ma foi... Il me les refuse, comme je les lui offre, du meilleur cœur; je l'interroge, sans en avoir l'air, il me répond sans se douter que je lui tire les vers du nez, et voilà comment je suis à même de raconter tout cela à madame la comtesse.

— Rue d'Astorg, n° 35, répéta la créole en écrivant le nom de la rue et le numéro sur un carnet que lui tendit silencieusement Anita la quarteronne.

— C'est bien cela.

Ses notes prises, elle ajouta :

— Venons-en à présent aux derniers ordres que j'ai donnés à M. Jules, votre chef.

— Mon ami, madame la comtesse! répéta Charbonneau. Je croyais déjà avoir eu l'honneur de...

Anita se remit à rire, malgré tous les efforts qu'elle faisait pour garder son sérieux.

Mais cette fois sa maîtresse ne la rappela point à l'ordre.

Elle réfléchissait.

— Je n'ai plus qu'une question à vous adresser.

— J'attends.

— Si vous y répondez d'une façon satisfaisante, ces quinze louis sont à vous.

Elle se pencha vers sa camériste, lui prit des mains une aumônière que celle-ci lui tendait, y puisa une poignée d'or et la fit étinceler devant les yeux de l'agent de police.

Celui-ci, qui depuis la correction administrée à la quarteronne par sa douce maîtresse n'avait pas bougé d'une semelle, fit un pas en avant, et, s'inclinant de son mieux, dit :

— J'attends avec confiance la question de madame la comtesse.

— Écoutez-moi bien.

— Je suis tout oreilles.

— Cela se voit un peu, fit en riant de son rire jeune Mme de Casa-Real, qui par moments redevenait la *Hermosa* du passé, l'enfant gâtée, habituée à ne rien prendre au sérieux dans l'existence.

— Madame la comtesse est trop bonne, répondit Charbonneau, que la vue de l'or grisait; mais, dans notre dangereuse profession, bien heureux sont ceux qui possèdent des oreilles de la taille des miennes, et des yeux grands comme ceux de madame la comtesse.

— Vous aurez vingt-cinq louis ! s'écria vivement la comtesse, mais, de par tous les saints du paradis, si vous vous avisez de me faire l'ombre d'un compliment, je vous chasse sans vous rien plus demander qu'à ma perruche favorite !

Charbonneau, honteux et confus comme l'âne de la fable éconduit pour avoir voulu prendre les manières et les mines d'un king-Charles, baissa la tête et attendit en silence.

— Bien. Voilà comme je vous veux, reprit doña Hermosa. J'arrive à ma question. En supposant que l'un de ces jours, aujourd'hui, ce soir-même, de huit à dix heures, une personne que je n'ai pas besoin de vous faire connaître désirât parler à ce Passe-Partout...

L'agent sourit.

Ce sourire était superflu.

La comtesse s'arrêta, puis sur un geste suppliant, sur un geste d'excuse de son auditeur, elle reprit :

— En supposant cela, où faudrait-il qu'elle se rendît pour le rencontrer ? Répondez, monsieur, répondez.

— Voilà qui est la chose la plus facile du monde, s'écria joyeusement le mouchard interlope.

— Voyons !

— La récompense tient toujours ?

— Autant que vous tenez à elle, monsieur Charbonneau. Je n'ai pas l'habitude de marchander les services qu'on me rend.

— Ce soir, dit-il, à neuf heures très précises, ce bon, ce cher, cet excellent Passe-Partout se rendra rue d'Angoulême-du-Temple.

La créole écrivait et notait les noms et les adresses contenus dans la réponse de Charbonneau.

— Chez qui ? demanda-t-elle avec anxiété.

— Chez un brave marchand de vins traiteur, à l'enseigne du *Lapin courageux*.

— Qu'y va-t-il faire ?

— Je l'ignore. Mais il y soupera et il n'en sortira pas avant dix heures.

— Vous répondez de tout ce que vous avancez là ?

— J'en réponds, madame la comtesse.

— Prenez et partez. Si j'ai besoin de vous, je vous ferai prévenir.

L'agent de police prit les vingt-cinq louis que Mme de Casa-Real laissa tomber dans sa main tendue et, courbant sa longue échine jusqu'à terre, il suivit Anita, la cameriste, qui lui montra le chemin, sur un signe de sa maîtresse.

Une fois seule, doña Hermosa parcourut rapidement toutes les notes inscrites sur son carnet, et murmurant :

— Ah ! mon beau Noël ! prenez garde ! Il me semble bien que je tiens enfin l'un des secrets de ce mystérieux comte de Warrens !

Elle passa de son salon dans sa chambre à coucher.

II

DE CHARYBDE EN SCYLLA

L'ex-petite maison devenue l'hôtel de la comtesse Hermosa de Casa-Real se ressentait encore de son ancienne et peu scrupuleuse origine.

Elle était double, ou plutôt triple.

Outre le petit corps de logis dont nous avons dépeint les festons et les astragales, malgré les préceptes du docte Boileau, il y avait à droite et à gauche de ce corps de logis deux pavillons parallèles, l'un destiné aux serviteurs de la comtesse, l'autre à ses chevaux.

A gauche, les communs.

A droite, les écuries.

Ces deux pavillons, qui, en apparence, n'étaient reliés en aucune façon à l'habitation de Mme de Casa-Real, y attenaient cependant par une profusion de corridors souterrains, de portes dérobées et de passages secrets.

Un étranger eût pu se promener tout à son aise du pavillon de droite au corps de logis principal, et de ce corps de logis au pavillon de gauche, sans se douter qu'il marchait sur des communications merveilleusement établies.

Ainsi, dans le jardin et sous le jardin, labyrinthes sur labyrinthes.

Impossible, pour peu que le caprice en passât par l'esprit de la maîtresse de ce séjour curieux, de se trouver, de se rencontrer, de se douter même qu'il y eût âme qui vive dans ce dédale regorgeant parfois d'invités et de serviteurs.

Quelques-uns de nos lecteurs s'étonneront de ce que, sans le moindre scrupule, en plein XIXe siècle, au beau milieu de Paris, nous ne mettions sous les yeux que des demeures bâties en dehors de toutes les habitudes parisiennes, vieux restes d'un monde décrépit et tombé.

Nous nous contenterons des deux plus concluantes.

A cela, nous trouverions bien des réponses à faire.

La première :

Que, prenant pour héros de notre action principale des personnages en dehors des lois ordinaires de l'existence, il nous faut, sous peine de fausser toute couleur locale, leur donner un cadre à leur taille, digne de leurs allures excentriques.

La seconde :

Que, nos lecteurs connaissant tout aussi bien, sinon mieux que nous, les bâtisses, les maisons et les appartements d'aujourd'hui, il nous serait parfaitement inutile de leur détailler ces mêmes bâtisses et ces mêmes appartements.

A tout prendre, quoique nos jeunes vieillards qui composent le *tout Paris* des courses, des régates, des premières représentations, du sport, du turf et du théâtre, aient décidé dans leur profonde sagesse et dans leur sublime ignorance, que Charlemagne n'avait jamais existé, que Louis XIII était monté sur le trône de France pour satisfaire les marchands de bric-à-brac; quoique, d'accord avec les philosophes du siècle passé et avec les pédants historiques du siècle présent, ils refusent toute grandeur au règne du roi-soleil, et toute élégance au règne de Louis XV, son successeur, nous ne reculerons jamais, dans le cours de nos récits, devant une étude sérieuse de tous les débris du passé.

Cela dit, par acquit de conscience, nous fermerons notre parenthèse, en demandant pardon à nos lecteurs de cette courte digression, et nous retournerons à notre mouton.

Le mouton en question n'est autre que le sieur Coquillard-Charbonneau.

Sur l'ordre, et après le congé que lui avait donné la comtesse de Casa-Real, notre homme avait suivi la jeune camériste.

Ainsi qu'il est du devoir de tout agent de police intelligent, tout en se laissant guider par elle, il sondait du regard les murs et les cloisons, il cherchait à prendre et à marquer des points de repère.

Il eût beaucoup donné d'une inspiration qui, le cas échéant, lui aurait permis de se reconnaître comme le petit Poucet de la fable, et de dire : Je suis passé par là.

Mais, hélas! vain espoir!

Toute sa bonne volonté, toute son attention se virent mises en déroute par la tactique naïve de la quarteronne.

Obéissant sans doute aux recommandations de sa maîtresse, Anita l'avait tant fait monter, descendre, tourner à droite, tourner à gauche, marcher droit devant lui, revenir sur ses pas, qu'à son grand regret et par suite de son excessive fatigue, il fut contraint à baisser pavillon.

La quarteronne, qui n'avait pu conserver son sang-froid, tant que Mme de Casa-Real agençait ses affaires elle-même pour son propre compte, venait de s'appliquer un masque impénétrable de simplicité et de candeur.

Charbonneau sentait vaguement qu'il ne devait pas se considérer comme étant le maître de la situation.

— Bigre! murmura-t-il à part lui, tenons-nous bien... Jouons serré, si nous ne voulons pas recommencer l'impair de l'hôtel de Warrens. Je me trouve accroché à des gens très forts. Les malins! Comme c'est agencé! Ma parole sacrée, cette boutique-là est mieux machinée que le troisième dessous du Cirque-Olympique.

Le Cirque-Olympique était, parmi tous les théâtres qui ornaient et peuplaient le *boulevard du Crime*, le théâtre de prédilection de M. Charbonneau.

Il eût donné dix représentations du *Tartufe* ou des *Femmes savantes* pour *Murat* ou les *Pilules du Diable*.

Et il avait le courage de son opinion.

Il l'avouait franchement, à tout bout de champ.

Son aparté terminé, il pensa à nouer connaissance avec la soubrette exotique.

C'était une manière adroite de se créer des intelligences dans la maison.

Sachant par une longue expérience qu'on ne prend guère de mouches avec

Anita, sans demander d'autres explications, avança un tabouret aux pieds de sa maîtresse.

du vinaigre, il étouffa les mouvements d'impatience ou de colère qui lui venaient aux lèvres.

Employant toutes les séductions de sa voix la plus doucereuse et la plus pateline :

— Ma chère enfant! dit-il à sa conductrice.

Celle-ci marcha toujours, sans avoir l'air d'entendre.

— Ma chère demoiselle...

Même jeu de la quarteronne.

Voyant que ses notes les plus harmonieuses n'arrivaient ni au cœur ni aux oreilles de cette mangeuse de bananes, l'agent de M. Jules s'avança rapidement vers elle, la rejoignit et lui saisit la main.

Anita s'arrêta.

— Mademoiselle, j'aurais deux mots à vous dire avant d'aller plus loin.

Elle eut l'air de prêter la plus grande attention à ses paroles.

Il continua :

— Vous devez vous trouver très heureuse ici ?

Pas de réponse.

— La maison me paraît très cossue. La souveraine de l'endroit ne regarde ni au cuivre ni à l'or, et pour peu que les intrigues ne chôment pas, vous...

La quarteronne commença par retirer sa main, que pressait amoureusement l'aimable Charbonneau.

Puis, fixant sur lui ses yeux espiègles, dont elle cherchait à amortir la pétillante malice, elle lui répondit tranquillement :

— *No entiendo lo que me hace Ud el honor de decirme, caballero.*

— Hein? de quoi? demanda l'autre.

La jeune fille répéta sa phrase espagnole.

Seulement, cette fois, elle ne parvint pas à dissimuler une pointe de raillerie involontaire.

Coquillard-Charbonneau la regarda avec admiration, et se frappant le front de son poing fermé :

— Nom d'un tonneau ! s'écria-t-il, je ne m'en dédis pas : ils sont plus forts que nature. Quelle diable de langue chante-t-elle donc là ?

— *Baya pues*, reprit Anita, *se quiere Ud quiedar aqui?*

Et elle lui faisait signe de se remettre en marche et de la suivre.

— Bon ! voilà qu'elle recommence ! Heureusement que les gestes s'y mêlent ; sans ça, le diable pourrait me brûler sans que j'y comprisse un mot !

Anita réitérait sa mimique.

— J'y suis : nous sommes pressés, et nous voulons mettre *papa* à la porte le plus tôt possible. Pauvre petite ! si jeune ! si jolie ! et ne pas savoir le français ! Il y a des parents qui sont bien coupables !

Cela fut dit avec tant de componction, qu'à son corps défendant la soubrette éclata d'un rire perlé.

Charbonneau la regarda avec étonnement.

Ne voulant pas que cet étonnement pût dégénérer en soupçon, Anita se remit en route.

Il suivit, assez décontenancé.

Charbonneau soupçonnait bien que la jeune fille se moquait de lui dans une langue étrangère ; mais c'était un philosophe de ressource que M. Charbonneau, et il ne se regardait jamais comme insulté, dès qu'on ne l'insultait pas en bon français.

— C'est égal, pensait-il, je ne suis pas fâché de la campagne que je viens de faire. Si on sait s'y prendre, il y aura gras. L'enfant se présente bien.

Tout en réfléchissant, il marchait.

Tant et si bien que, sans s'en apercevoir, il se trouva devant un mur qui se dressait à dix pieds au-dessus de sa tête.

Il allait interroger de nouveau la quarteronne, sans songer à son ignorance de la langue française, quand le mur s'ouvrit, la soubrette lui montra la baie qui devait lui livrer passage, lui adressa son plus gracieux sourire, et le saluant comme pour lui dire adieu, elle lui fit de la main un geste qui signifiait clairement : Au revoir, mon bel ami.

Il passa machinalement à travers la baie.

La muraille se referma.

Et comme il considérait, en proie à un véritable hébétement, cette muraille mouvante et si sa brune Ariane n'était pour rien dans la locomotion de ces moellons superposés les uns aux autres, un timbre argentin et railleur retentit à son oreille.

Il écouta.

Anita lui criait, sans le plus léger accent étranger :

— Bonsoir, monsieur Charbonneau.

L'écho répéta :

— Bonneau.

Et ce fut tout.

— Satanée négrillonne! fit l'agent de police. Elle m'a mis dedans! c'est-à-dire non, elle m'a mis dehors, reprit-il après un temps; ah çà, où suis-je? Où m'a-t-elle mené?

La nuit tombait.

Les rues commençaient à devenir noires comme la nuit.

Il s'orienta.

Mais, tout convaincu qu'il fût de sa déconvenue momentanée, le fin limier ne renonça point à retrouver sa piste.

Il se garda bien de faire un pas, un mouvement même, de peur de perdre le fil de ses recherches.

— Bon! reprit-il au bout d'un instant, j'entrevois les Champs-Élysées... C'est déjà quelque chose que la certitude de ne pas avoir ma retraite coupée. Faute de mieux, avant de tirer mes grègues, je m'en vais bien fixer dans ma mémoire la position de la porte, de l'ouverture par laquelle je suis sorti. Tôt ou tard ce renseignement-là peut servir.

Il s'y prit de son mieux.

Mais ce fut peine perdue.

Il eut beau écarquiller les yeux, chercher une fente, tâter et sonder la muraille, rien! il ne trouva absolument rien!

Chaque pierre était à sa place.

Pas l'ombre de porte ni de fenêtre.

Le mur se prolongeait sans solution de continuité sur une longueur de soixante à quatre-vingts mètres.

— Ah! celle-là est plus forte que tout le reste! s'écria M. Charbonneau en frappant du pied avec rage. Pas une lucarne! pas un trou de souris! Je suis pourtant bien sûr de ne pas avoir passé par-dessus les tessons de bouteille qui garnissent ce chien de mur! — Sacrée bicoque! va! — Je ne saurai rien!

c'était écrit ! Bast ! après tout, ma mission est remplie. Je ne suis pas volé, puisque j'ai mes cinq cents francs dans ma poche... En route !... L'affaire n'est déjà pas si mauvaise qu'elle en a l'air.

Son parti pris, notre homme allait allonger le pas du côté des Champs-Élysées, quand une main, lourde comme un poids de cent livres, tomba sur son épaule et le cloua sur place.

Presque en même temps, une voix basse et ironique lui murmurait à l'oreille :

— L'affaire peut devenir meilleure que vous ne le croyez, mon maître.

— Hein ? s'écria Charbonneau, qui fut sur le point d'appeler au secours.

Mais la main quitta son épaule et, lui comprimant la bouche, en guise de bâillon, le força au silence le plus absolu.

— Ne tremblez pas, continua la voix. On ne vous fera aucun mal... On vous donne pour certain que l'affaire en question sera meilleure, si vous savez vous y prendre.

L'agent de police, qui n'avait plus que la liberté du bonnet, opina de ce même bonnet et fit un signe d'acquiescement.

Quoique cet acquiescement ne fût pas volontaire, son interlocuteur inattendu retira sa main et le laissa libre de respirer, de parler et d'agir.

Coquillard n'était ni un enfant ni un timide.

Il avait fait ses preuves depuis longues années.

Cette façon d'entrer en matière, *cette entrée de jeu* ne laissa pas que de le désarçonner complètement.

Après un effort violent, il parvint à retrouver le beau sang-froid inhérent à sa nature et à son habitude des rencontres risquées.

Son aplomb reconquis, il se mit à examiner le nouveau venu des pieds à la tête.

L'examen n'avait rien de bien rassurant.

Et l'immobilité imperturbable avec laquelle cet examen fut subi, prouvait, clair comme le jour, que si d'un côté il existait une appréhension assez juste, de l'autre il y avait un calme souverain, une force ayant conscience d'elle-même.

En somme, le singulier interlocuteur de l'agent de police, enveloppé, comme dans un suaire, d'un long manteau gris de fer, portait sur la tête un feutre aux larges ailes, posé si artistiquement, qu'il était impossible d'apercevoir l'extrémité de son menton.

D'une taille peu élevée, mais appuyé sur deux jambes solides comme des piliers de maçonnerie, l'inconnu laissa Charbonneau contenter sa prudente curiosité.

Puis, quand il crut lui avoir accordé le temps nécessaire à cette petite opération mentale :

— Eh bien ! compagnon, fit-il lentement, vous ne direz pas que je manque de complaisance ? Voilà assez longtemps que je vous laisse prendre ma mesure. Vous devez me connaître par cœur.

Cela fut prononcé sur un ton moitié sérieux, moitié plaisant.

Charbonneau, remis de son alarme première, chercha à tourner la chose en vraie plaisanterie.

De la sorte, il pensait avoir bon marché de son antagoniste.

Il lui répondit le plus gaiement possible :

— Comment donc, mon bon monsieur, si je vous connais... mais je ne vous connais pas le moins du monde.

— Ah! vous m'étonnez, dit avec une légère ironie l'homme au long manteau.

— Parce que?

— Parce que, dans votre état, — vous remarquerez que je suis poli, — on doit connaître tout le monde.

— Ne confondons pas! répliqua assez spirituellement l'agent de police, reconnaître oui, connaître non. Or, comme je ne vous ai jamais vu, mon bon ami...

— Je ne suis pas familier avec vous, maître Charbonneau; veuillez bien prendre la peine de mettre des gants pour me tendre la main.

— Là! là! on en mettra. Ne nous fâchons pas.

— Vous avez raison.

— La manière dont notre présentation s'est faite me le prouve assez.

— Soyez convaincu que mon intention n'était nullement de vous blesser.

— Je n'en doute pas, mais toujours est-il que vous pourriez bien m'apprendre à qui j'ai affaire.

— Vous ne raisonnez pas juste, camarade. Si je porte bas la tête et haut mon manteau, c'est que je tiens à ne pas me laisser voir par un œil aussi clairvoyant que le vôtre.

— Merci bien.

— Si je ne tiens pas à ce que vous voyez mon visage, c'est que je ne désire pas vous apprendre avec qui vous allez traiter.

— Nous traitons donc? fit vivement Charbonneau, qui flairait une bonne aubaine.

— Croyez-vous que je vous arrête en plein Champs-Élysées pour causer avec vous de la question d'Orient?

— Je ne crois rien du tout; je me consulte.

— Sur quoi?

— J'entrevois dans votre démarche, essentiellement en dehors des us et coutumes, des propositions...

— Avantageuses.

— Avantageuses peut-être, subreptices à coup sûr, repartit majestueusement l'agent de police.

— Subreptices?

— J'ai dit le mot.

— Je l'ai bien entendu, et comme rien ne me presse, que nul ne vient de ce côté, pour peu qu'il vous convienne d'en employer une demi-douzaine de cette force-là, je vous en donne l'autorisation.

— C'est gentil à vous. Je profiterai de la permission.

— Pour?...

— Pour vous avouer que ma conscience d'honnête homme se révolte.
— C'est encore plus grotesque que ce que vous venez de dire, ce que vous dites là, ricana l'homme au manteau gris de fer.
— Ma conscience se révolte, voilà ! répéta l'agent de police.
— Ah ! vous supprimez *honnête homme*, c'est quelque chose. Nous finirons par nous entendre.
— Dieu le veuille !
— Il le voudra, monsieur Charbonneau. Vous êtes susceptible et plein de scrupules, je me plais à le reconnaître.
— C'est me rendre justice.
— Cependant ces scrupules ne vont pas jusqu'à vous empêcher de recevoir vingt-cinq louis...
— Tiens ! vous savez ça ?
— Pour prix des services que vous ne rendez pas.
— Hein ?
— Je sais cela aussi, mon camarade.
— Mais, grommela Charbonneau, qui fut sur le point de se rébellionner.
— Calmez-vous... Je n'ignore pas que vous quittez la comtesse de Casa-Real.
— Eh bien ! après ?
— Je sais pour quelles raisons elle vous a mandé auprès d'elle.
— Alors, qu'est-ce que vous demandez ? dit brusquement l'agent.
— Je vous demande ce que j'ignore.
— Quoi ?
— Ce que vous a dit Mme la comtesse dans l'entretien qu'elle vient d'avoir avec vous.
— Que cela ! répliqua railleusement Charbonneau.
— Et ce que vous lui avez répondu.
— Bon ! Et c'est pour cette raison que vous me faites geler dans cette ruelle ?
— Oui.
— Bien le bonsoir, monsieur, portez-vous bien !

Et le bonhomme Charbonneau, tournant gracieusement et vite sur ses talons, allait brûler la politesse à sa nouvelle et indiscrète connaissance.

Mais celle-ci ne se le tint pas pour dit.

Rejetant son manteau sur son épaule, l'inconnu étendit la main gauche, saisit le pauvre diable à la cravate, donna un tour de poignet qui fit presque sortir de leurs orbites les yeux de Charbonneau, et lui appliqua de la main droite, sur la tempe, la gueule béante d'un pistolet tout armé.

— Lâchez-moi ! criait le malheureux, sur le point de tomber suffoqué, et soutenu seulement par la poigne vigoureuse de son adversaire.

— Écoutez ceci !... lui répliqua immédiatement l'inconnu, ou je vais vous faire sauter le crâne, et je vous reprendrai les 500 francs si mal gagnés par vous...

— Lâchez-moi ! lâchez-moi ! râlait Charbonneau.

— Ou vous recevrez une somme égale.

— J'étouffe !
— Choisissez.
— J'étouffe, répétait Charbonneau, et j'accepte...
— Bien. Il ne s'agit que de s'entendre, répondit l'inconnu qui lâcha la cravate.
— Ouf! vous n'y allez pas de main morte, vous, s'écria l'agent de police, qui, attaqué si rudement, n'avait même point songé une seconde à se servir des armes contenues dans sa poche de côté.
— Reprenez vos esprits, puis nous causerons des conditions auxquelles vous recevrez la récompense promise.
— J'y suis. Décidément, vous avez une belle poigne. Il vaut mieux être pour que contre vous.
— Vous m'écoutez?
— Oui. Mais d'abord une prière.
— Laquelle?
— Désarmez ce joujou que vous m'avez appliqué sur la tempe, et mettez-le dans votre *profonde*.
— Vous dites?
— Je veux dire dans votre poche.
— Volontiers.
— Vous ne vous imaginez pas comme c'est froid, l'anneau de fer que...
— Bien! bien! fit l'homme, qui désarmait son pistolet et le remettait sous son manteau, pour condescendre au désir de maître Charbonneau, — mais ne vous avisez pas de porter la main aux petits engins que j'ai sentis sous votre redingote, là, à gauche... Je ne vous laisserais le temps de murmurer ni *Pater* ni *amen*.
— Voulez-vous que je les jette?
— Inutile. N'y touchez pas, voilà tout ce que j'exige de vous.
— Voyons vos conditions? demanda Charbonneau.
— Tout bien considéré, je ne vous en impose qu'une...
— C'est assez.
— Bien simple.
— Hum! hum! toussa l'agent de police, qui se méfiait d'une si grande facilité.
— Me seconder...
— Dans quoi?
— Dans une affaire difficile.
— Qui aura lieu, où? quand?
— Ah! voilà ce que vous allez m'apprendre, dit l'homme au manteau.
— Comment?
— En me répétant mot à mot votre entretien.
— Avec la comtesse?
— Précisément.
— Cré mâtin! jura Charbonneau, quand vous avez une idée, il faut y passer; il n'y a pas à chanter ni à reculer.
— Je paye pour cela.

— Oui, mais... voyons... nous allons peut-être nous arranger.

— Il le faudra, dans votre intérêt, repartit l'inconnu d'une voix plus creuse que le rauquement d'un jaguar.

L'impatience commençait à le gagner, à le prendre à la gorge.

Charbonneau s'en aperçut.

Il s'empressa d'ajouter :

— Vous me jurez que dans toutes vos démarches, il n'y aura rien de contraire à ma cliente et dans le but de lui nuire ?

— Je vous le jure, fit l'inconnu.

— Alors, je ne vois pas ce qui s'opposerait à ce que je vous fisse la confidence en question.

— Ni moi non plus.

— *Allons-y donc gaiement !*

La puissance que le dompteur de Charbonneau exerçait sur lui-même était grande, puisque, malgré tout son désir de connaître le fond de cette entrevue, il attendit le bon plaisir de l'agent de police.

Après avoir réparé, en un tour de main, le désordre de sa toilette, ce dernier commença avec emphase :

— Mme de Casa-Real est une femme du plus grand monde.

— Passons, passons !

— Elle m'a fait appeler pour me demander des renseignements...

— Sur qui ?

— Sur un pauvre hère...

— Appelé ?

— Passe-Partout.

— Allez toujours.

— Je lui ai raconté...

— Des bêtises !

— Plaît-il ?

— Des mensonges, répliqua l'inconnu sans prendre de mitaines.

— Ah ! mais ! là-bas... si c'est toute la confiance que vous inspire mon récit, cela ne valait réellement pas la peine de m'étrangler.

— Ou de vous promettre vingt-cinq louis.

— Dame !

— Continuez, dans votre verbiage je distinguerai bien le vrai du faux.

— Et le vrai peut vous être utile ?

— Sans cela ! riposta l'homme au manteau en haussant les épaules. Continuez. Vous avez donc conté à Mme la comtesse toutes sortes d'histoires inventées par vous, pour lui laisser croire que vous saviez à quoi vous en tenir sur le passé de Passe-Partout.

— C'est un peu ça, répondit Charbonneau en baissant la tête avec confusion.

— A la bonne heure, vous devenez franc. Que vous a-t-elle demandé, après cela ?

— Vous n'avez donc pas entendu notre conversation ?

— Puisque je vous prie de me la rapporter.

Il salua et attendit qu'on lui fît signe de parler et de s'asseoir.

— Ah! fit Charbonneau avec un peu trop de joie dans l'accentuation.

L'homme au manteau lui fit, de son côté, un geste de menace signifiant :
— Ne me mentez pas d'une syllabe, ou je vous retrouverai en temps et lieu.

Le narrateur comprit l'intempestivité de sa joie extérieure, et modérant son transport, il continua :

— Après cela, Mme la comtesse m'a demandé s'il serait possible de rencontrer Passe-Partout?

— Et vous lui avez répondu?

— Que tout était possible à une jolie femme comme elle.

— Monsieur Charbonneau, je commence à trouver que vous perdez beaucoup de paroles.

— Ne vous inquiétez pas de cela, cher monsieur, répondit modestement l'agent de M. Jules, j'ai un fonds de magasin qui de ce côté-là ne s'épuisera pas facilement.

— Gardez vos *rossignols*, et marchons droit au but! répliqua sèchement son interlocuteur.

— Interrogez-moi, alors, dit Charbonneau, qui tenait, par le fait, à ne parler que le moins possible.

— Soit. Quand faciliterez-vous à Mme de Casa-Real sa rencontre avec l'homme en question?

— Ce soir.

— A quelle heure?

— Vers les neuf heures.

— Où?

— Rue d'Angoulême-du-Temple.

— Dans quel lieu?

— Chez un marchand de vin traiteur, à l'enseigne du *Lapin courageux*.

— Voilà qui est parlé, fit l'inconnu.

— Alors, vous m'autorisez à vous céder la place? s'écria maître Charbonneau.

— Un instant, que diable! répliqua l'autre en le retenant vigoureusement par le collet de sa redingote.

— Sapristi! vous détériorez ma garde-robe, cria l'agent de police, qui avait le faible de tenir à ses moyens de toilette, comme un peintre tient à ses pinceaux et à son chevalet. C'est inutile et c'est de mauvais goût. Que voulez-vous encore?

— Je veux vous payer ma dette.

— Quelle dette? répondit Charbonneau à demi ahuri par ces secousses successives et violentes.

— Le prix de vos renseignements.

— Mes cinq cents francs! au fait, je les oubliais.

— Vous êtes généreux! Je ne le serai pas moins que vous. Tenez.

Un instant après, un billet de cinq cents francs, sorti du portefeuille de l'inconnu, allait rejoindre dans le gousset de l'agent les vingt-cinq louis de la comtesse de Casa-Real.

Les relations devinrent alors plus faciles entre les deux hommes.

— Puis-je encore vous être agréable? dit Charbonneau avec convoitise... Parlez, je suis tout prêt à me mettre à votre disposition.

— Je n'attendais pas moins de votre courtoisie, lui fut-il répondu. Non... je ne vois pas trop pourquoi je vous retiendrais plus longtemps.

— Adieu, alors.

— Adieu !... Ah ! pourtant... si... une question ?
— Faites.
— Y serez-vous ce soir ?
— Où cela ? demanda l'agent étonné.
— Au *Lapin courageux* ?
— Pardi ! je l'espère bien.
— Où vous tiendrez-vous ?
— Oh ! repartit Charbonneau avec un sourire qui n'était fin que lorsqu'il ne désirait pas l'être, je ne serai pas difficile à trouver. Je me tiendrai au comptoir.
— Bien. Si je vais là-bas ce soir, je puis compter sur vous, mons. Charbonneau ?
— Jusqu'à concurrence de la somme versée par vous entre mes mains, répondit solennellement celui-ci. Seulement, comment vous reconnaîtrai-je ? Je n'ai seulement pas vu le bout de votre nez.
— Peu importe. Je vous reconnaîtrai, moi, cela suffira.
— Comme il vous plaira.
— Ainsi c'est entendu ?
— Parfaitement.
— Et maintenant, avant de vous rendre à la liberté, qui est le plus bel apanage des hommes de votre trempe, un dernier mot, lui dit l'inconnu en se penchant jusqu'à son oreille, faites votre profit de ceci, monsieur *Pierre Duhamel*, dit *Coquillard*, dit *Charbonneau*, double *cheval de retour*, agent interlope de M. Jules.
— Hein ? s'écria en reculant de terreur Charbonneau, tout effaré... Que prétendez-vous ?
— Je prétends vous prouver que je vous connais aussi bien que vous vous connaissez vous-même.
— Après ?
— Et que si vous vous conduisez mal avec moi, si vous essayez de jouer un double jeu, ce qui est assez dans vos habitudes, vous serez la première victime de vos procédés.
— Mais je vous assure que mes intentions...
— Sont pures. Tant mieux pour vous !
— Pourquoi, s'il vous plaît ? demanda l'un.
— Parce que, répondit l'autre, j'ai entre les mains les preuves nécessaires pour vous faire réintégrer dans les bagnes de Toulon, de Brest ou de Rochefort, à votre choix.
— Merci bien.
— Et cela dans les vingt-quatre heures.
— Je serais curieux de voir cela, repartit avec un tremblement convulsif l'agent de police, qui voulut braver un moment son antagoniste. Je ne crois pas que cela soit aussi facile que vous le pensez ; mais comme, de toutes façons, je n'aurais rien à gagner à cette expérience, j'admets que je me trouve pieds et poings liés dans votre main, et cela uniquement pour vous être agréable.

— Pas trop mal manœuvré pour couvrir votre retraite, ricana l'inconnu. A bon entendeur, salut.

— A ce soir, alors ?

— A ce soir.

Charbonneau se retourna pour adresser un dernier geste d'adieu à l'homme au manteau.

Mais il eut beau regarder, chercher de tous les côtés, la rue était redevenue complètement déserte.

Il se trouvait seul, sans que nul indice vînt lui faire soupçonner comment et par où sa nouvelle connaissance, qu'il ne connaissait pas, avait pu passer, disparaître, voire s'envoler.

— Allons, allons! se dit le malencontreux agent de M. Jules, il y a de la magie, de la sorcellerie là-dessous!... Voilà ce que j'aurais juré par tous les saints du paradis en l'an de grâce treize ou quatorze cent. Aujourd'hui je dois avoir eu affaire à un saltimbanque, ou à quelque Bosco ou Robert-Houdin en vacance.

Puis, après réflexion, il ajouta en posant la main sur son gousset :

— En fin de compte, l'argent me reste. Pourvu que ce ne soit pas de la fausse monnaie! Bast! je la passerais à M. Jules.

Cette dernière boutade le mit de bonne humeur.

— Nom d'un tonnerre! comme dit M. Jules, s'écria-t-il sans reculer devant l'absence totale d'un auditoire choisi, nom de plusieurs tonnerres, même... à part quelques torgnoles et pas mal de rebuffades, l'affaire finira par devenir bonne! Seulement il s'agit de se bien tenir, et, sur ma foi, l'on se tiendra bien.

Cela achevé, Coquillard-Charbonneau, reprenant son allure de *bourgeois de remise*, se mit à arpenter, de son pas le plus rapide, le milieu de la chaussée, afin de voir venir tout à son aise les bonnes et les mauvaises rencontres. Conseil que nous donnerons aux coquins qui sortent de bonne heure, et aux honnêtes gens qui rentrent tard.

III

M. BENJAMIN

Tandis que cette scène, à laquelle n'était guère préparé le bonhomme Charbonneau, se passait sur le trottoir qui bordait le mur extérieur du jardin de l'hôtel Casa-Real, Anita la quarteronne se rendait en toute hâte auprès de sa maîtresse.

Elle la trouva dans sa chambre à coucher, procédant à sa toilette.

Or, il nous faut bien l'avouer, c'était une singulière toilette que celle de doña Hermosa.

A coup sûr le costume, principal et accessoires, étalé sur ce divan broché de soie et d'or représentant des fleurs diaphanes ou des oisillons fantastiques, jurait fort avec l'ameublement de ce réduit amoureux.

Un pantalon, un gilet, un petit paletot sac et un large pardessus en drap noir y étaient posés.

Une paire de bottes fines, en cuir verni, attendait sur une blanche peau de cygne servant de descente de lit.

Sur un guéridon, un chapeau de feutre sombre à grands rebords.

Somme toute, un costume d'homme.

Et ces vêtements masculins, la comtesse de Casa-Real se préparait à les endosser.

A l'entrée de sa camériste, elle se coiffait d'une perruque blonde, aux mèches variant entre cinq et dix centimètres de longueur, ayant une raie sur le côté gauche.

Cette perruque, puisqu'il faut l'appeler par son nom, encadrait si adroitement son gracieux visage, que nul n'eût pu se douter qu'elle cachait les trésors d'une opulente chevelure, d'un noir d'ébène, descendant jusqu'aux chevilles.

Or, quoiqu'elle eût de nombreuses filles de chambre, la créole n'avait jamais souffert qu'aucune d'entre elles portât la main sur sa tête.

Elle seule se coiffait.

Et cela avec tant d'habileté, que quand elle entrait dans un bal ou dans une soirée de cérémonie, toutes les femmes jetaient un œil d'envie sur la simplicité de sa coiffure et sur la richesse de ses cheveux.

On n'avait pas encore pris, à cette époque-là, le parti d'étouffer la nature et la vérité sous les édifices de l'art du mensonge.

On ne portait pas ces chignons ridicules qui font ressembler la tête de nos élégantes à une gourde de campagne montée grossièrement.

Nos mères avaient des cheveux, des vrais, et n'en portaient de faux qu'à la dernière extrémité.

Nos filles coupent les leurs, les vrais, pour en porter de faux sortant de n'importe où !

Et tout cela pour en revenir un jour aux bandeaux les plus simples, et aux chignons les moins voyants.

Messieurs les coiffeurs auront beau faire, le monde tournera toujours dans un cercle plus ou moins... vertueux.

S'ils donnent le ton aux mères de famille, s'ils forcent la main aux pères de famille, ces malheureux et faibles grands-parents, qui subissent aujourd'hui leur joug de mauvais goût, se révolteront à un moment donné.

A ce moment-là, comme l'a dit un de nos auteurs dramatiques les mieux accrédités, le règne de *Sainte-Mousseline* reviendra pour les couturières, et la vraie natte détrônera le faux chignon.

La comtesse achevait donc de se coller sur les tempes les dernières mèches rebelles de sa perruque.

Entendant le pas d'Anita, elle se retourna.

— Tu l'as reconduit jusqu'à la rue? demanda-t-elle.

— Oui, maîtresse.

— Il est parti ? Il s'est éloigné ? Personne ne l'a vu?

— Je le crois. J'ai pris par les corridors secrets.

— Et Marcos Praya?
— Nous ne l'avons pas rencontré.
— Tu en es bien sûre?
— Oui, maîtresse.
— Il est fin! murmura la créole en hochant la tête d'un air de doute.
— Sa finesse ne va pas jusqu'à traverser les murailles de son regard, répondit la quarteronne en souriant avec assurance.
— Je le renverrai en Amérique, celui-là.
— Il en mourra, maîtresse.
— Eh! que m'importe, après tout? Sa présence me gêne! fit l'irascible créature avec un geste d'impatience.
— Marcos vous aime autant qu'il aime son Dieu! répliqua gravement Anita en se signant.

C'est une chose à remarquer, toute créole est religieuse ; et sa religion, plus naïve que celle d'une Européenne, étant plus récente, réside surtout dans les signes extérieurs.

Mme de Casa-Real n'était créole qu'à demi, à ce point de vue-là.

Sa passion, amour ou ambition, étouffait les souvenirs divins de son enfance et de sa jeunesse.

— Il m'aime!... il m'aime!... dis-tu? reprit-elle avec violence ; soit. Mais il m'aime trop! Son affection me fatigue, son dévouement m'obsède! Si j'écoutais ses conseils...
— Il ose à peine vous en donner un... en tremblant.
— Si je l'écoutais, je finirais par ne plus m'appartenir! Marcos, sous prétexte d'adoration et de respect, ferait de moi sa chose! Cela ne sera pas, mignonne! ajouta-t-elle sur un mode plus léger.
— Vous êtes sévère pour le plus fidèle de vos serviteurs
— Et toi, tu es indulgente pour ses défauts, Anita.

La quarteronne rougit et détourna son visage pour ne pas laisser voir à sa maîtresse la rougeur qui l'envahissait.

— Aide-moi à m'habiller, chica, fit cette dernière.
— Avec ces habits-là, maîtresse?
— En homme, oui.

Anita obéit.

Elle aida Mme de Casa-Real à revêtir son costume masculin.

Tout en lui servant de *valet de chambre*, la quarteronne ne put s'empêcher de lui communiquer ses appréhensions :
— Vous allez encore sortir ainsi vêtue, señora?
— Crois-tu que je m'habille de la sorte pour rester chez moi? lui répondit en riant la comtesse.
— Et vous sortez seule?
— Dans un instant.
— Ne faites pas cela, maîtresse.
— Tu as peur?
— Pour vous, oui.
— Je ne t'emmènerai pas. Ne crains rien.

— Oh! maîtresse, fit Anita avec reproche, vous savez que je donnerais ma vie pour vous.

— C'est convenu, mais je préfère que tu la gardes... dans ton intérêt et dans le mien.

Ce disant, elle endossa le pardessus que la quarteronne lui tenait tout ouvert.

— Sortir ainsi habillée, c'est bien imprudent, maîtresse.

— Enfant!

— Surtout aujourd'hui.

— Pourquoi aujourd'hui plutôt qu'hier ou demain?

— Parce que c'est le dimanche gras.

— Raison de plus. Je ne serai pas la seule femme déguisée en homme.

— Vous risquez d'être insultée...

— Crois-tu? répliqua vivement la créole en regardant Anita de façon à lui prouver que la chose n'était pas aussi facile à faire qu'à dire.

— Il y a tant de monde dans les rues, maîtresse!

— On n'est jamais plus en sûreté qu'au sein de la foule, petite.

— Faites-vous accompagner.

— Allons! voilà que pour rassurer la señorita, il va me falloir demander une escorte au préfet de police, railla-t-elle doucement.

Puis, donnant à sa jeune cameriste un soufflet qui ressemblait fort à une caresse, Mme de Casa-Real continua :

— Je ne suis pas une femmelette, tu le sais, *nita*. Voyons, hâtons-nous. Le temps presse. On m'attend.

Anita baissa la tête sans répondre, sachant qu'il était impossible de changer les résolutions de sa maîtresse.

Elle avait bon air sous l'habit masculin, la noble dame.

Ses manières élégantes, sa désinvolture leste et dégagée en faisaient un charmant jouvenceau.

A la façon dont la comtesse portait son harnais d'aventure, on reconnaissait facilement que ce n'était pas son coup d'essai.

Se couvrant cavalièrement la tête de son feutre, elle prit sur la même table où se trouvait son chapeau une paire de pistolets et un stylet à la poignée arrondie, à la pointe longue, acérée, bleuâtre.

Mettant ces armes, aussi dangereuses pour le moins dans sa main que dans celle d'un homme, au fond des poches de son paletot sac, elle boutonna son pardessus jusqu'au menton, et dit à la quarteronne :

— Adieu, je pars.

— A quelle heure rentrerez-vous, maîtresse? demanda la jeune fille avec un long soupir.

— Je ne sais pas au juste.

— J'attendrai.

— C'est inutile.

— S'il vient des visites?

— Je suis souffrante! Je ne reçois personne. Tu m'as comprise?

— Oui, señora. Adieu et bon plaisir.

— Merci. J'espère, en effet, m'amuser ce soir, fit la créole avec une expression indéfinissable.

— Faut-il vous éclairer ?

— Oui, prends une lanterne et conduis-moi.

Anita alluma une lanterne sourde et précéda sa maîtresse.

Elles atteignirent la porte fantastique par laquelle l'agent de M. Jules était sorti sans s'en douter.

— Toute réflexion faite, ne m'attends pas, chica.

— Je veillerai malgré moi, répondit Anita.

— A ton aise. Après tout, peut-être vaut-il mieux que tu m'attendes, prête à m'ouvrir au premier signal.

— Merci, maîtresse.

— Ouvre.

La quarteronne poussa un ressort.

La muraille se fendit, comme cela était déjà arrivé pour maître Charbonneau.

Mme de Casa-Real adressa un dernier signe de recommandation muette à sa jeune servante et sortit.

La porte dérobée se referma sur elle, au moment même où l'agent de police doublait l'angle de la rue et s'engageait dans l'avenue des Champs-Élysées.

Sans penser à lui, notre héroïne prit aussi cette direction.

Il faut lui rendre la justice de reconnaître que son cœur n'avait ni un battement, ni une pulsation de plus.

Elle arriva rapidement à l'extrémité de la rue.

Grâce aux marchands de toutes sortes : tirs à l'arquebuse, tirs aux macarons, Guignols et consorts, qui encombraient les allées et les contre-allées de la grande avenue parisienne, grâce à leurs nombreuses boutiques ou baraques éclairées presques *a gornio*, cette promenade favorite du peuple le plus badaud de l'univers était aussi vivante, aussi pleine que dans la journée.

Doña Hermosa se mêla bravement à la foule.

Elle suivit le flot.

Elle était si complètement entrée dans la peau de sa petite création masculine, que personne ne la remarqua.

Les gamins eux-mêmes, ces rois du carnaval, lui accordaient le droit de masculinité.

Pas un cri malséant ne vint l'assiéger ni la poursuivre dans sa marche rapide, quoique entravée par le flux et le reflux des promeneurs.

Doña Hermosa marcha ainsi, coudoyant et coudoyée, bousculant les uns, bousculée par les autres, jusqu'à la rue Saint-Florentin.

Là, elle se vit libre de respirer à pleins poumons.

Même à l'époque des réjouissances et des fêtes publiques, la rue Saint-Florentin ne perd pas sa couleur tranquille et aristocratique.

Peu de passants.

A peine quelques propriétaires — nous allions ajouter *féodaux* — pressés de rentrer dans leurs demeures silencieuses.

Presque à l'angle de cette rue, à une dizaine de pas de l'ancien hôtel de Talleyrand-Périgord, un fiacre stationnait.

— Mademoiselle, j'aurais deux mots à vous dire avant d'aller plus loin.

A côté du fiacre, assis sur une borne-fontaine, un gamin causait avec le cocher en fumant un mauvais cigare d'un sou.

Le cocher, qui semblait au mieux avec lui, venait de tirer sa pipe de sa bouche et s'apprêtait à lui demander du feu.

Mais un léger coup de sifflet, lancé à peu de distance, sépara les deux fumeurs et interrompit leur douce causerie.

— N,i, ni, c'est fini, mon petit, fit vivement le gamin, en jetant son bout de cigare dans le ruiseau. V'là le monde que j'attends. Grimpe sur ton trône. On ne te fera pas *lambiner*.

Le cocher remonta sur son siège en grommelant.

Le gamin courut au-devant de la comtesse, sa casquette à la main.

M%me% de Casa-Real, son signal donné, s'était arrêtée, examinant avec sa rapidité de perception ordinaire la voiture, l'automédon et l'enfant qui se précipitait à sa rencontre.

L'examen la satisfit.

Elle sortit de son immobilité et se dirigea vers le véhicule numéroté.

Mouchette — c'était lui — suivait, plein d'égards pour son meilleur ou pour sa meilleure cliente, au choix du lecteur.

Sans souffler mot, la comtesse mit la main sur la poignée de la portière et l'ouvrit.

Mouchette lui tint le marchepied.

Une fois la comtesse dans le fiacre, il se prépara à refermer la portière.

Celle-ci l'arrêta.

Il la regarda d'un air étonné.

— Où allons-nous, mon bourgeois? demanda-t-il en cherchant à comprendre ce temps d'arrêt.

— Monte, lui répondit-on.

— Moi! s'écria le gamin, moi, dedans et pas dessus! La bonne charge!

— Monte! répéta impérativement la comtesse.

Mouchette, qui, pour la première fois de sa vie, s'était fait répéter une invitation aussi aimable, sauta d'un bond dans le fiacre ; il s'assit, modeste, sur la banquette de devant et ferma la portière.

A son tour, le cocher demanda où l'on allait.

— Descendez les boulevards et ne vous pressez pas, dit le compagnon du gamin, qui, pour le cocher, n'avait pas deux sexes, comme pour Mouchette.

Le cocher fouetta ses chevaux.

— Pas si vite, serin ! cria l'enfant. Puisqu'on vous dit d'aller au pas ! Si nous baissions les stores, ajouta-t-il, en regardant la comtesse d'un air conquérant.

— Baissez-les! répondit tranquillement celle-ci.

Cette tranquillité démonta tant soit peu la fatuité de maître Mouchette, qui obéit, baissa les stores et se tint coi à sa place.

Le fiacre se mit à rouler de façon à faire un kilomètre en deux heures et demie.

— Nous avons à causer, petit, fit la comtesse, écoute-moi.

— Causer, c'est quelque chose... murmura Mouchette entre ses dents, — mais il y aurait mieux ; enfin...

—Tu dis?

— Rien, m'sieu Benjamin, je vous ouïs.

— Tu as été exact, je te remercie.

— Il n'y a pas de quoi. Avec vous, c'est bon jeu, bon argent. Je n'ai pas oublié la cachette de la barrière Fontainebleau.

— Pas si haut.
— Le cocher est borgne! repartit le voyou en faisant claquer sa langue contre la voûte de son palais. Il n'y a pas de danger qu'il entende un mot de ce qui se dira dans sa boîte.
— Tu le connais?
— C'est un ami. Je l'ai choisi exprès.
— Bien.
— Il fait mes courses quand je suis pressé. Je mange pour lui quand il a faim.

La comtesse ne put s'empêcher de sourire et de considérer avec curiosité ce commencement d'homme, qui, pour éviter qu'on ne se moquât de lui, se moquait de tout et de tous.

Son compagnon de route supporta sans le moindre embarras cette admiration ou cet étonnement.

Il savait à quoi s'en tenir sur sa propre valeur.

Loin de l'intimider en quoi que ce fût, l'attention qu'on prêtait à ses calembredaines l'excitait, doublait sa verve.

Comme tous les hommes forts qui ne veulent pas laisser deviner leur pensée, Mouchette avait adopté un mode de causerie qui déroutait ses interlocuteurs.

Les uns prennent un air distrait qui force les gens auxquels ils ont affaire à répéter leurs propositions, et cela leur donne le temps de réfléchir.

Les autres affectent un défaut de prononciation, un bégaiement, toujours dans le même but.

C'est bien certainement en pleine Normandie que l'immortel Balzac a trouvé, dessiné et peint son bonhomme Grandet, la plus merveilleuse incarnation de l'avare homme d'affaires.

S'il ne l'y a pas laissé, c'est qu'il ne désirait pas que l'original de son portrait se reconnût et criât : au voleur!

Là seulement, dans le pays de Caux, dans la vallée d'Auge, on trouve ces types de maquignons, de marchands de bœufs, de fermiers enrichis ayant peur de paraître riches, traînant la syllabe, évitant toute réponse affirmative, prenant votre argent pendant qu'ils cherchent le moyen de ne pas vous livrer leur marchandise.

Mouchette tenait du paysan bas-normand et du rouleur de Paris.

Il excellait dans l'art de faire croire à ses clients, à ses pratiques, qu'il n'avait qu'une mince dose de finesse et d'intelligence.

Par moments, il prenait des expressions de physionomie d'une bêtise adorable.

Par moments, aussi, ses yeux vous perçaient à jour comme deux vrilles manœuvrées par un habile ouvrier.

Avec sa sagacité et ses habitudes d'ouvreur de portières, il cherchait à deviner ce que cachaient le costume et le faux nom de son prétendu compagnon de voiture.

Mais la chose n'était pas à moitié difficile.

Il faut ajouter que, de son côté, celui-ci n'y mettait pas de complaisance.

Toujours est-il qu'après avoir étudié l'enfant sous toutes ses faces, la comtesse de Casa-Real, que, pour plus de commodité, nous appellerons *M. Benjamin* dans ses excursions masculines, se décida à rompre le silence.

Voyant que le gamin était bien résolu à ne faire que répondre à ses interrogations, elle lui dit :

— Es-tu occupé ce soir, petit?

— Ni oui, ni non, répondit Mouchette de sa voix la plus nasillarde.

— Et cette nuit?

— Ni non, ni oui.

— Jolies réponses. Si tu ne m'en donnes que de pareilles, nous ne perdrons pas de temps et nous entamerons ensemble des relations nombreuses et suivies.

Le gamin ricana un : Faudra voir! qui fut un coup d'éperon pour M. Benjamin.

— Si je ne vais pas droit au but, pensa-t-il, je n'obtiendrai jamais rien de ce petit misérable-là.

De son côté, l'embryon se tenait à part lui le langage que voici :

— Parce qu'on porte un jupon le matin et des culottes le soir, faut pas croire, mon bon ou ma bonne chérie, qu'on mécanisera la *jeune France* de la rue Mouffetard. Remue ton *chiffon rouge*, mon petit vieux, et s'il y a de la *braise à réchauffer*, on t'en donnera pour tes *roues de derrière*, pour tes jaunets ou pour tes *faflots*, ma bonne petite vieille!

Souvent, quand il réfléchissait, Mouchette réfléchissait dans une langue mi-faubourg Saint-Germain, mi-cour des Miracles.

— J'ai besoin de toi, lui dit brusquement M. Benjamin.

— Je comprends ça.

— Je te dirai pourquoi tout à l'heure.

— Il ne sera pas de trop, fit Mouchette de son intonation la plus grave, quoique, après tout, ce ne soit pas indispensable. Le motif de vos actions, de vos faits et gestes m'est complètement inutile; c'est le but qu'il faut m'expliquer.

— Gamin, pas de phrases! rispota moitié brutalement, moitié gaiement son compagnon.

— La langue est un bel instrument, c'est même mon plus beau, m'sieu Benjamin. Si vous m'empêchez de m'en servir...

— Encore! Je fais arrêter le fiacre.

— Vous le payez... j'ai plus de deux heures! ricana Mouchette.

— Et je te plante là pour ne jamais te revoir.

Le gamin poussa un sanglot, s'essuya les yeux avec le revers de sa main gantée, — il avait un gant changeant comme les nuances de l'arc-en-ciel, à la main droite, — puis s'affermissant sur son siège :

— Vous êtes étranger! m'sieu Benjamin. Vous ne savez pas ce que *blaguer* veut dire. Parlons comme des hommes. Agissons comme des femmes. Et, par les cheveux gris de m'man Pacline, si nous ne réussissons pas dans l'affaire que vous allez me proposer, c'est que M. de Belzébuth se mettra dans le jeu de nos adversaires. Allez, je vous écoute comme si vous portiez le Saint-Sacrement à mon propriétaire.

Mouchette parlait de bon aloi.

M. Benjamin le comprit et continua :

— Que fais-tu cette nuit?

— Ah! pardon, ça... ça sort de la question. Parlons de vous, M'sieu Benjamin. Moi, je ne vous payerai pas pour vous occuper de mes affaires. Point n'est donc nécessaire d'en causer.

— Je voulais dire : as-tu une affaire qui te réclame dans la soirée?

— Vous êtes curieux.

— Non.

— Je le sais bien, parbleu! Voilà pourquoi je vous réponds : oui, j'ai quelque chose à faire.

— Alors, n'en parlons plus. Je me passerai de ton concours.

— Pardon, fit vivement le gamin, parlons-en. Je ne suis venu ici que pour ça.

— Si tu es occupé?

— Je lâcherai mes occupations pour vous être agréable.

Au moment où Mouchette protestait de son dévouement inaltérable pour M. Benjamin, le fiacre s'arrêta.

Il y avait un embarras de voitures.

Les stores étant baissés, le gamin allait porter la main au ressort de celui qui se trouvait à sa droite, afin de le relever et de regarder la cause de leur arrêt.

Mais une tête de *Robert-Macaire* aviné, traversant le morceau d'étoffe rouge qui tenait lieu de store, lui épargna la peine qu'il était prêt à se donner.

Cette tête appartenait à un long corps qui, sans l'ombre d'un doute, avait absorbé pas mal de litres aux barrières les plus généreuses de Paris.

Un faux-nez d'un demi-pied en faisait le plus bel ornement.

Ce faux-nez eût empêché le père véritable de ce faux ami de maître Bertrand, de reconnaître sa progéniture.

Mouchette n'ayant point encore de rejeton, ne se fit pas la moindre illusion et n'eut pas le moindre scrupule, en allongeant un maître coup de poing à ce faciès indiscret qui criait de sa plus belle basse :

— Ohé! les agneaux! On s'amuse là-dedans. J'en suis.

— A l'œil! avait répondu le gamin, en couchant le masque égaré sur le marchepied de la voiture.

Un éclat de rire de la foule lui apprit que le coup était bon.

Un juron formidable du Robert-Macaire barbotant au milieu du ruisseau lui fit reconnaître un de ses bons camarades.

— Filoche! s'écria-t-il d'un ton tragique! c'est Filoche!

— Qui? Filoche? demanda M. Benjamin, qui, moins ému encore, s'il était possible, que le fils de la Pacline, avait tout simplement mis la main sur la crosse d'un de ses jolis petits pistolets à deux coups, et qui attendait.

— Un ami! un bon! un fidèle! répondit celui-ci. Vous voyez ce que je fais pour vous. Je lui ai collé un *atout* solide. Faudra mettre ça sur l'addition.

M. Benjamin tira un porte-monnaie de sa poche et il en vida la moitié à peu près dans la casquette de Mouchette.

— V'là pour le coup de poing. Vous ne me devez plus rien de ce côté-là. Causons du reste.

Le fiacre reprit sa course à l'heure.

— Es-tu brave, petit? dit sans transition aucune le compagnon du gamin.

Celui-ci prit une pose à la Rodrigue, se mit le poing sur la hanche, jeta un coup d'œil castillan à l'être assez hardi pour lui adresser une pareille interrogation, et répondit en faisant une de ses plus gracieuses grimaces :

— Ça dépend du moment... et du bénéfice.

— Le moment, c'est aujourd'hui, ce soir même.

— On pourra voir alors. Et le bénéfice?

— Dix fois ce que je t'ai donné tout à l'heure.

— Je ne compte pas avec les amis. J'accepte les yeux fermés, s'écria Mouchette, qui savait à un franc près ce que M. Benjamin lui avait si généreusement avancé.

— Donc, entendons-nous.

— Je ne demande pas mieux.

— Tu m'appartiens.

— Des pieds à la tête. Jusqu'à quelle heure?

— Jusqu'à minuit.

— Mettons la bonne mesure : jusqu'à minuit dix minutes.

— Connais-tu bien ton Paris?

— Je le connais mieux qu'il ne connaît lui-même, le gueux! c'est ma *ville natale*.

— Tu es sûr d'y être venu au monde? demanda M. Benjamin, en riant.

— Ma foi, non. Mais je suis sûr que *j'y mourrai*.

Ce mot, que nous mettons dans la bouche du petit Mouchette, nous l'avons entendu dire par un vieillard illettré.

A coup sûr, ce vieillard, qui n'avait lu ni La Bruyère, ni Noël et Chapsal, possédait un cœur, et c'était ce cœur reconnaissant qui parlait.

Or, le langage du cœur peut pécher par la forme, mais à coup sûr il va droit au but et touche les plus insensibles.

Mouchette n'était donc pas trop dans son tort en considérant la grande ville comme sa *ville natale*, puisqu'il comptait y *mourir* après une longue vie toute tissée d'honneurs et de félicités.

— Ainsi tu ne crains pas de t'y perdre? reprit M. Benjamin.

— Pas plus que dans mon lit.

— Où se trouve la rue d'Angoulême?

— Angoulême? Quelle Angoulême? Il y en a deux, mon bon monsieur Benjamin.

— Deux?

— Oui. La rue d'Angoulême-Saint-Honoré, qui se trouve à deux pas et une coulée d'ici.

— Ce n'est pas celle-là que je te demande.

— Et la rue d'Angoulême-du-Temple.

— Du Temple. En effet.

— Après, s'il vous plaît?

— Il se trouve, je crois, dans cette rue, un marchand de vin traiteur.
— Un fameux! dit le gamin en se léchant les lèvres.
— A l'enseigne?...
— Du *Lapin courageux*.
— C'est cela, fit M. Benjamin, stupéfait de voir que ce minuscule produit des vices parisiens ne se vantait pas en prétendant si bien connaître son Paris.
— Chez le père Signol, je ne connais que lui.
— Veux-tu que nous y soupions ce soir?
— Ensemble?
— Ensemble.
— Ah! mon prince! s'écria Mouchette ravi, permettez-moi de m'*esbigner* dix minutes.
— De quoi? demanda l'autre, qui ne comprenait pas *esbigner*.
— Ah! c'est juste... Laissez-moi aller au premier *décrochez-moi-ça* venu... J'y ferai un bout de toilette.
— Nigaud. Tu es très bien ainsi.
— Comme il vous plaira. Ainsi nous irons?
— Ce soir même.
— C'est une maison très *rupe*. Et il vous a une cave pour les amis, le père Signol! mais une cave!... à y faire pousser de la vigne! quoi! Y allons-nous tout de suite?
— Non, plus tard.
— Nous allons nous promener à l'heure, encore longtemps, dans cette *roulante*? objecta timidement le voyou désappointé.
— Auparavant, j'ai une visite à faire.
— Avec moi?
— Oui.
— Où ça, donc?
— Chez une tireuse de cartes.
Mouchette fit un bond sur son coussin.
— Chez une?... demanda-t-il, croyant avoir mal compris.
— Une tireuse de cartes. Cela t'effraye?
— Moi! le plus souvent. J'ai votre affaire.
— Si tu n'es pas le diable, tu es son fils, dit M. Benjamin presque sérieux.
— Je lui demanderai ça plus tard, répliqua Mouchette sur le même ton. Si vous n'avez pas de préférence?...
— Aucune. Cependant on m'a indiqué une vieille femme, nommée...
— La Pacline?... continua-t-il.
— Oui.
— Rue de la Calandre?
— Juste.
— Ah ben! en v'là une de chance! C'est là que je veux vous conduire.
— Donne l'adresse au cocher et allons-y.
— Et ensuite? Après la séance? Est-ce le grand jeu que vous demanderez?
— Naturellement.
— Ce sera plus long. Une bonne heure au moins. Enfin, après la séance?...

— Nous irons souper chez... chez...
— Chez le père Signol. Noce complète ! quoi? Et puis, là... en soupant?
— Là... répondit gravement M. Benjamin, en soupant... nous causerons de ce que je veux faire avant minuit.
— Ah! ah! fit Mouchette, faudra pas trop boire alors, pas vrai?
— Donne au cocher l'adresse de la tireuse de cartes, repartit la comtesse sans avoir l'air d'entendre sa dernière question.
— Voilà, mon bourgeois.

Et Mouchette, baissant un des carreaux de devant, indiqua au cocher du fiacre la demeure de la Pacline.

Mais cette fois, grâce à la promesse d'un généreux pourboire, le fiacre partit au grand trot de ses deux petits chevaux, dans la direction de la Cité.

IV

APRÈS LA LIONNE, LA GAZELLE

Le temps que dura l'entrevue de la comtesse de Casa-Real et de M. de Warrens parut un peu long au colonel Renaud.

Il venait de descendre et de monter deux fois les Champs-Élysées, de la Concorde au Rond-Point.

— Diablesse de femme! pensait-il, tout en se décidant à faire seul sa visite à la duchesse de Vérone, diablesse de femme! Elle l'aura ensorcelé de nouveau... Rester si longtemps auprès d'elle, quand il sait que nous avons tant à faire aujourd'hui! Morbleu! Le plus fort d'entre nous autres hommes a toujours son côté faible!... Pour Noël, c'est... c'est l'éternelle histoire de Samson et de Dalilah!

Et dans le mouvement de mauvaise humeur que lui inspira cette allusion biblique, Martial Renaud enfonça si vivement ses éperons dans les flancs de Simoun, que la noble et vaillante bête, peu accoutumée à ces manières irrespectueuses, fit un écart de six pieds.

Tout autre que son cavalier eût été *décroché* et lancé dos par-dessus tête.

Mais lui, reconnaissant sa faute et sa brutalité, se contenta, tout en restant inébranlable sur sa selle, de caresser la tête de son cheval, et de lui dire avec la plus grande douceur :

— Eh bien! Simoun, eh bien! ma belle bête, nous voulons donc me traiter comme Mme de Casa-Real est en train de traiter M. le comte de Warrens?

Le cheval maîtrisé par la vigueur et l'habilité du cavalier, repartit comme un trait dans la direction de l'arc de triomphe de l'Étoile.

A la hauteur de la rue de l'Oratoire-du-Roule, le colonel, qui grommelait toujours entre ses dents contre son frère, l'aperçut à quelques centaines de mètres devant lui, allant au petit pas et tranquille comme un aimable cavalier qui va faire son tour du lac.

En même temps une voix basse et ironique lui murmurait à l'oreille...

En deux temps de galop, il l'eut rejoint.
— Enfin! lui dit-il.
— Comment! enfin! lui répondit le comte en souriant... Je t'attendais depuis dix minutes.
— Alors c'est moi qui suis dans mon tort? fit Martial Renaud sur le même ton.

— Naturellement. Voilà mon second cigare depuis que j'ai quitté la gracieuse personne chez laquelle tu as eu la lâcheté de me laisser tout seul.
— Permets-moi de t'adresser mille excuses...
— Je les accepte.
— Sérieusement, je ne t'attendais plus; et, tu le vois, je me rendais chez la duchesse.
— Sans moi, monsieur le colonel?
— Sans vous, mon cher comte.
— Eh bien! plaisanterie à part, mon bon Martial, tu aurais eu raison. C'est aujourd'hui que la générale Dubreuil doit me mettre au fait de tout ce qui concerne une de nos protégées les plus intéressantes.
— C'est de la jeune Thérèse qu'il s'agit?
— Tu verras cela tout à l'heure, curieux!
— Curieux, oui! Je le suis beaucoup, en effet... T'ai-je seulement questionné sur ton entrevue avec... avec elle?
— Oh! de celle-là, tout calme que je te paraisse, frère, moins nous en parlerons et mieux cela vaudra.
— Ah! ah! la séance a été orageuse?
— Terrible, Martial, répliqua le comte, qui ne put conserver plus longtemps son masque d'insouciance et de gaieté. Cette femme m'a presque vaincu!
— Toi! fit tout haut le colonel, ce qui signifiait : *je n'en crois rien!* quoique à part lui il pensât : Comme j'avais raison de trembler, en l'attendant!
— Moi-même, continua M. de Warrens.
— Et comment t'en es-tu tiré?
— Je me suis enfui.
— Hein? que dis-tu là? fit le colonel Renaud, qui arrêta son cheval et se mit à regarder le comte bien en face.
— Je me suis sauvé si tu le préfères, repartit le comte qui s'arrêta, comme lui.
— Mais *elle* a donc toujours la même influence...
— Je te répondrai tout à l'heure.
Ils remirent leurs chevaux au pas.
Corneille Pulk, le groom du comte, qui s'était arrêté comme eux, les suivit conservant toujours, à un pouce près, la distance sacramentelle voulue par l'étiquette.
— C'est une créature extraordinaire, vois-tu! Elle enivre qui l'approche. Elle fascine irrésistiblement. Tout en sa personne étonne, éblouit. Ses yeux ont des lueurs qui blessent comme la brûlure d'un fer chaud. De sa voix s'échappent des notes tantôt stridentes, tantôt mélodieuses. Et le plus étrange est qu'on ne sait lesquelles préférer de celle qui sont lancées pour vous séduire ou des autres qu'elle vous crache à la face pour vous injurier ou vous menacer. Dans chacun de ses gestes, il y a une espérance pour l'avenir. Il m'a fallu une force et un courage surhumains pour lui rompre en visière et ne pas me jeter à ses pieds, avouant ma défaite et criant : Grâce! redevenons jeunes et recommençons notre vie d'autrefois! Ange ou démon, son pouvoir est immense!... De pouvoir, je le reconnais,... et je l'avoue, frère, j'en ai peur!

— Bien, fit le colonel avec un sombre et froid sourire, tu as le courage de reconnaître et d'avouer ta faiblesse. A partir d'aujourd'hui, c'est moi, moi seul que cette affaire regardera.

Le comte ne répondit rien. Son frère lui laissa le temps de la réflexion.

Les deux cavaliers activèrent l'allure de leurs chevaux, si bien que cinq minutes s'écoulèrent avant qu'une parole fût échangée de nouveau entre eux.

— La comtesse t'a-t-elle parlé de sa fille? demanda brusquement le colonel.

— Oui.

— Et tu lui as répondu?...

— Qu'elle n'était ni n'avait le droit de se croire mère.

— Dure réponse!

— Dure, mais juste! fit le comte d'une voix sourde.

— La recherche de son enfant est-elle le but de son voyage en France?

— Je le crois.

— Le seul but?

— C'est au moins son prétexte. Elle continuera à Paris ses menées tortueuses; elle reprendra sa lutte contre...

— Contre l'association.

— Oui, fit M. de Warrens en baissant le ton de leur dialogue. Mais quels que soient les risques à courir contre une adversaire aussi séduisante...

— Et aussi peu scrupuleuse! Elle ne reculera devant aucun moyen pour réussir dans ses recherches et pour se venger de toi, de tes amis.

— Je le sais. Mais pouvais-je rendre l'enfant?

— Tu ne le devais pas. Ah! elle veut la lutte, cette douce sirène! Ah! elle prétend nous dompter, nous fouler sous ses pieds mignons! Va pour la lutte, aussi bien dans l'ombre qu'au grand soleil. Noël, tu vas me faire une promesse.

— Laquelle?

— Tu ne te retrouveras plus en présence de cette femme.

— C'est difficile.

— Laisse-moi le soin d'en avoir raison.

— Je te donne carte blanche.

— Liberté d'action ?

— Pleine et entière. Mais prends garde.

— Je suis soldat. Je la traiterai comme je m'y prenais avec les Arabes. On est fait à la guerre des broussailles. Nous verrons bien si, le cas échéant et la chasse une fois ouverte, ta panthère aux ongles roses pourra m'échapper aussi facilement.

— Merci et bonne chance, frère.

— Affaire réglée. N'en parlons plus, repartit le colonel, qui avait obtenu tout ce qu'il désirait au sujet de Mme de Casa-Real. Occupons-nous un peu de la duchesse et de ses protégées.

— A-t-on exécuté mes instructions?

— A la lettre.

— Ainsi Thérèse...

— Mlle Bergeret.

— Ne la nomme pas ainsi, l'on pourrait t'entendre.

— Bast! autant en emporte le vent. Enfin... Thérèse, puisque Thérèse il y a, venait de quitter la Machuré, sous la protection d'Olivier...

— Qui, par parenthèse, a eu d'autant plus de mérite à m'obéir qu'il a littéralement agi en aveugle.

— Je crois même que tout d'abord il a éprouvé une certaine répulsion à...

— C'est vrai, dit le comte... Certaines choses, un peu singulières, se sont passées en sa présence. On ne lui en a pas donné l'explication.

— Dame! alors?...

— Il m'a fallu user de l'influence — inexplicable — que la duchesse de Vérone possède sur lui, pour le décider à nous servir d'intermédiaire.

— Eh bien! dix minutes après le départ de Mlle Thérèse, une voiture vint prendre Mme Bergeret... je veux dire la mère de Mlle Thérèse, chez la Machuré.

— Et de là?

— On l'a transportée dans la maison du docteur Blanche, où depuis ce moment...

— Depuis cette nuit, n'est-ce pas?

— Oui, il était deux heures et demie... Depuis lors, enfin, elle est confortablement installée et entourée des soins les plus assidus.

— Elle n'a point parlé, dans le trajet? demanda M. de Warrens.

— Pas un mot. Le mouvement de la voiture lui a donné à croire qu'elle se trouvait dans un hamac... Elle riait... Elle se dodelinait de droite à gauche, puis elle se balançait de gauche à droite, avec des cris de joie.

— Pauvre femme! Que pense le docteur de l'état où il l'a trouvée?

— Il n'affirme rien, mais il ne désespère pas.

— Je donnerais un million, fit le comte avec une énergie menaçante, pour qu'on réussit à lui rendre la raison.

— Le docteur exige que, pendant quinze jours, la malade ne reçoive aucune visite.

— Pas même celle de sa fille?

— Surtout celle-là.

— Il faudra bien se soumettre aux exigences du docteur. Je ferai entendre raison à la jeune fille. Qui a été chargé de cette affaire?

— Le vicomte de Rioban.

— C'est toi qui l'as choisi? demanda M. de Warrens à son frère.

— Oui.

— Tu as bien fait. Rioban est une de ces natures d'élite sur lesquelles nous pouvons compter. Mais comment expliquer le silence de la Machuré sur tout cela dans sa lettre de ce matin?

— On lui a clos la bouche.

— Avec de l'argent.

— Et avec une date.

— Raconte-moi cela.

— Voici comment les choses se sont passées, dit le colonel Renaud : Mortimer, San-Lucar et Rioban, pressés d'en finir avec elle, à cause de leur affaire avec Mauclerc, ne voulant pas manquer l'Opéra, ont mis les morceaux doubles.

— Voyons, fit le comte, en retenant Fleur-de-Lis, qui ne lui aurait pas laissé le temps d'entendre jusqu'au bout le récit de son frère.

— Arrivés devant le bouge de la vieille revendeuse, nos trois amis sont descendus de voiture. Sir Mortimer et San-Lucar se sont embusqués de chaque côté de la porte. Rioban a frappé. Au moment où l'affreuse compagnonne ouvrait, un châle lui a été jeté adroitement sur la tête, de façon à l'empêcher de crier. Pendant que Mortimer la maintenait, ce qui n'était pas une tâche facile, la gaillarde se débattait comme une hyène prise au piège, les deux autres sont montés dans son repaire, ont enlevé Mme Bergeret et l'ont placée dans leur voiture.

— Et la Machuré?

— Mortimer, la chose faite, lui a mis une dizaine de louis dans la main, et lui a prononcé à l'oreille deux mots qui la rendirent immédiatement souple comme une brebis, et tremblante comme le condamné qui marche à l'échafaud.

— La date en question, sans doute?...

— Treize avril...

— Mil huit cent quarante et un, acheva le comte.

— C'est cela.

— Ensuite?

— Mortimer, laissant la vieille sortir de son châle et de ses émotions, referma la porte, et la voiture partit avec la rapidité de l'éclair. Vingt minutes plus tard, après avoir déposé nos trois compagnons sur le boulevard des Italiens, à l'entrée du passage de l'Opéra, elle s'arrêtait devant l'établissement du docteur Blanche.

— Qui conduisait la voiture?

— Le major.

— Ah! Schinner en était? Tu l'avais oublié.

— Il ne s'est mêlé en rien à l'action.

— Je le reconnais bien là, dit M. de Warrens, fidèle à sa devise : *Toujours prêt dans l'ombre*. Allons, tout est bien. Je suis content.

A ce point de leur conversation, les deux cavaliers enfilaient la tête de l'avenue de Saint-James, où se trouvait l'hôtel de la duchesse de Vérone.

— Nous y voici, fit le colonel.

— Pauvre duchesse! lui répondit son frère en riant. Si elle savait...

— Quoi?

— Que son mari...

— A ton tour, Noël, tu parles imprudemment...

— Il faudra pourtant bien, continua le comte du même ton, qu'un de ces jours on le lui ressuscite.

— N'est-il pas à Paris, en ce moment?

— Je le crois bien!... depuis deux bons mois. Mais je le surveille... Il se gardera de donner signe de vie, sans que je le lui permette.

— Nous pouvons être tranquilles. Sa désobéissance lui coûterait trop cher.

— Pauvre diable!
— Tu le plains, Noël?
— Martial, je plains toujours un coupable.
— Il n'a que ce qu'il mérite, et ma foi...

Mais le colonel Renaud, voyant la porte de l'hôtel de la duchesse toute grande ouverte, n'acheva pas sa phrase et dit au comte : On nous attendait.

— Et nous nous sommes fait trop attendre.

Ils pénétrèrent dans la cour, suivis par Corneille Pulk.

Avant que les deux visiteurs eussent eu le temps de mettre pied à terre et de jeter la bride de leurs chevaux à deux domestiques en grande livrée, rouge et jaune, la duchesse de Vérone parut sur la plate-forme d'une terrasse donnant sur la cour de l'hôtel.

Elle était accompagnée d'une ravissante jeune fille que nous avons déjà présentée à nos lecteurs, comme ayant eu le plus grand succès de beauté et de chant au bal donné par M. de Warrens.

Cette jeune fille n'était autre que Mlle Claire Bergeret, qui, la nuit précédente, avait quitté, sous la protection d'Olivier Dubreuil, la maison mystérieuse de la *Mère Machuré*.

On saura bientôt pourquoi Mlle Claire Bergeret portait le nom de *Thérèse*, chez cette infâme revendeuse à la toilette.

La générale Dubreuil, duchesse de Vérone, ne possédait pas une grande fortune.

Sans le comte de Warrens, son ami, et dont, nous l'avons dit, elle tenait les salons, bien souvent elle se serait trouvée dans une gêne difficile à vaincre pour elle.

Comme beaucoup de femmes des grands dignitaires du premier Empire, elle était d'une ignorance complète sur toute espèce de calculs et d'économies.

Heureusement, pour des raisons inconnues de ses proches, le comte s'était chargé de ses intérêts.

Il avait mis à la tête des affaires de la duchesse son propre intendant, le major Karl Schinner.

Le major représentait les mathématiques faites homme pour cette bonne et digne générale.

Elle le tenait en grande vénération, ne se donnant jamais la peine de vérifier ses comptes, si bien qu'à chaque fin d'année, tout en vivant de la façon la plus large, sans savoir aucunement de quelle façon son chargé d'affaires s'y prenait, elle se trouvait avoir mis de côté tout ou une grande partie de son revenu.

La duchesse avait bien demandé quelques explications à ce brave major, mais ce dernier parlait si peu, lui mettait sous les yeux tant de factures et de notes acquittées, qu'en fin de compte elle se considérait toujours comme satisfaite.

Du reste, ce qui lui arrivait n'était que justice.

Dans son existence, si pleine de vicissitudes grandioses et de désastres inattendus, la noble et digne dame avait si peu compté avec les autres, qu'à la rigueur on pouvait bien ne pas compter avec elle.

Les salutations d'usage échangées, la générale introduisit les deux hommes et la jeune fille dans un boudoir placé au fond de son appartement.

Elle avait donné l'ordre de ne plus recevoir personne, et de ne la déranger sous aucun prétexte.

Toutes ces précautions prises, elle se tourna vers M. de Warrens, et lui dit :

— Mon cher comte, vous savez pourquoi vous êtes ici ?

Le comte s'inclina et fit un geste affirmatif.

— La chère enfant que vous m'aviez confiée, que vous avez placée sous ma sauvegarde, — et tout en parlant elle désignait la jeune fille, dont le maintien modeste et timide confirmait chacune de ses paroles — devait, d'après notre commun désir, vous raconter son histoire et celle de sa famille.

— En effet, duchesse, et malgré les douleurs que ce récit doit réveiller au fond du cœur de mademoiselle, ce récit est nécessaire, indispensable.

— Nous l'avons jugé ainsi, elle et moi, continua la duchesse. Mais craignant que la force ne lui manquât pour aller jusqu'au bout, je l'ai priée d'écrire, sans omettre le moindre détail, les souvenirs des malheurs qui ont frappé son enfance.

— Mademoiselle désire-t-elle me lire elle-même ces souvenirs, ou veut-elle que je les parcoure sur-le-champ ?

— Elle vous les lira, mon cher comte. Il faut que M. le colonel Renaud et moi-même nous ne perdions rien de cette navrante histoire, pour ne pas reculer devant le châtiment du coupable, l'heure de la justice venue.

— Et soyez-en certaine, mademoiselle, ajouta le comte, cette heure ne tardera pas.

La jeune fille, qui, pendant ces répliques échangées entre M. de Warrens et le duchesse de Vérone, avait eu le temps de dominer son émotion, prit un tiroir, l'ouvrit et lut ce qui suit.

V

JOURNAL D'UNE JEUNE FILLE. — UN MÉNAGE PARISIEN

C'était en 1835, en plein mois de décembre.

Au coin de la cheminée d'un salon meublé avec goût et simplicité, faisant partie d'un appartement bourgeois, se tenaient une femme et un enfant.

La femme, dans toute la force de sa beauté et de sa maternité, avait à peine trente-cinq ans.

L'enfant, une petite fille, n'avait pas encore six ans.

La mère, Mᵐᵉ Bergeret, assise devant un métier, faisait de la tapisserie.

La fille tenait un journal et épelait.

— Un et cinq, ça fait six, disait-elle.

— Non, ma petite Claire, répondait sa mère, non ; dans ce que tu lis, un et cinq, cela fait quinze.

— Tiens ! maman, c'est drôle ! hier, tu me disais : cinq et un font six.
— Oui, et cependant un et cinq à côté l'un de l'autre font quinze.
L'enfant réfléchit un moment, puis s'écria :
— Oh ! je m'en souviendrai, va ! D'abord, je n'oublie rien, moi. Un et cinq, quinze !
Et continuant :
D É *dé*... C E M *cem*... BRE *bre*... Quinze décembre ! Est-ce bien, maman ?
— Oui, mon enfant, c'est bien ! fit la mère en l'embrassant.

Claire laissa sa mère travailler paisiblement quelques minutes durant, puis, frappant du pied avec impatience, elle s'approcha d'elle, et lui montrant l'en-tête du journal qui causait sa petite colère :
— Qu'est-ce que c'est encore que ça, maman ?
— Quoi ?
— Ces quatre chiffres qui se suivent ? Tiens, dis-moi combien ça fait ?
— Mil huit cent trente-cinq.
— Quinze décembre mil huit cent trente-cinq ?
— Oui.
— Et c'est aujourd'hui ce jour-là ?
— Oui, ma fille.
— L'enfant ouvrit de grands yeux, prit son air le plus sérieux et demanda :
— C'est donc un vilain jour, aujourd'hui ?
— Pourquoi ?
— Parce que, hier, papa travaillait là, à son bureau. Il m'a appelée, il m'a embrassée bien fort, et puis il a dit : Demain, mon Dieu ! demain ! Et il a pleuré !

Mme Bergeret quitta son ouvrage, et prenant sa fille entre ses bras :
— Il a pleuré ! Ton père a pleuré ? fit-elle.
— Oui, répondit Claire, bien sûr ! J'ai vu deux grosses gouttes qui tombaient sur son papier.

Dans l'émotion, dans le trouble que lui causa cette nouvelle inattendue, la jeune femme avait pris son enfant entre ses bras, elle la remit à terre, machinalement, sans songer à ce qu'elle faisait.

Elle pensait :
— Quoi ! mon mari a pleuré ! Et il me cache ses larmes ! Il a un chagrin et il ne veut pas que je le partage ! Oh ! mon Dieu ! mon Dieu qu'y a-t-il ? Cette enfant me fait peur.

La petite Claire, de son côté, était allée à la fenêtre, et sans plus se préoccuper des soucis de sa mère ni des observations alarmantes qu'elle venait de lui faire involontairement, elle regardait au dehors.

Tout à coup elle se mit à battre des mains avec joie, puis à crier :
— Oh maman, viens donc voir ! Il tombe de la pluie toute blanche, toute blanche !
— C'est de la neige, lui répondit la pauvre femme, dévorée d'inquiétude.
— Quelle neige, donc ?
— La neige de décembre.

Et tout en disant ces mots à sa fille, elle regardait du côté de la porte, pour voir si son mari ne rentrait pas.

Elle aida Mme de Casa-Réal à revêtir son costume masculin.

La porte s'ouvrit.

M. Bergeret parut.

Sa femme se précipita au-devant de lui; elle allait l'embrasser comme à l'ordinaire, mais la préoccupation, la tristesse peintes sur le visage de son mari l'arrêtèrent.

Ses pieds se sentirent instinctivement cloués au plancher de son salon.

Claire profita de l'immobilité de sa mère et de son père pour courir à ce dernier et se jeter à son cou.

Celui-ci saisit la petite et l'embrassa à plusieurs reprises.

— Embrasse-moi, papa, lui disait l'enfant au milieu de cette avalanche de caresses paternelles, embrasse-moi, mais ne pleure pas après comme tu pleurais hier!

Le père s'arrêta, il regarda sa femme, et comprenant que sa fille avait déjà parlé.

— Louise, fit-il, sonne. Qu'on emmène l'enfant, il faut que je te parle. J'ai déjà trop tardé peut-être.

M{ͫᵉ} Bergeret sonna.

Vint une femme de chambre qui emmena la petite Claire.

Restés seuls, les deux époux se contemplèrent un instant silencieusement. Puis la femme alla à l'homme, lui prit la main et lui dit :

— Comme tu es pâle! Qu'y a-t-il?

Le mari saisit la tête de sa femme entre ses deux mains et lui baisant le front, il repartit :

— Louise, tu es une femme courageuse?

— Tu le sais, dit-elle avec fermeté.

— Prépare toutes tes forces pour supporter sans fléchir le malheur qui nous frappe.

— Je serai forte, parle.

M. Bergeret était un homme de quarante ans, solidement trempé ; l'honneur avait gravé sur ses traits loyaux son empreinte bien reconnaissable; physiquement, il ressemblait à un chêne destiné à vivre de longues années ; moralement, c'était une conscience vivante.

Il hésita, puis, faisant un effort surhumain, il se décida à prononcer, d'une voix faible comme le souffle d'un enfant qui dort :

— Louise! ma Louise! nous sommes ruinés!

— Ruinés! répéta M{ͫᵉ} Bergeret. Ah! ma pauvre petite Claire!

Le premier cri de l'héroïque créature avait été pour sa fille.

Le second fut pour son mari, que cette douleur écrasait et qui venait de tomber anéanti sur un siège.

— Eh bien! mon ami, nous nous remettrons à l'ouvrage, voilà tout.

Bergeret releva vers elle sa tête désolée; un éclair de joie l'illumina :

— Merci! dit-il d'une voix pleine de larmes, merci! Oh! si quelque chose au monde pouvait me rendre le courage, ces paroles me le rendraient. Mais il est trop tard.

— Qui sait? Raconte-moi tout, mon ami. Je trouverai peut-être un moyen de salut.

C'est impossible, chère femme! je les ai tous épuisés. Crois-tu donc que je vienne au premier revers te jeter le désespoir et le découragement dans l'âme? Non, va! j'ai lutté vaillamment et bien longtemps. L'homme jeté à la mer par un coup de vent commence par nager avec vigueur. L'espoir est là qui le soutient. On peut le secourir, lui jeter une corde, une bouée! Un bâtiment peut passer! que sais-je? une terre sortir de l'onde! Enfin, tous ces espoirs, fondés ou non, raisonnables ou absurdes, soutiennent le malheureux et doublent ses forces. Mais la corde n'est pas jetée ! Point de bouée qui flotte ! L'Océan s'étend immense et désert! Pas une cime de rocher ne dépasse son niveau ! Les forces s'épuisent ! Le temps passe, les minutes deviennent des heures, et le courage s'éteint avec l'espérance ! Louise, je suis cet homme qui n'espère plus, qui n'a plus d'énergie, et qui se laisse couler dans l'abîme !

En face de cette immense douleur, la noble femme ne songea plus qu'à consoler le compagnon de sa jeunesse.

— Parle! dit-elle. Raconte-moi tout. Il me faut ma part de ton malheur !

Et de sa main elle essuyait les larmes nerveuses qui coulaient de ses yeux rougis par la fièvre et par l'insomnie.

— Te rappelles-tu, lui dit M. Bergeret, qu'il y a deux ans, deux des plus fortes maisons de Hollande, la maison Van Groot et la maison Paës, manquèrent à quelques jours de distance?

— Oui, et je me rappelle même t'avoir demandé alors si tu n'étais pas atteint par ces deux sinistres. Tu me répondis que, fort heureusement, tu avais cessé, depuis un an, tous rapports d'affaires avec ces deux maisons.

M. Bergeret baissa la tête, poussa un soupir et murmura.

— Je te trompais, chère Louise, pour t'épargner des angoisses. Van Groot et Paës m'emportaient chacun deux cent mille francs !

— Tout notre avoir? fit Mme Bergeret sans sourciller.

— Tout! oui tout! mais j'avais le crédit que donnent à tout homme d'honneur vingt ans de probité commerciale. J'entrepris quelques opérations modestes et sûres en tout autre temps que le nôtre. Dieu était contre moi ! Je perdis au lieu de gagner! si bien qu'un jour, il y a six mois de cela, je me trouvai à découvert de cinquante mille francs.

— Hélas ! s'écria Louise avec admiration. Et depuis deux ans, chaque jour tu rentrais calme, souriant! Tu jouais avec ta fille! Tu me disais de douces et tendres paroles, comme en dit un homme heureux !

Son mari l'interrompit.

— N'était-ce pas mon devoir ! Je souffrais, sans doute par ma faute, par mon imprudence ! Dieu, dans sa bonté, avait mis deux anges près de moi. Avais-je le droit de faire souffrir ces deux anges?

— Pauvre martyr ! fit sa femme contenant à grand'peine les sanglots qui lui gonflaient le cœur.

— Il me fallait donc avoir cinquante mille francs, continua M. Bergeret. Je m'adressai d'abord à des amis de vingt ans; aucun d'eux ne voulut ou ne put me venir en aide. C'était naturel ! Ne sachant que devenir, j'allai trouver un banquier, qui avait une réputation assez mauvaise et qui passait pour vendre aux commerçants malheureux de l'argent, souvent très risqué et par conséquent très cher.

— Eh bien !

— Celui-là me dit : Vous êtes donc bien malade pour venir à moi, vous, un honnête homme? N'importe; je vous crois intelligent, je me risque. Voilà votre argent ; seulement, comme dans cette affaire je cours de fortes chances de perte, je veux avoir aussi mes chances de bénéfices. Vous allez me signer une lettre de change de cent mille francs, à six mois.

— Grand Dieu !

— Et l'échéance arrivée, soyez-en prévenu, payez recta, ou sinon je saisis, je vends et je coffre.

— Tu n'as pas signé cette lettre de change! s'écria la pauvre femme avec angoisse.

— Cela me donnait six mois de répit, et le malheur pouvait se lasser de frapper sur moi. Il n'en a rien été.

— Et l'échéance de cette lettre de change est arrivée? interrogea Louise tremblante de plus en plus.

— Je me suis trouvé sans ressources! continua sourdement le commerçant, mon créancier a poursuivi. J'ai demandé un délai, il est resté inexorable. Hier, enfin, il a obtenu la contrainte par corps, me prévenant que si je ne payais pas aujourd'hui il userait de son droit.

La femme regarda son mari ; puis, baissant les yeux, elle lui dit le plus doucement qu'elle put :

— Tu n'as pas songé à fuir?

— Fuir! moi! s'écria-t-il avec un accent de reproche et d'indignation qui témoignait de sa loyauté exagérée. Louise, ce mot-là ne vient pas de toi! Fuir! moi! retirer à mon créancier le seul gage qui lui reste, ma personne! jamais. On plaint le soldat qui tombe, on méprise le soldat qui déserte ! Le commerçant est un soldat. Si je tombe sous le coup de la fatalité, je veux qu'on puisse me plaindre et non qu'on dise : c'est un banqueroutier !

En entendant ces nobles et fières paroles, Mme Bergeret releva la tête comme pour défier le sort... Puis le souvenir de sa fille venant se placer entre elle et l'héroïsme de son mari, elle reprit d'une voix suppliante :

— Peut-être pourrait-on fléchir ton créancier?

— Fléchir Jacob Kirschmark !... répondit amèrement le commerçant.

— Veux-tu que j'aille à lui, que je le supplie, que je me traîne à ses pieds? Je lui mènerai ma fille. Il ne résistera pas aux larmes de la mère, aux caresses de l'enfant.

M. Bergeret se leva, comme poussé par un ressort, et se plaçant devant la porte :

— T'abaisser, toi, devant un pareil misérable! Je te le défends! Un lâche, qui croit tout permis à sa fortune! Il ne respecte ni la vertu, ni le malheur ! Je te défends de le voir! je te le défends !

Louise s'inclina, en signe d'obéissance.

Plus calme, son mari continua :

— J'ai du reste essayé de le voir. Il m'a fait répondre que c'était inutile. Enfin, résolu à tenter un dernier effort sur cette nature impitoyable, je lui ai envoyé un billet ainsi conçu : « Je vous attends chez moi, à trois heures. Il faut que je vous voie. De cette entrevue peuvent résulter mon salut et le payement de ma dette. » Ce dernier mot le fera venir, peut-être.

— Il est près de trois heures !

— Je l'attendrai.

— Et que vas-tu lui proposer?
— Voici mon projet...

Au moment où le malheureux négociant allait apprendre à sa femme ce qu'il comptait offrir à son cruel créancier, un domestique vint annoncer ce dernier.

M. Bergeret donna l'ordre de l'introduire.

Puis, malgré les supplications de sa femme, qui voulait assister à cette suprême entrevue, il l'envoya en attendre l'issue auprès de leur fille, lui recommandant de ne pas revenir avant qu'il ne la rappelât.

En sortant, Mme Bergeret se croisa avec un gros petit homme, laid, commun, bourgeonné, qui, à sa vue, fit un salut imperceptible et toucha son chapeau du bout du doigt.

C'était Jacob Kirschmark.

Il vint droit à son débiteur.

Celui-ci lui offrit un siège du geste, et lui dit :

— Mon cher monsieur Kirschmark, je vous ai fait prier de passer chez moi...

L'autre interrompit :

— Où est l'argent?

— Si j'avais de l'argent, il serait chez vous, et vous ne seriez pas ici.

Le banquier-usurier haussa les épaules et grommela de l'air le plus insolent :

— Pas d'argent! Alors, pourquoi me faites-vous venir? Vous ne me connaissez donc pas?

— Si. Je vous connais de réputation, répondit en se contenant de son mieux cet homme honnête que la nécessité obligeait à se courber devant cet être abject; on dit beaucoup de mal de vous. On prétend que vous n'avez jamais accordé un délai, une grâce; que vous n'avez jamais eu pitié de personne, et que vous laisseriez mourir de faim tous vos débiteurs plutôt que de perdre un centime.

Kirschmark se mit à rire grossièrement :

— Vous appelez ça *du mal*, vous? On ne me calomnie pas, on dit vrai!

M. Bergeret sentit un froid lui courir dans les veines; il songea à sa femme, à sa fille, et continua :

— Je n'ai pas voulu croire toutes ces accusations. Il est possible que vous vous montriez dur avec des clients d'une moralité douteuse, et qui mettent de la mauvaise volonté à payer leurs dettes, mais en face d'un homme d'honneur frappé par une fatalité incroyable...

— Les hommes d'honneur sont ceux qui payent, fit le banquier de son ton le plus tranchant.

— Vous aurez quelques égards, quelque pitié, surtout si cet homme a une femme, un enfant.

— Une femme... un... Qu'est-ce que cela me fait à moi, tout ça? répéta Kirschmark avec le plus profond dédain. N'ayez ni femme ni enfant, et ayez de l'argent, ça vaudra mieux pour moi... et pour vous.

— Monsieur!... s'écria le père de famille, en faisant un mouvement terrible vers son créancier.

— Hein ? quoi ? répondit ce dernier avec le plus grand calme.

M. Bergeret se déchirait la poitrine avec les ongles.

Il s'arrêta, balbutiant :

— Monsieur !... cela importe plus que vous ne pensez, car sans cette femme, sans cette enfant, je vous jure que je ne vous supplierais pas en ce moment !

Kirschmark se leva.

— C'est tout ce que vous me donnez en payement ? Des paroles ! Bonsoir ! Mes mesures sont prises... prenez les vôtres.

Et il allait se retirer.

Le dernier espoir du malheureux commerçant disparaissait avec lui.

Il se fit encore plus petit, encore plus humble :

— Pardon, lui dit-il avant que l'impitoyable banquier eût touché le bouton de la porte, pardon !... Comme je vous l'ai écrit, j'ai une proposition à vous adresser... dans notre intérêt commun... comprenez-vous bien ?

— Parfaitement, répliqua l'autre, qui revint sur ses pas ; je ne suis pas un imbécile... Dans notre intérêt commun, ça veut dire qu'il s'agit de me payer... j'écoute.

— Monsieur Kirschmark, dit rapidement, fiévreusement le mari de Louise, j'ai quarante ans, je suis fort et laborieux. Malgré mes revers, nul ne peut me contester l'intelligence des affaires...

— C'est vrai ! approuva le banquier, quoique, à vrai dire, l'intelligence, dans les affaires, consiste à gagner l'argent des autres, et non à perdre le sien.

— Eh bien ! avec tout cela, si vous consentez à ne pas me poursuivre, il est impossible que je ne trouve pas une place de quatre ou cinq mille francs.

— Une place de caissier ! ricana Kirschmark.

— De caissier... soit.

— Vous l'aurez si je consens à ne pas vous poursuivre... possible... mais je vous poursuivrai.

Le père de Claire eut du sang dans les yeux.

Un moment, Bergeret crut qu'il allait se précipiter sur ce monstre, et l'étouffer entre ses bras.

Mais c'était le nom des siens qu'il jetait en pâture à l'animadversion publique, c'était leur avenir qu'il défaisait pied à pied.

Il se résolut à tenir ferme, jusqu'au dernier pouce de terrain.

Il eut le courage indicible de murmurer :

— Peut-être feriez-vous mieux d'attendre... Sur le fruit de mon travail, je m'engage à ne prélever que le strict nécessaire pour nourrir ma famille, et je vous abandonne le reste.

Kirschmark se tordait.

— Très joli ! Attendez ! répondit-il entremêlant ses paroles d'éclats de rire à mettre la rage au cœur d'un saint, attendez ! vous avez une femme et un enfant ! Le strict nécessaire pour trois personnes, en admettant que les personnes vivent le plus économiquement du monde, comme moi quand j'ai commencé, est de deux mille cent francs, savoir, sept cent francs par tête. Qui de quatre mille paye deux mille cent, ne garde que dix-neuf cents francs.

Voici donc ce que vous m'offrez : dix-neuf cents francs par an, jusqu'à extinction de la dette.

— Monsieur !

— Très joli ! Vous faites une lettre de change à six mois et vous demandez cinquante-deux ans, sept mois et cinq jours pour rembourser. Je ne veux pas des intérêts, qui, au taux de ma maison, pendant ces cinquante-deux ans sept mois et cinq jours, ne laisseraient pas de grossir le capital. Vous n'êtes pas dégoûté, vous !

— Vous raillez ! fit le malheureux Bergeret les dents serrées, l'œil menaçant.

— Moi ? pas du tout ; c'est vous qui vous... riez de moi.

— J'ai cru devoir vous offrir le dernier moyen qui me restât de m'acquitter envers vous. D'ailleurs les marchandises que j'ai en magasin, si je puis attendre, reprendront de la valeur, et l'an prochain, qui sait ? je vous rembourserai d'un seul coup.

L'usurier remit son chapeau.

Il regarda son débiteur bien en face et dit, en lui riant au nez :

— Décidément vous êtes un farceur ! Vos marchandises !... mais demain vos marchandises seront vendues à la criée ! demain je les aurai rachetées au rabais ; elles ne seront plus dans vos magasins, mais dans ma cave ; elles attendront chez moi, et si elles remontent, ce qui est certain, elles remonteront pour moi.

— Ainsi, monsieur, fit M. Bergeret frémissant, vous êtes décidé à tout faire vendre demain ? Ainsi, vous me ruinez de gaieté de cœur.

— Oh ! mon bon ami, ne faisons pas de sentiment ! Parlons clair. Lorsque vous êtes venu à moi, car c'est vous qui êtes venu à moi, et non moi qui suis allé vous chercher, je me suis tenu ce raisonnement : Je prête cinquante mille francs, mais dans six mois je recevrai le double de la somme ou j'entrerai en possession de marchandises qui me garantiront mes débours. Vous ne vous trouvez pas en mesure, je fais vendre. Maintenant, que vous importe que ce soit monsieur Pierre, monsieur Paul ou moi qui rachète. Un peu de raison, que diantre ! les affaires sont les affaires !

L'excès du cynisme de son créancier fit tomber la colère du débiteur.

Il lui dit simplement :

— Monsieur, le ton dont vous me parlez me fait mal, et je vous prie d'en changer.

— Comme il vous plaira.

— Une dernière fois, et il articula lentement chacun des mots qui suivirent, si vous ne voulez pas devenir un assassin, acceptez ce que je vous propose !

— Jamais ! s'écria Kirschmark avec véhémence. Vous vous moqueriez de moi. Ah çà ! pour qui me prenez-vous ?

— Je vous prends pour un..., répondit M. Bergeret en faisant un geste terrible qui s'arrêta à moitié chemin...

— Hé ! là-bas ! faites attention, vous levez la main sur moi... hurla l'usurier, qui opéra prudemment sa retraite. Vous me payerez cela par-dessus le marché.

— Mais, j'ai tort !... continua le père de Claire... Vous êtes dans votre droit ; seulement, retenez bien ceci : Je vous le jure par Dieu, qui nous voit et nous juge tous deux : au moment où vos recors mettront le pied dans cette maison, je me ferai sauter la cervelle.

Kirschmark eut un sourire ironique.

— Allons donc! est-ce qu'on se tue? Vous dites tous la même chose! Mais, mon cher monsieur, je connais toutes ces histoires-là! — et prenant une voix de fausset, il cria : « Moi! déshonoré! perdu!... Jamais! je me tuerai! »

— Misérable!

— Oui! oui! continua le banquier de sa voix naturelle, une fois coffré on ne se tue pas du tout! On se retourne, on cherche, on intrigue, on se met en quatre et l'on finit par payer. Mon bon ami, vous voulez apprendre à un vieux singe à faire des grimaces.

M. Bergeret, immobile, pâle, écoutait tout cela comme dans un rêve.

Cette dernière raillerie le réveilla.

— Assez! fit-il. J'ai cru devoir, pour la vie de ceux que j'aime, m'humilier devant vous, mais je ne vous marchanderai pas plus longtemps la mienne. Sortez de cette maison. Les vautours n'ont rien à faire avec les vivants! Revenez dans une heure, vous trouverez un cadavre!

Kirschmark se dirigea de nouveau vers la porte, murmurant entre ses dents :

— Oh! de grandes phrases!

Puis, par un remords de conscience ou par une vague crainte, il revint vers son débiteur :

— Ah çà! continua-t-il, vous n'allez pas faire de bêtise, au moins. Avant tout, vous êtes un homme d'honneur; vous ne vous appartenez pas, tant que vous ne m'avez pas payé.

M. Bergeret lui fit signe de sortir.

Et comme l'autre allait parler de nouveau, il lui dit sourdement :

— Allez-vous-en, et bien vous en prendra! Votre refus me rend libre! Souvenez-vous de mes paroles. Ce que j'ai dit, je le ferai.

— Le plus souvent!

— Partez! Ne me forcez pas à vous prouver que je suis encore chez moi, et que j'ai le droit de vous chasser!

Kirschmark était sur le pas de la porte.

— C'est bon! on s'en va! répliqua-t-il.

Il hésita un moment, murmura : Ah bah! est-ce qu'on se tue? plein d'un doute railleur, et sortit en ajoutant :

— Je m'en vais, je m'en vais... Vous serez plus coulant tout à l'heure.

Au moment où Kirschmark refermait derrière lui la porte du salon de M. Bergeret, une main tremblante lui saisit le bras, et une voix plus tremblante encore que la main lui souffla dans l'oreille ces trois mots :

— Par grâce, venez!

Le banquier se retourna.

Et il suivit la personne qui venait de lui adresser cette prière.

Un châle lui a été jeté adroitement sur la tête de façon à l'empêcher de crier.

VI

JOURNAL D'UNE JEUNE FILLE (suite). — DÉBUTS DE KIRSCHMARK DANS LA BANQUE

Demeuré seul, l'infortuné commerçant eut comme un éblouissement qui le força de s'appuyer au premier meuble à la portée de sa main.

Il réfléchit un moment.

Il comprit que tout était fini pour lui.

Alors, allant à un bureau qui se trouvait dans l'angle du salon, il en ouvrit le tiroir intérieur et y prit deux pistolets dont il vérifia les amorces.

Ces pistolets, il les posa sur le bureau, à sa droite; et, ouvrant un buvard, il se mit à écrire :

« Amie, adieu pour toujours.

« L'homme que tu estimes et que tu aimes ne doit pas vivre déshonoré!

« Je me tue, parce que je ne peux plus rien pour toi.

« Depuis dix ans tu m'as rendu heureux!

« Ma consolation, à cette heure suprême, est de penser que tu ne m'as jamais causé un moment d'amertume.

« Sois bénie! toi et l'enfant que tu m'as donnée!

« Vis pour ta fille, et un jour dis-lui que son père est mort pour lui laisser un nom sans tache! »

Il signa, murmurant des mots sans suite...

— Sans tache!... oui! La mort épure tout.

Prenant les armes sur le bureau, il les plaça dans une des poches de sa redingote, qu'il eut soin de boutonner.

— Non! non... pensait-il, et de temps à autre il énonçait tout haut une partie de ses pensées... Ce misérable usurier mentait en prétendant qu'on ne se tue pas!... Je ne tremblerai pas au dernier moment!... Depuis longtemps déjà, mon esprit s'est familiarisé avec l'idée de la mort.

Il se promenait à grands pas.

— Vienne le signal, maintenant! je suis prêt.

Ici, un bruit léger se fit entendre à la porte par laquelle Mme Bergeret était sortie.

— Pauvre Louise! c'est elle... je l'oubliais. Elle attend que je la rappelle.

Il ouvrit.

Louise entra.

La pauvre femme tremblait, se soutenant à peine.

Elle venait de subir un rude assaut.

Placée derrière la porte de communication qui séparait sa chambre du salon, elle avait écouté, anxieuse, agenouillée presque, l'entretien de son mari et de Kirschmark.

Tant que les deux hommes n'avaient fait que débattre leurs intérêts, elle s'était contentée de prier. Mais au moment où M. Bergeret, désespéré par l'insensibilité de son créancier, lui jura de se tuer, elle comprit que tout était perdu.

Rien ne lui coûta.

Malgré la défense qui lui en avait été faite, elle se précipita dans un couloir de dégagement, arriva assez à temps pour arrêter le banquier usurier.

Elle l'entraîna dans une pièce retirée.

Là, ce que l'affection, la tendresse conjugale peuvent inspirer d'ardentes prières et de convaincantes protestations, son amour pour son mari le lui inspira.

Elle se roula aux pieds de cet homme, qui tenait la vie de tous les siens dans un *oui* ou un *non*.

Il la laissa parler, pleurer, prier!
Il la regardait et la trouvait belle.
Plus belle que sa maîtresse ordinaire, plus belle que les courtisanes de hasard après lesquelles il courait dès que ses affaires lui laissaient quelque répit.
Il le lui dit.
La pauvre femme le laissa dire.
Elle n'attendait qu'une réponse, et tout ce qui n'était pas cette réponse ne lui semblait pas avoir de signification.
Elle redoubla ses supplications.
— Vous demandez un *oui*. Soit, j'accorderai un délai, je donnerai du temps, tout le temps qu'il vous plaira...
Et comme elle se penchait, haletante de joie, pour lui saisir les deux mains et les couvrir de baisers, le monstre ajouta :
— Mais c'est un *oui* aussi que je vous demande.
Mme Bergeret ne comprenait pas.
Il se fit comprendre.
Oh! ce ne fut pas long.
La femme suppliante disparut.
La mère se redressa de toute sa hauteur.
Et, fortes de leur sainte dignité, de leur infortune imméritée, la femme et la mère, représentées toutes deux par cette vertueuse créature, crachèrent son infamie à la face du hideux bandit qui vendait l'honneur commercial de l'époux au prix de l'honneur conjugal et maternel de l'épouse.
Kirschmark se retira au comble de la rage.
Ainsi la démarche tentée par Mme Bergeret tournait au détriment de l'homme pour qui elle eût sacrifié sa vie, mais sa vie seulement!
Le créancier parti, elle avait couru chez elle, ouvert des tiroirs, pris quelques écrins, et elle avait écouté de nouveau ce qui se passait dans le salon.
Son mari écrivait.
Elle attendit, puis elle frappa.
Quand M. Bergeret vint lui ouvrir, elle se précipita dans ses bras.
Et tous deux se mirent à sangloter.
Mais ce n'était pas le moment de se livrer à un stérile désespoir.
Louise fut la première qui revint au sentiment de leur cruelle situation.
Elle eut le sang-froid de feindre l'ignorance la plus complète au sujet de tous les détails de sa conversation avec le banquier.
— Eh bien, mon ami? lui demanda-t-elle.
— Du courage! répondit M. Bergeret.
— Tes prières?...
— Sont tombées sur un banc de pierre.
— Oui, oui, mais je veux tout savoir, dis-moi jusqu'où va notre malheur? Qu'as-tu obtenu?
— Rien.
— Quoi! pas un délai?
— Il m'a donné une heure.

— Une heure ? et après ?

— Après ? Il faudra me tenir à la disposition des gardes du commerce.

La malheureuse femme lui mit la main sur la bouche en lui criant, dans le plus grand désordre :

— Non, non, n'achève pas... Une heure ! et il y a déjà longtemps qu'il est parti ! et dans quelques minutes on viendra te chercher... t'arracher de mes bras, Bergeret !... Oh ! non, je ne veux pas que tu ailles en prison, je ne le veux pas !

Lui l'entourait de ses bras et lui répondait, sombre et résolu :

— Je ne le veux pas non plus, moi.

Elle allait lui crier :

— Tu vas te tuer, tue-moi d'abord !

Mais la prudence lui ferma les lèvres.

Il se serait douté qu'elle avait tout entendu. Il se méfierait d'elle. Elle se tut. Son mari reprit :

— Voyons, Louise, écoute-moi. On va venir saisir tout ce qui nous appartient, tout ce qu'il y a ici.

— Eh bien ?

— Il ne faut pas que tu assistes à ce triste spectacle. Je ne veux pas qu'on te trouve ici. Quitte cette maison.

Louise le regarda bien en face et lui dit vivement :

— Avec toi... oui... à l'instant, partons !

M. Bergeret fit un geste d'impatience ; mais à la vue du visage désolé de celle qu'il aimait tant, il leva les yeux au ciel et continua :

— Pars avec Claire, avec notre fille. Va chez ta sœur. Je vous y ferai tenir de mes nouvelles au plus tôt.

— Et toi ?

Ces deux mots, dits avec toute la tendresse d'une femme qui connaît sa puissance si longtemps éprouvée, lui donnèrent le frisson.

Il se détourna pour reprendre son sang-froid et repartit :

— Moi... tu le comprends bien... il faut que je me cache...

— Oui !... répondait machinalement la pauvre femme.

— Si je vous suivais, on me trouverait sans peine.

— Oui, oui !... C'est juste !

Et elle sortait des poches de sa robe les écrins qu'elle avait pris dans sa commode.

— Que tiens-tu là ? demanda M. Bergeret.

— Rien ! je ne sais pas... Ah ! oui... répondit Louise presque affolée par la terrible pensée qu'il allait falloir quitter son mari. Mon écrin, mes diamants ! ceux que tu mis dans ma corbeille de mariage.

— Ah ! Et que veux-tu en faire ?

— Ce que je... moi... mais rien... Je te les apportais... Si tu les avais proposés, offerts à cet homme, peut-être aurait-il pris patience... Il en est temps encore... offre-les-lui.

Le mari prit sa femme entre ses bras, et, la pressant contre son cœur, il lui dit :

— Cher ange, ces bijoux, réunis à tout ce que je possède, ne feraient pas la moitié de la somme due... et mon créancier veut tout.
— Alors... prends-les...vends-les.
— Non.
— Tu en auras besoin, insistait Louise. Nous, nous serons chez ma sœur; il ne nous manquera rien.
— Pauvre amie! ces diamants, derniers reflets d'un bonheur évanoui, d'un passé perdu pour toujours, ces diamants ne nous appartiennent pas.
— Grand Dieu! fit la pauvre femme en laissant tomber les écrins...
— Tout ce que nous possédons est le gage de mon créancier. Il serait coupable d'en détourner la moindre partie.
Elle se résigna.
— Tu as raison, mon ami. Je t'obéirai... je quitterai la maison avec Claire... mais tu vas partir avant moi.
— Oui! oui!... répondit Bergeret, en cherchant à calmer l'exaltation qui envahissait sa compagne.
— Nous, nous irons... où cela?... au fait... où faut-il aller?... Je ne sais plus bien, moi!
Mme Bergeret finissait à peine cette phrase, qu'on sonna violemment à la porte d'entrée.
Mme Bergeret fit un mouvement et se rapprocha de son mari.
— On a sonné! murmura-t-elle d'une voix si basse qu'il ne l'entendit pas.
— On a sonné! — Eux, déjà! pensa le malheureux.
On entendit le bruit de la porte donnant sur le palier, qui se refermait.
La femme de chambre parut. Elle tenait la petite Claire par la main.
Elle était émue, elle balbutiait :
— Madame, il y a là des personnes qui demandent monsieur!...
M. Bergeret allait sortir.
Sa femme le retint.
— C'est bien... dit-elle à la domestique... laissez-nous... et priez ces personnes d'attendre quelques instants...
— Mais...
— Sortez!... Claire, reste ici.
La femme de chambre obéit. L'enfant resta.
Louise se précipita vers la porte du fond par laquelle sa femme de chambre venait de se retirer, et elle poussa le verrou.
La petite Claire regardait sans comprendre la grandeur de l'infortune qui s'appesantissait sur sa famille.
Cependant, elle ne perdit pas un détail de cette triste scène.
Tandis que sa mère poussait le verrou, elle courut à son père, immobile, et comme frappé de la foudre.
Les baisers de sa fille le tirèrent de son accablement.
Il vit ce qui occupait sa femme.
— Louise, que fais-tu là? s'écria-t-il.
Elle lui répondit tout bas :
— N'as-tu pas entendu?

— Quoi?
— Ils sont là!
— Ne devaient-ils pas venir? répliqua M. Bergeret douloureusement.
— Oui... mais tu...
— Ma Louise! mon ange adoré! mon plus grand tourment, à cette heure suprême, est de te voir près de moi.
— Tais-toi! Je ne donnerais pas ma place, près de toi, pour une éternité... Bergeret, il faut partir, partir tous les deux!
— Impossible! fit l'homme. Il faut user de ruse, pour que je ne tombe pas entre leurs mains!
— Parle!
— Écoute! Je vais entrer dans ma chambre...
— Après?
— Dès que j'y serai, tu ouvriras aux agents de ce misérable Jacob Kirschmark...
— Leur ouvrir!...
— Oui!

Elle allait répondre que mieux valait laisser enfoncer la porte, qu'elle se ferait tuer plutôt que de leur permettre d'arriver jusqu'à lui; mais on frappa, et une voix forte et lente prononça distinctement ces mots irrésistibles :

— Ouvrez! au nom de la loi!

M. Bergeret fit un signe.

Louise comprit.

Elle se dirigea vers le fond du salon et répondit :

— J'ouvre, messieurs, j'ouvre.

Ses jambes ne la soutenaient plus.

Elle s'assit en murmurant :

— J'ai peur!

Les émotions successives par lesquelles passait sa pauvre tête réagissaient sur ce cœur si fort, si dévoué.

Pendant ce mouvement, le père saisissait sa fille et l'embrassait convulsivement.

L'enfant ne disait rien.

Elle regardait son père d'un air grave, qui témoignait de la précocité de son intelligence.

Louise, s'apercevant du désespoir muet de son mari, se releva et revint sur ses pas :

— Bergeret, lui dit-elle, pourquoi veux-tu que j'ouvre cette porte?
— Ces gens veulent m'arrêter, tu le sais.
— Eh bien?
— Retiens-les quelques instants. Attire-les ici.
— Et pendant ce temps-là?
— Tu m'as compris. Je descends par la fenêtre de ma chambre, qui se trouve à peine à quelques pieds du sol.
— Si cela se pouvait!...
— Cela se pourra, et je serai sauvé!

— Sauvé !... va !...
Et elle le poussait d'une main.
Mais soudain elle le retint de l'autre.
— Ah! fit-elle avec un désespoir croissant, mais je m'en souviens... tout à l'heure tu refusais de fuir.
— Tout à l'heure?
— Oui... ne dis pas non... J'en suis sûre...
— J'ai changé d'idée !
— Tu me le jures ?
— Louise, ouvre cette porte, lui dit son mari avec autorité.
— Bergeret, tu me trompes ! répondit-elle, avec des accents qui eussent déchiré le cœur d'un homme moins résolu.
— Ouvre cette porte, je t'en prie.
La lumière se faisait dans le cerveau de la malheureuse.
— Bergeret, tu mens !
S'armant de toute l'influence qu'il pouvait avoir sur cette créature qui n'avait jamais vécu que par lui et pour lui, il ajouta :
— Louise, ouvrez cette porte, je vous l'ordonne !...
Louise, courbée sous cette volonté respectée, sentit toute résistance se fondre.
Elle se dirigea vers la porte fatale.
Bergeret passa rapidement dans la chambre.
L'enfant regardait, immobile.
La même voix répéta du dehors :
— De par la loi et justice, ouvrez !
Louise allait obéir à l'ordre de son mari, aux injonctions de cette voix redoutable, quand la petite Claire, qui se trouvait près du bureau sur lequel Bergeret avait laissé sa lettre tout ouverte, l'aperçut.
Elle prit la lettre et la porta à sa mère.
Parcourir cette lettre d'un rapide coup d'œil, pousser un cri désespéré et se précipiter vers la chambre de son mari, fut pour elle l'affaire d'une seconde.
Un coup de feu retentit au moment où elle y mettait le pied.
Puis, plus rien !
Pas de cris, pas de pleurs !
Le silence du cimetière.
La mort de l'homme, l'évanouissement de la femme firent succéder un calme profond aux orages, à la tourmente de la scène que nous venons de décrire.
Au bruit du coup de pistolet, après une troisième sommation, les gardes du commerce attaquèrent la porte du fond.
L'enfant, éperdue, pâle, hors d'elle-même, mais cherchant à voir et à savoir, se tenait là entre les deux portes, sans oser entrer dans la chambre de son père, sans vouloir ouvrir aux gens qui faisaient pleurer sa mère !
La porte du salon tomba.
Les recors, qui venaient de l'enfoncer, pénétrèrent dans cet intérieur qui,

rayonnant de vie et de bonheur la veille encore, *sentait* aujourd'hui la misère et la mort.

La petite Claire les considérait tout effarée.

— Le sieur Charles Bergeret est-il ici, mon enfant? demanda l'agent en chef, en adoucissant de son mieux sa voix rogommeuse.

— Papa! Vous voulez voir papa? — Il est là, avec maman.

Et elle montrait la chambre mortuaire.

Il y eut une seconde d'hésitation chez ces hommes, qui pourtant n'ont guère l'âme bien tendre.

Ils avaient d'abord cru à une comédie, à une farce de débiteur aux abois.

La farce dégénérait en drame sanglant.

L'agent en chef entra dans la chambre de M. Bergeret.

Les autres agents suivirent.

Au spectacle qui frappa leurs yeux, ils se découvrirent tous.

Le père, l'homme, le commerçant, le mari, était étendu tout de son long, mort d'un coup de pistolet en plein cœur.

Le femme, la mère, gisait sans connaissance, le visage baigné dans le sang qui coulait de la blessure de son mari.

Profitant du silence de tous ces hommes qui avaient le verbe si haut peu d'instants auparavant, Claire s'était glissée jusqu'à sa mère, et l'appelant de toutes ses forces :

— Maman! maman! réveille-toi! criait-elle.

Et elle s'agenouillait à ses côtés, et elle lui baisait les mains.

Le commissaire de police constata la mort de M. Bergeret.

Puis, grâce aux soins donnés à sa femme, on parvint à lui faire reprendre connaissance.

Mais son premier regard que, dans un reste d'égarement, elle dirigea vers cette porte terrible, tomba sur la tête inquiète et curieuse de Kirschmark.

L'infâme usurier, le libertin rancunier, avait calculé le temps qu'il fallait à ses agents pour exécuter ses ordres, et il venait savourer le plaisir de sa basse vengeance ; il venait faire prendre à son amour-propre blessé un bain de larmes et de sanglots.

Ce fut un bain de sang qu'il trouva préparé.

Et comme stupéfait par ce spectacle inattendu, incroyable, il demeurait cloué sur le seuil de cette demeure, faite veuve et orpheline par lui, un cri d'horreur vint lui déchirer les entrailles.

C'était la femme de sa victime qui venait de le pousser.

Il voulut s'en aller.

Les jambes lui manquèrent.

Puis, une force magnétique le retenait là, haletant, éperdu, voulant voir jusqu'au bout.

Il vit Mme Bergeret se lever sans secours, prendre son enfant par la main, la traîner jusqu'à lui, étendre le bras vers lui, et s'écrier :

— Claire, mon enfant, tu vois cet homme...

L'enfant répondit :

— Oui.

L'enfant tenait un journal et épelait.

La mère continua :
— Regarde-le! regarde-le bien... et souviens-toi!... C'est l'assassin de ton père!

Ce fut tout.

Le lendemain, la veuve de Charles Bergeret était folle, et sa fille mendiait pour lui avoir du pain.

Le manuscrit s'arrêtait là.

VII

LA PISTE DE M. JULES

En dehors de ce qu'il appelait les *affaires*, M. Jules avait la prétention de vivre comme tout le monde.

Méticuleux, tatillon et méthodique comme un vieil employé de ministère qui voit poindre l'aurore bénie de sa retraite, il servait d'horloge à tous ses pauvres voisins.

Été comme hiver, au premier coup de sept heures, il mettait son passe-partout dans sa serrure; au dernier, il était assis devant sa table-bureau, et se prélassait dans son large fauteuil recouvert en cuir.

L'après-midi, à quatre heures précises dans la semaine, à deux le dimanche, il se levait, quittait son cabinet, et laissait M. Piquoiseux, son secrétaire, se débrouiller avec les toiles d'araignées et les criailleries de ses clients ou de ses agents, fatigués de se morfondre.

Ensuite, majestueusement, dans la plénitude de ses facultés et de son importance, à pied, par le beau temps ou par la pluie, il regagnait *son* boulevard.

Le boulevard du Temple, avec son groupe de théâtres, avec ses arbres, ses bancs, ses marchands de pommes d'oranges et de sucre d'orge, était le boulevard de l'honnête M. Jules.

Son appartement était situé au deuxième étage, dans une maison d'assez belle apparence, à deux pas du Petit-Lazary.

Rentré chez lui, il parcourait quelques lettres que son concierge lui remettait, il faisait un *bout* de toilette et descendait prendre sa récréation au café Turc.

Cette récréation durait de quatre heures et demie à six heures.

C'était une belle et bonne partie de *dominos* avec trois vieux rentiers, toujours les mêmes, qui ignoraient à quel formidable partenaire ils avaient affaire.

A six heures, il dînait... quand il dînait.

Un de ses agents racontait l'avoir vu rester cinquante-six heures sur pied, sans manger ni dormir, pour ne pas perdre une piste qu'il croyait tenir.

La piste était fausse.

Il rentra chez lui, mangea pour trois jours, dormit quatre heures et recommença le lendemain.

Cette fois-là avec succès.

Après dîner, il rentrait dans sa *peau d'agent de police*, — expression énergique affectionnée par lui, — et alors Dieu sait quelles œuvres, bonnes ou mauvaises, mais toujours ténébreuses, il accomplissait!

Or, le dimanche gras, à deux heures sonnantes, M. Jules quitta son fauteuil curule, ferma secrétaire, armoires, cartonniers, et, traversant le couloir secret dont lui seul avait la clef, il se trouva dans la rue des Noyers.

Comme de coutume, il gagna le boulevard du Temple et rentra chez lui.

Comme de coutume aussi, il changea de vêtements et redescendit peu d'instants après.

Seulement, ce jour-là, le double-six et le double-blanc n'eurent pas sur lui l'influence et l'attrait nécessaires pour lui faire traverser la chaussée dans la direction du café Turc, où ses joueurs ordinaires l'attendirent vainement.

Il tourna à droite, et suivit le boulevard du Temple, se dirigeant vers la porte Saint-Martin.

La fumée de son cigare voltigeait autour de sa tête, prenant les formes les plus fantaisistes.

Sa canne, vrai rotin de bâtonniste, décrivait des huits et des roses d'une vitesse fantastique dans les airs.

Ses lèvres, tout en s'humectant de l'arome humide de son cigare, chantonnaient une chanson quelconque.

M. Jules, aux yeux de chacun, n'était pas autre chose qu'un brave employé, heureux de *faire* son dimanche.

Il badaudait, il flânait à ravir.

Tout était innocent dans sa personne, sauf son diable d'œil, qui ne pouvait s'empêcher, quoi qu'il en eût, de tourner à droite, à gauche, devant, derrière, et de regarder de temps à autre tout à l'entour de sa tête.

A la hauteur du café *Hainsselain*, au coin de la rue du Faubourg-du-Temple, l'ex-chef de la police de Sûreté se sentit suivi.

Pour lui, se *sentir* épier c'était l'être.

Cinq minutes après son doute se changeait en certitude.

Il ne se donna même pas la peine de marcher soit un peu plus vite, soit plus lentement, de rebrousser chemin ou de changer de trottoir, d'entrer dans une des nombreuses maisons du boulevard Saint-Martin qui toutes ont deux issues, l'une sur le boulevard même, l'autre dans la rue de Bondy.

Non pas.

Arrivé devant le théâtre de l'Ambigu-Comique, il s'arrêta, bien à son aise, tout naturellement, pour lire l'affiche du spectacle du jour.

On s'arrêta aussi.

M. Jules n'était pas homme à se laisser intimider ou surprendre.

Doué d'une force corporelle peu commune et d'une bravoure à toute épreuve, il ne s'étonnait de rien.

Rien ne l'effrayait.

Aussi son parti fut-il vite pris.

Faisant demi-tour à droite avec la plus magistrale lenteur, il se trouva nez à nez avec la personne qui semblait s'être donné la tâche de s'attacher à ses pas.

Cette personne était celle d'un ouvrier assez proprement endimanché.

Au mouvement de l'agent de police, qui était pourtant assez significatif, l'ouvrier ne broncha pas.

— Monsieur, dit le premier en ôtant poliment son chapeau, regarde l'affiche de ce soir, pour savoir à quelle heure commence le spectacle ?

— Moi? non, répondit le second.
— Monsieur a-t-il vu la *Closerie des Genêts?*
— Pas encore.
— C'est un drame superbe, monsieur.
— Ah !
— Oui, et pour peu que monsieur le désire, nous irons le voir ensemble ce soir, monsieur ayant l'air de désirer passer la soirée avec moi.
— Merci bien, monsieur Jules, fit l'ouvrier en riant, mais je n'ai pas le cœur au théâtre pour le quart d'heure.
— Hein? fit de son côté l'agent, en entendant prononcer son nom. Tu me connais, l'ami?
— Faut croire, repartit l'autre en s'inclinant humblement devant lui. Qui est-ce qui ne connaît pas le soleil?
La flatterie était grosse comme un potiron et vieille comme Mathusalem, mais quelle est la flatterie à laquelle on ne se laisse pas prendre?
Notre héros ne chercha pas à résister.
Il se sentit même tellement désarmé par l'humilité adulatrice de cette comparaison exagérée, qu'il renonça à continuer la plaisanterie avec son espion.
— Ah! tu me connais? répéta-t-il, et depuis quand?
— Depuis bien longtemps, monsieur Jules.
— Ton nom?
— Filoche, pour vous servir.
— Filoche?
— Lui-même.
— Filoche! continua l'ex-agent, avec un vif mouvement de satisfaction, un de mes vieux, un de mes bons !
— Oui, monsieur Jules, et je vous avouerai même que ça m'humilie crânement de ne pas avoir été reconnu par vous.
— Il ne faut pas t'en chagriner, ma vieille, j'étais un peu distrait et tu es un peu changé : voilà quelque dix ans que je t'ai perdu de vue.
— A peu près.
— Tu t'es fait une tête d'honnête homme.
— Je suis l'homme de ma tête, répondit Filoche en soutenant fièrement le regard scrutateur de son ancien chef.
— Tant mieux, mon garçon, tant mieux. Seulement, il ne faut pas t'étonner qu'on se donne le temps de la réflexion en te *reluquant* à nouveau. Que fais-tu à présent?
— Je débarde.
— Ah!
— Et j'évite les trains de bois.
— Fichu métier! mon gars, pour un homme intelligent comme toi, fit M. Jules, avec une moue expressive.
— Fichu métier, possible! Mais il faut manger, et ce métier-là me nourrit tout de même.
— Alors tu ne te plains pas?
— A quoi ça me servirait-il.

— C'est juste. Je n'ai plus rien à te dire. Viens me voir un de ces matins, nous recauserons. Adieu, mon garçon.

Et M. Jules, pensant que Filoche ne l'avait suivi et arrêté que pour opérer cette touchante reconnaissance, lui fit un geste de la main, et se prépara à reprendre sa marche.

Cette retraite subite ne laissa pas de décontenancer Filoche, qui, après une hésitation d'une seconde, prit son courage à deux mains, et le rattrapa vivement.

— Je vais vous dire, monsieur Jules, reprit-il d'une voix embarrassée.
— C'est encore toi !
— Je voudrais causer avec vous de...
— De quoi ?
— De quelque chose de pressé.
— Sapristi ! c'est que je le suis aussi diantrement pressé ! répliqua l'ex-agent en consultant sa montre, qui marquait trois heures et demie.
— Voilà une demi-heure que je vous suis.
— Je m'en suis bien aperçu. Viens demain matin à mon agence, rue...
— Des Noyers, 7. Merci, j'en arrive.
— Ah ! Enfin, qu'y a-t-il ?
— Une commission dont on m'a chargé.
— Pour moi ?
— Pour vous.
— Qui t'envoie ?
— Quant à ça !... je serais bien embarrassé de vous le dire.
— Imbécile ! s'écria M. Jules, qui marchait toujours.
— Foi d'homme ! repartit l'autre, c'est un particulier que j'ai repêché, cette nuit, au-dessous du pont d'Iéna.
— Hein ?
— Ficelé comme un saucisson.
— Dans une couverture de cheval, et blessé, continua M. Jules stupéfait d'une telle coïncidence.
— Le corps criblé comme une écumoire.
— Ce n'est pas possible ! murmurait l'agent, ce n'est pas...
— Possible... Si fait, monsieur Jules, c'est la pure vérité. On venait de le jeter du haut du pont, quand j'ai eu la chance de l'agrafer avec une gaffe et de le haler à bord du train.
— Attends, fit l'agent, qui héla une voiture et y fit monter Filoche.
— Cause maintenant, ajouta-t-il, je vais allée des Veuves.
— Comme ça se trouve, répondit joyeusement le débardeur, c'est sur ma route.

— Tu disais donc que tu avais repêché ce particulier sur les...? Au fait, à quelle heure l'as-tu donc repêché ?
— Vers une heure du matin.
— Qu'en as-tu fait ?
— Dame ! dit Filoche en hochant la tête, pas grand'chose ! Il n'en *menait*

pas large, et je ne sais pas trop s'il en reviendra. C'est une justice à rendre aux *frangins* qui s'en sont mêlés, il a été arrangé de main de maître.

— Vraiment! grommela M. Jules de plus en plus intrigué.

— Oui, il faut convenir que pour ne pas encore avoir rendu l'âme, il doit l'avoir rudement chevillée dans le corps. C'est un rude mâle, oui!

— Bien, bien, bavard! Où l'as-tu mis, maintenant?

— Chez moi. Je l'ai transporté avec l'aide de deux vieux *camaraux*. Nous l'avons mis dans un fiacre, et voilà?

— Qui le soigne?

— Fifine.

— Qui ça, Fifine?

— L'ancienne à Buteux, qui *tire* cinq *longes* à Rochefort.

— Tu vis donc avec elle aujourd'hui?

— Dame, fit le débardeur, qui baissait les yeux d'un air modeste.

— Voyons la commission, ajouta M. Jules, ne pouvant s'empêcher de trouver que son ex-subordonné n'était pas d'une délicatesse outrecuidante.

— C'est le blessé qui me l'a donnée, quoi? Lorsque je l'ai eu couché, il a repris connaissance et s'est mis à prononcer votre nom.

— Hum! ce doit être quelque *cheval* de retour.

— Ça m'en avait toute la chanson. Aussi, je me suis intéressé à son malheureux sort!

M. Jules sourit.

— Alors? demanda-t-il.

— Alors, je lui ai *allongé* votre nom. C'est étonnant comme ça vous a paru lui faire plaisir.

— Merci, Filoche.

— Pardon, excuse, monsieur Jules, l'intention n'y était pas...

— Va, va toujours.

— Comme mon bonhomme ne parle qu'avec une difficulté énorme, à cause du sang qu'il a perdu, j'ai été assez longtemps à comprendre ce qu'il voulait de moi.

— Enfin? dit l'agent de police avec impatience.

— Il ouvrait des yeux grands comme sa bouche, de l'effort qu'il faisait pour que je comprenne. Je me mis à suivre la direction de son regard, j'aperçus à mes pieds...

— Quoi donc? quoi?

— Un mignon calepin, tout doré, qui s'était échappé d'une de ses poches.

— Un calepin! L'as-tu là?

— Pardi! oui! puisque, après des efforts incroyables, mon noyé est parvenu à murmurer à peu près clairement ces trois mots : Pour M. Jules.

— Pour moi?

— Oui.

— Donne.

— Le voici, dit Filoche en retirant de la poche de son pantalon un petit carnet en écaille incrustée d'or.

M. Jules le lui arracha des mains, l'ouvrit et se mit à le feuilleter avec une rapidité fébrile.

Filoche, sans en avoir l'air, le regardait en dessous, et ne perdait pas une des sensations qui se peignaient sur ses traits énergiques.

L'étonnement, la colère, puis une joie mal contenue s'y succédèrent.

Son examen achevé, l'ex-agent, fixant ses yeux sur ceux du débardeur de façon à fouiller chacune de ses pensées, reprit :

— Voyons, mon garçon, tu ne *planques* pas. On ne se moque pas de moi, on ne fait pas joujou impunément avec moi ! Tu m'as bien raconté toute la vérité ? L'homme...

— Repêché, foi de bon *zig*.

— Il est chez toi ?

— Soigné par Fifine.

— Si tu dis vrai, je...

— Pourquoi voulez-vous que je vous conte des blagues ?

— Tu as raison... Ah ! maître Rifflard ! maître Rifflard ! murmurait à part lui M. Jules, qui pensait que l'ouvrier cambreur avait voulu tout simplement se moquer de lui.

— Rifflard ? interrogea Filoche avec la plus parfaite innocence.

— Rien, répliqua vivement l'agent, qui reconnut s'être oublié. Où *perches*-tu ?

— Rue des Batailles, à Chaillot.

— Numéro ?

— Quatre, le chapeau du commissaire, ajouta gaiement le débardeur.

Mais M. Jules ne se trouvait pas en train de rire, il cria rageusement au cocher :

— Cocher, 4, rue des Batailles, à Chaillot... et *raide !*

Tant bien que mal on arriva en un quart d'heure.

A quatre heures moins le quart, le fiacre s'arrêta devant le numéro 4 de la rue des Batailles, espèce de masure à six étages, qui se tenait debout par un miracle d'équilibre.

— Allons, leste ! dit M. Jules, qui n'avait plus desserré les dents pendant ce dernier trajet. Est-ce bien haut ?

— Au premier, au *dessous* de l'entresol, en descendant du paradis, répondit Filoche.

— Et il y a six étages !

Ils montèrent.

L'intérieur de la maison répondait à son extérieur, un vrai coupe-gorge.

L'ex-agent jurait comme un païen en posant le pied sur les marches visqueuses de l'échelle de meunier que Filoche montait avec l'assurance donnée par l'habitude.

Enfin, après avoir grimpé environ cent vingt marches, c'est-à-dire après avoir risqué cent vingt fois de se rompre le cou, ils prirent pied sur un palier étroit, obscur, aboutissant à deux portes placées en face l'une de l'autre.

— Nous y sommes, fit le débardeur.

— Tonnerre ! si l'appartement répond à l'escalier, ça doit être du propre !

— Dame ! monsieur Jules, on n'habite pas un palais, mais on paye son terme exactement.

— Quelle chance pour le propriétaire ! grommela ce dernier, qui, tout en ayant visité les réduits les plus infimes et les plus infâmes de Paris et de la banlieue, n'avait jamais rencontré une décrépitude, un délabrement aussi complets.

Filoche tira une ficelle qui servait de loquet.

La porte de gauche s'ouvrit.

— Passez, monsieur Jules.

Ils pénétrèrent dans une mansarde sale, dégoûtante, dégarnie de meubles, où les quatre vents cardinaux venaient se donner rendez-vous dans leurs moments perdus.

Au milieu de ce grenier, sur une paillasse posée à terre, un homme se trouvait étendu avec tous les égards dus à sa situation précaire.

Cet homme, pâle comme un cadavre, dormait d'un sommeil profond.

L'ex-agent le reconnut du premier coup d'œil.

C'était le comte de Mauclerc.

Lui, le lion, lui, le dandy, lui, la fleur des pois des viveurs de son temps, vautré sur un immonde grabat, sauvé et soigné par les derniers de ces misérables sur lesquels il daignait à peine laisser tomber un regard du haut de son tilbury ou de son pur-sang !

Allons ! allons ! la Providence fait bien les choses, quand il lui plaît de s'en donner la peine.

C'étaient là les réflexions qui trottaient à travers la tête de notre visiteur, qui, tout en réfléchissant aux vicissitudes de ce monde sublunaire, n'en continuait pas moins l'inspection du réduit dans lequel il venait de s'introduire.

Une femme en haillons, aux cheveux jaunes et ébouriffés, aux angles atrophiés par la misère et la débauche, se tenait assise auprès du blessé.

Souvenir vivant des *Tricoteuses* de la Terreur, elle achevait un bas de laine, tout en surveillant un mauvais poêlon qui chantait faux sur un réchaud en terre.

Une lampe fumeuse éclairait tant bien que mal ce taudis fantastique.

Au bruit fait par les arrivants, la femme se retourna vivement.

Elle aperçut M. Jules.

Un éclair de joie vint illuminer son visage flétri, et elle se leva avec empressement.

L'ex-agent lui fit signe de se replacer sur l'escabeau qui lui servait de siège.

— Ne bougez pas, dit-il à voix basse ; ne réveillez pas le blessé.

— Vous ne voulez donc pas lui parler ? demanda Filoche.

— Plus tard. En ce moment, son réveil ne me serait d'aucune utilité. Je l'ai vu. Je me suis assuré que c'était bien lui. Cela me suffit.

Et comme la femme insistait du geste pour réveiller le comte de Mauclerc.

— Non, reprit-il avec énergie, la moindre émotion lui serait funeste. Vous me le tueriez, et je veux qu'il vive.

LES INVISIBLES DE PARIS

Elle se roula aux pieds de cet homme.

Filoche et sa compagne ne comprirent pas la sombre portée de ces dernières paroles.

Fifine — c'était le nom de la mégère — lui répondit :

— Vous allez attendre, pour lui parler?

Et elle lui avançait une chaise dépaillée, la seule de la mansarde.

— Non, je m'en vais.

— Tout de suite? continua-t-elle d'un air mécontent.
— Oui. Pour le moment, je n'ai rien à faire ici.
— Vous reviendrez alors?
— Dans peu de temps, soyez tranquille.

Fifine regarda Filoche et baissa la tête sans répliquer.

Celui-ci fit timidement observer à M. Jules qu'à son réveil le blessé ne serait peut-être pas satisfait de ne pas avoir été réveillé pour s'entendre avec lui.

Ce n'était pas l'opinion de l'ex-chef de la police de Sûreté, qui les entraîna sur le palier, où il leur parla tout à son aise.

Après leur avoir répété que, momentanément, la vue du comte de Mauclerc blessé lui suffisait, il ajouta :

— Maintenant, mes agneaux, écoutez-moi bien, si vous ne voulez pas avant quarante-huit heures être *emballés* de nouveau et retourner au *pré*, dont vous faisiez le plus bel ornement, il y a à peine quelques petites années...

— On sait ça... répondit sourdement la femme, en devenant un peu plus pâle... on sait ça comme vous...

— Tu dis?

— On s'y est rencontré avec vous, monsieur Jules, et on ne l'a pas oublié.

Un éclair de rage sortit de l'œil de l'ex-agent. Il regarda tour à tour Fifine et Filoche, puis voyant qu'il n'y avait pas moyen de rabaisser le caquet de la femme et de relever le museau narquoisement baissé de l'homme, il ajouta :

— Bien, la mère! toujours la même. A l'occasion, je m'en souviendrai.

— Ne nous menacez pas, alors, grogna celle-ci.

— Nous sommes de bons *zigs*, patron, continua Filoche, qui lui donnait ce titre pour le désarmer.

Il réussit à moitié.

— Je ne vous menace pas, mes enfants, reprit M. Jules, je vous avertis. Voilà tout.

— Un bon averti en vaut deux! murmura Fifine.

— Elle parle aussi bien que du temps de Buteux, interrompit ironiquement l'ex-agent.

Fifine le regarda de travers.

Il ne fit qu'en rire.

— Répondez-moi! dit-il avec autorité.

— Vous n'avez qu'à parler.

— Quelqu'un sait-il que ce particulier a été recueilli par toi, Filoche?

— Personne.

— Personne... de la maison?

— Je l'ai amené et monté la nuit passée. Il n'y avait pas un chat dans l'escalier.

— Qui habite cette maison?

— Des ouvriers des ports, déchargeurs ou débardeurs, comme moi trop fatigués de leur journée pour s'inquiéter de la nuit de leurs voisins.

— C'est bien. Mais on t'a aidé pour transporter le blessé jusqu'ici?

— Deux camarades.

— Imbécile ! fit M. Jules en haussant les épaules, et tantôt tu prétendais que nul ne savait...
— Mais...
— Silence ! Ces camarades, où sont-ils?
— Voilà justement ce que j'allais vous dégoiser. Ils étaient chargés de la conduite du train jusqu'à Triel, où ils doivent le dépecer.
— Sont-ils repartis ?
— A l'instant même, sans même boire une goutte, dans la crainte de se mettre en retard.
— Bon. Ils se tairont...
— Quinze jours au moins.
— C'est plus qu'il ne m'en faut. Qui a pansé le blessé?
— Moi ! dit Fifine en s'avançant.
— Avec quoi?
— Des compresses et de l'eau fraîche.
— C'est ce qu'il y a de plus simple, repartit l'ex-agent en souriant.
— Ça ne peut pas faire de mal et ça me connaît. J'en ai tant soigné des atouts dans la taverne Saint-Marcel !

Fifine, toute jeune fille, avait servi dans un cabaret où, jour et nuit, charretiers, égoutiers, rouleurs de jour et rôdeur de nuit ne mangeaient pas un arlequin sans tirer la savate au dessert.

Elle était experte en toutes blessures provenant d'un poing fermé ou d'un couteau ouvert.

— Jusqu'à nouvel ordre, lui enjoignit l'ex-agent de police, pas un mot de ce qui s'est passé, à âme qui vive.
— Bon. Mais demain, faut que j'aille au travail... et mon homme aussi.
— Vous n'irez pas, et vous veillerez à ce que personne ne pénètre chez vous.
— Et de l'*os*?

M. Jules jeta un billet de banque à Filoche :
— Voilà deux cents francs !
— Fameux ! cria Fifine. Quelle noce !
— Tais-toi, et ronge ton os en silence, gronda sourdement l'ex-agent, qui, comme tous les gens sortis de la plèbe, n'avait aucun égard pour ceux dont il avait été si longtemps l'égal.

Puis, s'adressant à Filoche, il ajouta :
— Toi, tu vas immédiatement te procurer un lit convenable et tout ce qui peut être nécessaire au blessé.
— Quoique ce soit dimanche, il n'est pas tard, je trouverai cela facilement.
— Bien, n'épargne rien. Quand il n'y en aura plus, il y en aura encore
— A la bonne heure !
— Si, à son réveil, ton blessé me demande, tu lui diras que je reviendrai.
— Quand?
— Demain matin.
— Bon.

— Ah! une observation importante. Sous aucun prétexte, vous ne vous permettrez d'interroger le comte... le blessé...
— C'est compris.
— Mais s'il nous parle, c't'homme?
— Vous lui imposerez silence.
— Au nom de qui?
— Au nom du médecin, que vous ferez venir le plus tôt possible.
— Bien.
— A bientôt, Filoche.

Et M. Jules descendait avec précaution les premières marches de cet escalier qui l'avait tant fait pester.

Un dernier avertissement à donner lui parut nécessaire.

Il s'arrêta et dit à Filoche :

— Tais-toi, car si tu parles, gare *le pré!*
— Soyez calme, monsieur Jules, Fifine a de l'*atout* et j'en réponds.
— Quand on répond d'une femme, on l'épouse, ricana l'ex-agent, qui redescendait suivi de Filoche.

La mégère aux cheveux jaunes rentra dans la mansarde où gisait le blessé, et jetant un regard curieux et triomphant sur ces murs noirâtres et lézardés :

— C'est bien la peine de faire le malin pendant trente ans de sa vie pour se laisser mettre dedans par...

Elle n'acheva pas sa manière de réflexion à haute voix, mais elle fit un geste de menace ironique à l'adresse de M. Jules, qui, tout en étant un si bel homme, se montrait aussi méprisant pour une femme aussi jolie qu'elle!

Cependant, le bel homme en question congédiait son hôte, le débardeur, qui le quitta pour exécuter ses ordres, et remonta dans son véhicule après avoir donné au cocher l'adresse du docteur Martel, allée des Veuves.

VIII

LA CONTRE-PISTE DE RIFFLARD

Une demi-heure après, M. Jules entrait dans un salon de la maison de santé du docteur Martel.

Laissé seul par le domestique qui venait de l'introduire, l'ex-agent de la police s'installa commodément dans un fauteuil au coin de la cheminée et attendit en murmurant à part lui :

— C'est singulier, tout respire l'ordre et l'honnêteté ici. Rien ne sent la comédie ni l'intrigue. Définitivement, j'ai affaire à des gens très forts! tant mieux, ma foi! ça me réveillera un peu! Voyons-les venir.

Quelques minutes se passèrent.

— Ah çà! se demanda notre homme, me font-ils *poser?* ou se concertent-ils pour me recevoir? Que diantre! ils sont prévenus de ma visite. Je leur ai pourtant bien laissé le temps de se reconnaître.

Puis :

— Le Rifflard en sera-t-il?

Sur cette dernière interrogation intime, le docteur Martel entra.

L'ex-agent se leva.

Malgré toute son audace, malgré son assurance passant toutes les bornes, l'intelligent et beau visage du praticien renommé lui imposa.

— A qui ai-je l'honneur de m'adresser? lui dit le docteur en lui rendant son salut.

— Monsieur est sans doute le docteur Martel? demanda l'ex-agent, qui, tenant à ménager l'effet que devait produire son terrible nom, répondait à une question par une autre question.

Vieille tactique, qui cette fois n'eut aucun succès.

Le médecin répondit simplement :

— Oui, monsieur. Et vous, qui êtes-vous, s'il vous plaît?

Impossible de conserver plus longtemps l'incognito.

— Moi, monsieur, fit-il en se redressant et en enflant sa voix avec suffisance, je suis *Monsieur Jules*.

Tout remarquable qu'il fût comme limier de police, l'ex-agent était bien souvent ridicule.

Il le fut, ce jour et ce moment-là, au suprême degré.

— Monsieur Jules? chercha le médecin.

— Monsieur Jules, répéta l'autre.

— Connais pas.

Ces deux mots furent prononcés avec un accent de politesse si railleuse, que tout l'orgueil de l'homme de police bouillonna et le sang lui monta au front :

— L'ancien agent...

— Ah! très bien! très bien! repartit le docteur, exactement comme s'il avait voulu dire : Eh bien! après? que m'importe à moi?

Son hôte ne s'y trompa pas.

Il reprit sèchement :

— Je suis enfin, monsieur le docteur, connue ou inconnue de vous, la personne à laquelle vous avez assigné un rendez-vous.

— Vous m'étonnez.

— Pourquoi?

— Parce que je ne me souviens pas d'avoir donné rendez-vous à qui que ce soit pour cette après-midi. A la rigueur, je comprendrais l'erreur venant d'un de mes amis, mais, comme je vous le répète, monsieur, je n'ai pas l'honneur de vous connaître.

L'*honneur* était exagéré.

M. Jules le sentit.

Il se mordit les lèvres.

Les deux hommes causaient debout au milieu du salon.

Le docteur Martel n'avait pas offert de siège à son visiteur; c'est qu'il désirait abréger sa visite.

La mauvaise humeur de l'ex-agent prit des proportions colossales.

— Vous admettrez pourtant bien, monsieur le docteur, que je ne suis pas venu ici à propos de *bottes*.

— Je ne sais, monsieur... Charles, je crois?

— Jules!

— Je ne sais, si vous y êtes, comme vous le dites fort spirituellement, à propos de *bottes*, mais à coup sûr vous vous y trouvez pour un motif que j'ignore.

— Tonnerre! fit à moitié M. Jules, qui mâcha la moitié du mot en voyant l'air calme et froid de son interlocuteur. C'est trop violent.

— J'attends que vous consentiez à vous expliquer, monsieur.

— Soit.

Et M. Jules, qui ne voulut pas supporter plus longtemps l'affront que lui infligeait le médecin, en ne l'invitant point à s'asseoir, lui dit de sa voix la plus flûtée :

— Mais, d'abord, permettez-moi de ne pas me tenir debout.

Le docteur sourit.

Du doigt il lui indiqua un fauteuil, puis il s'assit lui-même.

C'était un petit triomphe que l'agent venait de remporter.

Il voulut profiter de son avantage et se pressa d'ajouter :

— Ce matin un individu est venu me trouver à mon agence, rue des Noyers.

— Ah!

— Cet individu venait de chez vous.

— Ah!

— Il m'a laissé entendre qu'il était envoyé par vous.

— Ah!

Ces trois exlamations firent sur M. Jules l'effet que produisent sur le taureau lancé dans l'arène les flèches embandelettées des picadores.

Le docteur Martel lui répondit avec son plus grand flegme :

— Pardon! mille pardons! mais, venir de *chez moi* et être envoyé *par moi* ne me semblent pas absolument la même chose.

— Comment ça?

— Le messager dont vous parlez vous a-t-il donné une certitude?

— Non, mais j'ai cru comprendre...

— *Errat qui putat*, disent les collégiens.

— Qu'est-ce qu'il me fiche avec ses collégiens? pensait M. Jules, qui, un peu plus, allait exprimer sa pensée tout haut et d'une façon énergique.

Comme il se taisait, le docteur Martel reprit :

— Oserai-je vous adresser une simple question?

— Osez, monsieur, osez, répondit l'ex-agent, qui voulait faire contre raillerie bon courage.

— Monsieur Charles...

— Jules, sacrebleu!

— Excusez-moi, Charles, Jules... Tous les prénoms se ressemblent, et je les confonds très facilement.
— C'est bon ! c'est bon ! allez.
— Cet individu vous a-t-il laissé son nom?
— Il m'en a laissé un...
— Bien !
— Mais j'ai de fortes raisons pour supposer qu'il est faux.
— Le champ des suppositions est bien vaste, monsieur... Si nous y mettons le pied, nous risquons, je le crains, de nous embourber jusqu'au genou.
— Oui-dà !

M. Jules n'était un sot qu'à ses heures.

Son sang-froid retrouvé, il jaugeait vite et clair une situation.

Dans ces phrases et dans ces circonlocutions, il devina une manœuvre de l'ennemi

Mais vers quel but tendait cette manœuvre?

Il se recueillit et n'eut pas l'air de flairer un piège,

Pendant qu'il cherchait le sens de toutes ces tergiversations, dans la partie du mur faisant face au docteur et se trouvant derrière l'agent de police retraité, un panneau glissa lentement.

Une main passa à travers la baie.

M. Jules ne pouvait rien voir.

Seul, le docteur vit la main faire un geste maçonnique, puis disparaître. Le panneau se referma sans bruit, comme il s'était ouvert.

Le maître de la maison répéta sa question :
— Cet homme vous a dit?...
— Qu'il était ouvrier cambreur et qu'il se nommait...
— Rifflard?
— Oui, pardieu !
— Il fallait donc me raconter cela tout d'abord, fit M. Martel avec candeur.
— C'est donc son vrai nom, à ce garçon ? demanda M. Jules, qui ne savait plus sur quel pied se tenir.
— Je ne l'ai jamais entendu nommer autrement.
— Vous le connaissez alors ?
— Qui ?
— Rifflard.
— Un peu. J'ai soigné dernièrement un de ses parents...
— Un ouvrier ou un...
— Un couvreur qui s'était laissé tomber du haut d'une échelle.
— Et vous l'avez guéri ? demanda machinalement M. Jules, qui battait la campagne.
— Je vous remercie bien de vous intéresser à ce pauvre diable. Il en sera quitte dans une quinzaine..., répondit uniquement le docteur.
— Pardon, monsieur... une distraction... ce n'est pas cela que... barbotta l'ex-agent; bref, ce Rifflard...
— Attends donc... il était ici, ce matin même.
— Vous en êtes sûr ?

— Certes... Eh! mais, j'y suis!... où diable avais-je la tête, continua le docteur. J'oubliais que cette nuit...
— La nuit dernière?
— Oui... il m'a amené un blessé.
— Un blessé... ah! ah! nous y venons, se disait M. Jules dans son for intérieur... Va toujours! va toujours! nous verrons bien comment tu sortiras de là, mon beau troubadour de la trousse.
— Oui, un homme percé de part en part... Je ne sais si je parviendrai à le sauver.
— Voyez-vous cela! Un assassinat?
— Non pas.
— Un duel?
— Oui... du moins c'est ce que ce bon Rifflard m'a dit en me l'amenant.
— Et ce blessé, vous l'avez toujours chez vous?
— Chez moi.
— Dans votre établissement?
— Dans cette maison même.
— Où l'avez-vous mis?
— Comment dites-vous cela? fit le docteur avec stupéfaction.
— Où l'avez-vous mis, le blessé?
— Mais... où voulez-vous qu'il se trouve sinon dans un bon lit, entouré de tous les soins exigés par son état?
— Ah! bien! par exemple, je voudrais le voir! ne put s'empêcher de dire M. Jules, confondu de tant d'audace unie à tant de simplicité.
— Mais, monsieur Jules, Dieu me pardonne, vous me faites subir un interrogatoire. Seriez-vous encore chef de la police de Sûreté, et cacheriez-vous votre jeu?
— Hélas! non, monsieur... ma démission a été bel et bien acceptée depuis longtemps déjà. Le gouvernement croit pouvoir se passer de moi... Mais ce n'est pas de cela qu'il s'agit... Excusez-moi et laissez-moi vous avouer que je m'intéresse beaucoup à ce malheureux blessé.
— Vous! serait-ce un parent?
— Non pas.
— Un ami?
— Pas précisément, non plus.
— Alors, je ne vois... continua le docteur Martel.
— C'est à propos de lui que le sieur Rifflard est venu me trouver ce matin à mon agence.
— Venait-il de la part du blessé?
— C'est cela même.
— De la part de M. le comte de Mauclerc?
— Précisément.
Le docteur se leva :
— Il fallait donc le dire tout de suite, monsieur
— Mais je ne fais que ça! cria l'agent.
— Voilà une heure que nous jouons aux propos interrompus

LES INVISIBLES DE PARIS

— Regarde-le bien et souviens-toi, c'est l'assassin de ton père.

— Allons! bien... vous allez voir que...
— Tout est clair et limpide! acheva le docteur.
— Tant mieux! hurla M. Jules.
— Pourquoi tant mieux?
— Parce que vous ne trouverez aucun inconvénient...
— A quoi, cher monsieur!

— A me laisser voir le blessé ! fit l'agent, redevenant maître de la position, à son compte du moins.

— Oh ! voilà qui est bien une autre affaire ! répondit le médecin.

— Pardieu ! pensa l'autre, j'en étais bien certain, qu'il refuserait...

Puis, voulant pousser son adversaire jusque dans ses derniers retranchements, il ajouta :

— Et pourquoi donc cela ? Quelle difficulté ?

— Sa faiblesse, provenant de l'énorme quantité de sang qu'il a perdue. M. de Mauclerc se trouve dans un état de prostration complète ; depuis quelques heures, il n'a pas fait un geste ! Toute secousse pourrait lui devenir mortelle.

— Mortelle ?

— Je ne puis dire le contraire, dit le docteur avec impassibilité.

— Pauvre cher comte ! répliqua l'agent avec une compassion ironique ; ainsi vous refusez de me le laisser voir ?

— Dame !

— Entrevoir seulement.

— Vraiment, je le regrette, mais...

M. Jules se frottait les mains, sans s'apercevoir que ce geste trivial de contentement n'était guère en situation.

Le docteur l'examinait du coin de l'œil.

— Pourtant... fit-il d'une voix timide.

— Pourtant ? demanda l'autre, qui chercha la signification de cette réticence, persuadé qu'il était de l'impossibilité où se trouvait le médecin de lui montrer son malade.

— Si vous y tenez...

— Oh ! beaucoup !

— Eh bien ! j'y consens.

— Ah bah !

Stupéfaction sans égale de la part de M. Jules.

— A une condition.

— Laquelle ?

— Dans le cas où le blessé viendrait à vous reconnaître, ce dont je doute...

— Et moi aussi...

— Dans ce cas, vous vous engagez sur l'honneur à ne pas lui adresser la parole...

— Ça, je le jure.

— Même s'il paraissait le désirer.

— Je m'y engage sur ce que j'ai de plus sacré.

— Par vous-même ?

— Par moi ! Ma foi, docteur, vous avez mis le doigt dessus... Voilà le seul serment que je respecte un peu.

— Respectez-le absolument, aujourd'hui, monsieur Jules, sinon, je vous le répète, vous compromettrez les jours de M. de Mauclerc !

— Ce pauvre ami !

— Ah! c'est votre ami!
— Intime, docteur! je l'aime comme s'il était mon frère.
— Mes compliments à tous les deux, répliqua le docteur Martel avec un sourire poli.

M. Jules se serait fâché s'il n'avait pas voulu voir le dernier acte de la petite comédie qu'il se donnait à lui-même.

Il était bien sûr de son affaire.

Tout le présageait : le docteur allait se voir forcé de se démentir ou se couvrir de confusion ou de honte.

M. de Mauclerc, que l'ex-agent de police venait de laisser rue des Batailles, à Chaillot, ne pouvait, à moins d'avoir un double, un sosie, un ménechme, se trouver en même temps allée des Veuves, chez le docteur Martel.

Mais, pendant la scène précédente, la contenance du médecin avait toujours été si simple, si naturelle, que, malgré toute sa finesse, malgré toutes les présomptions qui parlaient contre son adversaire, M. Jules se trouva dérouté.

— Bigre! murmurait-il, quel gaillard! quel toupet!... Oui, mais, comment va-t-il se tirer de là? Je ne me contenterai pas de voir... Je ferai comme Thomas, moi, je toucherai.

La voix du docteur le tira de ses hésitations.
— Venez-vous, monsieur?
— Je suis à vos ordres.

M. Martel sonna.
— Un domestique parut, portant un candélabre.

Son maître lui dit :
— Joseph, éclairez-nous. Nous allons chambre numéro 9, chez le blessé de cette nuit.

Le domestique les précéda.

M. Jules se laissa faire.

Il n'y comprenait plus rien du tout.

La maison de santé du docteur Martel était un vaste établissement, entouré de jardins anglais, où les convalescents respiraient à leur aise un air libre et pur.

En ce moment, presque toutes les chambres se trouvaient occupées.

Le trajet du salon à la chambre numéro 9 fut long.

Il dura près de dix minutes.

Il fallut traverser de longs corridors, monter plusieurs escaliers de dégagement, en descendre d'autres.

Enfin, le domestique qui les éclairait s'arrêta devant une double porte soigneusement capitonnée.

— Entrez, dit le docteur à M. Jules.

L'ex-agent obéit.

Il commençait à douter de lui-même.

Intérieurement, il se demandait : Ah çà! ai-je vu ou n'ai-je pas vu le comte de Mauclerc, blessé, dans la mansarde de Filoche et de Fifine?

Cette comédie était jouée avec une si rare perfection! A quoi bon aller jusque-là, pour reculer au dernier moment? Pourtant il était bien sûr de ce qu'il avait vu. Jamais ses yeux ne l'avaient trompé.

Mais l'aisance du médecin, la bonne foi qui se manifestait dans chacune de ses paroles le confondaient.

Il en vint à s'inquiéter du dénouement de cette singulière aventure.

M. Jules n'aimait, n'appréciait et ne comprenait que les coups de théâtre préparés par lui-même.

Mais dans cette affaire il sentait le beau rôle lui échapper.

Il avait débuté par avoir peur d'une révélation, dangereuse pour lui, seul motif qui l'eût déterminé à accepter un rendez-vous dans cette étrange demeure.

Et qui lui avait inculqué le désir ardent de venir à ce rendez-vous? Un homme qui lui était totalement inconnu à lui, l'ex-chef de la police de Sûreté, tandis que lui, M. Jules, il était parfaitement connu de cet homme.

Cependant il recueillit toutes ses forces.

Il comprit que la plus légère hésitation le rendrait ridicule, et faisant de nécessité vertu, il se décida à pousser l'aventure jusqu'au bout.

Reculer n'était plus possible.

En apparence, il demeura donc ferme, impassible, résolu.

Le docteur venait d'ouvrir la seconde porte avec toutes sortes de précautions.

Tous deux pénétrèrent dans une chambre faiblement éclairée par une lampe-veilleuse à verre dépoli.

Un tapis épais assourdissait les pas.

De lourdes tentures-portières et de vastes rideaux interceptaient tout courant d'air.

La chaleur de cette chambre était suffocante.

Elle exhalait une senteur de pharmacie, particulière aux chambres de malade.

Une sœur grise se tenait assise à la tête du lit, dont les rideaux étaient presque fermés. Elle priait.

Elle ne s'aperçut sans doute pas de l'entrée des deux hommes; elle demeura la tête penchée sur sa poitrine, le visage enfoui dans ses coiffes; achevant ses prières, ainsi que le laissait deviner le mouvement continu de son chapelet, dont les grains en bois de cèdre glissaient rapidement entre ses doigts.

Le docteur et l'agent de police s'arrêtèrent au milieu de la chambre.

— La mise en scène est bonne, marmotta celui-ci, rien n'y manque! Tout est vrai... Il faudra voir seulement quel est le pantin qui s'est permis de se mettre dans la *peau du bonhomme*.

Comme si le médecin eût deviné les pensées secrètes de l'homme de la police, il se pencha de son côté et lui dit tout bas :

— Ne voulez-vous pas le voir?

L'autre le regarda avec effarement.

— Voulez-vous, oui ou non ?

— Oui, répondit M. Jules, en laissant échapper un son étranglé de son gosier.

— Venez, et n'oubliez pas votre promesse.
— Le diable me brûle si j'y manque !
Le docteur Martel lui saisit le bras.
Ce bras tremblait.
Le docteur ne prit ou ne parut pas prendre garde à ce tremblement nerveux.
Il s'approcha du lit, et il en écarta doucement les rideaux.
— Qu'est-ce que c'est que ça ? s'écria l'ex-agent.
— Silence donc ! fit le médecin en lui mettant la main sur la bouche.
Mais cette précaution était inutile.
M. Jules venait de faire trois pas en arrière et de reculer en chancelant jusqu'à un canapé, au dossier duquel il se cramponna.
Et il restait là, bouche béante, les yeux hors de la tête, au comble de la surprise et de l'épouvante.
— Que comptiez-vous donc trouver dans ce lit de souffrance ? dit le médecin, avec une ironie mordante, que sa stupéfaction l'empêcha de remarquer.
Ce qu'il voyait, du reste, était bien fait pour mettre M. Jules hors de lui-même.
Sur ce lit, aux rideaux relevés, entre la sœur grise et le docteur Martel, le comte de Mauclerc *pâle comme un cadavre, dormait d'un sommeil profond.*
Mauclerc, qu'il venait de laisser entre Filoche et Fifine !
Mauclerc, que la moindre secousse pouvait tuer !
Mauclerc, que, matériellement parlant, nulle puissance humaine n'avait pu transporter en aussi peu de temps du sixième étage de la rue des Batailles, au rez-de-chaussée de l'allée des Veuves.
Mauclerc, enfin, qu'il reconnaissait en se disant :
— Si je le reconnais, ce n'est pas lui qui est mourant, c'est moi qui deviens fou !...

IX

OÙ M. JULES N'Y EST PLUS DU TOUT

Au cri poussé par l'ex-chef de la police de Sûreté, le blessé entr'ouvrit les yeux, et, tournant péniblement la tête vers les visiteurs, il demanda à la religieuse :
— Qui est là, ma sœur ?
Sur un geste impératif du docteur, on ne lui répondit rien.
Le comte de Mauclerc crut s'être trompé. La douleur lui arracha un soupir, et avec l'aide de sa garde, il changea de position et tourna la tête du côté de muraille en murmurant :
— *Il* ne viendra pas !
— *Il...* c'est moi..., dit l'ex-agent de police.

Le docteur Martel renouvela son geste commandant le silence le plus absolu. Comme si le blessé se fût donné une explication à lui-même, il laissa échapper, de ses lèvres serrées par la souffrance, les mots suivants :

— Ah ! monsieur Jules, ce sera trop tard !

En entendant prononcer son nom, ce dernier fit un mouvement.

Il voulait se rapprocher du lit.

Le docteur se plaça entre lui et le blessé, et lui saisissant vivement le bras :

— N'oubliez pas votre promesse ! fit-il tout bas.

— Cré mâtin ! répliqua M. Jules, sur le même ton. Il n'y a pas de danger que je l'oublie. Vous êtes bon à me la rappeler, vous !

— Chut !

— Pardieu ! oui ! on se taira, mais c'est dur, tout de même !

— Taisez-vous, ou sortez !

— Je me tais, quoi !

L'obéissance de l'agent suffit au docteur Martel, qui, s'adressant à la religieuse :

— Sœur Agathe, dit-il.

Celle-ci se leva, prit une fiole sur la table, se pencha vers le malade et la lui fit respirer.

Mauclerc, dont l'agitation et la fièvre redoublaient, retomba immobile et ne donna plus signe de vie.

Ah çà ! mais ils vont me le tuer, pensa M. Jules. C'est un moyen comme un autre de l'empêcher de parler.

Le médecin devinait sans doute ce qui se passait dans l'esprit de son visiteur, car il reprit avec moins de précaution :

— Votre ami dort.

— Ah ! bien ! dit tout haut l'agent, qui pestait à part lui de voir le sommeil se mettre de la partie pour l'empêcher d'avoir une minute d'entretien avec Mauclerc.

— Eh bien ! mon cher monsieur, ajouta l'homme de l'art, êtes-vous convaincu ?

— Convaincu de quoi ?

— De l'identité de mon pensionnaire.

— Dame !

— Dame ! oui, ou dame ! non ?

— Mais, docteur, repartit effrontément l'ex-agent de police, je n'ai pas douté un seul instant de votre bonne foi.

— Est-ce à dire qu'on l'aurait surprise ?

— Non pas ; tout est comme vous me l'aviez dit.

— Alors pourquoi cette stupéfaction, cette épouvante ? interrogea le docteur Martel, qui voulait voir jusqu'où son interlocuteur pousserait l'impudence et le mensonge.

— Pourquoi ?... chercha l'autre, mais parce que... en retrouvant ce pauvre comte dans un si pitoyable état, je me suis senti tout...

— Tout ému ?

— Oui, c'est cela, tout ému, répéta vivement M. Jules... Vous concevez... On quitte un ami plein de vie et de santé, et l'on ne le retrouve pas impunément à deux doigts de la mort...

— Oui, on est homme, quoique agent de police, continua le plus doucement possible son impassible cicérone.

— Voilà ce que je voulais dire.

— Alors c'est à merveille, et nous n'avons plus rien à faire ici.

— Rien.

— Laissons reposer le malade et sortons.

— Sortons, fit machinalement M. Jules.

Et il suivit le docteur, qui quitta immédiatement la chambre de M. de Mauclerc.

Mais à peine eurent-ils disparu dans le long couloir sur lequel donnaient toutes les chambres des malades, que la religieuse sortit à son tour.

Elle écouta quelques instants, reconnut la direction qu'ils venaient de prendre, et se précipita à leur suite, marchant avec la légèreté d'un fantôme.

Du reste, elle aurait usé de moins de précautions que l'ex-chef de la police de Sûreté ne se fût pas douté de sa présence.

Il en était encore à chercher l'explication de tout ce qui venait de se passer.

Et comme sa pensée courait facilement d'un sujet à un autre, tout en cherchant la clef de cette énigme il ne pouvait s'empêcher de se demander pourquoi le blessé l'avait prié de se rendre auprès de lui.

— Ah! les mâtins! murmurait-il, ils me donnent du fil à retordre! Tiens! par où passons-nous donc? Nous ne prenons pas le même chemin que tout à l'heure.

En effet, le domestique qui les précédait, le candélabre à la main, leur faisait suivre une voie plus directe.

En deux fois moins de temps qu'ils n'en avaient mis pour arriver à la chambre du comte de Mauclerc, ils se retrouvaient à l'entrée du salon de réception.

Quelque bouleversé qu'il fût par la scène à laquelle il venait d'assister, l'ex-agent remarqua cette particularité.

Seulement, cette fois, le docteur Martel et M. Jules n'étaient plus seuls dans ce salon.

Deux personnes s'y trouvaient aussi, deux ouvriers endimanchés.

La première, Rifflard, l'ouvrier cambreur, se tenait devant la cheminée.

M. Jules le reconnut facilement; la lumière du lustre donnait sur lui, en plein visage.

La seconde personne s'était placée dans un angle obscur de la pièce.

Elle disparaissait dans l'ombre.

L'agent, dont toute l'attention était attirée sur son visiteur matinal, ne se donna pas la peine d'examiner ce second personnage.

Il s'avança vers l'ouvrier cambreur et lui dit :

— On vous revoit donc, vous?

— Si ma présence vous gêne, monsieur Jules, il faut le montrer. On s'en ira.

— Moi ? pas du tout. Vous m'expliquerez peut-être...
— A votre service, répondit l'ouvrier cambreur. Quoi, s'il vous plaît ?
— Mais... rien du tout, repartit l'ex-agent après réflexion.
— C'est fait, dit Rifflard en riant. Si vous n'êtes pas plus exigeant que cela, il ne sera pas difficile de trouver chaussure à votre pied.
— Oui, ricane, ricane, pensait M. Jules, mon tour viendra.

M. Jules vient de voir le blessé que vous m'avez ramené cette nuit, mon bon ami, dit le docteur Martel, s'adressant à Rifflard.
— Ah !
— Oui, je l'ai vu ! grommela l'ex-agent.
— Malheureusement, l'état de ce dernier ne lui a pas permis de communiquer avec son visiteur.
— Pas de chance ! fit Rifflard avec une expression de regret qui dut aller au cœur de l'ex-agent.
— Je reviendrai, ajouta celui-ci.
— Toutes les portes vous sont ouvertes, à dater d'aujourd'hui, cher monsieur... Je donnerai des ordres pour que vous soyez admis en présence de M. de Mauclerc, dès que son état lui permettra de vous recevoir.
— Sera-ce long ?
— S'il ne se présente pas de nouveaux accidents, j'estime que dans sept ou huit jours, le blessé sera à même de vous donner tous les renseignements désirables.
— Huit jours ! Enfin !... s'il le faut... Il le faut ! n'est-ce pas ?
— Le pauvre diable est joliment accommodé ! murmura Rifflard en manière d'aparté.
— Oh ! je le vengerai ! s'écria M. Jules, qui posa sa main sur l'épaule de l'ouvrier cambreur.

Celui-ci se laissa faire le mieux du monde.
— Une confidence ? dit-il.

Et il tendit l'oreille, en se faisant un cornet de sa main droite.

Avant de lui répondre, l'ex-agent se tourna vers le docteur Martel, comme pour lui demander la permission de traiter devant lui une affaire qui le concernait aussi peu.

Le docteur fit un geste qui signifiait :
— A votre aise. Agissez comme dans votre propre bureau.

M. Jules prit un dernier temps, et cherchant à dominer du feu de son regard le malheureux artisan qui se trouvait placé sur sa route, il reprit :
— Écoute, mon petit...
— Vas-y, mon gros, répondit avec le plus grand calme Rifflard, qui rendit politesse pour politesse et tutoiement pour tutoiement.
— Hein ?
— J'ai dit : Vas-y, mon gros. Ce n'est pas de l'hindoustani, ça. Tu me traites en camarade, mon bon Jules, il paraît que nous avons gardé n'importe quoi ensemble. Je ne suis pas difficile, continue.

L'ex-agent se mordit les lèvres et continua :
— Bien. Je suis *mouché et remouché !* Il n'y a rien à *frire* avec vous, l'ami !

Cet homme, pâle comme un cadavre, dormait d'un sommeil profond.

Vous m'avez *roulé!* Mon *linge* est *lavé* avec *de la cervelle de mouton!* Mon *compte est bon!* Je n'en veux plus.

— Oh! les vieilles habitudes! dit Rifflard sérieusement; impossible de s'en corriger.

— Plus de blagues! riposta vivement l'ex-agent. Les plus courtes sont les meilleures. Vous êtes un bon garçon, et je vous pardonne.

— C'est gentil, ça!

— Mais vous allez m'apprendre dans quel but vous m'avez monté un si rude coup?

Le docteur Martel s'était assis.

Le personnage muet qui assistait également à cette scène, se tenant toujours dans l'ombre, fit un mouvement.

Rifflard le contint du geste, tout en répondant à son antagoniste :

— Mon cher monsieur, permettez-moi de vous assurer que je ne comprends pas un mot de tout ce que vous me dites là! Je ne vous ai pas monté le moindre coup, comme vous l'avancez pittoresquement...

— Pittoresquement! monsieur Rifflard, interrompit l'autre avec ironie.

— Je ne suis pour rien dans tout ce qui vient de se passer ici, en supposant qu'il se soit passé quelque chose.

— Charmant!

— On m'a donné une commission. Je l'ai faite. Vous étiez prié de venir visiter M. le comte de Mauclerc, vous l'avez visité. Le malheur a voulu que les blessures de ce monsieur fussent trop dangereuses pour vous laisser communiquer verbalement avec lui. Qu'y puis-je? En quoi suis-je votre ennemi? Où voyez-vous un piège tendu? Que me reprochez-vous enfin?

— Ce que je vous reproche?

— Oui, parlez!

M. Jules fit un violent geste de colère, mais apercevant le sourire sardonique qui pointait sur les lèvres du docteur Martel, et reconnaissant qu'en somme il lui eût été fort difficile d'articuler un grief quelconque contre l'ouvrier cambreur, il réprima sa rage et repartit de son ton le plus calme :

— Ah! c'est comme ça! eh bien! l'ami, vous avez tort.

— Moi! demanda Rifflard, de son visage le plus étonné.

— Vous-même. On me pince une fois, mon *petit père*, mais deux, *nisco*. Je ne suis pas un imbécile. De plus malins que vous s'y casseraient les *quenottes*.

— Je ne vous ai jamais pincé, mon brave homme. C'est un divertissement que je n'ai pas le moindre désir de me payer.

— Bien! bon! bien! allez toujours. Je mettrai toutes les pierres dans la même brouette... Mais, cré nom! le jour de l'échéance, s'il y a quelques centimes de plus dans l'addition, il ne faudra pas que ça vous étonne.

— Monsieur Jules daigne m'honorer de ses menaces... dit l'ouvrier; que monsieur Jules veuille prendre la peine de réfléchir à toute l'inconvenance de sa conduite. Le salon de réception du docteur Martel n'est pas, que je sache, le cabinet d'affaires de la rue des Noyers. M. Jules oublie sans doute que...

Ici le docteur intervint.

— Laissez, mon cher Rifflard, fit-il, laissez cet homme s'expliquer à son aise.

— Cet homme! cria l'agent. Comment! cet homme?

— Je ne serais pas fâché, continua l'autre, de finir par comprendre ce qu'il est venu chercher céans.

Puis se tournant vers M. Jules, qui ne s'était jamais trouvé de sa vie à pareille fête, il ajouta :

— En fin de compte, quel est le fond de votre pensée? Voilà plus d'une heure que je me mets à votre disposition; voilà plus d'une heure que je m'applique à vous contenter, sans y parvenir. Parlez, cher monsieur... Charles..., non, bon monsieur Jules, à quel saint faut-il se vouer pour réussir à vous complaire?

Cette dernière raillerie comblait la mesure.

M. Jules, obligé de s'avouer son impuissance momentanée, s'avança vers ses deux interlocuteurs, et, leur mettant presque le poing sous le nez :

— Ainsi, vous croyez que ça durera longtemps comme ça! Ainsi vous êtes les deux raquettes et je passe volant! Ainsi moi, M. Jules, ex-chef de la police de sûreté, qui ne crains ni Dieu ni diable, vous me faites aller à *hue* et *à dia*, parce que le hasard se met dans votre jeu! C'est parfait! Il n'y a rien à répondre; je me suis venu jeter dans la gueule du loup. Mais, par tout ce que j'ai de plus sacré, je vous le jure, je vous prouverai que vous n'avez affaire ni à un ingrat, ni à un *oublieux*. Je vous le prouverai. J'ai bonne mémoire, pour le bien comme pour le mal. Que vingt-deux mille tonnerres m'écrasent si j'oublie cette après-midi!

Les deux hommes ne répondaient rien.

Irrité par ce silence méprisant, l'ex-agent répéta :

— Non, je n'oublierai pas; je n'oublie rien, moi, rien, rien!

Tout à coup, une main saisit la sienne.

Il se retourna.

Devant lui se tenait la sœur grise.

D'une voix douce, mais ferme, elle lui dit :

— Vous avez bonne mémoire, monsieur! Me reconnaissez-vous?

M. Jules ne distingua tout d'abord que le costume.

La coiffe cachait le visage de la religieuse.

Il fit un signe négatif.

Elle réitéra sa question :

— Me reconnaissez-vous?

L'agent la regarda attentivement.

La sœur grise ne levait même pas les yeux sur lui.

Tout à coup, à la grande surprise du docteur Martel et de l'ouvrier cambreur, cet homme qui se vantait de mettre le pied sur toutes les émotions humaines, devint blanc comme un cadavre. Une trépidation convulsive agita tous ses membres, et, poussant un rugissement de tigre aux abois :

— Elle! s'écria-t-il avec terreur. Elle! ici! Elle! vivante!

M. Martel et l'ouvrier crurent un moment qu'il allait se précipiter sur la sainte fille pour la déchirer ou pour l'étouffer entre ses mains crispées par l'épouvante et la colère; aussi, d'un commun accord, se placèrent-ils tous les deux entre elle et lui.

Précaution inutile!

Cette indomptable et robuste nature venait de recevoir un de ces coups sous lesquels tout s'affaisse.

M. Jules sentit ses forces l'abandonner.

Il poussa deux ou trois cris inarticulés.

Puis, se renversant en arrière, il tomba sur le parquet comme une masse.
Le docteur Martel et Rifflard accoururent à son secours.
Il était évanoui.

Quant à l'homme mystérieux qui n'avait point encore pris part à la conversation, il ne se préoccupait en rien de tout ce qui se passait à quelques pas de lui.

Indifférent, impassible, il ne quittait pas l'angle obscur du salon, où il avait élu provisoirement domicile.

Il attendait un ordre, une interrogation.

Ce fut Rifflard qui lui fit signe d'approcher.

Il obéit.

C'était un homme d'un âge déjà avancé.

Sur ses traits vulgaires, le vice et la débauche avaient laissé leur empreinte ineffaçable.

Il y avait pourtant dans sa tenue, dans ses manières, un je ne sais quoi indiquant une créature en dehors de la civilisation, ou si l'on veut, de la barbarie ordinaire.

Ses yeux, toujours en mouvement, pétillaient d'intelligence et de curiosité.

— Est-ce la première fois que vous vous trouvez en présence de... de madame? demanda Rifflard en montrant la religieuse, tandis que le docteur Martel soignait M. Jules, qui venait d'être frappé d'un commencement de congestion cérébrale.

— Qui, madame?
— La sœur Agathe.
— Je ne l'ai jamais rencontrée jusqu'à ce jour, répondit nettement l'inconnu.

Rifflard se tourna du côté de la religieuse, qui lui dit :

— C'est vrai. Lors de l'événement, de l'affaire que vous savez, je me tenais à l'écart, loin des yeux de cet homme et de ses compagnons.

L'ouvrier s'inclina en signe d'assentiment; puis désignant à l'inconnu M. Jules, que le docteur venait d'étendre sur un canapé :

— Et lui? fit-il.
— Oh! quant à lui, répondit l'autre, il m'est impossible de m'y tromper.
— Parlez! parlez!
— Bien que je ne l'aie vu que quatre fois, j'avais trop d'intérêt à le reconnaître pour qu'il m'ait été possible de l'oublier.
— Quand l'avez-vous rencontré pour la dernière fois?
— Il y a une dizaine d'années.
— Où cela?
— En Alsace.
— Vous souvenez-vous du motif de sa venue?
— Parfaitement. Il me demanda...

Ici l'inconnu hésita.

— Vite... vite! s'écria Rifflard.
— Il demanda... un service que je ne voulus pas lui rendre.
— Vous le lui refusâtes ?

— Oui.
— Et mal vous en prit, sans aucun doute?
— Il se retira de mauvaise humeur, en proférant les plus terribles menaces contre moi et les miens.
— En somme?
— Vingt-quatre heures plus tard, nous étions entourés, cernés par la gendarmerie. On nous enchaînait et l'on nous traînait en prison.
— A Strasbourg?
— Oui. Pour ma part, je restai oublié pendant cinq ans, après avoir été promené de prison en prison.
— Et au bout de ces cinq années?
— Un matin, on m'ouvrit la porte. Des gendarmes me mirent dehors et me conduisirent de brigade en brigade jusqu'aux frontières de la Suisse.
— Depuis combien de temps êtes-vous rentré en France?
— Depuis six mois... et cela grâce à la protection de...
Rifflard l'interrompit.
— Ne m'avez-vous pas dit, l'autre jour, que M. Jules portait au cou un sachet?...
— Suspendu à une chaîne en acier.
— En quoi est-il, ce sachet?
— En cuir fauve.
— Il a la forme d'une pièce de cinq francs, ajouta la religieuse. Dans le voyage que nous fîmes ensemble jadis, je me trouvai deux ou trois fois à même d'y jeter les yeux pendant son sommeil.
— Savez-vous ce que contient ce sachet?
— Non; peut-être un signe de reconnaissance.
— Docteur? fit l'ouvrier cambreur en se tournant du côté de M. Martel.
Celui-ci, qui venait d'ouvrir le gilet de l'ex-agent, tenait un objet de la forme et de la grosseur d'une pièce de cinq francs.
— Est-ce cela?
L'inconnu et la religieuse s'écrièrent ensemble :
— C'est ça, c'est bien ça !
Rifflard s'empara du sachet, l'examina un moment avec la plus scrupuleuse attention, le retourna sous toutes ses faces, puis se détournant à demi :
— Tenez, docteur, dit-il.
Le docteur prit le sachet, étonné que Rifflard ne le conservât point entre ses mains; mais voyant à l'attitude de ce dernier qu'il avait ses raisons pour agir de la sorte, il n'insista pas et repassa la chaîne au cou de l'ex-agent, toujours sans connaissance.
Alors Rifflard s'approcha de la religieuse, et se penchant à son oreille, il lui murmura ce peu de mots :
— Prenez courage, madame, espérez !
— J'espère en Dieu.
— Avant peu, ma sœur, un grand crime sera dévoilé, et justice obtenue.
— Le ciel entende mon frère. Je serai bien heureuse de réparer, avant de mourir, le mal que j'ai involontairement aidé à faire.

Cela dit, elle salua et se retira lentement, dans l'attitude de la prière et du recueillement.

Resté avec l'inconnu, l'ouvrier cambreur lui dit :

— Ecoutez-moi, Jean Vadrouille.

C'était, en effet, Jean Vadrouille, le chef des bohémiens dont Rosette avait parlé au déjeuner de M. Lenoir.

Le vieux bohème écouta.

— Vous n'avez pas trompé mon attente, continua Rifflard. Soyez sûr que je vous tiendrai compte de votre obéissance et de votre exactitude. Vous allez retourner immédiatement à Amiens.

— Bien, capitaine.

— Vous vous y installerez à nouveau.

— Oui, capitaine.

— Et surtout, ne quittez pas cette ville sans un ordre exprès...

— Ce sera fait.

— Ne fût-ce que pour une heure, pour une demi-heure. Vous me comprenez ?

— Parfaitement, capitaine.

— Votre absence, si courte qu'elle soit, peut avoir des conséquences terribles.

— Soyez calme, mon capitaine, je ne bougerai pas de ma *cassine*.

— Avez-vous besoin d'argent ?

— On a toujours besoin d'argent.

Rifflard, Passe-Partout ou le Capitaine, ainsi qu'il plaira à nos lecteurs de nommer le client du docteur Martel, donna à Jean Vadrouille l'argent nécessaire à son voyage et à ses démarches.

Une fois son viatique reçu, le vieux bohème, qui vit M. Jules commencer à s'agiter faiblement, glissa comme une anguille sur le tapis moelleux et silencieux du salon et disparut dans le corridor.

Rifflard se rapprocha du médecin.

Celui-ci donnait les derniers soins à M. Jules.

— Il était temps, fit-il ; avant cinq minutes, ce misérable aura repris connaissance.

— Et il sera sur pied ?

— Dans la plénitude de ses facultés.

— Ah! docteur, docteur! fit Passe-Partout avec un air plaisant de reproche, la médecine aura peut-être un jour un rude compte à rendre.

— Nous servirions-nous de ces armes-là, mon cher comte? demanda le praticien, ne sachant pas si Passe-Partout riait ou parlait sérieusement.

— Vous en savez autant que moi, docteur. Je suis aussi de l'avis de ce César, qui répondait à l'un de ses serviteurs, affranchi ou non : Voilà une action qu'il fallait faire sans m'en parler, un service qu'il fallait me rendre sans m'en demander l'autorisation.

Le médecin tira silencieusement de sa trousse une lancette longue et acérée comme un stylet palermitain.

Passe-Partout remit la lancette dans la trousse et reprit avec un sourire sardonique :

— Notre homme peut se réveiller quand bon lui semblera. Le tour est joué.
— Mais, cher comte...
— Chut ! docteur... il n'y a ni comte, ni Passe-Partout ici... Il n'y a que Rifflard, l'ouvrier cambreur... Ne l'oubliez pas.
— C'est juste.... répondit le docteur Martel... il faut me pardonner, mon cher Rifflard... Mais, vrai, pour peu que je pense à autre chose, il ne m'est pas difficile de me tromper dans tous vos noms...
— Assez, fit Rifflard, en montrant M. Jules.
— Bien. Allez-vous-en.
— Non. Je reste.
— Croyez-vous que je ne viendrai pas, tout seul, à bout de ce gaillard-là ?
— Je ne doute de vous en rien, vous le savez, mon bon docteur, mais quoique battu par nous jusqu'à présent, maître Jules est un fin limier.
— Bast !
— Mon absence lui donnerait quelques soupçons.
— Et après ?
— Je ne veux pas qu'il y ait d'*après* pour lui.
— A votre aise, fit le praticien avec un grain de mauvaise humeur.
— D'ailleurs, il est trop tard. Voyez.
En effet, l'ex-agent venait de faire deux ou trois mouvements nerveux.
Le docteur Martel le souleva et lui appuya la tête sur un des coussins du canapé.
M. Jules ouvrit les yeux.
Deux minutes après, grâce aux bons soins de son hôte et à la vigueur exceptionnelle de sa constitution, il se redressait et n'avait plus besoin d'aide pour se tenir debout.
Dans le premier moment, il ne comprit pas bien ce qui venait de lui arriver.
— Hé ! là-bas ! fit-il d'une voix qui, dépouillée de toute aménité artificielle, sentait le bagne ou le tapis-franc à pleines tonalités, hé ! là-bas ! qu'est-ce qu'il y a ? De quoi retourne-t-il ? Où m'a-t-on niché ? Il me semble que je dors depuis soixante-seize heures.
— Cela peut compter pour un bon somme, répondit le médecin, mais pour un somme fatigant.
— Quoi donc ? Je suis brisé, moulu !... On dirait qu'on m'a roué de coups de bâton... Ah çà ! Mais... il m'est arrivé quelque chose...
— Oui... ne cherchez pas. Vous voilà hors de cause.
— Vous dites ?
— Hors de danger.
— Hors de danger ?... Mais, sacrebleu !... je m'en souviens ; je viens de me trouver mal.
— Allons donc ! vous y venez.
— Je me suis évanoui...
— Vous y êtes.
— Comme une petite maîtresse.

— A peu près... repartit sérieusement le docteur Martel.
— Ah bien ! elle est *bonne*, celle-là.
— *Bonne*, peut-être, mais pas gaie.
— Laissez donc, dit l'ex-agent, qui retrouvait ses esprits en même temps que ses forces, c'est toujours gai, pour vous autres médecins, de voir des pratiques pousser à même la boutique. Qu'est-ce que je vous dois, mon sauveur? Car vous êtes mon sauveur, n'est-ce pas? ajouta-t-il en cherchant à jouer l'ironie.
— Un peu. Vous ne me devez rien. Mes hôtes sont libres de se trouver mal, de se faire soigner et de décéder même dans ma maison de santé, sans qu'il leur soit réclamé le pourboire des infirmiers.
— Mazette! on fait bien les choses ici.
— C'est ainsi, répondit le médecin, sans sortir de son éternel et superbe sang-froid.
— On est gens de revue. On se retrouvera.
— Libre à vous.
— Voyons! voyons! en attendant que je retrouve les autres, si je me retrouvais moi-même un petit peu. Hein?
— Que cherchez-vous?
L'œil de l'ex-chef de la police de sûreté furetait dans tous les coins du salon.
— Parbleu! ce que je cherche? ce n'est pas difficile à deviner.
— Je ne devine pas.
— Où est-elle?
— Qui? elle?
— La femme... qui était ici quand je suis *syncopé*.
— Il n'y avait ici qu'une religieuse.
— Justement... une religieuse. Où est-elle? où l'avez-vous mise?
— Mais...
Comme pour répondre à la question de M. Jules, une porte s'ouvrit, et Joseph, le domestique, parut.
Sur un geste du docteur, il dit :
— Monsieur le docteur, la folle est rentrée dans sa chambre.
— Vous l'y avez enfermée?
— Oui, monsieur le docteur.
— Est-elle plus calme?
— Elle ne parle plus, elle ne bouge plus.
— On n'a pas usé de moyens de rigueur envers elle?
— Monsieur le docteur sait quelle est sa douceur. On n'a jamais besoin, avec elle, ni de douches, ni de camisole de force.
— Bien, Joseph, laissez-nous.
Le domestique se retira.
— Voilà ce que j'allais vous apprendre, dit simplement le praticien en se retournant du côté de M. Jules.
— Ainsi, cette femme?... demanda celui-ci avec vivacité.
— Cette femme est folle, depuis de longues années déjà...

— N'oubliez pas votre promesse, fit-il tout bas.

— Sans espoir de guérison?
— Hélas! sans espoir.
L'ex-agent respira à pleins poumons.
Puis, rivant son regard sur le visage froid et placide du médecin, il laissa tomber sa tête sur sa poitrine.
— C'est étrange! murmura-t-il.

— La pauvre créature, reprit le docteur Martel, ne sort de son immobilité que pour renouveler huit ou dix fois par jour la scène à laquelle vous venez d'assister.

— Ah!

— Il doit y avoir sous jeu quelque ténébreuse histoire, quelque pénible souvenir dont, malheureusement, on ne saura jamais le premier mot.

— Qui sait? répliqua l'agent d'un air pensif. Vous la connaissez, cette malheureuse?

— Je ne connais d'elle que sa folie.

— Comment?

— Amenée par un grand seigneur étranger, qui n'a pas voulu me dire son nom, mais qui a payé sans marchander le prix de sa pension dans mon établissement, elle vit entourée de soins et d'égards, vous le voyez.

— Bon, après?

— Après? mais rien! Je suis médecin. Je me dois à ceux qui souffrent, quel que soit leur passé. Je n'ai pas essayé de découvrir un secret qui ne me concerne en rien et qu'on semblait vouloir me cacher.

— Et vous avez bien fait, docteur, s'écria l'ex-agent.

— Vous trouvez?

— Vous avez agi en honnête homme.

— Ainsi, les honnêtes gens, mon cher monsieur Jules, sont, à votre compte, ceux qui ne s'occupent jamais des affaires des autres? dit imperturbablement le médecin.

— Sans doute, répondit M. Jules avec embarras.

— Enchanté d'apprendre cela de votre bouche.

Et le docteur Martel allait prendre congé de son nouveau client, quand l'ouvrier cambreur, qui avait écouté silencieusement l'entretien précédent, s'avança et lui dit :

— Vous n'avez plus besoin de moi, monsieur le docteur?

— Non, mon bon Rifflard, vous pouvez vous retirer. Seulement, ne l'oubliez pas, demain je vous attends.

— Je viendrai de bonne heure.

— C'est cela.

Au moment où Rifflard se dirigeait vers la porte, M. Jules l'interrogea :

— Vous vous en allez?

— Oui, monsieur.

— De quel côté allez-vous?

— Je remonte du côté des Halles... je demeure rue aux Fers.

— Voulez-vous me rendre un service, monsieur Rifflard?

— Tout de même.

— Je me sens encore un peu *bancroche*... un peu faible... Je ne suis pas très solide sur mes jambes... donnez-moi le bras...

— Jusque chez vous?

— J'ai à causer avec vous.

— Vous me flattez, monsieur Jules. A votre service. Je ne suis pas pressé, moi.

— J'accepte, et je vous revaudrai ça un jour ou l'autre.
— Ah ! vous me l'avez déjà promis, répondit l'ouvrier en faisant allusion aux menaces récentes de l'agent.
— Ne pensons plus à ça. Le service qu'on me rend efface les *piques* que j'ai pu avoir. La main retournée, je ne pense plus aux coups que j'ai donnés ou reçus.

M. Jules dit adieu au docteur Martel et partit, donnant le bras à Rifflard, l'ouvrier cambreur.

X

OU RIFFLARD SOULÈVE SON MASQUE

Le fiacre attendait toujours à la porte de la maison de santé du docteur Martel.
— Montons, dit M. Jules.
— Bah ! vous avez une *roulante !* fit l'ouvrier en employant le langage favori de son compagnon, quel genre ! Alors, je vous suis inutile. Bien le bonsoir !
— Non pas ! restez, je vous en prie. Je ne fais qu'une course ici près, et nous laisserons la voiture à l'entrée de la place de la Concorde. Marcher me fera du bien.
— Vous y tenez ?... Allons-y, répondit Rifflard avec insouciance.
Ils montèrent en voiture.
L'ex-agent dit au cocher :
— Retourne à l'endroit d'où tu viens.... Cinq francs de pourboire si tu vas au grand trot.

Grand ou petit, toujours est-il que, stimulé par cette promesse argentée, l'automédon fit prendre le trot à ses deux petites bêtes bretonnes.

Bêtes et gens, les uns portant les autres, s'arrêtèrent, peu d'instants après, devant la maison de la rue des Batailles, que M. Jules venait de visiter avant de se rendre chez le docteur Martel.

L'agent ouvrit précipitamment la portière.

L'ouvrier se préparait à descendre avant lui pour lui donner le bras, mais l'autre refusa.
— Voulez-vous avoir la complaisance de m'attendre cinq minutes ? fit-il.
— Bon, répondit Rifflard, mais ça va donc mieux, que vous n'avez plus besoin de votre bâton de vieillesse ?
— Ça va mieux, oui, merci. Attendez-moi, je ne fais que monter et descendre.
— Oh ! j'attendrai tant qu'il vous plaira.

M. Jules descendit du fiacre et pénétra dans l'allée de la maison.

A peine eut-il disparu qu'un sifflement doux et modulé comme le chant d'un pinson sortit de l'intérieur de la voiture.

Le cocher se dressa sur son siège et écouta.

Le même sifflement se fit entendre.

Sans avoir l'air de rien, le cocher descendit et se mit à arranger l'une des lanternes de son véhicule.

— *A quelle heure se lève la lune?* demanda l'ouvrier cambreur, qui passa la tête par la porière.

— *Elle est levée pour moi*, répondit le cocher sur le même ton.

— *Et pour qui encore?*

— *Pour ceux qui voient tout et qu'on ne voit pas.*

— C'est toi, *Caporal?*

— Oui, compagnon.

— Les ordres?

— Exécutés.

— De point en point.

— Oui.

— Le rapport?

— Filoche a été découvert vers les deux heures de l'après-midi. Je l'ai lancé sur M. Jules. Il l'a conduit ici dans la journée. Tout était prêt et réglé. M. Jules parti, le comte endormi a été enlevé et transporté chez le docteur Martel.

— Je sais cela; et Filoche?

— Parti avec sa femme.

— Suivra-t-il Mouchette?

— Il le surveille, déguisé en Robert Macaire pris de vin.

— A merveille. Ainsi, tout est *paré?*

— *Paré!* répéta Caporal, qui jusque-là n'avait fait que répondre sans regarder le visage de son interlocuteur. Tiens! c'est vous, capitaine?

— Oui, mon brave.

— Ne vous inquiétez de rien. La Cigale est installé là-haut. Tout malin qu'il soit ou qu'il se croie, M. Jules n'y verra que du feu.

— Ce soir, là-bas, avec la Cigale, n'est-ce pas?

— Pour que j'y manque, à ce rendez-vous-là, on me coupera bras et jambes.

— C'est bien, caporal, je suis content.

— Moi aussi, capitaine.

Rifflard se renfonça dans la voiture, laissant le cocher remonter sur son siège.

Quelques minutes s'écoulèrent.

M. Jules sortit de la maison.

Il ne se ressentait plus des émotions et des souffrances par lesquelles il venait de passer.

Un observateur sagace n'aurait pu dire s'il était plus déconcerté que furieux.

Donnant l'ordre à son cocher de se rendre au coin de la rue Royale, il s'installa auprès de l'ouvrier cambreur, qui se recula pour lui faire place, avec tous les égards dus à son âge, à sa position, à sa santé compromise et à sa déconvenue, haute de six étages.

Pas un mot ne fut échangé entre les deux hommes durant tout le trajet — et il fut long — de la rue des Batailles à la rue Royale.

On stationna enfin.

Les deux voyageurs descendirent.

L'ex-agent paya, puis, prenant le bras du jeune ouvrier, il alla du côté du boulevard.

A la hauteur de la rue Saint-Honoré un embarras de voitures les força à s'arrêter devant un cabaret qui existait alors à l'angle de la rue Royale et de la rue Saint-Honoré, ayant pour enseigne : *A la Porte Saint-Honoré*.

— Ah çà! monsieur Jules, fit Rifflard, qui profita de la circonstance pour adresser la parole à son taciturne compagnon, ah çà! vous m'aviez dit que nous allions causer. Il faut croire que l'envie vous en a drôlement passé, ou bien que vous avez perdu la langue?

— Hein! quoi? Il n'y a rien de drôle dans tout cela, fit l'autre, qui ne donnait évidemment aucune attention à sa réponse.

— Parbleu! je m'en doute bien qu'il n'y a rien de drôle... pas même de donner le bras à un particulier plus sombre que s'il ruminait un mauvais coup.

— Un?

— Un crime!

— Un crime! Qui parle de crime ici? s'écria l'agent avec un tressaillement nerveux.

Ce tressaillement n'échappa point à son compagnon.

— Qui en parle? moi!

— Et à quel propos?

— A propos... à propos de ma soif... J'étouffe... Je boirais bien quelque chose... Si nous entrions là-dedans..., ajouta-t-il en montrant le cabaret de la *Porte Saint-Honoré*, ça vous délierait le larynx...

— Peut-être bien.

Au moment d'entrer dans ce bouchon, M. Jules se retourna vers Rifflard et lui dit avec un mauvais sourire :

— Ne joue pas à ce jeu-là avec moi, petit... Il t'en cuirait.

— Laissez donc, répliqua l'autre en hochant la tête, vous mettez de la malice dans la chose la plus innocente.

— Tu veux me faire boire?

— Pour vous faire jaser, pas vrai?... C'te bêtise!... Puisque vous ne demandez qu'à aller! répondit l'ouvrier cambreur, qui chercha à rompre les chiens, se voyant découvert.

— C'est vrai? la même idée m'était venue.

— Ah! bien, vous me voulez promener dans les vignes du père Noé... Après tout, ce ne serait pas de refus.

— Mais je n'ai pas de temps à perdre; sans cela, quoique je sois sûr que tu tiennes pas mal de litres, je t'aurais montré ce que c'est que ma tête.

— Cristi! vous m'en faites venir l'eau à la bouche.

— Essuie-toi le bec et n'y pense plus, mon garçon.

Tout cela se disait en marchant.

— Voyons, mon bon monsieur Jules, reprit Rifflard après un moment de réflexion. Il n'est pas possible que vous serriez votre langue dans le fond de votre palais, sans un motif aux pommes.

— Tu veux m'attendrir... pour m'exciter à la confiance, hein?

— Ah! vous êtes malin... il n'y a pas moyen de *piger* avec vous.

— Que veux-tu savoir?

— Vous avez quelque chose qui vous tracasse.

— Eh bien!

— Qu'est-ce que c'est?

L'agent s'arrêta.

— Tu es curieux, mon bon Rifflard? lui dit-il.

— Il faut bien passer le temps.

— Soit. Je suis bon prince. Sais-tu ce que je suis allé faire rue des Batailles? lui demanda-t-il avec brusquerie.

— Ma foi, non, répondit son compagnon sans qu'un des muscles de son visage bougeât.

Il flairait le piège.

M. Jules espérait que la soudaineté de la question troublerait son interlocuteur.

Voyant qu'il n'en était rien, il continua :

— Eh bien! je vais te le dire.

M. Jules tutoyait toutes les personnes qu'il voyait pour la deuxième ou troisième fois, dès que ces personnes lui paraissaient occuper, dans la société parisienne, une position inférieure à la sienne.

Rifflard le savait.

Aussi cette familiarité, loin de le blesser en quoi que ce fût, lui était une garantie, — une garantie de sécurité.

— Je vous écoute, monsieur Jules.

L'ex-agent fut sur le point de commencer un récit sans queue ni tête.

Il pensait, à part lui, que de la sorte il saurait bien distinguer à la longue sur les traits de son auditeur une expression quelconque d'étonnement ou d'incrédulité.

Mais il renonça à ce petit moyen.

Voyant que l'ouvrier cambreur attendait toujours, il se décida à lui rompre en visière.

— Ainsi, lui dit-il en le regardant bien en face, voilà une comédie que vous allez me mettre en cinq actes, hein? mon bon ami.

— Vous dites?

— Je dis, mon vieux, qu'il vaudrait mieux nous contenter des deux que vous avez déjà joués à mon bénéfice, ce matin rue des Noyers et ce soir chez le docteur Martel.

— Tiens! fit Rifflard avec tristesse, vous ne me tutoyez plus. Pourquoi donc ça, mon cher monsieur Jules?

— Parce que voilà six mois que vous me roulez, et que j'en ai assez comme ça.

— Ah!

— Oui.
— A votre aise. Tutoyez-moi, ne me tutoyez pas, c'est affaire à vous. Seulement laissez-moi vous certifier que je ne comprends pas un traître mot à vos allées, à vos venues, à vos phrases et à vos contre-phrases.
— Bien. Voyons, jouons-nous cartes sur table? demanda l'ex-agent.
— Dans quel but?
— Pour abréger la partie.
— Votre enjeu?
— Ma réputation.
— Peuh! fit Rifflard avec une moue expressive. Contre quoi?
— Contre votre tête.
— C'est peu contre beaucoup. Pas si dupe! fit froidement l'ouvrier cambreur. D'ailleurs, je ne suis pas joueur. Repassez demain, mon brave homme, on a déjà donné à votre fils.
— Allons, *poitrinez*, si cela vous convient, continua M. Jules, moi, je vais découvrir mon jeu. Nous verrons bien si ça ne mettra pas de l'eau dans votre vin.
— Voyons.
— Mon bon Rifflard, ouvrier cambreur.., pendant que j'examinais la peau d'âne que vous vous êtes jetée sur le corps, le bout de votre oreille a passé. Je sais maintenant à quoi m'en tenir sur vous et les vôtres.
— Parlez.
— Oh! ne craignez rien, s'écria M. Jules, vous ne perdrez rien pour attendre. Depuis six mois, vous accomplissez des prodiges d'adresse, des miracles d'audace...
— Moi?
— Vous-même. Ne m'interrompez pas. Je suis sûr de ce que je dis. Voilà plus de six mois que je vous suis à la piste...
— Ah bah! fit Rifflard d'un air étonné.
— Sans vous perdre une minute, une seconde de vue.
— Et votre bureau? demanda l'autre dans son incrédulité.
— Et ma police?
— Oh! alors!
— Quoi, alors?
— Rien.
— Mais encore, expliquez-vous.
— Faut de la police, pas trop n'en faut.
— Il y a un pied de trop, fit M. Jules en riant.
— Coupez-le.
— Ce n'est pas sous ce pied-là que pousse l'herbe que je voudrais couper.
— Bah!
— Non. Vous allez voir, mon petit Rifflard, que des recherches bien faites suivies avec persévérance, amènent toujours un résultat satisfaisant.
— Voyons.
— Il existe à Paris, continua l'ex-agent, une société...
— J'en connais plusieurs... mêlées, interrompit l'ouvrier cambreur, qu'envahissait un commencement d'inquiétude.

— Ce n'est pas de celles-là que nous causerons.
— Tant pis.
— Il existe, dis-je, en ce moment...
— Je vous ferai remarquer, mon bon monsieur Jules, que *en ce moment* est un pléonasme. Si votre société existe... il est évident... qu'elle existe *en ce moment*.

M. Jules ne fit que rire des observations saugrenues que maître Rifffard lançait au beau milieu de son discours.

Il sentait, il devinait parfaitement la tactique de son adversaire.

L'impatienter, le faire sortir des gonds, et le forcer à se mettre dans une de ces colères où il ne se souvenait plus de rien, tel était le plan de l'ouvrier cambreur.

Mais l'ex-agent tenait à prouver la valeur de son personnel.

Il se contint.

Et de sa voix la plus aimable, il reprit pour la troisième fois :

— Il existe, à Paris, une société, que ses membres nomment la *Société des Invisibles*.

— Ah ! ah ! c'est un nom bien trouvé... fit son compagnon avec une admiration naïve, jouée au mieux, tandis qu'un frisson glacial courait dans ses veines. A une condition pourtant.

— Laquelle ?

— C'est que ces membres, vous ne les ayez jamais vus.

— Ah ! voilà ! continua M. Jules... Cette société, dont la puissance est immense...

— Vous en convenez ?

— A des ramifications dans l'univers entier.

— Et dans mille autres lieux, ajouta Rifflard, qui se trouvait en veine de plaisanteries musicales.

— Ses membres se répartissent sur tous les degrés de l'échelle sociale.

— Quel style, monsieur Jules !

— Il faut bien que les couleurs soient dignes du tableau. Le chef de la Société des Invisibles se trouve placé au rang le plus élevé du grand monde parisien.

— De plus fort en plus beau.

— Ce chef, vous le connaissez, maître Rifflard.

— Vous dites ?

— Ce que vous savez aussi bien que moi, répondit l'ex-agent d'un ton goguenard.

— Je le veux bien, dès que cela vous fait plaisir.

— Niez-vous l'existence de cette société ?

— Moi ? pas le moins du monde.

— Niez-vous qu'elle ait un chef ?

— Je lui permets d'en avoir dix-huit.

— Niez-vous que vous en fassiez partie ?

— Qui ?... de quoi ?...

— Vous, de la Société des Invisibles ?

Il tomba sur le parquet comme une masse.

— Monsieur Jules! monsieur Jules! ceci sort du programme que nous nous sommes tracé. Vous m'avez demandé mon bras, je vous l'ai donné. Vous m'avez promis de me raconter un tas de jolies choses. Vous me racontez des *gandoises* de l'autre monde. Et vous me faites subir un interrogatoire, comme on ne m'en ferait subir que sur les bancs de la correctionnelle (6ᵉ chambre). Si vous croyez que je ne vais pas profiter de la première occasion qui se présentera pour vous lâcher de belle manière?

— Oui! oui! oui! Bon! bon! bon! Zigzaguez! bifurquez! pataugez! vous ne me ferez point prendre une fausse piste!

— Encore!

— Cher monsieur, répéta l'ex-chef de la police de sûreté, vous êtes membre de la Société des *Invisibles*.

— Honoraire ou titulaire?

— Un des chefs peut-être de ces Protées insaisissables...

— Insaisissables... repartit ironiquement Rifflard. Les insaisissables... c'est aussi ronflant que les *Invisibles!*

— Oui, riez, riez! Je suis sûr de mon affaire.

— Avouez, mon bon monsieur Jules, que vous vous donnez beaucoup de mal pour peu de bien?

— Ce qui signifie?

— Que, si cette Société existe..., la première chose à faire est de connaître le but vers lequel tendent ses efforts.

— En effet.

— Le connaissez-vous, ce but?

— Pas tout à fait.

— Pas du tout.

— Pourquoi ça?

— Pourquoi, monsieur? Parce que, si vous le connaissiez, dit l'ouvrier cambreur avec tant de hauteur et de sérieux que l'ex-agent perdit de sa superbe et de son assurance, si vous le connaissiez, vous n'en parleriez pas si haut en plein boulevard, au risque de prononcer le dernier mot qui dût échapper de vos lèvres.

— Hein? une menace! Nom d'un tonnerre! J'ai fait serment de vous démasquer, vous et les vôtres; je réussirai à tenir ce serment, ou j'y laisserai ma peau.

— Qui en voudra? fit tranquillement son compagnon.

M. Jules s'arrêta.

— Rifflard, voulez-vous être des miens?

— Bien. Voici que vous me proposez une infamie, à présent. Ce qui est très bête.

— Parce que?

— Parce qu'en supposant que je sois ce que vous pensez, si je suis assez lâche pour trahir MM. les insaisissables ou les invisibles, comme il vous plaira de les appeler, il n'y a aucune raison de croire qu'à un moment donné je ne vous trahirais pas en faveur de ces messieurs.

— Oui, mais moi, je vous repincerai.

— Croyez-vous qu'ils aient la main moins longue que vous?

— Ainsi, vous refusez mon offre?

— Avec enthousiasme.

— N'en parlons plus, monsieur Rifflard, dit l'ex-agent d'une voix brève et cassante... Seulement, à l'avenir, prenez mieux vos précautions quand vous voudrez bien m'honorer de vos visites.

— Ah! ah! vous m'avez fait suivre?

— Un peu, *mon cousin*. Il faudrait recommander à vos amis et connaissances de ne pas décliner si souvent vos grades et qualités.
— Déclinez-m'en un.
— Au hasard? fit M. Jules en souriant d'un air triomphateur.
— Un seul.
— Je pourrais vous faire droguer plus longtemps, mon *cher capitaine*... vous m'entendez bien... mon *cher capitaine*...
— Ah! ah! vous êtes instruit de cela..., murmura l'ouvrier, dont l'œil lança un éclair fauve.
— De cela et d'autres détails encore qui pourront vous gêner à la longue.
— Pourquoi me dites-vous cela? demanda négligemment le compagnon de l'ex-agent.
— Pour ne point passer pour un vantard, pour un Gascon, afin que, à l'avenir, vous fassiez plus de cas d'un homme qui voulait être votre ami, et dont vous venez de gagner l'inimitié.
Rifflard réfléchit un moment, puis de sa voix la plus tranquille :
— C'est un tort.
— Expliquez-vous.
— Vous prétendez devoir nous gêner dans toutes nos entournures?
— Je ferai mon possible.
— Si vous devenez gênant, on vous supprimera.
— Hein? s'écria M. Jules avec un haut-le-corps de retraite.
— On vous supprimera.
— Hop là! sautez, muscade! répondit l'ex-agent en prenant le fausset d'un escamoteur forain. Ainsi, vous avouez?
— Oui.
— Vous convenez de tout?
— Oui.
— Vous êtes un invisible?
— Rifflard ou capitaine, à votre choix.
— Nous nous retrouverons en temps et lieux opportuns.
— Plus tôt que vous ne le pensez, maître juré-mouchard, fit le compagnon de M. Jules en lui serrant le bras à le lui briser.
— Eh! là-bas! pas si fort ou je cogne.
— Essayez.
L'ex-agent se secoua de son mieux.
Rien n'y fit.
Malgré sa force herculéenne, l'étau qui l'enserrait ne lâchait pas prise.
M. Jules se mit à rire jaune et demanda merci en plaisantant.
— Souvenez-vous bien, lui fut-il répondu, qu'un jour vous demanderez sérieusement grâce et merci, mais que ce jour-là il me sera beaucoup plus difficile d'accéder à votre demande.
— J'ai bonne mémoire.
— Ne continuez pas. Voilà une phrase qui vous a porté malheur déjà aujourd'hui, chez le docteur Martel.

Tout ce qui venait de lui arriver, tout ce qu'il avait oublié dans son entretien avec l'ouvrier cambreur, passa subitement devant les yeux de l'ex-agent.

Il se souvint du double comte de Mauclerc, de la sœur Agathe, de son évanouissement, de Filoche remplacé dans son taudis par la Cigale.

Il pensa que mieux vaudrait pour lui abandonner ce côté de ses occupations, et se rejeter dans ses affaires nocturnes.

Il se décida à rendre la liberté à son compagnon.

Mais celui-ci n'avait pas attendu le bon plaisir de M. Jules.

Un fiacre les suivait depuis quelques instants.

Il fit un signe.

Le cocher s'arrêta.

Rifflard monta dans la voiture, puis, attirant doucement son adversaire déclaré en étendant le bras par la portière :

— Un dernier mot, mon bon ami !... lui dit-il.

— Allez !

— Vous êtes content de vous et fier *comme Artaban*, parce que vous avez deviné que Rifflard n'était pas mon nom? Vous faites blanc de votre épée parce que vous connaissez la nuance de mes cheveux et la couleur de mes yeux ? Tout le monde en sait autant que vous.

— Eh bien ?

— Moi, je vais vous prouver que sans bruit, sans embarras et sans scandale il est possible de savoir telle chose, d'avoir la clef de telle énigme, que les plus malins en jettent leur langue aux chiens.

— *Poussez votre venin*, monsieur Rifflard, riposta l'ex-agent, moitié colère, moitié curieux.

— Portez la main au sachet mystérieux que vous portez suspendu à votre cou, et vous me dispenserez de vous en dire davantage.

M. Jules pâlit et chancela comme s'il avait reçu une balle en plein corps.

Au même instant, et sans que l'ouvrier cambreur, Rifflard ou le capitaine, eût besoin de donner une adresse, un ordre au cocher, le fiacre partit au galop de ses deux chevaux, qui, sous les apparences les plus misérables, cachaient une ardeur et une vitesse peu communes.

La voiture disparue, M. Jules, qui était demeuré stupéfait, porta vivement la main à son cou, et retirant le sachet qui y était suspendu, il l'examina avec une anxiété sans égale.

Le résultat ne fut sans doute pas des plus rassurants. car il s'écria avec une explosion de rage indicible :

— Mille millions de tonnerres ! ce démon a raison ! Je suis perdu ! Ils me tiennent... si je ne les écrase pas.

XI

UN AMOUR VRAI

Le premier soin de Rifflard, que nous n'appellerons plus maintenant ni Passe-Partout, ni le capitaine, mais tout simplement le comte de Warrens, fut de baisser les stores de la voiture qui l'emportait loin de son ennemi déclaré.

Certain alors de pouvoir braver à son aise les regards des indiscrets ou des curieux, il prit un paquet placé sur la banquette de devant et le dénoua.

Ce paquet renfermait une toilette de ville complète.

En moins de dix minutes, le comte procéda à son changement de costume avec une dextérité témoignant l'habitude qu'il avait de se passer de valet de chambre.

Le noir Saturne eût été humilié de la rapidité de main montrée par son maître en certaines circonstances.

Une petite glace se trouvait fixée à la planchette de bois séparant les deux carreaux du devant de la voiture.

Après avoir quitté ses vêtements d'ouvrier endimanché, et après avoir endossé les habits contenus dans le paquet susindiqué, M. de Warrens alluma une sorte de *rat-de-cave* qui se trouvait dans une des poches de la voiture, et se mit à se *faire une tête*, comme eût pu dire M. Jules ou son digne acolyte, le sire Coquillard-Charbonneau.

Ces deux derniers ne manquaient pas d'une certaine adresse dans ce travail de métamorphose, mais le comte les laissait bien loin derrière lui, aussi loin qu'un peintre de premier ordre laisse un peintre d'enseignes.

En un tour de main, il venait de se donner l'apparence et les allures d'un étudiant en droit ou d'un élève en médecine âgé de vingt-quatre à vingt-six ans.

Cela fait, il éteignit sa bougie, entortilla les vêtements qu'il venait de quitter, et jeta le tout dans un coffre de bois placé sous la banquette de derrière.

La voiture continuait à rouler bon train, le long des boulevards.

Le comte releva les stores et fit un signal.

Elle changea de direction sans ralentir son allure, et s'engagea dans les rues avoisinantes.

Peu après, elle s'arrêta devant l'église de la Madeleine.

Le comte de Warrens descendit, congédia le cocher qui venait de le conduire sans lui adresser un mot, une question, et il entra dans l'église.

La Madeleine était presque déserte et faiblement éclairée.

De rares fidèles, disséminés çà et là, priaient dans la tranquillité la plus profonde.

Le comte s'arrêta auprès d'un pilier.

Alors il se passa dans son âme un phénomène que tout chrétien comprendra.

Cet homme, qui consacrait la plupart des heures de sa vie à l'accomplissement de projets purement humains, à la réalisation de desseins philosophiques, sociaux, mais terrestres ; qui, par la multiplicité de ses occupations, ne trouvait pas un instant où il pût élever son âme jusqu'à Dieu, cet homme, que le hasard faisait traverser le saint lieu, sentit une force irrésistible l'entraîner loin de cette vallée de misères.

Il oublia, soudainement, le but vers lequel tendaient ses efforts gigantesques.

Il fit litière des moyens, hors la loi, hors la société, employés par lui pour arriver à une fin digne de la grande association dont il était le chef.

Il mit le pied sur ses souvenirs éloignés, sur ses inquiétudes récentes, et regardant face à face l'image de ce Dieu qui semblait lui dire : « Marche, marche, agis et triomphe en mon nom ! » il se sentit humble, petit, chétif, devant son créateur, mais puissant et plein de force contre les créatures sorties du droit chemin.

Une courte, une ardente prière, monta de son cœur à ses lèvres.

Ce devoir accompli, le comte de Warrens traversa la nef.

Aucun des fidèles, absorbés dans leurs pratiques religieuses, ne se retourna et ne prit garde à lui.

Il sortit par le côté de l'église opposé à celui par lequel il venait d'entrer.

Prenant ensuite la rue de la Ville-l'Évêque, il tourna dans la rue d'Astorg, et s'engagea dans la rue Roquépine.

Personne ne le suivait.

Sûr de sa solitude, le comte de Warrens marcha rapidement jusqu'à un mur élevé.

Dans ce mur était enclavée une porte basse, barrée, cadenassée et qui semblait n'avoir, depuis longues années, donné accès à âme qui vive.

Le comte s'arrêta, explorant une dernière fois la rue du regard.

Nul passant ne longeait les trottoirs ni la chaussée.

Rien de suspect.

Il frappa deux coups légers, assez espacés, et il attendit.

Un grincement de clef se fit entendre dans la serrure.

Il frappa trois autres coups, plus violents, avec précipitation.

Une voix murmura à l'intérieur :

— Noël ?

— Edmée ! répondit-il.

La porte s'ouvrit sans le moindre bruit.

Le comte de Warrens se glissa dans l'entrebâillement et la porte se referma sur lui.

Il se trouvait dans un parc ombreux, malgré la saison.

Ce parc dépendait du corps de logis principal de la maison sise rue d'Astorg, n° 35.

C'était dans ce corps de logis mystérieux, hermétiquement clos, aux apparences pleines de vétusté et de solitude, que certains locataires de la maison gardée par le père Pinson, avaient cru voir, à travers les fissures des volets fermés, des lueurs fantastiques aux heures les plus avancées de la nuit.

Mais le comte n'était pas seul.

Près de lui se tenait la personne qui lui avait ouvert la porte de ce parc silencieux.

Cette personne n'était autre qu'une jeune fille de dix-sept à dix-huit ans au plus.

De prime abord, rien ne frappait en elle.

La simplicité de son costume rejaillissait sur tout son être.

Sa blonde et abondante chevelure, tordue en une double natte qui venait surmonter deux bandeaux collés sur des tempes d'une blancheur éclatante, était une de ces beautés qu'un époux seul a le droit de détailler.

Sa taille flexible, et mince à tenir dans les dix doigts, disparaissait sous un ample caraco nécessité par la rigueur de la saison.

Une cape bleue lui couvrait la tête et une partie du visage. Un jupon, plutôt court, laissait voir ses pieds mignons, enchâssés dans des sabots.

La jeune fille que M. de Warrens avait appelée *Edmée* était plutôt mise comme une fermière que comme une demoiselle de haut lignage.

Pourtant, à la longue, dans l'élévation du front, dans la franchise et la hauteur du regard, dans la manière de porter ce costume, simple et rappelant celui des femmes ou des filles vendéennes du xviii° siècle, un observateur sagace eût vite reconnu une fille de race noble, que les malheurs des temps ou des idées arrêtées avaient décidée à se vêtir de la sorte.

Il y avait bien de l'orgueil, un noble orgueil peut-être dans cette simplicité de mise, poussée jusqu'à l'exagération.

Peut-être aussi y avait-il autre chose que de l'orgueil, peut-être y avait-il un grand dévouement.

Ce que nous pouvons tenir pour certain, c'est que le comte de Warrens ne donna aucun signe d'étonnement à la vue de ce costume.

Il prit les mains que lui tendait la jeune fille, et sans qu'elle fît l'ombre de résistance, sans que ni lui ni elle y vissent le moindre mal, il les couvrit de ses baisers.

C'était là une grande preuve de respect donnée par lui à son guide charmant.

C'était bien un véritable hommage rendu par un noble vassal, convaincu de ses droits, à une maîtresse et suzeraine daignant descendre jusqu'à lui.

Mais le vassal savait qu'il ne devait pas franchir une certaine limite.

La suzeraine, sûre de sa puissance, ne concevait pas une crainte, pas une inquiétude.

Elle se disait qu'à son premier geste, à son premier mot, tout rentrait dans l'ordre, et, confiante, heureuse de se sentir adorée comme une divinité, elle ne retirait pas ses mains, elle ne se lassait pas de regarder le visage du comte, rayonnant d'amour et de bonheur.

— Vous avez bien tardé, monsieur! fit-elle enfin avec un accent de reproche qui rappela le comte de Warrens aux tristesses de la réalité.

Le comte de Warrens descendit de son ciel.

Puis, laissant aller les mains de la jeune fille, il lui répondit :

— Monsieur! pourquoi m'appeler ainsi, Edmée? Ai-je mérité ce chagrin?
— Oui.
— Chère Edmée!

— Voilà bien des soirées, déjà, que je viens à cette porte. Que de longues et douloureuses heures j'ai passées là, à vous attendre !
— Je vous jure...
— Ne m'interrompez pas, ajouta Edmée faisant une moue volontaire qui lui allait à ravir ; je veux d'abord que vous compreniez bien tout ce que j'ai souffert par votre faute, après je vous permettrai de vous défendre, de me répondre, de vous justifier !
— Parlez ! Parlez ! s'écria le jeune homme, qui la contemplait dans une douce extase.
— Oui... je suis venue chaque soir à cette même place...
— Où vous m'y avez envoyé...? interrompit le comte.
Elle l'empêcha de continuer.
— Méchant ! c'est ce que vous auriez fait à ma place, sans doute. Mais moi, je n'agis pas de la sorte, quand j'aime. Et, vous le savez bien, quels que soient vos torts, je vous aime et je ne rougis pas de l'avouer.
— Je ne suis pas encore digne de cet amour, chère enfant, dit-il.
Et il voulut reprendre une de ces mains aux attaches fines, aristocratiques, qui venaient de lui échapper.
— Enfant ! moi, Noël ?
— Ah ! vous ne m'appelez plus : monsieur ?
— Si vous me le faites remarquer encore une fois, repartit-elle avec un peu de confusion, je vous le jure, d'ici à longtemps, votre nom ne sortira plus de ma bouche.
— Je me tais.
— Bien. Vous m'avez oubliée, avouez-le.
— Moi, vous oublier ! quand votre père...
— Mon père... mon père ! ce n'est pas de lui qu'il s'agit, s'écria-t-elle avec une légère impatience. De lui, je sais que vous vous en occuperez à tous les instants de votre vie.
— Ingrate !
— Mais, en dehors de lui, il y a *moi*, que vous traitez comme si je n'étais pas votre vraie, votre sincère amie... d'autant plus votre amie que je serai un jour votre femme, comme je suis aujourd'hui votre obligée.

La jeune fille venait de prononcer ces mots, qui eussent gêné tout autre, avec une noblesse d'expression n'appartenant qu'à elle.

Le comte de Warrens fut sur le point de tomber à ses pieds, de baiser le bas de sa robe et de lui crier :
— Sois ma femme avant le moment fixé par ta volonté !

Mais tous les obstacles qui, en dehors de la résolution prise par Edmée, se seraient dressés infranchissables entre elle et lui, lui apparurent.

Il étouffa le mouvement passionné qui avait été sur le point de le pousser à une demande insensée, et se prenant le front à deux mains, concentrant toute son énergie dans cette minute, il rentra en lui-même.

La jeune fille, qui, dans sa pureté, ne comprenait pas, ne devinait pas le combat livré en cette âme énergique par l'ardente passion de l'amant à la générosité de son défenseur, à la reconnaissance du champion de sa famille, le vit

— Ne joue pas ce jeu-là avec moi, mon petit, il t'en cuirait.

secouer son émotion, frémir, trembler; elle crut l'avoir blessé dans sa délicatesse, dans son amour.

Un revirement se fit en elle.

D'accusatrice elle devint accusée.

S'avançant vers lui, elle lui dit de sa voix la plus suave :

— Je vous ai fâché, Noël? Vous m'en voulez. Il ne faut pas m'en vouloir, voyez-vous, mon ami ! J'ai des moments d'impatience... d'impatience injuste, j'en conviens... mais si vous saviez... toutes mes pensées sont tournées vers vous, en dehors de mon père... et quand vous me manquez, le reste me manque... Je ne me sens plus vivre... et alors, comme je ne veux pas pleurer sur mes propres douleurs, si infimes auprès des malheurs de tous les miens, je deviens irascible, méchante, ingrate... et je comprends bien qu'on m'en veuille et qu'on s'irrite contre mes caprices, contre mes mauvaises humeurs... si peu dignes d'intérêt.

Il l'écoutait avec enchantement.

Il buvait ses paroles.

De son cœur une seule réponse s'échappait :

— Ange ! ange ! ange !

Ses lèvres la retinrent, pour ne pas l'interrompre.

Edmée essuya une larme, perle précieuse tombant sur un lis entr'ouvert.

Elle attendit un mot du comte.

Voyant qu'il se taisait, elle reprit :

— Vous ne me pardonnez pas... c'est mal. Voilà bien longtemps que vous n'êtes venu... et la première fois que je vous revois, vous me tenez rigueur pour un mouvement d'impatience qui, si vous aviez été à ma place, se serait changé en un accès de colère...

Et comme Noël allait faire un geste de dénégation, elle crut l'avoir fâché encore plus, et elle reprit du ton le plus humble et le plus caressant :

— Non ! non ! je me trompe... je ne sais ce que je dis : voyez-vous, je suis si contente quand je vous ai, là, près de moi... quand je suis sûre de passer quelques instants auprès de vous, que je ne me reconnais plus... Noël, mon ami, je vous demande pardon de mes méchancetés... Voyons... suis-je pardonnée ?

— Edmée ! fut tout ce que lui répondit le comte d'une voix étouffée.

Mais leurs mains se rencontrèrent de nouveau.

Ce qu'elles se dirent dans une pression qui ne dura pas plus d'une seconde, eux seuls le surent.

Une seconde encore, et cet amour si pur, si éthéré, eût pu devenir criminel.

Il le sentit.

Le sang-froid lui revint.

Le hasard, un mot d'Edmée relevé par lui sans intention, avait amené un commencement d'explication dont la fin ne pouvait être que pénible ou dangereuse.

Il comprit que le seul moyen de sortir de ce terrain brûlant était de détourner l'attention de la jeune fille, de mettre l'entretien sur le père d'Edmée au lieu de le continuer sur Edmée elle-même.

S'éloigner vivement d'elle, la repousser presque et dire précipitamment :

— Edmée ! c'est pour votre père que je suis ici ce soir ! fut tout un pour lui.

Elle se recula instinctivement de son côté, et rougissant, balbutiant, elle répondit :

— Mon père... oui... pour lui seul... Parlez ! Noël, qu'y a-t-il ?

— Les événements sont plus forts que la volonté la plus forte! continua le comte de Warrens. Or, les événements présents me condamnent à sacrifier mes sentiments, mes plus chers désirs, à l'accomplissement de la tâche que je me suis imposée.

La jeune fille baissa la tête et soupira.

Il continua avec une froideur qu'elle eût dû comprendre exagérée.

Mais la jeunesse et l'amour ne raisonnent pas.

Edmée se sentit le cœur plein de larmes et de tristesse... mais c'était une digne, brave et noble fille.

Une fois l'idée de son père revenue présente à son esprit, elle s'appliqua à ne plus songer à autre chose.

Sa résolution prise, elle redevint elle-même.

Elle l'écouta avec la même froideur factice.

— Vous savez quelle est cette tâche! disait le comte. J'y périrai ou je la remplirai. Mais pour cela il me faut une tranquillité, un calme d'esprit, une liberté d'action que vous seule pouvez me donner. Me les refuserez-vous, Edmée?

— Dites, Noël; ce n'est plus une femme, c'est un homme qui vous écoute.

— Merci! fit-il. Avec votre image chérie marchant devant moi, la victoire ne sera pas douteuse.

— Pauvre cher père! murmurait la jeune fille, qui, absorbée dans ses réflexions filiales, n'entendait plus, ne percevait plus que comme un écho les dernières paroles de son amant.

Le comte de Warrens respecta quelques instants l'isolement de sa pensée. Puis :

— Comment va M. le duc de Dinan? demanda-t-il doucement.

Elle revint à elle-même, et le regarda comme pour le prier de répéter sa question.

Le comte obéit.

— Comment est votre père, Edmée?

— Il est mieux.

— Moins triste qu'à ma dernière visite? moins inquiet?

Edmée sourit tristement.

— Vous devez savoir, Noël, répondit-elle, que la tristesse et l'inquiétude sont le fond de la vie de mon père.

— Je jure Dieu que je ferai revenir la gaieté sur son visage et le calme dans son cœur.

— Dieu vous entende!

— Le moment approche où justice lui sera enfin rendue.

— Je me doutais de cela, Noël.

— Vous vous en doutiez? Et quel indice?...

— Toutes les fois qu'un danger imminent vous menace, mon ami, j'ai là comme un pressentiment! fit-elle en portant la main à son cœur.

— Mais je ne cours aucun danger, je vous l'assure.

— Vous me trompez, Noël! vous voulez me tromper et vous avez tort.

— Chère Edmée, il ne s'agit pas de moi, mais de votre père, de son honneur, de son nom et de votre bonheur à vous.

— Que m'importe?

— Comment voulez-vous qu'un coup me frappe avant que j'aie fait mon devoir? s'écria-t-il avec une confiance naïve qui témoignait de sa foi dans le Dieu qu'il venait de prier, à l'église de la Madeleine.

— Vous donneriez du courage à des lâches, Noël! Ne vous inquiétez pas. On n'est pas lâche dans notre famille. Je peux trembler à la pensée des périls incessants auxquels vous vous exposez pour nous, mais soyez tranquille, je ne vous dirai jamais : *Assez !* tant que vous n'aurez pas atteint le but.

— Noble fille! voilà comme je vous veux.

— Je vous l'ai dit, réussissez, et je serai vôtre. Une fois la victoire remportée, venez m'en réclamer le prix, et, je vous le jure, mon père ne vous le refusera pas, moi vous l'accordant.

Edmée parlait avec une assurance peu partagée par le comte de Warrens. Celui-ci ne se faisait pas illusion.

Il connaissait l'indomptable orgueil du vieux gentilhomme, du père d'Edmée.

Il savait qu'avant d'obtenir la main de cette jeune fille, lui, le petit-fils d'un des vassaux du duc de Dinan, il aurait à livrer de rudes combats.

Mais son dévouement marchait en avant sans tenir compte des réticences de son amour.

D'autre part, à quoi bon jeter dans l'âme de la jeune et charmante enfant les doutes qui déchiraient la sienne ?

Il s'inclina donc en signe d'assentiment et dit :

— Edmée, vous et tous les vôtres, vous êtes proscrits, dépouillés, contraints de vous cacher...

— Il est vrai, Noël, mais ce n'est pas pour moi que...

Il l'interrompit à son tour :

— J'ai juré à mon père mourant de vous faire rendre vos titres, votre fortune, le rang auquel vous avez droit.

— Eh bien! Ce serment ne l'avez-vous pas tenu autant que cela dépendait de vous? fit la jeune fille. Mon père croit posséder cette fortune dont vous parlez ; le repos et la vie d'autrefois lui ont été rendus. Et cela grâce à qui, Noël? Qui a été notre bon ange, jusqu'à ce jour? Répondez, Noël, répondez.

— Je n'ai point encore terminé ma tâche. Mon serment n'est pas entièrement tenu. Comme mon père, je le tiendrai, ou comme mon père est mort, je mourrai.

Edmée essuya les larmes qui coulaient, malgré elle, lentement sur son visage, et, relevant sur lui ses beaux yeux bleus, où se lisaient toutes ses pensées.

— Ami, dit-elle, ne me parlez plus de serments, de devoirs. Ces mots me désolent. Ils vous donnent raison contre ma tendresse. La fille passera toujours, en moi, avant la fiancée. Et pourtant, malgré mon respect, mon obéissance aux moindres volontés paternelles, que de fois ne me suis-je pas vue sur le point de vous crier : Arrêtez-vous! pauvre cher Noël, vous avez assez fait pour nous. Qu'avons-nous besoin de ces titres, de ces honneurs, de ce rang et de ce nom, pour être heureux? L'obscurité ne nous conviendrait-elle pas davantage?

— Merci de ces paroles, noble enfant! lui répondit le comte de Warrens qui, dans ces hésitations d'une âme jeune et fière, voyait librement l'amour qu'il inspirait; merci! Elles me charment, mais elles ne font que m'encourager dans mes résolutions. Si j'obéissais à vous, à vos craintes, vous seriez la première à vous demander comment j'aurais pu vous obéir. Vous dites vrai, Edmée... Pour vous seule, tant d'efforts, de sacrifices seraient vains, inutiles, ils n'arriveraient jamais à la hauteur de votre pur et digne amour. Je me contenterais de vivre à vos pieds, esclave soumis, serviteur reconnaissant, et de vous dire : Ordonnez, entendre c'est obéir!... Mais vous n'êtes pas seule, Edmée.

— Hélas! murmura-t-elle avec désespoir, en laissant tomber sa tête sur sa poitrine, que la volonté de Dieu soit faite!

Et se dirigeant vers la maison, elle ajouta :
— Entrons; on nous attend.
Le comte la retint.
— Une dernière question? fit-il.
— Dites.
— Et René de Luz?
— Il va mieux. Après une crise terrible qui a eu lieu vers dix heures, ce matin, il s'est assoupi. Le médecin assure qu'il est hors de danger. Un jeune étudiant, qui habite la maison, est descendu lui donner les soins les plus intelligents.
— Son nom?
— M. Adolphe Blancas.
— Personne ne l'a accompagné?
— Si.
— Qui cela ?
— Une jeune femme.
— Une femme! répéta le comte de Warrens avec une émotion mal contenue.
— Elle est nouvellement installée ici.
— Ah! continuez, Edmée!
— On la nomme, je crois, Lucile Gautier.
Il frissonna légèrement, ses sourcils se froncèrent malgré lui.
— Est-ce tout?
— Le médecin arrivé, les deux aides se sont retirés.
— Qui est resté au chevet du blessé?
— Sa mère, la comtesse de Luz, et ses deux sœurs, Laure et Angèle. Elles ne le laissent pas une minute seul, qu'il se repose ou qu'il soit éveillé.
— Et vous, Edmée? demanda, après une légère hésitation, M. de Warrens.
— Moi, Noël! je vous l'ai déjà dit, mon père est bien.... mais sa morne tristesse ne me permet pas de m'éloigner longtemps. Il m'appelle à chaque instant.

— Quelle est la cause de son humeur sombre ? La soupçonnez-vous ?
— Oui.
— Parlez.
— C'est mon frère qui l'inquiète.
— Cela devait être, repartit le comte... Et vos grands-parents ?

La jeune fille répondit avec un geste de découragement profond :
— Toujours la même chose. Rien de changé.
— Courage, Edmée... courage, ma bien-aimée. Avant peu, je vous le répète, tout changera.

Et il suivit Edmée, qui le guida vers le corps de logis mystérieux dont la silhouette gigantesque se dressait à une centaine de pas, en face d'eux...

XII

EN PLEIN PARIS, PLEINE BRETAGNE

Nous précéderons de quelques minutes le comte de Warrens et son gracieux guide.

Le lecteur voudra bien nous suivre dans le corps de logis qui, à plusieurs reprises, avait donné lieu à tant de commentaires parmi les locataires de la maison n° 35, rue d'Astorg.

A l'époque où l'on bâtit cette maison, on n'avait pas encore adopté l'usage de mesurer parcimonieusement l'air et le soleil aux malheureux ne possédant pas les moyens de se construire leurs propres demeures.

Voilà ce qui explique comment, malgré les nombreux changements subis par ses ailes de droite et de gauche, le corps de logis principal de l'hôtel était demeuré tel que le premier architecte l'avait disposé pour son premier hôte et propriétaire.

Ce premier hôte était un fermier général.

Qui dit fermier général, dit millionnaire, ne reculant devant aucune fantaisie, quelque coûteuse qu'elle puisse paraître.

Celui-là avait donc donné carte blanche à l'imagination de son constructeur.

Les appartements se succédaient hauts, vastes, bien éclairés.

On y reconnaissait cette large entente du confortable que nos pères possédaient à un si extrême degré.

Un seul détail fera deviner le reste.

De nombreux dégagements reliaient les diverses pièces entre elles.

Ces dégagements étaient formés par de longs et larges corridors, ou par de spacieux paliers donnant sur des escaliers aux proportions si colossales, que la cage seule en suffirait aujourd'hui pour construire une maison tout entière.

Mais tout cela n'était rien auprès des étonnements qui attendaient les visiteurs de cette antique demeure.

A peine, en effet, avait-on ouvert une porte, à peine avait-on fait quelques pas dans l'intérieur de ce corps de logis, qu'on se trouvait, comme dans une féerie, transporté subitement, par le coup de baguette d'un enchanteur patenté, à deux cents lieues de Paris, en pleine Bretagne.

Et quand nous disons *en pleine Bretagne*, nous n'entendons point parler de cette fausse Bretagne de nos jours, qui s'applique avec un si grand amour à refléter les vices et les ennuis de la capitale.

Là, meubles et costumes viennent en droite ligne du faubourg Saint-Antoine ou de la rue Vivienne, mœurs et langage arrivent directement de la Chaussée-d'Antin ou du quartier Saint-Honoré.

Non cette Bretagne décolorée, envahie par le niveau égalitaire de la vapeur et du petit format.

Mais bien cette rude et âpre Bretagne bretonnante de la fin du xviiie siècle, dont les souvenirs sont encore si vivaces, cette terre généreuse qui produisit tant de dévouements et d'héroïsmes sublimes!

Donc, dès les premiers pas faits dans ce corps de logis mytérieux, on se pouvait croire transporté au sein d'un de ces vieux châteaux, rois de la lande burgraves des ajoncs.

Tout y vivait à l'unisson.

Tentures, meubles, costumes, tout était de l'époque, tout, jusqu'au langage.

La porte franchie, on n'entendait plus prononcer que le pur gaélique.

Le français du reste de la France se voyait rigoureusement proscrit.

Voici ce qui se passait dans une vaste pièce donnant sur l'extrémité du corridor dans lequel venaient de s'engager le comte de Warrens et la jeune Edmée.

Dans cette pièce, aux murs recouverts de tapisseries de haute-lisse, aux meubles massifs tillés en pleins chênes centenaires, six personnes se trouvaient réunies.

La première, un grand vieillard, sec, maigre, aux traits ascétiques, se tenait assis, plongé dans un large fauteuil, auprès d'une de ces cheminées moyen âge qui laissent place au feu pour toute une famille.

Sa barbe blanche tombait sur sa poitrine.

Sur son visage majestueux, malgré les traces nombreuses de fatigues et de douleurs, il y avait une expression ordinaire de bonté.

La rigidité de sa taille, l'éclair fulgurant qui s'échappait parfois de son œil bleu, en faisaient un de ces imposants personnages qu'on définit assez volontiers ainsi :

Un portrait de famille sorti de son cadre.

Ce vieillard portait le costume que les nobles et seigneurs bretons avaient mis à l'ordre du jour, lors de la grande guerre vendéenne.

En face de lui, de l'autre côté de la cheminée, sur un siège pareil au sien, était une dame qui ne lui cédait point en vieillesse et en majesté.

Cette dame, la compagne de sa vie, avait dû être d'une éblouissante beauté.

Elle filait.

Mais la main qui tenait le chanvre et le faisait changer de forme n'était évidemment guidée par nulle pensée.

L'habitude seule la conduisait.

Une secrète préoccupation, un souci dissimulé avec soin, possédaient la maîtresse de cet antique logis.

De temps en temps sa tête, machinalement inclinée sur le rouet, se relevait ; alors, son regard intelligent, clair et limpide comme celui d'un ange, se tournait vers les assistants, et leur lançait une muette interrogation.

La troisième personne, assise près d'une table, la tête appuyée sur sa main, dans l'attitude d'une profonde réflexion, était un homme de moyenne stature, ressemblant trait pour trait au vieillard à la longue barbe blanche.

Sur son visage régnait une expression de hauteur presque farouche ; mais cette expression faisait place à une douceur mélancolique quand ses yeux rencontraient les yeux de la vieille dame au rouet.

Deux serviteurs restaient, respectueux, immobiles, auprès de la porte :

L'un, le vieux sergent, le père Pinson.

L'autre, un de ces gars de la forêt de Rennes, qui, malgré leurs quatre-vingts années, ne se feraient pas faute de décrocher leur mousquet rouillé, l'occasion échéant.

Enfin, le sixième et dernier de ces personnages, qui se promenait silencieusement à grands pas d'un bout de la salle à l'autre, n'était autre que le colonel Martial Renaud.

Les trois premiers étaient, ou, pour poser clairement leur situation, se disaient être :

Le comte de l'Estang, duc de Dinan ;

La comtesse de l'Estang, duchesse de Dinan, sa femme ;

Le vicomte de l'Estang, leur fils.

Bien qu'un jugement, longuement motivé, eût, vingt ans auparavant, déclaré leur prétention mal fondée, toutes les apparences protestaient en leur faveur.

On sortait de table.

La table sur laquelle s'appuyait le vicomte de l'Estang était encore servie.

Sauf le bruit des pas de Martial Renaud, on n'entendait rien dans la vaste salle à manger gothique.

Chacun respectait la sieste nocturne du chef de la famille.

La comtesse elle-même amortissait autant que possible le retentissement monotone de son rouet.

Le comte de l'Estang sortit enfin de son immobilité, et, relevant la tête :

— Quelle heure est-il? demanda-t-il en jetant un regard vague autour de lui.

— Huit heures, notre monsieur, répondit le père Pinson en langue gaélique.

C'était lui que l'œil du comte venait d'indiquer comme devant lui répondre.

Nul autre que lui ne se fût permis de prendre la parole.

— Noël ne vient pas?

— Nous l'attendons d'un moment à l'autre.

La porte s'ouvrit sans le moindre bruit.

— Aurait-il fait une mauvaise rencontre dans la lande? reprit le gentilhomme.
— La lande est sûre, et M. Noël la connaît comme je connais le parc du château.
— C'est vrai. Alors, je ne comprends pas ce qui peut le retenir aussi longtemps loin de notre présence.

— Les chemins sont mauvais, à cette heure de la nuit, fit observer la comtesse.

— A son âge, on ne craint pas les mauvaises routes. Il y a donc autre chose.

— Espérons que non.

— Ce n'est pas que je doute de lui et de son dévouement, au moins, continua le vieillard avec un accent de déférence à l'endroit de la comtesse de l'Estang ; Noël est un fidèle.

— Oui... je le reconnais... et Sa Majesté, que Dieu garde, peut compter sur son bras et sur son cœur. Est-ce votre avis, mon fils ? ajouta-t-il en se tournant vers le vicomte.

Le vicomte s'inclina sans répondre.

— Voilà, ce me semble, quelque huit ou dix jours que nous ne l'avons vu ! continua le vieillard, qui, comme les enfants, ne quittait pas facilement une idée.

— Dans un instant il sera ici, mon père. Votre petite-fille est allée au-devant de lui.

— Edmée ?

— Oui, mon père.

— Je vous ai déjà dit, s'écria le comte de l'Estang avec une certaine animation, que je n'approuvais pas ces courses de nuit ; elles peuvent devenir dangereuses.

— Pour qui ? fit tranquillement le vicomte. Mon père oublie tout le respect dans lequel notre maison est tenue par les gars de la lande.

— Je n'oublie rien, monsieur mon fils... mais encore une fois, ces sorties de nuit, dans les temps de trouble où nous vivons, ne sont rien moins que convenables pour une jeune fille de l'âge d'Edmée. Et je m'étonne qu'on me fasse répéter une pareille observation. Vous m'entendez ?

— Oui, mon père.

— Eh bien ?

— Elle ne sortira plus, monsieur, repartit le vicomte avec soumission.

— Elle ne sortira plus ! elle ne sortira plus ! répéta avec impatience le vieux gentilhomme ; vous me faites toujours la même réponse, chaque soir, et chaque soir l'enfant sort à la même heure. Est-ce vrai ?

Chacun se tut.

— Vous le voyez, avec vos airs d'écolier pris au trébuchet, vous n'en faites qu'à votre tête.

— Oh ! monsieur, vous...

— Par Notre-Dame d'Auray ! interrompit le comte, suis-je le maître, oui ou non ? Dois-je vous obéir, ou devez-vous vous courber devant ma volonté ?

Un éclair de révolte pointait dans le regard du vicomte.

La vieille mère vit cela. Elle s'interposa entre le fils et le père.

— Calmez-vous, monsieur, fit-elle ; le vicomte a eu tort de ne pas se souvenir de vos ordres, il a failli, mais je me porte son garant ; à partir de ce soir, votre petite-fille ne sortira plus ainsi toute seule.

— Vous aurez soin de prendre vos mesures, madame, pour qu'il en soit ainsi à l'avenir.

— Oui, monsieur.

Chez le comte de l'Estang, la mémoire seule vivait. Le présent n'existait pas pour lui.

Son intelligence, brisée, accablée par tous les malheurs, par les coups nombreux, successifs, qui l'avaient frappée, s'était endormie; de temps à autre une secousse la réveillait pour quelques heures.

Alors, elle redevenait forte, pénétrante, lucide comme autrefois.

L'homme du passé renaissait avec sa vigueur irrésistible et son indomptable énergie.

Ensuite, après ces violents efforts qui n'aboutissaient à presque rien, son œil redevenait terne et atone, sa tête se penchait de nouveau, il oubliait tout ce qu'il venait de dire, et il en revenait subitement aux anciens jours de la grande insurrection vendéenne.

Il fallait, à chacun de ces retours vers le passé, que ses hôtes ou ses enfants le suivissent pas à pas dans tous les méandres qu'il foulait d'un pied sûr.

Et ce n'était point tâche facile.

De tous ces épisodes poétiques, sanguinaires, le comte de l'Estang avait conservé une implacable sûreté de souvenir.

Pour le rappeler à la vie de tous les jours, pour lui rendre instantanément sa fiévreuse énergie, un nom seul suffisait.

Ce nom, qui avait le privilège de faire bondir le vieux lion vaincu, mais non dompté, ce nom était celui de l'ancien colonel républicain que les Vendéens avaient jadis surnommé *le Boucher*.

Que s'était-il passé entre ces deux hommes?

A quel drame terrible le hasard les avait-il forcés de se mêler?

Aucun de ses enfants ne le savait.

La comtesse de l'Estang ne répondait rien quand on la questionnait à ce sujet.

De ce silence, les enfants avaient conclu que leur mère et aïeule n'en savait pas plus qu'eux.

Ils cessèrent de la questionner.

Le comte lui-même, ce conteur infatigable, si abondant, si prolixe dans ses narrations des guerres de la Lande et du Bocage, n'avait jamais fait la moindre allusion à ses rapports avec cet homme.

Cependant il le haïssait... comme les Bretons de la vieille roche, ces hommes, extrêmes dans le bien comme dans le mal, savaient haïr ou aimer.

Vainement son fils, Martial Renaud, le comte de Warrens, que le vieux gentilhomme n'appelait jamais que Noël, sa petite-fille Edmée, qu'il idolâtrait à la folie, avaient essayé de surprendre le secret de son silence.

Il était resté impénétrable.

Entre le comte de l'Estang, qui ne daignait pas répondre aux timides interrogations faites par les siens d'une façon détournée, et la comtesse, qui n'avait pas l'air de comprendre les questions qu'on lui adressait, les curieux n'avaient que la ressource d'étouffer leur curiosité.

Parfois, quand on la poussait dans ses derniers retranchements, la mère disait à son fils :

— M. le comte est seul le maître.
Ou l'aïeule répondait doucement à sa petite-fille :
— M. le comte seul a le droit de parler.
Et pourtant de ce secret dépendait sans doute le salut de cette famille !
De ce secret dépendait la réussite du plan que le comte de Warrens s'était tracé.
Aussi, que n'eût pas donné ce dernier pour le tenir dans sa main !
Mais pour parler, le vieillard attendait.
Il fallait bien que tous les siens, parents, alliés, amis et serviteurs, attendissent aussi.
La porte de la salle où se trouvaient les principaux membres de la famille de l'Estang s'ouvrit.
Edmée parut. M. de Warrens la suivait.
Le vieillard poussa un soupir de satisfaction en apercevant sa petite-fille.
Il ouvrait les lèvres pour la gronder.
L'enfant gâtée, qui s'en aperçut, ne lui en laissa point le temps.
D'un bond elle courut à lui, et ne lui donnant pas le loisir de se reconnaître, elle lui saisit la tête entre ses mains, et l'embrassant à plusieurs reprises :
— Le voici, grand-père !
Et comme tous les assistants la regardaient, stupéfaits de la familiarité dont elle usait vis-à-vis du comte de l'Estang, elle rougit un peu, et faisant mine de se repentir de son audace irrespectueuse, elle s'agenouilla à la droite du grand fauteuil seigneurial, dans lequel son grand-père se tenait toujours assis, et répéta plus bas :
— Le voici, monseigneur, le voici !
— Qui, petite fille ? demanda le vieux gentilhomme avec un sourire et en posant la main sur sa tête mutine.
— Noël, monseigneur.
— Ah ! enfin, c'est heureux qu'il vienne ! Qu'il entre.
Edmée se tourna du côté de M. de Warrens, et lui fit un signe d'encouragement.
Le comte de Warrens écoutait tout cela, sur le seuil, immobile, attendant qu'on l'appelât.
Sur la demande du vieillard, et sur le geste de la jeune fille, il s'avança, et salua le maître de la maison.
Pour rien au monde il n'eût prononcé un mot, avant que ce dernier ne lui eût adressé la parole.
Ah ! l'étiquette n'était certes pas un vain mot dans la noble famille des Kérouartz-Dinan-de-l'Estang, faux ou véritables !
— Vous vous êtes bien fait attendre, Noël ! dit enfin le vieux comte, en jetant sur lui un de ses plus clairs regards.
— A mon grand regret, monseigneur !
— Vous êtes-vous donc heurté à quelque obstacle difficile à franchir ?
— J'en ai rencontré plusieurs sur ma route. Ne me sentant pas assez fort momentanément pour les briser, il m'a fallu me décider à les tourner au plus vite.

— Ce que vous avez fait ?
— Oui, monseigneur.
— Vous êtes excusé, Noël. Seulement, à l'avenir, soyez plus diligent.
— Et le vieux gentilhomme, oubliant le motif important qu'il avait d'attendre impatiemment la venue du comte de Warrens, rentra dans son mutisme et dans son immobilité, sa petite-fille à sa droite.
Voyant qu'il n'y avait plus rien qui le retint de ce côté, M. de Warrens s'approcha du vicomte de l'Estang.
Le vicomte s'était levé à son entrée.
Il fit lui-même quelques pas au-devant du nouveau venu et lui serra chaleureusement la main.
— Mon ami, lui dit-il avec émotion, vous pardonnez, n'est-ce pas ?
— A qui, vicomte ?
— A mon père, qui depuis si longtemps vous traite de la sorte, sans se douter de votre délicatesse et de votre grandeur d'âme.
— Oh ! fit en souriant le comte de Warrens, voilà de bien grands mots pour payer un dévouement si naturel. Ne continuez pas, monsieur le vicomte, ou je croirai que la reconnaissance est un lourd fardeau pour vous, si reconnaissance il peut exister de vous à moi.
— J'ai tort, Noël.
— Mes pères ont servi les vôtres, monsieur le vicomte. Les vôtres ont toujours grandement protégé les miens. Me faudrait-il, aujourd'hui, parce que je suis devenu riche, et qu'une puissance occulte m'a fait puissant, me faudrait-il renoncer à cette tâche séculaire, à cet attachement inaltérable pour votre maison ?
— Ce n'est point là ce que j'ai voulu dire. Je vous le répète, j'ai tort. A partir de ce moment, je me contenterai de penser ce que je vous exprimais tout à l'heure. Puisque l'expression de ma gratitude vous gêne, je la renfermerai dans mon cœur, ne vous demandant qu'une seule faveur.
— Laquelle ?
— Quand il y aura pour vous danger de mort à courir, appelez-moi.
— Je vous le promets, monsieur le vicomte.
— Commençons donc dès ce soir.
— Dès ce soir ! Pourquoi ?
— N'est-ce pas la date prise pour...
— Plus bas ! fit le comte de Warrens en montrant les deux femmes, la comtesse de l'Estang et Edmée. Plus bas !... Oui, c'est aujourd'hui que l'action s'engagera.
— Dans quelques heures, sans doute ?
— En effet.
— Je vous accompagnerai.
— Non, vicomte.
— Vous manquez déjà à votre promesse, monsieur, répliqua vivement et avec la hauteur inhérente au sang de son père, le vicomte de l'Estang.
— C'est impossible.
— Même si je vous en prie ?

— Vous ne m'en prierez pas, cela me désobligerait, répondit M. de Warrens qui, sans en avoir l'air, appela son frère à son secours.

Le colonel Renaud s'approcha immédiatement.

— Même si je vous l'ordonne, monsieur, continua le vicomte en élevant la voix. Par la Mort-Dieu.

Edmée le regarda d'un air étonné.

La comtesse quitta son rouet.

Le vicomte comprit sa faute et s'arrêta.

— Monsieur le vicomte n'est pas raisonnable, fit le colonel, qui avait deviné le combat livré entre les deux hommes. Mon frère et moi nous lui avons demandé le seul service qu'il pût nous rendre. Pourquoi vouloir dépasser le but? Sa vie nous est chère, plus chère que la nôtre! Pourquoi la risquer dans une lutte nocturne qui ne sera probablement que grotesque?

— D'ailleurs, nous n'avons rien à craindre. Toutes nos précautions sont bien prises, ajouta le comte.

— Nous serons en force, dit Martial Renaud.

— Vous le voulez... soit..., repartit le comte, faisant un violent effort pour reprendre son sang-froid. Seulement je ne vous ai pas bien compris, colonel. Vous parlez d'un service que j'aurais été appelé à vous rendre. Ce service, quel est-il?

— Avez-vous le plan de...? demanda le comte de Warrens.

— Ah! c'est cela... Bien! répondit le vicomte en souriant. A la bonne heure! Le *seigneur Jupiter sait dorer la pilule*. Voici ce plan.

Et il présenta au comte un papier qu'il venait de tirer de sa poche.

Les deux frères y jetèrent précipitamment les yeux, pour témoigner de l'utilité de ce renseignement.

— Par malheur, continua le vicomte, je crains bien que ce plan ne soit pas d'une grande exactitude. On a fait pour le mieux, mais il manque bien des petits détails.

— Bast! je vous réponds qu'il nous suffira, fit M. de Warrens avec un geste d'insouciance; je suis une moitié d'Américain, moi. Martial n'est pas trop maladroit non plus. L'habitude de suivre une piste ne nous manque pas. Nous réussirons, et ceci nous aidera fort.

Il frappait sur le plan tout en parlant ainsi.

Le vicomte de l'Estang comprit le sentiment délicat qui dictait ces paroles. Il fit semblant de s'y laisser prendre.

— Quand connaîtrai-je le résultat de votre campagne nocturne? demanda-t-il.

— Demain matin.

— Vous m'écrirez?

— Je viendrai.

— Merci, Noël.

— Encore un remerciment! monsieur le vicomte, dit son interlocuteur en riant... Voilà que vous retombez dans votre vieux péché.

— C'est le regret de ne pas vous aider ce soir qui me fait divaguer.

— Encore! s'écria le colonel avec reproche.

— Toujours, messieurs, répliqua le vicomte de l'Estang, toujours! Quand vous courrez des risques pour les miens et pour moi, et que vous refuserez de m'admettre à vos côtés, ou tout au moins entre vous deux.

Le comte et le colonel se regardèrent.

Ces deux natures d'élite comprenaient si bien le désir qu'exprimait l'héritier du nom des Kérouartz, qu'ils furent sur le point de lui dire : — Suivez-nous!

Mais la vue des deux femmes, dont l'une filait et dont l'autre priait; mais l'aspect de ce noble vieillard, représentant toute une race de preux, qui sommeillait tranquille grâce à leur appui, leur fermèrent la bouche.

Le comte de Warrens se raidit contre sa faiblesse et reprit :

— Maintenant, vicomte, il nous faut vous quitter, Martial et moi. Comment faire pour ne pas attirer l'attention de votre père?

— En ce moment, il ne voit ni n'entend. Vous pourrez partir sans crainte, répondit le vicomte.

Mais il se trompait.

Le vieillard se leva, et d'une voix claire :

— Noël! Martial! appela-t-il.

— Nous voici, monseigneur! s'écrièrent les deux frères en s'approchant de lui.

Le comte, qui les dominait de sa grande taille, étendit ses deux mains sur leurs têtes.

— Enfants, soyez bénis! dit-il avec solennité.

Tous le contemplèrent avec étonnement.

— Allez où le devoir vous appelle, continua-t-il ; Dieu sera avec vous! Soyez bénis! le danger passera au-dessus de vous sans vous atteindre, sans vous courber, parce que vous marchez dans la voie du Seigneur. Allez! allez! allez!

Et le vieux gentilhomme, ces paroles prononcées, retomba sur le siège qu'il venait, par extraordinaire, de quitter, et se replongea dans l'état de somnolence ou d'extase qui lui était familier.

Peu après les deux frères, Noël et Martial, sortaient par la porte condamnée, et se retrouvaient dans la rue Roquépide.

XIII

AU LAPIN COURAGEUX!...

La rue d'Angoulême-du-Temple, ouverte en 1792 sur d'anciennes dépendances du Temple, reçut le nom du duc d'Angoulême, grand prieur de France. Elle commençait boulevard du Temple et finissait rue Folie-Méricourt.

En 1853 seulement, on la continua jusqu'à la rue Saint-Maur.

A l'époque où se passe notre action, cette rue, longue, étroite, sans air et sans soleil, avait un aspect de tristesse et de pauvreté indicibles.

Le rez-de-chaussée n'en était loué qu'à des marchands infimes, végétant là tant bien que mal, à la grâce de Dieu.

Crèmeries fantastiques, débits de vins frelatés, fruiteries et épiceries du dernier ordre y étalaient des marchandises qui trouvaient des acheteurs quand même.

Au milieu de cette misère profonde et de ces boutiques borgnes, un seul établissement florissait, ou, pour mieux dire, faisait fureur.

Il se trouvait placé vers le milieu de la rue d'Angoulême, à son point de rencontre formant angle droit avec la rue de Malte.

Voici comment cet établissement parvint à un tel degré de prospérité :

Par une belle matinée d'été, comme il s'en rencontre tant dans le Midi, un pauvre diable de Provençal des environs de Toulon, ayant éprouvé le besoin d'apprendre ce que c'est que le brouillard, la pluie et le spleen septentrional, s'était courageusement mis en route, piquant droit sur Paris, cette terre promise de tous les déshérités.

Notre Provençal avait une trentaine de francs au plus dans son gousset. Son voyage dura six semaines.

Après bien des traverses, après de rudes épreuves, ses yeux, qui désespéraient de jamais parvenir à la contempler, aperçurent enfin la fumée des cheminées parisiennes noircissant l'horizon.

Six heures du soir sonnaient.

Notre Toulonnais poussa un cri de joie et d'espérance. Ses douleurs et ses fatigues disparurent comme par enchantement. Il lui semblait que dans cette ville immense un avenir plein de millions lui tendait les bras. A son compte, il y avait place pour tout le monde au feu de la mère patrie; surtout pour lui, qui se sentait si petit. Les Provençaux sont entêtés, c'est là leur moindre défaut ; de plus, l'ambition les talonne, une ambition âpre à la curée.

A ce point de vue, notre Toulonnais pouvait se dire doublement Provençal.

Quels furent ses débuts? Comment parvint-il à se tirer de la position précaire dans laquelle il se trouvait, à son arrivée dans la grande ville?

C'est ce que nous ne rechercherons pas.

Personne ne le vit humble et modeste chrysalide. On ne le connut que superbe papillon.

Un beau jour, il loua une boutique au coin de la rue d'Angoulême et de la rue de Malte.

Sur l'enseigne jaune de cette boutique, les passants pouvaient lire en lettres d'un vert éclatant :

AU LAPIN COURAGEUX

DÉBIT DE VINS AU DÉTAIL

DE

FRANÇOIS TOURNESOL

Deux ans après, François Tournesol ajoutait une gargote à son détail de vins; il donnait à manger aux ouvriers du quartier ainsi qu'aux acteurs les

La table sur laquelle s'appuyait le vicomte était encore servie.

moins payés des petits théâtres et aux bohèmes égarés dans ces parages lointains.

Le tout à des prix fabuleux.

Peu à peu ses affaires s'accrurent.

En face de cet accroissement progressif, ses visées devinrent plus hautes.

Tout en conservant son premier établissement, Tournesol y annexa d'autres boutiques, à droite et à gauche.

Il loua tout le premier étage de la maison, et il en fit un restaurant, installé, monté avec un luxe inouï pour le quartier.

De plus, il se créa une spécialité.

Celle de la bouillabaisse et des escargots à la provençale.

Ce fut un coup de fortune pour lui.

L'argent, qui n'est pas si rebelle qu'on le suppose, quand une bonne idée l'appelle, se mit à pleuvoir dans sa caisse.

Le sieur François Tournesol était plus qu'économe, mais, par calcul même, il savait faire la part du feu.

Bien des bohêmes, constatons-le à la louange de son intelligence, un grand nombre de pauvres *cabotins* à mines faméliques, lui durent la *pâtée* des années entières sans qu'il leur réclamât un sou de leur note, aussi longue que la liste des maîtresses de don Juan.

Un statisticien perdrait la moitié de sa vie à calculer le nombre de veaux mort-nés, la quantité de moutons morts de la clavelée, de chats volés, de chevaux achetés à l'équarrisseur, que François Tournesol débita, vingt années durant, sous les apparences les plus fallacieuses et sous les noms les plus ronflants.

Ses clients du rez-de-chaussée avalaient sa cuisine sans trop de gémissements; mais ceux du premier étage ne laissaient pas de lui adresser les reproches les plus sincères.

Aux premiers il répondait :

— Croyez-vous que je vais vous donner des truffes pour vos six sous?

Aux seconds :

— Quand on mange une bouillabaisse digne de la *Réserve* de Marseille, et des escargots cueillis aux Martigues, on n'a pas le droit de se plaindre du mouton ou du veau qui les accompagne.

Et, à tout prendre, ses clients se contentaient de ces bonnes raisons, puisque le *Lapin courageux* ne chômait jamais, ni matin ni soir.

Sa réputation s'étendit bientôt de la Bastille à la porte Saint-Martin.

Bref, ce digne gargotier, qui avait littéralement commencé sans un sou vaillant, après avoir gagné une fortune plus que raisonnable, trouva moyen de faire souche d'honnêtes bourgillons en mariant sa fille à un compatriote.

Sa fille était un hideux laideron qui avait roulé vingt ans entre les jambes des consommateurs de la cuisine paternelle.

Son compatriote, venu comme Tournesol à Paris sans semelles à ses souliers, se laissa tenter par les futurs millions de sa monstrueuse future.

L'union s'accomplit selon toutes les formalités exigées par la loi.

Le jour de cette union, — l'un des plus beaux de ce tendre père, — Tournesol ne se doutait pas que ses millions serviraient plus tard à sauver son gendre d'une banqueroute frauduleuse, à le faire nommer maire et à lui permettre d'aspirer à la députation.

Aspirations que l'avenir, du reste, pourrait légitimer.

Mais n'anticipons pas sur des événements que nous raconterons en temps et lieu.

Pour le moment, François Tournesol trônait dans son comptoir, en pleine renommée et en pleine gloire.

C'est donc de lui seul que nous avons à nous occuper, et nous y revenons, priant le lecteur de nous pardonner cette courte digression, qui porte bien son enseignement avec elle.

Or, le dimanche gras 1847, vers dix heures du soir, le restaurant et la gargote du *Lapin courageux*, premier et second étages compris, resplendissaient de lumières.

Salles communes et cabinets particuliers regorgeaient de clients de toutes les classes, dont les silhouettes se détachaient en noir sur les rideaux blanchis à nouveau pour la circonstance.

Ce n'étaient que chants et cris joyeux, bacchanales et sarabandes donnant bien à rêver aux malheureux voisins de ce lieu de délices, aux passants attardés qui regagnaient tranquillement leurs honnêtes et silencieuses demeures.

C'est une bienheureuse saison pour les restaurateurs de toutes espèces, que la saison du carnaval.

Toute la durée de cette époque de folie, ils vendent ce qu'ils veulent, au prix qui leur convient, aux stupides soupeurs, accompagnés ou non accompagnés, leurs hôtes habituels.

Tous ces malheureux, artistes, bourgeois, bohèmes, avant ou après le bal, arrivent chez eux pour satisfaire les caprices et les appétits insensés de leurs conquêtes de rencontre ou de hasard.

Là, ils mettent une sorte de frénésie à se débarrasser le plus promptement possible d'un argent gagné à grand'peine ou trouvé grâce aux moyens les plus honteux.

Le propre de l'argent mal gagné est de brûler la poche de qui le possède.

En somme, le *Lapin courageux* n'avait jamais vu une foule plus considérable se presser dans ses salons et dans ses couloirs.

Le flot des consommateurs, après avoir submergé le rez-de-chaussée, était monté jusqu'au premier étage.

Les premiers venus ayant pris toutes les places disponibles, les arrivants, pressés, serrés les uns contre les autres, sur les marches étroites de l'escalier, criaient, hurlaient, attendant qu'il plût à leurs devanciers de leur céder une table ou un cabinet.

Le rez-de-chaussée surtout — nous voulons parler d'une salle contiguë à la boutique du marchand de vin — offrait le coup d'œil le plus pittoresque et le plus saisissant.

Une foule énorme, composée d'hommes, de femmes et d'enfants revêtus des haillons les plus hétéroclites, était entassée dans cette vaste pièce.

Par la porte de communication donnant dans la boutique même où se trouvait placé le comptoir de maître Tournesol, on apercevait des *appelés* debout, couchés par terre, de chaque côté du comptoir, des *élus* assis trois ou quatre sur le même siège.

Devant le comptoir se tenaient plusieurs individus, vêtus en habit de ville, à l'air sournois, porteurs de nez énormes, qui, voulant se donner une contenance, faisaient semblant de se payer à tour de rôle une *tournée* de vin blanc.

Ils n'avaient pourtant ni envie de boire, ni envie de rire.

Les paroles qu'ils échangeaient, de temps à autre, à voix basse, le montraient clairement.

Et si leurs paroles n'avaient pas suffi à l'édification d'un auditeur sagace, les regards inquiets, curieux, qu'ils jetaient sans cesse, à la dérobée, sur la porte de l'établissement, ne lui eussent laissé aucun doute à ce sujet.

En dehors de ce groupe sombre, la masse des masques et des consommateurs hurlait, beuglait, avec une si noble émulation, qu'avec la meilleure volonté du monde, un orage survenant, aucun d'entre eux ne fût parvenu à entendre les éclats de la foudre, la grande voix du tonnerre.

Tournesol, premier du nom, allait et venait, servant les uns, engageant les autres à la patience, et cela dans la joie de son âme.

Les opérations de cette nuit de Cocagne prenaient des proportions gigantesques.

La nuit commençait à peine.

Que serait-ce donc vers deux heures du matin, à la sortie des bals!

La foule était tellement compacte que, matériellement, il semblait impossible à un individu quelconque, si mince et si fluet qu'il fût, de parvenir à s'y caser.

Notre Provençal se frottait joyeusement les mains, en songeant que les premiers, une fois repus, seraient obligés de déguerpir et de céder la place aux autres.

Et puis, cela flattait singulièrement son amour-propre de chef de maison, de penser qu'on faisait queue à sa porte sans être sûr de la franchir!

Mais, si compactes qu'elles paraissent, les masses humaines sont essentiellement malléables, élastiques, et douées d'une puissance de compression qui jusqu'ici n'a pas encore été déterminée par A plus B.

Tournesol ne tarda pas à avoir la preuve de cette vérité.

Soit lassitude, soit retraite des aspirants soupeurs, les cris de la rue venaient de se calmer.

Profitant de cette éclaircie, de cette minute de tranquillité, cinq masques, cinq débardeurs, se précipitèrent sur la porte d'entrée donnant dans la boutique du rez-de-chaussée, la forcèrent, et firent une entrée triomphale à laquelle aucun de ceux qui obstruaient leur route ne put s'opposer.

On se serra.

On leur fit place.

Ils passèrent sans se préoccuper de ceux qui se montraient obligeants sans en avoir la moindre envie.

On pressentit qu'il allait se passer quelque chose d'intéressant.

Tout les regards se tournèrent de leur côté.

Ils se dirigeant en ordre, de front, vers le comptoir où se tenaient les bourgeois aux longs nez.

A l'entrée des nouveaux venus, ceux-ci avaient échangé des signes d'intelligence, saisi leurs verres à demi pleins, et avaient trinqué en murmurant ce seul mot:

— Attention !
Nos cinq masques, nous l'avons dit, portaient le même costume.
Ils étaient déguisés en débardeurs.
Cinq beaux gaillards !
Cinq athlètes aux gestes brusques, à la démarche assurée.
Contrairement à l'usage où sont les hommes, dans les bals publics de Paris, de ne pas se masquer, ils avaient le visage caché par un large loup de velours noir.
Chacun d'eux brandissait à la main un bambou qui, sous les apparences les plus pacifiques, pouvait, au besoin, devenir un assommoir du plus joli poids.
Détail à retenir :
Ces cinq débardeurs, appartenant sans doute à la même bande joyeuse, portaient cinq vêtements de couleurs difffférentes.
Le premier avait un costume entièrement noir ;
Le second, un bleu ;
Le troisième, un orange ;
Le quatrième, un ponceau ;
Et le cinquième, un lilas.
Faute de savoir, quant à présent, leur âge, leur domicile, leurs noms et prénoms, nous nous contenterons de les appeler le noir, le bleu, l'orange, le ponceau ou le lilas, et de les distinguer par la couleur de leur costume.
Leur entrée n'était passée inaperçue d'aucun des clients du père Tournesol.
Un pierrot qui soupait, en face du comptoir, avec un diablotin aux cornes enluminées de vermillon et au visage peint en vert-monstre, avait vivement tourné la tête de leur côté.
— Est-ce lui ? demanda-t-il.
Son compagnon lui répondit entre deux bouchées :
— Lui, je ne sais pas !... mais eux, oui.
— Tu en es sûr ?
— Qui est-ce qui est jamais sûr de quelque chose ?
— Va rôder autour d'eux, et...
— Oh ! ce n'est pas la peine, fit le diablotin avec une de ses plus belles grimaces.
— Comment ! s'écria l'autre avec une impatience nerveuse qui témoignait d'une nature habituée à courber toute résistance.
— Si c'est eux, nous allons rire...
Il se versa un verre de vin plein jusqu'au bord, le but et ajouta :
— Aimez-vous à rire, m'sieur Benja... ?
— Tais-toi ! interrompit le pierrot, qui l'empêcha d'achever.
— Bon ! on se taira. Ce n'est pas ce qu'il y a de plus dfficile à exécuter sur la corde de l'existence.
Le pierrot posa le coude droit sur la table, appuya son menton sur son coude et examina la situation.
Évidemment, il s'attendait à une scène intéressante, il ne voulait en perdre aucune péripétie.

Le sieur Tournesol se trouvait dans son comptoir à l'arrivée des cinq débardeurs.

— Que faut-il servir à ces messieurs? demanda-t-il en se penchant vers eux, de son air le plus achalandant.

— Trois bouteilles de vin blanc, une bouteille de kirch et du sucre dans un saladier, répondit le débardeur noir d'une voix de basse chantante.

— *Et cum spiritu tuo!* psalmodia sur le même ton un des faux-nez, qui était à coup sûr un excellent musicien.

— *Amen!* chanta un second faux-nez.

Tout le monde se mit à rire.

Les débardeurs firent comme tout le monde.

Ils firent plus, même.

Ils applaudirent à tout rompre.

Les faux-nez, voyant qu'ils ne récoltaient que des applaudissements et pas la moindre querelle, en restèrent là.

Pendant que Tournesol s'empressait de servir ses nouveaux clients, le diablotin, qui dès les premières notes entonnées par le premier faux-nez avait sauté du parquet sur sa chaise, puis sur la table, le diablotin, disons-nous, se pencha à l'oreille du pierrot et lui murmura :

— Je connais cette musique.

— Moi aussi, répondit le pierrot en haussant les épaules.

— Non, vous ne comprenez pas, mon prince... c'est du chanteur que je parle et non de la chanson.

— Qui est-ce?

— Vous avez causé ce matin...

— Moi?

— Avec lui.

— Tu te trompes !

— Dans votre hôtel...

— Imbécile, te tairas-tu?

— Garni... hôtel garni... ajouta vivement le diablotin, dont la langue marchait souvent plus vite que la pensée.

Le pierrot réfléchit un instant et s'écria :

— Ah! j'y suis... c'est le Coquillard...

— Charbonneau! lui-même! Allons donc !

— Mais les autres?

— Ah! voilà! fit le diablotin en clignant de l'œil... mais v'là que ça se corse! J'y vas de mon attention !

Ils se mirent de nouveau à examiner les deux troupes rivales.

— Voilà ce que vous avez demandé, messieurs, disait le cabaretier aux débardeurs. Voulez-vous être servis dans un cabinet? Il vous faudra attendre quelques minutes.

— Un cabinet? Non, une table nous suffira, répondit le débardeur noir.

— Dame! pour le moment, vous le voyez, il n'y en a guère. Si vous voulez...

— Attendre quelques minutes ? acheva le bleu qui n'avait pas encore ouvert la bouche. Connu, merci !

— Connu, merci ! répétèrent en chœur les faux-nez.

La galerie rit comme elle l'avait déjà fait précédemment.

Cette fois-ci les débardeurs ne se mêlèrent point à ses rires.

Le débardeur noir, qui semblait commander aux quatre autres, dit froidement :

— Vous nous servirez ici même.

— Ici ? sur le comptoir ? demanda Tournesol embarrassé.

— Oui.

— Mais...

— Mais quoi ?

— Mais quoi ? mais quoi ? mais quoi ? répétèrent en chœur les faux-nez.

— Mais, dit Tournesol, qui, tout en voulant éviter une querelle, croyait que les faux-nez seraient les plus forts, étant les plus nombreux et parlant plus haut, mais c'est que ces messieurs...

— Eh bien ! ces messieurs ?

— Leurs verres sont là, et...

— Ces messieurs seront assez complaisants pour les reculer, et il y aura place pour tout le monde.

Le chœur des faux-nez poussa un éclat de rire qui dura un quart de minute.

Les débardeurs ne bronchaient pas.

Tournesol, reconnaissant la justesse de leur cause, allait se décider à écarter les verres de ses premiers clients et à placer le saladier rempli du mélange demandé au beau milieu de son comptoir, et il ne se dissimulait pas le mauvais résultat que pouvait avoir sa décision, quand une voix moins rude que celles des faux-nez et des débardeurs prononça l'invitation suivante :

— Si ces messieurs veulent me faire l'honneur de s'asseoir à ma table, je serai enchanté de la partager avec eux.

C'était le pierrot qui venait de parler ainsi.

Le diablotin sauta par terre.

Les débardeurs bleu, ponceau, orange et lilas consultèrent le débardeur noir.

Ce dernier accepta.

Et les faux-nez de rire, à nouveau, le plus ironiquement du monde.

— Merci, maître Pierre, fit le débardeur noir en tendant la main au pierrot. Nous te revaudrons cela.

— J'offre, je ne reçois pas, répondit fièrement l'amphitryon du diablotin.

— Couvrons-nous, grands d'Espagne ! déclama pompeusement celui-ci en se campant, le poing sur la hanche. Bonjour, mon oncle, ajouta-t-il en cédant son siège à l'Orange et en lui sautant à califourchon sur les épaules. On est donc sage, ce soir ? C'est bien fait. Prudence est mère de longévité !

— C'est toi, Mouche ! répondit l'Orange, qui reconnut le diablotin à son fausset. Tu te fourres donc partout ?

— On connaît les bons endroits, et on y vient pour faire plaisir aux camaraux.

— Et pour donner un coup de main...

— Ou de pied...

— Aux amis.

— Oui, la Cig...

La main du domino orange coupa la fin de la phrase.

Le diablotin Mouchette, on l'a reconnu déjà, marmotta à part lui :

— Pas de chance au bilboquet ce soir. Faut que je m'éteigne...

Et il se tint coi et silencieux le plus longtemps que cela lui fut possible.

On verra que cet effort ne fut pas de bien longue durée.

Cependant la bande de débardeurs venait de s'asseoir à la table du pierrot.

On remplit les verres, et l'on trinqua de part et d'autre sans accorder la plus petite attention aux quolibets de la partie adverse.

Par partie adverse nous entendons parler de la bande des bourgeois aux longs nez.

Seul, le pierrot ne prit point part à ces libations.

— Tu ne trinques pas avec nous ? demanda le débardeur noir.

— Merci.

— Merci oui, ou merci non ?

— Merci non.

— Pourquoi ?

— Je n'ai pas soif.

— Ah ! fit le débardeur noir avec une pointe d'ironie dans son exclamation.

— Je vous ai offert place à ma table, continua le pierrot avec une certaine animation, pour vous épargner une querelle avec des malotrus ; est-ce une querelle avec moi que vous venez chercher ?

— Pauvre petit moineau ! grommelait dans son coin de table l'Orange, qui gardait toujours le diablotin à califourchon sur ses larges épaules.

Le Noir reprit :

— Quand on n'a pas soif, on ne boit pas. C'est de toute justice. Mais par pure politesse on fait semblant de boire.

— Je fais ce qui me plaît.

— A ton aise, camarade. Nous sommes tes obligés et nous ne payerons pas un bon procédé par un mauvais.

— C'est encore bien heureux ! repartit ironiquement le pierrot, dont la patience ne paraissait pas être la vertu dominante.

— Laisse-moi te donner un conseil.

— Un bon ?

— Tu en jugeras.

— Ce sera le premier.

— Ah ! ah ! dit le débardeur de son ton le plus tranquille, ma jolie pierrette...

— Hein ?

— Enfants soyez bénis, dit-il avec solennité.

— Non, mon joli pierrot... nous *n'étrennons* donc pas ensemble, comme conversation ?

— Continue ! répliqua le pierrot en se mordant les lèvres.

— *Une coupure !* pensa Mouchette le diablotin.

Une coupure, dans le langage du gamin, qui figurait dans les drames et dans les ballets de la Porte Saint-Martin, signifiait :

— Voilà une phrase qu'on aurait bien dû prendre la peine de ne pas prononcer.

Coupure, pour lui, équivalait à : *bêtise*.

— Donne ton conseil, répéta le pierrot à son interlocuteur.

Celui-ci se pencha vers lui pour ne pas être entendu par d'autres oreilles que les siennes.

— Pas si près, camarade ! Parle à distance, je te prie, s'écria vivement le pierrot.

— Soit.

— Je ne suis pas sourd. J'entendrai aussi bien.

— Et tu ne crains pas ?... fit le débardeur.

— Je ne crains rien, répondit l'autre fièrement.

— Si, tu crains mon voisinage. Parlons sérieusement. Tu as eu tort de venir ici.

— Pourquoi ? On ne peut donc pas s'amuser, maintenant ?

— Ce n'est pas ta place.

— Voyez-vous cela !

— Retire-toi.

— Le plus souvent.

— Il en est temps. Ces messieurs te reconduiront jusqu'à une voiture.

— Quels messieurs ?

— Mon frère lilas et mon frère ponceau, répondit le débardeur noir, en désignant les deux débardeurs aux costumes lilas et ponceau.

Ces deux derniers se levèrent et firent un salut affirmatif.

— Oh ! ne vous levez pas, continua le pierrot d'une voix mordante et railleuse ; nous ne sommes pas dans le monde ici, et je vous dispense l'un et l'autre de m'offrir votre bras.

— Pierrot, mon pierrot, dit en riant le débardeur noir, voilà que vous parlez comme une pierrette.

A un geste de colère, à un éclat de voix lancé par le pierrot, un domino noir, qui depuis le commencement de cette scène se tenait adossé au mur, à quelques pas de là, dans l'attitude d'un homme qui ne s'occupe de rien et se trouve sur le point de s'endormir tout debout, se redressa subitement et vint se placer derrière ce dernier.

— Tiens ! d'où sort-il, celui-là ? demanda le débardeur bleu.

Le domino ne bougea pas.

— Tu dormais, retourne dormir ! fit l'Orange, qui, se fiant à sa force irrésistible, étendit le bras vers lui et l'écarta de façon à l'envoyer rouler à dix pas de la table.

A sa grande surprise et à celle des quatre autres débardeurs, qui, tous, connaissaient la vigueur athlétique de leur *frère Orange*, le domino noir chancela à peine.

Puis, reprenant son aplomb, son centre de gravité, il se croisa les bras sur la poitrine et demeura immobile, les yeux fixés sur ceux du pierrot, dont évidemment il attendait les ordres.

Le débardeur orange venait, pour la première fois de sa vie, de rencontrer une force égale à la sienne.

Il se leva.

Le diablotin se laissa glisser jusqu'à terre, et, prenant sa chaise, s'assit à sa place devant la table.

Mais, sur un mot du débardeur noir, l'Orange, qui était sur le point de sauter à la gorge du domino, s'arrêta comme par enchantement, et vint se mettre derrière son chef de file.

L'orage couvait.

Les faux-nez avaient quitté le comptoir du père Tournesol et s'étaient insensiblement rapprochés du groupe formé par les cinq débardeurs, le pierrot, le diablotin et le domino noir.

Au milieu du silence général, le débardeur noir dit lentement :

— Je te croyais seule ici, *querida*. Je me suis trompé. Ton bravo t'accompagne.

Le domino restait impassible.

Le pierrot répondit :

— Tu te trompes, Passe-Partout, seule je suis venue dans ce tapis-franc...

Au mot *tapis franc*, quelques murmures se firent entendre, parmi lesquels il nous sera permis d'introduire une vigoureuse protestation du sieur François Tournesol.

— Seule je suis venue, répéta le pierrot, et seule je sortirai !

— Tu avoues ton sexe.

— Mes pieds et mes mains plaideraient contre moi, répliqua le pierrot, qui, même sous le costume masculin, ne pouvait renoncer au plus grand charme de la femme, la coquetterie.

— Pourquoi es-tu venue ici ?

— Je voulais savoir si tu y serais.

— Tu le sais ; va-t'en !

— Non. Je m'amuse, et je reste, mon bon Passe-Partout.

Le débardeur noir se mit à rire.

— Voilà deux fois que tu me donnes ce nom, *querida ;* regarde.

Et il souleva son masque.

— Mon Dieu ! fit le pierrot avec stupeur, ce n'est pas lui !

— Qui sait ? répondit-il en raillant et en rattachant son loup de velours.

— Je resterai ! oh ! je resterai !

— Tu es avertie. Retire-toi !

— Non !

— A ton aise. Ne t'en prends qu'à toi-même s'il t'arrive malheur.

Et, se tournant vers le domino noir, qui, comme une statue de bronze, n'avait pas fait un mouvement, il ajouta à voix basse en langue espagnole :

— Marcos Praya, veille sur ta maîtresse. Un danger de mort la menace.

— Je veillerai, répondit sourdement le domino.

En ce moment la bande des bourgeois à faux nez se trouva doublée.

Mouchette le diablotin seul s'en aperçut.

Il grimpa sur sa chaise, et s'y tenant debout sur un pied, un verre dans chaque main :

— Messieurs et mesdames, s'écria-t-il de sa *crécelle* la plus stridente, l'addition est une opération par laquelle étant donné un certain nombre de faux-nez, comme six, et étant redonné un autre certain nombre de faux-nez, comme quatre, on arrive à un troisième nombre de faux-nez, comme dix, appelé total.

Et il avala coup sur coup ses deux verres de bischoff.

Le débardeur noir tourna nonchalamment la tête et regarda les bourgeois au long nez par-dessus son épaule.

Il se leva.

Les quatre autres débardeurs se levèrent aussi.

Sur le mot : *Dansons*, prononcé par le faux-nez, dans lequel le pierrot et Mouchette avaient cru reconnaître Coquillard-Charbonneau, les bourgeois, qui étaient réellement doublés, se prirent par la main et se mirent à danser une farandole échevelée autour de la table des débardeurs.

— Allons! dit le débardeur noir.

Cinq gourdins décrivirent cinq courbes parfaites et cinq faux-nez s'arrêtèrent

Il y avait une excellente raison à ce temps d'arrêt.

On la comprendra sans que nous nous donnions la peine de la détailler.

Les cinq faux-nez gisaient par terre.

Leurs cinq compagnons n'attendirent pas leur tour.

Ils se jetèrent à corps perdu sur leurs adversaires, espérant les prendre au dépourvu.

Malheureusement pour eux, il n'en fut rien. Deux minutes après, malgré une résistance désespérée, ils se voyaient pris au collet et à la ceinture par les débardeurs et jetés dans la rue, à la volée, à travers la porte d'entrée que Mouchette tenait toute grande ouverte.

Quelques instants après, leurs camarades, assommés avec un si bel ensemble, venaient les rejoindre sur la chaussée, portés, avec tous les égards dus à leur courage malheureux, par tous les chicards, titis, malins, polichinelles et arlequins qui avaient assisté à leur rapide déconvenue.

— Passez, mes frères, mes oncles, mes cousins, disait Mouchette en s'inclinant devant chaque bourgeois qu'on sortait du cabaret, passez, pauvres diables que vous êtes!

— Un second bischoff! demanda le débardeur noir, en s'asseyant de nouveau à la table du pierrot, qui, pas plus que le domino noir, ne s'était mêlé à cette bagarre.

On applaudit à outrance.

Et le sieur François Tournesol, propriétaire du *Lapin courageux*, apporta lui-même, cette fois, la consommation demandée par ses redoutables clients.

C'était une faveur qu'il n'accordait pas aux premiers venus.

Le premier moment d'effervescence et d'enthousiasme passé, une réaction s'opéra parmi les hôtes habituels du *Lapin courageux*.

Ceux d'entre les consommateurs qui avaient assisté à l'exécution sommaire des bourgeois porteurs de faux nez, c'est-à-dire la plus grande partie de ceux qui se tenaient dans le cabaret, dans la boutique du rez-de-chaussée, jugèrent prudent de ne pas attendre la fin de cet incident.

Les uns se retirèrent sans tambours ni trompettes.

Les autres étaient tout simplement montés à l'étage supérieur.

Nous laissons à penser ce qui se raconta du haut en bas de l'établissement du sieur Tournesol, au bout de deux minutes de conversations, d'allées et de venues.

Les cinq vigoureux débardeurs, qu'on avait commencé par prendre pour des lutteurs de la salle Montesquieu, étaient devenus peu à peu des géants dignes des contes de fées, des monstres plus terribles que ceux de la fable et de la mythologie.

Toujours est-il que, grâce à la désertion de tous ses clients du rez-de-chaussée, le père Tournesol n'avait plus qu'à les servir, eux tout seuls, dans ces deux pièces où grouillait peu de temps auparavant une foule aussi idiote que mal choisie.

Cette réflexion ne consola pas le cabaretier.

Mais, au moment où il ouvrait la bouche pour se plaindre du scandale qui venait d'avoir lieu chez lui, une demi-douzaine de louis que le débardeur noir jeta sur la table changea sa mélancolie en gaieté communicative.

Quand nous disons que tous les débardeurs se trouvaient de nouveau réunis auprès de la table sur laquelle était posé le second bischoff demandé, nous nous trompons.

Trois d'entre ces singuliers consommateurs seulement étaient restés là : le débardeur bleu, l'orange et le noir.

Le débardeur ponceau et le lilas avaient disparu à la faveur du tumulte.

Mouchette, quelque *grouillante* que fût sa nature, n'eût pas mieux demandé peut-être que de quitter la place à leur exemple; mais le pierrot, son amphitryon, avait fortement insisté pour qu'il demeurât à ses côtés.

Le diablotin était resté.

Quant au domino, sombre et silencieux garde du corps de maître Pierrot, il n'avait pas quitté son poste, toute la bagarre durant.

C'était un compère de si redoutable apparence, que depuis l'épreuve tentée par le débardeur orange, personne ne s'était risqué jusqu'à lui pousser le coude en passant.

Bien que la générosité du débardeur noir eût déridé l'honnête François Tournesol et l'eût consolé du vide opéré dans son rez-de-chaussée, il n'était pas tranquille.

Depuis quelques instants, le calme se rétablissait aussi au premier étage.

Les cabinets particuliers devenaient muets, eux qui d'ordinaire n'étaient que sourds et aveugles.

Tous les soupeurs, tous les buveurs, masques et bourgeois, descendaient silencieusement le double escalier en spirale conduisant d'un côté rue de Malte, de l'autre rue d'Angoulême, et semblaient avoir grande hâte de quitter la maison du *Lapin courageux*.

Tournesol se creusait le cerveau pour deviner, pour chercher à comprendre la raison de cette désertion en masse.

S'il l'eût demandée au débardeur lilas, celui-ci la lui aurait peut-être donnée, car, dès qu'il fut rentré dans la salle du rez-de-chaussée, il s'approcha du débardeur noir, et, se penchant à son oreille, il lui murmura ces trois mots :

— Tout va bien.

Peu après, le débardeur ponceau parut à la porte de la rue d'Angoulême.

— Ils approchent! fit-il, en opérant de la même façon que le lilas.
— Combien sont-ils?
— Une quinzaine d'hommes, au moins.
— Bien. Et *lui*, est-il avec eux?
— Il marche aux côtés de M. Jules.
— A sa droite?
— Oui.
— Ah! monsieur Jules! monsieur Jules! fit le débardeur noir avec un accent de menace terrible, vous jouez avec le feu. Vous serez brûlé.
— Quels sont les ordres? demanda le ponceau.
— Les mêmes. Tous nos hommes sont placés, n'est-ce pas? répondit le chef ou celui qui paraissait l'être.
— Chacun est à son poste.
— Et les... mouches? continua le débardeur noir avec un sourire dédaigneux.
— Elles préparent contre nous leurs aiguillons les plus acérés.
— La lutte sera donc?...
— Mortelle.
— Pour qui? repartit le débardeur noir. Toutes réflexions faites, messieurs, ne frappez que pour défendre votre vie, ajouta-t-il. Le sang de ces misérables salirait nos mains. Ne tuez qu'à la dernière extrémité.
— Nous obéirons.
— Allez, et attendez le signal.
— Mais vous?
— Moi, je reste ici.
— Prenez garde! tout le danger sera pour vous.
— Vous en aurez votre part, messieurs; pas de jalousie! dit le débardeur noir en riant.

Puis il ajouta avec un accent de suprême autorité :

— Ici est le poste d'honneur. Ce sera le mien.
— Allez-vous demeurer seul ici? demandèrent les deux débardeurs ponceau et lilas avec inquiétude.
— Non pas; je garde la Cigale!

Le débardeur orange se dressa vivement sur les solides poteaux qui lui servaient de jambes, et se frotta les mains de façon à en faire craquer toutes les jointures.

— Et ces trois personnages-là? demanda tout bas le lilas au noir, en lui

désignant le pierrot, le diablotin et le domino. Ces trois-là, qu'en faites-vous ?
— Ne vous en occupez pas. Ils ne se mettront pas contre nous, s'ils se mêlent de la chose.
— Vous en êtes sûr ?
— Allez en paix... et, sur votre tête... n'agissez pas, ne bougez pas avant le signal convenu.
Le débardeur bleu, le lilas et le ponceau quittèrent le cabaret.
En sortant, le bleu dit à Tournesol :
— Patron, nous voulons souper.
— C'est facile.
— Avez-vous un cabinet libre ?
— Hélas ! je crains bien qu'il y en ait plus d'un, soupira le Provençal.
— Indiquez-le-nous.
— Montez, messieurs. Les garçons sont au premier, et...
— Non pas, non pas, riposta vivement le débardeur bleu, je désire que vous le choisissiez vous-même.
— Comme il vous plaira.
Et le digne M. Tournesol s'engagea d'un air pensif dans l'escalier, à la suite des trois masques, qui le surveillaient du coin de l'œil.
Il était évident que, malgré leur façon de jeter l'or par-dessus les tables, le cabaretier provençal n'avait pas la moindre confiance dans ses hôtes mystérieux.
Il fut sur le point de retourner sur ses pas et de redescendre à son comptoir.
Mais une interrogation menaçante du débardeur bleu le rappela à l'ordre.
Maître Tournesol comprit qu'il n'était plus le maître chez lui.
Il se résigna et ne redescendit point.
Donc, au rez-de-chaussée, il ne restait plus que cinq personnes : le débardeur noir, — l'orange, — le pierrot, — le diablotin et le domino.
Ce dernier ne s'occupait en aucune façon de ce qui se passait autour de lui.
Les bras croisés sur sa poitrine, les yeux fixés sur le pierrot, il attendait.
Sur un signe de son chef, le débardeur orange s'approcha du diablotin, et le prenant dans ses bras comme une nourrice prend son nourrisson, il lui parla quelques instants dans un coin.
Le gamin écoutait le géant avec un étonnement croissant.
De temps en temps, on l'entendait pousser quelque exclamation, comme celle-ci :
— Ah çà ! mais... il parle comme un homme !... De l'éloquence, à présent !... Cré nom ! quelle plaidoirie !
Et puis, sans répondre à son gigantesque interlocuteur, l'enfant chantonnait, selon sa détestable habitude :

Ah ! si Pacline t'entendait,
Si mère Pacline t'entendait !

Toujours est-il que la faconde de la Cigale, le débardeur orange, décida le gamin, qui, du reste, ne demandait pas mieux que de se laisser entraîner.

Toutes ses sympathies étaient acquises à son *oncle bien-aimé*, comme il l'appelait le plus souvent.

— Ainsi, je peux compter sur toi ? fit le géant en forme de conclusion.

— Oui, nononcle !

— Tu comprends à quoi tu t'engages ?

— Je le comprends si bien, mon bonhomme, que je le comprends bien mieux que toi.

— Moumouche ! gronda le débardeur orange.

— De quoi ? tu n'as parlé qu'à moitié... j'ai deviné le reste... Faut-il pas que je me pose en *gâteux*, et que je n'aie pas l'air de savoir à quoi m'en tenir ? Je n'aime pas qu'on fasse joujou avec moi ! Faut de la finesse, pas trop n'en faut. Allons-y maintenant.

— C'est convenu ? redemanda la Cigale, qui voulut être bien certain du consentement de Mouchette.

— Archi-convenu !

— Quand je ferai...

— Prrrr ! ouitch !

— Deux fois.

— Oui. Crac ! une... deux, ce sera fait, répliqua vivement l'avorton. Mais crois-moi, nononcle, de la confiance !... Sinon, quand ça me plaira, je tournerai casaque. Et à qui la faute ?

— Suis-je le maître ? demanda brusquement le géant, qui se faisait violence pour ne pas parler franc au gamin, dont il aurait répondu corps pour corps.

— C'est vrai ; t'as raison, Goliath !

Et Mouchette se dégagea des bras de la Cigale, en répétant :

— Chose entendue : je t'appartiens.

De son côté, pendant que le colosse recrutait Mouchette, le débardeur noir avait fait une nouvelle tentative auprès du pierrot pour le décider à se retirer.

Ce fut vainement.

Il pria, il supplia.

Le pierrot lui rit au nez, se contentant de lui répondre :

— Vous restez, je reste ! Partez, je vous suis ! Je suis venu pour voir, je verrai ; pour savoir, je saurai. Ma présence vous gêne, mon bel ami. J'en suis désespéré ; mais rien ne changera ma volonté.

— J'ai fait ce que je devais ! murmura le débardeur noir, qui se dirigea vers la porte de la rue pour examiner si les gens annoncés par un des siens étaient encore éloignés du *Lapin courageux*.

Mais la porte s'ouvrit brusquement.

Une troupe d'individus costumés, masqués, avinés pour la plupart, fit irruption dans le cabaret.

Ils étaient une douzaine.

Leur entrée fut si précipitée, si inattendue, que le débardeur se vit rudement poussé, repoussé et presque renversé par le flot des arrivants, avant même de reconnaître à qui il pouvait avoir affaire.

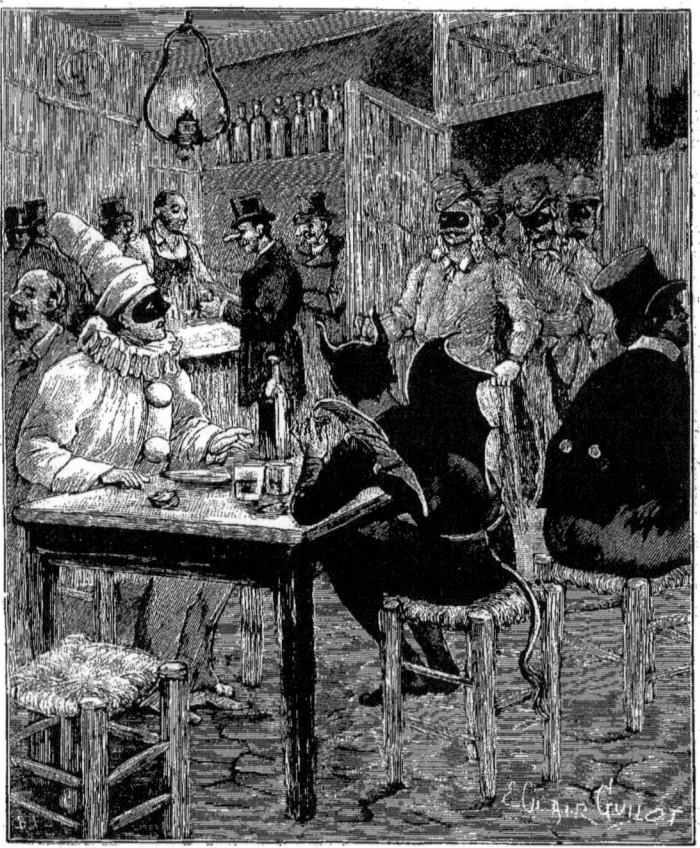

Son compagnon lui répondit entre deux bouchées : — Lui, je ne sais pas, mais eux, oui!

Mais le géant quitta le gamin.
En un tour de main la place fut déblayée, et le débardeur noir dégagé.
Cela ne se fit pas sans récriminations.
Mais il n'en fut rien de plus.
— C'est *lui?* demanda le débardeur noir.
— C'est *lui!* répondit l'orange.

Ils allèrent se replacer à la table du pierrot.

Cependant les nouveaux venus menaient grand train et faisaient grand bruit. Ils criaient, se démenaient et affectaient de ne pas voir les cinq personnes qui se trouvaient avant eux dans la boutique de François Tournesol.

— A boire ! à boire ! Il n'y a donc pas de garçons, dans cette baraque ? cria l'un d'eux.

La Cigale et Mouchette se retournèrent ensemble en entendant l'organe enchanteur de M. Coquillard-Charbonneau, revenu costumé en malin, et tout oublieux de sa récente déconfiture.

Mais disons : *oublieux* en apparence, — maître Charbonneau étant le *mouchard* le plus rancunier que la police officieuse ait jamais employé.

Il continua, aidé par ses compagnons, qui frappaient sur toutes les tables à tour de bras :

— Garçon ! ohé ! garçon ! C'est le *Lapin* de la *Belle au bois dormant*, ici. Ce n'est pas le *Lapin courageux*. Garçon ! ohé ! garçon ! Père Tournesol, arrivez ! A boire ! à boire ! à boire !

Et tous de répéter :

— A boire ! à boire ! à l'aide des notes les moins justes et les plus discordantes.

Ni patron ni garçon n'accoururent se mettre à leur disposition.

Les cris, les hurlements, les chocs de verres recommencèrent de plus belle. Personne ne venait.

Le malin brisa sa canne sur des tables à force de s'en servir avec violence.

Un des éclats vola en l'air et retomba devant le débardeur noir. Celui-ci le saisit avec un sang-froid et une amabilité sans égale :

— Monsieur, dit-il, en s'adressant à Coquillard, qui en tenait encore l'autre bout à la main, monsieur ?...

— Je ne suis pas un monsieur ! répliqua grossièrement son antagoniste.

— Camarade ?

— Au diable ! Je ne suis pas ton camarade, débardeur d'allumettes à un sou le paquet...

— Soit. Votre canne, répondit l'autre, qui avait fait vœu de patience. Je suis désolé de ne pouvoir vous la rendre au grand complet, mais vous avez eu l'adresse de ne m'en envoyer qu'une minime partie...

— Je n'ai qu'un regret, beau raboteur de bûches mouillées...

— Et lequel ?

— Celui de l'avoir cassée sur une table au lieu de te l'avoir cassée sur les reins.

— Vous êtes aimable, estimable malin.

— Qu'est-ce que c'est ? On fait le joli cœur avec papa ? répondit Coquillard d'un ton de stupide insolence. Faudra voir à changer ta chansonnette.

— Excusez-moi, monsieur Coquillard, fit poliment le débardeur noir, pendant que l'Orange se mordait les poings de la contrainte qu'il s'imposait en ne sautant pas à la gorge de l'*alter ego* de M. Jules, excusez-moi, je n'avais pas l'intention de vous insulter.

— Ah ! ah ! tu me connais, toi ! reprit l'autre étonné.

— C'est pourquoi il m'est totalement impossible de vous adresser la moindre injure.

Coquillard-Charbonneau allait se donner au diable de ne pouvoir mettre la main sur un bon sujet de querelle, tellement sa vanité lui suggérait que le débardeur noir lui parlait sérieusement. Mais un éclat de rire étouffé que Mouchette, le diablotin, laissa échapper à son grandissime regret, l'avertit de son erreur.

Sa rage ne fut que plus violente.

Il regarda autour de lui, comme un taureau aveuglé par la fureur, et, frappant du pied, il allait se porter à quelque extrémité, imprudence ou sottise, lorsqu'une toux sèche et sonore, venant d'un des angles de la pièce, le retint, l'arrêta soudain, ainsi qu'eût pu le faire une grille aux solides barreaux de fer.

Dans cet angle, dans ce coin, à l'écart, se tenaient deux hommes masqués, costumés l'un en paillasse, l'autre en domino vénitien.

C'était le paillasse qui venait de mettre un frein à la fureur de Coquillard-Charbonneau.

Ces deux masques, faisant partie de la bande des survenants, étaient les seuls qui n'eussent point hurlé, gesticulé, cabriolé et fait un bruit d'enfer dans le rez-de-chaussée du *Lapin courageux*.

Ils figuraient dans le tableau, plutôt en spectateurs qu'en acteurs.

Ils laissaient faire. Ils n'agissaient pas.

Évidemment, là se trouvait la tête de cette troupe désordonnée. C'était à ces deux masques ou bien à l'un d'eux qu'il fallait demander la cause de cette irruption inattendue.

Le débardeur noir s'en aperçut du premier coup d'œil, et laissant là maître Charbonneau, obligé de museler sa colère, il alla droit au paillasse.

Celui-ci l'attendit sans broncher

— Paillasse, mon ami, lui dit le débardeur sans aucun préambule, je te remercie de ton procédé.

— Quel procédé? répondit l'autre d'une voix hors nature.

— D'avoir mis une *sourdine* à la *musette* de votre chien de basse-cour.

Coquillard-Charbonneau poussa un grognement de rage qui le fit réellement ressembler à l'animal dont on lui donnait le nom.

Le paillasse ne sourcilla point, et, ne tenant pas à continuer la conversation avec le débardeur noir, il lui tourna le dos sans plus de cérémonie.

Ce dernier ne fit que rire de son impolitesse.

Mais la Cigale, le débardeur orange, ne se contint pas plus longtemps en voyant son chef, si respecté par lui, traité comme un saute-ruisseau.

Il se précipita vers le paillasse, et lui mettant son énorme poing sous le nez :

— Goujat! va-nu-pieds! lui cria-t-il d'une voix de tonnerre.

Ce fut l'étincelle qui mit le feu aux poudres.

Sans s'adresser à la Cigale, dont le poing fermé ne l'effrayait que médiocrement, le paillasse dit :

— Capitaine?

Personne ne répondit.
Il continua :
— Passe-Partout ?
Même silence.
— Ah ! j'ai l'air de parler chinois, dit sourdement le paillasse en consultant le domino vénitien, que faut-il faire ?
— Carte blanche ! répliqua le domino vénitien de façon à n'être entendu que de lui.

Le paillasse se dirigea alors avec lenteur vers le débardeur noir, et lui parlant bien en face, les yeux dans les yeux, sans plus se donner la peine de déguiser sa voix :
— Mon cher capitaine, mon bon Passe-Partout, mon excellent ami Riffard, nous renions donc le soir nos connaissances du matin ?
— Ah ! ah ! c'est vous, digne monsieur Jules ? riposta le masque interpellé.
— Moi-même, pour vous servir.
— Trop aimable..., mais je ne vous offrirais jamais des gages à la taille de votre mérite.
— C'est ce qui vous trompe.
— Vous êtes modeste.
— Mais oui.
— Une preuve de modestie ? fit le débardeur noir avec un sourire narquois.
— Vous la voulez ?
— Je ne vous cacherai pas que mon étonnement égalera tout au moins votre humilité.
— Libre à vous, mon bon.
— Voyons cette preuve ?
— La preuve que je ne demande pas mieux que de vous servir.
— Eh bien ?
— C'est que *vous êtes servi*.

A l'époque où M. Jules faisait partie de la police de sûreté, la locution : Vous êtes ou tu es servi ! avait fini par devenir proverbiale.

Il l'employait pour ordonner à ses hommes, à ses agents, à quel moment il leur fallait saisir leur victime ou se jeter sur leur proie.

Le débardeur connaissait, sans aucun doute, de longue date cette formule menaçante, car, en l'entendant sortir de la bouche du paillasse, il se recula vivement, comme pour se mettre sur la défensive.

Mais quelle que fût la rapidité de son mouvement de retraite, elle n'égala pas la vitesse et le zèle avec lesquels Coquillard-Charbonneau s'approcha de lui.

En moins d'une seconde, la main de l'agent de M. Jules se posa rudement sur l'épaule du prétendu Passe-Partout.

En moins d'une seconde aussi, le poing de celui-ci s'abattit avec une telle force sur le crâne de Coquillard, que le misérable tomba comme une masse sur le sol sans jeter un cri, sans même pousser un soupir.

— Tonnerre ! cria M. Jules.
— En plein dans le mille !... grimaça le diablotin en faisant une cabriole.
Les hommes de l'ex-chef de la police de sûreté se groupèrent derrière lui, prêts à le soutenir.
L'ordre d'attaquer, de saisir le débardeur noir allait être donné par lui.
Mais, au moment où M. Jules ouvrait la bouche pour le donner, son adversaire, qui venait de traiter si durement le pauvre Charbonneau, bondit par-dessus la table, qu'il renversa en un tour de main et dont il se fit un rempart.
Le débardeur orange fermait la porte de la boutique à double tour, et se plaçait devant cette porte, le bâton haut, dans une attitude de calme et de résolution qui eussent conseillé la réflexion au plus téméraire.
Enfin, le pierrot et le domino noir flanquaient la droite et la gauche du masque que M. Jules voulait *servir* à sa manière.
— Bien ! s'écria l'ex-agent, je ne comptais prendre qu'un épervier dans mon filet : voilà des pigeons qui s'y jettent d'eux-mêmes. A vous les plumes, mes garçons ! ajouta-t-il en se tournant vers les siens.
Ceux-ci firent un pas en avant.
— Arrêtez ! dit le domino vénitien en s'interposant entre les deux partis, prêts à en venir aux mains.
M. Jules retint ses hommes.
Au son de cette voix, le débardeur noir se pencha du côté de l'inconnu, cherchant à le reconnaître malgré le loup de velours qui cachait hermétiquement son visage.
Le domino vénitien reprit, en s'adressant au pierrot et à son garde du corps :
— Vous, retirez-vous ! On ne vous veut pas de mal.
— Laisserez-vous sortir ces messieurs avec nous ? demanda le pierrot de son ton le plus hautain.
— Non pas. Sortez, nous vous en laissons la liberté. Quant à ces deux hommes, nous les tenons et nous les gardons.
— Alors, gardez-vous vous-mêmes. Ces messieurs ne me semblent pas disposés à se laisser prendre.
— On se passera de leur permission, dit M. Jules, qui, le domino vénitien s'étant retiré, venait de reprendre le haut du pavé.
— Faudra voir ! grommela le domino orange, qui se tenait toujours en sentinelle à la porte d'entrée donnant sur la rue d'Angoulême-du-Temple.
C'était un singulier spectacle.
Une quinzaine d'hommes tenus en échec par deux pauvres diables qu'ils comptaient happer sans la moindre résistance, sans aucune difficulté.
M. Jules comprit que, dans l'intérêt de son amour-propre, dans celui de sa réputation, il fallait en finir promptement.
Sortant deux pistolets de sa poche, il les arma, et les braquant sur le débardeur noir :
— Rifflard, Capitaine, ou Passe-Partout, rendez-vous ou je vous tue, s'écria-t-il.

— Je ne suis pas celui que vous croyez, répondit l'autre, se faisant un bouclier de la table renversée.

— Une fois, vous rendez-vous?

— Non.

— Deux fois?

— Non.

— Qu'il se démasque, fit l'inconnu.

— Au diable! repartit le débardeur.

— Vas-y donc! hurla M. Jules, en faisant feu d'un de ses pistolets.

Le coup partit.

Mais auparavant son adversaire lui avait allongé par-dessus son rempart improvisé un coup de manchette si vigoureux, si juste, que la balle toucha le plafond, et que son second pistolet lui échappa et tomba sur le parquet.

— Sacrebleu! dit l'ex-chef de la police de sûreté. A vous, mes garçons! Allez-y... et à mort! à mort!

Les masques se ruèrent sur le débardeur, faisant arme de tout ce qui leur tombait sous la main.

Mais alors, le domino orange, mettant la clef de la porte d'entrée dans sa poche, se jeta tête baissée dans la bagarre.

Il frappait, et à chaque coup un cri retentissait, et un corps roulait à terre.

Alors aussi, le pierrot se plaçait auprès du débardeur noir, deux doubles pistolets à chaque main, criant de sa voix claire et féminine :

— *Adelante !* Marcos Praya!

A ce cri, à cet appel, le domino noir sortit de son immobilité.

Un long couteau catalan au poing, il s'élança au plus épais de la mêlée.

Quant à Mouchette le diablotin, il avait prudemment disparu.

Or, comme le gamin de Paris n'était point un lâche, il lui fallait de sérieuses raisons pour s'éclipser en pareille circonstance.

Mouchette s'était glissé sous le comptoir.

Qu'attendait-il?

Un signal.

Et ce signal ne venant pas, Mouchette, qui n'avait qu'une parole, serait demeuré héroïquement à son poste jusqu'à la fin de la bagarre.

Cependant cette lutte de quatre personnes, dont une femme, contre une vingtaine de bandits, plus ou moins dans la légalité, n'eût pu être de longue durée.

Après les coups de poing et de bâton, les coups de couteau s'étaient mis de la partie.

Après les coups de couteau, c'avait été le tour des coups de pistolet.

Il y avait près d'une demi-minute que l'affaire était engagée.

La Cigale avait eu raison de verrouiller et de fermer la porte de la rue.

Une partie des hommes de M. Jules, restée dans la rue, cherchait à enfoncer cette porte.

L'autre, exaspérée par la résistance forcenée des deux débardeurs et de leurs défenseurs, en étaient arrivés à ne plus vouloir les prendre vivants.

Les cris de : A mort! à mort! poussés par M. Jules, succédant aux cris de : Prenez-le vivant! proférés par le domino vénitien ; les plaintes des blessés, le cliquetis du fer, le bris des meubles et le heurt des armes s'entrechoquant furent dominés à un moment donné par la voix stridente du débardeur noir, jetant ces trois mots :

— Il est temps.

— Prrr! ouitch! fit le débardeur orange : prrr! ouitch !

A ce signal, tout s'éteignit, rampes et becs de gaz.

Des ténèbres profondes remplacèrent subitement l'éclatante lumière qui éclairait les combattants.

Mouchette le diablotin devait être pour quelque chose dans ces ténèbres-là.

Cependant, malgré l'obscurité, le combat continua avec un acharnement sans égal.

Les verres, les bouteilles, les assiettes, les vitres, volaient en éclats.

Les cris, les plaintes, les malédictions, se croisaient incessamment dans l'air, mêlés au froissement du fer, au bruit mat du bois frappant la chair.

Par échappées, les lueurs des coups de feu rayaient les ténèbres de leurs sinistres éclairs.

On ne s'entendait pas plus qu'on ne se voyait.

Au milieu de cette confusion inénarrable, M. Jules essaya bien deux ou trois fois de dominer le bruit de la lutte et les hurlements des combattants.

Mais la fureur des blessés, touchant à la folie, l'entraînement des autres qui, pareils à des bêtes féroces, avaient flairé le sang, furent plus forts que sa volonté.

Il y perdit sa peine et sa voix.

A tout prendre enfin, l'instinct de la conservation parlant chez lui avant les autres considérations, il s'orienta, renversent ceux-ci, rampant entre ceux-là, parvint au rempart que le débardeur noir s'était élevé au moyen de la table renversée, et, une fois à l'abri, il respira.

Ses hommes se déchiraient, s'assommaient, s'égorgeaient.

C'était un petit malheur.

Pourvu que, la bagarre finie, on remit la main sur celui qu'il regardait comme le chef des Invisibles, M. Jules n'en demandait pas davantage, et il passait condamnation sur la perte fort réparable d'une demi-douzaine de ses coryphées.

Il se faisait même un malin plaisir de penser que mal pouvait être advenu au pierrot, au diablotin et au domino noir, ces trois derniers personnages s'étant mêlés de choses qui ne les regardaient en rien.

Par malheur, l'ex-chef de la police de sûreté proposait plus souvent qu'il ne disposait.

Les événements ne marchèrent pas tout à fait comme il l'espérait.

Le reste de son escouade avait réussi à enfoncer la porte d'entrée du *Lapin courageux*, si consciencieusement verrouillée par le débardeur orange.

Cela fait, les hommes masqués qui la composaient s'étaient rués comme une avalanche dans la boutique.

Le désordre était à son comble.

Des figures effrayées apparaissaient aux fenêtres entr'ouvertes de toutes les maisons de la rue d'Angoulême-du-Temple et de la rue de Malte.

Un noyau de curieux se forma dans la première de ces deux rues. Les coups de feu l'avaient attiré, créé.

En moins de temps qu'il ne nous en faut pour le raconter, ce noyau germa, fleurit, devint arbre, et porta des fruits. Si bien qu'au bout de deux minutes la foule des badauds, ivrognes, filous, était compacte au point d'obstruer la circulation.

Pourtant, par une de ces anomalies qui montrent que, même dans une folle nuit carnavalesque, la capitale du monde civilisé ne se livre pas, poings et pieds liés, aux saturnales des chicards en goguette ou des clercs d'huissier en rupture de ban, du bout de la rue donnant sur le canal Saint-Martin, on entendit un bruit de fusils.

C'était une compagnie d'un régiment de ligne arrivant au pas de course. Un commissaire de police et plusieurs officiers de paix la précédaient.

La foule s'écarta.

La maison fut cernée de façon à ne pas laisser s'évader un enfant ou une femme.

Le commissaire de police ordonna d'allumer des torches et des lanternes.

Puis il pénétra dans la maison.

Un spectacle de désolation et de sang s'offrit à sa vue.

Le rez-de-chaussée du pauvre Tournesol se trouvait littéralement saccagé. Meubles, cloisons, vaisselles, verreries, tout était brisé.

Cinq hommes gisaient sur le sol, le crâne ouvert, frappés par la même main, ne donnant plus signe de vie.

Ces cinq hommes faisaient partie de la troupe de M. Jules.

Six autres se tenaient assis par terre ou appuyés à la muraille, blessés plus ou moins grièvement.

Maître Coquillard-Charbonneau, qui avait commencé par se faire balayer dans la rue, lui et son faux-nez, venait de recevoir un si mauvais coup, sous son costume de matin, qu'il en avait perdu connaissance dès le début de l'action.

Assommé par ses ennemis, piétiné par ses amis, le malheureux n'avait pas encore repris ses sens.

M. Jules pour son compte personnel, s'était tiré d'affaire, les braies à peu près nettes.

Grâce à son retranchement, c'était à peine s'il avait reçu deux ou trois contusions légères.

Au pied du comptoir, enfin, gisait le domino vénitien.

Inutile d'ajouter que le débardeur noir et le débardeur orange, le pierrot et le diablotin avaient disparu.

Ils avaient profité de la nuit si habilement faite par Mouchette, sur le signal donné par la Cigale, pour s'échapper et pour laisser les hommes de M. Jules s'entr'assommer et s'entr'égorger les uns les autres.

Ce dernier, du reste, dès le premier moment d'émotion passé et quand l'ordre fut un peu revenu dans ce désordre, commença par chercher ses

LES INVISIBLES DE PARIS 545

— Soit, votre canne, répondit l'autre, qui avait fait vœu de patience.

ennemis, et, ne les trouvant pas, il poussa la plus terrible de ses imprécations.

D'un bond, il monta à l'étage supérieur.

Rien! personne!

Il redescendit, et, courant au domino vénitien étendu sans mouvement au pied du comptoir, il lui prit le poignet et lui tâta le pouls.

Le pouls battait encore.

Pas de sang sur l'homme évanoui.

L'ex-chef de la police de sûreté respira de ce côté-là.

Sa défaite n'était peut-être pas aussi complète qu'il l'avait jugée de prime abord.

Il se fit reconnaître par le commissaire de police, auquel il essaya d'expliquer ce qui venait de se passer à sa manière, c'est-à-dire le moins véridiquement possible.

Le commissaire lui répondit froidement :

— Désolé, monsieur Jules, de ce qui vous arrive. Mais, je n'ai pas besoin de vous le dire, l'acte que vous avez tenté d'accomplir est en dehors de la légalité.

— Après? demanda l'autre avec effronterie.

— Vous n'aviez pas qualité pour agir ainsi que vous avez agi.

— On sait ça.

— Vous vous êtes placé dans une très mauvaise position. L'affaire est très grave. Je me vois obligé de...

— De m'arrêter, pas vrai?

— Vous l'avez dit. Vous vous expliquerez avec M. le préfet.

— Soit, répliqua avec mauvaise humeur l'ex-agent, qui avait trop longtemps appartenu à la police pour ne pas reconnaître la justesse de cette argumentation. Mais, mon cher ami, ne vous imaginez pas avoir trouvé la pie au nid, ajouta-t-il en frappant familièrement sur l'épaule du commissaire; M. le préfet m'absoudra, j'en suis certain.

— Je le souhaite pour vous, monsieur Jules, répliqua l'autre.

— Vous êtes bien bon, je vous remercie, fit l'ex-agent en saluant ironiquement. Un mot encore, s'il vous plaît.

— Vingt, si vous voulez.

— Avez-vous pensé à faire garder les issues de cette maison?

— Pourquoi me demandez-vous cela? interrogea le commissaire de police en souriant avec défiance.

— Comment! pourquoi?... Ah! j'y suis : vous vous imaginez que c'est pour mon propre compte que je vous adresse une question?

— Dame!

— Non. Répondez d'abord; je m'expliquerai ensuite. Avez-vous fait surveiller les issues?

— Toutes.

— A merveille; rien n'est perdu. Ceux qui nous ont mis à même de nous étriller si durement les uns les autres seront malins s'ils parviennent nous échapper.

— De qui parlez-vous? continua le commissaire de police.

— Des individus que je voulais coffrer.

— Leur nom?

— Les *Compagnons de la Lune*.

— Les Invisibles... ou une partie des Invisibles? demanda le commissaire en tressaillant.

— Oui.
— Sont-ils nombreux?
— Non. Mais, j'en suis sûr, leurs principaux chefs sont cachés dans cette maison.
— Ah! si nous réussissions à nous en emparer...
— Ce serait une rude affaire.
— Loin d'être blâmés, continua le commissaire de police, on nous voterait une récompense nationale.
— Oui! oui! je le sais; le gouvernement a pris à cœur de mettre la main sur ces malfaiteurs.
— Sont-ce des malfaiteurs? fit naïvement son interlocuteur.
— Pas précisément; mais ça en approche.
— Très bien! ajouta le commissaire; je vais procéder à une visite complète depuis la cave jusqu'au grenier.
— C'est convenu. Mais...
— Mais quoi encore?
— Avant tout, écoutez-moi.
— J'écoute.
— Suivez-moi.
— Ça se chante, ces mots-là, répliqua le commissaire, qui ne manquait jamais de placer une de ces fines plaisanteries qui faisaient les beaux jours de nos prédécesseurs, en l'an de grâce mil huit cent quarante-sept.
— Venez.

Cela dit, M. Jules conduisit le commissaire auprès du comptoir, à l'endroit où gisait toujours l'inconnu.

M. Jules souleva le masque de l'inconnu et dit au commissaire :
— Regardez maintenant.

Le commissaire de police obéit et recula de trois pas, en proie à une stupéfaction inimaginable.
— Le duc de..., s'écria-t-il.
— Silence! fit vivement M. Jules, ne prononcez pas ce nom-là ici.
— Bon! répondit l'agent, on se taira. Mais comment se trouve-t-il dans cette maison, gisant au milieu de ces gueux?
— C'est lui qui dirigeait l'affaire.
— Bah! vous étiez sous ses ordres?
— Directs, cher monsieur.
— Oh! oh! voilà qui change la thèse.
— N'est-ce pas? Je savais bien que nous finirions par nous entendre.

Et M. Jules retrouva une partie de sa belle assurance, qu'une succession d'échecs et de revers imprévus avait entamée.
— Que faire? que faire? se demandait à part lui le commissaire de police, embarrassé au dernier chef.

L'agent l'examinait attentivement sans en avoir l'air.

Après s'être adressé cette question tout bas cinq ou six fois, le commissaire finit par se l'adresser tout haut.

M. Jules saisit la balle au bond et lui répondit :

— Que faire? Mon Dieu, c'est simple comme deux et deux font quatre. Il faut d'abord l'enlever d'ici.
— Qui? le duc!
— Lui-même, et au plus vite.
— Si on allait le reconnaître?
— C'est précisément pour qu'on ne le reconnaisse pas que je vous conseille de l'enlever sur-le-champ.
— Vous avez raison. Malheureusement, cette nuit, il m'est impossible de me charger de cette corvée.
— Merci pour *lui*, dit l'ex-chef de la police de sûreté.
— Je voulais dire : de ce soin, reprit vivement son interlocuteur.
— Voulez-vous que je m'en charge? demanda M. Jules avec la plus complète insouciance.
— Vous?
— Moi-même.
— Au fait, pourquoi non? ajouta le commissaire. Je prends sur moi de vous laisser libre.
— Ouf! fit l'autre en respirant à pleins poumons.
— Mais à une condition?
— Laquelle?
— Vous vous tiendrez à ma disposition.
— Je vous le promets.
— Et à ma première requête, à mon premier appel, vous viendrez.
— J'accourrai.
— C'est chose convenue?
— Parole donnée!
Et l'ancien chef de la police de sûreté tendit la main au commissaire de police, qui la serra cordialement.
— Vous me laissez mes hommes? fit-il.
— Ceux qui vous seront indispensables.
— Je n'ai besoin que de deux d'entre eux.
— Vous m'en répondez?
— Comme de moi-même.
Le commissaire ne sourcilla pas et prit cette réponse bon jeu, bon argent.
— Prenez ceux que vous voudrez, répliqua-t-il.
M. Jules ne fut pas long à faire son choix.
Le choix décidé, on déblaya la situation.
Les morts furent envoyés à la Morgue ; les blessés, placés d'urgence à l'hôpital, et les valides conduits à la Préfecture.
Ainsi qu'il s'y était engagé, le patron de maître Coquillard-Charbonneau s'occupa spécialement de l'inconnu que le commissaire s'obstinait à appeler le duc.
Il le fit enlever par les deux gaillards qu'il avait choisis dans sa troupe.
Avant même de le leur livrer, à moitié assommé, à moitié évanoui, il prit le soin de l'envelopper dans un large manteau.
De la sorte, nul curieux ne parvint à regarder de près quel homme était ce

personnage à la tenue si orgueilleuse, qui s'en allait aussi piètrement, après avoir fait une entrée aussi triomphale.

Au moment de leur donner l'adresse de l'inconnu, M. Jules réfléchit qu'il serait plus adroit de ne rien leur donner du tout et de finir la chose lui-même, à l'insu de ses sicaires.

Il donna l'adresse de son propre domicile, boulevard du Temple.

On se mit en route.

Il suivit.

De son côté, le commissaire de police ne perdait pas son temps.

Il procéda immédiatement à une visite exacte et minutieuse de la maison.

Pas un coin ni un recoin du *Lapin courageux* ne furent négligés.

Ce fut en vain.

Les *Invisibles* venaient de mériter leur nom une fois de plus.

Ils avaient disparu sans laisser l'ombre d'une trace.

Le restaurant et le magasin de François Tournesol se trouvaient dans un état de vide complet.

A force de chercher, on trouva quelque chose quelque part.

On trouva le malheureux cabaretier provençal et ses douze garçons, dont six d'*extra*, dans la plus belle cave de l'établissement.

Ils étaient étendus, les uns près des autres, symétriquement, sur la terre, garrottés avec une adresse rare sans que la corde les blessât, bâillonnés avec des poires d'angoisse élastiques, et la tête couverte d'une serviette.

Les *Invisibles* ou leurs acolytes avaient poussé la délicatesse jusqu'à ne se servir que de serviettes blanches.

Le commissaire de police s'empressa de les faire délier, débâillonner, et de leur demander force petits détails.

Le sieur Tournesol répondit par des exclamations de désespoir, entrecoupées de malédictions à l'adresse de M. Jules et de Coquillard-Charbonneau, qui prenaient sa maison pour une souricière.

Cette fois les souris et les rats avaient mangé les chats.

Et, à vrai dire, maître Tournesol avait été assez largement payé, dédommagé de ses pertes par les cinq débardeurs, pour ne pas se ranger du côté de leurs persécuteurs.

Un cabaretier a toujours une reconnaissance éternelle pour l'honnête ou le malhonnête client qui lui remplit sa poche ou sa caisse.

Les garçons se secouèrent, reprirent pied, poussèrent quelque douzaine de cris joyeux en sentant leurs goussets regorgeant d'écus, mais ne donnèrent aucun renseignement.

Ils ne savaient absolument rien de plus que ce que savait M. le commissaire.

A quatre heures du matin, ce dernier se retira, tout désappointé du mauvais résultat de ses recherches, et se promettant de s'en prendre à M. Jules du buisson creux qu'il venait de trouver.

XIV

OU LA COMTESSE DE CASA-REAL NE SAIT PLUS DISTINGUER LE BLEU DU NOIR

Maintenant il nous faut expliquer comment ceux que M. Jules et le commissaire de police prenaient pour des membres de la redoutable association des *Invisibles* étaient parvenus à disparaître si subtilement d'une maison cernée par des soldats et par des escouades d'agents de police.

On se souvient qu'au signal donné par le débardeur orange Mouchette s'était glissé sous le comptoir du père Tournesol.

Là, se trouvait le compteur à gaz de l'établissement du *Lapin courageux*.

Le gamin en avait tourné le robinet.

Toute la maison s'était trouvée plongée d'un seul coup dans la plus profonde obscurité.

C'était ce que voulaient nos deux débardeurs.

Connaissant les êtres de longue date, ils étaient convenus à l'avance de leurs faits et gestes.

Au moment de donner le signal, ils avaient eu soin, tout en distribuant force horions à droite et à gauche, de se rapprocher le plus possible l'un de la comtesse Hermosa de Casa-Real, déguisée en pierrot, l'autre de Marcos Praya caché sous son domino sombre.

Les ténèbres faites par Mouchette le diablotin, qui avait reçu des instructions le concernant personnellement, la comtesse et son serviteur furent enlevés à l'improviste, et tous disparurent sans bruit par les montées.

Il va sans dire que leurs agresseurs, se ruant désespérément les uns sur les autres, avaient redoublé de coups et de vacarme.

Cependant, arrivé au premier étage, le débardeur orange, la Cigale, siffla doucement.

On attendait ce coup de sifflet, car, malgré la timidité avec laquelle le géant venait de le lancer, un coup de sifflet semblable au sien, mais assez éloigné, lui répondit immédiatement.

La Cigale marcha en avant.

Les autres, parmi lesquels Mouchette le diablotin se trouvait sans que personne se fût occupé de lui, suivirent en silence.

On traversa d'un pas leste plusieurs salles, veuves de leurs consommateurs et de leurs clients.

Comme s'ils eussent été doués de la faculté de voir en pleine nuit, les deux débardeurs, guidant leurs trois compagnons, arrivèrent à une porte masquée percée dans le mur de soutènement de la maison.

Le débardeur noir l'ouvrit et fit passer ceux qui le suivaient.

Cela fait, il entra, et ferma la porte.

En bas, le bruit de la lutte s'entendait toujours.

— Es-tu là, compagnon? demanda le débardeur noir.
— Je suis là, répondit-on.
— Seul?
— Non.
— Combien?
— Deux.
— Bien. Le cabaretier?
— Garrotté, bâillonné et couché dans sa cave.
— Ses garçons?
— Garrottés, bâillonnés et encavés comme lui.
— Ont-ils fait résistance?
— Très peu. On les a payés et dédommagés d'avance.
— En avant! dit simplement le débardeur.

Un bruit sec se fit entendre, et une lueur subite pénétra dans la pièce où ils se trouvaient.

La plaque d'une vaste cheminée venait de se déplacer et de disparaître le long d'une rainure se fondant dans la boiserie.

— Hâtez-vous, dit le débardeur.

Ses compagnons lui obéirent sans hésitation.

— Tu es décidé à nous suivre jusqu'au bout, petit? dit la Cigale au diablotin, qui, à son tour, se préparait à se glisser au travers de la trappe.
— Pardi! répliqua le gamin, j'ai pris mon élan, faut qu'ça roule.
— Tu sais à quoi tu t'engages?
— Vous êtes bavard! fit Mouchette avec un geste plein d'importance et de raillerie.
— Il y va de la vie!
— O misère! un chiffon, quoi!
— Il y va de la vie de ton répondant!
— La Cigale vivra plus longtemps que toi, mon petit vieux. Allons-y, si vous ne voulez pas qu'on nous *arquepince* tous les deux.

Le calme semblait, en effet, se rétablir au rez-de-chaussée.
— Va, moutard.
— Enlevez, c'est pesé! cria le gamin, et il passa.

Le débardeur le suivit.

Derrière lui, la trappe retomba.

Presque aussitôt, un bruit de pas lourds et de crosses de fusils se fit entendre.

— Il était temps! murmura le guide des fugitifs.
— Et que juste! ajouta Mouchette, qui, chez lui partout, dans un palais aussi bien que dans un taudis, se vautrait tout de son long sur une causeuse de la plus grande élégance.

La pièce dans laquelle ils se trouvaient était vaste, somptueusement meublée et éclairée par un lustre à verre dépoli.

De lourdes portières en tapisserie assourdissaient les portes et les fenêtres.

Pourtant, par intervalles, une musique lointaine envoyait des bouffées d'harmonie dans cette salle.

On eût dit un orchestre de bal.

Le débardeur noir savait probablement à quoi s'en tenir là-dessus.

Il ne se donna point la peine d'expliquer à ses compagnons où, pourquoi, et si l'on dansait dans les appartements circonvoisins.

— Nous voici en sûreté ; causons, dit-il.

— La parole est d'argent, le silence est d'or ! répondit sentencieusement Mouchette. C'est l'opinion de m'man Pacline, c'est la mienne aussi. Je ferme ma boîte à musique. A un autre le tour.

Et il s'étala de plus belle sur le velours de son fauteuil.

— Entendez-vous, messieurs ? s'écria la comtesse de Casa-Real en se penchant vers le mur de séparation.

— Quoi ! mon ami Pierrot ? demanda le débardeur noir avec une nonchalance ironique.

— Des allées et des venues dans la pièce voisine.

— En effet.

— On fait des recherches...

— On veut nous trouver, c'est bien le moins qu'on nous cherche un peu.

— On nous trouvera.

— Oh ! c'est une autre chanson !

— Ne parlez pas aussi haut tout au moins.

— A quoi bon toutes ces précautions, ô Pierrot, mon camarade ? D'ici nous pouvons voir et entendre qui et ce qu'il nous plaira, mais nul ne peut nous entendre ou nous voir.

— Impossible de le prendre en faute, pensa la comtesse Hermosa. Il faudra pourtant bien que je vienne à bout de cet homme.

Le débardeur noir coupa sa réflexion par le milieu.

— Orange ! appela-t-il.

La Cigale accourut à son ordre.

— Vas où tu sais, continua le débardeur noir.

— Bon, fit le géant. Seul ?

— Prends le petit.

— Il vous gêne ?

— Oui.

— Hope là ! dit la Cigale.

Et sans ajouter d'autre observation, le colossal débardeur orange s'approcha du diablotin, qui se faisait des grâces dans une glace de Venise placée en face de lui, l'empoigna par le fond du vêtement que la pudeur anglaise ne permet pas de nommer, et le jeta sans façon sous le bras.

— De quoi ? hurla Mouchette, qui se trouvait mieux dans son siège nouvellement rembourré que sous le bras anguleux de son gigantesque ami. Encore un voyage d'agrément ! Je ne veux pas prendre le train tout seul. Où sont les voyageurs ?

— Viens avec moi, et tais ton bec, dit l'autre, se dirigeant vers la porte d'entrée.

— Je me tairai si ça me plaît, criait Mouchette en *gigotant* comme un écureuil dans sa cage. Et comme cela ne me plaît pas, je parlerai.

Un spectacle de désolation et de sang s'offrit à sa vue.

— Serin, va !

A force de se débattre, de s'agiter, de se remuer de tous les côtés, le gamin avait fini par glisser entre les doigts du colosse, qui n'osait pas le serrer de peur de l'étouffer.

Une fois sur ses jambes, et redevenu maître de sa diabolique petite personne, Mouchette se campa fièrement le poing sur la hanche et dit avec gravité :

— Mon oncle, mon bon oncle — c'était le terme d'amitié usité par Mouchette à l'égard de la Cigale — en vérité, vous me prenez pour l'oiseau que vous venez de me lancer à la tête, en pleine figure.
— Voyons, suis-moi, fit le débardeur orange. C'est pressé.
— Dis-le donc, imbécile.

Le gamin venait de rendre au géant la monnaie de sa pièce. Il fit une gambade et répliqua :
— Je veux bien te suivre, mais non que tu m'emportes sous ton bras comme un paquet de linge douteux. Va. Je t'emboîte.
— Sacré môme! grommela le débardeur orange. Et, sans rien ajouter, il saisit une seconde fois son protégé, l'installa commodément sur une de ses puissantes épaules.

Cela fait, sans lui laisser le temps de se reconnaître une seconde fois, il s'éloigna et l'*emporta*, ainsi que Mouchette avait dit précédemment.

Le débardeur noir demeura seul avec la comtesse de Casa-Real et son fidèle Marcos-Praya.

Mais Marcos se tenait respectueusement à l'écart.

Le débardeur alla vers la comtesse et lui prenant la main dans les siennes, il reprit :
— Madame la comtesse...
— Oh! monsieur, interrompit vivement et avec reproche Mme de Casa-Real. Ai-je jeté votre nom aux quatre coins de ce logis?
— Vous ne le pourriez pas, répondit tranquillement son interlocuteur.
— Par quelle raison?
— Par la meilleure ; vous ne le savez pas.

Le pierrot sourit et haussa les épaules.
— Continuez, je vous prie.
— Pierrot, puisque vous le voulez, mon ami Pierrot, j'ignore les motifs qui vous ont conduite...
— Conduit, reprit le pierrot.
— Conduit... oui... dans le bouge, dans l'honnête tapis-franc tenu par l'honorable François Tournesol.
— Je vous l'apprendrai peut-être.
— Vous me comblerez de joie, quoique à tout prendre ces motifs ne doivent me concerner en rien.
— N'en jurez pas.
— Soit, laissons cela de côté, et arrivons au point principal de mon discours.
— Arrivez, monsieur, arrivez, fit le pierrot, qui désirait bien mettre le bout de son joli nez rose dans les affaires des autres, mais qui ne pouvait souffrir qu'on s'occupât des siennes propres.
— Tout à l'heure, fit le débardeur noir, à la fin de la bagarre, vous m'avez supposé dans un embarras cruel, et vous m'êtes bravement venue en aide...
— Le beau mérite!
— J'ai tout d'abord des excuses à vous adresser.
— A moi? Pourquoi?

— Je ne m'attendais ni à cette vaillance ni à cette générosité de votre part.

— Mille remerciments! fit le pierrot en riant de son rire le plus argentin.

— Je me suis trompé, je l'avoue; et quoique je ne comprenne pas bien le mobile et le but de cette conduite, je me vois obligé d'en reconnaître toute la magnanimité.

Le débardeur noir prononça peut-être un peu narquoisement ce mot *magnanimité*, mais le pierrot ne répondant rien, il continua :

— La reconnaissance exigeait que je ne vous abandonnasse pas dans la périlleuse situation où vous vous étiez mise pour moi... voilà pourquoi je vous ai enlevés, vous et votre joyeux acolyte.

Marcos Praya, le domino noir, salua.

— Où voulez-vous en venir? demanda le pierrot.

— A ceci : nous sommes quittes, n'est-ce pas, mon ami Pierrot?

— D'autant plus quittes que vous ne me deviez absolument rien.

— Alors, séparons-nous.

— Nous séparer?

— Oui. Notre route n'est pas la même.

— Êtes-vous certain de ce que vous avancez-là, mon beau débardeur?

— Certain de cela, comme je suis certain de vous donner un excellent conseil en vous engageant à ne pas me suivre plus longtemps.

La comtesse de Casa-Real réfléchit quelques secondes, puis faisant un effort sur sa nature hautaine.

— Serons-nous donc toujours hostiles l'un à l'autre? fit-elle en se servant de toutes les grâces de sa voix harmonieuse.

— Avouez que voilà une phrase tout au moins originale dans votre bouche, Pierrot, mon ami! Est-ce au moment où vous êtes venue à mon secours, où je vous ai tirée moi-même d'une escarmouche dangereuse, que vous nous supposez ennemis? répondit le débardeur avec une gaieté jouée à merveille.

— Je vous parle sérieusement, monsieur.

— Sérieusement!... Mille pardons, madame. Alors, permettez-moi de vous assurer que votre imagination aventureuse vous a fourvoyée.

— Je ne le crois pas.

— Vous êtes venue dans le cabaret du *Lapin courageux* pour y chercher... tranchons le mot, pour y espionner quelqu'un.

— Cela peut être.

— Cela est. Vous me prenez pour ce quelqu'un-là?

— Je vous prends pour ce que vous êtes, monsieur le comte de...

— Oh! non, pas de nom... vous l'avez dit vous-même tout à l'heure.

— Avouez, alors! fit vivement le pierrot.

— Avouer quoi?

— Que vous êtes celui que je cherche.

— Vous vous trompez, madame. Faut-il me démasquer?

— Inutile. Vous possédez un merveilleux talent de transformation, je le sais. Je m'y suis vue prise plus d'une fois, répondit Hermosa ironiquement.

Vous changez à plaisir les traits de votre visage, mais vous oubliez, mon beau débardeur, qu'il y a une chose impossible à dénaturer.

— Laquelle, Pierrot, mon ami?

— L'œil...

— Et l'expression du regard, n'est-ce pas?

— Vous l'avez dit.

— D'où vous concluez, madame?

— Vous vous êtes démasqué un moment, quand nous étions établis dans le bouge voisin.

— En effet, fit le débardeur avec un fin sourire. Ç'a été l'affaire d'un moment.

— Ce moment m'a suffit. A la lueur, au jet de flamme qui s'échappa de vos yeux noirs, j'ai bien reconnu l'homme que je cherche.

Le débardeur ne chercha pas sa réponse.

Il enleva son loup de velours et se pencha vers la comtesse de Casa-Real.

— Démon ! murmura-t-elle avec stupéfaction

L'homme qui lui montrait son visage n'avait pas la plus minime ressemblance avec celui qui s'était démasqué dans le cabaret du père Tournesol.

Il avait les yeux couleur bleu de ciel.

— Je n'y puis rien, madame, dit-il en remettant son masque ; mais, à mon grand regret, puisque cela semble vous contrarier, j'ai passé jusqu'à ce jour pour avoir les yeux bleus. Reconnaissez-vous que, pour la première fois de votre vie, sans aucun doute, vous vous êtes trompée.

— Je reconnais, fit-elle d'une voix hachée par la colère et par l'impuissance, je reconnais que j'ai été trompée.

— Cela revient à peu près au même.

— Mais...

— Ah ! il y a un mais, mon ami Pierrot.

— Mais celui que je cherche est ici.

— Trouvez-le, madame.

— En admettant qu'il soit en effet parmi nous, demanda le débardeur bleu, qui venait de rentrer avec le lilas, qu'auriez-vous à lui demander ?

— Que vous importe? fit violemment la comtesse en se tournant vers les nouveaux venus.

Convaincue d'avoir été la dupe d'un changement rapide de costumes, la créole avait résolu de les pousser à bout à force d'insolences, espérant qu'à la voix elle reconnaîtrait l'objet de ses poursuites.

Le débardeur bleu s'inclina et se tut.

Le noir reprit la parole en son lieu et place.

— Vous aurez beau jeu avec nous, madame, continua-t-il ; ces messieurs ne savent répondre qu'aux hommes, quand on leur parle de ce ton-là. Vous êtes sûre d'avoir toujours raison, en les traitant avec autant de douceur.

— Oui, oui... vous êtes tous plus ou moins gentilshommes, messieurs les Invisibles! fit Hermosa sèchement. Je me plais à le constater. J'espère que cet aveu, dépouillé d'artifice, ne blessera pas votre modestie, monsieur du Lilas ?

Le débardeur lilas, que la créole venait de prendre à partie, n'avait pas desserré les dents depuis son entrée.

Il répondit, après une légère hésitation :

— Nous ne sommes pas modestes, mon joli Pierrot.

— C'est sa voix, pensa-t-elle.

Et voulant vérifier si son oreille et sa mémoire ne la trompaient pas, elle saisit la balle au bond et reprit :

— Péché confessé est à demi pardonné. Vous convenez de votre orgueil, je l'excuserai donc facilement.

— C'est une qualité que Mme de Casa-Réal comprend chez les autres, elle qui la possède à un si haut degré.

— Je savais bien que je vous forcerais à parler, monsieur le comte de Warrens. Je savais bien que partout où se trouvent les *Invisibles*, vous vous trouvez.

— Ah ! vous aussi, madame, vous tenez à donner ce nom à ces messieurs. Libre à vous.

— Il me semble, d'après ce qui vient de se passer, qu'ils l'ont justifié. Mais ce n'est pas de vos amis qu'il s'agit, c'est de vous-même, monsieur le comte.

— Voilà deux fois que vous me donnez ce titre, madame, je regrette de ne pouvoir le garder.

— Vous niez ?

— Faut-il me démasquer ?...

— Comme monsieur ? ajouta la créole en riant et en montrant le débardeur noir, qui causait bas avec le bleu ; non, je vous remercie, on s'est déjà joué de moi, cette nuit. Je ne désire pas vous donner raison de nouveau.

— A vos ordres.

— Un mot encore, je vous prie.

— Parlez, je vous écoute.

— Où sommes-nous ?

— Dans le salon d'une maison bourgeoise, qui se trouve très honorée de vous recevoir.

— Ces fenêtres donnent... ?

— Rue de Malte.

— Cette maison est contiguë au restaurant du *Lapin courageux*?

— Oui, comtesse.

— Je suppose que vous et ces messieurs vous êtes toujours dans l'intention de vous débarrasser de ma personne.

— *Séparer* est plus vrai, madame.

— Pas de politesse. Parlez franc.

— Pour vous-même, dans votre propre intérêt, il importe que vous nous quittiez.

— Bien. Vous êtes les plus forts, il me faut vous céder la place.

— Oh ! madame, pourquoi nous parler ainsi, quand votre salut seul... ?

Elle l'interrompit nerveusement et dit :

— Votre sollicitude me touche. J'espère un jour pouvoir m'acquitter envers vous, et vous rendre *guinée* pour *souverain*.

— Mais, en attendant ?...
— En attendant, indiquez-moi, de grâce, le moyen de sortir de cette maison sans être remarquée.
— Rien de plus facile.
— Dites.
— Le propriétaire de cet hôtel...
— Pardon, vous m'aviez raconté de prime abord que nous étions dans une maison des plus bourgeoises.
Le débardeur lilas se mordit les lèvres et il reprit avec vivacité :
— Oh ! mon Dieu ! hôtel, maison, c'est tout un.
— Maison garnie, alors ? fit ironiquement la comtesse de Casa-Real.
— Non, madame, non. Le propriétaire de cet immeuble, si mieux vous aimez, en habite le premier étage.
— Il donne un bal ?
— Masqué.
— De sorte qu'en me glissant dans ses salons...
— Personne ne fera attention à vous.
— Merci bien.
— Si vous mettez un loup, bien entendu. En avez-vous ?
— J'en ai deux dans ma poche, un blanc et un noir.
— Voyez donc, comtesse, vous êtes deux fois plus dissimulée que nous, qui en portons un seulement.
— Oui, mais moi, j'ôte les miens.
— On n'est pas femme, et jolie femme, pour rien.
— Des compliments ! Ce n'est pas lui ! murmura-t-elle. Cette maison, cet hôtel, cet immeuble, comme vous l'appelez, appartient à... ?
— A quelqu'un.
— Je m'en doute.
— Que je ne connais pas.
— Un indigène ? demanda le pierrot en riant.
— Un Français ? Non, madame. Un riche étranger, un Espagnol, je crois.
— Un Espagnol. Vous me le présenterez... un compatriote...
— Vous oubliez, comtesse, que vous passerez incognito...
— C'est vrai.
— D'ailleurs, n'ayez pas de regrets. Je ne lui ai jamais été présenté moi-même.
— Ainsi, nous nous trouvons chez ce descendant de Pélage ?...
— A son insu.
— Et vous ne le connaissez pas ?
— Ni d'Ève ni d'Adam.
— Allons ! c'est à merveille.
Elle se leva, certaine qu'elle n'en apprendrait pas davantage, ses ennemis ou ses protecteurs jouant toujours aussi serré.
Les masques se levèrent comme elle.
— Faut-il vous servir de guide ? demanda le débardeur lilas.
— Non, je trouverai l'antichambre toute seule.

— Traversez trois salons en enfilade et prenez à gauche.
— Venez, Marcos.

Le domino noir la suivit.

En sortant, elle adressa un dernier salut et un dernier sourire à ces hommes dont elle ne pouvait s'approprier le secret, et qu'elle haïssait comme elle savait haïr.

Ils s'écartèrent tous respectueusement pour la laisser passer.

Le débardeur noir souleva la portière de la porte vers laquelle la comtesse de Casa-Real s'était dirigée suivie de son fidèle métis.

Ils disparurent.

La portière retomba.

— Cette femme nous perdra si nous ne la perdons! fit le débardeur noir. C'est une lutte mortelle entre elle et nous.

— Qu'y faire? dit le lilas; parer ses coups.

— Et riposter vigoureusement! ajouta le bleu.

— Sans riposter, reprit le lilas. Vous l'avez dit, c'est une femme.

— Non, ce n'est pas une femme : c'est une hyène, une tigresse, une bête féroce! Elle s'est retirée la rage au cœur et le sourire aux lèvres. La croyez-vous dupe de la comédie que nous venons de jouer devant elle? Notre changement de costume ne l'a pas trompée!...

— Elle est fine! mais...

— Elle vous a reconnu, malgré toutes les précautions que vous avez prises pour déguiser votre voix.

— Je le répète, répliqua le débardeur lilas, tenons-nous sur nos gardes.

— Et soyons sans pitié pour elle, le cas échéant, comme elle ne manquerait pas de l'être pour nous.

— Pourtant, voyez, elle s'est précipitée bravement à mon secours.

— Son but n'était pas atteint, sa curiosité n'était pas assouvie; voilà le motif de sa conduite généreuse. Et puis, ne l'oubliez pas, ajouta le débardeur bleu, la présence de cette femme dans le cabaret a déjoué toutes nos combinaisons. Sa haine maudite, en se jetant à la traverse de nos projets, peut en retarder l'exécution d'une année entière.

— Vous dites vrai, mon ami; mais nous en sommes délivrés momentanément. Elle est partie, enfin! ne songeons plus à elle. A l'œuvre; remettons-nous à l'œuvre et regagnons le temps perdu!

— Partie! fit le débardeur noir, que nenni. La comtesse de Casa-Real est une créole pur sang. Elle n'a que deux passions : la haine et l'amour. Ces deux passions sont également fatales à ceux pour qui elle les ressent. L'une et l'autre vous brûlent, vous dévorent, vous annihilent. Vous la croyez partie. Je suis sûr, moi, que si elle a quitté la maison, elle s'est embusquée, mise aux aguets dans les environs de la grande porte, pour surveiller notre sortie et nous suivre à la piste.

— Le cas est prévu. Ce sera tant pis pour elle.

— Vous le savez, messieurs, je défends qu'on touche à un cheveu de sa tête, s'écria le débardeur lilas.

— Sa vie ne court aucun péril, répondit le bleu, mais je ne réponds pas de la fraîcheur de ses manchettes et de son col de chemise.

Sur ce pronostic, qui eût peu rassuré la créole, sans parvenir à l'arrêter dans l'exécution du projet qu'elle venait de concevoir, les débardeurs que M. Jules et elle assuraient faire partie de la *Société des Invisibles* se turent d'un commun accord.

La foule envahissait les abords du salon où ils se trouvaient.

XV

OÙ L'AFFUT TOURNE MAL POUR LES CHASSEURS

Cependant la comtesse de Casa-Real et Marcos Praya, son majordome, avaient suivi les indications données par le débardeur noir.

Mêlés à la foule des invités, costumés ou masqués, qui circulaient dans les salons, ils avaient pu facilement aller, venir, descendre et sortir tous les deux de la maison sans que personne s'en fût aperçu.

La créole allait devant.

Le métis suivait comme un chien fidèle. Il s'était fait l'ombre de cette femme, pour laquelle il eût donné sa vie sans hésitation.

A peine Mme de Casa-Real eut-elle marché quelques pas dans la rue, qu'elle s'arrêta.

Marcos Praya s'arrêta aussi.

— Marcos Praya! dit-elle à voix basse.

— Señora!

— Nous n'irons pas plus loin.

Marcos la regarda sans comprendre, mais sans l'interroger. Il ne savait penser et agir que loin d'elle.

En la présence de sa maîtresse, toutes ses forces se concentraient dans son admiration.

Il la voyait, il l'écoutait. C'était tout.

Alors sa seule vertu, sa seule intelligence se traduisaient par ce mot : *obéir*.

En face d'eux se trouvait une maison borgne, à l'entrée étroite et sombre, donnant sur une de ces allées larges de deux pieds, un couloir plutôt, où deux personnes ne pouvaient passer de front.

Ce fut là, à l'entrée de ce long couloir, que la comtesse entraîna son majordome.

Elle se blottit dans le coin le plus obscur.

Ses vêtements clairs risquaient de la trahir, le métis se plaça devant elle.

Mal leur en prit.

Attentive comme une chatte qui guette, toute à son affût, Mme de Casa-Real, regardant par-dessus l'épaule de Marcos Praya, ne laissait entrer ni

— Démon! murmura-t-elle avec stupéfaction.

sortir aucun invité du riche Espagnol dont lui avait parlé le débardeur lilas, sans l'examiner des pieds à la tête.

Le métis, placé devant elle comme un bouclier, du côté de la rue, ne put prêter attention à un bruit de pas aussi léger que celui d'une feuille secouée par le vent, qui se fit entendre derrière sa protégée. Pourtant il eut une intuition du danger qui les menaçait.

Il tourna la tête vers elle; il ouvrit la bouche pour lui conseiller de ne pas rester plus longtemps à l'entrée de ce repaire.

La créole lui imposa vivement silence.

Elle ne vivait que par le regard.

Tout à coup un voile s'abattit sur ses yeux, un bâillon se posa sur sa bouche, et une voix qu'elle crut reconnaître pour celle de Mouchette, lui murmura à l'oreille.

— N'bougeons plus, m'sieu Benjamin. On n'vous fera pas de bobo.

Elle voulut résister, ce fut en vain ; on l'avait saisie, enlacée, si adroitement qu'elle ne put remuer ni bras ni jambes.

Par un effort de suprême énergie, elle parvint à déranger le bâillon qu'on avait placé sur ses lèvres, et elle cria :

— Marcos! à moi!

Une main de fer lui saisit le cou comme eût pu le faire un étau de forgeron.

Elle se tut et tomba évanouie.

Au cri d'appel de sa maîtresse, Marcos Praya avait bondi à son secours.

Malheureusement pour lui et pour elle, la position qu'il occupait ne lui permit pas de prendre son temps et ses précautions.

Il lui fallut se retourner chercher la comtesse, qui était tombée, et parer le coup terrible qui lui était lancé par un de ses adversaires.

Cet adversaire n'était autre que la Cigale.

Or, quand de deux lutteurs, même de force égale, l'un a pour lui les avantages du lieu, de la lumière, de l'attaque et de la défense, l'autre n'a plus qu'à tomber le plus proprement possible à ses pieds.

C'est ce que fit le métis, qui roula comme une masse sur le sol en poussant un sourd gémissement.

La Cigale l'avait littéralement assommé.

— Mâtin! quel marteau vous avez au bout du bras, mon bel oncle! s'écria Mouchette le diablotin avec un respect profond. V'là ce que c'est : moi, j'ai voulu ménager mon pierrot, il a manqué prendre sa volée; vous, vous n'avez pas mis beaucoup d'égards dans la poignée de poing que...

La Cigale l'interrompit :

— Tais-toi! fit-il : je ne l'ai assommé qu'à moitié...

— Merci pour lui; répondit la voix goguenarde du gamin.

— Il s'en tirera avec un peu d'eau de sel sur le crâne.

— Faut-il aller en chercher, Nononcle ?

— Non pas. Il ne faut pas qu'il retrouve la vue ni la parole avant un couple d'heures.

— Alors, ce n'est pas fini.

— T'as deviné, crapaud, ce n'est pas fini.

— De quoi retourne-t-il encore?

— Ah! voilà! dit la Cigale.

Mouchette se plaça entre le colosse et la comtesse de Casa-Rnal, qui gisait étendue sur le sol à quelque pas du métis.

— Minute! fit-il, ma petite vieille.

— Hein ? gronda l'autre.

— Ne touchons pas à ça.
— A quoi? à cette diablesse?
— Diablesse ou non, s'écria le gamin, c'est ma cliente ou mon client, comme il te plaira. Je ne veux pas qu'on me l'abîme!
— Tu ne veux pas, moucheron!
— La comtesse est mauvaise comme une teigne, c'est vrai; mais m'sieu Benjamin paye comme un empereur indien.
— Qu'est-ce que ça me fait à moi?/demanda la Cigale, faisant un mouvement pour passer outre.
— A toi, mon oncle, rien! Mais à moi, c'est le meilleur de mon saint frusquin; on ne le détériore pas sous mes *mirettes*.
— Eh! qui te parle de le détériorer, ton pierrot! gronda le géant avec impatience.
— Je vous abandonne le nègre blanc que voilà, ajouta Mouchette, mais tu ne toucheras pas à ma belle Espagnole. Tu n'y toucheras pas, Nicolas.
— Je ne demande pas mieux que de la ficeler sans y toucher, répondit la Cigale.
— La ficeler?
— Elle et son compagnon?
— Ah bien! pour ça, c'est autre chse. Je n'ai pas le droit de t'empêcher de prendre tes précautions.
— Tu vas m'aider
— Comme un cordier.
— Allons-y gaiement!

La créole et son majordome, celui-ci à moitié assommé, l'autre à demi étranglée, n'avaient pas encore repris connaissance.

Mouchette, le diablotin, et la Cigale, le débardeur orange, se mirent en devoir de les ficeler, ainsi que ce dernier l'avait annoncé avec tant d'élégance.

Ils apportèrent à l'accomplissement de cet acte important la conscience indispensable à toute action bonne et utile.

Du reste, le colosse avec sa dextérité d'ancien marin, apprêta les cordes, garrotta la maîtresse et le serviteur, et se tournant vers Mouchette, qui se contentait de le voir travailler :
— Maintenant, petit, reprit-il, tu vas leur envelopper la tête avec leurs mouchoirs de poche.
— Inutile! ils n'ont pas repris connaissance.
— Va toujours!

Mouchette dévalisa la poche du pierrot, et en tirant un tissu de la plus grande finesse :
— Plus qu'ça de batiste, mon amiral! faudrait voir à vous laisser entortiller là-dedans, sans secousse et sans asphyxie.

La Cigale attachait de son côté le mouchoir de Marcos Praya autour de son cou, après le lui avoir préalablement fait passer par-dessus le sommet de la tête.

Les deux adversaires des *Invisibles*, une fois mis hors de combat et dans l'impossibilité de voir ou de se faire entendre, le géant dit au gamin :

— Rangeons-les, maintenant.
— Mais il me semble, repartit l'autre, que nous venons de les astiquer proprement.
— Tu ne me comprends pas, petiot.
— Bah! c'est donc que tu ne te comprends pas toi-même, nononcle!
— Assez causé! le temps presse! prends l'homme par les pieds.
Mouchette obéit; la Cigale le souleva et le prenant par les épaules.
— Où allons-nous? demanda le gamin en riant, au canal?
— Non, pas si loin; là, tiens!
Et, du pied, la Cigale lui montra une excavation qui occupait le milieu du couloir.
— Ah! le joli trou. On l'a volé à une carrière d'Amérique.
La Cigale et Mouchette se dirigèrent vers l'excavation et y déposèrent le corps, toujours inerte, de Marcos Praya.
Deux minutes après, la comtesse y était déposée avec tout le respect dû à son rang et à son sexe.
— Cela fait, le colosse poussa un soupir de satisfaction.
— V'là de la bonne besogne! hein? dit le diablotin.
— Dame! il ne faut pas se plaindre! répliqua en riant à sa manière le débardeur orange; ils auraient pu y mettre moins de bonne volonté.
— Quand je vous dis que m'sieu Benjamin est la perle des gentils garçons! répliqua le gamin. Ça y est, ça y est, quoi? S'ils continuent à gêner le patron et à le moucharder, faudra convenir qu'ils ont des doubles plus malins qu'eux...
— Et que nous.
— Et que vous, oui, continua-t-il. Mais les voilà casés. Que nous reste-t-il à *tortiller*?
— A toi, rien.
— Comment, rien.
— Je ne te retiens plus, mon petit Moumouche. Merci du coup de main. On te revaudra ça, mais...
— Mais, je peux me *la casser*, pas vrai?
— Et te livrer aux joies innocentes de ton âge. Bonsoir.
— Bonsoir à c't'heure-ci?
— Bonjour, si tu veux, pourvu que tu me *lâches*.
Mouchette fit une cabriole, se releva sur les mains, et après un saut périlleux que le plus habile clown du cirque Franconi lui eût envié, il se retrouva sur ses pieds.
Qu'on se représente l'étroit espace dans lequel ce tour de force de gymnastique fut exécuté, et l'on comprendra de quelle agilité et de quelle adresse était doué le corps du fils de la Pacline.
— La Cigale, ne comprenant rien à ses évolutions, lui demanda :
— T'es piqué? t'as été mordu?
— Ni piqué ni mordu, répondit le diablotin en prenant sa pose la plus digne, je suis blessé.
— Blessé, s'écria le colosse avec une vivacité qui témoignait de sa sollicitude pour l'enfant Blessé! où ça? dans quoi?

— Dans mon amour-propre.
— Sacré môme! Il m'a fait une peur! Et qu'est-ce qui a osé manquer à M. de la Mouche?
— Sa Seigneurie, Son Excellence, Son Altesse La Cigale!
— Moi! Je ne m'occupe plus de toi, gamin!
— C'est justement ça qui m'offusque.
— Parce que?
— Parce que tu me *lâches d'un cran*, et que je ne veux pas être balancé sans mon consentement.
— Donne-le et va-t'en.
— *Nisco*, nononcle! On s'amuse trop dans ta société. Je m'incruste dans ton gracieux coffre.
— Ah! mais non!
— Ah! mais si!
— Mais, momillard, tu oublies donc ce que tu m'as dis ce matin chez la mère Pacline.
— Ce matin, j'avais une idée, maintenant il m'en est poussé une autre. Je ne vois pas de mal à la chose.
— Pas de mal! pas de mal! grommela le colosse; je ne peux pourtant pas te garder accroché à mes guêtres!
— Qui s'en plaindrait? Cigale, mon petit Cigale!... fit le gamin avec des câlineries d'enfant de quatre ans.
Le géant ne savait pas résister à ces grimaces-là
— Oui, oui, je te vois venir, mais ce n'est pas possible?
— Vrai, ce n'est pas possible? continua Mouchette en changeant de tonalité.
— Vrai!
— Eh bien! je m'en moque comme de ça.
Et il envoya de la poudre à perruque.
— Ah! mais...
— Il n'y a pas de ah! il n'y a pas de mais! Vous le savez, mon bel oncle, que ça vous plaise ou que ça ne vous plaise pas, je resterai près de vous.
— Malgré moi.
— Malgré vous. Ma tête n'est pas une tête de carton-pierre. Je n'en ferai jamais qu'à ma tête.
— Oui-dà! riposta sourdement le débardeur orange.
Et il se rapprocha du diablotin.
Mais avant qu'il eût étendu le bras pour le saisir, celui-ci avait bondi à dix pas en arrière, et s'écriait :
— Jouons-nous à ce jeu-là, Cigale, ma vieille?
Le géant réfléchit qu'il perdrait son temps à poursuivre l'enfant, qui était agile comme un écureuil; il préféra entrer en négociations.
— Ici, Mouche! s'écria-t-il.
— Pas de coup de chien, au moins? demanda Mouchette, l'œil au guet dans les ténèbres.
— T'ai-je jamais menti?
— Non.

— Est-ce que je t'ai jamais trompé ?
— Non plus.
— Alors ? dit la Cigale en lui tendant sa large main.
— Voilà, s'écria le gamin ; et, prenant son élan, d'un bond de chat, il sauta au cou du colosse et se trouva assis sur la paume de ladite main.
— Satané moucheron ! fit ce dernier, en ne pouvant s'empêcher de serrer contre sa poitrine le frêle avorton qu'il sentait lui être plus attaché de jour en jour.

En dehors de leurs communs intérêts, qui commençaient à s'enchevêtrer les uns dans les autres, ils éprouvaient tous deux une sympathie réciproque.

La faiblesse intelligente de l'enfant séduisait la force brute de l'homme. A deux ils réalisaient un assemblage curieux, un tout.

Mouchette cerveau et la Cigale poignet faisaient le plus redoutable champion.

Toute cause qui se les attachait avait grandes chances de victoire.
— Voyons ! dit le colosse. Tu es bien décidé ?
— A tout... c'est du cœur, répondit le diablotin, qui s'amusait de se voir bercer dans les bras de son protecteur et ami.
— Réfléchis. Il en est temps encore.
— C'est tout réfléchi.
— Une fois lancé, il n'y aura plus *mèche*, faudra marcher en avant.
— On courra... à quatre pattes, si c'est nécessaire.
— Plus moyen de reculer.
— Reculer !... Aïe donc ! la *bonne blague* !

Et Mouchette se mit à gigotter de telle sorte, que le débardeur orange, malgré toute sa force, se vit obligé de le déposer par terre.
— Après tout, dit-il, ça te regarde, mômillard.
— Un peu, mon neveu... non... mon oncle !
— Seulement, la fête sera complète...
— Y aura-t-il de la musique ? demanda le diablotin.
— Une fière musique et une rude danse. Il ne s'agira que de décider une une seule chose.
— Laquelle ?
— Savoir qui payera les clarinettes.
— Je n'ai pas de monnaie sur moi, ricana le gamin avec une de ces grimaces les plus sardoniques.
— Méfie-toi tout de même.
— C'est bon ! c'est bon ! on ne me mangera pas.
— Ah ! dame ! je ne réponds pas de la casse, fit la Cigale d'un air soucieux.
— Bast ! répondit le diablotin, si on veut m'avaler tout cru, je me mettrai en travers ; ne t'inquiète pas, mon oncle, je me tirerai d'affaire comme un mâle.
— Tu le veux ?
— Oui.
— Ça t'amuse de risquer ta peau à ce jeu-là ?
— La peau, les os et le reste.

— Viens donc, et souviens-toi qu'en cas de besoin, tu n'as qu'à m'appeler. Si j'ai mes jambes, j'arriverai.

— Ce n'est pas de refus, mon oncle, dit Mouchette en riant, et à *jambes* de revanche.

Après avoir jeté un dernier coup d'œil sur la créole et sur le métis, qui naturellement ne bougeaient ni plus ni moins que deux souches, la Cigale et Mouchette quittèrent l'allée sombre et étroite où ils avaient dressé leur embuscade.

Peu d'instant après, la Cigale et Mouchette étaient rentrés dans l'hôtel de l'Espagnol et ils rejoignaient les quatre autres débardeurs dans le salon où nous avons laissé le débardeur noir, le lilas et le bleu.

Le ponceau y était déjà revenu, de son côté.

Seulement, à leur arrivée, ces quatres personnages achevaient de mettre bas leurs costumes, et de revêtir des vêtements bourgeois dans les poches desquels se dissimulaient mal des crosses de pistolets et des manches de poignards.

La comtesse de Casa-Real ne s'était pas trompée.

Le comte de Warrens se trouvait, en effet, parmi eux.

Les quatre autres étaient : Sir Harry Mortimer, Martial Renaud, San-Lucar et la Cigale.

Inutile d'ajouter que, grâce à de rapides substitutions et à d'adroits changements de costumes, les cinq débardeurs avaient réussi à dépister la jalouse curiosité de la créole.

Dès qu'il aperçut son fidèle, le comte de Warens lui enjoignit de les imiter.

La Cigale quitta son costume et s'habilla en ouvrier.

Mais en faisant les mouvements nécessaires à une pareille opération, la Cigale démasqua le fils de la Pacline, qui se tenait timidement dans son ombre.

— Qu'est-ce que cela? firent deux ou trois des Invisibles.

— Ça... mais... mais..., répondit le géant se remettant à bégayer selon son immuable habitude, — toutes les fois qu'il se trouvait en présence de son capitaine, mais... c'est... c'est... Mou... mouchette, ajouta le diablotin de sa voix la plus claire... Mouchette.

— San-Lucar et Mortimer adressèrent un geste d'interrogation à leur chef.

Le comte de Warrens s'approcha du gamin, et lui posant la main sur la tête.

— Enfant, tu sais à quoi tu t'exposes, n'est-ce pas?

— Deux et deux font quatre! répondit Mouchette.

— Tu as déjà été autorisé par un des nôtres à suivre la Cigale, dans son aventure de la maison qui se trouve en face de celle-ci.

— Par monsieur, fit le diablotin en désignant le colonel Renaud, qu'il venait de reconnaître à quelques mots prononcés par lui à voix basse.

— Petit diable! murmura Martial Renaud, je réponds de lui.

— Et moi aussi, ajouta vivement la Cigale.

— Et moi itou, répondit Mouchette.

— Qu'il soit donc fait selon votre confiance, mes amis, dit le comte. Cet enfant nous accompagnera.

— Il nous a déjà servi dans le cabaret du *Lapin courageux*, répondit le colonel. Il nous sera utile encore, j'en suis sûr.

— Si nous pouvons compter sur lui, tant mieux pour lui et pour sa mère.

— Tiens, vous connaissez m'man Pacline, *mon capitaine !* s'écria Mouchette évidemment flatté, et tenant à montrer que, de son côté à lui, il en savait plus qu'il n'en avait l'air.

— Allons ! allons ! fit le comte de Warrens en riant, dans cinq minutes il va me tutoyer. Je me charge de lui.

— A la bonne heure m'sieu Passe-Partout !

— Voyez-vous, messieurs ?

— A la bonne heure, répéta Mouchette, qui, tout en parlant, se débarrassait de ses cornes et de son attirail diabolique pour ne pas mettre ses nouveaux amis en retard ; j'ai un jeune Auvergnat de mes amis, un porteur d'eau, qui marche toujours avec son petit proverbe dans sa poche.

— Et ce proverbe ?

— Faites-en votre profit, mon *dab*... pardon... mon capitaine...

— Quel est-il ? demanda le comte, qui regardait fréquemment l'heure tout en écoutant le verbiage de Mouchette.

— Le v'là : Là *ousque* le lion reste, la souris passe.

— C'est bien, méchant petit rongeur, on te donnera à travailler ; apprête tes dents.

— Oh ! j'en ai, tenez, voyez, c'est des crocs qui ne demandent rien à personne ça.

Et Mouchette, en tenue de campagne, ouvrit un râtelier semblable à celui d'un terre-neuve de six ans.

Mais l'heure avait sonné, et le comte de Warrens, après avoir imposé silence à l'expansion joyeuse du gamin, se tourna vers ses compagnons d'aventure et leur dit :

— A l'œuvre ! messieurs.

Chacun se tut.

Mouchette lui-même s'arrêta dans son élan, ouvrant de grands yeux pour deviner ce qui allait se passer

Pendant qu'il cherchait à concentrer tout ce qu'il possédait de facultés intellectuelles dans son regard, une main saisit la sienne et y mit un couteau catalan.

— Bon ! pensa le *voyou* de Paris en le plaçant dans une de ses poches à côté de son revolver, me v'la lesté. Vogue la galère !

— Ça peut servir ! murmura la voix de la Cigale à son oreille.

— A l'Opéra-Comique ! oui ! répondit sur le même ton le nouvel adepte de la Société des Invisibles, pour jouer les *Fra-Diavolo*. On frappe les trois coups. Attention ! Au rideau !

Deux minutes après la comtesse y était déposée.

XVI

UN MUR MITOYEN

Le comte de Warrens avait dit :
— A l'œuvre !

Puis il s'était approché d'un des angles de la boiserie du salon, et il avait écouté, l'oreille collée contre la muraille.

Au bout d'une courte attente, il se redressa le sourire aux lèvres.

Ce qui prouvait que, malgré les renseignements donnés par le débardeur noir à la comtesse de Casa-Real, le chef des Invisibles n'était pas un étranger dans la demeure du riche Espagnol en question, ou que du moins il avait des affidés sûrs.

Sans parler du signal qu'on venait de lui donner et qui avait amené un sourire de contentement sur ses lèvres, depuis plus d'une demi-heure que lui et ses compagnons s'étaient introduits dans l'hôtel, nul des nombreux invités masqués ou non masqués, circulant dans les salons voisins, ne s'était avisé de pénétrer dans le leur.

De sorte que cette vaste pièce, ouverte de tous les côtés, était demeurée aussi inviolable que si on l'eût verrouillée, cadenassée et entourée d'un cordon de sentinelles vigilantes.

Son expérience finie, le comte de Warrens revint prendre, sur le sofa, la place qu'il occupait précédemment.

— Messieurs, fit-il aussi tranquillement que s'il se fût trouvé à l'hôtel de Warrens, dans le kiosque où il avait si bien déjoué l'espionnage de maître Coquillard-Charbonneau, messieurs, veuillez, je vous prie, me prêter toute votre attention.

San-Lucar, Mortimer, Martial Renaud et la Cigale se rapprochèrent de lui.

Mouchette daigna lui-même se placer de manière à ne pas perdre un mot de ce qui allait se dire.

— Avant d'agir, je tiens à vous donner quelques explications indispensables à la réussite du projet pour lequel je vous ai réunis céans.

— Quel style ! murmura le gamin.

Le comte continua :

— Obéissant à nos instructions, à nos ordres, vous vous êtes trouvés, à l'heure convenue, au cabaret du *Lapin courageux*, bien qu'à juste titre le lieu vous semblait assez mal choisi pour une réunion des principaux membres de notre association.

Aucun des Invisibles ne se permit un geste, mais à leur sourire le comte de Warrens vit qu'il avait touché juste.

— Mon Dieu, messieurs, reprit-il, nul d'entre vous n'a le droit de discuter les ordres du grand maître, je le sais, mais chacun de vous est libre, dans son for intérieur, de les apprécier en bien ou en mal, et je tiens trop à votre opinion pour ne pas chercher à vous prouver que, tout singulier qu'il paraisse de prime abord, ce lieu de rendez-vous était le seul qu'il fût possible de choisir et de vous assigner.

— A quoi bon ces explications ? Nous avons en vous la confiance la plus absolue, mon cher Passe-Partout, dit San-Lucar.

— Nos chefs n'agissent jamais sans avoir pesé longuement le pour ou le contre de chacune de leurs démarches, ajouta Mortimer, nous savons cela.

— Ces messieurs ont raison, fit Martial Renaud à son tour, nous sommes ici pour obéir et non pour discuter.

— Vous m'écouterez, amis, c'est au mon et dans l'intérêt de l'œuvre que je parle.

Les quatre Invisibles ne crurent pas devoir insister plus longtemps; ils s'inclinèrent courtoisement en signe d'obéissance.

Mouchette jugea devoir les imiter.

Il avait deux raisons pour cela : la première, qu'il était bien aise de se mettre, par cette courtoisie, au niveau de ses quatre nouveaux compagnons ; la seconde, que, n'ayant pas compris un traître mot à tout ce qui venait de se passer et de se dire devant lui, il espérait fortement saisir un biais, un jour, un trou, par lequel il se faufilerait dans la situation.

C'était une fine mouche que notre gamin de Paris, et puisqu'il se dévouait corps et âme à une cause ou à un individu quelconque, il tenait essentiellement à savoir ce que pouvait être ce quelque chose ou ce quelqu'un.

— Vous savez, reprit le comte de Warrens, nous nous occupons de l'affaire de Belleville. C'est donc à Belleville même que nous nous rendons. Aujourd'hui, dimanche gras, tout Paris est en liesse. Riches et pauvres dansent, boivent ou festoient. On dort à peine. Tout le monde court les rues, les guinguettes et les bals publics ou privés. Impossible de circuler sans tomber sur un indiscret badaud ou sur un curieux patenté. Essayer de traverser la foule sans attirer tous les regards sur nous serait folie. Nous venons de nous tirer les braies nettes d'un guêpier, d'une souricière assez vigoureusement tendus. Il est inutile de courir une seconde fois le même danger.

— Il parle bien, pensait Mouchette, mais j'en dirais autant! Ousqu'il veut arriver! voyons donc ça!

— On nous a littéralement cernés et mis en état de siège, continua le chef des Invisibles; mais que cela ne vous inquiète pas. Mes précautions sont prises, et sans l'arrivée, sans la présence de Mme de Casa-Real dans le cabaret du *Lapin courageux*, depuis une heure déjà nous serions à Belleville, en dépit de la surveillance de tous les séides de M. Jules.

Martial Renaud fit signe qu'il ne comprenait rien du tout.

San-Lucar et Mortimer s'entre-regardèrent, stupéfaits.

La Cigale, fière de son capitaine, humait chacune de ses paroles et considérait d'un air de profonde pitié ces hommes qui, tout en se mettant pieds et poings liés à sa disposition, n'acceptaient pas, à cervelle close, la plus incompréhensible des assertions.

Mouchette se grattait le bout du nez, geste qui chez lui signifiait en lettres majuscules :

— Je jette ma langue aux chiens.

Le comte continua :

— Je m'explique, messieurs, et surtout ne vous impatientez pas si mes renseignements vous paraissent tant soit peu cousus de longueurs. Il est de toute nécessité que nulle trace ne reste de notre expédition nocturne; j'ai besoin de votre aide pratique et de votre concours le plus intelligent.

— Allez-y gaiement! ne put s'empêcher de grommeler Mouchette.

La Cigale lui allongea une pichenette qui le fit tomber à genoux.

Il se releva, brossa son pantalon et salua en disant :

— Bon! c'est bien fait pour moi. Je n'ai que ce que je mérite.

Ce petit incident, rapide comme l'éclair, une fois vidé, M. de Warrens ajouta :

— A coup sûr, demain, des recherches seront minutieusement faites dans le cabaret, dans le restaurant et dans les lieux y attenant. Nous les dépisterons toutes. Pour cela, il n'existe que trois moyens : traverser les airs comme les oiseaux.

— *Ousqu'est* mon ballon? murmura l'incorrigible gamin.

— Fendre l'eau comme les poissons, continua le comte.

— Des nageoires à la glace! Merci, pensa Mouchette.

— Ou cheminer sous terre.

— A l'instar des taupes de *Lyon*, murmura l'enfant.

— C'est le troisième moyen que j'ai choisi, messieurs. Notre voyage s'effectuera sous terre; il se terminera dans la cour même de la maison de Belleville où nous voulons nous rendre,

— S'il compte sur mes crocs pour creuser cette taupinière-là, fit Mouchette à l'oreille de la Cigale.

— Chut! répondit l'autre, qui allongea une seconde pichenette, sœur majuscule de la première.

Mais cette fois l'embryon était sur ses gardes.

Il l'évita et se remit à l'écouter de plus belle, avec son plus magnifique sang-froid et son air le plus innocent.

— Mais ce voyage, où commencera-t-il? demanda San-Lucar.

— Dans la cour du restaurant que nous venons de quitter.

— Dans la cour du *Lapin courageux*?

— Précisément. Je vous étonne, messieurs, et vous vous demandez si ma proposition n'est pas une fanfaronnade ou une illusion. La chose est simple pourtant.

— Simple! s'écria le colonel Renaud en hochant la tête avec incrédulité, malgré toute sa foi en son frère.

— Avez-vous entendu dire que jadis il y avait un ruisseau descendant de Ménilmontant dans Paris!

— Oui, répondit Mouchette. Connu! connu!

On rit, mais il n'y eut pas d'écho à l'affirmation émanée du gamin.

— Ce ruisseau, ajouta le chef des Invisibles, fut voûté, puis changé en égout par l'édilité parisienne. Eh bien! ce ruisseau existe toujours.

— Après? interrogea Martial Renaud.

— A force de recherches, d'or et de temps, vos chefs ont découvert que ce ruisseau-égout aboutissait dans la cour même du père Tournesol d'un côté, et que de l'autre il donnait dans un enclos faisant partie de la maison de Belleville.

— Quelle chance! grommela Mouchette.

— La découverte providentielle que nos ingénieurs ont faite ne laisse pas que d'être étrange par elle-même, mais ce qui vous paraîtra plus étrange encore, c'est l'ignorance complète de ces deux issues dans lesquelles se trouvent les propriétaires des deux demeures susdites. Cette ignorance est notre plus belle chance de sécurité. Nous pouvons donc cheminer à loisir, aller, venir, circuler à notre aise sous cette voie souterraine, sans crainte des argousins de M. Jules ni des serviteurs dévoués de la comtesse de Casa-Real.

— Pauvre m'sieu Benjamin ! pensa Mouchette, le v'là sur le même banc que le *meg de la rousse*.

— Ainsi, dit Martial Renaud, il nous va falloir rentrer dans ce bouge surveillé de toutes parts?

— En effet.

— Cela me semble difficile.

— Si ce n'est que difficile, repartit en riant le comte, c'est facile. J'attends des renseignements. Nous ne nous mettrons en route qu'à bon escient.

— Est-ce machiné, tout ça? est-ce réglé? ne put s'empêcher de s'écrier le gamin dans un transport d'enthousiasme artistique.

— Veux-tu te taire, sacrr.... ! gronda le colosse...

Mais au moment où il allait continuer vigoureusement et manuellement son objurgation, son œil rencontra l'œil du comte de Warrens, et il se mit à bégayer de la langue et de la main.

— Laisse cet enfant, et réponds-moi.

— Oui... oui, cap... cap...taine.

— Mes ordres ?

— Exécutés.

— La comtesse et le métis?

— Et le quoi? demanda le géant tout troublé et ne comprenant pas le dernier adjectif.

— Le mal noirci ! répliqua vivement Mouchette qui, faisant les demandes et les réponses, ajouta : Le monsieur et la madame, le pierrot et le domino noir s'étaient plantés en embuscade dans l'allée d'en face.

— Alors?

— Alors, nous les avons ficelés, bâillonnés, aveuglés et couchés le plus douillettement possible dans une petite grotte qui se trouvait là tout exprès pour leur servir d'alcôve.

— Ils ont résisté?

— Un peu... mais mon oncle... pardon... mais mon débardeur orange que voici leur a légèrement caressé l'occiput et le larynx. Ils ont compris et ils ont mis une sourdine à leur mauvaise volonté.

— Bien ; rien de plus? demanda le comte en se tournant vers le géant.

Celui-ci avait retrouvé assez de fermeté pour répondre :

— Vous ne m'avez rien ordonné de plus, capitaine.

— T'es-tu muni des objets que je t'ai recommandé de porter avec toi?

— Les voulez-vous? je les ai.

— Plus tard! plus tard!

Ici, un signal imperceptible pour tout autre que le chef des Invisibles fut donné de l'autre côté de la porte.

Le comte fit un geste.

A ce geste, tous les assistants se masquèrent à l'aide de leurs loups de velours.

Mouchette, qui ne possédait pas de masque, se cacha derrière la jambe droite de la Cigale.

Le comte de Warrens s'approcha de la porte et dit :

— *Nada?* — Rien.

La tapisserie se souleva.

Un domino rouge parut, s'arrêta sur le seuil salua l'assemblée.

Sur un signe du chef des Invisibles, il fit quelques pas et se trouva au milieu du salon, à portée de son bras.

— *¿Que hay de nuevo?* — Qu'y a-t-il de nouveau? demanda le comte.

Le domino rouge répondit en espagnol :

—Tout est calme. La police vient de se retirer, fatiguée de ses recherches infructueuses. Plus de groupes ni d'attroupements dans les rues de Malte et d'Angoulême-du-Temple. Le cabaretier, convaincu qu'on en veut à ses jours, vient d'abandonner sa maison, après avoir tout fermé chez lui à double tour. Plus personne, pas même, un garçon dans le cabaret ni dans le restaurant. Ils se sont tous enfuis du *Lapin courageux* comme d'une demeure maudite.

Le chef des Invisibles regarda ses subordonnés avec un air de satisfaction peu déguisé.

— Ainsi, messieurs, nous sommes maîtres de la place.

— De la cave au grenier?

— Nous pouvons agir?

— Quand il vous plaira, répliqua le domino rouge.

— Veillez toujours, et que personne ne quitte son poste.

— Nul ne bougera.

— En cas d'alerte...

— Le signal convenu sera donné.

— Allez, fit le comte.

— C'est tout, maître?

— Oui, tout.

Le domino rouge sortit, lent et impassible, comme il était venu.

— Brrr! grommela Mouchette à part lui, voilà un homard dont je ne voudrais pas même pour me faire la barbe dans dix ans! Quelle gaieté dans l'organe!

Le comte reprit :

— Maintenant, messieurs, nous pouvons nous mettre à la besogne. Je suis à votre disposition. Etes-vous à mes ordres?

— Oui! lui fut-il répondu d'une commune voix.

Sans perdre plus de temps ni de paroles, le chef des Invisibles s'approcha du ressort que nous avons déjà vu jouer, il le poussa, et il rentra le premier par la trappe levée dans l'établissement abandonné de Tournesol le Provençal.

Ils le suivirent tous.

La trappe se referma.

Les six hommes se trouvaient dans une obscurité complète.

— Démasquez la lanterne, dit le comte de Warrens.

— Voilà, fit la Cigale en lui présentant une lanterne sourde.

Son chef la prit et la promena quelques instants autour de lui.

Un silence de mort régnait dans l'antre du *Lapin courageux*, deux heures auparavant si bruyant, si animé, si joyeusement brutal.

— Venez, dit-il.

Ils descendirent, et peu après ils arrivèrent dans la cour de la maison Tournesol.

Cette cour était petite, mal éclairée, et encombrée de futailles vides, de tonneaux découverts, empilés les uns sur les autres et alignés le long du mur.

Le temps avait changé subitement.

Il tombait une petite pluie fine et glaciale.

Pas une étoile ne perçait le voile sombre qui masquait le ciel.

Dans un des angles de la cour, il y avait un puits.

Ce puits, ainsi que cela se rencontre dans la plupart des maisons de Paris, était commun avec la maison voisine.

Cette communauté aurait pu fortement gêner nos aventuriers, mais voyez comme les choses tournent bien quand on sait s'y prendre, la maison voisine se trouvait être justement celle du soi-disant Espagnol millionnaire qui venait de leur offrir une si complaisante hospitalité.

Or, selon toute vraisemblance, les mesures avaient été prises pour que nul indiscret ne s'approchât de la margelle de ce puits, tant que l'expédition dirigée par le comte de Warens n'aurait pas été menée à bonne fin.

Le terrain est cher dans la capitale du monde civilisé.

D'ordinaire, on l'économise le plus possible de nos jours.

Pourtant ce puits était large, commode, et construit ainsi qu'on avait l'habitude de construire dans le courant du xviii° siècle.

Séparé en deux parties égales par un mur en pierre de Paris, qui descendait jusqu'à 6 mètres de profondeur, il ne rencontrait l'eau qu'à 35 mètres au-dessous du sol.

Ce fut vers l'angle de la cour contenant l'orifice du puits que les cinq hommes et le gamin se dirigèrent dans le plus profond silence.

Quand il les vit tous réunis autour de cet orifice, Passe-Partout, ou plutôt le comte de Warens, qui semblait agir en pleine certitude de cause, fit un signe à la Cigale.

Le colosse, sans demander de plus amples explications, saisit à deux mains la double chaîne, sauta sur le rebord, et de là se lança dans le vide, avec le calme d'un enfant jouant à saute-mouton ou au cheval-fondu.

Mouchette fit un mouvement d'effroi.

Les quatre Invisibles ne se penchèrent même pas vers l'ouverture béante par laquelle leur gigantesque compagnon venait de disparaître.

Cinq minutes s'écoulèrent.

Mouchette eut le temps de répéter quatre fois, en faveur de son ami la Cigale, la seule moitié de prière qu'il possédât dans son répertoire religieux.

L'enfant avait du bon.

Le temps lui parut moins long.

Passe-Partout, Mortimer, San-Lucar et Martial Renaud écoutaient, l'oreille au vent.

Rien !

Aucun bruit n'arrivait jusqu'à eux.

Seul, le mouvement, la rotation de la double chaîne leur indiquait que la pénible descente effectuée par la Cigale ne tirait pas à sa fin.

Au bout de la huitième minute, Mouchette n'y tint plus ; il pencha la tête vers le point central de l'orifice, cherchant, mais vainement à sonder les ténèbres épaisses.

Il comprit alors l'immobilité de ses quatre compagnons.

Il comprit que ces hommes ne jetaient pas même une parcelle de leurs forces au vent du hasard.

Lui, l'avorton, il ne pouvait maîtriser son impatience.

Eux, les athlètes, qui savaient la lutte prochaine, ils se recueillaient jusqu'au moment de l'action.

N'entendant, ne voyant rien que le mouvement continu de la double chaîne, il les imita, il se retira, se promettant de régler désormais sa tenue sur la leur.

Enfin, le bruit produit par le frottement de la chaîne contre la pierre cessa.

Mouchette se dit :

— Ouf ! il est en bas.

Il le dit un peu haut et ne fut pas peu étonné en voyant un sourire se dessiner sur les lèvres de Passe-Partout.

Mais ce sourire lui parut moins difficile à comprendre dès qu'il vit apparaître deux mains et une tête à l'orifice du puits.

Ces mains et cette tête appartenaient à son intéressant ami, la Cigale.

Le géant venait de mettre les morceaux doubles.

Il était descendu au fond du gouffre, et il en était remonté, sans se reposer, sans détendre la double chaîne.

Un singe eût mis plus de temps que ce mastodonte à réaliser, à exécuter ce tour de force.

— Bon ! il est en haut ! s'écria Mouchette, en poussant un soupir de soulagement, c'est plus fort que chez Comte !

On aida la Cigale à sortir du puits.

— Ça y est, capitaine, dit-il laconiquement.

— Tu as trouvé ? demanda Passe-Partout.

— Tout.

— Sans difficulté ?

— Oui.

— A quelle distance du sol ?

— 25 mètres à peu près.

— Au moins ou au plus ?

— Au moins.

— Si bas !

— Dame, oui !

— Diantre ! se dit à part lui le chef des Invisibles, ce sera plus difficile que je ne le pensais.

— Bon ! il est en haut ! s'écria Mouchette.

Et il ajouta tout haut, pour cacher l'inquiétude qui commençait à le mordre au cœur :

— Tu as observé l'ouverture ?
— Il le fallait bien, répondit la Cigale. J'étais descendu pour ça.
— Sa largeur ?
— Deux hommes peuvent passer de front, sans se gêner... deux hommes comme moi.

Cela rassura un peu Passe-Partout.

Deux hommes comme le bon la Cigale tenaient hardiment la place de trois autres.

— As-tu pu tenir debout dans l'intérieur ? reprit-il.

— Facilement, mon capitaine.

— Avec quelles matières avait-on bouché ce puits ?

— Avec des moellons.

— En as-tu déplacé quelques-uns dans ta descente ?

Le géant sourit avec fierté.

— Pas un.

— Il n'en est pas tombé un seul au fond ?

La Cigale répéta :

— Pas un seul ; tous ont été rejetés à l'intérieur.

— Bien. Quelle est la nature du sol ?

— Sol primitif ; tantôt vase marneuse, tantôt sable fin.

— Y a-t-il beaucoup d'eau ? demanda Passe-Partout.

— Quatre pouces de profondeur sur vingt-cinq ou trente de large à peu près.

— Quand tu es revenu, t'a-t-il été difficile de retrouver l'ouverture ?

— Ma foi non.

— Explique-moi cela.

— On avait laissé exprès des jours pour l'écoulement de l'eau dans le puits. L'eau y tombe en glissant le long de la muraille.

— Quelle est la direction de la voûte ?

— Elle traverse la maison, fit le colosse.

— Celle-ci ou la voisine ?

— Celle du *Lapin courageux*, puis elle fait un coude brusque et se détourne en s'inclinant du côté de la rue de Malte.

— Tu as laissé de la lumière en bas ?

— Oui, capitaine.

— Merci, matelot.

Quand son capitaine l'appelait *matelot*, le géant ne se connaissait plus de joie.

Il se retourna pour cacher son émotion et il embrassa Mouchette, qui se tenait le nez au vent, écoutant tout ce qui se disait, ainsi que le faisaient les trois autres compagnons de Passe-Partout.

Le gamin s'essuya la joue et ricana un :

— C'est cinq francs !

Qui les eût tous fait éclater de rire en d'autres circonstances.

Mais le moment était suprême, solennel.

Chacun des hardis aventuriers sentait qu'il allait risquer sa vie, plus que sa vie, le salut de l'association, et chacun d'eux prêtait la plus vive attention à l'entretien de leur chef et de la Cigale.

Passe-Partout ayant appris tout ce qu'il désirait savoir, se tourna vers eux et leur dit :

— Messieurs, nous nous connaissons. Nous pouvons compter les uns sur les autres ; vous êtes tous des hommes d'une bravoure éprouvée, d'une résolution inébranlable. Vous ne vous froisserez donc pas des paroles que je vais vous adresser.

Mouchette fit claquer les phalanges de ses doigts en se demandant quelle pouvait être la cause de ces précautions oratoires.

Passe-Partout continua :

— L'expédition que nous tentons est une des plus audacieuses qu'on ait jamais tentées. Il y a danger certain, il y a mort possible. La route qu'il nous faut suivre, abandonnée depuis un siècle, se trouve hérissée d'obstacles, peut-être insurmontables.

— Bigre ! fit le gamin.

— Nous ne savons ni ce qui nous attend, ni quelles situations désespérées nous menacent, dans les bas-fonds de ce gouffre béant ouvert sous nos pas.

— Eh bien ? fit le colonel Renaud.

— Je vous le répète, messieurs, et que nul d'entre vous ne prenne ceci en mauvaise part, ceux qui ne se sentiront pas disposés à pousser plus loin l'aventure sont libres de se retirer.

— Hein ? quoi ? s'écria la Cigale.

— Ouiche ! ricana Mouchette.

Passe-Partout continua froidement :

— Ils n'encourront aucun blâme, soit de ma part, soit de leurs frères, soit de notre chef suprême.

Les quatre hommes et l'enfant qui écoutaient Passe-Partout se consultèrent du regard.

Un clin d'œil suffit.

Martial Renaud s'effaça derrière ses compagnons.

Son affection fraternelle pour Passe-Partout le mettait hors de cause.

Ce n'était pas pour lui que ce dernier pouvait avoir parlé.

Il se contenta d'observer les autres et de les laisser répondre à cette mise en demeure de bravoure insensée et de témérité désespérée.

Sir Harry Mortimer prit la parole au nom de ses compagnons :

— Pardon, mon cher Passe-Partout, dit-il avec la plus nonchalante simplicité pardon ; mais en supposant que nous refusions de plonger dans ce trou béant — pure hypothèse, car nul de nous n'a la moindre envie de vous adresser ce refus — en supposant que nous refusions, que feriez-vous ?

— Moi ? demanda Passe-Partout.

— Vous-même ?

— J'irais seul.

— Bien. Et pourquoi iriez-vous seul ?

— Parce que mon serment m'y oblige.

— Parfait ! mais, mon ami, si votre serment vous oblige à courir un danger, que vous prétendez pouvoir devenir mortel, pourquoi notre honneur nous permettra-t-il de vous abandonner lâchement dans une circonstance aussi critique ?

— Touché ! cria Mouchette.

— Vous avez raison, repartit le chef des Invisibles. J'ai voulu éprouver une dernière fois votre amitié. J'en reconnais la force et je me rends.

— Et allllez donc! trompeta triomphalement le gamin en frappant sur le ventre du géant, qui se tenait prêt à écraser de son mépris tout récalcitrant.

Celui-ci ne s'aperçut pas plus de cette familiarité que si une mouche l'avait effleuré de son aile.

La résolution de marcher en avant, ou pour mieux dire de descendre dans le gouffre, bien prise, Passe-Partout recommanda à la Cigale de ne rien oublier de ce qu'il lui avait ordonné.

— Soyez calme, capitaine, tout est paré, répondit le géant.

— Je descendrai le premier, dit Passe-Partout.

— Ah! mais non! s'écria le matelot.

— Tais-toi, je le veux. J'irai le premier, Mortimer me suivra, San-Lucar et Martial viendront ensuite.

— Eh bien! et moi? demanda le gamin en prenant sa voix la plus mâle.

— Tu fermeras la marche.

— A la bonne heure.

— Avec la Cigale.

— Oh! je me passerai bien de môôôssieur!

— Silence! fit le géant. T'es bête, petiot.

Le comte de Warrens monta sur la margelle; il en saisit le rebord, et au moment de se laisser glisser, il dit :

— Compagnons, l'agitation, le balancement de la chaîne vous avertira que c'est à vous de descendre, et que vous serez libres de me rejoindre.

Et il descendit dans le puits en se *pomoyant* sur les mains avec une adresse et une force admirées de tous ces hommes forts et adroits.

Lorsque la chaîne leur donna le signal, les trois autres Invisibles, Mortimer San-Lucar et Martial Renaud, prirent le même chemin et disparurent tour à tour, dans l'ordre indiqué par le chef de l'expédition.

Il ne restait plus dans la cour du *Lapin Courageux* que le géant et le gamin.

Le géant saisit la chaîne, quand tous ses compagnons eurent rejoint son capitaine.

Mouchette ne le quittait pas des yeux, ne comprenant pas tout d'abord le travail de la Cigale.

Celui-ci, en effet, avait bien saisi la double chaîne, mais au lieu de s'en servir pour descendre, comme il l'avait déjà fait lui-même et comme venait de s'en servir Passe-Partout et les autres, il la remonta jusqu'à ce que le seau se trouvât au niveau de la margelle.

— De quoi! mon oncle? Qu'est-ce que c'est? Où que nous allons?

— Attends, répondit le géant. Tu vas voir.

Et laissant l'enfant, il disparut dans l'ombre.

Son absence fut courte.

Il revint, portant d'une main cinq pics en fer, et de l'autre un rouleau de cette corde fine tressée, épaisse comme le petit doigt, d'une solidité à toute épreuve, dont on se sert pour la pêche à la baleine.

— Les marins la nomment *ligne*.

Cette ligne avait environ deux cents brasses.

La Cigale attacha le tout, lignes et leviers, au-dessous du seau, et il le fit descendre dans le puits.

— Maintenant, Moumouche, à nous de la danser.

— J'y vais le premier ?

— Non.

— Après toi, vieux, alors.

— Non plus.

— Ensemble, pas vrai ? fit le gamin en riant.

— Ensemble : une, deux, saute, petiot.

Mouchette ne se fit pas répéter l'invitation.

— Il prit son élan, et sauta sur les épaules du géant.

— T'es solide ?

— Comme Napoléon sur la colonne.

— *Adieu vat !* cria la Cigale.

Et sur ce *lâchez tout !* maritime, les deux amis disparurent dans les profondeurs ténébreuses du puits, le colosse portant le nain sur ses épaules et se laissant couler le long des deux doubles de la chaîne.

XVII

OÙ M. PIQUOISEUX FAIT UN JOLI PLONGEON

Nos six aventureux compagnons partis, descendus dans le puits mitoyen, tout redevint calme et silencieux dans la cour du *Lapin courageux*.

Mais ce silence et cette tranquillité profonde ne durèrent que le temps nécessaire pour constater la disparition des six audacieux membres de la société des Invisibles.

Cette constatation bien faite, une des futailles, rangées le long de la muraille, dont nous avons parlé précédemment, se détacha de la pile et vint rouler jusqu'à l'extrême bord du puits.

Là, il se passa une chose singulière.

Le fond de la futaille se souleva, les douves tombèrent çà et là, de droite et de gauche, et une tête apparut.

Des épaules suivirent la tête.

Puis, le corps tout entier du gracieux Piquoiseux, le secrétaire particulier de M. Jules, sortit vivement, papillon radieux, de cette coque vineuse.

Jeter autour de lui des regards effarés, se frotter les mains de manière à s'en enlever la peau, tout en battant la semelle pour se réchauffer, vu le froid glacial qui continuait à mordre malgré la continuation de cette pluie fine et brumeuse, fut tout un pour le jeune et brillant plumitif.

Ayant rétabli la circulation du sang dans ses membres glacés par une attente aussi pénible que prolongée, Piquoiseux se dit à part lui :

— Hum! voilà une faction qui peut compter pour toute une campagne! Si mon général n'est pas content, il n'aura qu'à le dire.

Il se pencha sur le rebord du puits, écouta, et n'entendit rien.

— Les malins! murmura-t-il, ils ne font pas plus de bruit que des taupes! Allons! allons! j'ai eu un *rude nez* de ne pas faire comme les autres, qui n'ont pas eu la patience d'attendre. Voilà une guérite qui m'aura servi à monter en grade, mieux que toute une batterie d'artillerie. Ah! futaille, ma mie, ce cher M. Jules donnerait pas mal de *monacos* pour avoir eu l'idée de se servir de toi en guise de paletot. Qui diantre se douterait que tout à l'heure ces beaux messieurs étaient maîtres de la place. Je m'en vais boucher l'ouverture, rompre la chaîne, et... ma foi, non... J'ai bien entendu tout ce qu'ils se disaient. Ils ne reviendront pas sur le *Lapin courageux*. Ils débarqueront à Belleville... A votre aise, mes bons amis, à votre aise... on se retrouvera.

Et l'homme de confiance de l'ex-agent de la police de sûreté se contenta de démonter la double chaîne, laissant l'orifice du puits ouvert comme devant.

Il travaillait à cette pénible tâche tout en continuant à se tenir le langage suivant :

— Cette fois, les voilà donc *pincés et arquepincés*, ces conspirateurs fantastiques, ces caméléons insaisissables. S'ils s'en tirent, je leur paye des *guignes* en plein mois de février. Ouf, c'est dur, mais ça y est. Voilà mes derrières assurés... Rien à craindre de ce trou béant!

Il fit quelques pas, respirant à pleins poumons et se détirant les bras.

— On en dira ce qu'on voudra, pensait-il, c'est une belle chose que d'avoir des oreilles et de savoir s'en servir. Comment vais-je m'y prendre pour tirer tout le parti possible de ce que je viens de découvrir. Descendre dans ce puits et suivre mes excellents amis, les Invisibles, que nenni! Ils ne feraient de moi qu'une bouchée. D'ailleurs, en leur coupant la retraite, je me suis enlevé le moyen de les suivre à la piste. Et puis, c'est noir là-dedans comme dans un four éteint. Que faire? que faire?

Le secrétaire de M. Jules, tout en réfléchissant, furetait dans les coins et recoins de la cour, pour s'assurer que nul ne l'espionnait, comme il venait d'espionner Passe-Partout et ses compagnons.

Rien ne bougeait.

Il était bien seul.

Il revint au puits, s'assit sur la margelle et demeura quelques instants la tête basse.

En somme, le pauvre diable avait surpris un secret de la dernière importance.

Mais ce secret le brûlait.

Mons Piquoiseux ne se sentait pas de taille à le porter longtemps tout seul.

— Que c'est bête les gens d'esprit! fit-il au bout de ses réflexions. Voilà des hommes, intelligents parmi les plus intelligents, audacieux parmi les plus audacieux, qui se savent traqués comme des bêtes féroces et qui s'amusent à causer de leurs affaires en plein air, en plein...

Il allait dire *en plein soleil*, mais une rafale de pluie glaciale qu'il reçut en plein visage le rappela à la réalité nocturne au milieu de laquelle il pataugeait.

— Je suis idiot! s'écria-t-il tout à coup en se donnant une vigoureuse tape sur le front. Je suis stupide, ma parole d'honneur, plus stupide qu'eux. Je reste là à réfléchir, au lieu de me remuer, au lieu d'agir. Allons! c'est assez me complaire dans mon triomphe.. Je me décarcasse là, depuis dix minutes, pour décider comment je travaillerai pour la plus grande gloire de mon doux patron, quand il m'est si facile de garder dans ma poche tout l'honneur et tout le profit de ma découverte.

Il se leva et quitta la margelle du puits.

— Oui! oui! reprit-il, je n'ai pas besoin de travailler pour le roi de Prusse ou pour M. Jules, ce qui revient exactement au même. Je vais tout bonnement me rendre chez le *quart-d'œil* du quartier. Je lui raconte la chose depuis A jusqu'à Z. A moi les bénéfices de l'affaire. A lui les risques. Quant au patron, eh bien!... quant au patron, je lui dirai que je l'ai cherché partout sans pouvoir mettre la main sur lui, et ma foi, s'il n'est pas content, il se *brossera le ventre*. En voilà un qui ne se gêne pas pour tirer à lui toute la couverture. J'en prends mon coin cette fois. Qu'il s'arrange! C'est ça! Allons chez le commissaire. C'est à deux pas. En deux temps, l'affaire se réglera chez lui.

Sa résolution prise, le jeune et prudent Piquoiseux se frotta les mains avec une nouvelle vigueur, et se dirigea, l'œil au guet et une chanson grivoise aux lèvres, vers la porte bâtarde qui donnait entrée dans le rez-de-chaussée du *Lapin courageux*.

Il ouvrit cette porte.

Mais la porte ouverte, M. Piquoiseux, au lieu d'avancer d'un pas, recula de quatre ou cinq sauts.

Une ombre noire se projetait sur le seuil du cabaret.

Derrière l'ombre il y avait un corps.

Ce corps fit en avant les mêmes mouvements que le secrétaire de l'ex-chef de la police de sûreté venait de faire en arrière.

De cette façon, la distance resta absolument la même entre eux deux.

Le *mouchard* sentit une sueur froide lui monter au front.

Il chercha à voir.

Impossible!

La porte du cabaret venait de se refermer et d'intercepter tout rayon de lumière.

L'ombre avait disparu.

Mais le corps restait immobile, silencieux, menaçant.

Le secrétaire de M. Jules voulut parler, crier; la voix lui manqua.

Il essaya de reculer pour prendre du terrain, ce fut en vain ; il lui sembla que ses pieds venaient subitement de se souder aux pavés fangeux de la cour.

Cela ne dura pas un quart de minute.

Ce quart de minute lui parut éternel.

Durant ce court espace de temps, le malheureux limier de police tourna et retourna toutes les chances qu'il pouvait avoir de sortir de ce pas dangereux.

Il n'en trouva que deux : la force ou la ruse.

La ruse était impossible à employer avec un adversaire muet comme la tombe, impassible comme le tranchant d'un couperet.

La force !... Piquoiseux était jeune, nerveux, agile, mais la tranquillité écrasante du spectre noir qui se tenait devant lui dénotait un mépris profond de ses moyens de défense.

La situation n'était pas tenable pourtant.

Il fallait en sortir à tout prix.

Piquoiseux étendit les bras et ouvrit la bouche.

Le spectre noir lui saisit le poignet, et tout en le regardant à travers les trous de son masque avec des yeux brillants comme ceux d'un tigre, il lui coupa la parole.

— Où vas-tu ? lui demanda-t-il d'une voix sourde et rauque.

— Je... je... Laissez-moi vous dire..., répondit le secrétaire de M. Jules qui ne put achever sa phrase.

Sa gorge en feu ne lui permit pas d'exprimer sa pensée.

La terreur lui paralysait la langue.

Piquoiseux n'était pas un lâche, puisqu'il s'était lancé à corps perdu sur une piste qu'il savait parfaitement pouvoir devenir mortelle ; mais la surprise, l'isolement, les ténèbres, jusqu'à cette pluie fine et continue qui lui fouettait le visage, tout contribuait à lui enlever son énergie à le coucher jusqu'à terre.

— Aussi lâche que traître ! murmura l'inconnu avec une expression de mépris et de dégoût indicible.

Et serrant à le briser le poignet qu'il tenait enchâssé dans sa main droite, il ajouta :

— Réponds, misérable, où vas-tu ?

— Je... je m'en vais.

— Où cela ?

— Je rentre chez moi, fit M. Piquoiseux, qui battait les champs.

— Tu mens !

— Je vous jure...

Et tout en répondant, le pauvre diable cherchait à se dégager de l'étau qui le retenait prisonnier.

— Tu mens ! répéta l'homme masqué. Tu es venu ici, comme un espion avide de nouvelles et de trahisons

Piquoiseux claquait des dents en se voyant percé à jour de la sorte.

— Tu voulais savoir, continua inexorablement l'inconnu, qui s'érigeait en juge ; tu sais.

— Moi... rien du tout... je ne sais rien du tout.

Et il se tordait de terreur et de douleur.

— Tu as voulu voir les Invisibles, tu les as vus.

— Vous vous trompez !

— Tu les as vus, et tu sortais pour les dénoncer, pour les faire poursuivre et saisir.

— Non ! non ! râla le malheureux, terrifié par tant de lucidité, et qui en vint à croire un moment que l'inconnu faisait partie de la contre-police de M. Jules.

Son adversaire ne donna aucune attention à ses réponses et à ses haut le-corps, il lui dit de la même voix lente et sourde :

Puis le corps tout entier du gracieux Picquoiseux sortit vivement.

— Quand on exerce le métier qui est le tien, on sait à quoi l'on s'expose en cas de défaite.
— A quoi donc? Je n'ai fait de mal à personne... pas plus qu'à vous.
— Non, mais tu voulais en faire.

Et, maîtrisant facilement Piquoiseux, qui se démenait comme un diable dans un bénitier :

— Tu as joué. Tu as perdu. Sois bon joueur. Paye.
— Payer quoi?
— L'enjeu de la partie.
— Il va me faire *chanter*, pensa le secrétaire de M. Jules, qui se mit à respirer plus librement. C'est un confrère ! un finaud ! Faudra voir. Et quel est cet enjeu? demanda-t-il d'un ton insouciant.
— Ta peau! fit l'inconnu tranquillement.
— Hein? quoi? s'écria l'autre en bondissant sur place, retenu qu'il était par une main de fer.
— Ta vie! si tu le préfères.
— Je ne préfère ni l'un ni l'autre, répliqua le malheureux, qui, suivant sa première idée, se disait qu'on l'effrayait d'autant plus qu'on voulait lui vendre plus cher sa liberté et son salut. Voyons, soyez bon garçon, l'ami ! que diantre, nous ne sommes pas des Turcs ! nous nous entendrons à demi-mot.
— Que dit-il? murmura l'inconnu.
— Part à deux, hein? ça va-t-il? fit Piquoiseux.
L'autre comprit.
Il ne lui répondit rien, mais ses yeux ardents, qui fouillaient les ténèbres, lancèrent un éclair, que le secrétaire de M. Jules crut être de convoitise, quand ce n'était qu'un éclair de colère.
— Vous verrez! On n'est pas chiche par là-bas. L'affaire est *grasse*. Il y aura de quoi boire et de quoi manger pour deux.
L'inconnu lui lâcha le bras.
Piquoiseux se crut victorieux et libre.
— Misérable humanité! pensa tout haut l'inconnu. Voici un gueux qui nous juge tous sur son patron, qui nous rabaisse tous à sa taille.
Le limier de M. Jules vit qu'il avait fait fausse route.
Son premier soin fut d'essayer de se mettre hors de la portée de la rude poigne qui venait de le laisser aller.
Soin inutile.
L'inconnu ne se donna pas la peine de le poursuivre, cette fois.
Il se contenta de lui crier : Arrête?
Piquoiseux s'arrêta, voyant la gueule béante d'un canon de pistolet braquée à hauteur de ses deux yeux.
Il se retourna, mais ce ne fut plus en suppliant.
Lui aussi, il était armé.
Lui aussi, il portait un arsenal complet.
D'une main, M. Piquoiseux tenait un casse-tête, sorte de courte baleine entrelacée avec un nerf de bœuf et se terminant par une lourde boule de plomb.
Dans l'autre se trouvait un revolver à quatre coups.
L'inconnu, qui voyait dans les ténèbres aussi bien qu'en pleine lumière, laissa échapper un éclat de rire sardonique.
Cet éclat de rire alla droit au cœur du jeune et beau Piquoiseux, qui, tout en conservant ses distances et en se tenant sur ses gardes, essaya de capituler honorablement, ce qui, pour lui, signifiait à bon marché.

— Voyons, l'ami, fit-il d'une voix à moitié résolue, en définitive et plaisanterie à part, qu'est-ce que vous demandez?
— Je te l'ai dit : ta vie.
— Sérieusement?
— Oui.
— C'est trop cher. Il faut changer votre prix.
— Si tu sais une prière, fais-la.
— Une prière? ricana Piquoiseux, qui, à tout prendre, mis en demeure de défendre ses jours, avait retrouvé le courage instinctif de la brute. Je la chercherai. Laissez-moi le temps d'en apprendre une, mon brave homme.
— Tu as cinq minutes, riposta l'impassible inconnu.
— Je demande cinq ans.
— Tu as cinq minutes, répéta l'autre, qui tira une montre de sa poche et y regarda l'heure, sans se préoccuper de l'arme qui lui menaçait la poitrine.
Ce sang-froid imposa à Piquoiseux, et l'exaspéra en même temps.
Il perdit l'accentuation à peu près bourgeoise, convenable, dont il se servait ordinairement, pour prendre de ces voix éraillées et communes qui ne se rencontrent que dans les bouges les plus infects ou aux heures de révolutions souterraines.
— Ah çà! hurla-t-il, moitié rage, moitié peur; ah çà! vous n'allez pas *me la faire*. J'en ai assez. Laissez-moi passer, ou, nom de nom, je vous campe une *prune* dans la cervelle.
— Plus que quatre minutes, répondit l'inconnu. Priez.
— Otez-vous de devant la porte! fit Piquoiseux en s'avançant vers son adversaire, qui ne broncha pas.
Les deux hommes ne se trouvaient qu'à peu de distance l'un de l'autre.
Tout coup de feu pouvait être mortel.
Mais la main de l'inconnu était aussi ferme que sa résolution paraissait immuable.
L'arme qui se trouvait au bout du poignet de M. Piquoiseux dansait une sarabande indigne d'un homme d'action.
Mais, nous l'avons déjà dit, le secrétaire de l'ex-chef de la police de sûreté était un homme de plume, bon tout au plus à trôner dans son bureau grillé entouré de serge verte.
La quantité de balles qu'il avait à tirer ne valait probablement pas la qualité de la seule qui se trouvait au fond du canon du pistolet braqué sur lui par le spectre au loup noir.
Le *mouchard* sentit sa faiblesse.
Il essaya encore de la douceur.
— Voyons, une dernière fois, laissez-moi passer. Je m'engage sur l'honneur à ne souffler mot à âme qui vive de ce que j'ai découvert cette nuit.
— Plus que trois minutes! Priez!
En entendant les accents impitoyables de cette voix qui retentissait à son oreille comme le glas de ses funérailles, le misérable sentit toutes mauvaises passions lui monter au cerveau. A la terreur succéda une rage folle.
Cet homme, qui sur un mot de l'autre se fût roulé à ses pieds en le remer-

ciant de lui donner la vie, et qui lui eût fait les protestations les plus viles, après avoir adressé les prières les plus basses, cet homme se changea en bête fauve.

Il vit rouge.

Il comprit que nulle chance ne lui restait d'attendrir ce spectre terrible qui le fascinait.

Sa dernière heure était bien sonnée, à moins d'un prodige de bravoure.

Ce prodige, la peur le poussa à l'accomplir.

— Plus que deux minutes! Priez! répétait la voix sombre.

Piquoiseux prit son courage ou plutôt sa terreur à deux mains, et, grommelant entre ses dents :

— Mieux vaut tuer le diable que se laisser tuer par lui!

De nouveau il se précipita vers son adversaire, son casse-tête levé.

Un coup de feu retentit.

La main qui tenait le casse-tête retomba inerte le long du corps du secrétaire de M. Jules.

— Démon! rugit-il; je t'échapperai quand même.

Et il fit feu; successivement, les quatre canons de son revolver vomirent leur projectile de plomb contre l'inconnu.

Il ne bougea pas plus que si M. Piquoiseux se fût amusé à tirer sa poudre aux moineaux.

— Plus qu'une minute! Priez.

Le malheureux espion, blessé, désarmé, se vit perdu.

Son arme, inutile désormais, lui échappa.

Il tomba à genoux.

Ce fut un singulier et terrible spectacle que celui de ces deux hommes, dont l'un, juge et bourreau, vidait le sablier de l'existence de l'autre, qui se sentait irrémissiblement condamné.

Il le sentait si bien, qu'il n'essaya même pas une dernière fois d'apitoyer son adversaire.

Ses yeux hagards regardaient autour de lui, sans voir.

Deux ou trois râles d'angoisse se firent jour à travers ses lèvres convulsivement serrées.

On eût dit que cet impie, qui venait de railler la prière, cherchait à prier.

Le misérable ne priait pas, et pourtant ce mot seul s'échappait de sa bouche :

— Mon Dieu!

Mais ce mot, ce n'était ni le repentir ni la foi qui le lui inspiraient.

C'était la peur, la hideuse et ignoble peur, mère de la lâcheté.

Piquoiseux venait d'user toute son énergie dans le dernier effort de sa résistance.

Il attendait que l'inconnu parlât une dernière fois, sans savoir ce qu'il attendait.

— C'est l'heure! dit le spectre noir.

Alors s'avançant à pas lents vers le malheureux qui n'avait plus conscience

de ce qu'il voyait, le juge, l'exécuteur saisit le coupable, le condamné, par les hanches, le souleva d'un effort puissant, le traîna jusqu'au puits, et disant :
— Meurs, traître !
Et il le précipita la tête première au fond du gouffre.
Le bruit mat d'un corps tombant sur la pierre humide se fit entendre.
Puis, plus rien.
Alors, le juge, l'exécuteur, l'inconnu, qui jusque-là n'avait donné aucun signe de souffrance, ni de faiblesse, chancela, fut obligé de s'accrocher des deux mains à la margelle du puits.
Puis, il roula évanoui sur le sol.
Son sang coulait abondamment de quatre blessures.
Ces quatre blessures lui avaient été faites par les coups de feu de M. Piquoiseux.
Mais le juge, l'exécuteur, l'inconnu, le membre de l'association des Invisibles n'était tombé, que sa tâche accomplie, que ses ordres exécutés.

LA CIGALE

I

FLÉAU DE DIEU... FLÉAU DU DIABLE?

Le trou débouché par la Cigale se trouvait, on le sait, à environ ving-cinq mètres au-dessous du sol.

Il avait sept pieds de haut et quatre pieds dans sa plus grande largeur.

En somme, c'était un des nombreux points de repère de l'un de ces conduits souterrains que les bons Parisiens foulent aux pieds sans s'en douter le moins du monde.

Ce conduit, coupé en plusieurs endroits, finissait par se relier à l'ancien ruisseau de Ménilmontant, si important jadis, aujourd'hui si généralement ignoré.

A quelle époque et par qui ce conduit avait-il été enserré de murailles? Dans quel but l'avait-on voûté de la sorte?

Nul ne s'en doutait, ces constructions se montant à la plus haute antiquité.

Elles avaient été établies, avec une solidité à toute épreuve, par une intelligence remarquable, et malgré la profondeur où le travail de tant d'années successives les avaient enfouies, l'air y circulait avec la plus grande facilité.

Depuis un siècle peut-être nul pied humain ne s'était trouvé à même de fouler ce ruisseau perdu.

Le hasard seul, suite de recherches concernant l'affaire de Belleville, au sujet de laquelle M. Jules, l'ex-chef de la police de sûreté, et le comte de Warrens, chef de la société des Invisibles, se trouvaient en guerre ouverte, en avait relevé l'existence à ce dernier.

On comprend tout le parti qu'un homme de cette trempe devait en tirer.

Le comte de Warrens n'oubliait et ne négligeait rien.

Tout lui devenait un avantage.

Tout devenait une arme redoutable dans ses habiles mains.

Mais, quelles qu'eussent été sa vigilance et l'activité des ingénieurs affidés attachés à l'association des Invisibles, on ignorait encore la source de ce ruisseau.

Passe-Partout, San-Lucar, Mortimer et Martial Renaud s'étaient enfoncés assez avant dans le souterrain.

Par prudence et surcroît de précautions, ils avaient dépassé la courbe faite par le souterrain afin que la lueur des torches ne décelât pas leur présence.

Quoique le chef de l'expédition se crût certain de ne rencontrer aucun œil indiscret sur sa route souterraine, le hasard qui lui avait donné la clef de ce labyrinthe pouvait le trahir, à la rigueur, et Passe-Partout tenait à se prémunir, même contre le hasard.

Par précaution aussi, la Cigale et son inséparable compagnon, le petit Mouchette, avaient été laissés en faction au bas de l'orifice du puits.

Le brave géant avait eu bien de la peine à ne pas répondre aux nombreuses questions, aux interrogatoires redoublés que maître Mouchette lui faisait subir depuis une bonne demi-heure.

Mais sa discrétion était sa seule force contre la malice du gamin.

Il se renferma dans son ignorance la plus complète des intentions de Passe-Partout.

Mouchette enrageait; mais en son for intérieur, tout en pestant contre l'honnêteté de son gigantesque ami, il ne pouvait s'empêcher de le priser et de l'estimer davantage, à mesure qu'il le voyait rompre les chiens ou dépister ses ruses, ses questions et sa curiosité endiablées.

Un moment, le colosse prêta l'oreille et ne répondit rien aux calembredaines de Mouchette.

Une expression soucieuse se peignit sur sa physionomie d'ordinaire si placide.

D'une main il contint l'enfant, qui piétinait, de l'autre il lui fit signe d'écouter.

C'était précisément l'instant où le pauvre M. Piquoiseux venait de détendre la double chaîne et de couper aux Invisibles descendus dans le puits tout moyen de remonter dans la cour du *Lapin courageux.*

L'enfant comprit et se tut.

Peu à près un coup de feu retentit.

Le géant murmura :

— Un coup de pistolet, ça !

Mouchette, qui ne savait pas encore distinguer les tonalités diverses des armes à feu, s'inclina silencieusement.

Quatre autres détonations suivirent presque aussitôt la première.

— Ça, c'est des coups de revolver ! continua la Cigale, avec une certaine angoisse.

— Eh bien ! après ? demanda le gamin.

— Silence, môme !

— Et attention, aussi.

Ce disant, Mouchette se colla contre le mur de soutènement, tirant par ses vêtements le colosse, qui se vit forcé de suivre son exemple, et se trouva lui-même, rangé, garé, parallèlement avec lui.

Bien leur en prit tous les deux.

Une minute, une seconde de plus, et ils recevaient sur la tête l'enveloppe mortelle de feu Piquoiseux.

Or, de par les lois de la projection des corps et de leur vitesse acquise et multipliée, quelle qu'eût été la solidité du crâne de la Cigale et la flexibilité

— Tu as cinq minutes, riposta l'impassible inconnu.

du cuir chevelu de Mouchette, ils auraient difficilement résisté à un choc de cette pesanteur, à une tuile de cette taille et de cette force.

Le corps du secrétaire de M. Jules vint brutalement s'aplatir aux pieds du géant.

Il y eut un clapotement sourd, un bruit sinistre.

Puis l'immobilité.

Malgré son habitude des luttes à main armée, bien que la mort fût pour lui une vieille connaissance, le colosse frissonna et ne se résolut pas tout d'abord à jeter un coup d'œil sur la masse inerte gisante devant lui.

Mouchette tremblait bien un peu et même beaucoup de tous ses membres; mais sa nature narquoise reprit bientôt le dessus; il alluma un rat de cave et tout en se dandinant il se pencha vers le corps de Piquoiseux, en chantonnant en sourdine :

Ah! mon brave camarade,
Te v'là dans la limonade!

— Tais-toi, mouche..., dit le géant, c'est peut-être un ami.

— Eh bien! si c'est un ami, ma vieille, tu peux épouser sa veuve. On ne se casse pas le nez aussi légèrement sans qu'il en reste deux narines endommagées.

Et Mouchette retroussant la tête du nouveau venu, qui ne donnait pas signe de vie, et l'éclairant, s'écria :

— Un ami, ça!

— Connais pas! fit la Cigale avec joie.

— Bah! pas possible!

— Je te dis que je ne le connais pas...

— Eh ben! moi, je sais qui c'est.

— Qui donc?

— Le secrétaire de M. Jules.

— Un mouchard?

— Tu as bien fait de ne pas l'appeler *Mouche*...

— Bonne affaire! continua le géant, qui, après avoir examiné les traits de Piquoiseux, s'aperçut de la blessure faite par la balle de l'inconnu. Il a été piqué à l'aile droite.

— Pistolet ou revolver?

— Balle de pistolet, répondit la Cigale.

— Diantre! repartit le gamin, et les quatre coups de revolver, qui les a endossés?

— Ah! voilà! dit la Cigale, inquiet. Bast! le principal est que cette bête venimeuse ne nous nuira plus guère. Il est bien mort, le gueux! hein?

— Tout ce qu'il y a de plus décédé, répliqua le gamin, qui venait de tourner et de retourner le corps, de lui tâter le pouls, sans trouver un battement de cœur ni une pulsation.

— Alors, il faut que le camarade d'en haut avance à l'ordre et nous rejoigne.

— Ça devrait être déjà emballé, murmura Mouchette.

— C'est vrai; donnons le signal.

— Ah! il y en a un?

— Parbleu! Tu le connais déjà.

— Moi!

— Oui.

— Attends donc! vieux, c'est celui que tu m'as lancé quand il s'est agi d'éteindre le gaz, dans le cabinet du père Tournesol?
— Juste.
— Alors! je vas vous le donner moi-même, s'écria Mouchette avec importance.
— Vas-y, consentit le colosse.
Mouchette enfla ses joues maigres et minces comme deux lames de couteau, porta deux de ses doigts à sa bouche et cria :
— Prrr! ouitch!
Ils attendirent.
Pas de réponse.
Un second appel fut aussi infructueux.
— V'là qui se gâte, grommela le géant.
— Ça m'en a tout l'air.
— Le camarade d'en haut doit avoir reçu quelque mauvais coup.
— Faut le savoir.
— J'y vas tout de suite.
Et le colosse leva les yeux et s'apprêta à lever les bras pour saisir la double chaîne, son escalier ordinaire et extraordinaire.
Plus de chaîne!
M. Piquoiseux avait pris la précaution de la détendre et de la remonter.
— Mille millions de..., jura la Cigale.
— De quoi?
— Plus de chaîne.
— Eh ben!
— Impossible de remonter! hurla-t-il avec rage.
— Voyez-vous ça! fit le gamin de Paris avec un faux désespoir.
— Il faut que je voie Passe-Partout... que je le retrouve... Toi, petiot, tu resteras ici, jusqu'à ce que le chef ait pris un parti.
— Aïe donc! aïe donc! interrompit Mouchette, qui retint son compagnon par le pan de sa veste.
— Laisse-moi... c'est pressé!
— Ce qui est pressé, c'est de grimper là-haut, hein?
— Oui.
— Eh bien! je vas y monter.
— Toi?
— Moi-même.
— Avec quoi? ni corde, ni chaîne! avec quoi?
— Avec ceci.
Et Mouchette montrait ses poings.
— Avec cela.
Et Mouchette montrait ses pieds.
— Tu es fou!
— Moi? non. Tu vas voir, vieux. J'ai gagné la timbale d'argent à la dernière fête du Champ-de-Mars. Même que c'est m'man Pacline qui a la montre.

— Quelle montre? quelle timbale? demanda le géant, ahuri par son inquiétude.

— J'ai gagné deux prix. Voilà.

— Mais il n'y a pas de mât de Cocagne ici.

— Non, mais il y a des moellons, des pierres, des trous et des couteaux.

— Des couteaux? Pourquoi faire? Ah! oui, je sais... V'là le mien... Non, passe-moi le tien. C'est moi qui irai là-haut.

— A la force des bras, n'est-ce pas? répliqua le gamin de Paris en riant.

— Pardieu, oui!

— Tu pèses cent vingt kilos, mon bonhomme. Il n'y a pas de lame qui résiste à ça. Moi, je pèse quatre-vingts livres. Plus lourd que l'air, c'est vrai, mais je m'enlève.

— Brave enfant, dit la Cigale. Grimpe!

Et il lui fit la courte échelle.

Mouchette lui monta sur les épaules.

Planté sur ce solide piédestal, le gamin enfonça l'un des deux poignards que la Cigale lui avait donnés dans l'interstice de deux pierres moussues, humides, mais résistant à la main.

Ce premier jalon planté, il en planta un second au-dessus.

Alors, se soulevant à la force du poignet, grâce au second jalon, il arriva à se maintenir d'aplomb, accroché d'une main aux trous des pierres ou aux excoriations de la muraille, et appuyé d'un pied sur le premier couteau.

Une fois d'aplomb et sûr de lui, il se baissa, et, de la main qui lui demeura libre, il arracha le premier couteau, qu'il replanta plus haut et toujours ainsi, avec une vigueur qu'on aurait été loin de soupçonner dans un corps aussi frêle.

Pendant que le gamin exécutait cette pénible ascension, le géant se tenait en bas, juste au-dessous de lui, haletant, bien arc-bouté sur les poteaux qui lui servaient de jambes, les bras tendus, l'œil sur chacun de ses mouvements, prêt à le recevoir, à le sauver en cas de chute, au prix de sa propre existence.

Cela dura près de dix minutes.

Quand Mouchette atteignit la margelle et s'y cramponna avec un cri de joie, la Cigale se passa la main sur le front, et l'en retira baignée d'une sueur froide.

Jamais le colosse n'avait tant tremblé pour lui-même.

Ses muscles se détendirent.

La réaction fut si violente dans cette nature athlétique, qu'il se vit obligé de s'asseoir pendant quelques instants sur un moellon détaché de la muraille, attendant et se tenant prêt à tout.

Cependant, le gamin qui venait de se tirer à son honneur du tour de force que la Cigale regardait peut-être avec raison comme une gasconnade avant de l'avoir vu exécuter, avait joyeusement enjambé le rebord du puits.

Son premier soin fut d'abord de regarder autour de lui.

Tout se taisait.

Rien ne donnait signe de vie.

Peu à peu ses yeux se familiarisèrent avec les ténèbres du dehors.

Il commença par chercher, trouver et rétablir la double chaîne afin de se ménager plus tard une descente plus facile que son ascension.

Cela fait, il tourna autour du puits.

Du côté opposé à celui où il avait retrouvé la double chaîne et le seau, il aperçut un corps étendu dans une mare de sang.

— Mâtin de chien ! s'écria l'enfant, c'est par là que j'aurais dû commencer, au lieu de soigner la toilette de mon puits...

Il s'approcha du corps, se baissa, se mit à genoux et souleva la tête de l'homme inconnu.

— Connais pas ! murmura-t-il.

Puis, comptant les blessures qui apparaissaient sanglantes sur la chemise entr'ouverte :

— Une, deux, trois, quatre !... Toute la batterie a porté. Ah! v'là qu'il se réveille... Un rude gars, tout de même!

En effet, le blessé revenait à lui.

L'eau que Mouchette avait appliqué sur la première blessure, qui lui avait semblé la plus dangereuse, avait enfin tiré le blessé de son long évanouissement.

Il ouvrit les yeux et demanda :

— Qui est là ?

— Ne vous occupez pas de ça ! répondit le gamin, continuant le pansement avec une légèreté de main digne d'un interne de l'Hôtel-Dieu, c'est la main de l'amitié qui vous travaille ; soyez sans inquiétude, mon camarade.

— Qui vous envoie ?

— Vous tenez à le savoir ?

— Oui, fit le blessé en écartant la main qui le soignait, et se dressant sur son séant.

— Pristi ! quel nerf ! Il marcherait tout seul avec quatre trous dans la peau ! dit Mouchette avec une admiration profonde.

— Parlez, qui vous envoie ?

— La Cigale. Êtes-vous content ?

— Bien.

Et le blessé tendit son bras gauche, effleuré par une des balles du revolver de feu Piquoiseux.

— Ça pique, ça ne tue pas, ces petits instruments-là, murmura Mouchette en pansant l'inconnu. Faudra que je prenne garde à ça, moi, quand je me servirai de celui de mon Anglaise.

— Votre nom, mon enfant ?

— Mouchette, à votre service.

— Depuis quand êtes-vous parmi les affidés des... ?

— Des Invisibles, fit Mouchette, voyant que l'inconnu ne voulait pas achever la phrase, pour savoir si décidément il devait avoir confiance en lui.

Et il ajouta :

— Depuis deux heures.

L'inconnu l'examina avec étonnement.

— Ne bougez pas, mon brave, dit Mouchette, qui prenait son rôle de chirurgien au sérieux ; je n'ai plus qu'un trou à boucher, et après cela je vous promets que tout ira le mieux possible ; vous verrez ; parole !

— Merci de vos soins, mon enfant... Je me sens beaucoup mieux, et...

— Et taisez-vous donc... et attendez... et vous parlerez plus tard... Sapristi ! vous allez défaire mon ouvrage... ce ne serait pas amusant de recommencer, voyez-vous.

L'inconnu sourit et repartit :

— Il faut cependant m'apprendre...

— Rien du tout... Vous v'là pansé... Pouvez-vous tenir sur vos *guibolles?*...

— Quoi ?

— Sur vos jambes... Ne faites pas attention, on ne me prend pas souvent à parler cette langue étrangère avec des étrangers... Voyons, reprenez-vous votre assiette ?

Le blessé se souleva ; puis, après deux ou trois efforts surhumains, sa faiblesse l'emporta sur son courage et sur sa volonté.

Il retomba.

Le sang qu'il avait perdu en trop grande quantité le mettait dans l'impossibilité de se soutenir.

— Hum ! je m'en doutais, c'est dur tout de même ! fit Mouchette, qui lui passa le bras autour du corps et lui tendit une gourde. Essayez de ma tisane et puis nous recauserons.

L'inconnu avala deux ou trois gorgées d'eau-de-vie.

Puis il se redressa résolument.

— Descendons ! dit-il avec fermeté.

Et il voulut monter sur le rebord du puits.

— Minute ! s'écria le gamin, comme vous y allez, mon camarade ! Descendons est bientôt dit, mais ce ne sera facile à faire que si vous m'obéissez comme un mioche de huit ans.

— J'obéirai, soit ; mais dépêchons. On m'attend là-bas.

— Et moi donc... Croyez-vous qu'on ne m'attende pas ? Je suis monté ici sans échelle ni escalier, pour venir à votre recherche, mon brave ; mais j'étais tout seul, je n'avais pas avec moi un homme troué sous toutes ses faces.

Le blessé répéta avec stupeur :

— Sans échelle ?

— Oui, ça vous étonne ? Il n'y a pas de quoi. Tenez, asseyez-vous là-dessus ou là-dedans, comme il vous plaira.

Tout en parlant, Mouchette avait posé le seau sur la margelle.

L'inconnu s'y installa de son mieux, les jambes pendantes et les mains accrochées à la double chaîne.

Avec le plus grand sang-froid, Mouchette tira une corde de sa poche et il l'attacha par le milieu du corps à la chaîne de droite.

— Que faites-vous ? demanda le blessé.

— Je vous cale, mon bon, n'ayez peur.

— Je me sens assez de force pour me retenir...

— Oui... oui... on croit ça, et puis, on tombe sur la tête de Nononcle...

— Vous dites?
— Nononcle, c'est mon vieux la Cigale... il est fragile, pauvre vieux! je ne veux pas qu'on me le casse.
Et Mouchette, une fois le blessé solidement attaché et assis, monta lui-même sur la margelle, et il s'*affala* silencieusement.
— Y sommes-nous? dit-il, après avoir pris toutes les précautions utiles à leur descente.
— Partez!
— Prrr! ouitch! cria le gamin.
— Prrr! ouitch! lui répondit aussitôt le colosse, du bas de l'orifice.
La double chaîne se déroula.
Peu d'instants après, la Cigale recevait le blessé et son chirurgien.
Seulement, la Cigale n'était plus seul.
Devant le cadavre de feu Piquoiseux se tenait Passe-Partout.
Le chef des Invisibles, inquiet de ne pas voir arriver le colosse et son compagnon au rendez-vous général, était revenu sur ses pas.
La Cigale lui avait tout expliqué.
Son premier soin fut de s'informer de l'état de l'inconnu.
Celui-ci leur apprit tout ce que Mouchette venait de faire pour lui.
La Cigale *jubilait* de contentement.
Il était fier de son élève.
Mouchette avait pris sournoisement son air le plus modeste.
Passe-Partout lui donna une légère tape sur la joue et lui dit :
— Merci, mon fils.
— Bon! fameux! répondit le gamin après trois gambades, me v'là maintenant une vraie famille. Neveu de la Cigale et fils de Passe-Partout! pour le coup, M. Jules n'est plus mon cousin.
Dès qu'il fut rassuré sur la gravité des blessures de son affidé, le chef des Invisibles lui serra la main et lui dit :
— Vous nous avez débarrassés d'une dangereuse vermine, mon cher de Rioban. C'est assez; je ne veux pas que vous nous accompagniez plus loin, vos forces ne vous le permettraient pas.
— Pardon, mon cher Passe-Partout, se récria le blessé, mais ces égratignures ne me mettent pas hors de combat, je vous jure; d'ailleurs, mon jeune sauveur, — ici Mouchette salua, — mon jeune sauveur possède un cordial qui ferait marcher un mort.
— Ça sort de la cave à mère Pacline, dit Mouchette en poussant joyeusement le coude à la Cigale.
— Et vous le voyez, continua de Rioban avec un sourire, je ne suis pas même mourant. Donc je serai des vôtres.
— Vous le voulez? demanda Passe-Partout.
— Je vous en prie.
— Soit.
— Monsieur, mon ami ou mon camarade, dit Mouchette en s'avançant jusque sous le nez du blessé, qui que vous soyez enfin, vous êtes un joli garçon et je me suis reconnaissant de vous avoir tiré de là-haut.

— Nous nous retrouverons là-haut, comme tu dis, mon enfant... et je te prouverai que la vie d'un homme de cœur vaut mieux qu'un banal remerciment.

— Voilà pourquoi vous ne me remerciez pas, répliqua le gamin en riant.

— Tu l'as dit.

— Allons! fit Passe-Partout.

Sur ce mot, la Cigale chargea sur ses épaules le corps de ce qui avait été le jeune et séduisant Piquoiseux.

Passe-Partout ouvrit la marche.

De Rioban suivit, appuyé sur Mouchette.

Le trajet se fit en silence, avec autant de rapidité que les difficultés du terrain et les blessures de l'un des Invisibles le lui permirent.

La courbe dépassée, nos quatre aventuriers se trouvèrent en face de leurs compagnons, San-Lucar, Mortimer et Martial Renaud, qui les attendaient avec anxiété.

La Cigale posa le cadavre de l'espion au milieu du cercle formé par eux.

L'oraison funèbre du défunt ne fut ni longue ni gênante.

Aucun des Invisibles ne versa une larme.

Un seul d'entre eux proposa de lui donner une sépulture.

Ce fut San-Lucar, qui, en sa qualité d'Espagnol, regrettait l'absence d'un prêtre.

Passe-Partout ne lui répondit que trois mots :

— Fouillez-le d'abord.

En un instant, toutes les poches du mort furent retournées.

Mouchette s'était chargé de cette besogne, et il la remplissait en conscience.

Les poches du défunt Piquoiseux ne contenaient pas grand'chose : de la menue monnaie, une montre en argent, une carte d'agent de police, enfin un portefeuille vert, graisseux, déchiré et bourré de papiers.

Mouchette offrit la monnaie, la montre et la carte d'agent de police à chaque aventurier; naturellement nul n'en voulut, pas même la Cigale.

— Tout ce qui tombe dans le fossé est pour le soldat. Je donnerai la monnaie au premier pauvre qui se rencontrera sur mon chemin, la montre à ma première maîtresse; je garde la carte d'agent de police, murmura le gamin entre ses dents.

Passe-Partout prit le portefeuille vert et le serra dans une de ses poches.

Le temps manquait pour examiner les papiers nombreux qui y étaient contenus.

Cela fait, le chef des Invisibles dit :

— Il importe que ce cadavre ne nous dénonce pas; d'autre part, pour obéir au scrupule de San-Lucar, nous allons ensevelir cet estimable M. Piquoiseux avec ses richesses.

Ici Mouchette leva le nez.

La Cigale fit un signe.

Mouchette rendit l'argent, mais garda la montre et la carte d'agent de police.

— Avec ses richesses, reprit Passe-Partout, qui s'était arrêté pour donner

Elle tournait le dos à la porte.

le temps au gamin d'exécuter sa restitution, comme un roi barbare, un fléau de Dieu... non, du diable... et cela, non pas dans un fleuve, le fleuve nous manque, mais dans le lit même du ruisseau qui coule devant nous.

A mesure que Passe-Partout parlait, ses ordres étaient compris et exécutés.

Pendant que sir Harry Mortimer et San-Lucar élevaient une digue, au moyen de moellons arrachés à l'ouverture par la Cigale et par Mouchette, les autres, armés de pics, creusèrent une fosse dans laquelle le défunt M. Piquoiseux fut proprement étendu tout de son long.

Une couche de cailloux la recouvrit.

Une couche de terre recouvrit la couche de cailloux.

Enfin, la digue fut détruite, et l'eau reprit tranquillement son cours, comme si de rien n'était.

L'aimable secrétaire de M. Jules était à jamais rayé des contrôles de la grande famille humaine, dont, rendons-lui cette justice, il n'avait précisément pas été le plus bel ornement.

Sic transit gloria mundi ! murmura Passe-Partout.

Ce fut toute son oraison funèbre.

Les Invisibles reprirent leur route et, guidés par leur chef, ils s'enfoncèrent alors dans les profondeurs du conduit souterrain, faisant lever sur leur passage des nuées de chauve-souris et fuir des myriades de rats gigantesques.

Il était une heure du matin.

Au-dessus de leurs têtes Paris-Carnaval dansait et chantait.

II

LE DUC MAGÉ ET LE BARON KERNOCK

Il y a vingt ans aujourd'hui, c'est-à-dire en l'année mil huit cent quarante-sept, la rue qui forme la montée de Belleville se trouvait bordée, à droite et à gauche, de guinguettes et de cabarets, dont quelques-unes ou quelques-uns jouissaient, à tort ou à raison, d'une immense renommée aux yeux de la population sans souci, grouillante et batailleuse des faubourgs.

Les dimanches et les jours fériés, et Dieu sait comme il y en a dans l'almanach, chacun de ces établissements privilégiés, tels que le *Grand-Vainqueur* et l'*Ile-d'Amour*, regorgeait de monde.

Les ouvriers, les grisettes, les étudiants, pour citer en premier lieu ce qu'il y avait d'honnête dans leur clientèle ; puis les forçats libérés en rupture de ban, les vagabonds, les chevaliers d'industrie de bas étage, et tous les membres déclassés des basses classes parisiennes, y formaient une société interlope bonne surtout à éviter.

C'était pendant le carnaval que tous ces éléments hétérogènes venaient se fondre, s'amalgamer à l'Ile-d'Amour et au Grand-Vainqueur.

De là, le mercredi des Cendres, sur les cinq heures du matin, partait cette masse abrutie, effarée, défigurée par l'ivresse et l'orgie.

De là dégringolaient vers Paris, en hurlant des chansons obscènes, ces masques crasseux, déchirés, couverts de boue, de vin et de sang, dont la longue, hideuse et bruyante procession formait cette *descente de la Courtille,* si chère à nos pères, si regrettée de nos enfants.

Elle n'existe plus aujourd'hui, cette *descente de la Courtille* qui éveillait jadis tant de curiosité, tant de sympathies même, dans toutes les classes de l'ancien Paris.

Elle n'existe plus !

Bon voyage !

Disparue pour toujours, elle est allée s'engloutir dans l'abîme sans fond auquel l'honnête Villon redemandait ses *neiges d'antan*.

Grand bien lui fasse !

Pour notre compte personnel, nous ne la regrettons pas plus, et pour cause, cette famélique descente de la Courtille, reste égaré de la Cour des Miracles, que nous ne regrettons les susdites *neiges d'antan*.

Le passé est le passé.

Qu'il garde ce qui lui appartient.

A nous le présent.

A nos descendants l'avenir.

Foin de ces pleurards sempiternels qui sans rime ni raison jettent sans cesse les morts à la tête des vivants !

La descente de la Courtille est une verrue de moins sur la face plombée de l'antique Lutèce devenue le nouveau Paris.

Il en restera toujours assez !

Or, le bal du *Grand-Vainqueur* s'élevait sur la déclivité de la montagne de Belleville.

Le jardin, dans lequel se réunissait l'élite des viveurs du faubourg du Temple, était séparé, par une haute et solide muraille, d'un parc immense dont on ne connaissait pas le propriétaire.

Au milieu de ce parc s'élevait une grande et sévère bâtisse du XVII° siècle, ancien château qui avait bien pu finir par dégénérer en petite maison.

Cette habitation, cerclée hermétiquement par la haute muraille en question, avait été construite dans des conditions telles, que nul œil curieux n'eût pu en contempler le moindre détail, une oreille indiscrète en percer le silence et la taciturnité.

Tous les cabarets, toutes les guinguettes de la rue de Belleville, illuminés le plus brillamment possible, du haut en bas, avaient l'air de servir de repoussoir à cette sombre demeure.

Ils éclairaient son impassible et noire immobilité.

Les chants bachiques, les cris joyeux, les crincrins des violons et les notes aiguës de la flûte ou du fifre qui s'éparpillaient le long de tous les échos de Ménilmontant faisaient ressortir le silence immuable de cette mystérieuse maison, triste comme un cénotaphe.

Minuit venait de sonner.

Au moment le plus échevelé de la fête, un homme soigneusement enveloppé dans les plis d'un épais manteau, cachant son visage sous les larges rebords de son feutre, et glissant de son mieux à travers la foule avinée, atteignit le mur de ce parc silencieux.

Il s'arrêta devant une porte bâtarde, tira une clef de sa poche, et après avoir jeté un regard inquiet autour de lui, il l'introduisit dans une serrure microscopique, dissimulée aux yeux des indifférents par des lierres entrelacés avec des plantes grimpantes.

La porte tourna sans bruit sur des gonds sans doute bien huilés à l'avance.

L'homme entra vivement.

Il referma la porte sur lui et remit la clef dans sa poche.

Il se trouvait au milieu du parc.

A deux cents mètres de lui tout au plus surgissait la masse sombre de l'ancien château.

Des arbres de haute futaie l'entouraient et le cachaient de toutes parts.

L'homme s'orienta.

Il chercha un phare, une étoile dans ces ténèbres inextricables.

Au bout de quelques pas, il découvrit un mince filet de lumière faible et tremblotant à l'une des fenêtres du rez-de-chaussée du château.

Mais ce n'était pas tout pour l'inconnu que de voir le but vers lequel devait tendre sa marche, il fallait encore qu'il arrivât à ce but qui semblait si proche.

Le parc, abandonné depuis de longues années sans doute, avait pris les allures d'une véritable forêt vierge.

Plus d'allées !

Plus de sentiers !

Herbes, plantes, branches, avaient grimpé, poussé, monté dans toutes les directions.

Des lianes entrelacées à hauteur de visage rendaient toute marche impossible.

L'homme au manteau s'arrêta d'un air désappointé.

Il écouta s'il n'entendait venir personne qui pût le guider ou l'aider à sortir de ce dédale.

Dans le parc, tout se taisait ; le calme et la solitude ; on se serait cru dans un désert, à deux cents lieues de Paris.

Au dehors, les hurlements des ivrognes et des danseurs, les accords peu mélodieux des orchestres du *Grand-Vainqueur* et de l'*Ile-d'Amour*.

Faisant contre fortune bon cœur, notre homme tira de son gousset un couteau à lame tranchante, l'ouvrit, et tailladant bravement les branches qui le gênaient, brisant celles qui se trouvaient à la hauteur de ses genoux, il se dirigea autant que possible en droite ligne vers le corps de bâtiment éclairé.

Seulement, dès qu'il se vit parvenu en face d'un superbe perron en marbre, à double escalier, dont les marches étaient disjointes par les plantes parasites, il appuya un peu sur la gauche, longea l'aile qui y attenait, passa derrière, et, s'approchant d'une porte basse, il la poussa légèrement.

On l'attendait.

La porte n'était pas fermée.

Il s'engagea alors dans un étroit corridor qui, après maints détours connus de lui depuis longtemps sans doute, le conduisit enfin à l'entrée de la pièce du rez-de-chaussée d'où cette mince lumière lui était apparue.

Il y pénétra sans frapper.

C'était une grande salle style Pompadour, meublée avec élégance.

Un bon feu brûlait dans l'âtre.

Une vieille femme, vêtue d'un costume de paysanne basse-bretonne, assise auprès d'une table, tricotait à la clarté d'une lampe à abat-jour, baissé de façon à concentrer toute son attention sur le bas qu'elle tenait dans ses mains tremblantes.

Elle tournait le dos à la porte.

L'inconnu fit si peu de bruit en entrant qu'il fut matériellement impossible à la vieille femme de l'entendre.

Mais si elle ne l'entendit pas, évidemment elle le devina.

Car un frisson subit agita tous ses membres, et, sans raison plausible apparente, elle se retourna vers lui comme si elle l'eût en réalité senti venir.

C'était une femme de soixante à soixante-cinq ans environ, aux traits réguliers, que la douleur ou les remords peut-être faisaient paraître beaucoup plus âgée.

En apercevant l'inconnu, elle releva la tête et lui dit sèchement sans cesser son travail :

— C'est vous, enfin!

— C'est moi, dit l'autre.

— A cette heure? murmura-t-elle.

— On vient quand on le peut, la mère, répondit-il, sans paraître faire attention à la mauvaise humeur de celle qui le recevait ainsi.

— Il est tard!

— Je le sais bien.

— On ne vous attendait plus.

— On avait tort, répliqua l'inconnu en se débarrassant de son large chapeau et de son manteau à l'espagnole.

— Vous aviez annoncé...

— Eh bien, quoi? j'avais annoncé que je viendrais... je viens.

— A cette heure de nuit!

— Josué arrêta le soleil dans sa marche. Il ne nous a malheureusement pas laissé sa recette... sans cela, la mère...

— Bon! grommela la vieille femme, qui continua son travail sans s'inquiéter davantage du nouveau venu.

Celui-ci, de son côté, roula un fauteuil devant la cheminée, s'étendit de son mieux, allongeant ses jambes devant le feu.

Le nouveau venu alors prit une attitude de propriétaire des lieux qu'il traitait avec tant de sans-gêne.

Et rien ne s'opposait à ce que cette attitude ne fût justifiée.

Cet homme était une vieille connaissance de nos lecteurs, le baron de Kirschmark, ce galion allemand qu'ils ont déjà vu figurer au bal du comte de Warrens, dans le récit fait par Rosette la Pomme à M. Lenoir, son protecteur mystérieux, et aussi dans l'histoire de la jeune Thérèse.

Seulement, transformation complète.

Rien ne restait de l'orgueilleux et suffisant banquier.

Sa physionomie avait pris une expression de raillerie *à froid*, son accent tudesque, si ridicule, avait disparu.

Sa voix rude, son ton bref, sa prestance décidée, son geste sobre, son regard ferme, en faisaient un autre homme.

Du reste, rien dans sa mise ne dénotait le parvenu.

Il était tout de noir vêtu, boutonné jusqu'au menton, et deux excroissances qui soulevaient à droite et à gauche les basques de sa redingote à la hauteur de l'ouverture de ses poches, témoignaient de certaines précautions que les indigènes, bourgeois de Paris, ne sont pas dans l'habitude de prendre, au centre de leur capitale, même aux heures les plus avancées de la nuit.

— Brrr! il fait froid, ce soir! murmura-t-il en fourrageant le feu à l'aide d'une pincette.

La vieille femme ne lui répondit rien, et activa son travail.

L'inconnu se tourna alors vers elle, et lui demanda :

— Quoi de nouveau, Brigitte?

— Rien.

— Comment, rien!

— Je ne peux pas vous dire qu'il y a quelque chose, quand il n'y a rien, n'est-ce pas?

— Au fait, tu as raison.

Il y eut un silence.

— Brigitte! appela-t-il quelques instants après.

— Quoi?

— J'attends quelqu'un.

— Quand?

— Tout de suite.

— Vous le recevrez... où cela?

— Ici.

— Dans cette salle?

— Parfaitement.

— Alors je m'en vais, fit-elle en se levant et en pliant son tricot.

— Non, reste! répliqua le baron; il n'y a pas de mal à ce que tu saches ce dont il s'agit.

Brigitte se rassit et se remit au travail avec une ardeur fébrile.

Son mutisme prémédité était loin du compte du baron.

Il y eut un silence, pendant lequel notre homme eut le temps de chercher à amadouer la sévère gardienne du logis.

— Tu ne me demandes pas le nom de la personne qui doit venir me rejoindre?

— Ça m'est bien égal.

— Hein?

— Ça ne me regarde pas. Jusqu'à présent je n'ai jamais voulu me mêler à vos affaires.

— Il y a commencement à tout.

— Je ne me soucie pas de commencer aujourd'hui.

— Mauvais caractère, va!

— Oui, parlons-en... Mais ce n'est pas de cela qu'il s'agit.

— De quoi, alors?

— Quelle que soit la personne attendue par vous, je vous en préviens, dès qu'elle arrivera je passerai dans une autre pièce.
— Tu reviendras! fit le baron en souriant finement.
— Quand vous en aurez fini avec votre complice.
— Mon complice, à présent. Ne dirait-on pas que j'ai l'intention de lui faire commettre un crime?
— Ce sera ainsi.
— Soit, à ton aise, dit le baron de son accent le plus bourru.
Il y eut un nouveau silence.
Définitivement Brigitte ne prenait aucun goût à la conversation du baron.
— J'entends des pas sur le sable, s'écria tout à coup la vieille femme.
— Mazette! tu as l'oreille plus fine que moi, la mère. Mais ne te trompes-tu point?
Deux coups frappés sur un carreau répondirent pour Brigitte.
Elle se leva, plia son tricot et se mit en devoir d'allumer une bougie.
— Décidément tu t'en vas?
— Oui.
— Libre à toi de ne rien entendre; mais n'oublie pas, la mère, qu'il te faut fermer la bouche aussi bien que les oreilles.
— Bon!
— Tu sais qu'il y va de la vie.
— Vous menacez toujours! fit brusquement la vieille femme.
— J'aime mieux menacer que punir.
— A mon âge, on ne craint ni menaces ni châtiments. Ayez confiance, ou renvoyez-moi.
— Te renvoyer! que nenni! D'ailleurs, où irais-tu?
— C'est mon affaire.
— Silence! dit le baron.
On venait de frapper une seconde fois à la fenêtre.
— Va-t'en.
— Puis-je me coucher?
— Oui... non... Mieux vaut que tu attendes notre départ. On ne sait pas ce qui peut arriver.
— Bien, on veillera, répondit-elle avec un imperceptible sourire.
Elle sortit.
— Hum! murmura le baron, voilà une diablesse bretonne qui nous manigance quelque tour de son métier. Il faudra voir.
Il alla à la fenêtre et l'ouvrit toute grande.
Un homme l'enjamba et pénétra dans la chambre.
Cet homme, vêtu tout aussi mystérieusement que le baron de Kirschmark, était de haute taille.
Ses cheveux et ses moustaches, d'une blancheur complète, coupés en brosse, lui donnaient une physionomie militaire.
Encore vert, malgré son âge avancé, il semblait doué d'une grande vigueur.
Ses yeux noirs, couronnés d'épais sourcils, jetaient un éclat fauve.

Ils ne regardaient jamais en face.

La franchise et la loyauté n'avaient certes jamais élu domicile sur ce visage, qui eût été superbe, sans cela.

Son costume, noir comme celui du baron, s'en distinguait par un détail, visible dès le moment qu'il jeta son manteau sur une chaise.

Une large ceinture de cuir verni, bouclée sur son gilet, soutenait un couteau de chasse à poignée bronzée et deux pistolets doubles.

Les deux hommes allèrent l'un vers l'autre.

Ils se serrèrent la main.

— Vous êtes exact, mon cher colonel, dit Kirschmark.

L'autre interrompit par un geste de mauvaise humeur.

— Pardon, reprit Kirschmark, la force de l'habitude; j'oublie toujours que depuis longtemps vous êtes passé général.

— Depuis quelque vingt ans.

— Tant que cela... Voyez comme le temps passe! Pardonnez-moi... Je n'ai employé cette qualification de colonel que pour vous rappeler notre intimité passée.

Le général se mordit les lèvres.

— Venons au fait, dit-il laconiquement.

— Nous y arriverons, soyez tranquille. Les chemins les plus longs sont souvent les plus directs. Posons bien nos situations respectives avant d'aller plus loin.

— Que de paroles!

— Elles sont nécessaires, mon cher duc... Ah! vous le voyez, je n'oublie aucun de vos titres. Vous en avez à revendre aujourd'hui.

— Encore!

— Jadis vous n'en portiez qu'un seul.

— Jadis vous n'étiez pas baron non plus, riposta brutalement le personnage auquel Kirschmark donnait du général et du duc.

— Juste comme de l'or.

— Voyons, faisons vite.

— Soit, parlez... et tout d'abord, laissez-moi vous complimenter, mon cher duc. Vous possédez des armes d'un grand prix. Voilà deux cukeinreiter à double gueule qui font merveille le long de votre ceinture. Allons-nous en guerre ce soir?

— Vous êtes trop aimable de donner la moindre attention à ces détails, baron. N'avez-vous pas vous-même vos poches bien garnies? répondit le dernier venu en indiquant les crosses apparentes des pistolets de Kirschmark.

Kirschmark n'eut pas l'air d'entendre la réponse, et dit vivement :

— Au fait!

— Parlez.

— Non pas. J'écouterai, s'il vous plaît.

— Vous êtes plus grand orateur que moi, fit le général. A vous le dé.

— Mille grâces, mais j'attendrai.

— Quoi?

— Que vous vouliez bien vous expliquer.

— Pour Dieu ! plus ce nom-là...

– Sur quel sujet ?
— Sur le motif pressant qui vous a forcé à me convoquer ainsi, à l'improviste, dans cette masure où je ne mets pas les pieds une fois par an...

Le général sourit avec ironie.

Kirschmark continua :
— Au lieu de m'assigner tout simplement un rendez-vous dans votre hôtel.

— Vous êtes resté jeune, mon cher baron !
— Ce qui veut dire que je suis toujours aussi... imprudent.
— C'est cela même.
— Que voulez-vous ? On ne se refait pas ! repartit le baron en prenant son air le plus modeste.
— Vous savez, ajouta son interlocuteur, qu'aux yeux de tous, amis ou ennemis, nous ne nous connaissons pas.
— Oui, nous sommes deux étrangers l'un pour l'autre.
— Cela nous donne une force double, et nous épargne le danger d'être soupçonnés...
— Soupçonnés de quoi ? fit le baron à haute voix... Imprudent vous-même, ajouta-t-il tout bas.
Le duc s'arrêta et reprit sur une gamme plus modérée :
— J'avais une autre raison.
— J'en étais sûr...
— Mais cette raison me semble moins plausible depuis quelques instants.
— Quelle est-elle ?
— Le désir de vous entretenir en toute sûreté, sans crainte de laisser tomber une parole dans une oreille trop intéressée à la recueillir.
— Eh bien ?
— Eh bien ! vos terreurs, vos précautions me donnent à penser que vous n'êtes pas trop sûr de la discrétion de ces vieux murs.
— Bah ! bah ! répliqua Kirschmark, je ne suis pas sourd, et je n'aime pas que l'on crie, voilà tout.
— Tant mieux.
— D'ailleurs, un excès de précautions, comme vous dites, ne nuit jamais. Ce que vous avez à m'apprendre est donc bien important ?
— Important ! dites donc effrayant.
— Hein !
— Effrayant.
— Allons donc ! fit le baron, qui, le premier moment de surprise passé, se remit à tisonner, vous visez à l'effet, mon cher.
— J'ai bien peur d'y arriver, mon bon.
L'autre haussa les épaules.
Le général ou le duc, comme on le voudra, s'avança vers lui et lui posant la main sur l'épaule, il lui dit lentement :
— Tout est connu !
— Tout ! s'écria le baron en se redressant.
— Les morts sont vivants !
— Quels morts ?
— Vivants et forts, continua le duc, leur retour est notre perte ! Leur résurrection notre ruine !
— C'est impossible ! murmura Kirschmark, qui se leva pâle, tremblant, les traits décomposés par une terreur subite.
— C'est possible ! c'est certain !
— Vous vous trompez, duc !

— Baron, je ne me trompe pas.
— Alors nous sommes perdus! cria Kirschmark avec angoisse.
— Si nous ne nous en délivrons à tout jamais.
— Et pour cela tu comptes sur moi, *Macé?* fit le baron.
— Je compte sur toi, *Yvon Kerneck*, répondit le duc.

Ces deux noms leur rappelaient tout un passé funeste ou fatal, car *ils* ne les eurent pas plutôt prononcés que, poussés par le même mouvement, le même instinct de conservation et de crainte, ils se rapprochèrent l'un de l'autre, n'osant pas regarder si quelqu'un les avait écoutés.

III

UN ALLIÉ QUI TOMBE DES NUES OU MONTE DE L'ENFER

Il y eut un silence funèbre.

Ces deux hommes demeuraient ainsi face à face, livides, frissonnants, jetant des regards effarés autour d'eux comme s'ils se fussent attendus, d'un instant à l'autre, à voir surgir de terre des fantômes vengeurs!

Enfin, le baron de Kirschmark parvint à dominer son émotion.

Il fit un effort suprême, retrouva un semblant de sang-froid et dit :

— Nous nous effrayons comme des enfants, à tort peut-être!... Voyons, mon cher Macé, que s'est-il passé?

L'autre fit un bond qui le tira à son tour de sa torpeur, et lui saisissant le bras, qu'il serra à le briser:

— Pour Dieu! plus ce nom-là, Kernock!

— Yvon Kernock n'a pas de gants à prendre avec le colonel Macé le *Boucher*, répondit le baron, qui cherchait en vain à se délivrer de cette étreinte athlétique. Lâchez-moi le bras.

Le duc, le regardant avec des yeux de flamme, serra encore plus fort, tout en lui jetant à travers ses dents, contractées à se briser, ces mots entrecoupés :

— Par tous les saints, baron, il vous adviendra mal, si vous prononcez ce nom encore une fois... Le colonel Macé est mort, entendez-vous!... mort en brave soldat, à la tête de son régiment, à Somo-Sierra, en Espagne.

— Lâchez-moi! hurla Kirschmark. Je vous crois... mais ne me brisez pas le bras.

— Le colonel Macé, ajouta lentement le duc, repose dans une tombe sanglante.

— Oui!

— Nul, si ce n'est vous, ne prononce plus son nom depuis plus de vingt ans.

— Je l'oublierai... mais ne serrez pas si fort.

Le général ouvrit la main.

Le pauvre baron se secoua le bras qui venait d'être mis à une si rude épreuve, tout en grommelant :

— Diantre, vous avez toujours votre poigne d'autrefois, vous!
— Encore! gronda l'ancien ami d'Yvon Kernock.
— Non! non! ce n'est pas à vous que je parle! s'écria vivement ce dernier en se reculant; je réfléchissais un peu haut, voilà tout! Voyons... que ce brave colonel repose en paix! Là n'est point la question pressée. Mon cher duc, expliquez-vous catégoriquement au sujet de...

Le duc l'interrompit.
— Baron, savez-vous d'où je viens?
— D'où vous venez?
— Vous doutez-vous de quel endroit je sors?
— Non.
— Je sors d'un cabaret...
— D'un...?
— D'un cabaret, sis rue d'Angoulême-du-Temple, à l'enseigne du *Lapin courageux*.
— Vous qui...
— Moi-même.
— Et qu'alliez-vous faire dans un pareil bouge?
— Ah! voilà qui vous étonne, mon cher!... Eh bien! ma présence dans ce bouge, en pleine nuit de carnaval, se rattache à la nouvelle que je vous donnais tout à l'heure.
— Aux morts-vivants?
— Oui.
— Je ne comprends pas.
— Je vais vous aider à comprendre. Je vous ai appris, n'est-ce pas, que nous n'étions plus maîtres de notre secret.
— En effet, mais...
— Que tout était connu, et que d'un moment à l'autre nous pouvions être découverts.
— C'est-à-dire...
— C'est-à-dire perdus.

Pour le coup, le baron se leva, et se penchant à l'oreille du duc :
— Plus bas, au nom du ciel! fit-il.
— Ne sommes-nous donc pas seuls ici, comme je vous l'avais instamment recommandé?
— Seuls. Oui.
— Eh bien?
— Mais, vous le savez, mon ami, il y a des poisons si violents qu'ils brisent le vase dans lequel on les a renfermés.
— Je ne vois pas le rapport que...
— Les murailles de cette maison sont épaisses... J'ai toute confiance dans la vieille femme qui la garde... et pourtant je vous prie de baisser la voix quand vous parlez de ce terrible et funeste passé.
— Sortons, répliqua le duc.
— Chaque arbre du parc peut receler un ennemi! Que d'espions pourraient se cacher derrière le rideau de verdure qui nous envelopperait?

— Alors, je me tais, dit le général, frappant du pied avec une impatience fébrile.
— Non pas, mais revenez-en à notre point de départ. Parlez plus bas.
— Soi; finissons-en.
— Je vous écoute.
— Baron, reprit le général, j'ai failli être tué dans le cabaret du *Lapin courageux*.
— Tué?
— C'est même un miracle que je me trouve à notre rendez-vous.
— Seriez-vous blessé?
— Blessé, non, je ne l'ai pas été; mais assommé, oui!... mais transporté sans connaissance chez moi, où les soins intelligents d'un homme que, depuis quelques jours, je viens de prendre à mon service, m'ont tiré d'affaire et remis sur pied.
— Cet homme?...
— Vous devez le connaître.
— Quel est-il?
— On le nomme, ou plutôt on le surnomme généralement *M. Jules*.
— L'ancien chef de la brigade de sûreté?
— Oui, baron.
— Un ex-forçat? Vidocq?
— Oui, baron, lui-même.
Kirschmark ne dissimula pas l'étonnement que cette nouvelle lui causait.
— Pardon, cher, mais serait-il indiscret de vous demander pour quelle raison vous vous trouvez, vous duc et pair, un des premiers du royaume, en relation avec un personnage taré et dangereux?
— C'est ici, justement, que notre affaire s'embrouille ou se simplifie, à votre choix.
— Je choisis le dernier cas... Vous avez dit : notre affaire ?
— J'aurais dû dire : nos affaires.
— Ah! fit le baron avec curiosité.
— Ce M. Jules nous a servi d'intermédiaire.
— Il y a une quinzaine d'années, oui... oui...
— Dans certaine transaction épineuse.
— Il s'en est, ma foi, tiré comme un homme de talent.
— Ah! vous vous le rappelez?
— Certes.
— Il s'agissait, je crois, d'un enfant que...
— Passez! passez!... s'écria le baron avec une agitation extrême. Laissez M. Jules de côté et venons-en au fait important.
— J'y viens... j'y viens..., répondit le général, qui reprenait peu à peu le sang-froid, base de son caractère déterminé.
Ce disant il se renversa sur son fauteuil, croisa ses jambes l'une sur l'autre, tourna à demi la tête du côté de Kirschmark, et reprit le plus paisiblement du monde :
— Seulement, avant d'y arriver, il faut reprendre les choses d'un peu haut.

— Reprenez, mais reprenez vite! Votre calme m'assassine.

— Là! là! mon ami, nous allons bien voir si votre fougue et votre ardeur extra-juvéniles nous tireront de l'impasse dans laquelle nous sommes.

— Je ferai mon possible, duc.

— J'y compte bien. Baron, vous souvient-il du bourg de Batz?

— Hein? s'écria son auditeur.

— Vous souvient-il de notre rencontre dans ce bourg?

— Oui.

— Rencontre qui eut lieu...

— Le treize novembre mil huit cent un.

— Entre cinq et six heures.

— Du soir.

— Baron, c'est plaisir d'avoir affaire à vous. Vous possédez une mémoire d'ange.

— Allez, allez, duc.

— Vous étiez alors un jeune homme assez évaporé, mangeant son blé en herbe, comme Panurge, et faisant sauter les écus de son digne père, tabellion au bailliage de Dinan.

— Je sais cela.

— Moi aussi, et pourtant je tiens à nous remettre ce temps lointain sous les yeux.

— A votre aise, général.

— Merci. Nos deux familles habitaient porte à porte sur la place du marché, mais depuis quelques années nous nous étions perdus de vue.

— Les événements politiques, grommela Kirschmark.

— Oui... c'est cela... En somme, nous nous estimâmes, ce jour-là, fort heureux de nous rencontrer ainsi à l'improviste.

— A quoi bon fouiller ces cendres? demanda-t-il avec un commencement d'irritation.

— Ne le devinez-vous pas un peu, baron? riposta le général, ne pouvant dissimuler un sourire.

Le baron connaissait son monde.

Il ouvrit la bouche pour répondre, puis, haussant les épaules, il se croisa les bras et attendit.

L'autre continua :

— Donc, le hasard nous remit en présence. La reconnaissance fut touchante. Nous nous aimions à cette époque-là, bien que d'opinions différentes, vous royaliste et moi...

— Et vous républicain, ou royaliste aussi. On n'a jamais pu savoir...

— Baron!

— Duc, sous tous ces détours, sous ces tergiversations, j'entrevois une demande déjà cent fois faite.

— Et cent fois repoussée.

— A deux cents nous ferons une croix.

— Ainsi, ces papiers, ces parchemins, gronda sourdement le général, vous les garderez toute votre vie?

— Avouez-le, je serais bien bête de m'en dessaisir.
— Ces papiers, vous les avez volés..., fit le duc avec fureur.
— A votre profit... oui... dans l'étude de mon père. Vous le voyez, je ne nie rien. J'imite votre brutale franchise. Ces parchemins sont ma sauvegarde. Nous nous connaissons trop bien pour que je vous les remette. Si vous en deveniez le détenteur, vous me haïssez trop mortellement, vous, mon ancien ami, pour ne pas chercher à me nuire en tout, dans ma fortune et dans ma considération. Voyez-vous, Macé!... non... général, nous sommes tous deux fils de cette vieille terre armoricaine où les hommes poussent plus durs que les rochers de l'Océan. Une lutte entre nous deux n'amènerait de bon résultat ni pour l'un ni pour l'autre. Croyez-moi.

Le duc écouta cette véhémente sortie sans sourciller.
— Vous avez fini? dit-il.
— Oui.
— Eh bien! vous n'y êtes pas du tout, mon cher. Il ne s'agit nullement de vous redemander ces papiers.
— Mais vous-même...
— Oui... je me suis emporté... je vous ai suivi dans un chemin de traverse; retrouvons la grande route. Pour la première fois de ma vie, je me félicite de ce que ces maudites pièces se trouvent entre vos mains.

Kirschmark l'examina pour voir s'il parlait sérieusement.
— Peut-être votre prudence détournera-t-elle le danger qui nous menace.
— Expliquez-vous, au nom du ciel!... Plus de phrases, des faits!
— Soit. Baron, la chose vous touche autant que moi. Le duc et la duchesse de Dinan ne sont pas morts.
— Où vivent-ils?
— A Paris.
— Connaissez-vous leur demeure?
— Non, mais je la connaîtrai.
— Bien. On verra, fit Kirschmark avec un geste terrible.
— Attendez...
— Quoi?... Après tout... que nous importe, mon cher? Le seul duc de Dinan, c'est vous. Cela a été juridiquement prouvé.
— Attendez, répéta le duc, ce n'est pas tout.
— Vous vous effrayez facilement de fantômes qu'un souffle dissipera.
— Fantômes, oui, mais fantômes vengeurs!
— Allons donc!
— Les deux vieillards ne sont plus seuls, abandonnés, comme jadis.
— Qui les protège?
— Des amis dévoués, puissants.
— Mais encore?
— Les deux Kergraz.
— Les Kergraz?
— Oui. Quelques jours après la mort de leur père, ils ont quitté Cayenne.
— On les a vus à Paris? demanda anxieusement le banquier.
— Ils y sont.

— Diable !

Et Kirschmark ne sachant plus où donner de la tête, se leva, puis s'assit de nouveau.

— Vous en êtes sûr, duc ?
— Sûr.
— Ah ! vous aviez raison ; la terre tremble sous nos pieds. Que faire ?
— Attendez donc.
— Encore ?
— Il y a autre chose.
— Mort de ma vie ! vous vous moquez de moi, hurla Kirschmark, hors de lui.
— Je le voudrais bien, mon bon ami, repartit froidement le faux duc de Dinan.
— Qu'y a-t-il, voyons, dépêchez ! Vous me faites *bouillir* le sang.
— Calmez-vous et écoutez.
— Parlez ! parlez ! Qu'est-ce ?
— L'enfant vendue à des bohémiens...
— Encore cela !
— La fille de...
— Silence, donc !... ne nommez personne non plus, vous... achevez... voyons... cette petite ?... cette enfant ?...
— Cette enfant vendue par l'entremise de...
— Oui... oui... Après ?
— Elle est à Paris.
— Aussi ! C'est impossible !
— L'homme que vous savez l'a vue !
— Et il n'a rien fait ?
— Rien.
— Pourquoi ?
— Il a perdu sa trace.
— Le diable s'en mêle ! murmura rageusement le baron de Kirschmark, qui allait de long en large d'un bout de la chambre à l'autre, en proie à une agitation invincible.

Le duc, renversé sur le dossier de son fauteuil, suivait en dessous tous les mouvements de son complice.

— Mort de ma vie ! Des mesures si bien prises ! murmurait ce dernier.
— Des demi-mesures seulement.
— Comment ?
— Sans doute.
— Je ne vous comprends pas.
— C'est bien simple, pourtant, mon cher baron, dans les circonstances sérieuses de la vie, il ne faut se laisser arrêter par aucune considération.
— Vous voulez dire ?...
— Que nous avons eu le cœur trop tendre. Vous le savez comme moi. Les morts seuls ne reviennent pas, ne parlent, ne trahissent pas.
— Oh ! si c'était à recommencer ! dit Kirschmark en serrant les poings.

— Nous le jurons, dirent-ils tous les deux.

— Ce qui est fait est fait, nous n'y pouvons rien.
— Mort de ma vie! je le sais bien! Est-ce tout ce que vous avez à m'annoncer, oiseau de mauvais augure que vous êtes? demanda le banquier à son complice.
— Vous vous doutez bien que non, mon pauvre ami.
Kirschmark laissa échapper un éclat de rire plein d'amertume et lui répondit:

— Allez ! allez ! pendant que vous y êtes !...
— Ne riez pas, baron ; je vous le jure, il n'y a pas de quoi rire.
— Je vous trouve charmant, mon cher général. Vous me cassez bras et jambes, puis, quand vous me voyez couché par terre tout de mon long, vous me criez : Casse-cou !
— C'est à peu près cela, fit ironiquement le faux duc de Dinan ; seulement...
— Seulement quoi ?
— Seulement, vous feriez mieux de m'écouter et de m'interroger, plutôt que de bavarder comme une vieille femme ?
— Merci. Voyons, qu'y a-t-il encore ?
— Avez-vous entendu parler d'une redoutable association, que les polices de tous les États de l'Europe cherchent vainement à découvrir et à détruire ?
— L'association des Invisibles ! dit le baron avec un tressaillement de terreur.
— Précisément.
— Eh bien ! qu'y a-t-il de commun entre nous et les Invisibles ?
— Rien...
— Ah ! vous le voyez...
— Et tout.
— Ce qui signifie ?
— Que les Invisibles se sont constitués les auxiliaires de nos ennemis.
— Vous avez des preuves ? demanda Kirschmark, en proie à une agitation extrême.
— En mains.
— Depuis longtemps ?
— Depuis ce matin.
— Il fallait m'avertir sur-le-champ.
— Ne vous ai-je pas donné rendez-vous dans ce but ?
— Oui... pardon !... Qui vous a remis ces preuves ?
— L'homme qui mieux que personne pouvait se les procurer ; celui dont plusieurs fois déjà nous nous sommes servis.
— Monsieur Jules.
— Monsieur Jules, oui, qui possède trop de secrets nous concernant.
— C'est vrai. Comment a-t-il découvert ?...
— Qu'importent les moyens employés par lui ? Il a découvert l'alliance de nos ennemis mortels, les Dinan, avec ces condottieri invisibles, insaisissables. N'en demandons pas plus.
— Si cela est..., s'écria le baron avec un profond accablement, si cela est...
— N'en doutez pas.
— Je ne vois pas trop comment nous nous tirerons de là.
— Vous êtes homme de ressource ; cherchez, baron, et vous trouverez.
— Je ne trouverai rien, duc ; c'est la première fois que je m'incline devant une situation difficile. N'ayant que la famille des Kerouartz contre nous, j'aurais lutté, j'aurais vaincu avec votre aide. Mais que faire contre ces démons qui sont partout et qu'on ne trouve nulle part, dont le bras s'étend sur toutes les parties du globe, qu'on ne peut fuir ni attaquer ? Que faire ? que faire ?

La porte de la chambre s'ouvrit brusquement.
Une femme parut sur le seuil.
Cette femme, enveloppée dans les plis d'un long burnous blanc, avait le visage recouvert d'un voile épais.
A la demande deux fois répétée du baron de Kirschmark, elle répondit ce seul mot :
— M'écouter.
Les deux hommes se retournèrent effarés.
Le banquier n'eut pas la force de se lever sur ses jambes tremblantes, tant la commotion reçue par lui et provenant de cette intervention imprévue avait été violente.
L'ancien soldat bondit vers l'inconnue et mit la main sur la crosse de ses pistolets.
L'inconnue l'arrêta d'un geste empreint d'une suprême autorité.
— Monsieur le duc de Dinan, revenez à vous ! lui dit-elle.
— Qui êtes-vous ? lui demanda-t-il d'une voix rauque.
— Votre alliée.
— Que voulez-vous ?
— Vous sauver.
Le général la regardait avec stupeur.
Kirschmark, qui cherchait à se remettre de son effroi, dit timidement :
— Comment madame s'est-elle introduite ici ?
— J'y suis, cela doit vous suffire, mon cher baron.
— Montrez-nous votre visage, au moins. Retirez ce double voile.
— Vous me connaîtrez plus tard... à l'œuvre.
— Enfin, que prétendez-vous exiger de nous ? interrogea impatiemment le général.
— Je vous l'ai dit, je prétends vous servir dans vos projets.
— Et ?...
— Et j'exige votre concours le plus actif pour mener ces projets à bonne fin.
— Vous savez donc ?...
— Tout. J'ai entendu votre entretien depuis le premier jusqu'au dernier mot.
Les deux hommes se consultèrent du regard.
Elle continua sans prendre garde aux signes qu'ils se faisaient :
— Vous n'avez plus de secrets pour moi. Une dernière fois, je vous propose mon aide et mon alliance.
— Et si nous refusons ?
— Vous aurez une ennemie de plus acharnée à votre perte, articula-t-elle nettement.
Tout en causant avec l'inconnue, le duc de Dinan avait manœuvré de manière à se placer entre elle et la porte, à lui couper la retraite.
Il y était parvenu.
Aussi, en réponse à sa dernière menace, il lui dit avec ironie :
— Vous ne serez ni pour ni contre nous, ma belle.

Et il arma ses pistolets à double canon.

L'inconnue ne se retourna même pas.

Seulement, saisissant un petit sifflet attaché à sa ceinture, elle en tira un son aigu, qui ne laissa pas d'étonner les deux vieux scélérats auxquels elle avait affaire.

Alors, voici ce qui advint :

Les fenêtres et les portes de la salle basse dans laquelle tout cela venait de se dire, s'ouvrirent en même temps, livrant passage à une vingtaine de masques armés jusqu'aux dents.

Les nouveaux venus se ruèrent sur les deux hommes ébahis.

Deux secondes après, le faux duc de Dinan et le baron de Kirschmark gisaient renversés sur le sol, et mis dans l'impossibilité absolue de se défendre.

Tout ce que nous racontons là s'était passé en moins de temps qu'il ne nous en a fallu pour l'écrire.

Les deux complices s'étaient à peine rendu compte de cette attaque, que déjà les genoux de leurs adversaires fantastiques pesaient sur leur poitrine.

— Assez ! cria l'inconnue. Attendez.

Les hommes masqués demeurèrent immobiles, les yeux fixés sur leur maîtresse.

Elle reprit, en s'adressant à ses deux prisonniers :

— Eh bien ! messieurs, votre choix est-il fait ?

— Oui.

— Parlez.

— Nous refusons votre alliance, dit le général, qui se secouait comme un taureau sauvage.

— C'est franc et brave.

— Et bête ! grommela Kirschmark.

— Mais, ajouta-t-elle, c'est bien imprudent. Pourquoi refusez-vous, duc ?

— Parce que dans la position où nous nous trouvons, il est indigne d'un homme de cœur d'engager sa parole.

L'inconnue fit un geste.

Aussi rapides dans leurs évolutions de retraite que dans leur apparition soudaine, les hommes masqués disparurent par les baies de la salle, au grand étonnement du duc et du baron.

— Relevez-vous, et répondez-moi.

Ils obéirent.

— Nous acceptons votre alliance, s'écria le baron.

— Vous, bien ! mais M. le duc de Dinan ?

— Je me porte garant pour lui.

— Pour surcroît de précaution, ajouta l'inconnue après avoir détaché un crucifix suspendu à la muraille, jurez de m'être fidèles...

— Nous le jurons, dirent-ils tous les deux.

— Ce n'est pas tout.

— Aïe ! aïe ! pensa le baron.

— Vous jurez encore de ne jamais chercher à me connaître...

— Jamais ! c'est long.
— Tant qu'il me conviendra de conserver mon incognito.
— Nous le jurons ! répétèrent les deux hommes.
— Sur cette croix?
— Sur Dieu.
— Vous êtes Bretons, je me fie à votre parole, à votre serment !
— Nous n'y avons jamais manqué, repartit fièrement le baron.
— Jamais ! c'est beaucoup dire ! riposta l'inconnue avec malice. Mais le temps presse ! l'ennemi approche, soyez sur vos gardes ; l'action va s'engager.
— L'action ? mais n'est-elle pas engagée depuis...
— Silence, baron.
— Je me tais.
— Et suivez-moi.
— Où cela?
— Vous le saurez tout à l'heure.
— Pourquoi ne pas demeurer dans cette salle?
— Ce serait folie !
— Ne sommes-nous pas gardés par les vôtres ?
— Folie ! vous dis-je, folie !

Les deux hommes se virent complètement subjugués par l'ascendant de cette créature extraordinaire.

Elle avait dit :
— Suivez-moi !

Ils la suivirent.

Ils quittèrent la chambre derrière elle.

A peine l'avaient-ils quittée, que Brigitte la vieille servante rentra accompagnée d'un homme et d'une jeune femme.

L'homme était le vieux sergent, le père Pinson.

La jeune femme s'appelait Edmée, petite-fille du comte de Kérouartz, duc de Dinan.

C'est du vrai comte de Dinan que nous entendons parler à nos lecteurs.

IV

L'ANCIEN RUISSEAU DE MÉNILMONTANT

Quittons momentanément la maison de Belleville, où nous ne tarderons pas, du reste, à revenir, et rejoignons Passe-Partout et ses compagnons.

Nous avons laissé nos hardis aventuriers s'engouffrant dans les méandres souterrains faisant suite au lit du puits dont l'orifice se trouvait dans la cour du *Lapin courageux*.

Ils marchaient avec le courage froid et la résignation sublime que donne la conviction du devoir accompli.

Les accidents de la route mirent à côté l'un de l'autre le chef de l'expédition et le meurtrier du malheureux Piquoiseux.

Profitant de ce rapprochement, le vicomte de Rioban, au lieu de répondre directement à Passe-Partout, qui lui demandait si ses blessures ne le mettaient pas hors d'état de les suivre, lui dit vite et bas :

— Il faut que je vous parle.

Passe-Partout comprit que la communication future de son affidé ne devait être entendue que de lui, et il donna l'ordre à son frère et à ses amis de s'arrêter et de les attendre.

Puis, prenant une torche.

— Je vais reconnaître la route, fit-il, Rioban m'accompagnera.

On était tellement accoutumé à exécuter ses ordres sans les discuter, sans même les raisonner, que nul de ces hommes ne fit entendre le moindre murmure d'étonnement en voyant son chef choisir pour garde du corps le moins valide de ses compagnons.

Les deux Invisibles s'éloignèrent du gros de la troupe.

Après avoir traversé une centaine de mètres avec de l'eau montant jusqu'à leur cheville, ils s'arrêtèrent.

Passe-Partout ficha sa torche dans un des trous de la muraille, et se tournant vers le jeune homme.

— Nous sommes seuls, lui dit-il.

Rioban s'inclina, et malgré toute son énergie, fatigué par ce rude chemin, il chancela; ses blessures le faisaient cruellement souffrir, il se soutenait avec peine, mais il se soutenait, et il restait droit devant son chef.

Celui-ci s'aperçut de ses efforts stoïques.

Il le força à s'asseoir sur une grosse pierre formant siège, et, debout lui-même, il l'écouta.

— Je suis porteur de mauvaises nouvelles, commença le jeune homme.

— Le messager fera passer le message, répondit mélancoliquement le comte de Warrens, dont la douce et sympathique nature perçait souvent la rude écorce de Passe-Partout.

— Je vous avouerai même, mon cher comte, que je ne sais pas par quel bout m'y prendre.

— Je suis prêt à tout entendre.

— Commençons par les dernières nouvelles.

— Sont-ce les moins graves ?

— Oui.

— Comme il vous plaira, mon ami. Dites.

— La comtesse Hermosa de Casa-Real et son majordome sont délivrés.

— Déjà ?

— Peu de minutes après avoir été bâillonnés et garrottés par la Cigale.

— Qui les a délivrés ?

— M. Jules.

— Vous l'avez vu ?

— Oui.

— Et vous l'avez laissé faire ?

— J'étais seul, ils étaient dix.
— Continuez. Avez-vous pu entendre ce que cet homme a dit à la comtesse de Casa-Real ?
— Quelques mots seulement.
— Répétez-les-moi.
— Les voici, dit Rioban. — C'est M. Jules qui parle. — L'homme que vous haïssez, madame, je le hais! La vengeance que vous rêvez, je la rêve aussi.
— Après ? fit Passe-Partout.
— Cette nuit même, nous en finirons avec notre ennemi commun, ajoutait l'ex-chef de la police de sûreté. Voulez-vous être de moitié dans mon jeu, madame la comtesse ?
— Et ma belle ennemie lui a répondu ? demanda le chef des Invisibles.
— Un *oui* pur et simple.
— Je la reconnais, dit Passe-Partout en souriant. Et ensuite ?
— Ils se sont éloignés.
— Et vous n'avez plus rien entendu ?
— Plus rien !
— J'aviserai.

Et Passe-Partout demeura quelques instants absorbé dans ses pensées. Rioban attendait que son chef l'interrogeât pour continuer à le renseigner sur ce qu'il avait encore vu.

— D'autre part ? demanda enfin ce dernier.
— Ce soir même, vers les neuf heures, je me trouvais chez René de Luz.
— Le mieux continue, n'est-ce pas ? demanda tout d'abord Passe-Partout.
— Oui, maître. Mais il venait d'avoir une crise douloureuse, et plusieurs locataires de la maison de la rue d'Astorg étaient accourus offrir leurs services.
— Je sais cela. Le docteur Martel m'a dit qu'il répondait de ses jours.
— En effet. Aussi n'est-ce pas de la santé de notre ami que je tiens à vous entretenir.
— Parlez ! parlez !
— Parmi les personnes venues au secours du vicomte se trouvait une jeune femme...
— Emménagée le matin même ?
— Oui.
— Lucile Gauthier ? demanda sourdement le chef des Invisibles.
— C'est son nom.

Le comte de Warrens essuya la sueur qui perlait sur son front et sur ses tempes.

— Je sais... je sais..., murmura-t-il. Eh bien ?
— Eh bien ! répliqua Rioban, qui, dans l'obscurité, ne pouvait se rendre compte de l'émotion ressentie par Passe-Partout, il se passa alors un fait que nul des assistants ne s'est expliqué.
— Quel fait ?
— Dans la chambre à coucher de René, en face de son lit, il y a un portrait.
— Le mien ! fit le comte d'une voix indistincte.

— Le vôtre.
— En costume de pêcheur breton.
— C'est cela même.
— Achevez.
— Ce portrait attira les regards de la jeune femme.
— Ah! s'écria Passe-Partout en portant la main à son cœur pour en comprimer les battements précipités.
— Elle le regarda, devint livide comme une morte, s'en approcha convulsivement, et... et...
— Dites... mais dites donc...
— Et elle s'agenouilla devant lui, les mains jointes, les yeux pleins de larmes, murmurant à travers les sanglots qui l'étouffaient : — Pardon! oh! pardon!
— Lucile! Lucile! fit le comte s'appuyant contre la muraille humide, pour ne pas rouler aux pieds de Rioban.
— Celui-ci s'aperçut enfin de l'état dans lequel se trouvait Passe-Partout. Il s'arrêta.
— Après? après? cria le comte fébrilement.
— En vérité, je ne sais si je dois...
— Vous le devez... il le faut... je le veux! Ne faites pas attention aux faiblesses de l'homme, Rioban. C'est votre chef qui vous interroge. Répondez-lui comme à une statue de marbre ou d'airain.
Rioban n'essaya pas une seconde objection.
L'intérêt commun l'exigeait.
Rioban reprit :
— Le docteur Martel était là. Il me fit signe d'emmener la jeune femme. Je lui obéis et je l'accompagnai chez elle.
— Est-ce tout?
— C'est tout pour ce qui concerne personnellement le comte de Warrens.
— Je vous comprends, mon ami.
— Il me reste une dernière nouvelle à donner au chef de notre association.
— Vidons le calice jusqu'à la lie, repartit Passe-Partout avec fermeté. De quoi s'agit-il encore?
— Au moment de quitter la maison de la rue d'Astorg pour me rendre au poste que vous m'aviez assigné, *Hurrah*, le chien de notre vieux serviteur, se mit à sauter joyeusement autour de moi en poussant ses plus doux aboiements. Cela fit sortir le vieux sergent de sa loge.
— Eh bien?
— Un jeune homme le suivait, un étudiant, je crois.
— M. Adolphe Blancas.
— Blancas, oui. Le bonhomme est peu causeur de sa nature... Il s'approcha de moi pourtant, et me dit : « Monsieur le vicomte, vous allez là-bas? » Sur ma réponse affirmative, il ajouta : « Vous *le* verrez? — Oui. — Répétez-lui textuellement mes paroles. » — Je le lui promis. — « Ma jeune maîtresse, ajouta-t-il, a eu vent de *la chose*. »
— Edmée! s'écria Passe-Partout, malgré sa résolution de tout entendre sans rien interrompre.

— Après? après? cria le comte fébrilement.

— Elle veut aussi se rendre à Belleville, continua Rioban, parlant toujours au nom du père Pinson. Elle m'ordonne de l'y conduire. Je l'y conduirai. Son frère veut s'y rendre de son côté, j'en suis sûr. Dites-lui bien tout cela, à *lui*. Je compte sur vous. — Cela dit, il me salua et rentra dans sa loge. — Je lui ai promis de tout vous rapporter. J'ai tenu ma promesse. Vous êtes averti, maître. A vous de prendre les précautions nécessaires pour qu'il n'arrive rien aux êtres que vous protégez.

Rioban se tut.

Il aurait pu continuer ainsi longtemps encore. Sa voix eût porté dans le vide.

Passe-Partout, immobile, pâle, le regard fixe, semblait ne plus avoir conscience de ce qui se passait autour de lui.

Rioban attendit quelques instants, puis, s'approchant de lui, il lui prit doucement la main.

— Comte, lui dit-il, vous souffrez? Vous m'effrayez.

Le comte de Warrens poussa un long soupir, se frappa la poitrine à deux mains, et, jetant ce cri désespéré :

— Non! Dieu ne nous abandonnera pas! Non, tout n'est pas perdu!

Il secoua tout son être d'un effort irrésistible, comme un lion qui chercherait à rejeter loin de sa puissante poitrine les flèches empoisonnées et les balles meurtrières lancées par des ennemis cachés.

Ce fut tout.

Il retrouva sa force et son impassibilité.

— C'est fini, mon ami, ajouta-t-il en s'adressant au jeune homme stupéfié devant cette redoutable émotion. Vous m'avez annoncé de tristes, de terribles nouvelles. Merci à vous. Sans vos avis, d'immenses désastres auraient fondu sur nous. Merci encore. Oubliez tout ce que vous avez vu, et que nul de nos compagnons ne se doute de cet instant de faiblesse et de désespoir.

Rioban allait protester de son dévouement et de sa discrétion.

Passe-Partout l'interrompit :

— Je suis sûr de vous. Pas de serment! Pas de parole inutile. Il est temps d'agir.

Alors, faisant quelques pas en arrière, il arriva à l'entrée du boyau où se tenaient ses autres compagnons.

Là il jeta, de toutes ses forces, le cri de ralliement convenu avec la Cigale.

Un cri pareil lui répondit.

L'écho le lui apporta, vingt fois répété.

Peu après, un bruit de pas se fit entendre.

Passe-Partout détacha la torche du mur et l'éleva au-dessus de sa tête.

Le reste de sa troupe l'eut bientôt retrouvé et rejoint.

Dès qu'il vit réunis autour de lui, attentifs et silencieux, San Lucar, Mortimer, Martial Renaud, la Cigale, Mouchette et le vicomte de Rioban, il leur dit :

— Messieurs, c'est l'heure de la lutte. Êtes-vous prêts ?

— Oui, répondit pour tous le colonel Renaud.

— Il faudra livrer bataille.

— Cela nous fera passer le temps, repartit sir Harry Mortimer.

— Et ça vaut mieux que de jouer au bouchon, ajouta le gamin de Paris.

— Je sais, continua le chef des aventuriers, que combattre n'a rien qui vous effraye, mes amis. Mais ce n'est pas combattre en risquant la victoire ou la mort qu'il faut, c'est vaincre à coup sûr que je veux.

— Pas dégoûté! ricana Mouchette en faisant claquer sa langue contre son palais.

— Commandez, capitaine, et on sera vain... vain... queur, s'écria la Cigale dans un transport d'enthousiasme qui lui permit de ne bégayer qu'au dernier mot de sa phrase.

— Voici pourquoi je vous parle de la sorte, ajouta Passe-Partout. Là où je supposais ne rencontrer qu'une quinzaine ou une vingtaine d'adversaires, nous en rencontrerons le double, le triple, sans aucun doute.

— Il y aura du *tabac*, grommela le gamin en se frottant la cheville droite, geste qui lui donnait une pose à la Callot, mais qui dénotait chez lui une grave préoccupation.

— Que faire? quelles sont vos intentions? demanda Martial Renaud.

— Marcher en avant, répondit son frère.

— Marchons!

— Mais en égalisant approximativement les chances.

— De quelle manière?

Passe-Partout tira sa montre, et regardant l'heure :

— Il est bientôt une heure du matin.

— Pristi! M. Piquoiseux qui a cassé son grand ressort! fit Mouchette en portant la montre du défunt à son oreille. Pas de chance!

— A trois heures au plus tard, repartit le chef des Invisibles, il faut que nous soyons là-bas.

— On y sera, grommela le géant.

— Les nuits sont longues encore; nous aurons tout le temps nécessaire pour remplir notre tâche. Seulement...

— Voilà l'absinthe! pensa Mouchette.

— Seulement un de vous, messieurs, va nous quitter.

— Hein? gronda la Cigale.

— Retourner sur ses pas, continua Passe-Partout, sortir du puits et se rendre à notre lieu ordinaire de rendez-vous.

— Je ne le connais pas. Ce ne sera pas moi le commissionnaire, se mit à dire le gamin.

— Là, celui de vous, messieurs, qui se chargera de cette mission prendra toutes les mesures commandées par la prudence et fera en sorte de se trouver dix minutes avant trois heures dans le lieu que vous savez, avec le plus grand nombre possible de nos amis.

— Bon! à qui le gros lot? demanda Mouchette.

— Pschitt! fit le géant.

— Maître, qui chargez-vous de ce soin? questionna sir Harry Mortimer.

— Pas vous, Mortimer.

— Oh! tant mieux, fit l'Écossais avec un sentiment visible de satisfaction. Toute responsabilité épouvante ma paresse. Je suis un bras et non une tête, vous le savez, mon cher Passe-Partout.

— Je le sais, dit le chef des Invisibles. Martial, c'est toi que je choisis.

— Là ou ici, ma vie, mon bras et ma tête appartiennent à mes frères. Parle, j'obéirai, répondit simplement le colonel.

— En sa qualité de soldat, ajouta Passe-Partout en se tournant vers ses autres affidés, qui tous s'estimaient heureux de demeurer auprès de lui,

Martial a l'habitude des embuscades, des surprises et des coups de main. Je compte sur son exactitude.

— A trois heures moins dix, je vous retrouverai là-bas... ou je serai mort.

— Au revoir et bonne chance!

— Bonne chance à vous aussi, compagnons!

Et le colonel Martial Renaud prit sa course du côté du puits, dont l'ascension ne devait pas lui être aussi difficile, aussi pénible qu'au petit Mouchette, grâce au rétablissement de la double chaîne.

— Petiot, insuffla le colosse dans l'oreille du gamin, il va pleuvoir des calottes de chair, de bois et de plomb; si tu accompagnais le colonel?

— Voyez-vous ça! répondit le fils de la Pacline. Nononcle veut tout garder pour lui. Si c'étaient des calottes en velours, on les laisserait peut-être toutes à monsieur; mais des autres, m'en faut ma part, ou j'éteins le gaz une seconde fois.

— Tu ne t'appelles pas Mouchette pour rien, répliqua la Cigale, enchanté du premier jeu de mots qui sortait de ses lèvres; ces lèvres auraient pu être couleur de rose, mais, par le fait, elles tiraient sur la terre de Sienne ou sur le tabac d'Espagne.

Cependant on alla en avant, d'après l'ordre de Passe-Partout.

Mouchette trottinait en tête de la troupe, une lanterne sourde à la main.

La Cigale lui emboîtait le pas.

Le colosse tenait une torche élevée au-dessus de sa tête.

De la sorte, tout le cours du ruisseau desséché se trouvait éclairé par l'enfant, et le sommet de la voûte par le géant.

Puis, un à un, en *file indienne*, comme disent les Peaux-Rouges des grands déserts américains, marchaient les Invisibles à la suite du comte de Warrens.

Sir Harry Mortimer fermait la marche.

Tout en fumant un régalia authentique avec un flegme digne des brouillards de la Tamise, Mortimer regardait autour de lui avec une certaine curiosité.

Sir Harry Mortimer Mac Erlane était, nous l'avons déjà constaté, un Écossais pur sang, un terrible highlander, grand manieur de claymore, ce qui en faisait un véritable champion à la latte, à l'espadon, à l'épée, voire à la lance.

Dernier héritier du célèbre clan dont il portait le nom glorieux, il disposait de troupes et de troupeaux, d'argent et d'hommes, qu'il mettait à la disposition du chef des Invisibles, pour lequel il professait une amitié à toute épreuve, un culte tenant du fétichisme.

Passe-Partout le considérait comme un de ses plus fidèles.

Après la Cigale et Martial Renaud, sir Harry Mortimer arrivait en droite ligne dans le cœur de son chef.

Or, Mortimer fermant la marche, Passe-Partout n'avait pas besoin de s'occuper de son arrière-garde.

Cette marche avait réellement quelque chose de grandiose et de fantastique.

Il fallait, comme dit le poète latin, que ces hommes eussent un triple airain autour du cœur pour s'aventurer ainsi, sans hésitation, sans tressaillement, sans un mot d'appréhension, dans ce souterrain infect, percé à plus de trente pieds au-dessous du niveau du sol.

S'avançant à travers des obstacles toujours nouveaux, ils bravaient la mort à chaque pas.

Et quelle mort!

Non pas cette mort glorieuse, publique et triomphale du soldat qui tombe à ciel ouvert, aux yeux de tous ses compagnons d'armes, au grand soleil, mais une chute obscure, une fin muette et sourde, une agonie désespérée, une tombe humide et fangeuse.

Pas d'inscription qui rappelle votre mémoire aux yeux des étrangers et des indifférents?

Pas même une humble croix sur laquelle une main amie vienne déposer une couronne d'immortelles!

Rien!

Le néant!

L'oubli!

Les ténèbres éternelles!

O conscience du devoir bien rempli, de l'honneur satisfait, de l'humanité victorieuse, voilà ce que tu donnais à ces âmes, tranquillement héroïques, la force, la puissance, le courage de braver!

Ils marchaient!

Parfois, l'eau noire du ruisseau antique leur montait jusqu'à la ceinture.

Ils marchaient.

Des gouffres insondables s'ouvraient sous leurs pieds mal assurés.

Ils marchaient! ils marchaient!

Tantôt, obligés de ramper comme des serpents, ils se traînaient dans la boue séculaire qui donnait asile à des reptiles sans nom.

Tantôt, se cramponnant aux parois de la muraille, au sommet abaissé de la voûte, ils se sentaient le visage soufflété par des essaims de chauves-souris volant lourdement au-dessus de leur tête, avec des cris lugubres et saccadés.

Ils marchaient!...

Cela dura près de deux heures!

Deux longues, deux éternelles heures!

Et, depuis le colosse jusqu'au nain, depuis le chef des Invisibles jusqu'au dernier de ses affidés, pas un ne poussa un soupir, ne proféra une plainte, ne laissa échapper même un geste de dégoût.

Cependant, sauf la Cigale et Mouchette, ces hommes appartenaient aux heureux de ce monde!

Riches, nobles, ils étaient grands parmi les grands de la terre!

D'où leur venait cette abnégation complète de leur personnalité?

D'où ce renoncement à toutes les choses enviées et enviables?

De l'idée consciente qu'ils faisaient le bien, qu'ils remplissaient un devoir sacré.

De temps à autre, Passe-Partout consultait le plan que le colonel Renaud avait remis au comte de Warrens en son hôtel du quai Malaquais.

La troupe se dirigeait d'après ses indications.
Enfin le mot : *Halte!* se fit entendre.
Chacun demeura immobile.
Depuis quelque temps déjà, les aventuriers s'étaient engagés dans une manière de conduit, montant en pente assez rapide.
L'eau avait disparu.
Le sol boueux disparaissait, à son tour, sous une couche de sable fin.
Devant eux, un énorme bloc de pierre se dressait, obstacle insurmontable, porte gigantesque fermant l'issue du souterrain.
Impossible de pousser plus avant!
— Plus de torches! commanda Passe-Partout.
On éteignit les torches.
— Allumez les lanternes sourdes.
On lui obéit.
Alors le chef des Invisibles s'approcha du rocher, l'examina attentivement à l'aide d'une des lanternes, et se tournant vers la Cigale :
— Ton levier, là! lui dit-il, en indiquant un des angles où son œil venait de découvrir une marque imperceptible pour tous ses compagnons d'aventure.
Le géant fit une pesée.
Le rocher tourna sur lui-même.
— Passez! fit Passe-Partout.
Mortimer, San Lucar, Rioban, la Cigale et Mouchette sortirent, un à un, du souterrain.
Passe-Partout sortit le dernier.
— Ferme, Cigale!
La Cigale poussa doucement le roc, qui reprit sa première place sans produire le moindre bruit.

    V'lan! ça y est!
    Mon p'tit minet!
    V'lan ça y sera!
    Mon gros chat, chat!

chantonna Mouchette dans l'élan de sa joie.
Il venait d'aspirer cinq ou six grandes gorgées d'air pur.
Le brave enfant n'avait pas soufflé plainte ni mot, tant que personne ne s'était permis de souffler ni de parler.
Mais Passe-Partout venait d'ouvrir la bouche.
Impossible au gamin de tenir la sienne fermée.
Il se tut cependant, une fois son quatrain fredonné.
Les Invisibles se trouvaient au fond d'une grotte assez vaste.
Un rayon de lune traçait une ligne blanche, à vingt pas au plus de l'excavation qui leur servait d'abri.
— Nous voici dans la place, fit Passe-Partout à voix basse. Amis, jouons serré. Pas de bruit! pas un mot! réglez vos mouvements sur les miens.
Un silence de mort régnait parmi tous ces hommes.

Mouchette, furieux de ne pouvoir parler, se rapprocha du colosse, son camarade et son souffre-douleur, et lui pinça vigoureusement le molet gauche.

La Cigale ne bougea ni se retourna.

On l'aurait brûlé vif que, pour ne pas désobéir à son capitaine, il n'eût pas daigné laisser tomber un demi-gémissement sur ses bourreaux.

Ce stoïcisme attendrit le terrible *voyoucrate*.

— Allons! allons! fit-il à part lui... C'est pas si *rigolo* qu'au Petit-Lazari, mais je m'amuse tout de même. Faut voir la fin!

Un peu plus il criait : *La toile ou mes quatre sous!*

V

UNE HYÈNE PRISE AU PIÈGE

Le baron de Kirschmark et le général duc de Dinan avaient suivi la dame voilée.

Stupéfaits, consternés de voir leurs secrets à la merci d'une inconnue, ils lui avaient obéi avec une docilité et une promptitude auxquelles cette dernière ne devait assurément pas s'attendre.

Pourtant elle eut l'air de considérer leur acquiescement, leur obéissance, comme une conséquence toute naturelle de la visite à main armée qu'elle venait de leur rendre.

Pas un mot n'avait été échangé entre nos trois personnages depuis leur sortie de la maison.

Au bout de quelques minutes de marche silencieuse, ils atteignirent un kiosque placé au sommet d'une légère éminence entourée d'arbres, et dont les allées tortueuses formaient une espèce de labyrinthe.

Arrivée là, l'inconnue s'arrêta.

Les deux hommes qui réglaient leur conduite sur la sienne, leur pas sur le sien, firent comme elle.

Ils pénétrèrent tous les trois dans le kiosque.

Ce kiosque, sorte de vide-bouteille, en bois brut à l'écorce intacte, était éclairé par des fenêtres de style ogival dont les vitres taillées en losanges se soudaient les unes aux autres au moyen de rainures de plomb.

Rien n'était allumé dans ce réduit isolé.

Cependant les rayons de la lune, filtrant à travers le vitrage, y faisaient pénétrer une lueur assez forte pour qu'on ne se trouvât pas dans une obscurité complète.

Quelques instants suffisaient pour se familiariser avec cette demi-obscurité.

Un divan circulaire bordait l'intérieur de ce lieu de retraite.

Une table en chêne, surmontée d'un lustre antique, en composait, avec le divan, tout l'ameublement.

— Prenez la peine de vous asseoir, messieurs, et causons, dit la dame voilée, restant debout et s'appuyant contre la table.

Le baron et le duc prirent place sur le divan.

— Où diantre sommes-nous? demanda le premier en cherchant à s'orienter.

— M. le baron de Kirschmark ne se retrouve pas, ne se reconnaît pas dans sa propre demeure? répliqua la voix railleuse de l'inconnue.

— Je m'y reconnaîtrais si l'on ouvrait la fenêtre.

— Ouvrez-la, si vous trouvez la chaleur trop violente.

— On gèle!

— Et si vous désirez que, le hasard aidant, un espion égaré volontairement dans ces parages entende tout ce qui se dira ici.

— Je n'y tiens pas.

— Taisez-vous alors! fit rudement le faux duc de Dinan, et laissez madame s'expliquer.

— Je ne demande pas mieux. Que madame s'explique...

— Sur quoi? demanda-t-elle.

— Sur la raison qui vous a poussée à vous introduire par surprise...

— Dites : par force.

— Par force, soit, dans cette maison.

— A qui avons-nous affaire? questionna Kirschmark.

— De quel droit êtes-vous ici? ajouta le général.

La dame voilée restait calme sous cette avalanche d'interrogations, qui menaçaient de tourner en invectives.

Quand ses deux interlocuteurs se furent tus, elle répondit avec la plus grande froideur :

— Vous me semblez bien curieux, mes beaux messieurs. Depuis quand, dans une entrevue pareille à la nôtre, la partie qui tient le haut du pavé est-elle obligée de s'incliner devant celle qui le lui cède?

— Madame! fit violemment le duc.

— Laissez-la donc parler, lui murmura vivement le baron à l'oreille.

— Quoique la moitié de vos questions me soit adressée par S. Exc. M. le duc de Dinan, auquel je ne donne le droit ni de m'interroger ni de se gendarmer contre ma présence, je consens à lui donner jusqu'à un certain point les renseignements qu'il me demande.

— C'est heureux! grommela ce dernier.

— Voyons.

— Vous désirez savoir qui je suis, messieurs. Je suis une femme qui a l'habitude de faire tout ce qui lui convient. Vous cherchez à deviner le but de ma présence dans cette demeure mystérieuse et triste? Je n'y suis venue que parce que mon bon plaisir. ma fantaisie m'y ont amenée, Là! j'ai parlé! Êtes-vous plus avancés maintenant?

— Je connais cette voix! se disait à part lui le duc de Dinan, fouillant dans ses souvenirs.

— Voilà des raisons qui n'en sont pas, riposta timidement le banquier.

— En voulez-vous d'autres?

— Toutes réflexions faites, rien ne m'oblige à vous apprendre le motif de ma présence.

— Mais... oui !
— Voici.
Les deux hommes se rapprochèrent machinalement l'un de l'autre.
Il leur semblait qu'en se serrant ils tiendraient mieux tête à l'attaque qu'ils allaient avoir à soutenir.
L'inconnue sourit.
Elle ne recula ni n'avança d'une ligne.

Le duc de Dinan l'invita, du geste, à prendre place sur le divan.

Après avoir remercié, elle reprit :

— Toutes réflexions faites, rien ne m'oblige à vous apprendre le motif de ma présence.

— Alors..., dit impatiemment le duc.

— Qu'il vous suffise de savoir que si un intérêt grave vous a réunis tous les deux dans cette demeure, où M. le baron de Kirschmark ne met pas les pieds une fois par an, où M. le duc de Dinan n'est venu que cette nuit, un intérêt non moins grave m'y attire.

— Et cet intérêt ?

— Ne concernant que moi, je n'éprouve nullement le besoin de vous en donner connaissance.

— Baron, nous perdons notre temps ici, fit le général en se levant, c'est une farce de carnaval, une banale intrigue qui met ce voile sur le visage de madame; partons...

Kirschmark se leva.

— Restez ! s'écria l'inconnue.

Instinctivement, les deux hommes, qui touchaient déjà à l'entrée du kiosque, se retournèrent.

— Restez ! Je le veux.

— Au diable ! grommela le banquier.

— Non, madame, adieu.

Au moment où ils allaient disparaître, elle prononça lentement ces mots :

— Restez, Yvon Kernock.

Le baron revint sur ses pas.

— Restez, colonel Macé.

Le duc, frémissant, imita le baron.

Elle continua :

— Ces deux noms vous disent que votre passé m'appartient.

— Oh ! je saurai qui...,

— Vous ne saurez rien, Macé le Boucher, qui aujourd'hui tranchez du comte de Lestang, du duc de Dinan; vous ne saurez rien, Yvon Kernock, qu'on appelle aujourd'hui Kirschmark, le baron millionnaire.

— Otez ce voile, madame ! cria le duc, s'élançant vers elle et étendant le bras.

— Je ne l'ôterai pas, monsieur; non point que je redoute une reconnaissance aujourd'hui même. Vous ne me connaissez pas. Vous ne m'avez jamais vue.

— Que vous importe, alors ?

— Mais nous pouvons nous rencontrer plus tard, et je ne veux pas que vous puissiez dire : C'était elle.

— Vous ne voulez pas !

— Non, duc ! votre ignorance fait et fera ma force. Pourquoi me désarmer ? En cas de besoin, je vous le déclare, je compte user de cette force contre vous et contre votre associé.

— Par Dieu qui nous entend ! hurla le duc hors de lui, je...

— Dieu ne se mêle pas de vos affaires, monsieur le duc, répondit l'inconnue de son ton le plus sardonique, et cette indifférence divine est votre seule chance de réussite.

Le baron, plus fin que son complice, cherchait à percer les ténèbres qui lui cachaient les traits de cette femme, son ennemie ou son amie la plus dangereuse.

Mais la nuit et l'épaisseur du voile noir lui servaient doublement de bouclier.

Le banquier vit qu'il fallait capituler.

Il attendait le moment de traiter aux meilleures conditions.

— Vous le comprenez à présent, ajouta-t-elle, je vous tiens.

— C'est vrai, dit franchement Kirschmark.

— Je puis vous perdre.

— Ou nous tirer d'un mauvais pas.

— Vous l'avez dit. Voulez-vous mon aide? Me voulez-vous contre vous? Répondez, mais répondez vite. Le temps presse; réfléchissez pendant que je vous parle. Il me faut un *oui* ou un *non*, bien clair, bien précis.

— Vous êtes seule, vous, femme, entre deux hommes résolus, armés; ne les réduisez pas au désespoir! fit le duc en se contenant de son mieux.

— Seule! fit-elle ironiquement, vous êtes certains du contraire. Entre deux hommes, oui, mais entre deux hommes qui tremblent, et dont, à mon premier geste, à mon premier cri, la vie ne pèserait pas un fétu.

Le duc et le baron comprirent qu'elle disait vrai.

Il n'y avait pas de temps à perdre.

Ils allèrent droit au but.

— Si vous ne consentez pas à nous expliquer l'intérêt, la raison qui vous jette dans nos secrets et dans notre parti, nous apprendrez-vous au moins quel danger nous menace?

— Avant peu, les *Invisibles* seront ici, répondit-elle sèchement.

Tout préparés qu'ils fussent à cette nouvelle, le duc et le baron se regardèrent effarés.

— Comment le savez-vous?

— Que vous importe? Je le sais. Cela doit vous suffire.

— Il nous sera impossible de nous entendre, madame, si, tout au moins pour ce qui concerne nos intérêts communs, nous ne jouons pas cartes sur table.

— En cela vous avez raison, monsieur le duc, repartit la dame voilée après un court instant de silence.

— Qui vous a si bien renseignée?

— M. Jules!

— Lui seul?

— Un autre encore... Il n'y a donc pas l'ombre d'un doute, pour moi, sur leur arrivée prochaine. Si le pavillon où nous nous trouvons en ce moment n'était pas gardé par vingt hommes sûrs et m'appartenant, je ne m'étonnerais pas de les voir surgir dans l'ombre au milieu de nous.

Le duc de Dinan, sentant la vérité des paroles de l'inconnue, céda la parole au banquier.

Celui-ci alla droit au fait :

— Cela admis...

— Vous l'admettez donc?

— Procédons par hypothèse, madame, en partant de l'inconnu nous arriverons au connu, répliqua son interlocuteur, qui faisait de l'esprit sans le savoir.

— Continuez.

— Cela admis, à quel prix mettez-vous le secours que vous vous offrez... à notre corps défendant?

— Je ne vous poserai qu'une seule condition.

— Laquelle?

— Avant de la poser, j'aurai une question à vous adresser.

— Dites, madame.

— La maison où nous sommes appartient à M. le baron Kirschmark, n'est-il pas vrai?

— A moi, oui.

— Le kiosque aussi, naturellement?

— Naturellement.

— Ce kiosque me plaît.

— Ravi, madame, qu'il soit de votre goût, répliqua le banquier, qui ne comprenait pas où son interlocutrice désirait en venir.

— Je vous l'achète.

— Hein? quoi?

— Je vous l'achète.

— Le kiosque? fit le banquier étonné.

— Le kiosque, oui.

— Mais le kiosque tient au parc.

— J'achète le parc.

— Mais le parc attient à la maison, au château.

— Eh bien! j'achète le château, la maison.

— Vous achetez tout, madame?

— Tout. Combien l'estimez-vous?

— Cent... deux cent mille francs... au moins.

— Je prends le kiosque, le parc, la maison, dans l'état où ils se trouvent?...

— Comment?

— Vous me comprenez bien...

— Parfaitement.

— Sans que vous ayez le droit d'en enlever une épingle.

— Vous plaisantez, madame.

— Non pas, baron, je vous ai dit que nous n'avions pas le temps de rire. Est-ce marché conclu?

Kirschmark ne savait plus où donner de la tête.

— Ma maison n'est pas à vendre, finit-il par répliquer.

— Je vous en donne trois cent mille francs.

— Impossible.
— Quatre cent mille!
— Non!...
— Cinq cent mille, dit tranquillement la dame au voile.
— Vous êtes donc bien riche? s'écria le baron, qui rugissait intérieurement de se voir obligé de refuser une si bonne aubaine.
— Consentez. Je paie dans une heure.
Kirschmark frissonnait.
Des gouttelettes de sueur froide perlaient à la racine de ses cheveux.
Un violent combat se livrait dans son for intérieur.
— Non; décidément non, se décida-t-il à répondre; je vous le répète, ma maison n'est pas à vendre.
— Allons! allons! riposta l'inconnue avec calme, on m'avait bien dit que vous teniez à cette propriété.
— Dame... oui.
— Je le vois bien. Et vous y tenez outre mesure.
— Je désire la garder pour le moins autant que vous désirez l'acquérir, fit le banquier avec un sourire moitié fin, moitié soupçonneux.
Le duc de Dinan, qui connaissait de longue date l'avarice proverbiale et l'âpreté au gain du baron millionnaire, restait stupéfait devant cet entêtement et ce désintéressement.
Cette dernière qualité surtout était tellement en dehors du caractère de son complice, que d'étranges idées se mirent à germer dans son esprit.
Il avait écouté distraitement jusque-là l'entretien du baron et de la dame voilée.
A partir de ce moment, il y prêta une attention soutenue.
Une rafale de mauvaise musique passa sur la tête de nos trois personnages : l'*Ile d'amour* et le *Grand-Vainqueur* luttaient à coups de fausses notes. Quand le vent l'eut emportée, l'inconnue reprit :
— C'est bien. La maison est à vous. Libre à vous de la vendre ou de la garder. N'en parlons plus.
Kirschmark respira.
— C'était une fantaisie. Je m'en passerai.
— Croyez à mes regrets.
— Bien, bien, nous recauserons de cela plus tard, si nous nous trouvons à même de débattre cette question une seconde fois.
— Espérons que...
— Revenons à la condition que j'ai à vous poser.
— Cette condition... ce n'est donc pas l'achat de...
— Vous êtes fou, baron, dit l'inconnue avec un éclat de rire, dont la note aiguë et pleine de raillerie fit courir un frisson d'épouvante dans les veines de ses deux auditeurs.
— Nous vous écoutons, madame.
Elle allait continuer.
Un léger bruit la força à s'arrêter.
Elle leur imposa silence du geste.

Le duc et le baron demeurèrent immobiles.
Un homme parut à l'entrée du kiosque.
Il était masqué, lui aussi.
Il s'approcha de la dame voilée, échangea rapidement avec elle quelques mots dans une langue inconnue des deux autres, puis il sortit.

— Messieurs, ajouta l'inconnue, l'heure du péril approche. On vient de m'en avertir. Des gens suspects rôdent autour des murs qui entourent le parc et la maison. Décidez-vous.

— Au nom de Dieu, madame, cette condition, quelle est-elle? demanda le banquier avec une angoisse que l'approche du danger rendait croissante.

— Dites, madame, dites, fit le général.

— Je crois que le moment est venu de vous l'apprendre, répondit-elle sans pouvoir déguiser une pointe d'ironie victorieuse. En vérité, il me semble impossible que vous ne l'acceptiez pas.

— Parlez!

— Voici ce que je demande, ce que je désire, ce que je veux, monsieur le baron de Kirschmark, monsieur le duc de Dinan, voici ce que je veux...

Les deux hommes buvaient chacune de ses paroles.

Elle allait achever.

Une voix forte se fit entendre au lieu de sa voix pleine d'harmonie, même dans ses moments les plus impétueux.

Cette voix ne prononça qu'un seul mot :

— Inutile!

Et les fenêtres du kiosque volèrent en éclats, et des hommes armés jusqu'aux dents, la figure barbouillée de suie ou masquée par un loup noir, apparurent, élevant des lanternes sourdes à hauteur de tête de la dame voilée.

L'âme de ces lanternes convergeant vers le centre du kiosque, les nouveaux venus demeuraient dans l'ombre, tandis que les trois complices se trouvaient dans un cercle de lumière.

Aucun de leurs mouvements ne pouvait, de la sorte, échapper à leurs adversaires.

A cette voix, à ce mot, l'inconnue se retourna comme une hyène prise au piège.

— Démon! s'écria-t-elle.

— Les Invisibles! murmura Kirschmark en se laissant tomber sur le divan qui se trouvait derrière lui.

— J'aime mieux cela; au moins ce sont des hommes! fit le duc retrouvant toute son énergie et sa bravoure d'ancien soldat en présence du danger et de la lutte prochaine.

Et il mit le pistolet au poing, attendant le premier mouvement agressif de ses adversaires.

La même voix railleuse et tranquille reprit :

— Madame la comtesse de Casa-Real daignera-t-elle nous donner quelques minutes d'audience?

La comtesse, c'était bien elle, ne répondit rien.

Puis, jetant un cri de rage étouffée, se ramassant sur elle-même, elle tira un poignard de son sein, un de ces criss malais à la piqûre empoisonnée, et elle se rua l'arme haute sur l'homme qui venait de parler et qui se tenait immobile à l'entrée du kiosque.

VI

MOUCHETTE TÉNOR LÉGER

Le personnage sur lequel la comtesse Hermosa de Casa-Real s'était précipitée avec tant de furie était perdu, si la pointe de l'arme empoisonnée avait effleuré son épiderme.

Il comprit le danger terrible qui le menaçait.

Il connaissait de longue date ce poignard malais.

Il savait que la créole ne se lançait jamais dans une de ces aventures mortelles sans avoir en main le moyen de faire payer cher sa défaite.

La laisser arriver jusqu'à lui, c'était se livrer à une mort certaine, à une mort horrible.

Tirer sur elle comme sur un homme, c'était impossible, c'était lâche !

Passe-Partout (nos lecteurs l'auront bien reconnu) ne pouvait ni ne devait le vouloir.

Il fallait prendre pourtant une résolution rapide comme les mouvements félins de son implacable ennemie.

Elle n'était plus qu'à deux pas de lui.

Son bras se levait pour frapper.

La lame bleuâtre, acérée, se balançait dans l'air.

Tous les spectateurs de cette scène imprévue, amis ou adversaires du chef des Invisibles, haletaient, immobiles, dans l'attente d'un dénoûment qui ne pouvait être que sanglant.

Au geste que fit Passe-Partout, la comtesse de Casa-Real dut croire comme eux que si elle manquait son coup, si elle ne le tuait pas, elle était morte.

Il n'en fut rien.

Passe-Partout venait bien de lever sur la créole une main armée d'un pistolet qui ne laissait jamais échapper vainement une balle.

Mais, au lieu de viser la femme, ce fut le criss malais qu'il chercha à atteindre, et, chose incroyable! il l'atteignit.

En deux fois moins de temps qu'il ne nous en faut pour raconter cette preuve d'adresse merveilleuse, la créole se trouva arrêté dans son élan, et ne tenant plus à la main que le manche de cette arme mortelle sur laquelle s'étayait sa soif de haine et de vengeance.

La lame, brisée par la balle de Passe-Partout, avait volé en éclats.

La comtesse de Casa-Real ne pouvait en croire ses yeux.

Elle ne cessait de jeter ses regards tantôt sur sa main désarmée, tantôt sur l'homme qui la bravait si audacieusement, et lui faisait grâce de la vie au moment où elle se croyait maîtresse de la sienne.

La rage, le désespoir, toutes les passions mauvaises lui montèrent du cœur au cerveau.

Elle voulut parler, elle ne le put pas.

Toute son énergie se fondit dans un geste de menace terrible qu'elle adressa à Passe-Partout, impassible et immobile sur le seuil du kiosque.

Un cri s'échappa enfin de sa gorge oppressée; elle fit un pas, et, vaincue par les événements successifs qui venaient de se passer, de détruire ses espérances et de la terrasser au moment où elle se croyait victorieuse, elle tomba évanouie sur le parquet.

— Il sera toujours difficile de s'entendre avec une nature... primitive, dit le comte de Warrens de sa voix la plus tranquille. Çà ! deux hommes de bonne volonté pour transporter Mme la comtesse de Casa-Real jusque dans une des salles du château où il sera possible de lui donner les soins nécessaires.

Deux hommes entrèrent.

A l'un d'eux, Passe-Partout donna des instructions qui ne furent pas entendues des autres assistants.

Ils prirent la créole; puis, la posant sur un des coussins du divan, le premier des compagnons de Passe-Partout lui appuya la tête sur son épaule, et soulevant le coussin à l'aide de l'autre, ils quittèrent le kiosque au milieu d'un silence général.

Ni le duc ni le baron n'osèrent élever la voix ou s'entremettre pour savoir ce que réellement le chef des Invisibles avait décidé sur le sort de la créole.

Ils avaient bien assez de se tirer eux-mêmes d'affaire.

Ses deux affidés partis emportant la comtesse de Casa-Real Passe-Partout fit un signe; les porteurs de lanternes disparurent.

Il demeura seul avec les deux personnages dont la comtesse voulait faire ses alliés ou ses complices.

Pour eux, ils se sentaient tombés de Charybde en Scylla. Ils en étaient venus à regretter cette femme qui tout à l'heure les tenait tremblants sous sa parole hautaine et impérieuse, cette femme qui connaissait leur vie passée, leur vie mystérieuse et dont eux ils ne savaient maintenant que le nom.

Ce nom, du reste, ne leur avait rien appris.

Ils avaient eu beau se creuser la cervelle pour deviner ou se rappeler par quel fait de leur existence aventureuse la créole se trouvait avoir besoin de leur secours.

Ils ne devinaient rien.

Ils ne se souvenaient de rien.

Force leur fut de se concentrer pour répondre de leur mieux au nouvel antagoniste qui venait de surgir devant eux.

— Maintenant que nous voici seuls, et entre hommes, nous allons nous entendre rapidement, messieurs, leur dit celui-ci, se jetant sans façon sur le divan, à la place qu'ils occupaient eux-mêmes pendant leur entretien avec la comtesse.

— C'est tout notre désir, répondit le banquier.

— Madame la comtesse daignera-t-elle me donner quelques minutes d'audience ?

— Vous allez tout d'abord remettre dans vos poches ou à votre ceinture des armes qui ne pourraient que vous attirer un traitement... désagréable.
— Pardon, fit le duc, mais je ne...
— Je vous ai dit, monsieur, que nous n'avions pas de temps à perdre. Veuillez bien ne pas me forcer à répéter, à réitérer des prières qui deviendraient des ordres au besoin.

— Pardieu!...

Le banquier saisit le bras de son compagnon d'infortune et répliqua pour lui :

— Vous excuserez mon ami le général, monsieur... monsieur...

— Passez, monsieur le baron, passez... mon nom n'est d'aucune utilité dans l'occurrence présente.

— Ainsi, nous allons signer un traité où nous n'apposerons que nos signatures...

— Vous verrez, baron, que vous n'en serez pas moins engagé pour cela, fit Passe-Partout sur le ton de la plus parfaite amabilité.

— Hum! gronda le duc avec rage, si je m'en croyais...

— Si vous m'en croyez, intervint encore Kirschmarck, qui voulait avant tout se sauvegarder de la violence naturelle du faux duc de Dinan, si vous m'en croyez, vous suivrez mon exemple.

— Et cet exemple?

— Le voici. Quand on n'est pas le plus fort, voyez-vous, cher ami, il faut être le plus confiant.

— Parfait! dit Passe-Partout. On ne parle pas plus logiquement.

— Enfin? demanda le général.

— Enfin... attendez et imitez-moi.

Ce disant, le banquier sortait de ses poches deux admirables petits revolvers à six coups qui, dans les mains d'un homme résolu, valaient une escorte de garde civique, et il les déposait sur la table.

— Rendre mes armes! cria le duc.

— Non pas les rendre, les donner, les confier à monsieur...

— Qui vous les rendra, lui, ajouta Passe-Partout en riant, quand vous n'aurez plus l'idée de vous en servir à votre propre détriment.

— Jamais! dit le duc.

— Jamais? demanda tranquillement son adversaire.

— Jamais!

— *Compagnons de la lune!* fit Passe-Partout.

Sur ces quatre mots, prononcés sans la moindre violence, comme s'ils n'eussent même pas été un appel, le duc se sentit saisi par trois hommes qui, malgré sa résistance désespérée, le réduisirent à l'immobilité la plus complète.

— Lâches! hurlait-il; lâches! qui vous mettez vingt contre un!

— Nous ne sommes pas des lâches, monsieur, puisque nous vous laissons nous insulter sans nous résoudre à toucher un des cheveux de votre tête; mais nous serions des imbéciles si, à un lutteur de votre trempe et de votre caractère, nous laissions des moyens d'action et d'attaque comme ceux que vous portez à votre ceinture.

— Misérables lâches! criait le général au comble de l'exaspération.

— Encore! fit le chef des Invisibles; votre ami finira pas lasser la patience des miens, monsieur le baron. Rendez-lui donc le service de le désarmer de vos propres mains, afin que cette petite opération lui paraisse moins désagréable.

— Volontiers, répondit Kirschmark.

Peu d'instants après, tous les engins de guerre qui garnissaient la ceinture du faux duc de Dinan avaient rejoint les revolvers du banquier.

— Là, causons raison maintenant.

Sermonné à outrance par le banquier, tremblant pour sa peau et pour ses millions, le général consentit à se calmer et à écouter ce qui allait se dire entre lui et leur adversaire victorieux.

Mais il était écrit que, cette nuit-là, le baron de Kirschmark et le prétendu duc de Dinan n'auraient pas le mot de la charade qui se jouait autour d'eux.

Ils s'étaient vus, peu d'instants auparavant, dans l'obligation de courber la tête sous les exigences de la comtesse de Casa-Real.

Ils se voyaient, à présent, forcés de passer sous les fourches caudines du chef des Invisibles.

Et cela sans se douter, en quoi que ce fût, du motif qui leur avait suscité ces redoutables ennemis.

Pour les Invisibles, à la rigueur, les deux complices comprenaient leur apparition, en qualité d'alliés des vrais Dinan de Lestang, quoique à tout prendre ils ne se rendissent pas un compte exact de l'intérêt propre que les membres de cette société pouvaient avoir dans cette restauration tardive.

Quant à ce qui concernait la créole, ils jetaient, selon le pittoresque langage de maître Mouchette, *leur langue aux chiens*.

Il était donc écrit qu'ils ne sauraient rien.

En effet, à l'instant même où Passe-Partout ouvrait la bouche pour entamer le premier article de leur traité, un sifflement aigu se fit entendre.

Le cri de ralliement s'échangea entre un des porte-lanternes et le siffleur mystérieux.

Le mot d'ordre fut donné.

Passe-Partout se tut et se leva vivement.

Il sentait planer sur sa tête un orage imprévu.

Il allait appeler, questionner ses sentinelles, quand une ombre falote bondit au milieu du kiosque.

— Mouchette! murmura le chef des Invisibles.

— Moi, patron!

— Qu'y a-t-il, mon enfant?

— Je puis parler? fit le gamin en montrant le baron et le général, qui ne savaient pas à quel saint se vouer.

Leur position tournait toujours dans un cercle tellement vicieux qu'il leur était impossible de s'intéresser à un parti plutôt qu'à l'autre.

Il y avait réellement de quoi se donner au diable!

Cette maison isolée, cette retraite où nulle âme vivante ne pénétrait trois cent soixante-quatre jours sur trois cent soixante-cinq, devenait un rendez-vous général, le jour même qu'ils avaient choisi pour régler définitivement leur position respective.

A la question de Mouchette, Passe-Partout répondit avec son inaltérable sang-froid :

— Explique-toi, mon enfant, ces messieurs seront discrets.

— Ils l'ont promis?
— Non, je te le promets pour eux.
Kirschmark poussa un soupir d'inquiétude.
Le général sacra un de ses plus beaux jurons.
Mouchette reprit :
— Patron, il faut *filer*.
— C'est ce que je compte faire avant peu.
— Il faut *filer* tout de suite.
— Pourquoi?
— Les frelons ont déniché la ruche en l'absence des abeilles.
— Les frelons?
— Les *mouches*, si vous voulez.
— Parle plus clairement! s'écria Passe-Partout avec un commencement d'impatience.
— Le *club de la rousse!* quoi! les *frangins* à Coquillard! la police... la contre-police, si vous aimez mieux.
— Ah! ah! tu les as vus?
— Vus! entendus! suivis et devancés! répondit le fils de la Pacline, avec un noble orgueil.
— Et Charbonneau-Coquillard est encore à leur tête?
— Oui... j'en croyais à peine mon orbite gauche... Il faut que la sienne, de tête, soit en caoutchouc. Il ne se ressent seulement pas des atouts qu'il a reçus.
Le comte réfléchit un moment.
Puis, se tournant vers Mouchette, il lui dit :
— Écoute, petit.
L'enfant s'approcha de lui.
Le comte lui donna ses instructions à voix basse.
— Suffit! fit Mouchette en battant un entrechat.
— Tu m'as bien compris?
— Oui, mon général.
— Encore une fois, n'est-ce pas, tu es bien certain que la route nous est coupée du côté de la grotte par où nous sommes arrivés?
— Pas encore, patron.
— Bien, qu'on veille de ce côté-là surtout, tu m'entends?
— Alors, nous allons recommencer! répliqua Mouchette, dont le naturel moqueur ne pouvait longtemps se contenir, même en face de son chef, de cet homme qu'il regardait presque comme un demi-dieu.
— Drôle! fit Passe-Partout gaiement... tu as raison... Va et sois fidèle.
Le gamin partit à toutes jambes.
Il ne tarda pas à disparaître à travers les arbres.
— Compagnons, en retraite du côté de la maison, dit alors le chef des Invisibles. Là nous pourrons attendre nos renforts.
Voyant qu'on allait exécuter ce mouvement de retraite, le baron de Kirschmark éleva la voix pour demander ce que lui et son complice avaient à faire?

Les laissait-on libres de se retirer?
Fallait-il qu'ils s'engageassent d'honneur à ne point se réunir aux ennemis de Passe-Partout?
— Vous nous suivrez, lui répondit ce dernier.
— Permettez, mais il va y avoir rencontre, lutte peut-être... s'écria le banquier avec un léger frisson d'appréhension.
— C'est probable.
— Comment! c'est probable! mais je ne suis pas un homme de guerre et de sang, moi!
— Eh bien! vous recevrez les coups, vous n'en donnerez pas. Voilà tout.
— Charmante plaisanterie! murmura Kirschmark. Voyons, messieurs, entendons-nous. Que voulez-vous de nous, en somme?
— Vous le saurez plus tard en nous suivant. Finissons-en.
Sur un signe de Passe-Partout, deux hommes s'approchèrent du baron, deux autres du duc. Ils tenaient des cordes.
— Prétendez-vous porter la main sur moi? demanda le duc.
— Un peu! répondit la Cigale en lui mettant la main sur l'épaule.
Le complice de Kirschmark voulut essayer de résister.
Ce fut en vain.
Le géant le maîtrisa aussi facilement qu'une femme joue avec un enfant de cinq ans.
Le banquier terrifié n'essaya pas l'ombre de résistance.
En dix secondes, on leur mit ce que le digne M. Jules appelait si pittoresquement les *poucettes de l'amitié*.
— Si jamais je vous rencontre seul et face à face, hurla le faux duc de Dinan à Passe-Partout, qui ne s'occupait que des précautions à prendre pour se tirer du guêpier où il avait entraîné ses affidés, je vous tuerai.
— Moi, monsieur?
— Vous... et comme un chien!
— On tue comme on peut.
— Je vous le jure!
— Vous en êtes bien libre.
— Foi de gentilhomme!
— Vous êtes donc gentilhomme, monsieur le duc? dit simplement Passe-Partout.
Ce dernier trait démonta son prisonnier.
Il tomba de toute la hauteur de sa colère, et ne trouva plus rien à répondre.
La conscience de sa honte et de son impuissance, la conviction que le chef des Invisibles savait aussi à quoi s'en tenir sur son méprisable passé, lui donna un coup de massue.
Il se renferma dans un silence farouche.
— La Cigale, Mortimer! appela Passe-Partout.
Le géant et l'Écossais vinrent prendre ses ordres.
Pendant qu'il les leur donnait, la musique et la danse menaient toujours grand train dans les guinguettes environnantes.

On entendait par intervalles les cris de danseuses échevelées et les hurlements éraillés des buveurs fatigués, mais non assouvis.

Passe-Partout et ses quatre fidèles compagnons entraînèrent le banquier et le général du côté de la maison isolée.

Les Invisibles n'étaient pas en nombre.

Mais, aussi braves les uns que les autres, ils ne reculaient devant aucun obstacle.

Chacun d'entre eux comptait sur son frère d'armes. Il y comptait jusqu'à la mort.

La Cigale tenait, pour ainsi dire, en laisse le faux duc de Dinan.

Mortimer était préposé à la garde du banquier, prisonnier plus commode.

Ils avaient tous deux l'ordre de leur faire sauter le crâne au premier cri, au premier geste impliquant une intention de traîtrise.

Les deux prisonniers étaient prévenus.

On marchait dans le plus profond silence.

Passe-Partout éclairait la marche.

Rioban et San-Lucar le suivaient, l'arme au poing.

Derrière eux venaient Mortimer et la Cigale avec leurs prisonniers.

Au moment où leur petite troupe sortait d'une allée étroite et sombre, et où elle allait s'engager sur une pelouse se prolongeant jusqu'au fronton du château, ces mots retentirent à leurs oreilles :

— Arrêtez ! au nom de la loi !

Les Invisibles demeurèrent immobiles.

Le baron et le duc firent comme eux, quelque envie qu'ils eussent de les planter là bel et bien.

Mais ils sentaient le froid du canon de l'arme tenue par Mortimer et par la Cigale.

Passe-Partout fit un pas en avant.

Il se trouva en présence d'une dizaine d'individus armés jusqu'aux dents.

— Qui êtes-vous ? Que voulez-vous ? demanda-t-il.

— Cela ne vous regarde pas, répondit celui qui paraissait le chef de cette escouade rangée sur une seule ligne. Bas les armes !

— Vous dites ?

— Bas les armes !

— Mais pour nous rendre à votre gracieuse invitation, sylphe, lutin, caporal de la garde nationale, ou qui que vous soyez, il faudrait en avoir.

— Avoir quoi ?

— Des armes.

— Et vous n'en avez pas ?

— Comme vous le constatez, sylphe, lutin ou...

— Avez-vous fini *vos farces*, vous, là-bas ?

Le chef des Invisibles, tout en répondant d'une façon distraite, évasive, légère, aux questions qui lui étaient adressées, jetait un regard investigateur autour de lui.

Tout était tranquille.

Il chercha à percer les ténèbres.

Aucun bruit.
Il fallait gagner du temps. Ce n'était pas chose facile.
— Vous décidez-vous? demanda une seconde fois le chef de la troupe opposée.
— Oui.
— Vous vous rendez?
— Sans aucun doute.
— A la bonne heure. Avancez à l'ordre.
Passe-Partout avança.
— Pardon, fit-il de son air le plus innocent, je n'ai pas besoin de vous prier de vouloir bien nous exhiber le mandat en vertu duquel vous nous arrêtez.
— Un mandat?
— Sans doute; vous devez en avoir un.
— J'en ai un.
— Puis-je le voir?
— Ici, à la belle étoile! répliqua l'autre en ricanant; vous n'y verriez pas assez pour le déchiffrer.
— J'essayerai.
— On vous le montrera à l'ombre.
— Ça ne nous changera pas, fit le plus doucement du monde Passe-Partout, qui voyait grouiller quelque chose dans le lointain.
— Voyons, pas tant de raisons! fit brutalement son interlocuteur, obéissez!
— A qui?
— A moi. Rendez-vous, ou sinon...
Tout à coup une voix stridente s'éleva dans la nuit.
— Hein! qu'est-ce que c'est que ça? fit le chef des arrivants.
La voix chantait ou plutôt détonnait les couplets d'une romance bien connue alors dans les rues de Paris :

> Du haut en bas,
> C'est moi qui ramone,
> Pour peu qu'on me donne,
> Voilà mes deux bras.

Cette chanson avait une signification secrète pour le chef des Invisibles, car, aux premières notes, il se replia vers les siens, en murmurant :
— Attention!
Le chanteur nocturne continua en se rapprochant :

> Ainsi, tout couvert de suie,
> Le pauvre Jacquot chantait,
> Et bravant le froid, la pluie,
> Gaiement dans ses doigts soufflait.

— C'est Moumou! fit la Cigale.
— Silence! murmura Passe-Partout.

— Au diable le hibou et sa chanson, gronda le chef de la troupe ennemie.

La voix reprit, plus rapprochée :

> C'est qu'il pensait à sa mère
> Qui tout là-bas l'attendait,
> Et Jacquot, dans sa misère,
> Tout bas, tout bas, répétait :
> Du haut en bas,
> C'est moi qui ramone,
> Pour peu qu'on me donne,
> Voilà mes deux bras !

C'était bien Mouchette qui chantait.

Il apparut bientôt après.

Et, les mains dans ses poches, reprenant son air en sourdine, le nez au vent, il s'avança insoucieusement entre les deux troupes rivales et prêtes à se charger.

— Va-t'en de là, crapaud ! cria le chef de la seconde troupe.

— Plus que ça d'histoire naturelle ! riposta le gamin ; monsieur m'honore !

— Ote-toi, nom de nom !

— Non.

— Eh bien ! sacrebleu ! qu'on lui passe sur le corps !

— Un moment, dit alors Passe-Partout en s'interposant et en servant de cuirasse au courageux enfant.

— Vous devenez raisonnable ?

— Je change d'avis, en effet.

— Vous vous rendez, à la bonne heure !

— Non pas. Ce n'est pas précisément cela, répondit le chef des Invisibles avec la plus grande tranquillité.

— Ah ! alors...

— Alors, ne vous reconnaissant pas le droit de vous introduire à une heure aussi avancée, sans mandat légal, dans une propriété particulière...

— Elle est bonne celle-là ! cria l'autre, vous y êtes bien, vous !

— Je n'ai pas eu la prétention de vous arrêter, moi.

— C'est heureux !

— En conséquence, j'ai l'honneur de vous prévenir que si vous ne nous livrez point passage, nous repousserons la force par la force.

Tout en s'exprimant de la sorte, Passe-Partout avait changé son ordre de bataille.

Les Invisibles et leurs prisonniers formaient un total de huit hommes.

Passe-Partout avait d'abord enjoint à Mortimer et à la Cigale de placer le baron de Kirschmark et le faux duc de Dinan en avant de leur petite troupe, de manière à s'en servir comme de boucliers.

Insensiblement il s'était reculé, puis placé, tenant Mouchette à sa droite, derrière la Cigale, tandis que l'enfant se cachait derrière Mortimer.

Les quatre autres s'étaient postés derrière Passe-Partout et Mouchette.

Mouchette le poignard d'une main, son revolver de l'autre, attendant le moment propice.

De la sorte, le banquier et son complice couvraient les six Invisibles de leurs corps.

On jugera facilement du triste état dans lequel se trouvait le baron millionnaire.

Quant au général, ce n'était pas la première fois qu'il voyait le feu de si près.

Il fit bonne contenance.

L'affaire allait s'engager.

Le chef du parti ennemi, voyant ces deux personnages mis en avant, désarmés, les mains liées, arrêta le feu qu'il allait commander.

— Qui sont ces deux-là? demanda-t-il vivement.

— Répondez, messieurs, fit Passe-Partout.

— Je suis le baron de Kirschmark! cria le banquier de toute la force de ses poumons.

— Et moi, le général duc de Dinan.

— Bigre! pensa le chef des adversaires de Passe-Partout. Soyons prudent.

— Ne tirez pas, pour l'amour du bon Dieu! continua Kirschmark du ton le plus suppliant.

— Ne craignez rien, monsieur le baron.

— Merci, vous pourrez passer à ma caisse demain.

— Et moi? demanda timidement Mouchette.

— Toi, tout de suite, ajouta la Cigale, si monsieur le baron dit encore un mot.

— Je me tais! je me tais, fit le banquier tout tremblant.

Le chef des ennemis de Passe-Partout réfléchit que l'opération devenait doublement avantageuse pour lui.

Capturer six membres de l'association des Invisibles, c'était déjà un exploit de belle taille!

Mais délivrer le banquier et le grand seigneur des mains de ces bandits, il y avait de quoi se retirer du commerce, riche jusqu'à la fin de ses jours.

Le résultat de ses réflexions fut le commandement suivant qu'il donna aux siens :

— Pas de balles! vous autres! à la baïonnette et en avant!

La voix de Mouchette se remit à chanter sur une octave plus élevée :

> Du haut en bas
> C'est moi qui ramone...

avant qu'il n'eût commencé le troisième vers de ce refrain, le cri :

— Compagnons de la lune, en avant!

retentit sur la gauche, poussé comme par une trompette guerrière.

Et le colonel Martial Renaud apparut, courant au pas gymnastique, appelé *pas des chasseurs*, et suivi d'une vingtaine d'hommes masqués, voilés ou le visage noirci.

La situation devenait critique pour les prétendus agents de police.

VII

CE QUE PEUT CONTENIR LE PIED D'UNE TABLE MOYEN AGE

Pendant que ces choses se passaient dans le parc et dans le jardin de la maison isolée, la vieille Brigitte, que nous avons vue recevoir d'une façon si originale le baron de Kirschmark, son maître et seigneur, rentrait dans la salle du rez-de-chaussée, où elle l'avait laissé tête à tête avec le général duc de Dinan, et où se trouvaient en ce moment Edmée et le vieux sergent.

Après s'être assurée que personne ne pouvait la voir, que nulle oreille indiscrète ne se tenait aux écoutes, elle ouvrit de nouveau la porte de communication.

— Entrez, maintenant, monsieur le vicomte, dit-elle, la place est libre.

Un homme, jeune encore, il avait trente ans au plus, pénétra vivement dans la chambre où elle se tenait.

Cet homme, le frère d'Edmée, le petit-fils du vieillard auquel le comte de Warrens et le colonel Martial Renaud donnaient le titre de duc de Dinan, demanda immédiatement au père Pinson :

— Où sont nos amis?

— Je l'ignore, répondit celui-ci, nous ne faisons que d'arriver, la demoiselle et moi.

— Et vous, Brigitte, le savez-vous?

— Non, monsieur le vicomte, mais vous pouvez être certain que, si vos amis ne sont pas encore arrivés, vos ennemis vous entourent.

— Dis-tu vrai?

— Ils emplissent le parc. Je les ai vus; quant à vos amis...

— Ils ne tarderont pas, s'écria-t-il vivement. C'est l'heure convenue. Sommes-nous seuls dans la maison?

— Je l'espère, répliqua la vieille servante.

— Bien. Nous n'avons pas un instant à perdre.

— Vous pouvez vous mettre à l'œuvre, à l'instant même.

— Mais si l'on nous surprenait...

— Ma foi, ce serait tant pis pour les curieux..., grommela le sergent.

— Ou pour les importuns. En vérité, je ne sais si l'arrivée des nôtres ne me troublerait pas tout autant que celle de nos implacables adversaires.

Edmée, qui n'avait pas encore pris part à cette rapide conversation, se dirigea silencieusement vers la porte.

— Où allez-vous, ma sœur? interrogea le vicomte.

— Je ferai le guet au dehors.

— Vous!

— Moi-même, mon frère. Ne craignez rien pour moi... J'ai l'habitude des ténèbres. Je veillerai et nul ne parviendra jusqu'à vous, sans que je vous prévienne.

— Edmée, vous auriez dû ne pas venir ici.
— Raoul, vous vous défiez de mon courage, vous avez tort, fit-elle de sa voix douce, mais ferme.
— Je suis sûr de votre cœur, je le sais; au besoin, il ne vous faillira pas..., mais je me reproche la faiblesse qui m'a poussé à vous permettre de m'accompagner ici.
— Je serais venue seule.
— Nous perdons le temps, dit la vieille Brigitte. Chaque minute nous apporte un danger, monsieur le vicomte!
— Vous entendez, mon frère!
Le vicomte de l'Estang hésitait encore.
Le père Pinson s'approcha de lui et s'écria, avec cette solennité impérieuse dont il ne se départait jamais :
— Laissez aller la demoiselle, notre jeune monsieur. Elle est d'une race vaillante. J'en réponds. D'ailleurs, Dieu est avec elle.
Le vicomte de l'Estang embrassa la jeune fille sur le front.
— Allez donc! reprit-il au bout d'un court instant de réflexion.
— Merci, mon frère.
— Et surtout, au moindre bruit, à la moindre alerte, appelez, nous accourrons.
Elle sortit, après avoir adressé à son frère un geste affirmatif en guise de réponse.
Les deux hommes la suivirent du regard.
Ils la virent s'embusquer derrière le tronc noueux d'un sycomore.
La jeune fille demeura immobile comme une statue.
Rassuré sur la position qu'elle venait de choisir, et convaincu d'être à portée de l'entendre et de la secourir au plus vite, le vicomte de l'Estang se tourna vers la vieille servante :
— Agissons! lui dit-il avec une émotion plus forte que sa volonté.
— Je suis prête.
— Moi aussi, fit le père Pinson.
— Où sont les titres?
— Dans une cassette de fer qu'Yvon Kernock vola à Pierrick Kernock, le tabellion.
— Son père?
— Oui, monsieur le vicomte. Dans la crainte qu'on ne la lui vole, à lui-même, il en porte toujours la clef suspendue à son cou par une chaîne d'acier.
— Oh! la clef! je m'en soucie peu..., mais la cassette, où se trouve-t-elle?
Brigitte fit deux pas, arriva à une énorme table qui occupait le milieu de la salle du rez-de-chaussée, et tendant la main :
— Elle se trouve là, répondit-elle.
— Dans cette table? s'écria le vicomte. Impossible, les tiroirs en sont ouverts...
— Les tiroirs, oui, mais la cassette n'est pas dans les tiroirs. Notre cher banquier ne se fie pas comme ça au premier venu.
— Où, alors?

— Dans un des pieds.
— Dans...? fit Raoul avec stupéfaction, croyant que la fidèle servante de Kérouartz perdait la raison.
— Dans un des pieds de la table, répéta celle-ci, et, posant le doigt sur un des supports de ce meuble moyen âge : Dans celui-là, ajouta-t-elle.
— Tu ne te trompes pas?
— Non, monsieur le vicomte; bien qu'il paraisse massif, ce pied de table est évidé intérieurement dans toute sa longueur.
— Continue.
Brigitte obéit.
— La cassette, reprit-elle, est en fer, ainsi que je vous l'ai dit; elle a dix-huit pouces de long, huit pouces de large, sur dix de hauteur.
Pendant qu'elle parlait, le sergent mesurait la circonférence des supports de la table désignée.
Il se releva et dit :
— Nous avons deux pieds trois pouces de tour.
— Ce que dit Brigitte est possible, murmura le vicomte.
La table était un de ces meubles larges, vastes, spacieux, comme nos pères les commandaient au XIIe ou au XIIIe siècle.

Le dessus, surface plane d'un seul et gigantesque morceau, s'appuyait sur quatre pieds taillés à la hache dans des troncs d'arbres séculaires.
Quelques rares spécimens de cette menuiserie féodale existent encore dans deux ou trois vieux châteaux de la Bretagne, de l'Anjou et de l'Auvergne.
— Comment sais-tu que les papiers se trouvent là? demanda le vicomte de l'Estang à Brigitte.
— J'ai vu Yvon les y cacher lui-même.
— Quand?
— Une de ces dernières nuits.
— Il vient donc souvent ici?
— Non, monsieur le vicomte. C'est la seconde fois de l'année que je le vois.
— Et tu n'as découvert sa cachette que tout dernièrement?
— Par un pur effet du hasard.
— Parle vite.
— Yvon se croyait seul. Il m'avait envoyée à Versailles chez une vieille dame de ses connaissances. Je devais y rester jusqu'au lendemain.
— Eh bien ?
— Une indisposition subite m'a empêchée de partir.
— Et tu as tout vu ?
— Sans le vouloir, répondit Brigitte d'un air moitié figue moitié raisin.
— Et le vieux diable ne s'est douté de rien ?
— S'il avait eu le moindre soupçon, vous ne me verriez pas ici en ce moment.
— Il n'aurait pas reculé devant un crime ?
— Il ne recule devant rien quand il est sûr du silence et de l'impunité. Qui se serait inquiété d'une pauvre vieille comme moi?

— Tes amis, Brigitte, et nous en sommes ! s'écria vivement le gentilhomme.

— Merci, monsieur le vicomte ; mais point n'est besoin de me dire de ces choses-là pour que je meure à votre service.

Cependant, avec une vivacité toute juvénile, le père Pinson s'était mis à étayer le meuble immense avec tout ce qui lui tombait sous la main.

Chaises, bahuts, crédences, tabourets, tout lui devint bon.

— J'attends, notre jeune monsieur, fit-il quand son travail de soutènement toucha à sa fin.

— Quoi, mon ami ?

— Votre ordre.

— A l'œuvre ! dit vivement le comte.

— Et une scie.

— En voici une, répondit la vieille servante en lui tendant l'instrument, l'outil demandé.

Le vicomte voulait agir par lui-même.

Son serviteur lui arracha presque l'outil des mains.

— Donnez...

— Mais...

— Donnez donc... Ça me connaît... J'aurai fini moitié plus vite que vous, monsieur le vicomte.

Malgré son envie, le petit-fils du duc de Dinan reconnut la vérité de la prétention du vieux Breton.

Il céda.

Hervé Kergraz s'agenouilla et se mit à scier le pied de l'immense table avec une ardeur sans égale.

A chaque morsure de la scie sur le chêne, on pouvait entendre le fidèle serviteur des Kérouartz murmurer une imprécation contre le traître qui avait pris le nom de ses maîtres, contre son complice dont la scélératesse et la méfiance lui imposaient cette rude besogne.

— Vite, vite ! disait Brigitte aux aguets.

— Tu es fatigué, donne-moi la scie, reprenait le vicomte en voyant les gouttes d'une sueur abondante couler sur le front du père Pinson.

— Non pas. Nous y voilà.

Et il poussa un soupir de satisfaction en donnant un dernier coup de son outil.

Brigitte avait dit vrai.

Le pied de la table était creux.

Au dernier effort du vieux sergent, il tomba.

Se baisser vivement, le ramasser et l'examiner fut tout un pour le vicomte de l'Estang.

Mais au lieu de jeter un cri de joie, ainsi que Brigitte s'y attendait, il laissa tomber le morceau de bois vide, et dit avec un profond découragement :

— Rien !

— Comment ! rien ?

— Le pied de la table est vide.

— C'est impossible !... s'écria la vieille servante.
— Regarde !... Ah ! Dieu n'est pas pour nous.

Brigitte allait obéir au vicomte, quand Hervé, qui n'avait pas cessé de tourner et de retourner autour du pied de la table qu'il venait de scier en deux, reprit :

— Ne désespérez pas, notre monsieur, et remerciez le Seigneur tout au contraire.

— Que veux-tu dire ? fit le vicomte en relevant la tête.

— Je veux dire que Brigitte avait bien raison en soutenant que les titres étaient là-dedans.

— Tu les as trouvés ?

— Dame ! faut le croire, puisque les voici.

Et le père Pinson présentait à son maître une cassette en fer, semblable de tous points à celle dont avait parlé Brigitte.

Il venait de scier le pied de la table par la moitié.

La cassette se trouvait dans la partie supérieure, de beaucoup plus large que l'autre.

Le vicomte de l'Estang saisit cette cassette avec la joie d'un avare qui retrouve son trésor.

En une minute il était passé d'un profond désespoir à une grande joie.

— Maintenant, dit-il, que nous avons réussi dans nos recherches, je ne veux pas risquer d'en perdre le fruit. Partons.

— Je vais appeler notre demoiselle, ajouta le sergent.

Et il sortit.

— Va... va... Brigitte, vous nous suivrez.

— Non, monsieur le vicomte, répondit-elle nettement, mais avec le plus profond respect.

— Pourquoi non ? lui demanda-t-il avec surprise.

— Parce que si je quittais la maison, monsieur le vicomte, celui qui se croit mon maître devinerait tout de suite que c'est moi qui vous ai aidé à lui reprendre vos papiers.

— C'est juste.

— Voilà pourquoi il faut que je reste.

— Restez donc, Brigitte ; mais, en cas de besoin de secours, souvenez-vous que vous avez en moi un ami, un protecteur.

— Merci, notre monsieur ; à l'occasion, je ne l'oublierai pas.

Au moment où la vieille et fidèle servante de la maison de Kérouartz achevait ces mots en baisant la main du vicomte de l'Estang, un cri retentit au dehors.

— Grand Dieu ! fit celui-ci, c'est la voix d'Hervé.

— Oui ! oui ! il appelle au secours.

— Courons !

Ils se précipitèrent tous les deux vers la porte donnant dans le jardin.

Le vicomte allait la pousser violemment.

La porte s'ouvrit d'elle-même.

Le vieux sergent parut sur le seuil.

Il était pâle, tremblant.
— Hervé! qu'y a-t-il? demanda M. de l'Estang.
L'émotion empêchait le vieillard de répondre. Brigitte s'élança dans le parc.
— Vous êtes blessé?
— Non.
— Pourquoi ce cri alors?
— La demoiselle..., répliqua-t-il d'une voix sourde.
— Ah! Edmée?
— Oui..., fit le vieux sergent, n'osant achever.
— Eh bien! parlez! que lui est-il arrivé?
— Je ne sais pas.
— Vous ne savez pas?... Comment!... Expliquez-vous... Je ne vous comprends pas.
— Elle n'est pas où nous l'avons laissée.
— Vous vous trompez.
— Non.
— Vous avez mal cherché.
— J'ai cherché de tous les côtés.
— Et...
— Et... elle n'y est plus...
— La malheureuse enfant! Venez, venez..., nous la retrouverons...
— Faut l'espérer... Allons! je n'aurais pas dû la quitter.
Ils allaient s'élancer au dehors.
Brigitte rentra.
Elle tenait une lettre à la main; elle l'avait trouvée au pied du sycomore.
Le vicomte s'en saisit.
Pendant qu'il la parcourait rapidement, Hervé Kergraz et la vieille Brigitte cherchaient avec anxiété à lire sur son visage ce qu'il fallait espérer ou craindre.
— Ah! mes amis, s'écria-t-il avec égarement, courons, tâchons d'arriver à temps.
— La demoiselle...
— Un danger de mort la menace... Voici ce qu'elle m'écrit:

« Mon frère,

« Remplissez votre tâche. Moi je vais où l'amitié et la reconnaissance m'appellent. Ne vous inquiétez point de moi. Nos amis, prévenus d'un piège qui leur est tendu dans l'ombre, sauront bien me défendre. Songez à votre aïeul, à notre père, à l'honneur de notre nom. Partez, faites votre devoir. Hervé l'a dit: Dieu est avec moi.

« Votre sœur,

« EDMÉE DE L'ESTANG. »

— Eh bien! notre jeune monsieur, que comptez-vous faire? demanda le père Pinson, qui avait retrouvé toute sa présence d'esprit.
— La rejoindre, la protéger, la secourir tout d'abord.

Hervé se mit à scier le pied de l'immense table avec une ardeur sans égale.

— Et puis vous vous occuperez après de votre aïeul et de votre père, n'est-ce pas? fit-il avec ironie.
— Que dites-vous, Hervé?
— La demoiselle a raison; partez.
— Jamais, avant...
— Partez. Il le faut. Moi, je reste... et, je vous le jure, je la retrouverai.

— Mais...

— En faisant ça, voyez-vous, notre monsieur, en fuyant le champ de bataille, où peut-être on ne se battra pas, ajouta le vieux soldat en riant pour déguiser son angoisse, en faisant ça, vous êtes plus brave, plus dévoué que moi.

Des coups de feu retentirent dans le lointain.

— Mort Dieu! cria le vicomte..., on se bat déjà...

— Eh bien! tant mieux! Vous n'aurez que plus de mérite à vous retirer.

— Non!

— Votre père vous attend.

— Impossible.

— Votre père vous l'ordonne par ma voix.

Le vicomte fit un violent effort, saisit la cassette, et prenant la main de son fidèle serviteur :

— Tu dis vrai... Je ne dois pas risquer ce précieux dépôt... Je pars... Je te confie le salut et la garde de ma sœur.

— Merci, notre jeune monsieur.

— Mais si, continua-t-il, tu ne me la ramènes pas saine et sauve, sur l'honneur de ce nom que je rapporte à mon père, je ne te pardonnerai jamais... Tu m'entends?

— Si vous ne revoyez pas la demoiselle, vous ne me reverrez pas non plus, car je serai mort, répondit simplement Hervé Kergraz.

Le vicomte, guidé par Brigitte, se disposa à quitter cette demeure mystérieuse, où il venait de retrouver huit cents ans de gloire et de grandeur.

Le père Pinson, après avoir pris toutes ses précautions, après avoir regardé si ses armes se trouvaient en bon état, se précipita, comme si sa jeunesse lui était subitement revenue, du côté où le bruit d'une lutte acharnée se faisait entendre.

Le vieux lion s'était réveillé au bruit des coups de feu et à l'odeur âcre de la poudre.

VIII

VAINQUEURS, MAIS VAINCUS!

L'arrivée du colonel Renaud et de ses hommes avait changé la face des choses.

Maître Coquillard-Charbonneau sentait s'éloigner à grandes guides cette superbe confiance que lui donnait naguère la supériorité du nombre.

D'autre part, pour Passe-Partout et ses compagnons, la lutte à chances égales ne devenait plus qu'un jeu.

Aussi, sans la moindre hésitation, le séide de M. Jules changea-t-il immédiatement son ordre de bataille.

Le : *En avant!* qu'il venait de lancer d'une voix si belliqueuse se transforma tout net en un *sauvé-qui-peut* général et parfaitement compris de tous les siens.

Sans demander l'explication d'un changement de front aussi honteux qu'inattendu, ces derniers s'envolèrent comme une nuée immonde de corbeaux ou d'oiseaux de proie dérangés dans leur curée.

La terreur leur donnait des ailes.

Ils disparurent, poursuivis par les huées et les rires des Invisibles, qui dédaignaient de les poursuivre.

Martial Renaud s'approcha du comte de Warrens.

— Merci, frère, lui dit celui-ci.

— J'arrive juste à temps. Mais, en vérité, en voyant les jambes de ces gaillards-là, je commence à croire que ce n'était pas la peine de tant me presser. J'aurais dû te laisser le loisir de leur donner une bonne leçon.

— Ils la recevront peut-être bien tout de même, grommela Mouchette, qui se mêlait sans cérémonie aucune à toutes les conversations, à celles de ses supérieurs aussi facilement qu'à celles de ses égaux.

— Que veux-tu dire? demanda Passe-Partout.

— Rien! Seulement, écoutez, et, si vous n'entendez pas une drôle de musique avant une demi-minute, je permets à ces deux messieurs de me conduire au violon.

Ce disant, le gamin de Paris désignait le faux duc de Dinan et son compagnon le baron de Kirschmark.

Pendant que les deux frères cherchaient à comprendre le sens de ses paroles, la Cigale ricanait avec satisfaction.

— Tonnerre! oui! Ils vont la danser belle, s'il a fait ce qu'il m'a dit.

— Et je l'ai fait, nononcle, ou que le même tonnerre vous écrase!

— Eh bien! qu'est-ce que c'est? s'écria le géant, qui, après un court examen, s'aperçut du sans-gêne avec lequel le fils de la Pacline se jouait de sa personne. Si tu jurais sur quelque chose de moins..., de moins...

— Fragile, acheva Mouchette. Puisque tu ne risques rien, mon bon oncle.

— On ne sait pas.

— Mais si.

— Tu peux t'être trompé.

— Mais non.

Ici des cris nombreux se firent entendre dans le lointain, à un demi-kilomètre environ du lieu où se tenaient les Invisibles.

— Et la preuve, la voilà, reprit le gamin triomphalement.

— D'où viennent ces cris? demanda Passe-Partout.

— Ne faites pas attention, mon capitaine.

— Sont-ce nos fuyards?

— Dame! faut le croire, répondit Mouchette de son air le plus modeste.

— Que leur est-il advenu?

— Ah! voilà! en cherchant bien..., nasilla le gamin de Paris, qui tenait à faire durer une situation où il tranchait de l'homme d'importance.

— Veux-tu parler, satané Tortillard! lui grogna la Cigale en pleine oreille.

Et, comme Mouchette prenait encore un temps avant de répondre, le géant lui allongea une chiquenaude à décorner un taureau sauvage.

Selon sa louable habitude, l'enfant esquiva la torgnole, mais il se considéra comme bien averti.

Les cris lointains continuaient de plus belle.

On se remit à le questionner de tous côtés.

Quelques-uns des compagnons de Passe-Partout venaient même d'aller explorer les environs, battre le parc en éclaireurs et s'édifier par leurs propres yeux sur ce tumulte inattendu et inexpliqué.

Mouchette se décida à satisfaire la curiosité générale.

— Voici ce que c'est, messieurs, mesdames et mesdemoiselles...

La Cigale chercha les dames et les demoiselles.

N'en trouvant pas, il salua pour elles.

Mouchette continua :

— Après avoir exécuté l'ordre de maître Passe-Partout, qui m'avait enjoint d'aller à la découverte, je revenais les mains dans mes poches, essayant mes plus belles notes.

— Notes de quoi? demanda la Cigale.

> — Turlututu, rengaine,
> Rengaine, rengaine,
> Turlututu, rengaine,
> Rengaine ton compliment,

chantonna Mouchette, en guise de réponse à son gigantesque ami.

— Continue, fit Passe-Partout.

— Tout à coup, repartit le gamin, je bute contre quelque chose.

— Et ce quelque chose?...

— Était un quelqu'un qui se dresse sur son séant.

— Filoche! que je me mets à crier.

— Mouchette!

— C'est toi, ma vieille! Tu te reposes, paresseux!

— Il me répond : Nous sommes deux à nous *la passer douce*...

— Deux, qui ça?

— Le camarade et moi.

— Je cherche plus loin, et qu'est-ce que je trouve?

— Quoi? fit la Cigale. Quoi? quoi?

— Retourne à ta mare, nononcle.

— Va donc, lambin! Qu'est-ce que tu trouves?

— Un pauvre diable qui avait un couteau planté entre les deux épaules et un morceau de robe de soie dans son poing fermé.

— La comtesse! dit vivement le chef des Invisibles... C'est elle qui a fait faire cela!...

— M'sieu Benjamin? précisément...

— Échappée.

— Vous l'avez dit... Oh! c'est un malin ou une finaude, comme il vous plaira.

— Mais qui a frappé Filoche, qui a tué son compagnon?

— Pardi! son majordome, son chien enragé, son nègre blanc.
— Marcos Praya?
— Lui et les autres.
— On les avait pourtant rudement ficelés..., grommela la Cigale.
— Il est venu un gros rat qui a mangé les ficelles, mon bon oncle. Aussi la première chose qu'ils ont faite a été de délivrer la comtesse, de l'arracher à nos deux camarades, qui ont voulu tenir bon, pour leur malheur.
— Cré mâtin! on verra! dit violemment la Cigale. S'ils m'ont abîmé Filoche de fond en comble...
— Non. Ils ne l'ont assommé qu'à moitié; c'est l'autre qui a *gobé le bouillon*.
— Il est mort?
— Tout ce qu'il y a de plus mort... et enterré.
— Enterré?
— Oui.
— Par qui?
— Par ces messieurs qui se sont donné la peine de lui trouer le dos jusqu'à la poitrine, puis de le jeter dans un grand fossé où se trouvent deux pièges à loups.
— Tu l'as vu?
— D'un œil au moins..., et, ma foi, je ne l'ai pas dérangé dans ses attributions. Seulement, on avait recouvert le fossé avec des branchages, des troncs d'arbres, des poutres, pour faire un pont et le traverser.
— Eh bien! tu t'en es servi? Après? fit le géant.
— Après? Après être passé et repassé plusieurs fois, je suis convenu avec Filoche de ce que vous allez voir, si vous voulez bien vous donner la peine de me suivre.
— Te suivre où? dit Passe-Partout.
— Du côté du château, répliqua le gamin en clignant de l'œil. Ça ne peut que faire votre affaire, patron; rapportez-vous-en à moi.
— Mauvais diablotin! tu as outrepassé mes ordres.
— Non pas. J'ai chanté juste.
— Oh! juste!... Enfin!
— Vous êtes difficile, capitaine; et, si vous m'accompagnez par là-bas, vous serez forcé de reconnaître que, si je chante faux moi-même, je fais danser les autres en mesure.
— Ainsi, tu ne veux pas nous en apprendre davantage?
— Vous en saurez plus en voyant par vous-même le *coup de temps*! Je ne vous dis que ça.

Le tumulte croissait au loin.

— Allons, mes amis, puisque maître Mouchette l'exige et que cette marche rentre dans mon plan, ajouta tranquillement Passe-Partout, dirigeons-nous vers le fossé en question.
— Ça y est?... Bon!... Je crois que notre arrivée ne causera pas de chagrin à ce brave Filoche.
— Il est donc sur pied!
— Oui! oui!... comme vous et moi. Je lui ai appliqué sur la fente qu'il

avait à la tête un emplâtre de terre pétrie avec de l'eau-de-vie ; ma foi, petit bonhomme vit encore.

— Nous y sommes, fit la Cigale, partons du pied gauche.

On se dirigea en masse, et en prenant les précautions nécessaires, vers le coin du parc où les cris avaient retenti.

Le baron de Kirschmark et le général duc de Dinan se trouvèrent entraînés, poussés par le flot des Invisibles.

Mortimer et la Cigale les tenaient toujours en laisse.

Kirschmark se prêtait le plus complaisamment du monde à la circonstance.

Le général ne suivait que contraint, poussé, la baïonnette ou le poignard dans les reins.

Martial Renaud marchait en avant, à la tête du renfort qu'il avait amené à son frère.

Passe-Partout était resté à l'arrière-garde.

Au moment où il allait suivre les siens, une main saisit la sienne.

Il se retourna.

Une voix douce et bien connue lui dit :

— Restez, Noël.

— Edmée ! s'écria-t-il au comble de la stupeur et du désespoir, Edmée ! Vous ! Rioban ne m'avait pas trompé.

— Noël, empêchez vos amis d'aller plus loin, répliqua vite la jeune fille sans répondre à ces interpellations.

— Dites-moi d'abord comment...

— Non... rien... Arrêtez les vôtres... Fuyez!

— Fuir !... Non...

— Il le faut.

— Je ne quitterai ce lieu maudit que mon but rempli.

— Mon frère a fait ce que vous comptiez faire... Fuyez... je vous en supplie.

— Le vicomte, dites-vous...?

— Il a trouvé ce que vous cherchiez.

— Expliquez-moi, de grâce...

— Rien... Le temps presse... Vous et les vôtres vous êtes enveloppés. J'attendais..., je guettais votre arrivée pendant que Raoul, guidé par Brigitte, faisait ses préparatifs avec l'aide d'Hervé.

— A-t-il les papiers, les titres ?

— Je le crois.

— Ah ! vous n'en êtes pas sûre... Coûte que coûte, il faut que nous nous en emparions.

— Noël..., laissez-moi achever...

— J'écoute.

— J'étais là..., à deux pas de la maison... Des hommes sont passés devant moi... sans m'apercevoir...

— En grand nombre ?

— Oui.

— Avez-vous entendu quelques mots dits par eux?

— L'un d'eux, celui qui paraissait leur chef, encourageait les autres et répétait avec un accent qui m'a jeté la terreur dans l'âme : Nous les tenons ! nous les tenons enfin !

— Son nom, l'a-t-on prononcé, par hasard?

— J'ai cru l'entendre plusieurs fois appeler M. Jules.

— Lui ! fit Passe-Partout avec un mouvement terrible. Par le Dieu vivant, ce sera la dernière fois qu'il se dressera sur ma route !

— Ne les attendez pas, ils sont dix fois plus nombreux que vous !

— Eh ! qu'importe !

— Noël, partout ce que vous avez de plus cher, de plus sacré dans ce monde, je vous adjure de vous hâter de rappeler vos amis.

— Ils sont loin déjà ! Je cours les rejoindre.

— Au nom de mon aïeul, au nom de mon père ! s'écria la jeune fille suppliante et lui saisissant les mains dans une étreinte passionnée.

— Edmée, laissez-moi courir où le devoir et l'honneur m'appellent, répondit le comte de Warrens se raidissant contre la puissance de ces accents qui lui étaient si chers.

— Au nom de notre amitié !

— Impossible !

— De notre amour, ajouta la fille du duc de Dinan en se cachant le visage dans la poitrine de Passe-Partout, qu'elle sentait sur le point de lui échapper.

— Edmée, vous me rendriez lâche et traître.

La jeune fille sanglotait nerveusement.

— C'est au nom de votre noble père, continua-t-il, au nom de ce même amour qui est tout mon espoir, que je vous conjure de me rendre la liberté.

— Non, non ! répondait-elle d'une voix entrecoupée, je le sens... si vous me quittez, vous vous perdez... Noël, vous le voyez, je pleure, je tremble.. n'aurez-vous pas pitié de ma douleur et de mon effroi?

Le comte se dégagea par un effort suprême.

— C'est pour moi que vous pleurez, que vous tremblez, Edmée..., pour moi, qui suis un homme et qui dois vous défendre et vous protéger... Voyez quel rôle vous me feriez jouer si je consentais à vous obéir!

Edmée ne l'écoutait pas. Elle fondait en larmes, et ses larmes étaient sa plus grande force, son langage le plus éloquent.

Passe-Partout sentit que, s'il les écoutait, il était vaincu.

Il s'arracha de ses bras et fit quelques pas pour rejoindre les Invisibles.

Edmée tomba à genoux.

Une inspiration lui traversa l'esprit.

Elle cessa de pleurer et s'écria :

— Noël, vous me laissez seule!... Je n'ai plus de forces et j'ai peur.

Il s'arrêta.

Un nuage passa sur ses yeux.

A la pensée que la jeune fille pouvait tomber aux mains des grossiers acolytes de M. Jules, ou des séides de la comtesse de Casa-Real, il frissonna, et, s'élançant jusqu'à elle, il la prit dans ses bras, et lui dit :

— Vous me faites manquer à tout ce que je me dois, à tout ce que je dois à la cause de votre aïeul..., mais je vous aime et je ne vous abandonnerai pas.

Edmée poussa un cri de bonheur.

Passe-Partout cherchait si le ciel ne lui enverrait pas quelqu'un à qui il pût confier celle qu'il aimait par-dessus son honneur.

Une course rapide se fit entendre dans les taillis.

Il porta la main à ses armes.

Au bruit qu'il fit en armant ses pistolets, une voix lui cria :

— Minute! ne tirez pas au jugé, patron.

— Mouchette! se dit Passe-Partout.

Et, repoussant doucement la jeune fille, qui se serrait palpitante contre lui, il se précipita au-devant du gamin de Paris.

Mouchette déboucha du taillis avoisinant.

— Ouf! M'y voilà! s'écria-t-il... Ce n'est pas sans peine!

— Que se passe-t-il là-bas? demanda le chef des Invisibles.

— Ma foi! je n'y comprends plus rien. Vous savez, ou vous ne savez pas, que Coquillard et ses brigands de *camaraux* avaient donné en plein dans le panneau que Filoche et moi nous leur avions tendu.

— Quel panneau?

— Le fossé dégagé et franchi par eux au beau milieu de l'obscurité, ils sont allés donner tête baissée dans une corde attachée horizontalement le long de la route.

— Après?

— Pour sauter le fossé où sont les pièges à loups et le corps de l'ami de Filoche, il leur a fallu prendre de l'élan, ils se sont cognés contre la corde, qui les a repoussés dans le fossé... Et ma foi, les pièges se sont détendus en conscience, ajouta le gamin en riant. Ils étaient là trois ou quatre à *piailler* comme des sourds. Les autres se sont *payé* une dizaine de *paires de pattes* que c'était à en mourir de rire.

— Alors, pourquoi ton air effaré?

— Il n'y a peut-être pas de quoi? Écoutez, patron. Nous étions tous là à regarder la drôle de figure que faisaient les mauvais *zigues* de Coquillard. Ils se tortillaient, ils se tortillaient que c'était à les croquer! Leurs jambes se trouvaient prises dans les pièges à loups. Impossible de s'en dépêtrer... et ils se payaient des grimaces dans le genre Debureau, des Funambules.

— Passons! passons! s'écria Passe-Partout avec impatience.

— Oh! nous avons le temps... On ne se tire pas de coups de fusil... Nous les entendrons bien... et ce n'est pas loin... En deux pas, une coulée, nous y serons.

— Bavard!

— V'là donc ce que c'est... On riait, n'est-ce pas... Le colonel Renaud lui-même s'en donnait à *bouche que veux-tu*? Mais voilà mon Filoche qui reparaît... Attention! *qu'il nous crie ; ils sont une centaine qui viennent sur vous!*

— Vous le voyez, je ne me trompais pas, dit rapidement Edmée au comte de Warrens.

— Après? après? demanda celui-ci au gamin.

— Dame! après ça, il y a que, tous comptes faits, Filoche avait raison;

La maison isolée devenait un rendez-vous général.

nous sommes enveloppés par un tas de va-nu-pieds qui ne demandent pas mieux que de nous envoyer *manger du pissenlit* par la racine. Faut avoir l'œil, patron. Voilà ce que le colonel m'a chargé de vous annoncer. Plus tôt vous les rejoindrez là-bas, et mieux cela vaudra.

— Les rejoindre!... oui... mais Edmée... murmura-t-il en jetant un regard à la jeune fille envieuse et palpitante auprès de lui.

— Qui ça, patron, cette dame? demanda le gamin avec respect.
— Oui, elle ; je ne puis l'abandonner ainsi, seule... Mon Dieu! que faire?
— Eh bien, et moi? Je ne compte donc pour rien? fit Mouchette en prenant une pose héroïque.
— Toi? s'écria-t-il. Au fait, oui..., reprit-il presque aussitôt. Tu es prudent..., tu es rusé...
— Ajoutez que je suis brave, capitaine, et vous n'aurez pas fini mon daguerréotype.
— Je te confie mademoiselle.
— Elle est en bonnes mains...
— Je la mets sous ta garde.
— Si on y touche, c'est que ces six pruneaux-là seront sortis de leur bocal, répondit Mouchette, qui venait de mettre son revolver à la main et qui parlait des six balles y contenues.
— Bien. Tu resteras ici.
— Dans ce taillis?
— Oui.
— Et j'attendrai?
— Que je vienne vous chercher... ou que je t'envoie un de nos amis qui vous guidera soit du côté de la grotte, soit du côté du château.
— Compris, patron. Il faut balayer le chemin d'abord.
— Ce ne sera pas long, va.
— J'ai confiance.
— Edmée, reprit le comte en pressant la jeune fille sur son cœur, vous êtes vaillante, vous m'attendrez.
— Je veux vous suivre, Noël.
— Pas dégoûtée, la demoiselle! murmurait le gamin de Paris.
— Impossible! répondit Noël, le sang va couler ; votre place n'est pas là où il coulera.
Cela fut dit d'une volonté si ferme, que la jeune fille, sentant l'inutilité de son insistance et de ses prières, se résigna.
— J'attendrai, fit-elle d'une voix étranglée par la douleur ; mais sachez-le et soyez-en sûr, Noël, si vous mourez, je mourrai.
— J'ai à défendre à la fois votre vie, l'honneur de votre famille, et à combattre pour le salut de tous mes compagnons. Je ne mourrai pas, Edmée, je reviendrai.
Il lui donna un dernier et chaste baiser sur le front.
Puis il partit à grands pas dans la direction de la fosse aux loups.
Mlle de l'Estang, pâle, égarée, les lèvres frémissantes, ne pouvant plus prononcer une seule parole, tomba à genoux et se mit à prier.
Mouchette, l'œil et l'oreille au guet, le poignard d'une main, son revolver de l'autre, se tenait immobile derrière elle, attendant le moment propice pour la cacher avec lui au plus épais du fourré voisin.
Là, ils pouvaient attendre les événements en toute sûreté.
Au moment où il allait l'inviter à le suivre, deux hommes parurent au bout de l'allée.

— Qui vive? cria le brave enfant. N'avancez pas, ou je vous brûle!... Qui vive?

— *Compagnons de la Lune*, répondit le vieux sergent.

— Le père Pinson! Avancez à l'ordre, fit joyeusement Mouchette.

Le sergent avança.

Un homme l'accompagnait.

C'était le vicomte de l'Estang.

— Raoul! dit Edmée.

— Ma sœur! Enfin... je te retrouve ; tu m'as fait trembler.

— Ce n'est pas pour moi qu'il faut craindre...

— Je ne me pardonnerai jamais de t'avoir laissée venir avec moi.

— Que faisiez-vous ici? demanda Hervé Kergraz.

— Nous exécutions la consigne donnée par le maître.

— Comment?

— Il nous a ordonné d'attendre ici qu'on vienne nous relever de garde, répliqua Mouchette.

— Eh bien! nous serons trois au lieu d'un à veiller sur elle, dit le vicomte ; attendons, puisque c'est l'ordre.

— Attendons!

Et les trois hommes, bien armés, ayant à protéger la jeune fille et à conserver les titres de la famille de Dinan, résolus à se faire tuer plutôt que de se laisser enlever l'un ou l'autre de ces deux trésors, pénétrèrent dans le fourré qui devait les cacher aux yeux de leurs ennemis.

Le comte de Warrens, ou Passe-Partout, comme on voudra le nommer, venait de rejoindre les siens, qui se trouvaient groupés au bord de la fosse aux loups.

On tenait conseil en attendant sa venue.

Et, tout en discutant le pour et le contre de chaque proposition, on ne laissait pas que de jeter de temps à autre un regard ironique sur trois ou quatre mauvais drôles pris aux pièges et plus penauds que des renards pris par des poules.

L'arrivée du chef des Invisibles fut accueillie par un cri de joie.

— Combien sommes-nous? demanda Passe-Partout en se mettant à la tête de ses compagnons.

— Vingt-sept, répondit Martial Renaud.

— Tous résolus?

— Tous résolus à tout.

— Alors, je ne vous cacherai rien, ajouta Passe-Partout, Amis, la situation est critique. Quoique, par un moyen détourné, par un secours inespéré, le but dans lequel je vous avais amenés ou mandés ici soit rempli, nous nous trouvons dans un de ces moments où l'homme le plus brave doit en appeler à toute sa bravoure.

Il s'arrêta.

Pas un frémissement ne se fit entendre.

Il reprit :

— Nous sommes cernés par des forces quintuples, au moins, des nôtres.

Le château est plein d'ennemis qui viennent d'arriver, appelés par M. Jules, l'ex-chef de la police de sûreté, qui a juré notre perte. La grotte par laquelle nous sommes venus et donnant accès dans l'ancien ruisseau de Ménilmontant est gardée par une centaine d'hommes, embusqués dans des positions presque inexpugnables. Par où commencerons-nous ?

— Par la grotte, lui fut-il répondu d'une voix unanime.
— Vous le voulez ?
— Oui, cria-t-on.
— Bien ! La Cigale, viens.
— A la grotte ! à la grotte ! répétaient les Invisibles agitant leurs bâtons.

Le géant s'approcha de son chef.

Passe-Partout lui parla bas à l'oreille.

La Cigale fit un signe d'affirmation et il reprit son rang.

— A la grotte ! à la grotte ! répétaient les Invisibles agitant leurs bâtons.
— Un moment ! Et nous ? cria piteusement le baron de Kirschmark ; allez-vous toujours nous mettre en avant ? A quoi servira de nous faire fusiller comme deux sacs de terre ?
— Non. Mortimer, San-Lucar..., aidez ces messieurs à descendre dans le fossé que voilà.

Aussitôt dit, aussitôt fait.

Nous ne jurerions pas précisément qu'au lieu de leur donner la main pour les aider à descendre près des hommes de Coquillard San-Lucar et Mortimer ne se soient pas servis de l'extrémité de leur pied droit.

Ce qu'il y a de certain, c'est que, s'ils ne servaient plus de boucliers aux Invisibles, ils ne pouvaient leur nuire en rien, dans la position peu élevée qu'ils occupaient momentanément.

— A la grotte, messieurs ! fit Passe-Partout.

Ils partirent, le pistolet et le revolver au poing.

Edmée ne s'était pas trompée.

Mouchette lui-même venait de faire un récit exact.

C'était bien M. Jules en personne qui commandait les nouveaux venus.

Et M. Jules arrivait avec un arriéré terrible de haine et de vengeance à solder.

L'ancien chef de la police de sûreté avait une centaine de bandits, forçats plus ou moins libérés, sous ses ordres.

Il les avait placés dans des positions habilement choisies.

Seulement, ne sachant pas si les Invisibles, qu'il supposait avoir escaladé les murs du parc pour y pénétrer ; ne sachant pas, disons-nous, s'ils iraient vers la grotte, il s'était vu obligé de partager ses forces.

Une quarantaine d'hommes réunis aux restes de la troupe de Coquillard-Charbonneau, commandés par ce dernier, qui avait reçu les instructions les plus nettes, surveillait les environs de la maison isolée.

Les autres, sous les ordres de M. Jules lui-même, s'étaient embusqués à droite et à gauche de la grotte.

Ne se doutant pas qu'il existait une issue au fond de la grotte, il comptait les y laisser entrer, puis les prendre comme dans une souricière.

Sa joie fut grande quand il vit la troupe entière de ses ennemis tomber dans le piège qu'il leur tendait avec une si grande simplicité.

Une fois le dernier Invisible entré dans la grotte, l'ancien chef de la police de sûreté fit un signe.

Tous ses hommes s'élancèrent hors de leur embuscade en poussant des cris propres à tromper leurs ennemis sur leur nombre exact.

Un silence de mort régnait dans la grotte.

Après avoir bien campé les siens, leur avoir fait apprêter leurs armes, et les avoir exhortés à bien recevoir les Invisibles qui auraient le courage ou l'imprudence de ne pas se rendre, il envoya un parlementaire.

On ne lui permit pas de pénétrer dans la grotte.

M. Jules, sûr de la victoire, et voulant autant que possible éviter l'effusion du sang, annonça à voix haute qu'il attendrait cinq minutes, et que si, au bout de ce laps de temps, on ne se rendait pas à discrétion, il lâcherait la bride à ses hommes ivres de liqueurs frelatées et de cupidité inassouvie.

Les cinq minutes s'écoulèrent.

Après une dernière sommation à laquelle on ne fit pas plus l'honneur de répondre qu'aux autres, il s'écria :

— En avant, mes garçons, et pas de quartier pour qui résistera !

Le feu commença.

Les hommes de M. Jules se précipitèrent bravement dans l'intention de forcer l'entrée de la grotte.

Une pistolettade bien nourrie les reçut presque à bout portant.

Les pauvres diables reculèrent, blessés plus ou moins grièvement.

Mais ils se trouvèrent en face d'un danger aussi grand que celui qu'ils cherchaient à éviter.

M. Jules était là, poussant les uns, retenant les autres, promettant grâce et fortune à celui-ci, menaçant celui-là.

En fin de compte, il terminait tous ses encouragements par ces mots féroces, mais clairs :

— Le premier qui recule, je le tue !

Il l'aurait fait comme il le promettait.

Il se tenait derrière eux.

Ses hommes donnèrent un deuxième assaut.

Le feu des Invisibles répondit à leur attaque; mais les effets en furent moitié moins meurtriers.

On eût juré qu'au lieu de vingt-cinq hommes il n'y en avait plus qu'une dizaine à la riposte.

— Oh! oh! garçons! courage! Ils en tiennent! Vous leur avez fait plus de mal qu'ils ne vous en ont fait eux-mêmes! Allons! feu! feu! toujours et démontez-m'en le plus possible.

Ses hommes tirèrent une troisième fois.

A peine si quatre coups de feu leur furent envoyés par les défenseurs de la grotte.

M. Jules jubilait.

— Ah! mâtin ! grommelait-il joyeusement. Vous ne voulez pas vous rendre !

Mais vous y êtes en plein, nom de nom! Le *godan* est bon! la trappe solide! Tirez-vous de là, si vous pouvez!

Il n'avait pas plutôt fini le dernier mot qu'une branche d'arbre taillée en massue s'abattit sur son crâne et le renversa raide sur le sol.

Il n'eut pas même le temps de voir qui venait de le traiter avec si peu de ménagement.

Ou l'évanouissement ou la mort, tel devait être son partage.

M. Jules abattu, quatre hommes et un enfant entourant une femme passèrent comme une trombe à travers les rangs des séides de l'ex-chef de la sûreté et pénétrèrent dans la grotte pendant une éclaircie de coups de feu.

Ces cinq personnages étaient la Cigale, dont le bras formidable venait de renverser M. Jules, le vicomte de l'Estang, Mouchette, le père Pinson et Edmée.

La Cigale avait exécuté les ordres de Passe-Partout.

Malheureusement, il n'avait réussi qu'à réunir ses quatre amis au corps principal des Invisibles.

Il n'avait assommé qu'à moitié l'ex-chef de la police de sûreté, dont le crâne était autrement dur que sa massue en chêne.

Une demi-minute et une goutte d'eau-de-vie suffirent à ce dernier pour se remettre sur pied ou à peu près.

— A mort! tous! pas de quartier! tuez-les tous! hurla-t-il; à la baïonnette! au couteau! Je ne veux pas qu'il s'en échappe un! En avant! dans la grotte! allez!

L'impulsion donnée par ces ordres furieux, hachés, fut si vigoureuse, que tout ce qui restait vivant de sa troupe s'élança dans la grotte la baïonnette en avant.

Leur stupéfaction fut complète.

Un seul homme se tenait dans le fond de la grotte.

Cet homme allait disparaître, à la suite des siens.

Comme un capitaine de vaisseau ne quitte son banc de quart qu'au dernier moment, celui-là avait d'abord laissé passer tous ses compagnons.

Voyant que, s'il les suivait, le passage secret serait découvert, le temps manquant pour faire tourner la pierre assez à temps, il cria :

— Pousse, la Cigale!

Le géant obéit, croyant son chef dans le passage.

La pierre reprit sa place.

Et Passe-Partout se trouva seul, en face d'une meute hurlante, affamée, ivre de sang et de vengeance!

. . . .

Le lendemain, on apprit que le comte de Warrens venait de quitter Paris.

Nul ne s'en étonna.

Ni ses amis, qui avaient l'habitude de ses départs subits;

Ni les Invisibles, qui le savaient bien, non parti, mais disparu.

Dans cette affaire, les Invisibles avaient remporté la victoire, mais la victoire, pour ne pas faire mentir son nom de femme, leur avait coûté cher!

Ils avaient perdu leur chef!

IX

LA CIGALE

C'était le soir, par un ciel sans étoiles.

Une pluie fine et froide rayait l'atmosphère et tombait dru sur les rares passants que leurs affaires ou leurs plaisirs contraignaient à se hasarder dans les rues boueuses de la grande ville.

Un certain temps venait de s'écouler depuis la disparition du comte de Warrens.

Son enlèvement avait été exécuté avec tant d'adresse et de célérité, que, malgré les recherches les plus assidues, malgré tout l'or semé par eux, les Invisibles n'avaient découvert nul indice qui pût les mettre sur la voie.

Ils avaient pourtant des ramifications dans toutes les classes de la société.

Quoi qu'il en fût, ils se voyaient forcés de reconnaître leur impuissance momentanée et de s'avouer battus à plate couture.

M. Jules et ses adhérents ou ses clients l'emportaient sur eux.

Ils avaient bien, comme compensation, mis la main sur la précieuse cassette, tant refusée au général Macé, le faux duc de Dinan, par le baron de Kirschmark, mais cette compensation était peu de chose auprès de la perte énorme qu'ils essuyaient dans la personne de leur chef.

Et ce chef, quand le perdaient-ils?

Au moment où il leur était le plus nécessaire, le plus indispensable.

Au moment où il donnait sa liberté pour sauver la leur, sa vie peut-être pour sauver leur vie.

Plusieurs personnes se trouvaient réunies dans le modeste salon du petit appartement de M. Lenoir, situé rue d'Astorg, numéro 35.

Ces personnes causaient avec une grande animation, bien qu'à voix contenue.

Parmi elles, on comptait :

D'abord le maître du logis lui-même, M. Lenoir, ou, si l'on veut, Martial Renaud, qui, certain de la discrétion de ses visiteurs, avait laissé de côté son déguisement ordinaire de commis-voyageur.

Puis sir Harry Mortimer.

Le vicomte de Rioban, encore pâle de ses blessures,

Le comte de San-Lucar,

Le baron d'Entragues,

Karl Schinner, l'intendant de M. de Warrens,

Le vicomte René de Luz, dont la convalescence touchait à son terme,

Le docteur Martel,

Olivier Dubreuil,

Et Adolphe Blancas,

Dix personnes en tout.

Le colonel Martial Renaud, jetant un regard sur la pendule, se leva, s'approcha de la cheminée contre laquelle il s'appuya, et d'un geste il requit le silence de l'assemblée.

Les conversations particulières cessèrent comme par enchantement.

On l'écouta.

— Messieurs, dit le colonel, il y a aujourd'hui vingt jours qu'à l'issue de notre expédition dans le parc de la maison de Belleville mon frère, votre chef, a disparu. C'est en vain que j'ai appelé à mon aide nos agents les plus dévoués, les plus expérimentés; c'est en vain que nous avons fouillé ce monde nommé Paris dans ses plus secrets repaires: rien! Nous n'avons rien trouvé!

« Deux de nos plus fidèles compagnons, absents depuis trois jours, n'ont pas reparu.

« Peut-être sont-ils tombés dans quelque guet-apens tendu par nos ennemis, victimes eux-mêmes de leur dévouement et de leur fidélité. Il faut s'attendre à tous les malheurs.

« Ces agents, dont je regrette l'absence et dont je redoute d'avoir à déplorer la perte avant peu, sont la Cigale et Frantz Keller.

Un murmure de sympathie et de regret accueillit ces paroles du colonel.

Il reprit :

— Le cas de la disparition de notre chef est prévu par les statuts de l'Association. Vous le savez, quand une de ses têtes tombe, une autre la remplace immédiatement.

« Dans les vingt jours qui suivent la disparition ou la mort du chef, une réunion des Compagnons de la Lune doit être convoquée dans le logement de l'un d'entre eux.

« Dans cette réunion, se trouvent neuf membres au moins, faisant partie des principaux chefs de l'Association.

« Séance tenante, un chef suprême remplace le chef suprême décédé, un chef provisoire remplace le chef disparu ou absent depuis vingt jours par une cause inconnue.

« Le temps nous presse, messieurs.

« Cette réunion, j'ai pris sur moi de la convoquer.

« Vous avez répondu à mon appel.

« Merci.

« Nous sommes réunis.

« Voici du papier, des plumes, de l'encre.

« Nous allons procéder à l'élection du chef suprême provisoire.

« Mais avant tout jurons, quel que soit ce chef, de lui obéir aveuglément, ainsi que nous obéissions à son prédécesseur.

— Nous le jurons! fut-il répondu.

On procéda à l'élection.

Les neuf Compagnons de la Lune firent quelques pas en arrière.

Ils formèrent un groupe compact et causèrent quelques instants à voix basse, sans que le colonel Martial Renaud pût entendre un seul mot de leur entretien.

— Edmée, reprit le comte en pressant la jeune fille sur son cœur, vous êtes vaillante, vous m'attendrez.

Le colonel s'était assis devant une table.

Là, à l'aide d'un poignard, il coupait une grande feuille de papier en morceaux d'égale dimension.

Après une courte délibération, sir Harry Mortimer se détacha du groupe des Compagnons de la Lune.

Il se rapprocha de la table, suivi des autres Invisibles, et posant la main sur l'épaule de Martial Renaud :

— Colonel? lui dit-il.
— Que me voulez-vous, mon ami?
— Je veux vous dire, colonel, que vous faites là une besogne bien inutile.
— Inutile? demanda Martial Renaud, qui ne comprenait pas où l'Invisible allait en arriver.
— Oui. Le nouveau chef suprême de notre association est élu à l'unanimité.
— Le chef provisoire?
— Lui-même.
— Mais je n'ai pas voté.
— Aussi laissez-moi achever... J'ai dit à l'unanimité... j'allais ajouter : moins *une voix*..., la vôtre.
— Eh bien?
— Eh bien ! nous espérons, ajouta sir Harry Mortimer, que vous vous rallierez à la majorité.
— Quel est ce chef, mon ami?
— Notre choix est bon.
— Je n'en doute pas... Ici, je ne vois que des hommes de cœur, des gens d'honneur et d'intelligence... Quel que soit votre choix, pour ma part, je le ratifie d'avance.
— Bien, colonel, nous n'attendions pas moins de vous.
— Et ce chef, son nom?
— Le colonel Martial Renaud.
— Moi !
— Vous-même.
Le colonel se leva.
Mortimer lui saisit la main et il ajouta :
— Oui, vous. Le plus digne, après votre frère. Nous vous aimons tous, comme nous l'aimions. J'espère que nous reparlerons encore de lui au présent. Nous avons foi en vos talents...
« Vous possédez la plupart des secrets du comte de Warrens, donc, mieux que personne, nous vous jugeons capable de le remplacer.
Martial Renaud hésitait encore.
— D'ailleurs, reprit Mortimer, afin de lever vos derniers scrupules, qui sont une flatterie indirecte à notre endroit, nous vous donnerons la meilleure de toutes les raisons pour que vous vous croyiez forcé d'accepter.
— Dites.
— A vous seul..., à vous surtout appartient le bonheur de sauver votre frère ou le droit de le venger. Comptez sur nous, comme nous comptons sur vous.
« A partir de cette heure, en l'absence du comte de Warrens, vous êtes le chef suprême des Invisibles.
Martial Renaud était en proie à une émotion intérieure qu'il surmonta difficilement.
— J'accepte, messieurs, répondit-il. J'accepte la lourde tâche que vous m'imposez. Tous mes efforts tendront à me rendre digne de votre choix. Rioban?

De Rioban s'approcha.

— Veuillez, je vous prie, dresser un procès-verbal de l'élection, procès-verbal que tous les membres de l'Association présents signeront. Nos statuts l'exigent.

Le vicomte de Rioban obéit.

Chacun signa au bas de l'acte, écrit en double, préparé d'avance, et auquel il ne manquait que le nom de l'élu et ceux des électeurs.

Le colonel Renaud plia soigneusement les deux actes, et il les serra dans la poche du côté de son habit.

Aussitôt qu'il eut fini, on entendit retentir un timbre dans une des pièces voisines.

Le colonel quitta le salon et s'approcha de la porte d'entrée, contre laquelle il appuya son oreille.

Trois coups, à intervalles égaux, furent frappés du dehors contre la porte.

Martial ne bougea pas.

Puis vint un léger grincement produit par le frottement d'une lame de couteau contre le bois.

Martial mit la main sur la clef de la porte.

On frappa deux nouveaux coups plus précipités que les premiers.

Martial ouvrit.

Un homme entra.

Cet homme, c'était la Cigale.

Les vêtements du colosse étaient en lambeaux.

Ils ruisselaient comme si leur propriétaire était sorti un instant auparavant de la rivière.

Chacun de ses pas laissait une trace boueuse sur le parquet.

Il paraissait brisé de fatigue, et s'appuyait en marchant sur un énorme gourdin, ayant beaucoup plus de conformité avec une massue qu'avec un stick.

Malgré la fatigue qui l'écrasait, son visage rayonnait de joie.

A tel point, qu'en apercevant cette honnête, brave et joyeuse figure le colonel fut pris de confiance et crut son frère retrouvé.

— Enfin, te voilà! s'écria-t-il.
— Mais, oui, mon colonel, répondit le géant.
— Sois le bienvenu.
— Je veux bien.
— As-tu des nouvelles?
— Dame... oui.
— De bonnes nouvelles?... Réponds.
— De toutes fraîches... au moins... Quoi! on a ce qu'on peut, et ce n'est pas sans peine.
— Certaines?
— Pardi... Sans ça... je ne serais pas ici.
— Je te crois... Viens.
— Où ça?

— On t'attend...
— Au salon ?
— Oui.
— Qui ça?
— Des amis... des frères... des chefs ?
— Je ne peux pas entrer comme ça?
— Nigaud !
— Laissez-moi monter dans ma soupente. Je me changerai en deux temps.
— Bah ! nous avons bien d'autres chats à fouetter, vieux coquet... J'ai ici tout ce dont tu peux avoir besoin plus tard ; viens toujours.
— Ah ! c'est comme ça ?... Allons-y, mon colonel.

Et la Cigale suivit résolument le colonel Martial Renaud, qui l'introduisit dans le salon.

Les Compagnons de la Lune accueillirent de leur mieux, et avec des cris de joie, le brave débardeur.

On l'entoura. On le fêta.

Le colosse ne savait plus où donner de la tête.

En pénétrant dans le salon, soit saisissement causé par une transition trop violente du froid au chaud, soit toute autre cause connue de lui seul, la Cigale pâlit affreusement et chancela sur sa base.

Si on ne s'était précipité pour le soutenir, il serait certainement tombé tout de son long sur le parquet.

— Qu'y a-t-il, mon vieux? demanda Martial Renaud. Tu vas te trouver mal comme une petite maîtresse, toi, un homme, un vrai homme! Es-tu blessé?
— Non, mon colonel.
— C'est la fatigue alors ?...
— Faites excuse... C'est peut-être ben ça... Mais je vas vous dire... Mâtin de chien ! jura-t-il en s'appuyant d'une main sur la table et de l'autre sur son bâton.
— Qu'as-tu enfin?
— C'est bête comme tout, voyez-vous... ; mais, il n'y a pas, il n'y a pas... faut céder à la nature, quoi !...
— Parle.
— J'ai fait près de quinze lieues aujourd'hui sur mes *paturons*.
— A pied?
— Ma foi, oui ! Et ça creuse, quinze lieues, surtout quand on n'a pas mangé depuis deux jours.
— Que dis-tu là, malheureux !...
— La vérité... quoi !
— Tu es resté deux jours... à jeun?
— Quarante-huit heures tout au long, mon colonel.

On s'empressa autour du brave colosse.

On lui donna des vêtements secs.

On le força à s'asseoir, à se reposer.

Martial Renaud, qui venait de courir au buffet placé dans la salle à manger, revint chargé de tout ce qu'il avait trouvé, un pâté, une moitié de gigot, un pain de quatre livres.

Le vicomte de Rioban portait deux bouteilles de vin, des verres, des couteaux, des assiettes, tout ce qu'il fallait enfin pour mettre le couvert de leur fidèle et dévoué compagnon.

C'était un spectacle touchant que celui de cet ouvrier, de ce rude serviteur, servi par ses maîtres, ses supérieurs, tous gentilshommes ou grands de la terre.

L'égalité, tel est le plus beau résultat de la sainte association.

— Tiens, gredin, mange !... Tiens, misérable, bois ! dit en riant le colonel. Mange et bois tout ce qu'il te plaira; quand il n'y en aura plus, il y en aura encore.

La Cigale *faisait des manières.*

— Oh ! mon colonel... je n'oserai jamais !

— Veux-tu bien manger tout de suite ! Tu nous fais attendre, et nous brûlons de t'interroger aussitôt que tu seras à même de nous répondre.

La Cigale se dressa subitement et saluant militairement :

— Interrogez, mon colonel, dit-il, je suis prêt.

On fut obligé d'employer une demi-violence pour le forcer à s'asseoir de nouveau.

Il ne se mit à manger que parce qu'on lui promit de ne l'écouter qu'après son repas.

— C'est bien pour vous obéir, allez..., fit-il respectueusemsnt, tout en sentant une grande attraction vers les mets succulents étalés sur la table, auxquels Rioban et Mortimer venaient d'ajouter une troisième bouteille de vin, un jambonneau et un second pain de quatre livres.

Le colonel Renaud riait d'avance de la surprise de ses hôtes.

Il connaissait l'appétit du colosse.

Il savait que, pour peu qu'on ne l'arrêtât point dans son élan, la Cigale ne laisserait pas une miette de pain, un morceau de viande, une larme de vin.

Il fit signe aux neuf autres Invisibles de le laisser fonctionner à son aise.

— Va toujours..., va, mon gars, va, mange à ta faim.

Et la Cigale allait toujours.

Et la Cigale mangeait à sa faim.

Les Invisibles le servaient à l'envi.

Ils remplissaient son verre, coupaient sa viande, lui cassaient son pain.

Le débardeur était servi à souhait, comme dans un conte de fées.

Rendons-lui cette justice, le géant se laissait faire avec une docilité charmante.

Il avait mis tout amour-propre de côté.

Chacune des personnes qui se trouvaient là était pour lui une vieille connaissance.

Il n'avait que des amis dans l'assemblée.

Quelques minutes se passèrent ainsi, pendant lesquelles on n'entendit d'autre bruit que celui de ses deux puissantes mâchoires broyant, brisant, déchirant et avalant tout ce qu'on leur présentait.

— C'est plaisir de l'inviter à sa table, n'est-ce pas, messieurs? disait Martial Renaud en riant.

— Le fait est, mon colonel, que j'avais rudement faim! Je peux l'avouer maintenant.

— Cette franchise te fait honneur!... Ah çà, voyons, mon brave..., ta faim est un peu calmée, hein?

— Un peu... oui... bien peu... mais ça peut aller comme ça tout de même.

— Peux-tu répondre à mes questions?

— Pardi!

— Tout en continuant à manger..., bien entendu.

— Allez votre train... ça ne me gênera pas, répliqua le colosse engouffrant un tiers du jambonneau..., d'autant que je ne suis ici que pour la chose...

— Bien.

— J'attends, mon colonel.

Il vida une seconde bouteille.

On l'admirait.

Il s'arrêta pour encourager l'interrogatoire de Martial Renaud.

— Allez-y, fit-il. J'y suis.

— Tu as fait quinze lieues aujourd'hui, m'as-tu dit? N'est-ce pas?

— Pied à pied, pouce à talon, talon à pouce, répondit-il.

— D'où viens-tu?

— Ah! voilà! Je ne sais pas.

— Comment, tu ne le sais pas?

— Ma foi non... mais ne vous inquiétez pas... je vas vous raconter la chose tout de même... Je viens d'une maison qui se trouve seule dans la campagne.

— Quelle campagne?

— Je vous dirai ça demain..., quand je saurai son nom. Je retomberai sur mes pattes à cet endroit-là. Soyez tranquille.

— Je suis tranquille... Mange.

La Cigale engloutit le reste du pâté, et il entama la troisième bouteille de bordeaux.

Sur une invitation muette du colonel, toutes les conversations particulières avaient cessé.

Les Invisibles écoutaient l'entretien du colonel et de la Cigale avec le plus vif intérêt.

Martial Renaud reprit:

— Qu'étais-tu allé faire dans cette maison? Y es-tu entré?

— Non, mon colonel. Je n'ai pas pu. Mais c'est égal!...

— Égal... en quoi?

— J'ai mon idée.

— Raconte-la.

— Plus tard... on verra!

— Enfin... pourquoi es-tu allé là?

— Ah! voilà... mon colonel... je suivais une piste.

— Une piste?

— Oui... vous savez bien..., comme disent les Peaux-Rouges et les peaux blanches d'Amérique.

— Bien... Mais quelle piste suivais-tu?
— Est-ce que je pouvais en suivre deux?
— C'était celle de mon frère?
— Du capitaine.., Pardi, oui!

Il but le reste de la dernière bouteille.

— Tu as trouvé la trace du capitaine? s'écria Martial, avec un transport de joie.

— Je l'ai trouvée... Je l'ai... non.
— Que disais-tu donc?
— Ce n'est pas moi qui l'ai trouvée... mais, enfin, il n'y a pas de mal... C'est tout de même...
— Explique-toi...
— Qué qu'ça fait? Pourvu que ça y soit... et ça y est.
— Il a donc quitté Paris?
— On le lui a fait quitter... oui.
— Depuis combien de temps?
— Il y a au moins quatre jours.
— Et tu l'as vu?
— Je n'en suis pas bien sûr..., mais je le crois.

Le colonel, tout en ne saisissant pas bien le sens énigmatique des réponses de la Cigale, savait qu'il ne fallait jamais lui en demander trop.

L'intelligence du géant ne suivait jamais que la ligne de conduite qu'il s'était tracée.

Un écart, une route de traverse, un point d'orgue inattendu, et il perdait la carte.

Il continua son interrogatoire en y mettant toutes les précautions oratoires imaginables.

— Tu as bien agi... Mais, dis-moi..., pourquoi n'avoir pas suivi cette piste jusqu'au bout?
— Il ne fallait donc pas accourir vous prévenir, vous raconter ce que j'avais fait?
— Mais, malheureux! maintenant que tu n'es plus là, cette piste, le fruit de tes peines, va être perdue de nouveau?
— Ah! ouiche!
— Parviendrons-nous à la retrouver?

La Cigale regarda le colonel avec une expression de pitié d'autant plus marquée, qu'elle se mêlait à un respect inaltérable pour le frère de son capitaine.

Il avala les bribes du repas qu'on lui avait offert, s'essuya les lèvres, jeta un regard triomphant sur cette table qu'il venait de si bien nettoyer, et se levant il dit au colonel :

— Merci de votre déjeuner, mon colonel... Mais faites excuse... vous ne connaissez pas votre vieux la Cigale... Il n'aurait pas mangé de si bon cœur

s'il n'avait pas été sûr de retrouver la piste en question, quand il lui plaira de la retrouver.
— Ainsi?
— Ainsi, j'ai pris mes précautions... et quand je prends mes précautions il n'y a pas de danger que je sois mordu.
Cela dit, il s'assit majestueusement et il attendit la fin de son interogatoire.

X

LE RÉCIT DE LA CIGALE

— Quelles précautions? demanda le colonel Martial Renaud à la Cigale.
— Voici ce que c'est, mon colonel. J'ai laissé là-bas, en éclaireurs, deux gaillards... mais deux bons... là... des vrais! Je leur ai remis tout l'argent que vous m'aviez donné, au cas où ils en auraient besoin... et je suis venu, patte sur patte, toujours courant, vous raconter la chose.
— Tu as bien fait. Quels sont ces éclaireurs?
— Oh! vous les connaissez bien!...
— Qui?
— Frantz Keller...
— Et?
— Et Mouchette.
— Mouchette? chercha Martial Renaud, qui avait oublié le nom du gamin de Paris.
— Mais oui..., Mouchette... le petit... Vous ne vous rappelez pas, mon colonel... ce môme si *rigolo* alerte comme un écureuil et malin comme un singe?
— Ah! oui... j'y suis.
— C'est même lui qui est cause de la découverte...
— Conte-nous cela, mon garçon.
— Je ne demande pas mieux... parce que pour ce qui est de faire valoir ce *crapaud*-là, c'est un vrai plaisir pour moi, qui l'ai lancé.
— Mais la chose est intéressante... et vaut la peine que tu la reprennes dès le principe.
— Faut tout recommencer? demanda le colosse avec effarement.
— Oui.
— C'est dur... mais puisque vous le voulez...
— Je t'en prie.
— Suffit, mon colonel... Seulement, dame, vous savez... je ne parle pas bien... Vous vous payerez de la patience et de l'attention.
— Va, va.
— Sans ça, je ne réponds de rien.
— Commence.

Mlle de l'Estang, pâle, égarée, les lèvres frémissantes, se mit à pleurer.

La Cigale, on le sait, n'était pas un brillant orateur, dans son assiette ordinaire; en outre, il était plus que timide.

La plus légère émotion lui causait aussitôt un bégaiement qui rendait son débit presque inintelligible.

Mais, en cette occurrence, le brave débardeur, surexcité plus que d'habitude, d'abord par les trois bouteilles de vieux bordeaux qu'il venait d'ingur giter, ensuite par tous les regards bienveillants que les Invisibles fixaient sur lui, prit le dessus sur sa timidité et sa sauvagerie de tous les jours.

D'ailleurs, il s'agissait du salut de son capitaine, et cette raison seule suffisait pour lui donner des facultés qu'il ne se connaissait pas.

Il se raffermit sur ses jambes, s'essuya la bouche du revers de sa main, et, sans réfléchir, sans chercher ses mots, il se jeta tête baissée dans le tas de ses souvenirs.

— Vous vous souvenez, mon colonel, de la tâche que vous m'aviez confiée?...

— Oui, oui.

— Vous nous avez chargés, moi et plus de cinquante autres camarades, de... de nous *décarcasser* pour savoir où les limiers de M. Jules, ou de sa *chienne* d'associée, avaient conduit mon pauvre capitaine.

— Passe les préliminaires.

— Les... quoi?

— Va toujours.

— Enfin... il paraît que ça ne fait rien que je comprenne ou que je ne comprenne pas. Pour le coup, je me dis : C'est bon... je suis farci d'or... je suis chargé d'une mission de confiance... faut pas que je me *mette le doigt dans l'œil*. Je retrouverai mon capitaine ou j'y laisserai ma peau et mon argent... c'est-à-dire votre monnaie, mon colonel.

— Après?

— Marchons lentement et nous arriverons... Je me dis encore : Mon vieux, tu es fort comme un taureau, tu n'es pas un serin quand tu te trouves à bord d'un navire ou bien au fond d'une forêt plus ou moins vierge... mais ici, le dernier des derniers te passera la jambe et tu n'y verras que du feu.

Martial Renaud et ses amis ne purent s'empêcher de rire en voyant la singulière opinion que le colosse avait de sa perspicacité.

— Avant de partir du pied gauche, continua le débardeur, je me creusais donc la tête pour en faire sortir un plan de campagne... pas trop boiteux. J'étais en train de réfléchir. V'là qu'on me passe entre les jambes en criant : Coucou, le voilà!

— C'était ton ami Mouchette?

— Juste, vous l'avez deviné. C'était Moumou. Faut vous dire que Moumou m'aime tant que, quand il y a deux heures qu'il ne m'a pas vu, il se gratte le nez, tourne sur lui-même et se demande : « Ousque donc est mon bon Cigale. » Il me cherchait, il me trouvait, il était heureux comme un poisson dans un bocal.

— Eh bien!

— Je vais au petit trot, mon colonel, mais n'ayez pas de souci. Tout à l'heure je vais prendre mon galop, un galop de chasse de six lieues à l'heure.

— Prends-le tout de suite, bavard!

— Bavard! répondit le géant, fier de sa loquacité exceptionnelle, v'là la première fois de ma vie que je m'entends appeler comme ça. Il faut bien que ce soit pour mon capitaine... sans ça... Enfin, nous y venons!... En voyant le petit, je me mets à penser : Quelle chance! v'là mon plan tout trouvé.

— Comment?

— Je l'empoigne par l'oreille, et je lui glisse le tout dans le tuyau : « C'est tout? qu'il me dit avec son air d'ambassadeur mis à pied. — Oui, mon neveu... » Faut vous dire qu'il m'appelle son oncle; alors, souvent, moi, je l'honore de ce nom-là... pour ne pas l'humilier. « Ce n'est que ça qui vous embête ?... qu'il fait. — Il n'y a peut-être pas de quoi », que je lui réponds. — Vl'à mon satané mioche qui me rit au nez et me promet de me tirer de là, comme si nous n'avions qu'à prendre l'omnibus de la Bastille à la Madeleine... sans correspondance.

Les Invisibles et leur chef provisoire restaient abasourdis par ce flot de paroles sortant du gosier de la Cigale.

Il ne se reconnaissait même plus lui-même.

Il était un peu lancé, le brave colosse... Le vin, ses fatigues, son ardente affection pour le comte de Warrens, le souvenir des hauts faits de Mouchette, tout cela lui montait à la tête et lui faisait l'effet d'une quatrième bouteille.

Il continua de plus belle :

— Vous comprenez, mon colonel, que la première chose que je fis fut de le presser sur mon cœur de toutes mes forces, même qu'il criait : Tu m'étrangles! comme un aveugle sans violon.

— Et la seconde?

— Fut de lui dire : « Petiot si tu fais ça... je ne te dis que ça... — Bon! bon! des bêtises, mon oncle... Je réponds du bouquet; seulement il nous faut un troisième camarade... » Alors je trouve le troisième sans barguigner.

— Frantz Keller, sans doute? demanda Martial Renaud.

— C'est ça! Frantz Keller à qui vous avez donné une commission qui ressemblait de près et de loin à la mienne. Je ne m'en plains pas, je raconte... voilà tout.

« Une fois, deux fois, trois... ça va bien!... Le petit nous développe son idée... une fameuse idée tout de même.

— Quelle idée?

— Attendez. Vers deux heures du matin, à l'heure où tant d'imbéciles font semblant de dormir, Mouchette nous conduit, 35, rue d'Astorg.

— Dans cette maison où nous sommes?

— Oui, mon colonel.

— Ah! je comprends, chez le père Pinson?

— Chez le vieux sergent... oui... Il le fait lever, habiller... et nous partons tous les quatre, Frantz Keller, Mouchette, le vieux et moi.

— Jusqu'ici je ne vois pas le merveilleux du plan de ton ami.

— Attendez donc, pristi! Le père Pinson conduisait son chien en laisse.

— Hurrah?

— Hurrah ! Oui... c'est son nom... Nous allons à Belleville, et d'un bon pas encore.

— A la maison isolée?

— Vous y êtes! Là le concierge, d'après le conseil de Moumouche, fait sentir à son chien un gilet, je crois... oui, un gilet ayant appartenu au capitaine.

— Bien trouvé! fit Martial Renaud avec une exclamation joyeuse.
— Le chien flaire, reflaire, nous regarde, se met à japper et aboyer.
— Et puis?
— Et puis, nous le lâchons... La brave bête avait, pardi, bien l'air de comprendre ce qu'on lui voulait. Elle n'hésita pas une minute... V'là qu'elle se met en quête... nous la suivons pas à pas tous les quatre...
— Braves amis!
— Laissez-moi finir... Tout ça n'est rien... Hurrah ne resta pas longtemps sans tomber en arrêt.
— Il avait retrouvé la trace? dit le colonel.
— La trace du capitaine... oui... V'là que nous disons : C'est bon, la bête y est... Et, sacredieu! elle y était... Elle commence une course, une chasse insensée... le museau en terre, trottant la queue basse. Hurrah redescend dans Paris... Nous redescendons avec lui... Il traverse les boulevards et il enfile les Champs-Élysées... Nous traversons et nous enfilons à sa suite!
— Bien!
— A la hauteur de l'allée des Veuves, cependant, il hésite, le bon chien... Notre cœur se serre à tous les quatre. — Est-ce qu'il *renauderait?* que nous nous demandons... Je t'en soigne!... Après avoir trotté deçà et delà, d'un air inquiet, v'là que la bête reprend sa course. Nous attrapons le pont de Neuilly, nous le passons. Elle entre dans Courbevoie... Aïe donc! nous la suivons sans broncher.
— Enfin?
— A la fin... eh bien!... à la fin des fins, la bonne bête s'arrête devant une maison *asseulée*, en dehors du village.
— Tu connaissais l'endroit, tu vois? fit le colonel se souvenant que le colosse n'avait pas pu satisfaire tout d'abord à sa demande.
— Au fait, oui... v'là les noms qui me reviennent à présent, mon colonel... C'est votre vin, voyez-vous! Il était donc six heures du matin... sans reproche, nous courrions comme ça depuis quatre bonnes heures... C'était gentil, déjà! On rattache le chien, et nous nous installons dans une auberge, où les autres cassent une croûte et piquent un somme.
— Et toi?
— Moi, je veillais et je pensais à mon capitaine... Je n'avais ni faim, ni soif, ni sommeil... Ah! cré mâtin, je ne les ai pas laissés se dorloter par trop longtemps, allez.

« Au réveil, le père Pinson nous lâche pour retourner à sa fabrique. Nous gardons le chien. Il tenait la piste, vous comprenez, nous ne l'aurions pas rendu pour son pesant d'or. Le vieux sergent parti, nous reprenons la chasse.

« Parole! ça commençait à m'amuser, en dehors même de l'intérêt que je porte à mon capitaine.

« Il paraît que ses ravisseurs craignaient joliment d'être poursuivis. Les gueux avaient employé tous les moyens pour nous donner le change et nous faire perdre leurs traces. Ils s'étaient donné la peine de croiser leur route, revenant sur leurs foulées, coupant à travers terre et faisant des pointes à droite et à gauche.

— Scélérats ! murmura Martial Renaud, si jamais...

La Cigale, qui ne tenait point à s'arrêter en si beau chemin, l'interrompit sans le moindre ménagement.

— Malgré toutes ces marches et ces contremarches, ces allées et ces venues, le brave chien ne s'est pas laissé mettre dedans un seul instant.

— Il a retrouvé la piste ?

— Retrouvée ? répondit le géant avec une véritable indignation, allons donc, il ne l'a jamais perdue. Il y avait de quoi se mettre à genoux devant ce chien-là, voyez-vous.

— Va toujours, va.

— Nous ne le quittions pas d'un pouce. Mouchette relevait avec soin la route que nous suivions, et prenait des points de repère, comme le Petit Poucet, afin de s'y reconnaître plus tard.

— Combien de temps a duré cette chasse ?

— Quatre jours et presque quatre nuits. A la fin, bête et hommes, nous étions littéralement sur les dents. S'il avait fallu continuer quelques heures encore, nous mourions tous à la peine. Mais pour rien au monde, nous ne nous serions arrêtés.

« Le chien allait toujours.

« Nous faisions comme le chien.

— Achève ! dit le colonel.

— Arrivés, vers dix heures du soir, devant une espèce de ferme bâtie au milieu d'un bois touffu, et isolée de toute autre habitation, Hurrah demeure subitement immobile comme une pierre. Ses jarrets se mettent à trembler ; cette chère bête devait avoir une émotion !... J'en ai bien encore, moi, en vous racontant nos allées et nos venues. Bref, Hurrah commença par jeter deux ou trois cris plaintifs et contenus, puis il se mit à remuer la queue, et finalement il se coucha.

« Pour Frantz Keller, pour Mouchette et pour moi, il n'y avait pas à douter, c'est là que se trouvait le capitaine.

— Cher frère ! dit Martial en chassant une larme qui pointait au bord de sa paupière.

La Cigale ajouta :

— Après nous être concertés, entendus... après avoir tenu conseil, v'là ce à quoi nous avons conclu : Mouchette et Frantz Keller sont restés en observation et suivront le capitaine si on le force à quitter cette maison.

— Et tu les retrouveras, la Cigale ?

— Pardine ! oui ; nous sommes convenus qu'ils me laissent, sur leur route, des signes de reconnaissance pour que je n'aie pas besoin de courir à droite et à gauche, comme une corneille qui abat des noix.

« Moi, on m'a forcé de me coucher et de dormir quelques heures pour reprendre des forces et du nerf.

« Aussitôt réveillé, je retourne à Paris avec ce digne et bon Hurrah, qui nous était devenu inutile, et qui aurait pu éveiller des soupçons contre nous.

« On m'a chargé de vous rendre compte de notre mission.

« J'ai fait ce que j'ai pu, mon colonel, vous en savez autant que moi maintenant, et ma foi d'honnête marin je vous donne, que si vous n'êtes pas satisfait de moi, de nous tous, vous êtes diantrement difficile!

— Est-ce tout ?

— Pas encore. J'y arrive.

— Vite ! fais vite, pour Dieu !

Le colosse reprit :

— Tout en causant nous ne perdions pas la ferme de vue. Une fenêtre se trouvait éclairée au premier étage. Deux ou trois fois, nous avons vu se dessiner sur cette fenêtre une ombre qui nous a bien semblé être celle du capitaine.

« Sur les quatre heures du matin, je me suis réveillé.

« J'ai donné tout l'argent que j'avais à Frantz Keller et à Mouchette.

— Je sais ! je sais ! fit le frère du comte de Warrens.

— Je gardai dix sous pour acheter du biscuit à ce pauvre Hurrah, qui ne se doutait pas de tout le bonheur qu'il venait de me donner.

« Et nous sommes partis pour Paris, l'homme et le chien, nous entendant mieux que si nous avions été deux hommes ou deux chiens.

— Et votre voyage a duré?

— Deux jours. Chaque jour, je faisais quinze lieues... Hurrah aussi, mais lui mangeait et buvait, moi non ; je n'aurais pas touché aux dix sous de la pauvre bête, pour le dîner que vous m'avez servi tout à l'heure. On a une parole et un cœur ! quoi !

« Enfin, nous sommes arrivés, il y a une heure.

« Vous avez vu, mon colonel, si j'ai bien employé mon temps pendant cette heure-là.

« Franchement, je crois que si j'ai bu vos trois bourguignonnes..., non... vos trois bordelaises..., je ne les avais pas volées.

XI

LE COLONEL MARTIAL RENAUD

Les Invisibles avaient écouté avec le plus vif intérêt le récit de cette curieuse odyssée.

Le débardeur avait fini de parler, qu'il les tenait encore sous le charme.

Ils admiraient le dévouement simple et sans bornes de cette vaillante nature.

Ils admiraient le rude matelot, l'ouvrier abrupt, qui racontait ces choses inouïes comme si elles étaient toutes naturelles.

Le récit de la Cigale terminé, il se fit un silence profond.

Chacun des dix membres de la grande association réfléchissait à ce qu'il venait d'entendre.

On pesait le pour et le contre.

On cherchait le moyen d'ajouter une chance de plus à cette piste si audacieusement commencée.

Mais à coup sûr, pas un seul d'entre eux ne mettait en doute la véracité d'une seule des phrases du loyal compagnon.

Martial Renaud prit enfin la parole.

— Je suis content de toi, dit-il à la Cigale. Tu as agi en brave Compagnon de la Lune, en fidèle matelot.

La Cigale baissait les yeux, toussait, crachait, se tenait tantôt sur un pied, tantôt sur l'autre, pendant que le chef provisoire des Invisibles lui adressait ces remerciements au nom de tous les autres membres de l'Association.

— Si nous retrouvons le capitaine, continua Martial, et nous le retrouverons, c'est à toi que nous le devrons.

— Et à Moumouche aussi, murmura le géant.

— Et sois-en sûr, mon brave, il saura ce que vous avez fait pour lui.

— Ce n'est toujours pas moi qui irai le lui raconter, mon colonel.

— Ce sera moi, ce sera nous tous.

— Comme ça, oui... quoique, après tout... vrai... il vaudrait mieux... ça n'en vaut pas la peine.

On sourit autour de lui.

Il s'aperçut qu'il venait de dire une bêtise.

En effet, que venait-il de prétendre?

Tout simplement que la vie de son capitaine, du comte de Warrens, du chef des Invisibles ne valait pas un remerciement.

S'il avait pu s'arracher les cheveux, il n'y aurait pas manqué.

Mais sa chevelure était vissée à son crâne de telle façon que jusque-là ni Pawnies ni Sioux n'avaient réussi à la détacher de sa place ordinaire.

Peut-être, après tout, la Cigale n'avait-il pas prêté à cette opération, qu'il avait manqué subir plusieurs fois, une de ces complaisances, une de ces bonnes volontés qui aident la main et le couteau de l'opérateur.

Toujours est-il que la Cigale, s'apercevant qu'il eût beaucoup mieux agi en se taisant, se promit de ne plus ouvrir la bouche que pour demander la permission de se retirer, de se reposer.

Ce qu'il fit.

Le colonel ne lui donna même pas l'ennui de le lui laisser demander.

Il l'engagea à monter dans sa mansarde, l'invitant à descendre chez lui le lendemain matin vers les cinq heures.

La Cigale allait se retirer.

Tous les Compagnons de la Lune serrèrent la main du débardeur; ils prirent congé de lui comme si le pauvre diable eût été leur égal par le nom, par le rang, par la fortune.

Ils avaient tous admiré son dévouement.

Ils aimaient sa fidélité.

Cinq minutes plus tard, voluptueusement couché dans son grenier sur trois bottes de paille fraîche qu'on venait de lui monter d'après l'ordre du père Pinson, et enveloppé d'une couverture de cheval, le colosse dormait du sommeil du juste et de l'homme fatigué.

Le bon la Cigale avait la conscience plus calme et le sommeil plus solide que bien des heureux de ce monde, se vautrant dans la plume, dans la soie et dans la dentelle.

Lui, il ne pouvait dormir sur un matelas.

Il lui fallait un hamac, l'été, de la paille, l'hiver.

Mais laissons-le se reposer, pour prix de ses démarches et de ses recherches.

Revenons à nos Invisibles et à leur nouveau chef suprême.

Dès que la Cigale fut sorti, ce dernier leur dit :

— A nous maintenant d'agir, messieurs; d'agir avec la plus extrême vigueur. Je sais, à n'en point douter, d'où part le coup. Seule la comtesse de Casa-Real a pu concevoir un plan aussi diabolique et l'exécuter avec cette adresse, avec ce bonheur.

— Ainsi, vous pensez que M. Jules, l'ex-agent de police, n'est pour rien dans tout cela? demanda le vicomte de Rioban.

— Je ne dis pas non... il peut être le bras, mais c'est elle l'âme, la tête. Mais qu'elle prenne garde... ce sera son dernier triomphe.

— Cette femme est une vipère à la dent mortelle. Jusqu'à ce jour nous l'avons trop ménagée.

— Il faut en finir avec elle, ajouta Karl Schinner.

Ces mots furent prononcés avec une énergie sans égale.

Le major Schinner ne parlait pas souvent, mais quand il parlait, chacune de ses phrases portait coup.

Il était d'avis que Caton eût mieux fait de ne dire qu'une fois son fameux : *Delenda est Carthago.*

Tous les Invisibles se retournèrent vers lui.

Il rentra dans son silence.

Mais l'animation de ses traits, la fureur qui se peignait dans ses yeux, son poing fermé levé vers le ciel, prouvaient qu'en lui-même il faisait un serment formidable, un de ces serments pour l'accomplissement desquels on sacrifie tout, fortune et existence.

Martial serra fortement la main du major Schinner, et lui dit :

— Par la mémoire de ma mère, nous en finirons, je vous le jure, bon Karl. Je serai sans pitié.

— Bien ! fit le major.

Et n'aimant point à être mis en avant dans ces assemblées, où tant de gens l'effaçaient par leur jeunesse, leur force, leurs richesses, il rentra dans l'ombre, et alla s'asseoir dans un coin du salon.

Ame modeste qui ne voulait pas s'avouer que le dévouement, la conscience du devoir accompli et une affection inaltérable pour un maître comme le comte de Warrens, vous mettent au niveau de toutes les personnalités, de toutes les positions.

— Je vous le répète, messieurs, l'heure de l'action a sonné. Êtes-vous prêts? demanda le colonel.

— Oui, lui fut-il répondu d'une voix unanime.

— Écoutez-moi donc, et exécutez mes ordres à la lettre.

Un seul homme se tenait au fond de la grotte.

On se pressa autour de lui.

— Sir Harry Mortimer, reprit Martial Renaud, à minuit, vous partirez pour le Havre... Vous prendrez le train express et vous vous rendrez à bord de notre brick.

— Bien, colonel.

— Vous prendrez le commandement du brick.

— Et l'équipage?
— Je vous en enverrai un sûr et nombreux.
— Pas d'autres ordres?
— Si. Les hommes montés à bord devront y rester cachés... Vous mouillerez sur un corps mort et vous mettrez les voiles sur les fils de carret, afin de vous trouver en mesure d'appareiller au premier signal que je vous donnerai.
— Chose faite, répliqua sir Harry Mortimer, qui parlait facilement, lui, mais que la parole fatiguait.
— C'est évident pour moi, messieurs; la comtesse de Casa-Real tient son prisonnier aux environs de Rouen. De là elle compte gagner le Havre. Nous y serons avant elle. Surtout, sir Harry Mortimer, organisez dans le port la surveillance la plus active.
— Je serai averti de tout.
— Bien. Un dernier détail. Major Schinner?
Schinner vint au colonel.
— Avez-vous eu soin de faire ce que je vous ai demandé?
— J'ai les sommes, répondit le major.
— Remettez à sir Harry Mortimer cent cinquante mille francs en billets de banque et deux millions en traites sur New-York, la Havane, la Vera-Cruz, la Nouvelle-Orléans et Mexico.
— Voici, fit Schinner, tirant un bordereau de sa poche et des liasses d'effets ou de billets de banque.
Il remit traites et billets à sir Harry Mortimer, lui fit signer son bordereau de versement, et il attendit.
Quand cette formalité eût été remplie :
— Usez, comme vous le jugerez convenable, de cet argent et de ce crédit au mieux des intérêts de notre association, sir Harry Mortimer, dit le colonel.
— Ce sera fait, répondit simplement le noble écossais. Vous n'avez point d'autres instructions à me donner, colonel?
— Non.
— Vous me permettez de me retirer?
— À votre aise.
— Je n'ai que juste le temps nécessaire pour partir.
— Partez. Au revoir, sir Harry Mortimer.
— Au revoir, colonel.
L'Écossais salua tous les Invisibles et sortit de son pas lent et régulier. C'était sa manière de se presser.

> Chi va piano, va sano;
> Chi va sano, va lontano,

dit un proverbe italien.

Si ce proverbe n'avait pas précédé la naissance de sir Harry Mortimer, notre Invisible l'eût fait naître écossais.

De toutes façons, il s'arrangeait de manière à lui faire conférer des lettres de naturalisation à Édimbourg ou à Glasgow.

Le colonel appela un second Invisible.
— Monsieur Adolphe Blancas.
— Colonel?
— Avez-vous réussi ?
— Oui.
— Tout est terminé?
— Oui.
— Bien. Ainsi, vous êtes prêt?
— Je le suis.
— Si dans trois jours vous ne recevez pas un contre-ordre, vous partirez...
— Où irai-je?
— A New-York.
— Et là?
— Vous attendrez de mes nouvelles.
Adolphe Blancas s'inclina.
Le colonel reprit :
— Tenez, voici des lettres d'introduction. Vous m'avez bien compris?
— Parfaitement, colonel.
— Major, ajouta Martial Renaud, remettez cinquante mille francs comptant à M. Adolphe Blancas, et trois cent mille en traites sur New-York et Washington.
Le major obéit.
Pour l'étudiant comme pour le noble Écossais qui l'avait précédé, comme pour les autres Invisibles qui le suivirent, il y eut à recevoir de l'argent, des traites, et à signer le bordereau du major.
Nous glisserons désormais sur cette formalité, que chacun des missionnaires du chef suprême provisoire fut obligé de remplir.
Le jeune homme se retira après avoir reçu les dernières recommandations du colonel, qui continua de la sorte :
— Mon cher San-Lucar.
— Parlez, colonel.
— Le paquebot part dans trois jours de Liverpool pour la Havane.
— Eh bien?
— Soyez dans trois jours à bord du paquebot. Voici vos instructions renfermées dans ce pli. Rien ne vous retient à Paris?
— Rien.
— Partez cette nuit.
— Dans une heure, je serai en route, répondit San-Lucar, serrant les instructions dans son portefeuille.
Le colonel lui fit remettre deux cent mille francs, traites et billets de banque.
Le comte de San-Lucar sortit à son tour.
De Rioban, appelé par le chef suprême, s'approcha de lui.
— Vous êtes remis de vos blessures, vicomte? demanda ce dernier.
— Complètement, colonel.
— Vous sentez-vous assez fort pour voyager ?

— A cheval, s'il le faut.
— Soyez demain à Rouen, où vous savez.
— Il suffit.
— Surveillance active, prudence, et attendez.
— Bien.
Il reçut vingt mille francs en billets de banque et en or.
Puis il sortit.
— Vous, monsieur Olivier, continua le colonel en s'adressant au neveu de la duchesse de Vérone, vous savez ce dont nous sommes convenus avec Mme la générale Dubreuil.
— Oui, mon colonel.
— Demain, elle se mettra en route pour l'Italie avec la personne que vous connaissez. Le major Karl Schinner lui portera, le matin même, l'argent nécessaire à son voyage.
— Et moi, colonel, qu'ai-je à faire?
— Vous, monsieur, aussitôt la duchesse partie avec sa protégée, vous vous rendrez ici, et vous vous tiendrez à ma disposition.
— Est-ce tout?
— Préparez-vous pour un voyage de long cours.
— Je serai prêt.
— Bien. Adieu.
Le jeune homme prit congé et se retira.
Le docteur Martel, sur ces entrefaites, venait de s'approcher de Martial Renaud :
— Mon cher colonel, lui dit-il, avez-vous l'intention de me garder longtemps encore?
— Peut-être, répondit Martial avec un sourire.
— C'est que vous savez, j'ai des malades.
— Oui... oui..., voilà précisément ce que je tenais à vous faire dire.
— Pourquoi?
— Parce que ces paroles mêmes vous donneront l'explication du peu de cas que j'ai l'air de faire de votre science et de votre personne.
— Ah! si vous croyez que je m'occupe de ces vétilles-là, riposta le médecin, vous vous trompez bien, mon très cher.
— Non, je ne le crois pas... mais, vous le voyez, il me faut vous laisser ici.
— Hum! c'est triste...
— Pour nous?
— Non, pour moi... Enfin, allez toujours.
— Vous me remplacerez, en mon absence.
— Moi? mais..., se récria le praticien effrayé de la responsabilité qui allait peser sur lui.
— Ne vous récusez pas. Vous connaissez tous nos affiliés?
— Ça, oui. Après.
— Le major vous aidera au besoin.
— Soyez tranquille, colonel, le besoin s'en présentera.

— Il vous tiendra au courant de toutes nos affaires, et il ne sera pas autorisé à prendre une décision sans tout d'abord avoir pris vos conseils.
— Bon !
— Acceptez-vous ?
— Pardieu ! cher ami, ne vous suis-je pas dévoué corps et âme, à vous et à l'Association ?
— Merci, docteur, merci.
— La meilleure manière de me remercier serait de ne pas prolonger votre absence.
— J'espère que vos vœux seront remplis. Je compte sur un prompt succès.
— Et moi sur un prompt retour... Ah ! sacredieu ! voilà la première fois que je regrette les devoirs de ma profession.
— Qui vous retient au rivage, acheva le colonel gaiement.
— Bonne chance, colonel.
— A bientôt.
Le docteur Martel allait se retirer.
La porte s'ouvrit.
Le vieux concierge entra.
— Une lettre.
— Pour qui ?
— Pour le docteur Martel.
— Donne.
Le docteur prit la lettre, l'ouvrit, la parcourut et la passa toute grande Martial Renaud, qui la lut à haute voix :

« Monsieur le docteur...

— Eh bien ! interrompit-il, cette lettre est bien pour vous.
— Lisez, mon cher.
— Signé : Joseph Cahen...
— C'est mon domestique.
Martial Renaud continua sa lecture :

« Monsieur le docteur,

« D'après vos ordres, à neuf heures précises, je suis entré dans la chambre du comte de Mauclerc.
« Le comte n'était pas chez lui.
« D'autant plus étonné de cette disparition que le comte de Mauclerc peut à peine se soutenir sans aide, j'ai appelé tous les autres domestiques de la maison.
« Nous nous sommes mis sur-le-champ à la recherche du blessé.
« Ces recherches n'ont produit aucun résultat.
« Plus de comte de Mauclerc dans l'établissement.
« Il a disparu sans qu'un seul d'entre nous ait pu comprendre comment on

s'y est pris pour l'enlever, sans qu'il existe l'ombre d'une trace de cet enlèvement.

« Votre dévoué et respectueux serviteur,

« JOSEPH CAHEN. »

— Eh bien! fit le docteur Martel avec stupeur.

— Eh bien! quoi? répondit le colonel souriant malgré lui de la physionomie déconfite du médecin.

— Voilà qu'on m'enlève mes malades sans les faire passer par la porte cochère.

— Quoi d'étonnant à cela, mon cher? Souvenez-vous donc un peu! Ne l'avons-nous pas fait entrer dans la chambre n° 10 sans qu'il ait eu même besoin de monter l'escalier ? Un mur mitoyen..., une porte dérobée..., un peu de bonne volonté..., et le tour n'est pas difficile à jouer. Ce que nous avons fait, d'autres l'ont fait à leur tour. Cette fois-ci, c'est le tour de M. Jules. Il prend sa revanche. C'est justice.

— Ah! voilà comme vous prenez la chose, vous! En somme, à quoi vous arrêtez-vous?

— Pour le moment?

— Oui.

— A rien.

— Cela ne vous compromet guère, mon ami, fit le docteur, qui avait son franc-parler avec Martial Renaud, tout chef provisoire de l'Association qu'il fût.

— Rien, quant à présent, repartit celui-ci en lui rendant tranquillement sa lettre; laissons courir le comte de Mauclerc, nous le rattraperons à heure opportune.

— Ah! vous m'en promettrez tant...

— Rapportez-vous-en à moi pour cela, cher docteur.

— Je ne demande pas mieux.

— Consolez-vous de la fuite de votre sujet, et dormez sur vos deux oreilles.

— Soit.

— Je puis compter sur vous, si je m'absente?

— Oui.

— Merci.

Il n'y avait pas besoin de plus amples protestations entre ces deux hommes, qui se connaissaient depuis si longue date.

Le docteur Martel partit.

Quatre personnes restaient dans le salon de M. Lenoir :

Le vicomte René de Luz,

Le baron d'Entragues,

Le major Karl Schinner,

Et le colonel Martial Renaud.

— Mon cher Karl, dit amicalement ce dernier au major, je n'ai plus besoin de vous. Laissez-moi le reste de l'argent que vous aviez apporté, et demain matin, avant six heures, n'oubliez pas de me faire tenir ou de me remettre vous-même ce que j'ai demandé.

— Je n'oublierai rien.

— A propos, expédiez à Mortimer, Saturne et Peters-Patt, dont vous n'avez que faire ici et qui nous seront utiles là-bas.

— Ils partiront cette nuit.

— Voilà parler.

Karl Schinner parti, Martial Renaud s'approcha de René de Luz, qui, se ressentant encore de ses blessures, se tenait assis sur un canapé.

En voyant son chef venir à lui, il se leva vivement. Le colonel le pria de se remettre sur le sofa, et il s'assit à son côté.

— Comte, j'ai à vous charger d'une mission délicate. Je suis certain que vous vous en tirerez mieux que tout autre, lui dit-il.

— Qu'est-ce? mon cher colonel.

— Vous connaissez les différents centres de réunion de nos affiliés du second degré?

— A Paris?

— Oui.

— Je les connais.

— Et à Rouen ?

— Aussi.

— A merveille. Il faut que dans quarante-huit heures au plus, vous m'ayez déniché quatre-vingts gaillards solides.

— Je les trouverai.

— Dévoués... corps pour corps à l'Association.

— C'est plus difficile.

— Braves jusqu'à la témérité.

— En les payant bien, ils seront aussi téméraires que courageux.

— Et aguerris à toute sorte de hasards.

— Ce sera plus cher, voilà tout.

— Vous savez que nous ne regardons pas à l'argent. Tirez à vue sur nous.

— Vous les aurez.

— Dès que vous les tiendrez, vous les expédierez à sir Mortimer.

— Par groupes de trois, quatre ou six, n'est-ce pas?

— Vous me comprenez à demi-mot, vicomte. J'étais sûr de vous. Surtout que ces hommes soient prudents et discrets.

— Ils ne sauront rien, ni de la destination qui les attend, ni le nom du chef qui les commandera.

— Parfait!

— Et à Rouen, qu'ai-je à faire ?

— A Rouen?

— Oui.

— Je réfléchis... vous n'irez pas à Rouen.

— Pourquoi non?

— Parce que, mon ami, vous êtes très faible... ; parce que c'est aujourd'hui votre première sortie, et qu'une imprudence ouvrirait vos blessures à peine cicatrisées.

— Oui-da!

— Martel ne me pardonnerait pas une rechute occasionnée par les ordres que je vous donnerais.

— Vous plaisantez !

— Non pas.

— Je vous jure que je suis complètement sur pied. Croyez-vous que je consentirai à demeurer les bras croisés, dans une inaction honteuse, quand les uns et les autres vous allez risquer votre vie pour le salut de notre chef, pour le triomphe de notre cause ?

— Je le crois, parce que je le veux.

— Mais...

— Je le veux, répéta le colonel.

— Est-ce le chef qui parle ainsi ? demanda le jeune homme, contenant avec peine les bouillonnements de sa colère généreuse.

— Non, René, c'est l'ami.

— Eh bien !... à l'ami je dirai... Vous ne me retirerez pas cette mission...

— Parce que ?

— Parce que vous me causeriez un véritable chagrin.

— Et si c'était le chef suprême des Invisibles qui vous parlât ?

— Je lui répondrais : C'est bien, maître, j'obéis... Mais sur mon honneur de gentilhomme, si vous me refusez le droit de vous accompagner, en rentrant chez moi, je me fais sauter la cervelle.

XII

EDMÉE

— Vous êtes fou, René ! dit le colonel Martial Renaud à son ami, qui lui parlait ainsi du ton le plus sérieux et le plus convaincu.

— Soit ; mais je le ferai comme je le dis.

— Cependant...

— Quels sont vos ordres pour Rouen, colonel ? demanda froidement René.

— Entêté.

— Il est des pays où l'entêtement passe pour du caractère, répondit en riant le vicomte.

— Tête bretonne ! tête carrée !

— Cela vous va bien de m'appeler tête bretonne. Nous sommes presque du même pays.

— C'est vrai ! Allons, enfant, je cède.

— Vous faites bien.

— Mais vous me le promettez, vous vous ménagerez.

— Je vous le promets.

— Dans notre intérêt comme dans le vôtre. La moindre indisposition causerait un retard, et tout retard pourrait nous devenir funeste.

— Je serai prudent.

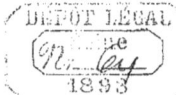

Le débardeur était servi à souhait, comme dans un conte de fée.

— J'en suis sûr, fit le colonel avec un fin sourire.

Il venait de trouver le moyen de retenir cette nature fougueuse et indomptable.

— Ainsi, à Rouen? demanda le vicomte de Luz.

— Vous recruterez parmi nos affiliés soixante marins, les meilleurs que vous pourrez vous procurer. Vous les expédierez également à sir Harry Mortimer.

— Bien ; ensuite ?

— Vous vous rendrez vous-même à bord du brick, où vous attendrez mes dernières instructions.

— Merci, colonel ; merci, mon ami.

Mais, apercevant le sourire victorieux de Martial Renaud, le jeune homme s'arrêta et le regarda soupçonneusement.

— Point d'arrière-pensée au moins ?

— Aucune.

— N'allez pas me donner contre-ordre, ou je...

— Ah ! vous allez encore me menacer de vous faire sauter le crâne... René, René, vous abusez de mon affection, enfant gâté que vous êtes.

— C'est vrai.

— Ayez confiance en moi.

— J'aurai confiance.

— Bien. Tenez, voici l'argent nécessaire à l'accomplissement de votre mission.

Et il lui remit plusieurs liasses de billets de banque.

— Combien y a-t-il là-dedans ?

— Je ne sais pas.

— Comptons.

— C'est votre affaire. Vous compterez plus tard. Maintenant, retirez-vous et tâchez de prendre des forces cette nuit, pour demain matin.

— Je vais dormir pour mon compte et pour celui de l'Association, répondit joyeusement le jeune gentilhomme breton, qui se retira dans la satisfaction pleine et entière de sa victoire.

Le colonel l'accompagna jusqu'à la porte, jouissant de son bonheur, victorieux de sa défaite.

— Nature d'élite, murmurait-il en revenant sur ses pas. Jeunesse, beauté, courage, printemps et amour ! Ah ! la vie est belle quand, auréole bénie, vous entourez une seule tête de vos rayons dorés.

« Allons ! allons ! Noël devait être fier de commander à de tels hommes.

« Espérons que je ne garderai pas longtemps sa place, que je n'abuserai pas plus longtemps de ses prérogatives.

Il était arrivé jusqu'au baron d'Entragues, qui se trouvait alors seul avec lui.

Et telle était sa distraction, que le baron fut obligé de tousser pour rappeler au chef provisoire des Invisibles que ce n'était point encore le moment de se livrer à ses méditations philosophiques.

Il se remit vivement.

— Pardon, baron, lui dit-il. Je m'oubliais moi-même.

— Vous êtes tout excusé, colonel. J'attends vos ordres, répondit le jeune homme en s'inclinant.

— Je vous ai gardé pour le dernier, baron, parce que je vous ai réservé une mission toute de confiance.

M. d'Entragues regarda le colonel d'un air tellement étonné que ce dernier, sans attendre de réponse, ajouta :

— Bien que je vous connaisse depuis bien peu de temps, monsieur, vous avez gagné mon estime. Je vous sais un homme d'action, je suis convaincu que je trouverai en vous un homme de cœur et d'intelligence.

— Je ne puis que vous remercier, colonel, de la bonne opinion que vous voulez bien avoir de moi.

— Vous pouvez faire mieux, baron.

— Quoi, monsieur?

— La justifier.

On le voit, le titre de chef suprême provisoire des Compagnons de la Lune et des Invisibles donnait à Martial Renaud une autorité qui lui permettait de parler net et ferme, et de le prendre de haut avec la plupart de ses subordonnés.

Du reste, il n'avait pas eu grand'peine à se pénétrer de ce rôle, quelque nouveau qu'il fût pour lui.

Depuis des années, il avait assisté à toutes les séances présidées par son frère, séances qui, comme on a pu le voir dans le commencement de cette histoire, étaient tantôt tenues dans l'ombre, à mots couverts, à visage caché, et tantôt avaient lieu presque en plein soleil, à visage découvert, sans crainte des traîtres et des espions.

Les premières, plus importantes, concernaient les grandes œuvres de l'association des Invisibles.

Elles traitaient de questions pour la plupart politiques et humanitaires.

Les autres, ne concernant que des intérêts secondaires, des affaires particulières, nécessitaient moins de précaution et se tenaient presque au pied levé.

Martial Renaud n'était donc nullement embarrassé pour faire ce qu'il avait vu cent fois faire à son frère, pour parler comme il l'avait entendu souvent parler.

Il manquait peut-être de l'initiative que possédait le comte de Warrens, de son audace primesautière; il n'avait pas le brillant de son frère, mais c'était un homme ferme et probe, voyant juste et se décidant vite.

Les intérêts de l'Association ne devaient point péricliter dans ses mains, durant le court intérim rempli par lui.

Le baron d'Entragues considéra avec curiosité cet homme qui lui parlait sur ce ton, à la première entrevue qu'il lui donnait.

Il comprit sa valeur, et résolut de rendre confiance pour confiance, sympathie pour sympathie.

— A quoi puis-je vous servir, maître? lui demanda-t-il.

— Vous serez mon *aide de camp*.

— Je ne comprends pas bien.

— Mon *alter ego*, le dépositaire de mes secrets qui auront besoin d'être connus en double. Vous deviendrez mon confident intime. Hélas! ce poste est celui que j'occupais auprès de mon pauvre frère.

Toutes les fois que le colonel Renaud prononçait ce mot : mon frère..., les larmes lui venaient à la paupière, un sanglot lui montait du cœur aux lèvres, mais larmes et sanglots, il refoulait tout en lui-même.

Il n'était plus homme.

Il n'était plus parent.

Il représentait un principe, une grande et large idée; son être se faisait bronze, et sa pensée, planant au-dessus des faiblesses terrestres, foulait aux pieds la douleur et le souvenir.

Le baron d'Entragues ne lui laissa, du reste, pas le temps de s'attendrir.

Il le remercia à cœur ouvert de la haute faveur qu'il lui accordait, à lui, presque un inconnu de la veille.

— Les indifférents de la veille deviennent les amis du lendemain, répondit tristement Martial Renaud. Puis ne vous étonnez pas trop de ce qui vous arrive. Je suis un vieux soldat, moi. J'ai l'habitude des hommes, et je crois vous avoir jugé comme vous méritez de l'être.

— A la première occasion, mon colonel, j'espère vous prouver que vous ne vous êtes pas trompé.

— Je vous la fournirai au plus tôt, baron, rapportez-vous-en à moi.

— Je le désire et je l'espère.

— Il est onze heures... J'ai encore beaucoup à travailler cette nuit; rentrez chez vous, baron, et soyez prêt à toute éventualité.

— Quand faudra-t-il que je vienne ici?

— Demain, au lever du soleil. Vous quitterez votre appartement en prévenant qu'on ne vous attende pas.

— Je trouverai un prétexte.

— Un voyage d'agrément, par exemple... Celui que nous ferons n'en sera probablement pas un. Demain, s'il en est besoin, je vous ferai dresser un lit ici. La situation est tellement tendue aujourd'hui, que d'un instant à l'autre je puis me trouver ayant besoin de vos offices et de votre aide.

— A partir de demain matin, à cinq heures, je serai libre et tout à votre disposition, colonel.

— C'est cela. Bonsoir, baron, à demain... A propos, ajouta-t-il, en passant devant sa loge, priez le père Pinson d'informer Mᵐᵉ Lucile Gauthier que j'aurai l'honneur de me présenter chez elle dans peu de temps.

— Cette nuit?

— Cette nuit même.

Le baron ne sourit même pas à l'idée de l'heure indue choisie par Martial Renaud pour faire cette visite à une femme encore jeune et jolie. Il ne soupçonna pas un instant que ce pût être une affaire de galanterie ou d'amour.

On vivait dans des sphères plus élevées, ce soir-là, en tant que Compagnons de la Lune ou Invisibles de Paris.

— Je ferai votre commission, colonel, répliqua-t-il. Est-ce tout?

— Oui, baron.

— Alors, à demain.

— A demain.

Demeuré seul dans son salon, Martial Renaud serra ce qui restait de l'or et des traites posées sur la table par le major.

Ensuite, se laissant tomber avec accablement dans un fauteuil, il s'abandonna à une sombre mélancolie.

Délivré du poids de toutes les affaires qu'il venait d'expédier si rapidement, n'ayant plus rien qui vînt le distraire de la perte énorme qu'il était peut-être sur le point d'éprouver, cette puissante nature s'affaissa tout d'un coup sous le poids d'une douleur navrante, inconsolable.

— Noël! mon frère! murmurait-il de temps à autre, sans s'apercevoir qu'il prononçait ce nom chéri..., je ne te verrais plus..., je te succéderais!... Non..., c'est impossible! Je n'ai accepté cette tâche redoutable, ce titre qui me donne la richesse sans bornes et le pouvoir le plus irrésistible, que pour te les conserver jusqu'à ton retour! Noël! Noël! mon véritable moi-même! Je l'avais prédit... qu'il nous arriverait malheur!

Mais sa faiblesse passa.

La réaction se fit.

Le colonel se releva, et chassant ses idées noires :

— Allons! s'écria-t-il, pas de larmes, pas de plaintes, sauvons-le... ou du moins accomplissons ses volontés jusqu'au bout.

Sa résolution prise, Martial Renaud n'hésita plus.

Il s'approcha de la muraille, et toucha de l'extrémité de son doigt un bouton dissimulé dans la boiserie, impossible à trouver pour tout autre que lui.

Une porte secrète tourna silencieusement sur ses gonds.

Martial Renaud jeta un cri de surprise, lui qui n'était pourtant pas facile à étonner.

Une femme se tenait immobile sur le seuil de la porte.

Cette femme, c'était Edmée.

Elle souriait.

Elle s'avança lentement.

Après avoir repoussé légèrement la porte secrète, qui se referma, elle pénétra dans le salon.

Le colonel ne trouvait pas un mot, pas une interrogation, tant l'acte de la jeune fille avait l'air d'être raisonné, naturel.

Il lui offrit un siège.

Elle le remercia d'un regard, s'assit, et, penchant la tête sur sa poitrine elle demeura immobile et songeuse.

Martial Renaud, debout devant elle, la considérait avec un mélange de tristesse et d'admiration.

Enfin, la jeune fille releva la tête.

— Asseyez-vous, mon ami, lui dit-elle.

Le colonel prit une chaise et s'assit auprès d'elle.

Edmée continua :

— J'étais là.

— Depuis longtemps?

— Oui.

— Et vous avez entendu?

— Tout. Appuyée contre cette porte, comprimant jusqu'aux battements de mon cœur, j'ai gravé dans ma mémoire vos généreuses paroles.

— Ne parlez pas ainsi, chère Edmée; il n'y a pas, il ne peut y avoir de générosité dans l'amitié fraternelle qui existe entre Noël et moi.

— Depuis la fin du souper de mon père, depuis huit heures du soir, j'étais là.
— Ainsi vous connaissez toutes les résolutions prises par nous?
— Je les connais.
— Les ordres donnés par moi?
— Oui, Martial.
— Approuvez-vous les mesures que j'ai prises?
— Je les approuve, et je vous en sais gré, surtout à vous, Martial.
— Je ne suis pas seul à les exécuter.
— Oui..., oui..., vos amis sont de nobles et vaillantes natures, s'écria la jeune fille avec enthousiasme, des cœurs de lion, des esprits d'élite. Mais en l'absence de mon Noël, de votre frère, vous êtes leur chef, et je ne peux remercier que vous du dévouement que vous lui témoignez. Vous tenez loyalement les promesses de votre belle devise : *Un pour tous, tous pour un.* Je suis fière d'être la pupille de tels hommes, je me sens toute confiante en étant protégée par eux et par vous.
— Mon enfant, vous allez un peu loin dans votre reconnaissance, répondit Martial Renaud, nous ne méritons point cet enthousiasme, tant que nous sommes encore à espérer la réussite de notre projet.
— Vous réussirez.
— Nous ne faisons qu'accomplir un devoir en nous tenant à la disposition des vôtres, mon frère et moi. Des liens sacrés, des liens séculaires ne nous unissent-ils pas à votre chère famille?
— Je ne suis pas de votre avis, mon ami; vous rabaissez à dessein un dévouement sans limites comme le vôtre au niveau d'un devoir accompli. Cela ne doit pas être.

Le colonel ne répondit rien à la jeune fille.

Il se contenta de s'incliner silencieusement, cherchant le moyen de donner un autre tour à l'entretien qu'elle était venue chercher.

Au bout de quelques instants de silence :

— Me permettrez-vous, Edmée, de vous adresser une question?
— Vous prenez des précautions oratoires avec moi, mon bon Martial? Ne savez-vous pas qu'en tout et pour tout vous n'avez pas de meilleure amie que moi?

Ce disant, la jeune patricienne, quelles que fussent son estime et sa gratitude pour le chef provisoire des Invisibles, montrait bien qu'elle se croyait tout au moins son égale.

Et, par le fait, n'avait-elle pas raison?

Femme, elle valait bien, par la finesse, un de ces Invisibles, qui ne se soutenaient qu'à force de rouerie, prise dans la bonne acception du mot.

Reine par la beauté et par la race, sa double couronne ne le cédait pas au sceptre, au bâton de commandement tenu par le chef de ces mêmes Invisibles.

Martial Renaud repartit :

— C'est que par cette question je crains...
— Que craignez-vous?
— De vous affliger.

— Cela ne concerne-t-il que moi? demanda-t-elle avec un commencement d'anxiété.
— Que vous.
Elle respira plus librement.
— Alors, parlez, mon ami... et parlez hardiment... Dès que je ne redoute rien pour ceux que j'aime, je ne redoute rien pour moi; aucun souci n'a de prise sur mon cœur.
— Ainsi, vous ne m'en voudrez pas?...
— De la question que vous allez me faire?
— De cette question.
— Je m'engage à vous la pardonner.
— Et à y répondre.
— Oh! cela, c'est bien autre chose! répondit-elle en baissant les yeux avec un geste plein de charme et de coquetterie.
— N'importe. Je me risque! fit le colonel.
— J'écoute.
— Pour quel puissant motif, charmante curieuse, avez-vous eu la patience de rester si longtemps en embuscade derrière cette porte?
La jeune fille rougit; quoiqu'elle s'attendît à l'attaque, elle n'était pas certaine de la parade à opposer.
— Ah! c'est cela... que vous voulez savoir?
— Oui, pour peu que cela ne vous contrarie pas trop.
— Il ne m'est pas bien difficile de vous satisfaire, mon ami, répondit-elle un peu brusquement pour cacher son trouble..., car, vous l'avouerez, rien ne m'était plus facile que de m'en aller comme j'étais venue...
— En effet.
— Je n'avais qu'à redescendre dès que vous vous êtes levé pour vous approcher de la porte secrète.
— J'en conviens.
— Et vous n'auriez jamais eu vent de mon indiscrétion.
— Oui, mais vous êtes restée!
— Pourquoi suis-je restée? Le devinez-vous, Martial?
— Certes non!
— Apprenez-le donc. Je ne suis pas partie, pour que vous me sachiez dans la confidence de vos projets.
— Ah!
— Et parce que j'ai un service à vous demander.
— A moi?
— Un grand, un immense service.
— A quoi bon le demander, Edmée?... Ne savez-vous pas qu'il est rendu d'avance?
— Vous engagez-vous d'avance, Martial?
— Certes.
— Sur votre honneur?
— Sur mon honneur d'homme et de soldat.

— Même si le service que je requiers de vous vous semble impossible à rendre...?

— Je vous connais, Edmée... Vous n'obligerez pas le frère de Noël à une action, à une concession indigne de lui et de vous.

— Mon honneur vaut le vôtre, Martial, répondit la jeune fille avec une fermeté pleine de noblesse... Certainement, ce que je désire sort des habitudes de la vie de tous les jours ; mais à ma place vous agiriez comme moi, et à la vôtre je ne serais pas aussi méfiante que vous.

— Ne me suis-je pas engagé à vous obéir ?

— Oui, mais vous voudriez bien qu'à l'instant même je vous apprisse ce que j'attends de vous.

— C'est vrai.

— Vous êtes trop exigeant, Martial. Vous me poussez à vous révéler un projet que j'ose à peine m'avouer à moi-même.

Elle secouait sa tête mutine pour chasser les pensées qui venaient en foule contrecarrer son désir.

Le colonel lisait dans son âme, comme dans un beau livre tout grand ouvert devant ses yeux.

Il admirait le courage d'Edmée.

Mais tant qu'elle n'avait pas eu en lui une confiance absolue, tant qu'elle ne lui avait pas dit : C'est cela que je veux faire, il ne se croyait pas en droit de lui crier : Ne faites pas cela !

De son côté, la jeune fille ne désirait parler qu'au dernier moment.

Sa résolution était inébranlable.

Elle s'était promis de n'écouter aucun conseil tendant à l'empêcher de mettre son projet à exécution.

Il leur était donc difficile de s'entendre, pour le moment du moins.

Le colonel essaya un dernier effort, par acquit de conscience :

— Il est difficile, chère Edmée, de marcher sans ambage et sans erreur dans ce labyrinthe qu'on nomme la pensée d'une jeune fille. Pourtant j'ai envie de tenter cette rude besogne. Aidez-moi seulement un peu. Soyez mon Ariane, et à nous deux nous viendrons à bout de résoudre le problème. Voulez-vous ?

Edmée secoua négativement la tête.

— Vous vous êtes engagé à m'accorder ma demande, Martial ; je n'ai pas promis de vous la faire connaître sur-le-champ.

— C'est la vérité... Mais si, pour ma propre satisfaction, je vous supplie de m'apprendre clairement le projet que vous avez formé...

— Le projet ? Quel projet ?... Vous pensez donc que j'en ai un en tête ?... Qui vous fait penser...?

— Enfant ! allons, soyez confiante ! Puis-je avoir l'intention de vous chagriner, même par un sage conseil ? Ma douleur n'est-elle pas la vôtre ?

— Oui, notre souffrance est commune, oui, notre douleur est la même ! répondit Edmée ; voilà pourquoi je vous supplie de mettre le comble à votre générosité. Ne m'interrogez plus.

— Soit, Edmée. Gardez ce secret, que j'ai deviné.

Il n'y avait pas à douter, c'est là que se trouvait le capitaine.

— Deviné ?
— Oui. Gardez-le. Je ne vous interrogerai plus.

Un violent combat se livrait dans l'âme de la jeune fille. Tout la poussait à se confier au frère de celui qui devait être son époux ; Martial ne pouvait lui refuser son concours, son aide. Mais une pudeur indéfinissable lui conseillait plutôt d'agir que de parler.

Elle se disait que, tout en reconnaissant son courage et son énergie au-dessus du sexe auquel elle appartenait, le colonel reculerait devant la suite de fatigues à lui laisser subir, devant les nombreux dangers qu'elle pouvait avoir à courir.

Le fait accompli avait une puissance aussi grande pour elle que pour certains grands politiques.

Elle hésitait.

Martial Renaud, que cette lutte intime intéressait, l'aurait bien forcée, la pauvre enfant, à sortir de son silence, qu'elle croyait prudent, mais le temps lui manquait.

Il avait d'autres affaires à terminer.

Il se leva, et, prenant une enveloppe cachetée, il la remit à la jeune fille :

— Chère Edmée, voici une commission de Noël que je vous prie de vouloir bien remplir auprès de M. le duc de Dinan.

— Qu'est-ce que cela? fit-elle.

— Le montant des fermages du dernier semestre..., répondit-il en souriant.

— Vous remercier est inutile, n'est-ce pas, Martial?

— Oh! nous tenons compte de nos avances, mon frère et moi, répondit le colonel, et quand vous serez rentrés dans les biens de votre famille...

— Noël demandera des comptes rigoureux à sa femme...

— Chère enfant! nous sommes bien heureux, Noël et moi, de continuer la tâche commencée par nos pères. Prenez. Mon absence peut se prolonger plus que je ne le voudrais. Il ne faut pas que par un vain scrupule d'amour-propre Mlle de l'Estang mette toute sa famille dans la gêne.

— Mais, ajouta-t-elle avant de se décider à prendre l'argent que lui tendait le colonel, nous sommes en possession des titres de notre maison. Qu'avons-nous besoin d'attendre? Pourquoi tant de ménagements pour un vil scélérat, un bandit, un faussaire?

— Parce que l'heure de ce vil scélérat n'est pas encore venue, parce que ce faussaire a déjà gagné un procès contre le chef de la famille de l'Estang, parce qu'il est riche, puissant, et que contre la richesse et la puissance le droit ne suffit pas toujours.

— Je ferai ce que vous voulez, Martial, dit-elle à voix basse.

Elle prit l'enveloppe, contenant plusieurs liasses de billets de banque, et se dirigea vers la porte secrète.

La porte fut ouverte.

Là, un scrupule, un remords la saisit.

— Pardonnez-moi, Martial ; j'ai eu tort de manquer de franchise avec vous.

— Non, Edmée.

— Je vais tout vous dire.

— Gardez-vous-en bien... J'ai pu deviner, je ne dois pas savoir. Mon devoir serait peut-être de manquer à mon serment.

— Oh! je vous connais ; vous ne feriez pas cela.

— Je vous le répète, tout bien considéré, vous avez sagement agi. Mon affection pour vous, mon dévouement à votre famille exigent une ignorance absolue de ma part.

— Soit.
— Seulement un conseil, chère Edmée.
— Parlez.
— Réfléchissez encore avant de vous décider.
— J'ai réfléchi.
— Si la fatalité veut que vous n'ayez pas la force de renoncer à votre dessein, souvenez-vous que de près comme de loin, en cas de besoin, vous ne devez point vous adresser à d'autres qu'à nous.

Edmée leva vers lui ses yeux pleins de larmes.
— Vous êtes bien réellement mon frère.
— Adieu, Edmée, fit le colonel, que l'attendrissement de la jeune fille allait gagner.

Elle pencha vers lui son front, sur lequel il déposa un baiser respectueux.
— Adieu... ou à bientôt..., dit-elle avec une expression mêlée de tristesse et de malice.

Martial ne parut pas la comprendre.
— Vous le sauverez, n'est-ce pas? ajouta-t-elle en descendant quelques marches.

Martial s'associa du geste à son espoir.
— Nous le sauverons! fit la jeune fille à voix plus basse, comme si elle se parlait à elle-même.

Et Edmée de l'Estang disparut dans la spirale de l'escalier, légère comme un oiseau.

XIII

LUCILE GAUTHIER

Demeuré seul, le colonel Martial Renaud écouta le bruit des pas de la jeune fille, qui allait s'affaiblissant.

Lorsqu'il fut sûr de son complet éloignement, il rentra chez lui et referma la porte secrète.

Il n'avait plus besoin de se rendre dans le pavillon du duc de Dinan.

Edmée s'était chargée de lui porter les fonds destinés à les mettre à l'abri de la gêne, en l'absence des deux frères. Ses plans étaient modifiés.

Il rentra dans son cabinet de toilette et changea de vêtements.

Tout en procédant à ce changement, il murmurait :
— Pauvre enfant! ce secret qu'elle croit enfoui au fond de son cœur, je l'ai pénétré. Ai-je eu raison en n'insistant pas pour qu'elle me le fît partager? Oui. Mon devoir était de la détourner de son entreprise ardue. Elle aime Noël! Elle sera sa femme! Après tout, n'est-il pas juste que la femme prenne sa part, ou cherche à la prendre, dans la délivrance de son mari, de celui qui l'aime tant de son côté?

Sa toilette tirait à sa fin.

Le colonel Martial Renaud venait de faire place à ce bon M. Lenoir, le commis-voyageur.

Personne ne l'eût reconnu, tant les nécessités de leur existence mystérieuse avaient donné d'habileté aux membres de l'association des Invisibles pour tout ce qui concerne l'art de la transformation.

Après avoir allumé une lanterne, M. Lenoir prit son chapeau et sortit.

Il avait bien soin de faire le moins de bruit possible.

Il traversa rapidement le corridor.

Puis, ayant atteint l'escalier, il le descendit quatre à quatre.

A coup sûr, le commis-voyageur tenait à ne pas éveiller les autres locataires de la maison.

En passant devant la loge du père Pinson, il aperçut de la lumière.

Le vieillard veillait encore.

Son chien Hurrah reposait, étendu à ses pieds.

Le colonel gratta à la fenêtre de la loge.

La fenêtre s'entre-bâilla.

Hurrah ouvrit à moitié les yeux, regarda M. Lenoir, le reconnut et rentra dans ses velléités dormitives.

— C'est vous, monsieur Lenoir?
— Moi-même, mon brave.
— Vous y allez?
— Oui.
— Elle vous attend.
— C'est bien.

Il passa devant la loge et pénétra dans le corps du logis de droite.

Quelques instants après, au troisième étage de ce corps de logis, il frappait deux coups discrets à la porte d'un petit appartement sous laquelle on voyait filtrer un rayon de lumière.

— Entrez! fit une voix de femme.

La clef avait été laissée à dessein dans la serrure.

Le commis-voyageur entra.

Il se trouva en face de Lucile Gauthier.

La jeune femme, assise devant un guéridon, cousait à la lueur d'une lampe garnie d'un abat-jour.

Auprès d'elle se trouvait le berceau de son fils.

L'enfant dormait, le sourire aux lèvres, de ce sommeil qui est une des bénédictions du Seigneur.

Une grande pâleur régnait encore en maîtresse ennemie sur le visage de la jeune femme.

Mais ses traits, naguère encore atrophiés par la misère, avaient repris leurs lignes régulières, leur calme et leur placidité.

Elle était belle comme la Niobé antique.

On sentait qu'une douleur irrémédiable avait passé par là, mais l'expression mélancolique de sa physionomie, les épais bandeaux de sa chevelure noire, ajoutaient encore à l'attrait irrésistible s'échappant, s'exhalant comme un parfum de toute sa personne.

— Vous le voyez, monsieur, je vous attendais, dit-elle à M. Lenoir en le priant de s'asseoir.

Le commis-voyageur obéit.

— Vous à ma droite, d'un côté, mon enfant, de l'autre, je suis tranquille. Je me sens presque heureuse! et pourtant, hélas! Dieu seul sait si le bonheur est encore fait pour moi.

— Vous ne m'en voulez donc pas trop de vous faire veiller si tard?

— Vous en vouloir, moi qui vous dois tant!

— Ne parlons pas de cela.

— J'ai supposé que d'importantes affaires vous retenaient.

— C'était vrai.

— D'ailleurs, je dors peu. Vous le savez, monsieur, mon seul plaisir, ma seule joie, est de veiller sur le sommeil de mon fils, le seul bien qui me reste au monde.

M. Lenoir la regardait avec un certain attendrissement.

— Vous êtes ingrate pour vos amis, Lucile! lui dit-il, vous les oubliez, mais ils ne vous oublient pas, eux.

— Mes amis! en ai-je?

— Que suis-je donc?

— Vous, monsieur!... C'est vrai, je suis ingrate..., mais vous vous intéressez à moi depuis si peu de temps, cher monsieur Lenoir, que je n'ai pas encore pris l'habitude de votre sympathie.

— Ma visite de cette nuit n'en est-elle pas une preuve irrécusable?

— Il faut me pardonner, monsieur..., malgré les bienfaits dont vous m'accablez, sans que je devine la raison de votre bienfaisance, je souffre beaucoup.

— Vous manque-t-il quelque chose?

— Rien.

— Est-ce le moral ou le physique qu'il faut soigner en vous?

— Ah! cher monsieur..., ce portrait! ce portrait! pourquoi s'est-il rencontré sous mes yeux! murmura-t-elle d'une voix étouffée.

— Hasard! pur effet du hasard!

— Non pas!

— Du reste, que vous ayez ou que vous n'ayez pas rencontré ce portrait qui vous a bouleversée, en quoi votre position, que vous acceptiez chrétiennement hier, est-elle changée aujourd'hui? Voyons, mon enfant, soyez raisonnable.

Lucile s'essuya les yeux sans répondre.

M. Lenoir rompit les chiens.

— Voyons, ma chère enfant, continua-t-il, écoutez-moi.

— Dites, monsieur.

— Je suis envoyé près de vous par votre ami le plus cher...

— Par qui?

— L'homme qui vous a sauvée.

— Pourquoi ne vient-il pas lui-même?

— Vous le saurez plus tard.

— Pourquoi ne l'ai-je pas revu depuis cette triste nuit ? Pour quelle raison s'est-il obstinément, malgré le désir que je vous ai exprimé, malgré mes prières, soustrait au témoignage de ma reconnaissance ?

— Le lendemain même, quelques heures après s'être occupé de vous et de votre enfant, il s'est vu contraint de partir pour un long voyage.

— Quand viendra-t-il ?

— Je l'ignore.

— Vous avez de ses nouvelles pourtant ?

— Oui..., puisque je vous apporte ses instructions.

— Aurait-il découvert...? demanda-t-elle vivement, ne pouvant contenir l'agitation nerveuse qui peu à peu s'emparait de tout son être.

— Rien encore, mon enfant.

— Hélas ! c'est pour mon fils seul que je désire savoir...

— Mais prenez courage, continua Martial Renaud ; la vengeance, ou plutôt la justice divine marche d'un pas lent mais toujours sûr. Un jour, l'homme qui a causé vos malheurs sera puni. Vous serez vengée.

— Vengée ! fit-elle tristement ; cette vengeance me rendra-t-elle ma vie perdue, ma félicité détruite, tous les rêves d'avenir que je faisais, brillants et purs ?

— Elle vous donnera toujours une réparation nécessaire à votre bonheur entaché ; elle donnera peut-être un nom honoré, sinon honorable, à votre fils.

— Et si je n'accepte pas cette humiliante réparation, si je préfère que mon fils se fasse un nom, plutôt que de prendre celui du bourreau de sa mère ?

— Vous serez libre, Lucile..., et à partir de ce jour-là vous marcherez la tête plus haute, le cœur plus léger.

Lucile pleurait.

Les paroles de M. Lenoir calmaient sa douleur, l'endormaient, mais elles ne parvenaient pas à l'effacer, à la chasser complètement.

Elle reprit :

— Excusez-moi, monsieur, je ne suis pas encore maîtresse de mes sensations quand je me reporte au souvenir de l'horrible attentat qui a fait tout mon malheur.

— Votre douleur est si légitime, que je n'ai rien à excuser dans vos paroles.

— Je me sens plus forte maintenant. Parlez, monsieur, je vous écoute.

— Chère enfant, votre protecteur inconnu veille sur vous de loin, comme il y veillerait de près. Voici la mission dont il m'a chargé.

— Parlez.

— Tout d'abord, persuadez-vous-le bien, vous êtes tout à fait libre de refuser ou d'accepter les propositions que je viens vous faire en son nom.

— Je les accepte d'avance.

— Votre situation demeurera la même. On ne désire qu'une seule chose.

— Laquelle ?

— Vous voir heureuse. On ne vous impose rien.

— Cher monsieur Lenoir ! fit-elle en lui saisissant la main et en la serrant avec affection.

Elle laissa aller ensuite cette main amie, et, se penchant sur le lit de son fils, elle l'embrassa tendrement.

— Continuez, dit-elle. De quoi s'agit-il ?

— Je vais vous rapporter les propres paroles de celui qui s'intéresse tant à vous. Notez-le bien, Lucile, c'est à moi que ces paroles ont été adressées ; je ne suis ici qu'un écho fidèle. Écoutez-moi comme si vous entendiez votre sauveur lui-même.

Lucile lui prêtait une attention religieuse.

— Lucile Gauthier, m'a-t-on dit, est une enfant des grèves bretonnes. Élevée sur les bords de l'Océan armoricain, sa vue s'est accoutumée de bonne heure à contempler les grands horizons. Dès sa plus tendre enfance, elle respirait les âcres senteurs, les rudes saveurs de la mer. C'est ce qui la mine, ce qui la tuerait, si l'on ne remédiait rapidement à cette nostalgie de l'Océan.

La jeune femme suivait avec stupéfaction la parole claire de M. Lenoir.

Son ancienne vie lui apparaissait subitement ; elle se revoyait enfant, courant dans le sable mouillé ; jeune fille, aidant les pêcheurs par les gros temps. Elle voyait défiler devant ses yeux éblouis par les miroitements du passé toutes ses joies et ses douleurs d'enfant et de jeune fille.

Puis une espérance pointait pour elle à l'horizon de son avenir.

Elle attendait haletante ce que M. Lenoir allait lui dire encore.

M. Lenoir reprit :

— On ajoutait : Aujourd'hui, la pauvre enfant, reléguée à Paris, dans une chambre étouffée, vivant seule avec son enfant, qui lui fait négliger le soin de sa propre santé, renfermée comme une plante exotique dans une serre chaude, se sent décliner de jour en jour. Elle souffre, et sans le vouloir elle fait souffrir la créature innocente, sa seule affection, son seul souci sur la terre.

— Mon enfant !... Vous dites, monsieur, que mon fils...

— Pardon... je ne dis rien... On dit...

— Oui, oui... Je suis si troublée rien qu'à l'idée que cette chère créature peut se ressentir de mes douleurs...

— Tout cela est-il vrai ? demanda le mandataire de ce protecteur inconnu.

— J'en conviens, répondit Lucile avec une expression désespérée... J'essayerais vainement de vous donner le change.

— Je ne vous demande que de la franchise.

— J'en aurai.

— Il nous faut combattre le mal qui vous mine.

— Ce mal est-il donc sans remède, selon vous ?

— Laissez-nous tenter de le guérir.

— Vous ne le pourrez pas.

— Qui sait ?

— Oh ! s'écria Lucile dans un état exalté touchant presque à l'hallucination, si je pouvais revoir la Bretagne.

— Attendez ! interrompit M. Lenoir.

Elle ne l'entendait plus.

Elle continua :

— Si je respirais les brises du large, si j'étais libre de courir avec lui —

elle montrait son fils — sur la plage déserte, en cherchant du goëmon et du varech !

— Espérez !

— Oh ! sainte Vierge d'Auray, je crois que je serais presque heureuse ! je crois que je parviendrais à recommencer ma vie !

— Écoutez-moi.

Elle s'arrêta dans son élan, et étouffant un soupir de découragement :

— Parlez... Je suis folle... Je ne vous interromprai plus.

— Ne vous ai-je pas dit : Qui sait ?

— Eh bien ! fit-elle avec une lueur d'espérance dans le regard.

— Vous êtes une forte nature, n'est-ce pas ?

— J'ai supporté bien des privations, des fatigues, des malheurs inouïs... et je ne suis pas morte !

— Avec vous les ménagements sont superflus ?

— La destinée ne m'a pas ménagée, vous le savez, répliqua-t-elle amèrement.

— On peut aller droit au but ?

— Oui, répondit-elle fiévreusement, je suis prête à tout entendre.

— Alors...

Elle l'arrêta une dernière fois et lui dit :

— Mais, prenez-y garde, mon ami.

— Dites.

— Je commence, malgré moi, à sentir un espoir inconnu se glisser dans mon âme. Que puis-je espérer ? Je l'ignore, je le cherche et ne le trouve pas. Mais vos encouragements, vos préparations m'entr'ouvrent la porte bénie d'une existence nouvelle..., d'un paradis que je croyais fermé pour moi.

— Mais je n'ai pas voulu...

— Prenez-y garde, répéta Lucile, dont toute l'essence nerveuse se révélait dans son langage saccadé, dans son débit rapide, avant d'aller plus loin, arrêtez-vous, il en est temps encore ! Si cet espoir indistinct prenait une forme dans vos discours pleins de promesses, et que la désillusion dût arriver ensuite, je le sens, malgré tout mon courage, malgré le désir que j'ai de vivre pour lui, ce coup serait le dernier, il me tuerait.

M. Lenoir avait laissé passer cette avalanche de sentiment et de nervosité sans essayer de l'arrêter.

Il comprenait que c'eût été un effort inutile.

Lorsqu'elle eut fini, il saisit la main de la jeune mère et lui dit d'une voix douce et sympathique :

— Eh bien ! Lucile, cet espoir peut se réaliser !

— Grand Dieu !

— Aujourd'hui même.

— Vous ne me trompez pas ?

— Dans quelques heures.

Lucile se leva tremblante.

— Tant de bonheur serait-il possible ! fit-elle d'une voix étouffée. Non. Je ne vous crois pas... C'est impossible !

Une femme se tenait immobile sur le seuil de la porte.

Elle hocha tristement la tête.
Elle retomba sur sa chaise, et incapable de supporter une joie aussi innatendue, elle éclata en sanglots.
M. Lenoir voulut la convaincre par des preuves irréfutables.
Il prit son portefeuille, l'ouvrit et il en tira plusieurs papiers.
— Regardez.

Elle obéit.

Il lui montra l'acte de vente régularisé de la maison qui appartenait à son père et des sept arpents de terrain y attenant.

L'achat de la terre et de la maison avaient été faits au nom de Lucile Gautier.

Il n'y avait rien à répondre à cela.

Lucile prit le papier, le parcourut, le baisa à plusieurs reprises.

Son visage rayonnait au milieu des larmes qui l'inondaient.

Par un mouvement spontané, elle tomba à genoux devant le berceau de son enfant.

Et elle pria.

M. Lenoir essuya ses lunettes d'or.

Il se sentait en ce moment aussi heureux, sinon plus, que la pauvre mère elle-même. Il se disait :

— O fortune! ô puissance sans seconde! voilà les vrais bonheurs que tu donnes à ceux qui te possèdent! O richesse que je méprisais, sois bénie! Malheureux ceux qui te gardent enfouie dans leurs caves ou dans leurs coffres-forts! Ils ne connaissent pas tes plus doux fruits!

Lorsqu'elle eut fini son ardente prière, la jeune femme, sans se relever, se tournant vers celui qui lui représentait la Divinité descendue sur la terre, elle lui prit la main et la lui baisa.

Le mandataire de son protecteur inconnu, voulant se soustraire aux démonstrations de cette reconnaissance, qui ne lui appartenait qu'en second, reprit vivement :

— La maison est telle que vous l'avez laissée, Lucile. Vous y trouverez les vieux meubles qui vous étaient si chers, votre chambre de jeune fille telle que vous l'avez quittée; rien ne manque : ni la barque et ses agrès, ni les engins de pêche. Il y a un cheval dans l'écurie, deux vaches et une chèvre dans l'étable. Dans la basse-cour se trouvent des poules, des lapins, des canards... tous les animaux que vous nourrissiez et avec lesquels vous jouiez. Tout est comme autrefois, rien n'est changé. Vous étiez deux dans la maison, vous serez deux encore. Espérons que vous y vivrez plus tranquilles, plus heureux.

— Oh! mon père! mon père! vous ne serez point là pour me recevoir, pour m'ouvrir vos bras en signe de pardon.

— La bénédiction qu'il n'aurait pas manqué de vous donner, Lucile, c'est votre fils qui la rapportera dans la maison, par sa seule présence.

— Vous savez guérir toutes les blessures, mon ami.

— Avec la rente qui vous a été constituée lors de votre installation dans cet appartement, ajouta M. Lenoir, vous vivrez à votre aise dans ce pays, où, vous le savez, il faut si peu pour vivre.

— Quand puis-je partir?

— Quand il vous plaira. Vous pouvez disposer de tous les objets qui sont ici. Ils vous appartiennent. Maintenant, Lucile, acheva-t-il en se levant, ma mission est accomplie.

« Il ne me reste plus qu'à prendre congé de vous, en vous renouvelant l'assurance que votre protecteur ne cessera pas de veiller sur vous.

Il allait se retirer.
Lucile le retint timidement.
— Un mot encore, un seul, avant de nous séparer, pour longtemps sans doute, pour toujours peut-être!
— Que désirez-vous?
— Un nom.
— Le nom de qui?
Celui de ce protecteur qui veut rester inconnu.
— J'ai promis de le taire.
— Je vous supplie de me l'apprendre.
— Dans quel but?
— Afin que je puisse le mêler au vôtre dans mes prières.
M. Lenoir hésitait.
Elle continua en le pressant, en le suppliant avec une chaleur croissante.
— Afin de l'apprendre à mon enfant en même temps que celui de Dieu.
— Vous allez me faire manquer à une promesse sérieuse.
— Par grâce! dit la jeune femme en joignant les mains.
Elle était si touchante dans son attitude de suppliante, que le commis-voyageur ne se sentit pas la force de résister plus longuement.
— Vous le voulez absolument? dit-il.
— Je vous en supplie à mains jointes.
— Eh bien! Lucile, j'assume sur moi la responsabilité de l'indiscrétion que je vais commettre.
— Oh! dites! dites!
— Votre protecteur, votre sauveur, l'homme qui n'a cessé de vous suivre dans tout le cours de votre pénible existence, celui qui s'est révélé à vous, qui vous a tendu la main à l'heure où le désespoir vous poussait au suicide, au crime...
— C'est?
— C'est celui que vous avez connu autrefois...
— Là-bas?
— Oui.
— En Bretagne?
— Oui.
— Il se nomme Noël, n'est-ce pas?
— Oui.
— Oh! s'écria-t-elle avec ferveur, j'en étais sûre! Mon cœur ne m'avait pas trompée.
Elle cacha sa tête dans ses mains.
M. Lenoir sortit, ne voulant pas essuyer des pleurs qui, cette fois, coulaient sans la moindre amertume.
Des pleurs rares!
Des pleurs de joie!
Il ferma derrière lui la porte de ce logis où il venait d'apporter, de ramener la lumière de l'amour, la gaieté de l'espérance, et il s'arrêta sur le seuil.

Alors son visage changea subitement d'expression.

— Adieu, mes œuvres de paix et de clémence, adieu! Je viens d'avoir affaire à deux anges d'ici-bas, dont le premier, la douce et tendre Edmée, ne le cède en rien aux anges du paradis ; dont le second, la malheureuse Lucile, se relève d'une chute profonde. Heurés bénies, adieu! Il me reste de rudes devoirs à remplir, une cruelle vengeance à exercer, une implacable justice à mettre en jeu. Ne songeons plus qu'aux coupables qui ont commis le crime et aux moyens qu'il me faut employer pour arriver à l'expiation de ce crime.

Et, froid, impassible comme le destin, il descendit lentement, pour marcher à la vengeance, cet escalier qu'il venait de monter si rapidement pour apporter l'oubli et le pardon.

XIV

A LA LIMACE

A deux lieues environ du Havre, la route nationale, qu'on nommait à cette époque route royale, est coupée à angle droit par un chemin transversal assez large, mais mal pavé au moyen d'un cailloutis pointu, et plus mal entretenu encore que mal pavé.

Ce chemin de dégagement est bordé de fossés nombreux, et d'une double ligne de pommiers dont les troncs et les branches affectent les formes et les paraboles les plus fantastiques.

Quelques jours après les événements rapportés dans nos chapitres précédents, une charrette attelée d'un mauvais cheval dont la tête était tournée du côté du Havre, s'arrêtait, vers les quatre heures de l'après-midi, à l'angle même du chemin précité.

Un homme de haute taille, en costume de marin et tenant à la main un énorme bâton, descendit de la charrette, dans laquelle se trouvait un paysan.

L'homme échangea avec le paysan, propriétaire sans doute du modeste et rude véhicule, quelques paroles insignifiantes et amicales.

La charrette, après avoir débarqué son voyageur, continua son chemin vers le Havre, le paysan chantonnant un de ces refrains normands que les Normands chantent si mal, et la bête allégée de cent kilos à peu près.

Après une courte hésitation, l'homme au bâton sembla tout à coup se reconnaître.

Il tourna à droite.

Puis, s'engageant dans le chemin de traverse, il fila d'un pas gymnastique si relevé, qu'un percheron au trot l'aurait suivi difficilement.

Tout en marchant, il regardait avec attention autour de lui, non point par crainte de mauvaise rencontre, il était de taille à tenir tête à deux ou trois gars de force moyenne, mais par pure curiosité.

Il cherchait des indications, des signes de reconnaissance, que parfois il trouvait, car, à certains moments, son visage s'éclaircissait, il souriait presque.

Il avait marché près d'un quart d'heure et fait passablement de chemin, lorsqu'il aperçut, non loin de lui, sur sa gauche, blanchir, à travers les arbres, les murs grossiers d'une masure au toit de chaume.

Un énorme bouchon désignait de loin cette demeure peu tentante, pour une auberge ou tout au moins pour un cabaret, aux yeux du passant affamé ou au voyageur dévoré par la soif ou la fatigue d'une longue étape.

Un peu plus loin, mais en pleins champs celui-là, apparaissait un bâtiment assez vaste et possédant toutes les entournures extérieures d'une ferme.

Arrivé devant la porte du bouchon, trop basse pour sa formidable stature, le voyageur s'arrêta, et s'appuyant sur son long bâton, il regarda autour de lui et se mit à examiner les êtres de la localité.

La première chose qu'il aperçut fut l'enseigne, peinte sur un morceau de tôle, grinçant au vent, et suspendue juste au-dessus du bouchon.

Cette enseigne représentait un reptile, d'apparence fantasmagorique, vert-pomme sur fond jaune, au-dessus duquel se trouvait l'exergue suivante, en lettres noires de trois pouces de haut :

A LA LIMACE

Au-dessous de l'intéressant animal, on lisait ces mots ayant bien toute la saveur normande :

Bon cidre à dépotéyer.

Le voyageur regarda l'enseigne avec satisfaction, et la regarda longtemps même, comme eût pu faire un enfant de cinq ans, cherchant à déchiffrer ses premières lettres de l'alphabet.

Son examen ayant abouti à sa faim ou à sa soif, il se passa la langue sur ses lèvres épaisses et d'un rouge sanglant, et il la fit claquer contre son palais.

Il passait encore l'examen de la maison, qu'il se mit à tressaillir.

Sans plus hésiter, il entra dans le cabaret, en se baissant.

La salle dans laquelle il pénétra était petite, basse, obscure, meublée seulement de quelques tables garnies de leurs bancs en bois.

L'aire n'était que le sol même fortement battu et rendu raboteux par les pieds des visiteurs.

Un étroit comptoir, encombré de verres et de bouteilles de toutes sortes, faisait face à la porte.

Une fenêtre à guillotine, de quatre pieds carrés, aux vitres crasseuses, couvertes de toiles d'araignées, laissait pénétrer dans cet antre une lueur quasi-crépusculaire.

La salle était vide.

Le cabaretier manquait à son comptoir.

S'asseyant à une table, le voyageur s'installa confortablement le dos au mur; cela fait, il frappa un fort coup de son gourdin sur la table voisine de la sienne.

A cet appel retentissant, le cabaretier accourut.

Ce cabaretier était un gars de trente-cinq à quarante ans.

Petit et trapu, il avait la mine chatouine, l'œil plein d'astuce, le sourire moqueur, une profusion de cheveux rouges qui eussent fait le bonheur d'une Parisienne de nos jours.

Cette masse de cheveux sortait d'un bonnet de coton qui ne devait pas aller au blanchissage plus de douze fois par an, et elle tombait en longues mèches droites jusque sur ses épaules.

Une paire d'énormes favoris taillés en *côtelettes* arrivait jusqu'au coin de ses lèvres et achevait de lui composer la physionomie la plus grotesquement narquoise qui fût en pleine Normandie.

Ce cabaretier se nommait Anthime Guichard.

Vrai Normand de Caudebec, il portait le cachet indélébile de sa race processive et madrée.

Au bruit produit par le gourdin du voyageur, nous l'avons dit, Anthime Guichard accourut à toutes jambes.

Il parut à la fois surpris et charmé de rencontrer un voyageur dans la salle commune.

Saluant obséquieusement son client du bout de son bonnet, sans se donner pourtant le souci de le détacher tout à fait de son chef, il demanda :

— Monsieur désire un pot de cidre?

— Oui.

— Voilà, monsieur... je vas le quérir.

— Un moment... un moment... je veux autre chose encore.

— Bien, monsieur n'a qu'à parler.

— Avez-vous?...

Comme le voyageur s'exprimait avec assez de difficulté, maître Guichard voulant l'aider, répondit :

— J'ai tout dans mon établissement. Monsieur n'aura que l'embarras du choix.

— Avez-vous de quoi me donner à manger? reprit l'autre, en réitérant sa question.

— Choisissez.

— A la bonne heure, votre bouchon ne paye pas de mine, mais puisqu'il est aussi bien fourni... voyons... donnez-moi une tranche de pâté.

— Ah! il ne m'en reste plus... par extraordinaire.

— Bon... repartit le voyageur avec la plus profonde indifférence, alors faites-moi un bifteck aux pommes. Ça vous va-t-il?

— Ça m'irait à merveille, dit Anthime Guichard ne se départant pas de son magnifique aplomb, mais le malheur est que ce matin même j'ai donné mon dernier morceau de viande. Pour ce qui est des pommes de terre, elles souffrent cette année. Je n'en conseillerai pas à monsieur.

— Bien... Dites-moi ce que vous avez, et je crois que ce sera le plus prudent et le plus court chemin, de votre nourriture à mon appétit.

— J'ai, monsieur, du pain, du lard, du jambon et des œufs, mais des œufs...

— Pondus de quand?

— De quand il vous plaira, répondit Anthime Guichard, qui ne s'imaginait point parodier, en parlant de la sorte, une scène qui se passait à la cour du grand roi, du Roi-Soleil, de Louis le Grand, quatorzième du nom.
— Bon! servez-moi un pain de quatre livres, faites-moi une omelette au lard, et apportez-moi le jambon.
— De combien d'œufs l'omelette?
— Je n'ai pas très faim, répondit le voyageur après s'être consulté, mettez-en...
— Quatre.
— Non, quinze.
Le cabaretier regarda sa pratique avec admiration.
— Vous n'avez pas de fromage?
— Il faudrait être fou pour ne pas en avoir.
— Vous m'en donnerez.
— Lequel?
— Celui que vous voudrez. Je les aime tous.
— Ça se trouve bien, je n'en ai qu'un, pensa maître Guichard.
— Et du vin, n'est-ce pas?
— Il est cher, vous savez.
— Bon. Ce n'est pas ça que je vous demande. Combien le litre?
— C'est du vin fin... je ne le vends pas au litre.
— Combien la bouteille, alors?
— Trente sous.
— Apportez quatre bouteilles.
— Monsieur attend quelqu'un?
— J'attends... mon déjeuner...
— Bien. Monsieur prend du vin, alors monsieur ne prend pas de cidre?
— Pourquoi ça... que je n'en prendrais pas? demanda le voyageur avec une certaine dignité offensée.
— Dame! fit le cabaretier étonné.
— Donnez-m'en un pot.
Anthime disparut.
Il était aussi ravi que stupéfait.
Il reparut bientôt après portant un pain, un jambon, et le pot de cidre demandé.
Le tout fut placé soigneusement devant le voyageur.
— N'oubliez pas le vin, et soignez mon omelette, dit celui-ci.
— Soyez tranquille.
L'autre entama le pain et le jambon.
Il mangeait d'un appétit formidable.
Au bout de dix minutes, à la rentrée du cabaretier, qui lui apportait une omelette aux proportions gigantesques, la moitié du jambon avait déjà disparu.
L'omelette se vit attaquer avec vigueur.
Anthime Guichard ne quittait pas des yeux ce spectacle attrayant et curieux.
Le voyageur lui dit entre deux bouchées :

— Mon vieux, achevez de me servir tout ce que je vous ai demandé, prenez un verre et asseyez-vous.
— M'asseoir ?
— Là, en face de moi.
— C'est beaucoup d'honneur.
— Vous êtes bête ! faites vite... J'ai à causer avec vous.

En un instant, le vin, le fromage et une bouteille d'eau-de-vie de marc furent placés sur la table.

Anthime s'assit en face de son client.

— A votre santé..., dit le voyageur en lui remplissant son verre. Si le vin n'est pas bon, vous vous en prendrez à qui vous savez, mon brave.
— A la vôtre..., répondit le cabaretier, qui, rendons-lui cette justice, n'hésita pas trop à avaler sa marchandise.

Ils trinquèrent.

L'effet de ce choc amical de verres fut singulier.

Ils se regardèrent dans le blanc des yeux.

La façon dont ils s'étaient salués réciproquement, le signe particulier qu'ils venaient de faire l'un et l'autre en portant chacun leur toast, les engagea à s'examiner avec plus d'attention.

— Ah ! ah ! fit le voyageur.
— Mais oui, répliqua le cabartier.
— Vous vous appelez ?
— Anthime Guichard, pour vous servir.

Et il vida son verre d'un air béat.

— Vous êtes du pays ?
— A peu près.
— Ainsi, vous pouvez me donner un renseignement ?
— Certainement. Lequel ?
— *Les chemins sont-il bons la nuit ?*
— C'est selon.
— Comment l'entendez-vous ?
— Parfois ils sont mauvais.
— Mais ? demanda le voyageur en redoublant d'attention.
— *Mais au clair de lune, ils sont excellents.*
— Vers quelle heure la lune se lève-t-elle ?
— Elle n'a pas besoin de se lever.
— Parce que ?
— Parce qu'en ce moment *elle demeure constamment au ciel.*
— Vous êtes bien savant, mon maître ?
— Je suis pourtant encore bien jeune.
— Votre âge ?
— *Dix-huit ans au plus.* Et le vôtre ?
— Moi, *je n'ai plus d'âge,* répondit le voyageur.

Le cabaretier se leva.

Il ôta son bonnet de coton et se tint respectueusement debout devant son hôte.

La jeune femme, assise devant un guéridon, cousait à la lueur d'une lampe.

Le voyageur sourit gravement.
— Touchez-là, lui dit-il.
Ils se prirent la main et se la serrèrent d'une façon particulière.
— Bien. Nous nous entendons?
— Oui.
— Causons à cœur ouvert.

— J'attends, maître.
— Quoi de nouveau ?
— Depuis quand ? demanda Anthime Guichard.
— Depuis ce matin.
— Quelle heure ?
— Quatre heures du matin.
— Beaucoup de choses.
— Allez.
— Voici : sur les quatre heures, une voiture attelée de deux chevaux de poste est arrivée ventre à terre.
— Par quelle route ?
— Par la route que vous avez suivie vous-même.
— Après ?
— Cette voiture a pris un sentier qui se trouve à deux pas d'ici, et, sans ralentir sa course, elle s'est dirigée vers la ferme.
— L'attendait-on ?
— Il paraît; la porte charretière était ouverte, elle entra tout droit. Dix minutes plus tard, une seconde voiture, en tout semblable à la première, apparaissait dans le chemin ; elle prit la même direction, et, comme elle, pénétra dans la ferme, les portes se refermèrent aussitôt.
— Est-ce tout ?
— Non pas.
— Quoi encore ?
— A peine les deux voitures s'étaient-elles engouffrées dans la cour de la ferme comme deux tourbillons, que deux cavaliers, lancés à toute bride, s'arrêtèrent devant ma porte. Je guettais ; je me dépêchai de leur ouvrir.
— Un homme d'une trentaine d'années et un enfant, n'est-il pas vrai ?
— C'est cela même.
— Bon. Continuez.
— Après avoir mis pied à terre, ils entrèrent ici. Ils paraissaient accablés de fatigue.
— Pauvre Mouchette ! murmura le voyageur,
— Leurs chevaux était à demi fourbus. Les pauvres bêtes sont encore étendues sur la litière.
— Passez... passez...
— Je leur ai servi à manger. Ils dévoraient.
— Comme moi.
— A peu près, fit en souriant Anthime Guichard... Vous le savez, maître, nos statuts nous ordonnent de faire, sans en avoir l'air, le signe de reconnaissance à tous les inconnus avec lesquels le hasard nous met en rapport.
— Oui... allez... allez...
— Ma curiosité était vivement surexcitée. Tous ces événements, ces arrivages ne me semblaient guère naturels. Je fis le signe. On me répondit. Les étrangers appartenaient à l'Association comme vous et moi.
— Je m'en doutais.
— Bientôt il n'y eut plus de secrets ente nous. Pendant qu'ils se reposaient,

j'envoyai mon petit gars surveiller la ferme. Il n'a que dix ans, mais il est fûté comme un macaque.
— Eh bien?
— Rien n'a bougé encore.
— Les voitures, et ceux qu'elles ont amenés?...
— Sont toujours là, répondit Anthime.
— Alors nous les tenons, dit joyeusement le voyageur.
— Il faut le croire.
— Vous nous aiderez.
— A votre disposition.
— Et les Compagnons, que font-ils?
— Le plus vieux rôde autour du pot aux roses.
— Et l'autre?
— Le plus jeune a suivi au Havre un cavalier qui est parti d'ici, ce matin, à huit heures.
— A cheval?
— A cheval, oui.
— Bon. Il est entre bonnes mains. Avez-vous de la place ici?
— Oui, assez.
— La maison ne paraît pas bien grande.
Anthime se redressa avec importance, avec fierté.
— Elle est double!
— Profonde?
— Aussi profonde que haute.
— A merveille. Puis changeant de ton, le voyageur ajouta : Il paraît que vous êtes bien noté, mon compagnon.
— Vrai? tant mieux.
— Si je me suis arrêté ici, c'est que j'en avais reçu l'ordre.
— Vous saviez donc?...
— Rien... on ne m'avait pas prévenu que vous étiez des nôtres.
— On ne prévient jamais.
— Non. Écoutez bien ceci...
— Je suis tout oreilles.

C'était vrai, il eût été difficile, dans tout l'Ouest de la France, de trouver une paire d'oreilles pouvant lutter avec celles du bienheureux Guichard.
Le voyageur reprit :
— Ce soir, à la tombée de la nuit, cinq voyageurs arriveront.
— Ensemble?
— Non, les uns après les autres. Les premiers à peu de distance des derniers.
« Ils seront vêtus à peu près comme moi.
— En matelots?
— Oui. Après ceux-là, il en viendra un sixième.
— Toujours en costume de marin?
— Non pas. En bourgeois, celui-là. Ce dernier est un chef. Il est membre du grand conseil.

— Oh! oh! fit le cabaretier avec un mouvement de vanité satisfaite, un chef dans ma pauvre maison !
— Vous cacherez ces hommes...
— Le chef aussi ?
— Le chef aussi, de manière à ce que personne ne puisse soupçonner leur présence chez vous.
— Comptez sur moi pour cela.
— Connaissez-vous la ferme ?
— Comme ma propre maison.
— Cela pourra servir. Y a-t-il beaucoup de monde ?
— Non.
— Combien de personnes ?
— Trois maîtres et huit domestiques.
— Pas d'autres gens ?
— Ils avaient une vingtaine de tâcherons...
— Que sont-ils devenus ?
— On les a renvoyés.
— Pourquoi ?
— Je ne sais pas trop... on les a renvoyés, il y a deux jours, bien que l'ouvrage ne soit pas terminé.
— Donc, il reste onze personnes.
— Juste.
— Ce soir, nous serons dix.
— Dix ! fit Anthime avec étonnement.
— La partie est égale.
— Vous ne comptez pas les voyageurs arrivés cette nuit ?
— Diable ! Bast ! nous mettrons les morceaux doubles... à la grâce de Dieu ! Dites-moi... y a-t-il des chiens ?
— Quatre.
— Méchants ?
— Féroces !
— Pauvres bêtes !... Il faudra prendre garde.
— Oh ! avec de bonnes boulettes ce ne sera pas long.
— Je ne voudrais pourtant pas les tuer.
— On tâchera de les épargner.
— Encore un coup, fit le voyageur en entamant la dernière bouteille.
— Avec plaisir.
Ils burent de nouveau.
— Ouf ! fit le voyageur après avoir bu, je me sentais l'estomac dans les talons, j'avais vraiment besoin de prendre quelque chose. Je me sens tout guilleret, maintenant.
— Quelque chose ! grommela le cabaretier.
Le voyageur avait tout dévoré.
— Que vous dois-je ? demanda-t-il.
— Vous ne partez pas encore ?
— Non, je reste.

— Alors, ce n'est pas la peine... Nous réglerons plus tard.
— Les bons comptes font les bons amis. Réglons sur-le-champ.
— Comme vous voudrez.
 Douze francs, vin compris.
Le voyageur paya.
— Voici quinze francs, dit-il majestueusement, ne me rendez pas, le reste sera pour votre petit gars.
— Merci, compagnon, répondit le cabaretier, dont les petits yeux clignotaient du double plaisir d'avoir rempli son devoir en faisant une excellent affaire.
— Appelez-moi par mon nom, ami Guichard.
— Et votre nom est?
— La Cigale, reprit le colosse simplement.
— Hein! quoi?
— La Cigale, répéta l'autre.
— Vous êtes le fameux la Cigale?
— Fameux! je veux bien.
— Oh! je vous connais par cœur.
— Comment ça, vieux?
— Frantz et Mouchette ne font que parler de vous.
— Les bavards!
— Ils vous attendent comme le Messie.
— Eh bien! quoi? Je serai moins long que lui à arriver. Me voilà, et toutes voiles dehors.
— Ils vont être joliment contents!
— Vous croyez?
— J'en suis sûr. Me permettez-vous de vous offrir le café?
— Tout de même, répondit le géant. On ne le fait pas mauvais en Normandie, avec la rincette et la surrincette, pas vrai?
— Pardi oui.
Anthime appela sa femme.
— Tiens! votre femme est ici?
— Oui, faut bien.
— Et vous ne m'en parliez pas!
— Oh! c'est si peu important.
— Pas un mot devant votre femme.
— Pour qui me prenez-vous? Arrive ici, m'ame Guichard.
La femme du cabaretier arrivait précisément. Elle n'était pas jolie. Elle ne l'avait même jamais été. Plus jeune que le gracieux Anthime, elle paraissait avoir dix ans de plus que lui.
— Qué q'vous v'lez, nout' homme? lui demanda-t-elle, avec cet accent traînard et narquois que les femmes possèdent dans cette grasse partie de la France.
— Du café, et vivement! la mère.
— Pour un?
— Non, pour deux.

— Allons ! bon ! encore du ben d' perdu !
— Va, va...
— Nous n' gagnerons jamais rin...
— Est-ce fini ?
— Nous n'aurons jamais d'qué nous retirer à la ville.

Sur une menace d'Anthime, elle se retira en *marronnant* entre ses dents une kyrielle d'imprécations à l'endroit des clients qui venaient gruger gratis leur établissement.

Au bout de quelques minutes, elle revint avec du café, du sucre, deux tasses et une bouteille d'eau-de-vie de marc.

La première avait été vidée en manière de conversation par les deux compères, qui l'avaient *sifflée* sans s'en apercevoir.

Cela fait, elle se retira en maugréant, ne voulant pas autoriser de sa présence cette débauche ruineuse.

Au moment où le cabaretier versait le café dans les tasses, une ombre presque diaphane obstrua la lumière, et une crécelle joyeuse laissa tomber ces paroles goguenardes :

— *Quelle belle nuit pour une orgie à la tour !*

— Hein ? je reconnais ce timbre, fit le colosse en se retournant du côté du nouvel arrivant.

— Excusez ! continua celui-ci, plus que ça de balthazar ! Noces et festins ! On rigole sans les camaraux... c'est du propre. Je le dirai à maman.

— Moumouche ! s'écria la Cigale.

— Pssss ! pssss ! faisait le gamin en voltigeant autour de son gigantesque ami, et en imitant le bourdonnement d'une grosse mouche, pssss ! pssss ! pssss !

— As-tu fini, gamin ?

— Bonjour, nononcle !... Je veux un canard.

— Prends, bêta !

Et le géant tendit sa tasse à Mouchette, qui, prenant quatre ou cinq morceaux de sucre dans la soucoupe d'Anthime Guichard, les trempa dans le café de la Cigale, et les avala successivement avec le plus beau sang-froid du monde.

— Est-il gentil ! dit la Cigale en se tournant du côté du cabaretier, qui regardait les familiarités de Mouchette d'un air ébahi ; est-il gentil, hein ?

— Vous trouvez ?

— Monsieur fait sa Sophie ! dit Mouchette, la bouche encore pleine de sucre.

Il allait continuer, mais un second personnage entra dans la salle commune du bouchon.

— Tiens ! Frantz !

— Quoi de nouveau ?

— Rien, répondit Frantz Keller, ils se tiennent coi comme des lièvres dans un terrier. Le gars à Guichard les surveille. Et toi, petit ?

— Oh ! moi ! on ne me trouve pas joli ici... fit-il en lançant un regard de travers au cabaretier. Je me tais.

— Des excuses! cria le colosse au cabaretier.
Anthime fit des excuses très humbles.
Mouchette reprit :
— Mon oncle, j'ai suivi le Brésilien.
— Quel Brésilien?... Ah! oui... le mal noirci.
— Marcos Praya.
— Bon. Quand on voit le pilote, le requin n'est pas loin.
— Comprends pas.
— Ça ne fait rien. Va toujours.
— Il m'a mené loin, le gueux.
— Où ça?
— Au Havre.
— A pied?
— Non, en ballon.
— Conte-nous ce que tu as fait.
— Oui... Je le veux bien.
On s'assit à ses côtés.
La Cigale, Frantz Keller et Anthime Guichard humaient déjà le récit du gamin.
Il commença :
— Pour lors...
Puis, réfléchissant et se grattant le bout du nez :
— Est-ce qu'il ne doit pas nous arriver un chef?
— Oui.
— Quand?
— Ce soir même.
— Alors, mes excellents bons, vous voudrez bien me permettre de garder ma primeur pour lui.
Il y eut un cri de réprobation poussé par le cabaretier et Frantz Keller. Mouchette leur fit la nique.
La Cigale, de son côté, tout ennuyé qu'il fût d'attendre, dit naïvement :
— Moumouche a raison.
Sur ce, Mouchette se versa un plein verre d'eau-de-vie de marc et l'avala, pour noyer momentanément ces nouvelles importantes, qui, ajoutait-il par considération pour ses trois compagnons, ne demandaient qu'à prendre l'air.
Quoiqu'il n'en fît jamais qu'à sa tête, le gamin était toujours plein d'égards pour le géant.

XV

MOUCHETTE SE DESSINE

Dans la soirée, l'unique salle de l'auberge de la Limace présentait un aspect inaccoutumé.

Une quinzaine d'individus, vêtus plus ou moins comme des matelots en disponibilité, étaient assis autour de deux ou trois tables placées bout à bout.

Ils achevaient de faire disparaître les victuailles qui garnissaient ces mêmes tables.

D'énormes tranches de bœuf, des gigots, des jambons, n'offraient plus que le spectacle attristant de leurs squelettes déchiquetés; les pichets de cidre circulaient à la ronde avec un entrain témoignant de la soif inextinguible des convives.

Seulement, les conversations se tenaient à mi-voix.

Jamais un mot plus haut que l'autre.

Aucun de ces individus, marin ou non, n'était ivre.

C'était l'ordre dans le désordre.

Ce repas pantagruélique, mal éclairé par quelques chandelles fumeuses, était présidé par un homme tout jeune encore.

Cet homme, aux manières distinguées, contrastant avec les grossières habitudes de ses compagnons, avait le visage d'une pâleur cadavérique.

Au dehors, les ténèbres les plus épaisses.

Les volets du cabaret, hermétiquement fermés, ne laissaient filtrer aucune ligne lumineuse.

Le vent soufflait en foudre.

Dans l'espace, les nuages couraient avec la rapidité que pourraient avoir des escadrons débandés, dans la déroute d'une armée prise de panique.

Par intervalles, de larges gouttes de pluie tombaient en claquant sur la terre gelée.

Une tempête se préparait.

Çà et là apparaissaient des masses noirâtres, serrées contre les arbres, ou blotties dans les fossés du chemin.

Ces masses noires étaient des sentinelles, veillant au salut des hôtes de l'aubergiste.

Les hommes réunis dans la salle commune de la Limace faisaient partie de l'association des Invisibles.

Le personnage placé au haut bout de la table, le jeune homme aux traits nobles et pâles, était le vicomte René de Luz.

Le vicomte souffrait encore de ses blessures, quoiqu'il eût soutenu le contraire au colonel Martial Renaud.

Mais la conscience du devoir sacré qu'il allait remplir lui rendait ses forces.

Aucun de ses compagnons ne mettait en doute qu'il lui fût possible de mener son entreprise à bonne fin, tant il rayonnait d'éclairs dans ses regards, tant il y avait la marque d'une indomptable volonté sur ses traits pâles et amaigris.

La demie après neuf heures sonna au coucou placé dans un angle de la salle.

René de Luz sortit de sa rêverie.

Il frappa un coup sur la table avec le couteau qu'il tenait à la main.

Le silence le plus absolu se fit immédiatement.

Sur un signe du vicomte, le cabaretier ouvrit la porte.

Mouchette entra.

La première chose qu'il aperçut fut l'enseigne.

Le jeune ami de la Cigale semblait transfiguré. Il avait grandi. Il se sentait homme.

Cette nature essentiellement primesautière, cette intelligence inculte qui végétait, champignon malsain, sur le pavé boueux de Paris, éparpillant les saillies, fusées inutiles, aux angles de tous les carrefours, avait enfin trouvé sa voie.

En le mettant en contact avec ces hommes voués au bien, le hasard avait fait vibrer dans le cœur du gamin ces cordes généreuses dont il ne soupçonnait pas l'existence.

Son horizon s'était agrandi tout à coup.

L'enfant avait vu dérouler subitement, devant ses yeux éblouis, comme dans un magique kaléidoscope, ces grandes théories du devoir, de l'abnégation et du dévouement.

Théories humanitaires, rêves sociaux qui, à une heure donnée, font du *pâle voyou* parisien, tant décrié, de cet être multiple, hâve, cynique, produit autochtone de la plus grande capitale européenne, le héros échevelé, insouciant, convaincu et barricadeur de nos révolutions.

Aujourd'hui Mouchette se sentait vivre.

Il venait d'être piqué par l'aiguillon du dévouement.

La tête haute, le nez au vent, il commençait fièrement cette terrible bataille de la vie, lutte implacable où la créature est toujours vaincue par le créateur, représenté par la mort, mais où l'on suit fatalement deux guidons, celui de la gloire ou celui de l'infamie.

Mouchette, autant que possible, s'était promis de ne jamais démériter dans la personne qu'il prisait le plus au monde.

Et cette personne, c'était celle de Mouchette lui-même.

Il aimait sa mère adoptive, la Pacline, mais il s'estimait plus qu'elle.

Le gamin s'approcha du vicomte, le salua aussi convenablement qu'il le put, puis se tint immobile, attendant qu'on l'interrogeât.

— Tu viens tard, lui dit le chef des Invisibles réunis dans le cabaret d'Anthime Guichard.

— On vient quand on peut, pas quand on veut. Je suis en retard, c'est vrai.

— Je te connais. Tu ne nous as pas fait attendre sans raison.

— C'est encore vrai.

— Qu'y a-t-il?

— Les paroissiens d'à côté sont muets comme des poissons et immobiles comme des souches. Rien ne bruit, rien ne bouge.

— Alors, pourquoi ce retard?

— Ah! voilà! répliqua le gamin, tournant et retournant sa casquette entre ses doigts.

— Explique-toi.

Mouchette jeta autour de lui un regard qui signifiait : Vous voulez que je m'explique devant tout ce monde-là?

Le vicomte le comprit et lui réitéra l'ordre de parler.

L'enfant s'inclina en signe d'obéissance.

— Vous m'aviez envoyé en reconnaissance, n'est-ce pas, maître?

— Oui.

— Eh bien! en route, je me suis dit comme ça : pour reconnaître une chose, avant tout, il faut la connaître.

— Après?

— Pour la connaître, il faut la voir.

— Voir la ferme... du dehors!

— Ça n'aurait pas été bien malin, répondit assez irrespectueusement le gamin de Paris, qui, de temps en temps, ne pouvait s'empêcher de se laisser aller à sa nature railleuse.

— Tu as voulu entrer?

— Je suis entré, fit-il avec une simplicité héroïque.

— Imprudent... Tu auras donné l'éveil.

— Ah! ouiche! le plus souvent. J'ai été élevé sur le carreau des halles. Il n'y pousse pas des *calinos*.

La réputation de Calino était à peine à son aurore, et Mouchette la connaissait!

— Voyons!

— C'est ce que je me suis dit : Voyons, et j'ai vu.

— Hâte-toi.

— Voilà, voilà, mon maître. Ne craignez rien, vous ne jetez pas votre temps par l'œil de bœuf du père Anthime, en écoutant mes renseignements.

Tous les compagnons écoutaient le gamin avec plaisir.

Son babil, son air déluré les intéressaient.

Mouchette reprit :

— Pour lors je ruminais mon affaire... au milieu des ruminants qui se gobergeaient sur les vastes et vertes pelouses des environs. Des bœufs et des vaches, ça ne m'avançait guère. Je tourne la tête, et qu'est-ce que j'aperçois? Un cheval, une belle bête, ma foi, qui tondait le vert à pleine bouche, dans le clos voisin. Bon, j'y suis. Il n'y avait personne là; j'entre dans le clos, et je fais sortir la bête.

— Alors?

— C'est intelligent, un cheval! continua le gamin de Paris, qui, comme les grands orateurs, ne daignait jamais accorder la moindre attention aux interruptions; le mien avait compris mon idée tout de suite. Faut dire que je lui chatouillais un peu la croupe avec un paquet d'orties... Il ruait, il ruait comme un Turc causant amicalement avec un Russe.

Ce misérable Mouchette faisait même de la politique!

Une fois par an, il parcourait le premier-Paris d'une feuille égarée.

Attendant que les rires de son auditoire se fussent calmés, il continua :

— Je me garais des ruades... Mon animal, voyant qu'il n'y avait rien à *frire* avec Moumou... Il se met à se secouer, à danser, à faire de la haute école, puis, en fin de compte, le v'là qui prend sa course, et v'lan! Il ne manque pas le coche, il entre ventre à terre dans la ferme.

— La porte en était donc ouverte?

— On venait de l'ouvrir pour laisser passer une charrette. Bon, ça y était! j'arrive à mon tour, un bout de longe à la main. « Qu'est-ce que tu veux, petit? me demanda un grand serin, bête comme une oie. — Je veux qu'on me laisse reprendre *Cocotte*, qui vient de s'échapper... » Je lui réponds ça en pleurnichant... Mon grand serin appelle trois ou quatre grands gaillards qui me regardent, se chuchotent des bêtises à l'oreille, et me reçoivent comme un caniche dans un jeu de cochonnet.

— Pauvre Mouchette!

— Je ne me décourage pas. J'insiste... Pendant ce temps-là, le cheval, comme s'il avait eu le mot, faisait une vie de polichinelle dans la cour.

— Enfin?

— Enfin, tout le monde était en l'air pour mettre la main dessus. Bernique! Voyant ça, mes quatre argousins s'en mêlent... Mon grand serin me colle une bourrade et me pousse dans la cour en me disant : « Rattrape ta bête, animal! » Je ne me le fais pas chanter deux fois, et j'entre. Ouf!

— Qu'as-tu vu?

— Tout ce qu'il y avait à voir : ceci, cela, et tout le tremblement!

— Tu as eu le temps?

— Je le crois bien. Mon cheval, le malin singe, prenait plaisir à se moquer de nous... ce dont les autres bisquaient comme des ânes, et moi je riais... en dedans. Il a fallu plus d'un grand quart d'heure pour l'empoigner.

— Bien.

Mouchette salua en remerciement de ce court éloge de son adresse, et après un temps il reprit :

— Mon maître, il faudra changer votre plan de campagne.

— Tu le connais donc? demanda René un peu ironiquement.

— Faut croire.

— Et pourquoi le changer?

— Parce qu'il ne vaut pas une *chique*.

— Voyons.

— Vous allez voir. Questionnez-moi?

— Combien sont-ils dans la ferme?

— Vingt-sept.

— Hein! fit le vicomte étonné.

— Ah! voilà! ça vous *épate*. Je vous avais prévenu.

— Vingt-sept hommes?

— Non.

— Alors, que me chantes-tu?

— Vingt-sept personnes, tant du sexe masculin que du sexe féminin. Quoi! les femmes, ça ne compte donc plus en Normandie, à l'heure qu'il est?

— Combien de femmes?

— Huit ou dix.

— Ah! c'est toujours cela de moins, dit René.

— Comptez toujours sur une dix-huitaine de gaillards qui se portent bien.

— Ensuite?

— Quoi?

— Le capitaine, qu'en ont-ils fait?

— Oh! ils ne l'ont pas mangé. Ils le traitent comme un coq en pâte. Seulement je crois qu'ils tiennent bigrement... pardon! diablement à le garder.

— Où l'ont-ils logé? dans le principal corps de bâtiment?

— Non pas.

— Tu es sûr de ce que tu avances là?

— Pardi! je l'ai vu.

— Comment cela?
— A travers sa fenêtre. Le tapage l'a fait approcher. Il a regardé. Il doit m'avoir reconnu.
— Et puis? demanda vivement le vicomte.
— Et puis, on lui aura enjoint de ne pas rester au carreau... car je lui ai vu faire un geste de mauvaise humeur... et il a disparu de la fenêtre.
— Où l'a-t-on placé?
— Dans une espèce de pavillon qui se trouve juste au milieu de la cour.
— Un pavillon sans communications avec l'extérieur?
— C'est ça. Le rez-de-chaussée en est occupé par des étables.
— Diable! fit le vicomte d'un air soucieux.
— Oui... c'est dur... mais ce n'est pas tout.
— Quoi encore?
— Le pavillon a quatre fenêtres et une porte à deux battants.
— Eh bien! qu'importe?
— Au bas de chaque fenêtre, il y a un factionnaire.
— Et devant la porte?
— Deux. En tout, six.
— Qu'ils en mettent vingt s'ils le veulent...
— C'est ce que j'ai pensé, dit Mouchette avec philosophie... A la grande rigueur, je trouve qu'ils n'en ont pas mis assez. Maintenant, il faut vous dire...
— Autre chose?
— Sans doute. Sous une espèce de hangar, sans portes, ni volets, qui sert à remiser des charrettes, il y a un grand réservoir avec une cuve en pierre devant.
— Va... va...
— Va... va... vous avez l'air de *cracher* sur mon réservoir et sur ma cuve... vous avez tort.
— De quelle utilité peuvent-ils nous être?
— Attendez, vous verrez... dit sentencieusement le gamin... Au bas de la cuve coule un ruisselet.
— Ah?
— Ce ruisselet, au lieu de serpenter dans la cour, fait un coude, et par un trou percé dans le mur, au pied du hangar, il lâche son eau dans la campagne.
— Bon! s'écria le vicomte, qui entrevoyait où allait en arriver l'enfant.
— Cette partie du hangar se trouve tellement encombrée d'ustensiles de travail qu'il devient presque impossible de le voir en plein jour... si bien que la nuit il n'y a pas de danger qu'on y *fourre le nez*.
— Bravo!
— J'ai voulu en avoir le cœur net.
— Qu'as-tu fait?
— J'ai fait... d'abord le tour de la ferme... Puis, après avoir *renclosé* le cheval, je suis revenu au pied du mur en question.
— Tu as retrouvé le trou?
— Il le fallait bien, répliqua Mouchette avec modestie, sans ça, ce que je vous raconte ou rien ce serait la même chansonnette; en dehors, à cet

endroit-là, le mur est dégradé. L'humidité l'a attaqué raide. Le plâtre est rongé. Les pierres ne tiennent guère. Au résumé, en quelques coups de tampon on peut donner à ce bon enfant de trou la largeur nécessaire au passage d'un homme.

— Tu es un brave garçon, Mouchette.

— Parce que j'ai trouvé le trou! répondit le gamin de son ton innocent, bon enfant et narquois.

— Si nous réussissons ce sera grâce à toi, mon enfant.

— Oh! nous n'y sommes pas encore, maître. Mais je n'ai pas fini?

On se remit à l'écouter.

— La nuit tombait... Il faisait noir comme dans un four éteint. Ma foi, je me suis amusé à détacher tout doucement une vingtaine de pierres... Elles se sont laissé faire, sans regimber, si bien...

— Si bien?

— Si bien que le trou est, à cette heure, assez aimablement disposé pour que deux hommes y passent sans peine.

— Tu as fait cela?

— Voilà pourquoi, mon maître, je me trouve en retard d'une heure et même de plus.

Le vicomte lui tendit la main.

Mouchette la lui serra le plus délicatement qu'il lui fut possible.

Il ajouta :

— Seulement, le temps presse.

— Ont-ils des soupçons?

— Pas l'ombre... Ils sont solides, mais idiots... Le plus drôle de la farce, c'est qu'ils m'ont interrogé au sujet des étrangers qui circulaient dans le voisinage... Je leur ai donné des renseignements *aux pommes*. Ils se croient à l'abri de toutes poursuites... et s'ils surveillent le capitaine, c'est par acquit de conscience, et pour l'empêcher de fuir.

— Leur surveillance est plutôt intérieure?

— Oui. Ils ne gardent pas les abords de la ferme.

— Le trou dont tu parles est-il éloigné de la brèche que nous avons découverte?

— Sous la haie du jardin? fit le gamin.

— Oui.

— Passablement.

— A combien de pas, environ?

— Une centaine.

Le chef des Invisibles réfléchit quelques minutes.

Durant ce temps, on respecta tellement le travail qui se faisait dans son cerveau, qu'au milieu de tous ces hommes aux mœurs violentes, au langage bruyant, on eût entendu voler une mouche.

Enfin le jeune homme se leva.

L'attention redoubla.

Chacun comprit que l'heure approchait où l'on allait tenter de prendre la revanche de la défaite de Belleville.

Ils s'attendaient à ce que le vicomte de Luz allait leur développer le plan qu'il venait de mûrir.

Il n'en fut rien.

Leur chef appela le gigantesque ami du jeune... nous n'osons pas dire du jeune Mouchette, depuis l'importance homérique qu'il venait de prendre aux yeux de ses compagnons d'aventure.

La Cigale, qui était justement en train de féliciter ce dernier, le força à répéter son appel.

A la seconde reprise, il se dirigea vers le vicomte.

Celui-ci parla longuement.

Le géant l'écoutait sans répondre un mot.

Ses instructions données et bien comprises par la Cigale, René de Luz dit aux Invisibles placés sous ses ordres directs :

— Mes amis, nous allons nous séparer en deux troupes. La première sera commandée par la Cigale et guidée par Mouchette.

La Cigale baissa les yeux timidement.

Mouchette se passa la main dans les cheveux et *fit jabot*.

Le vicomte continua :

— Je me mettrai moi-même à la tête de la seconde. Je vous recommande d'obéir à notre ami et compagnon la Cigale comme vous m'obéissez. Avec des hommes comme vous, je n'ai pas besoin de donner d'encouragements... Vous ferez tous votre devoir, et si, comme je l'espère, tout marche d'après mes prévisions, avant peu notre cher Passe-Partout sera parmi nous.

« Armez-vous et soyez prêts. Nous partons dans quelques minutes.

Ce fut tout.

Le vicomte avait expliqué ses intentions à la Cigale.

Celui-ci les communiqua au seul Mouchette.

Mouchette les garda pour lui.

Les autres s'apprêtèrent à marcher de confiance.

Le vicomte paya le cabaretier en lui recommandant, à leur sujet, le silence le plus absolu.

Puis il lui dit :

— Aussitôt après notre départ, vous sellerez les deux coureurs qui se trouvent dans votre écurie, et vous les conduirez au carrefour de l'Arbre-Vert.

— Et là?

— Vous attendrez et vous ne répondrez qu'à quiconque vous donnera notre signe de reconnaissance et de ralliement.

— J'obéirai.

Les Invisibles étaient prêts.

Ils sortirent de l'auberge, glissant comme des ombres.

Ceux qui faisaient sentinelle vinrent les rejoindre, les rallier.

Alors, se séparant en deux troupes égales, ils prirent deux chemins différents, qui tous deux, après de longs circuits, aboutissaient à la ferme.

Les ténèbres s'épaississaient tellement, qu'on ne distinguait rien à deux pas devant soi.

Le vent soufflait avec une horrible violence.

La pluie tombait à torrents.
Les deux troupes disparurent dans l'obscurité.
Et peu après l'aubergiste, qui n'entendait plus le bruit de leurs pas rapides, se dirigea vers le réduit qui lui tenait lieu d'écurie, se signant dévotement et murmurant :
— Que Dieu les protège !
Puis changeant de ton :
— La soirée est bonne pour moi, ajouta-t-il en se frottant les mains. Tâchons de ne la pas mal finir. Pourvu que Mme Guichard ne vienne pas me demander ce que je vais faire en pleins champs, à cette heure et par cette eau !
Mais il fut rassuré en mettant le pied dans l'écurie.
Devant l'écurie, il y avait un mauvais hangar, servant de remise à une charrette démantibulée.
Dans la charrette, il y avait sa femme.
Et sa femme dormait d'un sommeil agité, qui sentait le cidre et l'eau-de-vie à cinq mètres à la ronde.
Pour la première fois de sa vie, maître Anthime Guichard fut enchanté d'avoir épousé une Normande qui aimait tant le cidre et qui lui vidait si souvent ses carafons d'eau-de-vie.

XVI

LE PRISONNIER

Revenons maintenant à Passe-Partout.
Nous l'avons laissé dans la grotte de la maison de Belleville, faisant bravement face aux argousins de M. Jules, et soutenant, pour assurer la retraite des siens, une lutte dont ceux-ci, dont ses adversaires eux-mêmes ne pouvaient soupçonner tout l'héroïsme.
Ainsi que nous l'avons raconté en terminant la troisième partie de cet ouvrage, les hommes de la police avaient commencé par avoir le dessous.
Furieux de la résistance qui leur était opposée, stupéfaits de voir disparaître leurs ennemis sans qu'il leur fût possible de deviner comment s'opérait cette retraite incroyable, exaspérés surtout d'avoir été si rudement battus dès le principe, ils avaient, sur l'ordre de leur chef, tenté un dernier effort pour découvrir l'issue secrète de la grotte.
Deux Invisibles y restaient encore.
Les autres avaient regagné le souterrain.
Ces deux hommes, qui soutenaient si bravement la retraite des leurs, étaient la Cigale et Passe-Partout.
La Cigale, impassible et tranquille comme s'il se fût trouvé par un temps d'orage dans le gréement de son navire, attendait que son capitaine fût passé de la grotte dans le souterrain.
D'une main, il brandissait une hache qui lançait de fulgurants éclairs au visage de ceux de ses ennemis assez hardis pour l'approcher.

LES INVISIBLES DE PARIS

Au bout de quelques minutes elle revint avec du café.

Et malheur à celui qui arrivait à portée de son tranchant meurtrier !

De l'autre, il comptait pousser le ressort destiné à faire retomber la pierre qui séparait le souterrain de la grotte.

Et il se tenait là, immobile comme une cariatide, cette main posée sur le ressort.

Passe-Partout se battait comme un lion aux abois.

Mais le nombre de ses ennemis crut dans des proportions telles que bientôt toute la partie supérieure de la grotte se trouva envahie par eux.

La situation du capitaine était critique.

Dure alternative !

Il lui fallait ou fuir, ou se faire tuer.

Fuir, il ne le pouvait, quelle que fût la promptitude de son mouvement de retraite, sans que l'entrée du souterrain ne se trouvât dévoilée aux séides de M. Jules.

La Cigale ne pouvait faire retomber la pierre assez à temps, et ses compagnons étaient découverts, perdus.

L'héroïque chef n'hésita pas.

— Sauvons-les d'abord, se dit-il. Nous verrons ensuite à nous en tirer nous-même, tout seul.

Il bondit en avant, frappa trois ou quatre coups d'un large couteau de chasse qu'il tenait au poing, et forçant les plus braves parmi ses adversaires à reculer devant cette attaque inattendue, il se replia rapidemment sur le colosse, qui attendait, ne distinguant rien, tant il y avait de fumée dans le souterrain.

— Ferme, la Cigale ! lui cria Passe-Partout.

Le matelot de Passe-Partout, convaincu que son capitaine était hors de tout danger, le croyant auprès de ses camarades, avait obéi aussitôt.

Le ressort lâché, la pierre tourna sur elle-même. Elle rentra dans son alvéole avec une précision mathématique.

Et tout fut dit.

Les Invisibles étaient à l'abri de toutes recherches immédiates.

Pour les découvrir, il eût fallu démolir la grotte pierre à pierre, rocher à rocher.

Le comte de Warrens, Passe-Partout poussa un cri de joie.

Ses compagnons étaient sauvés.

Grâce à son habile manœuvre, aucun des combattants du parti opposé n'avait pu apercevoir l'entrée de l'issue qu'il désirait si ardemment cacher à tous les yeux.

Les siens étaient sains et saufs.

Mais lui !

Il croyait à son étoile.

— Je m'en tirerai ! se dit-il... A la grâce de Dieu !

Et il se rua tête baissée au plus épais du groupe formé par ses adversaires.

Alors il se passa un fait indescriptible.

Ce fut un spectacle incroyable, inouï.

Lutte insensée d'un seul homme contre vingt-cinq, contre trente peut-être !

Combat acharné, sans cris, terrible !

Parfois on entendait la chute d'un corps, le soupir d'un blessé, le râle d'un mourant, le sourd piétinement d'une foule haletante se débattant avec frénésie dans l'obscurité.

Le couteau du comte de Warrens avait fait une sanglante besogne.

Les agents de M. Jules et les serviteurs de la comtesse de Casa-Real, qui avaient fini par se joindre à eux, avaient reçu l'ordre de le prendre vivant.

C'est ce qui expliquait comment il avait pu soutenir aussi longtemps une lutte de cette taille.

Tout à coup, aux cris de douleur, aux hurlements de rage, succéda un long cri de triomphe.

Bondissant, frappant à droite, se défendant à gauche, allant et venant à travers cette foule qui, ayant perdu de vue et de mémoire l'idée de l'épargner pour le vendre chèrement à la comtesse ou à M. Jules, ou pour lui faire payer une riche rançon, en était venue à se servir de ses armes comme si elle avait eu affaire à une nuée d'ennemis, le comte de Warrens avait trébuché sur un cadavre !

Son arme s'était brisée dans sa chute.

A cette vue, ses ennemis s'étaient précipités sur lui comme un essaim de frelons.

Il s'était vu littéralement enseveli sous eux.

La fatigue du combat, l'émotion bien naturelle de sa chute, la pensée que c'en était fait de ses rêves de fraternité, de gloire et d'amour, tout cela lui causa une réaction tellement forte qu'il s'évanouit en touchant le sol.

Quand on parvint à déblayer le monceau d'hommes, blessés, mourants, ou mis hors d'eux-mêmes par cette lutte ardente, le comte était encore sans connaissance.

Sauf quelques piqûres et quelques estafilades sans importance, il était miraculeusement sorti de la bagarre.

Il était prisonnier de guerre.

Que se passa-t-il après sa chute ?

Combien de temps demeura-t-il ainsi sans connaissance ?

Le comte de Warrens ignora toujours ces détails.

Quand il rouvrit les yeux, un rayon de soleil qui vint le frapper en plein visage, comme une flèche d'or et de feu, l'obligea à les refermer.

Tout d'abord, ne se souvenant de rien, il laissa errer un regard languissant autour de lui, un regard qui cherchait les objets familiers à son réveil.

Il ne reconnut rien, ni chambre, ni meubles.

Il voulut se lever.

Son premier mouvement lui causa une brusque et subite souffrance.

Alors, il tressaillit.

La mémoire, la conscience des faits qui s'étaient passés avant sa chute lui revenait.

Grâce à un effort énergique, il parvint à sauter à bas de son lit, où il gisait étendu, complètement vêtu.

Cela fait, il se mit en devoir d'examiner l'endroit dans lequel il se trouvait.

C'était une cellule, assez étroite, aux murs blanchis à la chaux, éclairée par une fenêtre à double grillage.

Un lit en fer, une table en bois blanc, une chaise et une table de nuit en composaient tout l'ameublement.

Sur la table, il y avait la montre du comte.

Cette montre allait et marquait onze heures.

Deux ou trois livres, du papier, des plumes, un encrier, une carafe pleine d'eau avaient été placés près de la montre.

Une cuvette, un verre et quelques menus objets de toilette se trouvaient sur la table de nuit, près d'un chandelier de cuivre garni de sa bougie.

La porte de cette cellule était en chêne massif et garnie de fer.

Un guichet mobile, placé au beau milieu de cette porte, semblait être l'œil soupçonneux de ce morne visage.

C'était tout.

Le logement paraissait sombre et brutal, comme le fait qui l'y avait amené.

— Je suis prisonnier, se dit Passe-Partout, mais dans quelle prison me trouvé-je? A la Conciergerie? ou bien... baste! nous verrons plus tard.

Il mit machinalement les mains dans ses poches.

On ne l'avait pas fouillé.

— Voilà qui est étrange! pensa-t-il.

Alors, selon l'habitude invariable des prisonniers, bêtes féroces ou hommes civilisés, il commença à se promener de long en large dans sa cellule.

— Je ne suis pas entre les mains de l'ex-chef de la police de sûreté. Il m'aurait fait fouiller, dévaliser, sous prétexte de mesure de simple police. On en aurait fait autant dans une prison de l'État.

« Entre les mains de qui suis-je tombé?

« Hermosa!... serait-ce elle?

« Où voudrait-elle en venir?

« Me garder prisonnier, en chartre privée! séparé du monde! séquestré!

« C'est jouer gros jeu.

« Non, je me trompe... ce n'est pas cela.

Et Passe-Partout, qui avait déjà assez de sa promenade de long en large, jugea à propos de varier cet exercice peu récréatif, en se promenant de large en long.

Il réfléchissait.

— On viendra. J'interrogerai le guichetier. Il faudra bien que j'en tire une réponse quelconque, n'importe par quel moyen.

Mais le guichetier ne venait pas.

La journée s'écoula ainsi tout entière.

Rien ne vint troubler la solitude du comte de Warrens.

Cet abandon ne le surprit pas. Il s'y attendait.

Il se trouva même heureux jusqu'à un certain point de cette profonde solitude.

Avec la réflexion, le calme venait de rentrer dans son esprit.

Il était redevenu maître de lui-même, et préparé à tout événement qui pourrait surgir sans qu'il s'y attendît.

Avant de tenter son expédition de Belleville, en homme bien avisé et qui possède l'habitude de ces choses-là, M. de Warrens avait pris soin de se débarrasser des objets et des papiers compromettants qu'il portait ordinairement sur lui, et de les mettre en lieu sûr.

En supposant, ce qui était probable, que pendant son sommeil, on eût visité ses habits, rien n'avait pu être trouvé sur lui qui eût pu mettre sur les traces de son identité.

Son linge, assez commun, n'était pas marqué.

Le vieux portefeuille qu'il portait dans la poche de sa veste ne renfermait que deux ou trois notes insignifiantes, quelques factures acquittées et des lettres au nom de Rifflard, ouvrier cambreur.

Il y avait aussi plusieurs quittances d'une chambre d'hôtel garni.

Avant de faire irruption dans le parc de la petite maison de Belleville, les compagnons de la Lune avaient quitté leurs costumes et s'étaient remis en bourgeois.

Le comte n'avait rien, ou du moins il ne croyait rien avoir à redouter pour ce qui concernait le secret de la Société des Invisibles.

D'autre part, il connaissait trop bien ses associés, ses affidés, ses subordonnés, pour douter une minute de leur dévouement.

Il avait la certitude que l'association tout entière, y compris le ban et l'arrière-ban des Invisibles, se soulèverait pour lui venir en aide.

Il était tranquille.

De quoi s'agissait-il donc pour lui ?

Tout simplement de se tenir sur ses gardes, de jouer serré et de tâcher de voir dans le jeu de ses adversaires, tout en poitrinant son propre jeu.

Ce n'était pas une bien grosse affaire pour le comte de Warrens, habitué qu'il était de longue date à lutter de ruse et d'adresse avec les plus fins limiers de la police.

Vers cinq heures du soir, un bruit de pas se fit entendre.

— Enfin ! murmura le comte.

Les pas s'arrêtèrent devant sa porte, des verrous furent tirés, une clef tourna dans la serrure, et sa porte s'ouvrit.

Le comte s'était assis, dans la pose la plus indifférente qu'il put trouver.

Par la porte entr'ouverte il aperçut les shakos bordés des gardes municipaux.

Il entendit le bruit des crosses de fusil tombant sur le sol.

Cela lui donna à réfléchir.

Il était sur le point de revenir sur sa première pensée.

On ne lui laissa pas le temps de recommencer ses pérégrinations dans le champ des repentirs ou dans le pré des espérances.

Un homme entra, portant plusieurs gamelles en fer-blanc maintenues par une courroie.

Outre cela, il apportait des assiettes, du pain, une bouteille de vin et un couvert.

C'était un homme d'âge moyen, à la figure douce et craintive ; ses manières embarrassées décelaient une grande ignorance de la vie des prisons.

Passe-Partout ne laissa pas échapper cette nuance.

Le geôlier alla droit à la table.

Après avoir silencieusement empilé les livres qui s'y trouvaient épars, et après avoir reculé le papier et l'écritoire dans le coin de la table où il venait de placer les livres, il mit le couvert du prisonnier.

Celui-ci l'examinait à la dérobée.

Voyant qu'il ne se déciderait pas à lui adresser la parole sans y être poussé, Passe-Partout tenant à profiter de cette timidité anormale, lui dit brusquement :

— Hé! l'ami?

L'autre se retourna.

— Quoi? répondit-il.

— Votre nom?

— Pourquoi faire?

Il était évident qu'il ne tenait pas à le dire.

Le comte n'insista pas.

— Qui êtes-vous? Pouvez-vous me dire cela, au moins?

— Qui je suis?

— Oui.

— Vous le voyez bien.

— Ma foi, non, fit Passe-Partout en riant de la mine de son interlocuteur.

— Je suis...

Le malheureux cherchait si sa réponse n'allait pas le compromettre. C'était clair comme le jour.

— Eh bien! vous êtes?

— Le porte-clefs de la prison.

— Ah! répliqua le prisonnier d'un ton moqueur.

— Oui.

— De quelle prison, s'il vous plaît?

— Ça ne vous regarde pas.

— Merci.

Le porte-clefs se dirigea vers la porte.

— Un moment encore! que diable! lui cria le comte de Warrens; avez-vous donc peur de moi?

Le porte-clefs tira un revolver de sa poche et le lui montra d'un air expressif :

— Non.

— A la bonne heure, repartit le prisonnier, voilà qui parle de soi-même. Où suis-je? pouvez-vous du moins répondre à cette question?

— Oui.

— Où suis-je, dites?

— Au secret.

— Bon. Je m'en doutais.

— Alors...

— Non... pas encore; attendez, mon brave, et Passe-Partout lui jeta la moitié du contenu de sa bourse qu'on avait négligé de lui enlever à son entrée dans cette singulière prison, ce qui, par parenthèse, est généralement un tort.

Le porte-clefs ramassa l'or et l'argent.

Puis il les remit gravement sur la table, en secouant la tête en signe de refus.

— De plus fort en plus fort, dit Passe-Partout gaiement; un porte-clefs qui méprise les clefs d'or... Enfin, mon ami, si je suis au secret, on va m'interroger un de ces jours?
— C'est probable.
— Bientôt?
— Possible!
— Vous ne le savez pas?
— Non.
— Puis-je voir le directeur, le *gouverneur* de la prison?

Passe-Partout employa ironiquement le mot *gouverneur*, quoique ce mot ne soit plus d'usage dans les prisons françaises.

Mais sa position lui semblait tellement peu xix⁰ siècle, elle le ramenait tant à l'époque du For-l'Évêque et de la Bastille, que cette expression lui parut appropriée à la circonstance.

Le porte-clefs lui répondit aussi négativement à cette question qu'aux précédentes.

— Si je lui écris, lui remettrez-vous ma lettre?
— Je ne sais pas.
— Ah! j'aimerais mieux un *non* comme ceux que vous m'avez répondus avec tant de résolution.
— Eh bien! non!

Passe-Partout regarda le porte-clefs.

Le pauvre diable baissa honteusement la tête.

Il reprit en détournant les yeux de son prisonnier :
— Votre couvert est mis.
— Merci.
— Votre dîner refroidira.
— Cela m'est égal.
— Avez-vous encore besoin de quelque chose?
— De rien.
— Alors, bonsoir.
— Bonsoir... N'allez-vous pas revenir?
— Pas avant demain.
— Bien. Allez, mon ami.
— Voilà votre bougie allumée. Adieu.
— Adieu!

Le porte-clefs sortit.

Il ferma la porte et la verrouilla en dehors.

Demeuré seul, Passe-Partout se mit à table.

Les mets servis devant lui étaient simples, mais accommodés avec soin. Il avait faim. Il mangea.

Tout en satisfaisant aux besoins de sa misérable guenille, il pensait à ce porte-clefs hors nature. Il réfléchissait.

Un soupçon avait traversé son esprit durant sa conversation avec le guichetier. Soupçon vague, sans consistance déterminée, mais qui peu à peu grandissait, grandissait, et finit par devenir une quasi certitude.

Évidemment, le porte-clefs qu'on lui avait expédié éprouvait une gêne secrète en sa présence.

Il y avait dans sa façon d'agir un parti pris de rudesse et de mutisme qui jurait avec la douceur de sa physionomie.

On avait fait la leçon à cet homme.

Au compte de Passe-Partout, le pauvre guichetier était un malheureux acteur de troisième classe, récitant péniblement un rôle étudié à la hâte et mal su.

Ce papier, ces plumes et cette encre, toutes choses dont on prive les prisonniers mis au secret; ses poches qui n'avaient pas été vidées; jusqu'au repas, qui ne ressemblait en rien à l'ordinaire des prisons; tout cela faisait germer et naître dans son cerveau une foule d'idées singulières.

A jeun depuis longtemps, il venait de faire prestement disparaître le repas qu'on lui avait servi.

Il se sentait la tête alourdie.

Il s'étendit sur le lit de fer, ayant soin de placer sa bougie sur la table de nuit.

Il prit un livre au hasard et l'ouvrit.

Ce livre, touchante attention de la part des hôtes de ces lieux, était l'œuvre de Silvio Pellico, intitulée : *Miei Prigioni* (Mes Prisons).

Passe-Partout ne fit qu'en rire.

Il eût pourtant dû avoir plus de considération pour un chef-d'œuvre qui, malgré les beautés y contenues, ne manqua point de l'endormir au bout d'une dizaine de pages.

Disons, pour la défense du chef des Invisibles, que les fatigues écrasantes par lesquelles il avait passé tous les temps derniers, sa courte maladie, l'avaient singulièrement affaibli.

Ses yeux se fermaient malgré tous ses efforts pour rester éveillé.

Enfin le livre s'échappa de sa main. Sa tête retomba sur l'oreiller.

Sans même avoir le temps de souffler sa bougie, il s'endormit d'un profond sommeil.

Le lendemain, le soleil se chargea de nouveau du rôle de réveille-matin.

Le même rayon le mit sur pied.

Tout était dans le même état que la veille.

Il se leva et s'habilla en toute hâte.

Pourquoi?

Sans raison, instinctivement, comme s'il eût prévu que quelque chose de grave allait lui arriver.

Il saisit sa montre, et sur le point d'y jeter les yeux, il se souvint que la veille, dans son besoin pressant de repos et de sommeil, il avait oublié de la remonter.

Ce fut un ennui.

On ne s'imagine pas comme en prison ou dans la solitude absolue les heures sont longues quand on ne peut pas les distinguer, les entendre sonner.

Machinalement, néanmoins, il regarda le cadran.

O surprise!

Les aiguilles marchaient.

La montre indiquait huit heures.

Il se dit :

— Qu'est-ce que tu veux, petit?

— Je l'aurai remontée hier soir sans y penser.

Il prit sa clef et voulut la remonter de nouveau. La clef ne fit que deux tours. Sa montre venait d'être remontée. On avait pris ce soin pendant son sommeil. Il regarda sa bougie. La bougie était presque intacte. On était donc entré dans sa cellule pendant qu'il dormait. On avait remonté sa montre et éteint sa lumière. Mais qui? Dans quel but?

XVII

LE JUGE D'INSTRUCTION

A neuf heures le guichetier arriva.
Il apportait le déjeuner.
— Déjà levé ! dit-il.
— Comme vous voyez, fit le comte de Warrens.
— Vous êtes matinal.
— Quelquefois.
— Après ça... ce n'est pas étonnant... vous avez si bien dormi cette nuit !
— Comment le savez-vous ?
Le porte-clefs se mordit les lèvres.
— Je... j'ai fait une ronde à neuf heures du soir.
— Ah ! c'est vous ?
— Oui.
— Cependant, vous ne deviez pas revenir.
— C'est vrai.
— Eh bien ! alors, pourquoi ?...
— On m'a ordonné de faire cette ronde, j'ai obéi.
— Je dormais.
— Comme quatre.
— Vous avez fait du bruit... Il m'a semblé en entendre au beau milieu de mon sommeil.
— Par exemple !
— Oui.
— Je n'ai fait qu'entrer et sortir, avec les plus grandes précautions.
— Voyez-vous cela ! et vous n'avez rien fait autre ? demanda le prisonnier, sans paraître attacher la moindre importance à sa question.
— Rien autre. Ah ! si... j'ai soufflé votre bougie.
— Ah ! et puis...
— Pas autre chose.
— Mon ami, quelle heure avez-vous ? fit ironiquement le comte de Warrens.
— Neuf heures dix minutes.
— Je n'ai que neuf heures cinq... Me permettez-vous de me mettre à l'heure de l'établissement ?
— Faites.
— Par la même occasion, je vais remonter ma montre.
— Remontez.
— Merci de la permission.
Passe-Partout avait appris tout ce qu'il désirait savoir pour le moment.
Le porte-clefs mentait effrontément.

— Dites-moi, mon ami, reprit le comte, depuis combien de temps suis-je dans cette prison?
— Depuis cinq jours !
— Depuis cinq jours ! s'écria le prisonnier avec stupéfaction.
— Dame ! oui !
— Déjà !
— Vous avez été malade.
— Moi ?
— Vous avez eu le délire.
— Ah ! vous me l'apprenez !
— C'est comme ça.

Le porte-clefs, tout en répondant à Passe-Partout, s'emparait des gamelles vides, qu'il avait laissées la veille, seconde preuve de son mensonge.

S'il était revenu la nuit, il aurait emporté ces mêmes gamelles.

Il sortit en disant :
— A ce soir.
— A ce soir, répondit le comte, qui, dès qu'il fut seul, ajouta à part lui : On me trompe ! on veut me donner le change. Pourquoi ? Vive Dieu ! je le saurai !

« Cette bougie.... cette bougie a été allumée à cinq heures un quart ou cinq heures et demie, au plus tard. Si elle avait brûlé jusqu'à neuf heures elle se serait entièrement consumée. Elle n'a brûlé qu'une heure, tout au plus.

« Premier mensonge !

« Ce n'est pas le guichetier qui a remonté ma montre. Pourquoi l'aurait-il fait ? Et s'il l'avait fait, pourquoi ne me l'aurait-il pas dit ? Il ne se doutait même pas de ce que je lui demandais, quand je lui ai parlé de l'heure... Non ! non ! ce n'est pas lui... j'en suis certain ! Patience ! j'aurai le fin mot de tout cela.

La journée se passa comme la précédente.

Le soir, Passe-Partout se sentit encore la tête lourde.

— Est-ce un effet de ma maladie ? se demanda-t-il.

Cependant il se coucha.

Comme la veille, il s'endormit presque aussitôt qu'il eut mis sa tête sur l'oreiller.

Le lendemain, il s'éveilla de bonne heure.

Le temps était gris.

Sa cellule lui parut plus triste que de coutume.

Elle lui parut plus petite aussi.

Comme tous les prisonniers, pendant sa promenade machinale, si souvent répétée, il avait à plusieurs reprises compté les pas qu'il faisait en long et en large.

Ce jour-là son compte ne se trouva pas le même que celui de la veille.

Il crut s'être trompé.

Il recommença à compter.

Il ne s'était pas trompé.

A coup sûr, il y avait deux pas de moins en large et trois en long.

Cette erreur était singulière.

Il fit une autre observation.

Le soleil qui, les jours précédents, le frappait au visage dès la huitième heure du matin, ce jour-là n'atteignit son lit que vers midi.

Que voulait dire cela?

Toutes ces petites choses formaient l'ensemble d'un problème que, faute de meilleur aliment, son intelligence s'était promis de résoudre.

La fenêtre de la cellule se trouvait environ à dix pieds du sol.

Le comte enleva les objets qui encombraient la table, et il la transporta elle-même au pied de la fenêtre.

Puis il plaça la chaise sur la table.

Cela fait, il monta sur la table et de là sur la chaise.

La fenêtre, nous l'avons expliqué, avait un double grillage, mi-parti extérieur, mi-parti intérieur.

Mais les mailles de ce grillage n'étaient pas assez étroites, et les vitres n'étaient pas encore assez salies par la poussière pour intercepter la vue de l'extérieur.

Passe-Partout aperçut la cime, dépouillée de feuilles, de grands arbres s'élevant à une hauteur énorme, et devant, en été, au moment du feuillage, intercepter, comme un épais rideau, les rayons du soleil.

Ces arbres n'étaient éloignés que d'une centaine de pas, au plus, du mur de la prison.

Satisfait de ce qu'il venait d'apercevoir, et craignant d'être surpris dans ses recherches indiscrètes, le prisonnier descendit de son échafaudage improvisé, et remit toutes choses à leur place.

Plus le temps fuyait, moins le guichetier devenait communicatif.

Le prisonnier et lui n'échangeaient plus que de rares paroles.

Le soir, le comte de Warrens se sentit pris du même sommeil, et il s'endormit vite et lourdement comme les jours précédents.

Le lendemain matin, à l'instant où il se préparait à porter sa table au bas de la fenêtre un bruit de pas se fit entendre.

Le comte s'arrêta.

Il replaça les livres sur la table et se jeta sur son lit.

La porte de la cellule s'ouvrit pour laisser passage à deux hommes qui précédaient le porte-clefs.

— Voici monsieur le juge d'instruction, dit ce dernier en désignant un personnage aux traits sombres, au regard louche, correctement vêtu de noir, et portant la rosette de la Légion d'honneur à sa boutonnière.

L'homme qui l'accompagnait, son greffier, portait sous le bras une chemise en cuir, bourrée de papiers.

D'énormes lunettes vertes lui couvraient un bon tiers de sa laide figure.

M. de Warrens ne put réprimer assez vite un sourire, à la vue de ces deux hommes.

Il avait instinctivement flairé un déguisement.

Deux nouveaux acteurs entrant en scène.

Après tout, il ne se plaignait pas de les recevoir. Qu'avait-il à faire de mieux dans cette maudite prison?

Il résolut de voir de quelle façon ces deux coquins émérites rempliraient les rôles dont ils s'étaient chargés.

La porte fermée, ou à peu près, le greffier s'assit sur une chaise apportée par le porte-clefs pour la circonstance exceptionnelle en question.

Il se préparait à écrire.

Le juge d'instruction se plaça du côté opposé de la table, et l'interrogatoire commença.

Cet interrogatoire fut conduit avec une adresse extrême, et soutenu avec une habileté rare.

Lutte curieuse de ruse et de finesse, livrée par le juge et par le prévenu.

En somme, Passe-Partout demeura impénétrable.

Le juge d'instruction fut contraint de baisser pavillon en lui-même, quand celui dont il comptait faire le jouet de ses rubriques magistrales termina en lui disant avec une nonchalance affectée :

— Du reste, monsieur, il y a une chose que je ne m'explique pas du tout.

— Laquelle?

— Vous me permettez de vous adresser, à mon tour, une seule, unique et simple question?

— Faites, répliqua le juge de son air le plus sardonique.

— Comment se fait-il que, contrairement à l'usage, et au Code d'instruction criminelle, au lieu de m'appeler dans votre cabinet, vous ayez pris la peine de venir m'interroger dans ma cellule?

Le juge d'instruction toussa, cracha, se moucha.

La réponse n'était pas commode à trouver.

Il ne se donna même pas la peine de la chercher plus longtemps; c'eût été compromettre sa dignité.

Il riposta avec la gracieuseté brutale de celui qui se croit le plus fort :

— Monsieur, vous m'avez demandé la permission de m'adresser une question. Je vous l'ai accordée.

— C'est vrai.

— A mon tour, je vous demanderai l'autorisation de ne pas vous répondre.

— Je vous la refuse! fit en souriant de son air le plus aimable le comte de Warrens.

— Ce n'est pas trop sot! répliqua le juge d'instruction en riant. Mais vous trouverez bon que je ne tienne pas compte de votre refus.

— A votre aise, monsieur... Mais alors, vous ne vous étonnerez guère quand je vous informerai de la résolution formelle que je viens de prendre...

— Quelle résolution, monsieur?

— Celle de ne plus donner suite à aucune de vos questions.

Cela terminait l'interrogatoire.

Il était cinq heures et demie.

Cet entretien peu amical et peu loyal avait duré presque toute la journée.

Le greffier bredouilla d'une voix nasillarde le procès-verbal de la séance.

Il le présenta à signer à Passe-Partout.

Le piège était grossier.
Le prisonnier ne s'y laissa point prendre.
— Le secret est-il levé? demanda-t-il au juge qui suivait tous ses mouvements.
— Pas encore... répondit celui-ci. La justice ne se déclare pas assez éclairée.
— Ah! c'est ainsi!
— Oui.
— Alors, je ne signerai pas ce procès-verbal.
Et il rejeta la plume.
— Vous refusez de signer?
— Formellement.
— Monsieur, vous vous oubliez...
— Je ne reconnais pas la légalité d'un interrogatoire fait dans de semblables conditions.
— Mais...
— Je ne signerai, monsieur le juge, que lorsque j'aurai été interrogé dans votre cabinet.
— Soit, monsieur, répliqua le juge d'instruction, réprimant avec peine un geste de mauvaise humeur; il sera fait ainsi que vous désirez.
Il se leva.
Son greffier l'imita.
— Pardon, messieurs, fit Passe-Partout.
Le juge d'instruction s'arrêta dans sa marche.
— Un mot encore, s'il est possible.
— Parlez.
— Quand aura lieu ce second interrogatoire?
— Le plus tôt possible.
— Mais encore, ne pouvez-vous me fixer une date certaine, monsieur?
Le juge d'instruction se consulta :
— Dans dix jours, fit-il en clignant de l'œil du côté de son greffier.
L'intention ironique de ce coup d'œil n'échappa pas au comte de Warrens.
Il s'inclina silencieusement.
Le juge et le greffier sortirent majestueusement.
— Allons, la farce continue! se dit le prisonnier. Dans quel but la jouent-ils?
En ce moment le guichetier rentra.
Il apportait le dîner du prisonnier.
Celui-ci ne chercha même pas à lui demander l'ombre d'un renseignement.
Le porte-clefs ne lui aurait pas répondu l'ombre d'un monosyllabe.

XVIII

UN AMI INCONNU

A son réveil, le lendemain matin, le comte de Warrens se jeta à bas de son lit.

Sans même prendre le temps de se vêtir, malgré un froid piquant, il s'y prit comme la veille, débarrassa la table de tout ce qui pouvait gêner l'exécution de son projet, la porta au pied de la fenêtre, plaça la chaise sur la table, monta sur la chaise et regarda.

Il retint avec peine un cri de surprise.

Les arbres avaient disparu.

A leur place, il apercevait le sommet d'un toit humblement couvert de chaume.

On le changeait de chambre ou de cellule chaque nuit. Le fait devenait certain pour lui.

Oui; mais comment s'y prenait-on?

Que se passait-il pendant son sommeil?

Ce sommeil lui-même, si lourd, si profond, comment parvenait-on à l'obtenir de lui, qui d'ordinaire savait si facilement s'en passer?

Chaque soir ne lui versait-on pas quelque narcotique dans ses aliments ou dans sa boisson pour le plonger dans une léthargie factice, pendant laquelle on faisait de lui ce qu'on voulait?

Passe-Partout frémit à cette pensée.

Elle lui était déjà venue.

Mais jamais elle ne lui était venue aussi claire, aussi lucide qu'en ce moment.

Puis, pour la centième fois, il se le demandait sans pouvoir se donner une réponse concluante : dans la main de quel implacable ennemi était-il tombé?

Quels sinistres projets, quelles vues ténébreuses cet ennemi, quel qu'il fût, nourrissait-il contre lui?

Cette comédie de toutes les nuits, qu'on jouait ainsi depuis deux semaines, avec une si effroyable ténacité, cachait une idée de vengeance bien arrêtée.

Un nom revenait toujours sur ses lèvres :

Celui de la comtesse Hermosa de Casa-Real.

N'était-elle pas son mauvais génie? N'avait-elle pas juré sa perte?

En somme, ne se défendait-elle pas en l'attaquant, lui, qui tenait entre ses mains une arme si terrible contre elle?

Oui, mais de cette arme, il n'avait encore ni usé, ni abusé.

C'était bien imprudent à elle de jouer ainsi avec le feu de sa colère.

D'ailleurs, sa perte, sa mort, enlevaient à la comtesse toute espérance de retrouver son enfant!

Il se disait tout cela.

Puis venaient les arguments qui parlaient contre ce fond d'idées.

De quelle puissance assez grande la comtesse de Casa-Real, étrangère en France, pouvait-elle disposer, pour mener à fin une si terrible, une si dangereuse vengeance?

Passe encore à la Havane.

Mais la catastrophe du brick *La Rédemption* avait renversé le piédestal de son influence, même dans ce pays.

Jugeant le capitaine Noël par elle-même, la créole s'était dit qu'il allait transmettre aux autorités tous les détails de cet horrible assassinat.

Il n'en fut rien pourtant. Noël empêcha San-Lucar d'en ouvrir la bouche. Il pardonna encore cette fois.

La comtesse de Casa-Real, réfugiée en France, contrainte, malgré sa richesse, à se tenir sur un qui-vive continuel, ne devait, ne pouvait avoir entre les mains d'aussi formidables moyens d'action.

La Havane lui était donc interdite.

Elle se croyait accusée, dénoncée.

Hermosa, créole, cruelle, vindicative, mais réduite à l'impuissance, devait, comme la tigresse aux aguets, attendre patiemment son ennemi ou sa victime, et ne s'élancer sur lui ou sur elle que sans risquer de compromettre sa chasse ou sa vengeance.

En supposant même qu'il se trouvât en ses mains, comment l'épargnait-elle si longtemps, elle, qui avait tout risqué, à plusieurs reprises, pour le faire assassiner?

Étrange contraste!

Choc de passions inexplicables chez cette femme!

Le mardi détruisait chez elle toutes les impressions du lundi.

Un jour elle se laissait aller à ses pensées de haine et de colère; le lendemain, soit lassitude, soit bons sentiments, elle décommandait les crimes ou les tentatives de crimes ordonnées la veille.

Il était impossible de compter sérieusement avec un caractère comme celui-là.

Non, la créole n'était pour rien dans cette affaire.

Passe-Partout se répétait cela continuellement.

Et pourtant, dans son for intérieur, le nom de la comtesse de Casa-Real était celui qui lui revenait le plus souvent au cerveau.

Elle seule pouvait mettre ces raffinements, cette coquetterie féroce dans la revanche qu'elle prenait.

M. Jules?

M. Jules était un agent de police, plus adroit peut-être que ses confrères, oui, mais, à cause de ses antécédents, l'ex-chef de la police de sûreté n'aurait pas osé risquer de retourner au bagne pour une satisfaction toute d'amour-propre.

Coquin de bas étage, faussaire, voleur, oui! mais assassin! assassin! lâche et froid! assassin! bourreau et tortionnaire! non, M. Jules ne l'avait jamais été.

Dans la charrette il y avait sa femme.

Il avait de l'honneur et de la probité à sa manière. Le meurtre lui répugnait.

Maître du comte, il l'aurait purement et simplement livré au préfet de police, comme chef de l'association des Invisibles, et sa part eût fini là.

Ne pouvait-il pas l'avoir vendu ?

A qui ?

A la comtesse de Casa-Real, après avoir aidé à le prendre vivant, ou bien après l'avoir capturé lui-même, lui seul ?

Ah! voilà qui était possible, probable même.

Le comte en était là de ses marches et contremarches imaginaires, quand il se sentit rappeler au sentiment de sa tenue légère par le froid excessif, qui le mordait trop cruellement.

Il sauta à bas de son échafaudage, remit tout en ordre et s'habilla.

Cela fait, il s'assit.

Machinalement, comme la veille, ses yeux tombèrent sur sa montre, où ils la cherchèrent.

Il la prit pour la remonter.

Il en ouvrit le boîtier.

Du boîtier ouvert, s'échappa un papier de soie.

Dans sa situation, rien n'était indifférent, tout lui devenait un événement.

Il regarda.

Sur ce papier, on avait écrit quelques mots microscopiques au crayon.

Le comte tressaillit de joie.

Il parvint à grand'peine à déchiffrer cette écriture.

Voici ce que disait le papier :

« On veille...

« Ne buvez pas de vin.

« Ou si vous en buvez, que ce soit peu et coupé d'eau.

« Jetez le reste de la bouteille, pour faire croire que vous avez tout bu.

« Un ami. »

— Un ami! répéta le comte de Warrens. Un ami! Qui cela? Pourquoi n'a-t-on pas signé?

« Martial aurait signé.

« Les autres amis aussi.

« Pourquoi celui qui m'écrit, ne me dit-il pas son nom ?

Puis, se frappant le front, il réfléchit.

— C'est un piège, fit-il. Bah! je le verrai bien! Quelle que soit la source de cet avertissement, de cet encouragement... merci à l'ami inconnu... Son avis est le bienvenu. Il ne faut rien négliger!... Ce papier dit vrai, je le sens! Je serais fou en ne l'écoutant pas.

Il déchira le papier en parcelles presque imperceptibles, et le jeta tout éparpillé sous son lit.

A l'heure habituelle, le porte-clefs parut avec le déjeuner.

Contrairement à sa coutume, le digne homme était en humeur babillarde.

Il paraissait presque gai.

M. de Warrens s'aperçut de ce changement, qui le rendit soupçonneux et réservé.

Ne laissant rien paraître de ses impressions, il feignit d'entrer dans la disposition joyeuse du guichetier.

Il lui donna même la réplique.

— Vous êtes gai, aujourd'hui, mon brave? lui dit-il.
— Ma foi, oui.
— Et vous avez des raisons pour cela?
— Peut-être bien.
— Et peut-on savoir ce qui vous rend si heureux?
— Demandez et nous verrons.
— C'est que généralement, quand je vous interroge, vous ne me répondez guère.
— Essayez.
— Oh! je veux bien... J'ai du temps de reste... fit Passe-Partout philosophiquement.
— Voyons.
— Auriez-vous fait un héritage?
— Je suis enfant trouvé.
— Ah!
— Oui.
— Alors ce n'est pas cela?
— Non.
— Cherchons.
— Cherchons.

Ils restèrent une demi-minute silencieux, ne cherchant pas, mais s'examinant l'un l'autre à la dérobée.

— Dites donc... reprit le prisonnier.
— Quoi?
— Si vous me disiez tout bonnement la chose, cela m'éviterait la peine de la chercher.
— Au fait.
— Allons, voyons.
— Je veux bien...
— Qu'est-ce?
— Voilà ce que c'est : Grâce au ciel, d'ici à deux jours je vais devenir libre comme l'air.
— Libre! vous?
— Moi-même.
— Ne l'êtes-vous donc pas?
— Pas plus que vous.
— Êtes-vous emprisonné comme moi?
— Oui.
— Je ne comprends pas.
— Je le suis... à cause de vous.
— Comment? Je vous le répète, je ne vous comprends pas.
— Vous, non... mais moi, oui. Vous n'auriez pas la tête si dure...
— Merci!
— Si vous ne dormiez pas comme un vrai loir.
— C'est vrai. Je dors beaucoup.
— Trop.

— Ah! vous trouvez? fit Passe-Partout s'embrouillant de plus en plus dans ce mélange de rudesse et de bonne volonté à son égard.

— Oui... mais suffit.. assez causé pour l'instant.

— Nous n'avons rien dit!

— Voilà le couvert mis... buvez, mangez, et grand bien vous fasse!

Le comte se mit à table et prit son pain, qu'il se disposait à rompre par le milieu.

Le guichetier l'arrêta :

— Bon! voilà que vous allez casser votre pain devant moi!

— Est-ce vous manquer de respect, mon maître? demanda avec une joyeuse ironie le prisonnier, qui ne perdait pas une des paroles du porte-clefs.

— Ce n'est pas cela.

— Alors?

— Je trouve seulement plus propre de couper le pain que de le casser, voilà tout.

— Cela fait moins de miettes, répondit Passe-Partout en riant. C'est bon, mon ami... Je vais couper mon pain comme un bon paysan que je voudrais être... Après tout, vous avez bien raison, et je ne sais vraiment pas pourquoi dans le monde et dans la civilité puérile et honnête on vous dit : Cassez votre pain, ne le coupez pas.

Le guichetier sortit en le regardant mystérieusement et en mettant un doigt sur ses lèvres.

— Il y a quelque chose, murmura le prisonnier. Voyons un peu.

Il saisit le couteau à lame ronde qui se trouvait sur la table et fendit le pain dans toute sa longueur.

Les deux parties du pain tombèrent l'une à droite, l'autre à gauche.

Dans celle de gauche se trouvait un long poignard à gaîne de chagrin.

Le comte le reconnut. Ce poignard lui appartenait.

Mais comment parvenait-il entre ses mains, surtout d'une si étrange façon ?

Ce fut avec un véritable sentiment de reconnaissance pour son ami inconnu que le comte, plein de joie, cacha l'arme dans sa poitrine.

Mais cette surprise n'était pas la seule qu'il devait éprouver ce jour-là.

Le guichetier avait posé trois gamelles sur la table. Ces gamelles contenaient son repas du matin.

Il ouvrit la première : elle renfermait une paire de revolvers à six coups chacun. De ces mignons coups-de-poing, vrais bijoux qui ne se fabriquaient alors qu'en Amérique.

Les revolvers étaient chargés.

Le comte les fit vivement disparaître.

Il se sentait sauvé. Il tenait la vie de douze hommes dans sa poche.

Le brave guichetier était son complice. Plus de doute à cet égard.

L'avis, reçu le matin, venait bien réellement d'un ami.

Croire plus longtemps à un piège, c'eût été douter de la bonté céleste.

Il se laissa aller en toute confiance à l'espoir qui pointait pour lui.

La seconde gamelle contenait une bouteille plate, garnie de cuir.

Cette bouteille était pleine d'eau.

— Tout est prévu, se dit-il.
Il ouvrit alors la troisième gamelle.
Celle-là contenait le déjeuner.
Le comte se mit gaiement à table.
Qu'avait-il à redouter maintenant?
Des amis au dehors!
Un complice au dedans!
Et des armes!
Tout lui souriait de nouveau.
La partie perdue aux trois quarts se relevait pour lui.
Les probabilités se mettaient de son côté.
Il ne se préoccupa plus que d'un seul soin, cacher ses armes.
Les revolvers ne l'inquiétaient pas, leur petitesse permettait de les mettre, sans l'ombre de danger, dans les poches de côté de sa veste.
Pour le poignard, la difficulté grandissait.
Cette arme, œuvre d'un ouvrier espagnol du xv° siècle, était une véritable *miséricorde*, longue d'environ dix-huit pouces, y compris la poignée, ciselée avec une délicatesse et une perfection rares.
Le comte de Warrens la dégaîna.
Un papier était roulé autour de la lame.
Sur ce papier étaient écrites certaines instructions d'une écriture fine et même ressemblant à s'y méprendre à celle du billet que le prisonnier avait trouvé précédemment caché dans le boîtier de sa montre.
Cette écriture, il crut la reconnaître.
Mais l'idée que la personne à qui elle appartenait pouvait se trouver auprès de lui tombait tellement dans l'absurde que Passe-Partout la rejeta sans y réfléchir davantage.
Il crut à une ressemblance de plume.
On lui disait qu'il pouvait avoir la confiance la plus absolue dans le guichetier, dont on avait acheté le dévouement.
On l'avertissait de se méfier des breuvages qui lui étaient servis.
On lui recommandait surtout de veiller et de se tenir sur ses gardes, le moment de sa délivrance approchant, et ses amis étant prêts à intervenir vigoureusement en sa faveur.
Les deux derniers mots de cette missive étaient : « Patience! espoir! »
Le papier eut le même sort que le billet, c'est-à-dire qu'il l'anéantit.
Il cacha le poignard sous son gilet.
Puis se jetant nonchalamment sur son lit, il ouvrit pour la seconde fois le beau livre de Silvio Pellico.
Voici le chapitre ou le commencement du chapitre qui, par un incompréhensible hasard, lui tomba sous les yeux:

CHAPITRE XXIII

« Le geôlier me précédait.

« Je le suivis en silence.

« Nous traversâmes plusieurs corridors et plusieurs salles, et nous arrivâmes à un petit escalier qui nous conduisit sous les *Plombs*, prisons d'État célèbres depuis le temps de la République vénitienne.

« Là, le geôlier me demanda mon nom, l'inscrivit, et, cela fait, il m'enferma dans la chambre qui m'était destinée.

« Les *Plombs* sont la partie supérieure de l'ancien palais des doges.

« Partie toute couverte en plomb.

« Ma chambre avait une fenêtre avec une énorme grille en fer, et plongeait sur le toit, en plomb aussi, de l'église Saint-Marc.

« Au delà de l'église, je voyais au loin l'extrémité de la place ; de tous côtés des toits et des clochers s'offraient à mes regards.

« Le clocher gigantesque de Saint-Marc n'était séparé de moi que par l'église elle-même ; et j'entendais parler les personnes qui se tenaient sur le sommet de la plate-forme. »

En comparant la situation de ce malheureux martyr avec la sienne, le comte de Warrens fut sur le point de remercier Dieu.

Silvio Pellico, avant même d'aller au Spielberg, avait dû renoncer à toute espérance, comme les damnés du Dante.

Au moment de refermer ce livre, qui, dans la disposition d'esprit où il se trouvait, lui semblait un contresens, par sa résignation et par son trop plein de mysticisme, il tomba sur la dernière page, sur le trait final que voici :

« Ah ! de tous mes maux passés et de ma félicité présente, du bien et du mal qui m'arrivent, que la Providence soit bénie !

« De leur plein gré ou contre leur volonté, les hommes et les choses sont les admirables instruments qu'elle emploie dans un but constamment digne d'elle ! »

C'était tout.

Passe-Partout lisait ainsi non pas pour se distraire, mais afin de donner le change à ses ennemis, à ses surveillants, pour peu que l'envie les prît de le surprendre en le visitant à l'improviste dans sa cellule.

Et pourtant il ne put s'empêcher de mettre momentanément de côté ses propres appréhensions, pour admirer la foi en Dieu, la grâce inaltérable de ce chrétien qui avait tant souffert, et qui ne savait pas ce que c'était qu'un cri désespéré.

Quoique les malheurs passés de Silvio Pellico servissent de diversion à ses ennuis, la journée fut longue pour le comte de Warrens.

Elle lui parut interminable.

A l'heure ordinaire le porte-clefs entra; il apportait le dîner.

Les hommes n'échangèrent pas un mot.

Seulement, pendant que le guichetier arrangeait le lit et mettait le couvert, le prisonnier vida le contenu de la bouteille qu'on lui apportait, jusqu'aux deux tiers, dans la bouteille empaillée...

L'autre, sans paraître s'en apercevoir cependant, le regardait faire du coin de l'œil; puis, lorsque le comte eut fini, il ramassa les gamelles vides et sortit.

Le prisonnier expédia vite son repas.

Le moment approchait.

Il le sentait.

C'était la dernière et suprême bataille.

Il s'agissait de jouer serré, de lutter de ruse, de tromper des trompeurs.

Préparant tout pour faire croire qu'il se disposait à dormir sa grasse nuitée, il s'étendit sur le lit, ayant soin de placer sur la table un livre entr'ouvert, selon son habitude.

Puis, laissant comme il faisait toujours, la bougie allumée, il ferma les yeux et il attendit.

Si brave qu'il fût, son cœur battait.

Il allait avoir affaire à un ennemi terrible!

A l'inconnu!

Or, l'inconnu, pour les âmes les mieux trempées, est plus effrayant qu'un danger avéré, inévitable, quel qu'il soit.

Son attente ne fut pas longue.

Elle ne dura qu'une demi-heure.

Demi-heure dont il compta chaque seconde, en prenant pour pendule le mouvement précipité et pourtant si lent à son gré de son cœur.

Enfin un léger grincement se fit entendre dans la serrure.

La porte tourna sur ses gonds, huilés avec soin, et plusieurs hommes entrèrent à pas de loup.

M. de Warrens ne pouvait rien voir.

Quoiqu'il en eût fortement envie, il gardait courageusement les yeux fermés.

Mais il entendait.

Et c'était quelque chose!

Un instant la pensée lui vint de se lever et, les revolvers aux poings, de se ruer à l'improviste, à corps perdu, sur ses ennemis.

Il résista à cette pensée, à cette tentation imprudente.

Il était probable que, provisoirement, on n'en voulait point à sa vie.

Et puis, ses adversaires étaient sans doute nombreux, bien armés, eux aussi!

Sans doute aussi, leurs précautions étaient-elles bien prises?

XIX

LA DERNIÈRE ÉTAPE

On allait, on venait, on furetait.
On visitait tout dans la chambre.
Une voix que le comte de Warrens reconnut pour celle de son guichetier, disait craintivement entre haut et bas :
— Hum! hum! ce soir, le pauvre diable n'a même pas eu la force de se déshabiller complètement. Le sommeil l'a pris comme un coup de foudre. La dose était peut-être un peu trop forte. Il faudra y prendre garde.
— Pourquoi? demanda une autre voix.
— Si on veut le garder vivant.
— Prrr! Il n'y a pas de danger.
— Voyez comme il dort... On le croirait trépassé, si on ne savait pas ce qui en est.
— Le fait est qu'il dort comme un troupeau de marmottes, dit un second interlocuteur.
Les braves gens ne se gênaient plus.
Ils causaient entre eux aussi haut que cela leur passait par la tête, se croyant certains de ne pas être entendus par le prisonnier.
Celui-ci ne perdait pas un mot de leur entretien.
— Je ne l'ai jamais vu ainsi, reprit le guichetier.
— C'est vrai.
— A coup sûr on a triplé la dose aujourd'hui.
— Tiens-tu à le savoir?
— Moi? ma foi non. Qu'est-ce que cela me fait, après tout?
— A la bonne heure! Eh bien! tu le sauras alors. Oui, le bonhomme a bu du sommeil pour une vingtaine d'heures.
— Hein?
— Tu ne m'entends pas? je dis pour vingt heures.
— Vingt?
— Au moins.
— Et pourquoi cette double ration ?
— Parce que nous sommes à la dernière étape, mon vieux...
— Après?
— Que la trotte sera longue,
— Ah! bien... je comprends.
— Et qu'il ne doit pas nous gêner pendant les quatorze ou quinze heures prochaines.
— Oui..., mais on risque de le faire passer de vie à trépas.
— On ne risque rien... d'abord le paroissien a l'âme chevillée dans le corps.

— Me permettrez-vous à mon tour de vous adresser une simple question ?

— Ce n'est pas une raison.
— Ensuite... il en sera quitte pour un abrutissement général qui lui durera une dizaine de jours.
— C'est assez pour un homme seul.
— Et qui n'en a pas l'habitude..., ajouta l'autre en riant d'un gros rire.
Tout en parlant ainsi, ces hommes allaient et venaient continuellement.

Passe-Partout comprit qu'ils étaient en train d'enlever les meubles, de déménager sans tambour ni trompette, comme ils avaient l'habitude de le faire à chaque étape; malgré tout son courage, il sentait les gouttelettes d'une sueur froide perler à ses tempes.

— C'est drôle, tout de même, reprit au bout d'un instant un des interlocuteurs, cette idée d'endormir un hommes tous les soirs pour le faire voyager.

— Imbécile!

— Pourquoi imbécile?

— C'est clair comme le jour, pourtant.

— Je ne trouve pas, moi.

— Tu ne comprends pas qu'*elle* ne veut pas lui donner vent du lieu où on le conduit?

Elle!

Passe-Partout avait bien entendu : *Elle!*

Plus de doute.

Il se trouvait entre les mains de son ennemie mortelle.

Il était bien le captif de la comtesse de Casa-Real.

Réunissant toutes ses forces, faisant appel à tout son sang-froid, à toute sa volonté, il écouta de nouveau en conservant les apparences du sommeil le plus profond.

L'interlocuteur du guichetier continua :

— Tu ne comprends pas ça?

— Non.

— C'est cependant bien simple. Il en sera ainsi jusqu'à ce que nous arrivions là-bas.

— Là-bas? où?

— A la mer.

— Ah! oui, que je suis bête!

— Tu le reconnais! C'est heureux.

— Oui..., mais, dites donc, j'y pense. Il est marin, ce cadet-là.

— Eh bien?

— Une fois à bord, il s'apercevra qu'il vient de quitter le plancher des vaches.

— Possible! mais on le descendra et on l'enfermera dans la fosse aux lions, où le diable lui-même ne verrait goutte; et cela fait, je le mets bien au défi, si bon marin qu'il soit, de prendre son estime et de deviner où on le conduit.

A cette révélation inattendue, un frisson de terreur parcourut le corps du comte de Warrens.

Par un effort désespéré, il parvint à conserver son apparence froide et impassible.

Bien lui en prit.

Un de ses gardiens avait toujours l'œil fixé sur son visage.

D'ailleurs, il comprit que son allié le porte-clefs avait certainement un but en causant ainsi avec ses camarades.

C'était une manière de lui donner tous les renseignements qui pouvaient lui être utiles sans se compromettre lui même.

Tout en tremblant de se trahir involontairement, le prisonnier admirait la finesse du porte-clefs.

Mais il ne savait pas tout.

Il écouta encore.

— Bah! reprit le guichetier, crois-tu donc que le prisonnier n'ait rien deviné?

— Lui?

— Oui.

— On dit que c'est un malin ; moi, je crois que c'est un idiot... A sa place, j'aurais tenté dix fois de me sauver.

— Le jour où il se sentira le pied sur un navire, à fond de cale ou sur le pont...

— Eh bien! quoi?

— Il devinera tout de suite qu'on le conduit à la Havane.

L'autre haussa les épaules.

Passe-Partout eut un moment d'angoisse.

Il crut qu'on ne répondrait pas à l'insinuation du porte-clefs..

Mais ses gardiens avaient la langue bien pendue, et quand ils se lâchaient la bride, ils prenaient le mors aux dents.

Le camarade du guichetier répliqua :

— A la Havane! faut-il que tu sois...

— On n'y va pas?

— Eh! non?

— Vrai?

— Pardine! c'est ça qui *la lui coupera..*, *et raide*.

— Oh! alors!... Pourtant c'est dommage.

— Pourquoi?

— A la Havane on était chez soi.

— Oui..., mais ce diable qui dort si bêtement... y a mis son veto.

— Pas si bête!

— Ça lui servira! Il a dénoncé l'affaire du brick.

— Sans la nommer... elle!

— Oui, mais elle ne s'y est pas fiée... Elle a fait vendre ses propriétés en sous-main.

— A perte!

— Elle est si riche! Un peu plus, un peu moins...

— Et elle ne reparaîtra plus à Cuba?

— Ma foi, non. Le *garote vil* n'a rien de bien tentant.

— Puisqu'elle n'est pas en cause?

— Les autres peuvent la faire prendre, si on parvient à les prendre eux-mêmes.

— C'est vrai!

— Tu comprends comme elle porte ce mignon-là dans son tendre cœur.

— Ah! ah! le gaillard; il a fait cela, s'écria le porte-clefs avec une indignation jouée de main de maître.

— Oui... mais il ne le portera pas en paradis. Si nous n'avons plus la Havane à notre disposition, nous avons un autre pays qui semble avoir été découvert et créé pour nous.

— Ah! à la bonne heure.

— Un pays charmant, où l'on est libre de faire ce qu'on veut, camarade; d'aller, de venir, de vivre ou de mourir, de mettre des citoyens au monde ou de les en faire partir à son gré, sans que personne y trouve à redire, sans que nul policeman, alguazil ou sergent de ville vienne fourrer son nez dans vos affaires.

— Fameux!

— Un pays de cocagne!

— J'entends bien; mais qu'est-il ce pays? sans trop de curiosité.

— Ah! voilà.

— C'est un secret... encore.

— Ma foi non, mais devine?

— Ce serait trop long. Dis.

— San-Francisco.

— San-Francisco... en Californie?

— En Californie... précisément.

— Le pays de l'or.

— Oui, vieux... Eh houp là!... Dans six mois nous sommes tous millionnaires, rien que cela... Tout est prêt pour nous recevoir là-bas, et dans le grand.

— Quelle chance!

— Bon!... il ne reste plus que le lit à enlever.

— Y sommes nous?

— Charge-toi du dormeur.

— Et partons!

Le porte-clefs s'approcha alors du comte de Warrens.

Il se pencha sur lui, le prit par la ceinture, l'enleva comme un enfant dans ses bras vigoureux, et sortit en disant :

— Saperlotte! Il est plus lourd qu'hier!... Son sommeil est pareil à la mort! Il me semble que je porte un cadavre!

Quelques minutes plus tard, le comte se trouvait étendu sur les coussins moelleux d'une vaste berline.

Il entendit le bruissement d'une clef tournant dans une serrure.

La portière était cadenassée.

On venait de l'enfermer.

Presque aussitôt la voiture partit au galop furieux de quatre chevaux lancés à toute bride.

On ne galopait pas.

On volait.

On dévorait l'espace.

Passe-Partout attendit un peu avant de se risquer à sortir de son immobilité.

N'entendant rien près de lui, ni un mouvement de muscle, ni un froissement d'étoffe, ni le souffle léger d'une respiration contenue, il entr'ouvrit enfin les yeux.

Rien! Personne.

Il se trouvait seul, bien seul.

Il respira plus librement, quoique enfermé à triple tour.

La présence de ces argousins ne lui pesait plus sur la poitrine.

Ah! la comtesse de Casa-Real avait bien pris toutes ses précautions.

Le tout maintenant était de savoir si elle avait calculé sans une trahison possible, ou si, cauteleuse comme une créole qu'elle était, elle n'avait pas gardé pour elle seule la partie la plus sérieuse de son plan.

La comtesse Hermosa de Casa-Real se mettre entièrement entre les mains de ses serviteurs! Leur donner connaissance de ses desseins, de ses projets, dans une question aussi grave pour elle! C'était bien peu propable.

Passe-Partout, après réflexion, ne prit donc de tout ce qu'il venait d'entendre que ce qui lui parut être absolument possible.

A coup sûr, on ne le conduirait pas à la Havane, si la tentative de délivrance faite en sa faveur venait à échouer.

Mais Mme la comteese de Casa-Real partir pour San-Francisco, pour cette contrée sauvage où ne vont que les pionniers de la richesse et de l'or!

Mme de Casa-Real, qui n'avait rien à demander à une de ces mines, certainement moins riches qu'elle!

Le camarade du porte-clefs devait se tromper, ou bien la comtesse avait trompé cet homme et ses compagnons.

De toute façon, en mettant la main sur le poignard qui se trouvait dans sa poche, en touchant de ses doigts crispés la crosse de ses revolvers, Passe-Partout se disait mentalement :

— Ni à la Havane! ni à San-Francisco!

Il jeta les regards autour de lui.

On traversait une plaine nue et aride.

Impossible de s'orienter.

Que faire? patienter.

Le comte de Warrens s'y résolut : il s'accommoda du mieux qu'il lui fût possible sur les coussins de la berline; et froidement, nettement, il récapitula tous un à un les renseignements que le porte-clefs lui avait fait donner si adroitement par ses complices.

Il eut beau tourner et retourner ces renseignements, il ne put en tirer autre chose que les réflexions précédentes.

Seulement, on veillait sur lui. La chose était sûre.

Mais qui?

Qui avait acheté le guichetier?

A qui appartenait cette écriture microscopique, impossible à reconnaître à cause de son infinie petitesse?

Une réponse lui était venue à l'esprit.

Il l'avait rejetée comme impossible, comme insensée.

Il y revenait pourtant, à cette réponse, à cette pensée incessante.

Du reste, de toute façon, il se tenait prêt à tout événement.

L'œil au guet, l'oreille au vent, la main sur ses armes, il attendait, bien déterminé à se faire tuer en combattant, en vendant chèrement sa vie, ou à reconquérir sa liberté.

La voiture roula toute la nuit, les chevaux allant ventre à terre.

Elle ne s'arrêtait que pour relayer.

Les chevaux à peine changés, on repartait, toujours courant non pas un train de poste, mais un train d'enfer.

Enfin, le comte de Warrens sentit qu'on s'engageait dans un chemin de traverse,

Une porte roula bruyamment sur ses gonds rouillés.

La voiture s'engouffra comme un ouragan dans une vaste cour.

Là elle s'arrêta.

Passe-Partout comprit qu'on était arrivé.

Il se rejeta en arrière, reprit l'attitude qu'il avait en partant, ferma les yeux de plus belle, et attendit.

Il était huit heures du matin.

XX

LA FERME-PRISON.

On ouvrit le cadenas qui fermait la portière de la berline.

Un homme se pencha sur le comte, et après l'avoir examiné avec attention pendant deux ou trois minutes :

— Il dort, dit-il... il dort encore, hein ! le gaillard a le sommeil dur, mais avant peu il ne tardera pas à s'éveiller.

— Que faire? répondit le guichetier dont le comte reconnut la voix.

— Ce qui est convenu, ne le savez-vous pas? Exécutez vos ordres et ne vous préoccupez point du reste.

— Mais il s'apercevra de son changement de prison?

— Qu'importe! On le lui expliquera si besoin est; d'ailleurs, dans deux jours nous serons sous voiles.

— Allons.

Comme il l'avait fait au départ de la précédente étape, le guichetier prit Passe-Partout dans ses bras, le sortit de la voiture et l'emporta sur son épaule comme s'il n'eût été qu'un enfant.

Après un court trajet et après avoir senti qu'on montait une vingtaine de degrés en assez mauvais état, le comte de Warrens s'aperçut qu'on l'étendait sur un lit.

C'était toujours la même marche. On n'y changeait pas un iota.

— L'éveillons-nous? demanda son allié mystérieux.

— Oui.

Le guichetier approcha alors un flacon des narines du prisonnier.

Celui-ci fit un brusque soubresaut.

— Peste ! camarade, dit une voix inconnue, il est plus fiévreux aujourd'hui qu'il ne l'était d'ordinaire, eh! eh!

Le comte comprit qu'il lui fallait redoubler de prudence, il s'arrêta dans son réveil.

Il resta quelques minutes, s'étirant comme dans un rêve.

Puis enfin il ouvrit les yeux.

Un homme vêtu de noir de la tête aux pieds, aux traits durs et sévères, aux regards louches, lui tâtait le pouls, les yeux fixés sur une montre qu'il tenait de la main gauche.

C'était un médecin.

Passe-Partout entra franchement dans la mise en scène de cette comédie.

Il joua son rôle à merveille.

— Qu'y a-t-il? murmura-t-il... J'ai souffert comme si j'allais mourir... Je ne me suis jamais senti aussi faible.

— Vous nous avez fortement inquiétés, monsieur, répondit d'un ton dogmatique et en hochant la tête le médecin ou celui qui en remplissait les fonctions.

Le prisonnier, jouant consciencieusement son rôle et faisant semblant de retrouver toute sa connaissance, dit, après avoir jeté un regard étonné autour de lui :

— Je ne suis plus dans ma cellule.

— Non, monsieur.

— Où m'a-t-on amené?

— A l'hôpital.

— A quel hôpital?

— Je veux dire à l'infirmerie de la prison, reprit son interlocuteur en se reprenant avec un empressement maladroit.

— J'ai donc été bien souffrant, docteur? reprit le comte.

— Oui, monsieur.

— Quand cela?

— Hier au soir.

— Ah!

Le comte ne pouvait s'empêcher d'admirer l'assurance avec laquelle mentaient tous ces gens-là.

Cette audace tenait réellement du prodige.

Il fallait qu'une volonté forte et bien ordonnée les dirigeât les uns et les autres.

— Hier au soir, ce brave homme, ajouta le vrai ou le faux médecin, désignant le porte-clefs, en pénétrant dans votre cellule, à l'heure de sa ronde, vous a trouvé sans connaissance et à demi renversé sur votre lit.

— En effet... je m'en souviens...

— Ah! fit le docteur, ne pouvant retenir un sourire ironique et faux comme son visage.

— Je me sentais fatigué, brisé; j'avais la tête lourde, et une envie de sommeil irrésistible m'a pris. Je me suis mis en mesure de me mettre au lit... et... et... j'ai été pris d'un étourdissement qui m'a enlevé toute faculté.

— Et depuis lors?

— Je ne me rappelle plus rien.

Le médecin approuvait bonnement de la tête les paroles du prisonnier.

Il continua :

— Justement inquiet de votre état, le porte-clefs m'a fait appeler. Heureusement je n'avais pas encore quitté la prison. Je suis accouru assez à temps pour vous donner les premiers soins et vous faire transporter ici.

— Merci, monsieur.

— Cette chambre est vaste, bien aérée ; la fenêtre donne sur la cour de la ferme-modèle des jeunes détenus.

— La vue sera plus gaie.

— Je l'ai pensé. Tenez-vous tranquille et tout ira bien.

— Je vous le promets.

— Adieu, monsieur. Ce soir, s'il est besoin, je reviendrai.

Le médecin sortit.

Demeurés seuls, et sûrs de n'être pas entendus, le prisonnier et le guichetier se regardèrent un instant comme deux augures de l'ancienne Rome et partirent d'un éclat de rire strident et railleur.

— Où sommes-nous, ici, mon camarade ? demanda vivement Passe-Partout dès qu'il eut repris son sang-froid.

— Je ne connais pas le pays, monsieur, répondit-il tout penaud.

— Tant pis.

— Tout ce que je puis vous garantir, c'est que nous n'avons pas plus de vingt lieues d'ici au prochain port de mer.

— Et...

— Et rien..., répondit le porte-clefs... Ah çà ! vous n'avez pas dormi, pendant votre sommeil, n'est-ce pas ?

— Certes, non.

— Alors vous en savez autant que moi. Seulement, prenez bien garde... la surveillance redouble, on fait des rondes fréquentes. Les murs ont des yeux et des oreilles.

M. de Warrens reconnut la justesse de cette observation.

Il baissa la tête silencieusement.

— Là, maintenant... fit le porte-clefs en changeant de ton et élevant la voix, voici votre déjeuner, monsieur... Mangez, buvez si le cœur vous en dit, et bon courage.

Il accentua ces deux derniers membres de phrase, de telle sorte que Passe-Partout comprit qu'il n'avait rien à redouter du repas apporté par le guichetier.

Il fit un signe de tête au porte-clefs, qui se retira sans attendre plus longtemps.

Le premier mouvement du prisonnier fut d'aller à la fenêtre.

Cette fenêtre donnait sur une cour déserte, fermée et entourée par de hautes murailles.

Ce qu'il vit ne démentait en rien le dire du pseudo-médecin.

Des murs chancelants, des toits couverts de chaume, dans la cour, des instruments de labourage épars çà et là, des charrettes reposant sur leurs limons, une infinité de poules picorant à droite et à gauche, des canards

LES INVISIBLES DE PARIS 769

Un homme vêtu de noir lui tâtait le pouls.

barbotant dans une mare fangeuse, lui firent comprendre qu'effectivement il se trouvait dans une ferme assez importante.

La fenêtre était cadenassée avec soin; précaution prise sans doute à cause de l'absence de barreaux.

La vue étant naturellement assez bornée, il ne put se rendre un compte exact de la situation du corps de logis occupé par lui.

Liv. 97. — H. GEFFROY, éditeur. — Reproduction interdite. 97

Pourtant, il fit une remarque qui le combla de joie.

La fenêtre, à son compte, ne devait pas se trouver à une distance de plus de quinze pieds du sol.

Le comte de Warrens passa cette journée plus agréablement que toutes les précédentes.

Tout sert de diversion à un prisonnier.

De même qu'un enfant, un rien l'amuse, l'intéresse, ne faut-il pas qu'il tue le temps d'une façon ou d'une autre?

Le principale, pour lui, consiste donc à tuer le temps qui s'écoule si lentement quand on souffre, et qui s'envole, hélas! avec tant de rapidité lorsqu'on est heureux.

Le soir, le guichetier lui apporta son dîner.

— Pas d'imprudence, lui dit-il vite et bas, on vous surveille de près.

Derrière lui entra le soi-disant médecin.

Sa visite le convainquit que son malade ne courait aucun danger.

La nuit fut tranquille.

L'impatience de ne rien voir venir, de n'apercevoir aucun signe précurseur de sa libération, commençait à donner réellement la fièvre au prisonnier.

Peu à peu, cependant, il se raisonna lui-même et réussit à se calmer.

Le lendemain, le guichetier entra dans sa cellule et tout en allant et en venant dans la chambre, lui glissa ce seul mot à l'oreille :

— Attention!

Ce seul mot lui donna l'éveil.

Un nouveau danger le menaçait.

Mais lequel?

Le guichetier avait voulu le mettre sur ses gardes.

Il y avait réussi.

Quel que fût ce danger, Passe-Partout l'attendait de pied ferme.

Cette existence monotone qu'il menait, depuis tant de longs et tristes jours, lui, l'homme du tourbillon et de la vie à grandes guides, le fatiguait, l'énervait et lui enlevait enfin presque toute son énergie et son courage.

Aussi considéra-t-il cette menace ou cet avertissement plutôt comme un bienfait que comme l'annonce d'un malheur.

L'espoir envahit son cœur. Il mit toute crainte puérile de côté.

Mieux valait cent fois pour lui une lutte mortelle, mais définitive, que cette alternative continuelle dans laquelle il se consumait depuis déjà si longtemps.

Il se redressa.

Un sourire se dessina sur ses lèvres.

Il se sentait fort et prêt.

Vers trois heures de l'après-midi, au moment où il y pensait le moins, un grand bruit qui se faisait dans la cour de la ferme vint subitement le tirer de ses méditations.

Il se leva et s'avança jusqu'à la fenêtre.

Un singulier spectacle s'offrit à sa vue.

La cour était remplie d'une foule d'individus, hommes, femmes, enfants, qui couraient dans tous les sens, criant, s'invectivant et jurant à qui mieux mieux.

Les poules et les canards s'enfuyaient à tire-d'aile, au milieu de leur effarement.

Le comte chercha instinctivement la cause de tout ce tumulte.

Cette cause était tout simplement un cheval.

Ce cheval, échappé on ne savait d'où, galopait comme un furieux à travers la cour, déjouant, à force de ruades et de sauts prodigieux, les efforts de tous ses persécuteurs ou poursuivants.

On essayait vainement de l'arrêter.

Un gamin, à la mine effrontée et narquoise, faisait, en courant après la bête rebelle, plus de bruit à lui seul que tous les autres ensemble.

Il criait, trépignait, et, son bridon à la main, gesticulait bruyamment au milieu de la foule, sans paraître tenir compte le moins du monde des injures et des bourrades qui pleuvaient sur lui dru comme grêle.

M. de Warrens regarda cette scène avec assez d'indifférence.

C'était burlesque, mais voilà tout.

Tout à coup le gamin s'arrêta droit en face de la fenêtre, derrière laquelle se tenait le comte, et, relevant subitement la tête, il fixa sur le prisonnier ses yeux noirs, pétillants de malice.

Ses yeux rencontrèrent un moment, une seconde à peine, ceux de M. de Warrens dont le visage était appuyé sur les vitres.

Ce fut rapide comme la lueur d'un éclair.

Il porta un doigt à ses lèvres.

Le comte le vit.

Cela fait, le gamin, certain d'avoir été compris, se perdit dans la foule.

L'indifférence du prisonnier fit place au plus curieux intérêt.

Il allait s'élancer en avant.

Les vitres de la fenêtre cadenassée l'arrêtèrent dans son élan.

Il tressaillit.

Puis, étouffant un cri de surprise, il se retira vivement de la fenêtre, pour ne pas être aperçu de ses gardiens qui eussent pu prendre ombrage de sa curiosité, et il alla, en chancelant, tomber sur sa chaise.

L'heure de sa délivrance approchait.

Passe-Partout venait de reconnaître Mouchette!

Cette vue, à laquelle il ne s'attendait pas, lui avait donné au cœur un coup impossible à soutenir tout d'abord.

Il eût mieux supporté le choc d'une balle de pistolet.

Mouchette dans la cour de la ferme, qu'on nous pardonne cette ambitieuse comparaison, c'était pour lui la colombe de l'arche rapportant une branche d'olivier.

Mouchette, pour lui, c'était la personnification de tous les siens.

Il n'y avait plus de doute possible.

Ses amis étaient là!

A force de recherches et de dévouement, ils avaient enfin découvert la retraite où ses ennemis le séquestraient.

Ils avaient sans doute suivi, atteint, perdu et retrouvé sa piste, puisque depuis un si grand nombre de jours et de nuits, c'était la première fois qu'en dehors du billet et des armes que son guichetier lui avait fait passer, il parvenait à lui donner signe de vie.

Dans un élan subit de joie et de reconnaissance vers le Très-Hant, le comte de Warrens, qui jusque-là ne s'était pas oublié et n'avait jamais laissé échapper un cri imprudent, une phrase qui pût trahir la disposition de son esprit, le comte s'écria avec enthousiasme :

— Mon Dieu, Seigneur! vous prenez en pitié celles de vos créatures qui ne désespèrent jamais! Mon Dieu! je n'ai pas désespéré et vous me secourez! Mon Dieu! que votre saint nom soit béni!

L'espoir rentrait dans son cœur.

Il tomba presque à genoux.

Une voix railleuse, écho sinistre de sa prière, lui répondit :

— Que le nom du Seigneur soit béni, monsieur le comte. Je vous trouve donc enfin disposé à agir en chrétien, en père, en homme que la grâce à touché! Je suis heureuse de vous entendre parler et prier ainsi. Que le saint nom du Seigneur soit béni!

Le comte se releva, avant même que ses genoux n'eussent touché le sol.

La porte de sa prison venait de s'ouvrir sans bruit.

La comtesse Hermosa de Casa-Real se tenait devant lui, froide, hautaine, implacable.

M. de Warrens se trouvait enfin face à face avec son ennemie mortelle.

HERMOSA

I

DIPLOMATIE EN PARTIE DOUBLE

L'entrée si imprévue de la comtesse de Casa-Real dans sa prison, les paroles railleuses que cette dame lui avait adressées, avaient causé une stupéfaction telle au comte de Warrens, que bien qu'il se fût subitement relevé et se fût incliné devant elle, il n'avait pas trouvé dans le premier moment un mot à répondre.

Sa présence d'esprit ordinaire lui avait fait complètement défaut.

Les deux adversaires ou plutôt les deux ennemis demeurèrent ainsi pendant quelques instants muets en face l'un de l'autre, semblables à deux duellistes sur le point d'engager le fer.

Le prisonnier parvint à dompter son émotion et il se décida enfin à rompre ce silence terrible, il s'inclina une seconde fois devant la créole, et, la saluant avec les démonstrations les plus exagérées du respect le plus ironique.

— Je vous attendais, madame, dit-il lentement ; vous vous êtes fait attendre. Vous avez bien tardé à m'honorer de votre gracieuse visite.

— C'est bien ! Me voici, monsieur, répondit-elle sur le même ton.

— Je vous remercie de vous être souvenue que j'existais encore.

Ce disant, il lui offrit la chaise, seul siège qui se trouvât dans la chambre.

Les deux adversaires demeurèrent ainsi immobiles pendant quelques secondes, se défiant du regard, mais sans prononcer un mot.

La créole fit un geste de refus, repoussa la chaise et répliqua paisiblement au comte :

— On n'a pas été luxueux dans l'hospitalité qui vous a été offerte, monsieur le comte. J'aime à croire cependant que vous n'avez jamais manqué de rien ?

— Me suis-je plaint, madame, à un seul de vos serviteurs ?

— Au moyen âge, vous n'auriez même pas daigné pousser un gémissement sur le fauteuil de la torture. Vous êtes un homme de l'école stoïque, oh, je le sais, depuis longtemps, monsieur le comte.

— Ah ! fit-il ironiquement.

— Vous excuserez les précautions prises jusqu'à ce jour. Vous voudrez même excuser celles qu'on se verra encore forcé de prendre jusqu'à notre arrivée à destination, n'est-ce pas, monsieur le comte de Warrens ?

— J'ai excusé, j'excuse et j'excuserai tout, comtesse.
— Je n'attendais pas moins de votre longanimité. Mon Dieu ! que voulez-vous, mon cher comte, on ne peut vous loger en voyage, et surtout dans un voyage aussi rapide et d'aussi longue haleine, comme vous avez l'habitude de l'être dans votre magnifique hôtel du quai Malaquais. Mais, d'ailleurs, comte, vous êtes vous-même un trop grand voyageur pour vous étonner de tout ce qui vous arrive en ce moment ; mais comptez que, hormis ces petits inconvénients, complètement indépendants de notre volonté, nous ferons notre possible pour vous rendre l'existence douce, douce et agréable même.

Passe-Partout sourit.

Il savait trop bien, pour l'avoir entendu quelques heures auparavant pendant son sommeil simulé, ce que la créole appelait une existence douce et agréable.

La fosse aux lions était un des moindres agréments de son futur programme.

— Ne prendrez-vous pas la peine de vous asseoir ? madame la comtesse, reprit-il avec une charmante insistance.

— Vous tenez à ne pas mentir à votre caractère, n'est-il pas vrai ? fit-elle avec son plus mauvais sourire.

— Je tiens, avant tout, à être poli avec une femme.

— Ah !

— Quelle que soit cette femme, reprit-il d'une voix railleuse.

Elle se mordit les lèvres jusqu'au sang, mais elle répliqua simplement :

— Vous appelez cela de la politesse, vous, monsieur de Warrens ?

Le comte lui présentait toujours le siège.

Elle le repoussa du pied avec une impatience fébrile.

— Nous causerons debout, monsieur, dit-elle sèchement.

— Soit. J'attends qu'il vous plaise de vous expliquer, madame.

— D'expliquer quoi, monsieur ?

— Mais le but de votre visite, il me semble, comtesse ?

— Ce but, ne le devinez-vous pas, monsieur le comte ?

— Sur l'honneur, non.

— Vous êtes ou bien naïf, ou bien oublieux, monsieur le comte.

— Ce n'est pas sans doute l'intérêt que vous daignez porter à un pauvre prisonnier, madame la comtesse, qui vous a poussée à descendre... pardon, est-ce à descendre ou à monter dans son cachot... pardon encore, dans son infirmerie, car en vérité je ne sais comment dire.

Ce brave Passe-Partout se moquait de son ennemie le plus agréablement du monde.

La comtesse de Casa-Real ne fit pas mine de s'en apercevoir.

— Peut-être, repartit-elle avec un sourire un peu forcé.

— Vous me rendez confus... Je suis vraiment indigne de tant de bontés.

— Vous en convenez ?

— Oui.

La comtesse se contenait.

Elle sentait qu'il lui fallait jouer serré, car maintenant qu'il était redevenu maître de lui-même, elle retrouvait cette fois encore, dans son prisonnier, le rude jouteur qui, jusque-là, l'avait constamment tenue en échec.

Mais elle comprenait cependant que, en ce moment du moins, le haut du pavé lui appartenait et cela par ce droit incontestable : le droit de la force, puisqu'elle tenait littéralement son ennemi entre ses mains.

— Je prendrai ma revanche quand il me plaira..., pensait-elle. Laissons-le s'épuiser en vains efforts de raillerie, en jeux de mots ironiques. Nous verrons bien plus tard si cette morgue affectée ne tombera pas tout d'un coup quand enfin nous arriverons au fait.

Il y eut un instant de silence.

Passe-Partout, comme tous les hommes réellement forts, tremblait rarement à l'approche d'une tempête, la veille d'une bataille ; mais il ne tremblait jamais quand la grande voix du tonnerre se faisait entendre, quand les vents orageux ballottaient son navire comme une coquille de noix ; il ne tremblait jamais au sifflement du boulet, à l'éparpillement de la mitraille sur son navire, au milieu de son brave équipage.

Il appréhendait ou plutôt il redoutait depuis longtemps la visite inévitable cependant de la comtesse de Casa-Real, son ennemie acharnée.

Mais une fois en sa présence, son sang-froid était subitement revenu ; elle ne lui produisait plus que l'effet d'une poupée de plâtre prête à lui servir de cible.

Si la comtesse s'était doutée, par bonheur pour elle, de ce que nous constatons ici, elle n'aurait point conservé aussi longtemps les froides manières qui la soutenaient et par cela même la maintenaient encore presque à la hauteur du dédain de son adversaire.

Ce fut la comtesse qui, la première, reprit la parole.

— Vous souvient-il, monsieur le comte, lui dit-elle d'une voix langoureuse et avec un regard voilé, vous souvient-il de notre dernière entrevue?

Le comte sourit.

— Je m'en souviendrai pour peu que cela vous convienne, madame, dit-il. De laquelle voulez-vous parler ?

— De celle que nous avons eue dans ma maison de Paris...

— Vous voulez dire sans doute, madame, dans votre petite maison, répondit-il d'une voix railleuse.

— Je dis ce que je dis, comte, fit-elle, le rouge au front.

— Vous faites même ce que vous dites, répondit nettement Passe-Partout... ce qui vaut beaucoup mieux.

— Trop d'esprit... même en prison, monsieur le comte.

— Je me retiendrai, madame la comtesse, pour ne pas humilier votre si douce et si agréable hospitalité, reprit-il. C'est de notre entrevue, ou plutôt de ma visite imprévue allée des Veuves, car j'ignorais alors votre présence à Paris, que vous voulez parler, sans doute?

— Oui, monsieur le comte, c'est de cette visite que je parle ; répondez donc, je vous prie, à ma question ; vous en souvenez-vous encore?

— Je n'oublie rien de ce qui vous touche, madame. Rien... rien.

Il appuya sur ces derniers mots d'une façon toute significative.

— Nous avons, ce jour-là, engagé une partie dont l'enjeu est terrible, continua-t-elle d'une voix sourde, dans laquelle grondait une colère contenue à grand'peine.

— Terrible..., c'est selon l'idée que vous attachez à cet adjectif.

Elle l'interrompit.

— Vous avez perdu.

— Croyez-vous?

— J'en suis sûre.

— Je ne me permettrai pas de vous donner un démenti.

— Vous avez perdu, payez.

— Il me semble, madame la comtesse, que je ne fais que cela, depuis quelque dix jours que je suis entre vos mains.

— Vous avouez donc enfin, mon cher comte, que vous êtes bien réellement cette fois en mon pouvoir?

— Le nier serait inutile et insensé. Je suis en votre pouvoir, aujourd'hui, c'est vrai.

— Aujourd'hui, demain, toujours.

— *Aujourd'hui* n'est pas fini, comtesse; *demain* n'est pas encore commencé; quant à *toujours*, ce mot qui fait le pendant du vocable *éternité*, il n'a ni commencement ni fin. Si c'est de cette façon que vous l'entendez, oui, effectivement, je suis votre prisonnier aujourd'hui, je le serai demain, je le serai toujours.

— Raillez! raillez! comte.

— Dieu m'en garde! madame.

— Oh! pour cette fois, mes mesures sont si bien prises que, sachez-le, comte, nulle puissance humaine ne pourra vous enlever à ma haine.

— Oh! le vilain mot, comtesse.

— Dans vingt-quatre heures vous aurez quitté la France.

— Merci, comtesse, merci, cela se trouve à merveille.

— Vraiment!

— Oui, sur ma foi, je vous avoue que Paris commençait à me lasser.

— Lorsque vous aurez quitté la France, répéta la créole d'une voix lente et ferme, croyez-en ma parole, comte, ce sera pour ne plus y remettre jamais le pied.

— La France, si belle qu'elle soit, n'est pas le seul pays du monde où l'on puisse vivre heureux, vous le savez, comtesse.

« Ah! comtesse..., en vérité..., vous voyez tout en noir aujourd'hui... Vos prophéties sont d'une tristesse... Mais pardon, est-ce donc pour parler comme une pythonisse de mauvais augure que vous avez eu l'amabilité de venir me rendre visite dans ma prison?

La comtesse de Casa-Real s'était surtout promis de conserver son sang-froid; elle laissa continuer son adversaire, qui, du reste, ne demandait pas mieux.

— Au fait, chère madame, au fait, reprit en souriant Passe-Partout, je suis vraiment honteux, quoique ce ne soit pas ma faute, de vous tenir debout aussi longtemps, dans un taudis, sur ma parole, si peu digne de vous.

Une voix railleuse, écho sinistre de sa prière, lui répondit...

— Soit, vous le désirez?
— Vivement.
— Au fait donc. Seulement...
— Ah! il y a un seulement?
— Oui, dans votre intérêt, comte; et pour que vous rabattiez un peu de votre assurance et de votre superbe...

— Superbe..., vieux style..., fit Passe-Partout en souriant.
— Je vous préviens que cet ami inconnu sur lequel vous comptez...
— Ah! très bien; quel ami, s'il vous plaît, comtesse? Je n'ai pas d'amis inconnus, moi... Les quelques amis que je possède, je les connais tous, répliqua froidement le prisonnier.
— L'ami qui doit vous délivrer, vous sauver... enfin?
— Il y en a donc un?
— Oui.
— Eh bien?
— Il n'est plus à craindre pour moi, dit-elle d'une voix nerveuse.
— Oui-da? fit-il en ricanant.
— Il n'est plus à espérer pour vous.
— Voyez-vous cela! continua-t-il toujours sur le même ton.
— Voulez-vous savoir son nom?... ajouta-t-elle, toujours sans s'échauffer.
— Dame! comtesse, je vous l'avoue, cela me serait très agréable.
— Eh bien! c'est...
« C'est, fit-elle après un instant, quelqu'un que je vous nommerai si vous refusez le marché que je viens vous proposer.
— Ah! ah! voilà donc le but réel de votre visite, comtesse?
— Elle n'en a pas d'autre.
— Voyez-vous cela? fit-il avec ironie; enfin, je suis heureux de connaître la cause de cette charmante entrevue.
— Eh bien! vous la connaissez, je veux vous proposer un marché.
— Vous piquez vivement ma curiosité; voyons ce marché, chère comtesse.

Ils échangèrent un regard d'un rayonnement sinistre.

Il y eut un silence terrible cette fois; jusque-là cet entretien n'avait été qu'une escarmouche, la véritable lutte allait enfin commencer.

Tout ce qui précède était dit avec la plus grande désinvolture par les deux acteurs de cette scène.

Ils ressemblaient, à s'y méprendre, à deux amis en visite, ou bien se retrouvant après une longue séparation.

Cependant, s'ils avaient le sourire et l'affabilité sur les lèvres, dans leur âme ulcérée bouillonnait une rage sourde; une inquiétude aux griffes d'acier les déchirait à coups répétés.

La comtesse prêchait le faux afin de découvrir le vrai.

Elle avait jugé, et avec raison, qu'on ne faisait pas disparaître un homme comme le comte de Warrens, connu et bien posé dans le monde, sans que de nombreux et puissants amis ne se missent à sa recherche.

En disant au comte qu'elle tenait en son pouvoir un seul de ces amis, elle se croyait certaine de ne pas rester au-dessous de la vérité.

Un instant de faiblesse chez lui, et c'en était fait de son secret.

Cette faiblesse ne vint pas.

Le comte tremblait sur cet ami inconnu, que la créole disait tenir entre ses mains.

Il pensait qu'elle avait eu vent de quelque fausse démarche.

Le porte-clefs pouvait s'être ou l'avoir trahi. La situation était terrible pour lui.

Le moindre indice suffisait pour mettre la comtesse sur la piste de ses libérateurs.

Malgré lui, il tremblait d'inquiétude au fond de son âme.

Mais rien ne paraissait sur sa physionomie, masque de marbre sur lequel les émotions venaient se briser comme se brise et s'enfuit la vague mugissante qui vient frapper le pied d'un rocher centenaire.

— Elle ment! se dit-il à part lui, elle ment. Attendons encore.

Elle reprit :

— Il dépend absolument de vous, monsieur le comte, dit-elle d'une voix insinuante, de reconquérir votre liberté à l'instant même.

— Je l'ai toujours pensé ainsi, madame la comtesse.

La créole frappa du pied avec un commencement de colère indomptable.

— Assez de plaisanteries! On ne recule pas quand on agit comme j'ai agi, vous devriez le comprendre. Répondez-moi sérieusement.

— Comtesse.., faites vos conditions... et tenez-le pour certain... si ces conditions sont possibles, je veux dire acceptables, j'y souscris aussitôt des deux mains.

— Donnez-moi votre parole d'honneur...

— C'est quelque chose, vous le savez.

— Donnez-moi votre parole..., toute promesse est sacrée pour vous, je le sais... et quelle qu'elle soit, vous la tenez... Donc, vous sortirez librement de...

— De cette prison modèle.

— Oui, de cette prison.

— Voyons vos conditions. Et d'abord, combien comptez-vous m'en dicter?

— Deux. Ce n'est pas trop, je suppose.

— C'est assez, si elles sont acceptables.., trop, si vous voulez me les faire impossibles. La première?

— Vous me remettrez le papier que M. le comte de Casa-Real...

— Votre pauvre mari!

— Mon mari, vous a confié quelques instants avant sa mort.

— Je m'attendais à cette demande.

— Vous semble-t-elle acceptable?

— *Quien sabe?* — qui sait? — comme disent vos compatriotes... Cependant permettez, madame; supposons que je consente à manquer au serment fait à à M. le comte de Casa-Real, je ne peux vous donner ce papier séance tenante, ne l'ayant pas sur moi.

— Je ne vous le demande pas à l'instant... Je ne vous demande que votre parole de me le faire tenir.

— Passons à la seconde condition, s'il vous plaît, comtesse.

— La voici.

— J'écoute.

— Vous me rendrez ma fille.

Le comte baissa la tête avec découragement.

Hermosa fixait sur lui des regards de feu.
— J'attends, dit-elle.
— Quoi ? madame.
— Votre réponse.
— Mon silence en est une.
— Qui ne dit mot, consent.
— Hélas ! retournez le dicton, et vous serez dans la vérité.
— Ainsi ?
— J'en suis désolé, mais... qui ne consent pas, ne dit mot !
— Vous refusez ?
— Formellement.
— Les deux propositions que je vous fais ?
— Les deux.
— Vous êtes fou.
— C'est possible. Si l'honneur est une folie, je suis fou, fou incurable.
— Vos raisons ! Voyons vos motifs pour ne pas accepter, pour risquer votre liberté, votre vie sur un *non*, s'écria-t-elle, en proie à une agitation impossible à réprimer.
— Ces motifs, depuis longtemps vous les connaissez, madame : j'ai juré sur mon honneur, et cela en votre présence, de venger la mort du comte de Casa-Real. Si je consentais à vous rendre son testament, ses dernières volontés, dont, vous en conviendrez, madame, je n'ai pas fait un usage bien cruel jusqu'à ce jour, si je consentais à cela, je serais lâche et parjure...
— Mais...
— Et, vous le disiez vous-même tout à l'heure..., quand je donne ma parole, je la tiens.
— Le comte a mis une condition à cette vengeance... Souvenez-vous-en, vous ne devez vous servir de ce testament qu'au cas seulement où je voudrais me remarier.
— Eh bien !
— Par tout ce qu'il y a de plus sacré dans ce monde et dans l'autre, je vous jure, monsieur, que je resterai veuve toute ma vie.
— Vous oubliez, madame, que si j'avais voulu, le lendemain même de la mort de votre mari, vous vous engagiez à porter mon nom.
C'était vrai.
La créole ne trouva rien à répondre.
Dans sa rage, il ne lui vint qu'une menace aux lèvres.
— Que me parlez-vous de vengeance, que me parlez-vous de châtiment, vous qui êtes en mon pouvoir, vous dont l'existence dépend d'un geste de moi !
— Je suis entre les mains de Dieu, madame.
— Dieu ! fit-elle impatiemment.
Il continua :
— Contre sa volonté, je vous mets au défi de faire tomber un cheveu de ma tête.
— Pas de sermon, n'est-ce pas ? s'écria-t-elle d'une voix railleuse.

— D'ailleurs, l'écrit que vous redoutez tant et si justement est dans les mains d'un ami.

— D'un frère, peut-être?

— Non, comtesse ; d'un homme dont vous n'avez jamais vu le visage, dont vous n'avez même pas entendu prononcer le nom. Je ne suis pas assez niais, assez imprudent pour faire courir des dangers inutiles à ceux que j'aime, pour ne pas trouver un confident sûr et implacable. Ma disparition vous coûtera cher, madame. Ma mort serait cruellement vengée.

— Ainsi, vous refusez ma première condition? demanda-t-elle, frissonnant d'une rage contenue.

— Oui.

Hermosa était d'une pâleur de morte.

Un tremblement nerveux agitait tous ses membres.

Sa beauté, qui résistait à ses colères violentes comme une tempête des tropiques, prit un aspect fatal qui, malgré toute sa fermeté, troubla un moment la résolution du comte de Warrens.

Il se tut.

— Et ma seconde condition?

— Laquelle?

— Ma fille?... Me rendrez-vous ma fille?

— Je ne le puis.

La comtesse se frappa le front avec désespoir.

— Implacable! fit-elle. Il me forcera à l'être moi-même... à l'être inutilement.

— Vous avez témoigné moins d'hésitation en deux circonstances différentes, répondit le comte, faisant allusion aux tentatives d'assassinat dont, à deux reprises diverses, il avait failli devenir la victime.

— J'avais perdu la raison.... J'ai retrouvé un calme momentané, une espérance que vous pouviez satisfaire... ne m'arrachez pas cette espérance.

— Impossible! répéta Passe-Partout.

— Écoutez..., je vous le jure sur mon salut éternel..., je vous rends à l'instant même votre liberté... Je renonce à toute haine contre vous, si vous me donnez cette enfant!... Que je la voie! que je l'embrasse! que je l'emmène avec moi... Vous n'entendrez plus parler d'elle ni de moi...

— Cet enfant n'est-il pas le mien aussi?

— Vous êtes un homme, vous! vous avez tant d'autres affections! tant de sujets de plus haute ambition! Rendez-la-moi... dites-moi seulement où vous l'avez cachée... et par la mémoire de ma mère... de ma mère, entendez-vous..., je vous jure...

— Voyons, que ne jurez-vous par la mémoire de votre mère, madame! dit avec une ironie terrible le comte de Warrens, qui, en ce moment poignant, se souvenait des amours de la jeune fille et du capitaine Noël.

Elle poussa un gémissement... et continua :

— Gardez le testament... gardez l'écrit du comte... Vous ne voulez pas fausser votre serment, je comprends cela... Je vous approuve même... Poursuivez-moi de votre haine, si vous avez de la haine contre moi... Vengez-vous, vengez-le si vous pouvez, peu m'importe!... Mais l'enfant, rendez-moi l'enfant... Je la demande..., je l'implore..., je..., je la veux...

Le comte de Warrens secouait la tête.

— Non, murmura-t-il d'une voix basse mais ferme.

— Non..., je la veux..., cria-t-elle au comble de l'exaltation... Ma fille! vous me l'avez volée..., vous me l'avez enlevée au mépris des droits humains les plus sacrés... Rendez-la-moi, rendez-la-moi, il me la faut... Je la veux!...

Passe-Partout la regardait avec tristesse, mais il ne céda point.

Hermosa était splendide de fureur, de rage, de douleur maternelle.

La créole, si fière, si hautaine, pleurait de vraies larmes.

Ce démon indomptable s'abaissait à la prière devant l'homme qu'elle haïssait, qu'elle tenait en son pouvoir, que d'un signe elle pouvait faire broyer à ses pieds, devant cet homme qui la bravait!

Sa poitrine était soulevée par les sanglots les plus déchirants.

Sa voix sifflait, comme un rugissement de tigresse aux abois, entre ses dents serrées.

Vaincue par le désespoir, elle se laissa tomber aux genoux du comte, et avec un inexprimable accent de prière, les mains jointes et les yeux baignés de larmes, elle répétait :

— Mon enfant ! ma fille !

C'était un spectacle qui eût attendri le bourreau lui-même.

Il y eut entre les deux ennemis un long et terrible silence.

Passe-Partout releva froidement la comtesse.

— Ce que vous demandez est de toute impossibilité, madame! dit-il enfin.

Elle fut sur pied en un moment.

Elle le regarda avec tant de haine qu'il crut sa dernière heure venue. Son œil se tourna vers la porte.

Derrière cette porte si bien close, il devait y avoir des hommes armés prêts à accourir à son premier signal.

Il porta la main à ses armes et recommanda son âme à Dieu.

La créole changea d'idée.

Elle éclata d'un rire strident et saccadé, nerveux et sinistre, puis elle lui dit :

— Adieu, Noël.

— Adieu, madame.

— Je vous ai supplié de me rendre mon enfant... vous me le refusez... c'est bien... prenez garde... A votre tour vous me supplierez de vous rendre un jour un être qui vous sera cher. A mon tour je serai alors aussi inexorable pour vous que vous venez de l'être pour moi.

— Soit.

— Quant à votre sort... il est tout décidé...

— C'est?

— Une prison perpétuelle.

— Je vous croyais plus d'imaginative, madame la comtesse.

— Nous verrons à la longue qui se lassera de vous ou de moi.

— Nous verrons.
— En attendant, monsieur, je veux bien consentir encore à vous laisser une chance de salut, ajouta-t-elle.
— Laquelle, madame?
— J'attendrai jusqu'à demain matin, huit heures précises, votre réponse définitive.
— A votre aise.
— Vous me rendrez ma fille! fit la créole avec un éclat de menace terrifiant.
— Jamais!
— Je la retrouverai, alors!
— Sans mon aide, madame? fit en riant Passe-Partout.
— Sans vous.
— Jamais! dit-il une seconde fois.
— Pourquoi? Pour quelle raison?
— Parce que...
Elle tendait avidement l'oreille.
Passe-Partout fut sur le point de se laisser aller à une vaine bravade.
Un peu plus il lui livrait son secret.
Passe-Partout se retint à temps.
— Ainsi vous ne me répondez pas, monsieur? dit-elle.
— Non, madame.
— Eh bien! monsieur, moi je suis plus généreuse que vous... Interrogez-moi à votre tour... Non seulement je vous y autorise, mais encore je vous répondrai.
— Je n'ai rien à vous demander, madame.
— Oui-da!
— Rien.
— Pas même le nom de l'amie inconnue dont je vous parlais tout à l'heure?
— De l'amie?... Vous disiez un ami d'abord, fit le comte de Warrens les sourcils froncés.
La créole tenait le commencement de sa vengeance.
Ce fut une intuition, un de ces éclairs fulgurants de génie que la haine seule, que le désir de la vengeance, porté à sa dernière puissance, seul, peuvent inspirer.
— Une femme! dit le comte avec un frémissement intime.
Passe-Partout la torturait dans ce qu'elle avait de plus cher au monde, dans cet enfant qu'elle n'avait jamais embrassé de sa vie.
Elle lui rendrait torture pour torture en lui laissant croire qu'elle tenait en son pouvoir la femme adorée par lui.
— Cet ami est une femme, répondit-elle.
— Son nom?
— Ah! ah! fit-elle avec un accent de triomphe, voilà qui vous intéresse, mon maître, voilà qui vous émeut, enfin, à votre tour.
— Son nom? le nom de cette femme?
— Et s'il me plaisait à présent à moi de ne pas le dire, monsieur.

Le comte s'avança sur elle, l'œil en feu, la menace aux lèvres.

En face du triomphe qui apparaissait sur la physionomie de sa belle ennemie, il comprit qu'il faisait fausse route.

Il fit deux pas en arrière.

— Vous êtes libre... ne le dites pas, madame, s'écria-t-il.

— Vous l'avez déjà deviné, n'est-ce pas, comte? Cette femme... me paiera toutes les souffrances que vous m'avez infligées; cette femme vous fera endurer toutes les douleurs que ma fille me cause involontairement. Cette femme... tenez... je vous le répète une dernière fois, son sort dépend de la réponse que vous me ferez demain, vous tenez sa vie entre vos mains.

Elle sortit.

La porte se referma sur elle.

— Saints du ciel! cria le comte de Warrens, quand il se trouva seul, c'était l'écriture d'Edmée! Je ne me trompais pas!

Et il tomba accablé sur le siège que la comtesse de Casa-Real venait de refuser.

L'amour et la haine de ces deux femmes s'étaient rencontrés.

Qu'allait-il sortir de cette rencontre?

. . . .

Le temps s'était mis à l'orage.

Le vent, la pluie, les éclairs et le tonnerre se mettaient de la partie.

Passe-Partout, en proie à une agitation extrême, veilla plus tard qu'à son ordinaire.

La soirée se passa sans aucun autre incident remarquable.

Vers les dix heures, au moment où l'ouragan tonnait, retentissait dans toute sa force, le comte se jeta sur son lit.

Il allait peut-être s'endormir.

Tout à coup il se redressa, jeta loin de lui le livre qu'il avait machinalement ouvert et tendit avidement l'oreille.

Un coup de sifflet venait de se faire entendre, malgré les bruits furieux de la tempête.

Ce coup de sifflet strident avait des modulations particulières bien connues du chef suprême des Invisibles.

— Enfin! murmura-t-il. Les voici!

Et sautant à bas de son lit, il écouta.

II

LES COMPAGNONS DE LA LUNE

Nous abandonnerons pendant quelques instants le comte de Warrens et nous retournerons auprès des Compagnons de la Lune, que nous avons trop longtemps négligés.

Après leur sortie silencieuse de l'auberge de la Limace, les Invisibles

Pendant quelque temps les deux troupes marchaient silencieusement dans l'obscurité.

commencèrent par rallier leurs sentinelles, puis ils se partagèrent en deux troupes égales.

Pendant quelque temps, ces deux troupes marchèrent silencieusement dans l'obscurité à la suite l'une de l'autre, sous les ordres de leurs chefs respectifs,

Ils avaient été choisis avec soin, aussi c'étaient tous des hommes braves. résolus, dévoués surtout et armés d'une manière formidable.

Chacun d'eux portait à sa ceinture deux revolvers à six coups, une hache d'abordage et de plus un bâton de longueur, cette arme si redoutable entre les mains de nos marins.

Ils pouvaient facilement tenir tête à une troupe du double plus nombreuse que la leur.

La ferme qu'ils se proposaient d'attaquer n'était éloignée de l'auberge de la Limace que d'une demi-lieue au plus.

Mais, pour l'atteindre, il leur fallait sauter des fossés, marcher à travers champs, franchir des ruisseaux, escalader des haies, toutes choses difficiles pendant le jour, en plein soleil, mais quasi impossibles au milieu d'une nuit sans lune, par une pluie battante et un vent de mer qui soufflait de manière à *décorner les bœufs*.

Malgré leur courage, leur force, leur adresse et leur invincible volonté, il leur fallut près d'une heure pour franchir les deux tiers du chemin qu'ils avaient à parcourir.

On apercevait de loin, comme de pâles étoiles, quelques lumières tremblotantes briller derrière les fenêtres de la ferme.

Les Compagnons de la Lune firent halte.

On prit les dernières mesures.

Quatre hommes, commandés par la Cigale et guidés par Mouchette, se détachèrent alors en éclaireurs, pour reconnaître les abords de la ferme.

L'absence des éclaireurs fut longue, elle dura plus de vingt minutes.

Enfin, ils rejoignirent le gros de la troupe.

Ils étaient allés jusqu'au pied des murs de la ferme.

Rien n'avait bougé.

Tout était silencieux et morne.

Le géant ramenait avec lui le fils de l'aubergiste de la Limace; le petit gars, fûté comme un vrai Normand, qu'il était, avait, nous le savons, été laissé précédemment en observation par maître Mouchette.

L'enfant, monté sur un énorme pommier qui se trouvait à vingt pas de la porte charretière de la ferme, s'était tenu coi au milieu des branches et des feuilles.

Ce n'était qu'en entendant le bruit des pas étouffés des marins, qu'il avait dégringolé tout le long de son arbre.

Aussitôt sur ses pieds, il s'était précipité à leur rencontre.

La Cigale le présenta au vicomte René de Luz.

— Eh bien! mon enfant, lui dit celui-ci, as-tu vu quelque chose pendant ta faction?

— Oui-da, monsieur, répondit d'un air malin le petit gars, tout en tordant ses habits traversés par la pluie.

— Parle, qu'as-tu vu?

— Un peu avant la tombée de la nuit, la pluie tombait si dru que c'était une vraie bénédiction, quoi!

— Eh bien?

— La porte de la ferme s'est ouverte... et trois cavaliers sont sortis.

-- Les as-tu vus? les as-tu reconnus?

— Ni vus ni reconnus!
— Alors, qu'as-tu fait?
— J'ai écouté.
— Et?...
— Ils étaient tous les trois enveloppés dans de grands manteaux, avec des chapeaux qui cachaient leurs visages, et ils ne parlaient pas chrétien.
— Comment! pas chrétien?
— Je veux dire, monsieur, continua le petit gars en haussant dédaigneusement les épaules, que ces gens-là causaient entre eux dans une espèce de charabia, leur patois pour sûr. Je n'y comprenais rin, mais rin de rin.
— De quel côté ont-ils tourné, le sais-tu?
— Oui.
— Par où ont-ils pris?
— Par le chemin du Havre.
— N'as-tu pas vu autre chose?
— Si fait bien, monsieur... que j'en ai vu une autre... à laquelle, même pour sûr, que je n'ai rien compris non plus.
— Conte-la-moi..., fit le vicomte, que le babil de l'enfant amusait.
— V'là ce qui est arrivé... Il y a trois quarts d'heure à peu près, deux hommes, un grand et un petit, sont sortis de la ferme.
— Comment sont-ils sortis?
— Ah! je ne sais pas. Je regardais la porte on ne l'a pas ouverte.
— Comment as-tu découvert qu'ils venaient de la ferme?
— Parce qu'ils l'ont dit, donc.
— Tu les as donc compris, ceux-là?
— Oui, que je les ai compris, ceux-là, ils parlaient français comme vous et moi ; ce n'était pas malin. Pour lors, ils ont dévalé de la ferme en courant, et ils sont venus juste sous mon arbre, en v'là une chance! pour s'abriter un brin... La pluie tombait plus fort qu'à c't' heure.
— Et ils ont causé?
— A voix basse, mais j'ai de bonnes oreilles, et puis il n'y avait pas de soin, ils ne se méfiaient pas de moi, les pauvres gars... Paraîtrait qu'ils se sont ensauvés de la ferme..., même que le plus grand disait au plus petit :
« — Nous en voilà dehors, gagnons au pied, et arrivons au Havre. Là nous n'aurons plus rien à craindre.
— Va toujours, petit, dit le vicomte à l'enfant, qui hésitait.
— Je cherche, répondit le fils d'Anthime Guichard... Je ne veux rien laisser en route... Ah! voilà : Le plus petit des deux hommes était triste, triste! sa voix pleurait, quoi ; il était fâché de s'en sauver... L'autre le consolait, l'encourageait. « Je n'aurais pas dû l'abandonner avant la fin, » qu'il disait...
« Et le plus grand lui répondait :
« — En restant, vous nous perdiez tous les deux et vous gêniez peut-être sa délivrance, à lui. Grâce à vous, il est maintenant sur ses gardes, il a des armes ; vous ne pouviez rien faire de plus. La comtesse avait des soupçons sur moi, je ne pouvais vous cacher plus longtemps... Et si elle vous avait retenue pri-

sonnière? Nous étions perdus, nous aussi, car nous ne nous serions jamais retirés de ses griffes. J'ai entendu tantôt toute sa conversation avec son prisonnier... Elle vous a devinée... Il fallait voir le désespoir de ce pauvre monsieur Passe-Partout à l'idée que vous pouviez être ou tomber dans ses mains. Je vous le répète... tout serait perdu en restant plus longtemps... croyez-m'en, not' demoiselle.

— *Mademoiselle!* il l'a appelée *mademoiselle ?* s'écria le vicomte avec émotion.

— Oui.

— Tu disais : deux hommes.

— Paraîtrait qu'un des deux hommes était une femme. Après ça, moi, je n'en sais rien, répliqua l'enfant... ; moi, je vous dis ce qu'ils se disaient, voilà tout.

— Continue.

— « Croyez-m'en, not' demoiselle, faisait le plus grand, dans son intérêt même, ne tombons pas au pouvoir de sa cruelle ennemie.

« — Sait-il au moins que j'étais près de lui, que je veillais comme une sœur dévouée?

« — Il se savait protégé par une amitié généreuse ; c'est la comtesse qui, sans le vouloir, lui a fait comprendre que cette affection, c'était la vôtre. Si vous tenez à lui être encore utile, commencez par ne pas perdre votre liberté d'action.

« — Pauvre Noël ! a dit la demoiselle.

« — Je ne sais point par exemple de qui *qu'elle* parlait.

— Je le sais, moi. Va, mon enfant, va, reprit le vicomte.

— Il n'y a plus grand'chose à ajouter. Après avoir dit quelques mots si bas, si bas que j'y ai rien entendu, ils se sont mis à courir comme des fous à travers champs. Et bien le bonsoir... n, i, ni, fini... Voilà, not 'monsieur, vrai, d'honneur, c'est la pure vérité du bon Dieu !

— Tu es un gentil garçon, dit le vicomte de Luz en donnant une petite tape sur la joue du petit gars, je ne t'oublierai pas, tu entendras parler de moi un de ces jours.

— C'est ben d' l'honneur, not' monsieur. Maintenant, vous n'avez plus besoin de moi?

— Non.

— Alors, je m'en retourne à la maison... j' vas m' sécher un brin..., je suis trempé comme un chien de mer qui sort de l'eau.

— Tends ta main.

L'enfant obéit.

Le vicomte lui remit deux pièces d'or.

— Voici deux louis.

— Deux louis..., de vrai..., pour moi?

— Oui.

— J'aimerais mieux deux écus de cent sous, fit l'enfant avec une petite moue dédaigneuse.

— Eh bien ! donne-les à ton père..., il te les changera, répondit le vicomte en riant.

— Papa..., il gardera tout!
— Non. Dis que c'est de ma part. Il te laissera ce que tu demandes.
— Bon. Je l'y dirai.
— Va, va...
— Adieu, m'sieur.
— Ah! petit?

L'enfant, qui avait déjà pris sa course, revint sur ses pas.
— Rappelle à ton père...
— Quoi donc?
— De ne pas oublier ma recommandation.
— Oh! il ne l'oubliera pas... et s'il l'oubliait, j' serions là, moi.

Il fit une cabriole joyeuse et partit comme un trait, dans la direction du bouchon d'Anthime Guichard, laissant le vicomte René de Luz fort intrigué et surtout très inquiet de ce qui venait de lui être raconté.

Quelle était cette femme qui ne craignait pas de risquer ses jours pour sauver ceux du comte de Warrens?

Quels événements graves l'avaient forcée à abandonner son protégé et à chercher son salut dans la fuite?

Que s'était-il donc passé dans la ferme ce jour même?

Ces questions, et bien d'autres encore concernant la position du captif, le jeune homme se les adressait avec une profonde inquiétude sans pouvoir y répondre.

Quant à douter de la véracité du petit gars, il ne fallait pas y penser.

Le récit de l'enfant était et devait être d'une exactitude littérale.

On n'invente pas des faits comme ceux-là, surtout en citant les noms de personnes dont on ignore l'existence.

En somme, le vicomte n'avait gagné que peu d'avantages au récit du petit Guichard.

Mais le temps pressait.

Il fallait agir coûte que coûte.

La Cigale, Mouchette et les quatre compagnons revenaient de leur reconnaissance.

On pouvait marcher.
— C'est fait! dit le géant.
— Bien, répondit le vicomte, nous allons exécuter le plan que je t'ai détaillé.
— Oui, m'sieu le vicomte.
— Nous nous séparons ici...
— Pour aller chacun à notre poste.
— Celui des deux détachements qui arrivera le premier préviendra l'autre.
— Il faut un signal? ajouta le géant.
— Pardine, avec ça que c'est dur à trouver, fit Mouchette, se mêlant à la conversation avec sa liberté ordinaire.
— Lequel?
— Votre sifflet-chanteur, nononcle.

Ce que le gamin appelait le sifflet-chanteur de la Cigale était une suite de modulations bien connues du comte de Warrens.

— Oui, mais si nous arrivons les premiers, nous autres ? demanda le vicomte.
— Ah ! ouiche ! ricana Mouchette.
— Tu dis ?
— Je dis qu'on n'arrive pas avant nous, à route égale.
— Et comme votre chemin est plus court que le nôtre.
— Donc, monsieur le vicomte, ne vous préoccupez pas d'autre chose que de notre signal à nous autres.
— Soit. D'ailleurs, au besoin, je l'imiterai de mon mieux.
— Vous êtes donc bien bon musicien ? demanda Mouchette.
— Gamin ! fit la Cigale.
— Assez ! interrompit le vicomte René de Luz. Va pour le coup de sifflet de la Cigale.
— Sans compter que le capitaine le connaît bien, allez !... ajouta le colosse.
— Parbleu ! vieux, fit Mouchette... croirais-tu que je l'ai demandé en passant à la volière du Jardin des Plantes ?
— Cré môme, va !... Partons-nous ?
— Oui, dit René.
— En avant ! bredouilla le gamin.
— Ah ! un mot encore, dit René... Pas d'armes à feu... si c'est possible.
— Bien, monsieur. On ne s'en servira qu'à la dernière extrémité.
— Ran ! plan ! ran ! plan ! plan ! plan ! plan ! plan ! tire lire en plan ! chantonna Mouchette figurant une charge imaginaire.
On partit.
Les deux troupes se remirent en marche, mais cette fois ce fut presque en se tournant complètement le dos.
Une demi-heure s'écoula.
Enfin, un sifflet strident et bizarrement modulé traversa l'espace.
C'était le sifflet que le comte de Warrens avait entendu au moment de s'endormir, et qui lui avait subitement donné l'éveil.
Une imitation lointaine et faible du sifflet chanteur de la Cigale lui répondit.
Les deux troupes se trouvaient arrivées, chacune de leur côté, sous les murs de la ferme.
Elles étaient prêtes à l'action.
La Cigale commença avant tout par passer en revue, le plus attentivement possible, le trou qui avait été découvert, pendant la journée, par son ami Mouchette.
Son inspection passée, le géant s'empara d'une forte pince en fer, et par des pesées adroites et vigoureuses, silencieuses surtout, il descella successivement les pierres, que ses compagnons enlevaient au fur et à mesure.
Grâce aux intelligentes préparations de Mouchette, un quart d'heure à peine suffit pour pratiquer une ouverture par laquelle deux hommes de moyenne encolure pouvaient passer de front, et par laquelle la Cigale pouvait, lui, passer tout seul.
Les Invisibles pénétrèrent en silence dans le hangar.

Se blottissant alors derrière les charrettes et les charrues amoncelées, ils attendirent avec impatience le second signal, qui devait être celui de l'attaque.

Dans l'intérieur de la ferme, tout continuait à être calme.

Les lumières éteintes, le silence absolu témoignaient de la profonde tranquillité des hôtes qui l'habitaient.

Une seule lampe brûlait encore dans une salle basse et enfumée, où une quinzaine d'individus à faces patibulaires étaient réunis et dormaient ou s'efforçaient de dormir, couchés ou pour mieux dire étendus pêle-mêle sur des bottes de paille, leurs armes placées à leur portée.

Un homme, l'épaule appuyée contre le chambranle de la porte, veillait seul, le fusil à la main, à la sûreté commune.

Une seconde sentinelle avait d'abord été placée à la porte du pavillon servant de prison à Passe-Partout.

Il y en avait eu une troisième posée sous sa fenêtre.

Toutes les précautions étaient bien prises.

Mais comme le vent et la pluie faisaient rage, que le froid sévissait vivement et surtout qu'ils se croyaient certains de n'avoir rien à redouter du dehors, ces deux factionnaires, se fiant d'ailleurs à la sentinelle de la salle basse, avaient ouvert la porte du pavillon et, s'asseyant confortablement côte à côte sur la première marche de l'escalier, ils n'avaient pas tardé à s'endormir, le fusil entre les jambes, à l'abri de la tempête.

Le soir, vers les huit heures, ainsi que l'avait fait entendre le petit gars au vicomte René de Luz, la vindicative créole avait quitté la ferme, suivie de deux de ses serviteurs les plus dévoués.

Elle se rendait à toute bride au Havre pour veiller aux apprêts du départ.

Elle voulait appareiller le lendemain même.

En partant, la comtesse de Casa-Real avait laissé le commandement de la ferme à son majordome, Marcos Praya.

Elle devait être de retour à quatre heures du matin, au plus tard.

De la sorte, on embarquerait facilement le prisonnier avant le lever du soleil, précaution importante, afin de ne pas éveiller la curiosité des passants ou des ouvriers du port.

Marcos Praya avait répondu du prisonnier sur sa tête.

La comtesse partait tranquille.

A neuf heures du soir, Marcos Praya, par acquit de conscience, fit une ronde dans la ferme, pour s'assurer que tout était en ordre.

Chacun était à son poste.

Il rentra dans sa chambre, confiant dans la tranquillité de la nuit prochaine.

Depuis l'enlèvement, depuis la disparition de leur chef, les Invisibles avaient manœuvré avec tant d'adresse, avec une si grande prudence, leurs mesures avaient été prises avec une si profonde dissimulation, que la comtesse de Casa-Real pouvait, sans trop de présomption ni de naïveté, espérer leur avoir donné le change.

Elle les tenait pour dépistés.

Marcos Praya, l'âme damnée de la créole, lui était dévoué jusqu'à la corde inclusivement, dévouement dont, au reste, il avait donné maintes preuves.

Mais Marcos Praya n'en était pas moins un métis, c'est-à-dire un de ces êtres qui, à tous leurs vices, et Dieu seul sait l'effroyable quantité qu'ils en possèdent, joignent, comme toutes les peaux plus ou moins bistrées, celui d'aimer les liqueurs fortes avec passion.

Depuis son arrivée en France, deux liqueurs surtout avaient conquis toutes les sympathies du métis; ces liqueurs étaient le kirschenwasser et l'eau-de-vie.

Le vin, si bon, si pur ou si vieux fût-il, avait pour lui peu de charmes ; il le buvait comme du petit-lait.

Mais la quantité de kirsch et d'eau-de-vie absorbée par le majordome de la comtesse de Casa-Real était réellement miraculeuse.

Sa maîtresse n'avait pas tardé à s'apercevoir de ce penchant forcené du métis pour les liqueurs fortes.

Elle lui avait péremptoirement ordonné de s'en abstenir.

Ce que, naturellement, Marcos Praya, qui tremblait de tous ses membres au simple froncement de ses sourcils, lui avait promis de la façon la plus formelle.

Elle présente, le métis était le plus sage et le plus tempérant de tous les serviteurs.

Mais en l'absence de sa maîtresse, chaque fois que l'occasion s'en présentait, le métis ne manquait pas de prendre sa revanche de cette abstinence forcée et de se livrer, en cachette, solitairement, à sa passion favorite.

Jusqu'à ce jour, comme il s'enfermait soigneusement à triple tour chez lui, sous prétexte de dormir ou de se reposer, nul n'avait eu le moindre soupçon sur la fréquence de ses libations solitaires.

Depuis la captivité de Passe-Partout, toujours en butte aux regards pénétrants de la comtesse de Casa-Real, contraint de se livrer à une surveillance de toutes les secondes, le majordome n'avait pas encore trouvé une seule fois l'occasion ni le temps de goûter à son eau-de-vie ancienne et à son kirsch nouveau.

Le départ de sa maîtresse pour le Havre lui offrit enfin cette occasion tant désirée.

Il ne la laissa pas échapper.

Rentré dans sa chambre après avoir passé sa ronde, Marcos Praya s'enferma avec soin afin de ne pas être dérangé.

S'installant ensuite confortablement dans un fauteuil de sieste, c'est-à-dire à bascule, il posa délicatement sur la table devant lui deux bouteilles qui lui firent l'effet de toutes les houris du paradis de Mahomet.

Il alluma ensuite un excellent régalia de contrebande, puis il commença à boire à petits coups, passant consciencieusement de la brune à la blonde, c'est-à-dire de l'eau-de-vie au kirsch, et *vice versa*.

Quelques heures plus tard, les deux bouteilles étaient complètement vidées, et Marcos Praya roulait ivre-mort sur le sol de la chambre, entraînant dans sa chute la chaise, la table et tout ce qui la couvrait.

Cet incident, qui laissait ainsi sans chef direct et livrée à ses propres inspi-

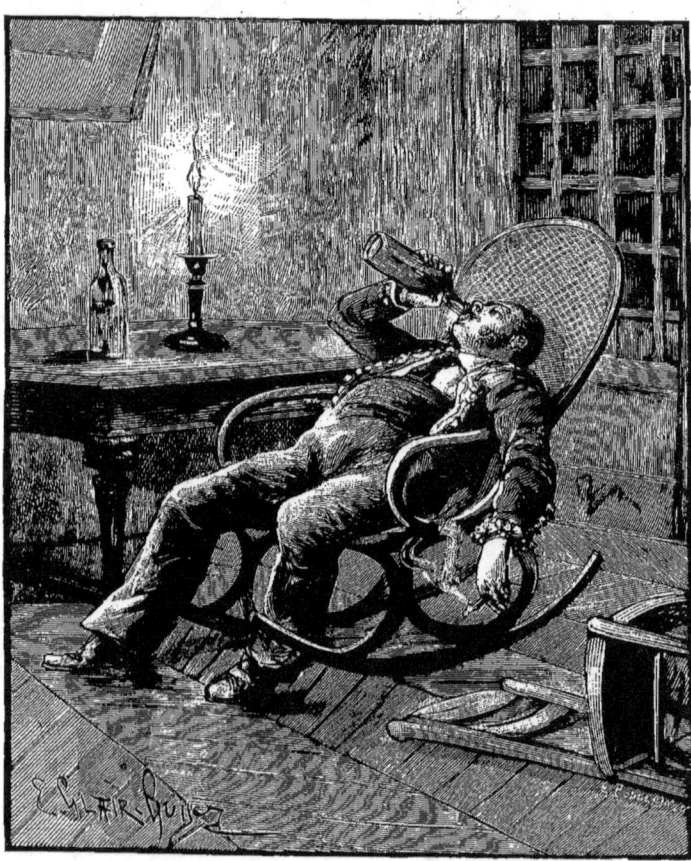

Quelques heures plus tard les deux bouteilles étaient vides.

rations la garnison de sacripants campée dans la ferme avait lieu au moment précis où les Invisibles se donnaient leur premier signal.

Cependant, au coup de sifflet de la Cigale, plusieurs têtes alourdies par le sommeil s'étaient redressées par un mouvement instinctif ou plutôt machinal.

Mais en apercevant la sentinelle toujours immobile à son poste devant la porte de la salle les dormeurs avaient paisiblement repris leur somme interrompu.

Leur réveil, cependant, ne devait pas laisser d'être rude.

Un second coup de sifflet retentit.

Un hourra formidable le suivit aussitôt, et moins d'une seconde plus tard une légion de démons envahissait la cour de la ferme.

Les bandits, réveillés en sursaut, sautèrent sur leurs armes et s'élancèrent au dehors en s'appelant les uns les autres.

C'était surtout Marcos Praya, leur chef, qu'ils appelaient à cor et à cri.

Celui-ci se donnait bien garde de venir se mettre à leur tête.

On sait pourquoi.

Les premiers défenseurs de la ferme qui se hasardèrent de sortir de la salle basse et parurent à demi éveillés dans la cour furent aussitôt abattus à coups de hache.

Cela donna à réfléchir aux autres.

Mais les bandits qui dormaient, renfermés dans la salle basse, ne formaient que la moitié à peu près de la garnison.

Une vingtaine d'autres gaillards solides et prêts à tout se reposaient, eux aussi, dans une grange peu éloignée.

Au bruit, ils accoururent et se jetèrent bravement dans la bagarre.

Comme, après tout, ces bandits étaient tous des hommes résolus et tenant à gagner consciencieusement leur argent, le combat ne tarda pas à devenir sérieux.

La tuerie s'organisa de part et d'autre.

Seule, jusqu'à ce moment, la première troupe des Compagnons de la Lune, celle de la Cigale, se trouvait engagée.

L'autre, sous les ordres de René de Luz, ayant un trajet plus long à parcourir, n'avait point encore paru.

La Cigale, Mouchette et les siens l'attendaient impatiemment.

Trop peu nombreux pour tenir tant d'ennemis en échec, mais, ne voulant pas reculer d'une semelle, le géant et ses camarades avaient formé une sorte de masse compacte, de carré défensif au milieu de la cour, et là ils se battaient comme de beaux diables.

Accrochant provisoirement la hache à leur ceinture, ils avaient saisi les bâtons à deux bouts, et ils venaient de commencer leur terrible moulinet de défense.

Par un accord tacite, aucun coup de feu ne se tirait.

Ni l'un ni l'autre parti ne se souciait de donner l'éveil au dehors.

Quant aux maîtres de la ferme, à leurs employés et à leurs tâcherons, à demi morts de frayeur, ils se tenaient prudemment cois et renfermés chez eux, laissant les deux partis se tirer d'affaire comme ils l'entendraient.

On n'est pas Normand pour rien.

Pas de bénéfice, pas de coups.

C'était bien naturel!

Tout à coup le cri :

— Passe-Partout! Passe-Partout! retentit à l'autre extrémité de la cour.

La seconde troupe des Compagnons de la Lune, ayant le vicomte René de Luz à sa tête, arrivait au pas de course.

La mêlée s'égalisait.

Elle devint terrible.

La Cigale et Mouchette reprirent bravement l'offensive.

Ce fut un égorgement de belle venue.

Les Invisibles et les séides de la comtesse de Casa-Real se battaient et s'égorgeaient dans une obscurité profonde ; on se tuait, on se frappait, on s'assommait à l'aveuglette ; on tombait et l'on s'écrasait !

Malheureusement, souvent, en croyant combattre un adversaire, sans le vouloir, on blessait ou on renversait un ami.

— Aux torches! cria tout à coup le vicomte René de Luz.

Plusieurs torches de résine, apportées par la seconde troupe, furent allumées instantanément, et vinrent jeter leurs reflets rougeâtres sur cette scène de carnage.

Les bandits de la comtesse, manquant de chef, et par conséquent d'ordre de combat, défendaient tout simplement *chacun leur peau*, comme on dit vulgairement.

Ils avaient, partant, beaucoup plus souffert que leurs ennemis.

La Cigale, une hache pesante à la main, se promenait impassible dans leurs rangs, les abattant comme un faucheur abat l'herbe tendre et haute d'un épais gazon.

Mouchette leur glissait sournoisement entre les jambes et les renversait, sans qu'ils pussent apercevoir l'ennemi qui était cause de leur chute et de leur défaite.

Les Compagnons de la Lune les enveloppaient de toutes parts.

Il y eut un instant de répit.

On se comptait.

On sentait que cette reprise d'hostilités serait la dernière.

Le temps pressait; on voulait vaincre vite, ou bien mourir.

A tout prendre, les aventuriers choisis par Marcos Praya l'avaient été en conscience; c'étaient tous gens de sac et de corde, connaissant à fond le maniement des armes et surtout les conséquences d'une défaite pour eux.

Ils se disposaient donc bravement à résister en désespérés.

Au moment où la voix du vicomte de Luz, dominant les bruits de la foule, s'écriait : « Compagnons de la Lune ! un dernier effort... Ils sont à nous ! » le cri de : « Passe-Partout ! Passe-Partout ! » se fit entendre de nouveau, et un homme qui semblait tomber du ciel bondit, le poignard en main, le revolver au poing, au plus épais de la mêlée, renversant tout sur son passage.

Cet homme, on l'a deviné déjà, était le comte de Warrens, Passe-Partout, le chef des Invisibles de Paris, enfin !

Les siens l'accueillirent avec des exclamations de joie, et se ruèrent comme des lions sur les bandits atterrés par cette défaite anticipée.

En effet, quand bien même ils parviendraient, ce qu'ils ne pouvaient plus espérer, à chasser leurs ennemis de la ferme, ils le sentaient, leur prisonnier leur échappait, et la comtesse ne tiendrait jamais les promesses dorées qu'elle avait fait luire à leurs yeux.

Les misérables se sentaient à la fois ruinés et vaincus.

Leur courage intéressé les abandonna.

Ils reculèrent alors, cherchant instinctivement une issue pour échapper enfin à leurs terribles adversaires.

Mais ceux-ci les suivaient pas à pas.

Ils fermaient toutes les issues.

Enfin, à bout de forces, acculés à la muraille, les bandits jetèrent leurs armes et demandèrent quartier.

Sur un geste de Passe-Partout, aussitôt le combat cessa.

Toutes les armes des bandits vaincus furent ramassées par les Compagnons de la Lune, et jetées dans le puits de la ferme.

Puis les séides de la comtesse de Casa-Real solidement garrottés et bâillonnés avec soin, furent étendus ou plutôt jetés pêle-mêle dans les granges et enfermés.

Ces précautions indispensables prises, la retraite commença.

Grâce à leur ordonnance bien suivie, les Compagnons de la Lune ne perdirent qu'un seul homme; ils en eurent deux blessés légèrement, sans compter Mouchette qui avait reçu un coup de crosse de pistolet sur la tête; tandis que les défenseurs de la ferme avaient, au contraire, perdu près de la moitié de leur monde.

Le matelot de la troupe de la Cigale tué, les deux blessés et Mouchette, le contusionné, furent emportés, avec tous les égards dus à leur situation douloureuse.

Les deux blessés se laissaient porter silencieusement par leurs camarades, mais le gamin de Paris, que la Cigale surveillait comme un père, au lieu d'imiter leur résignation, gigottait, vociférait, voulait qu'on le mît sur pied, jurant qu'il allait mordre ses porteurs, si on ne lui rendait pas l'usage de ses jambes.

On avait beau lui répéter à chaque instant que les blessures à la tête étaient parfois des plus dangereuses.

— A la tête des autres... oui..., répondit-il, le nez au vent, et essuyant les gouttelettes de sang qui lui coulaient sur le front... Mais ma tête, à moi, se moque bien de ça... elle en a vu bien d'autres... Voyons, laissez-moi tranquille, ne me portez plus comme une femme enceinte... Laissez-moi descendre ou je fais un malheur.

Il fallut le descendre.

La Cigale lui offrit son bras.

Mouchette refusa fièrement, haussa les épaules et fit la roue, opération gracieuse qui, pour le gymnaste, consiste à appuyer ses deux mains à plat par terre, et à imprimer un mouvement de rotation à son corps.

La Cigale le gronda doucement et le prit dans ses bras.

Mouchette, un peu étourdi par son imprudence et par sa bravade, se laissa faire, chantant de sa voix la plus fausse :

> Do! do! Je fais dodo.
> Mouchett' dormira tantôt.

La joie des vainqueurs tenait du délire.

Mais ce n'était pas l'heure des félicitations et des embrassades.

Il fallait s'éloigner au plus vite.

Tandis que les marins, sur l'ordre de René de Luz, regagnaient l'auberge de la Limace sous la direction de la Cigale et de Mouchette, le capitaine et le vicomte se rendaient au carrefour de l'Arbre-Vert, où Anthime Guichard les attendait avec des chevaux de main.

Ils sautèrent en selle.

Et, après avoir remercié le digne aubergiste en lui glissant délicatement quelques louis dans la main, ils partirent ventre à terre dans la direction du Havre.

A l'entrée de la ville, devant l'octroi même, les deux hommes se croisèrent, à l'improviste, avec trois cavaliers, enveloppés dans d'épais manteaux, qui sortaient de la ville.

A la lueur des deux réverbères, Passe-Partout reconnut ces cavaliers.

Il s'approcha aussitôt d'eux.

Celui des trois cavaliers qui paraissait commander aux deux autres s'arrêta et lui dit d'une voix hautaine :

— Qu'y a-t-il, s'il vous plaît, pour votre service, monsieur ?

Et comme il ne répondait rien :

— Passez votre chemin et que Dieu vous garde! continua-t-il.

Passe-Partout se découvrit alors le visage, ôta son chapeau et s'inclinant jusque sur le cou de son cheval :

— Madame la comtesse de Casa-Real, fit-il avec la plus exquise politesse, me permettra-t-elle de déposer mes respectueux hommages à ses pieds, au moment où je me vois forcé de prendre subitement congé d'elle?

Ce fut alors au tour du cavalier à ne rien répondre.

La stupéfaction le rendait muet.

— Au revoir, madame la comtesse, ajouta Passe-Partout avec la plus gracieuse de ses inflexions de voix.

Et laissant, sans plus de cérémonies, la comtesse de Casa-Real écrasée par la honte de sa défaite et surtout par la cruauté de cette raillerie à l'apparence si innocente, Passe-Partout tourna bride, et s'enfonça au galop dans le dédale inextricable des rues du Havre, suivi à la botte, par le vicomte René de Luz.

Arrivés à l'entrée d'une rue qui conduisait au port, les deux hommes se regardèrent, et se rappelant la mine piteuse et déconfite de leur mortelle ennemie, ils partirent tous les deux d'un franc éclat de rire.

— Un homme d'esprit ou un imbécile a prétendu que le rire était une grimace, dit le comte de Warrens en serrant la main de son ami ; avouez-le, vicomte, en tout cas c'est une grimace bien agréable à faire.

— Et à voir, répondit René de Luz, qui riait encore à se tordre au souvenir de leur récente espièglerie.

III

UN NOUVEAU SERVITEUR

De même que le comte de Monte-Cristo, le célèbre héros d'Alexandre Dumas, le comte de Warrens, grâce non pas seulement à ses immenses richesses, mais surtout à ses vastes relations, se trouvait, lui aussi, un peu chez lui partout où il se donnait la peine de se rendre.

Ainsi au Havre, par exemple, et l'importance de cette ville justifiait pleinement une telle précaution, le comte de Warrens avait un pied-à-terre, modeste à la vérité, mais bien installé, où il descendait chaque fois que ses nombreuses affaires l'appelaient dans cette ville.

Ce fut, en conséquence, directement vers cette maison que les deux cavaliers se dirigèrent en toute hâte, après leur rencontre fortuite avec la comtesse de Casa-Real.

Sur l'invitation de son chef, René de Luz s'approcha de la porte bâtarde qui servait d'entrée, et, sans descendre de cheval, il y frappa d'une façon particulière.

On ouvrit.

Ils mirent pied à terre et entrèrent.

Un domestique en livrée attendait sur le seuil d'un vestibule éclairé.

Les cavaliers descendus, il prit les chevaux par la bride et il les conduisit immédiatement à l'écurie.

Les deux hommes refermèrent eux-mêmes la porte de la rue puis ils pénétrèrent dans une antichambre de plain-pied avec la cour, et la traversèrent sans s'arrêter.

René de Luz tourna le bouton d'une seconde porte qui leur donna aussitôt passage et il entra, suivi de son compagnon, dans un vaste cabinet de travail.

Un homme se trouvait seul en ce moment dans ce cabinet.

Cet homme se promenait de long en large, la tête penchée sur la poitrine et les mains derrière le dos.

Au bruit fait par les arrivants, il se retourna vivement.

Alors il poussa un cri de joie et s'élança vers eux.

Ce promeneur solitaire, soucieux, était le colonel Martial Renaud.

Les deux frères tombèrent dans les bras l'un de l'autre et demeurèrent longtemps embrassés sans prononcer une seule parole.

L'émotion qu'ils éprouvaient était trop forte pour tous les deux.

Le vicomte lui-même s'essuyait les yeux en contemplant avec joie cette scène attendrissante par son silence même.

C'est si beau, la sainte, la véritable affection fraternelle!

C'est si rare, dans ce monde misérable où la plus méprisable question d'intérêt vient presque toujours jeter à l'improviste un froid glacial dans l'amitié la plus profonde et la plus brûlante et la rompre à jamais.

L'amitié ne peut vivre que de confiance et d'abnégation ; la confiance détruite, malgré les plus sincères efforts, l'amitié est morte sans retour et souvent à l'insu des deux anciens amis, remplacée presque immédiatement par une haine sourde et implacable.

Le colonel fut le premier qui reprit un peu d'empire sur lui-même.

Il se dégagea de l'étreinte de son frère et se tournant vers le vicomte René de Luz il lui tendit la main avec un doux sourire :

— Merci ! lui dit-il.

Ce fut tout.

Mais l'accent de reconnaissance profonde, immuable, éternelle, avec lequel ce seul mot venait d'être prononcé, paya amplement le jeune homme de la peine qu'il s'était donnée, des dangers sans nombre qu'il avait courus et des fatigues endurées par lui pendant dix longs jours, par lui encore si faible, par lui dont les blessures étaient à peine cicatrisées.

Il s'inclina et répondit simplement mais d'une voix émue :

— Colonel, je vous en aurais voulu toute ma vie, si vous m'aviez privé de mériter ce remerciement.

— Monsieur m'a menacé de se faire sauter la cervelle, si je chargeais un autre du soin de ta délivrance, dit en souriant le colonel Martial Renaud à son frère.

— Je reconnais là sa mauvaise tête bretonne, dit le comte avec effusion, mais pourquoi n'en as-tu pas chargé le colonel Martial Renaud ? ajouta-t-il en riant, lui seul aurait pu remplacer convenablement notre ami.

— Parce qu'en l'absence du comte de Warrens, reprit sérieusement le chef provisoire des Invisibles, le colonel Renaud était à la tête de notre association.

— J'étais bien remplacé, frère, fit Passe-Partout avec effusion.

— Tu n'étais que remplacé, répondit modestement Martial. Ah ! j'ai bien souffert jusqu'à ce jour. J'ai longtemps attendu... Enfin, c'est toi !... c'est toi !

Et il ne cessait de regarder son frère... son chef... son ami !

Le vicomte de Luz s'aperçut qu'il était temps pour lui de se retirer.

Il laissa donc les deux frères libres de se livrer à leurs épanchements bien naturels et trop longtemps contenus.

Pourtant, avant que de partir, il dit à Passe-Partout :

— Il est bien entendu, n'est-ce pas, mon cher comte, que, à l'avenir et quoi qu'il arrive, vous ne m'éloignerez plus et vous me garderez auprès de votre personne ?

— Je le crois bien, mon cher René, répondit le comte de Warrens avec effusion ; on ne se sépare pas volontairement d'un compagnon tel que vous. Les hommes de votre trempe et de votre intelligence ne se rencontrent pas si souvent ; quand on les as vus une fois à l'œuvre on les garde toujours. Après ce que vous venez de faire pour moi, vous ne risquez pas d'être confondu même avec les plus méritants des membres de notre association. Dormez sur vos deux oreilles, mon ami, ajouta-t-il gaiement, soyez frais, dispos, et comptez sur moi ; avant peu, soyez tranquille, je vous prépare une belle fête.

— Amen! de tout mon cœur, répondit le jeune homme sur le même ton. Il se retira.

Après sa sortie, le colonel Martial Renaud et le comte de Warrens s'enfermèrent dans le cabinet, et ils eurent alors une longue et importante conversation.

Bientôt cette conversation fit un brusque crochet et une discussion sérieuse fut entamée par les deux hommes.

La volonté ou le désir exprimé par le colonel ne paraissait point devoir être accepté facilement par son frère.

Si d'un côté l'attaque était vive, féroce même; de l'autre, la résistance était désespérée, obstinée.

Il fallait que la demande du colonel fût non seulement bien étrange, mais encore bien difficile à accorder; qu'elle répugnât enfin à tous les instincts, à tous les goûts du comte de Warrens, pour qu'en ce moment, encore dans toute l'effusion de sa joie et de sa liberté reconquise, il la lui refusât presque.

Le colonel finit par un : « Il le faut ! » qui résuma toute la situation.

— Il le faut! je le sais! je le sens comme toi! répliqua tristement Noël... Mais cela me répugne profondément.

— Crois-tu que je sois sur un lit de roses, en me mêlant à cette dure exécution ? s'écria brusquement le colonel.

— Oui..., tu as raison, Martial, tout obstacle à l'accomplissement, à l'achèvement de notre œuvre doit être broyé.

— Oui... Eh bien?

— Préviens nos frères...

— Que? demanda Martial.

— Que j'obéirai.

— Tu me le promets?

Le comte se leva.

— Je te le jure.

— Merci, frère... Va maintenant... Quand seras-tu de retour?

— Dans dix jours...

— Bien.

— A moins de circonstances graves et imprévues.

— Dans dix jours.

— D'ici là, Martial, tu veilleras.

— Sois tranquille. Qui emmènes-tu?

— Personne.

— Comment! personne?

— A quoi bon?

— Tu as tort, Noël.

— Pourquoi?

— On ne saurait prendre trop de précautions avec une...

— Sois sans inquiétude, frère, dit-il d'une voix sourde avec une ironie amère, les ongles de la tigresse sont coupés de trop près pour être à redouter en ce moment; laissons-leur au moins le temps de repousser.

— Frère, cette femme n'est pas un ennemi méprisable.

La Cigale le gronda doucement et le prit dans ses bras.

— Non, certes, tant s'en faut; elle nous l'a amplement prouvé depuis quelque temps; mais je te le répète, mon cher Martial, elle est en ce moment dans l'impossibilité matérielle de tenter quoi que ce soit contre nous.
— Puisses-tu avoir raison !
— Ne crains rien !
— Adieu, alors, frère !

— Frère, adieu !
Ils s'embrassèrent.
Le comte de Warrens passa dans une autre pièce et ne prit que le temps strictement nécessaire pour changer de vêtements.
Une voiture l'attendait sous le vestibule même; il y monta.
Elle le conduisit au chemin de fer.
Il prit l'express pour Paris, où il arrivait trois heures plus tard.
Après avoir vu son frère monter en voiture, le colonel Renaud rentra à pas lents dans son cabinet de travail.
En traversant l'antichambre, il aperçut deux personnes qui se tenaient modestement l'une près de l'autre et debout, contre le mur, dans l'angle le plus obscur de la pièce.
Il s'arrêta.
— Qui êtes-vous ? Que désirez-vous ? demanda-t-il.
— Quelques minutes d'entretien, lui répondit un des inconnus.
Le colonel tressaillit au son de la voix qui venait de se faire entendre.
Il se pencha en avant pour entrevoir le visage de son interlocuteur.
Le colonel fut satisfait sans doute de ce muet examen, auquel l'étranger se prêta d'ailleurs de fort bonne grâce.
— Entrez, dit-il avec empressement.
— Pardon, monsieur le colonel, mais, avant d'entrer chez vous, deux mots, s'il vous plaît, répondit doucement l'individu qui déjà avait pris la parole.
— Dites.
— Voici un brave garçon, et, en parlant, il désignait son compagnon, qui n'était autre que l'ancien guichetier du comte de Warrens, que j'ai pris la liberté de vous amener; un brave garçon envers lequel le capitaine Passe-Partout a contracté de sérieuses obligations.
— Lui ?
— Oui.
— Comment cela ?
— Son dévouement à votre, à notre ami, l'a fort compromis auprès de certaines personnes, au service desquelles il se trouvait, et dont à présent il a tout à craindre.
— Veuillez m'expliquer...
— C'est facile... Cet homme était le geôlier du capitaine... C'est lui qui l'a averti de l'arrivée de ses amis... Il lui a remis des armes... De plus, en avertissant le prisonnier des pièges qu'on lui tendait et surtout en l'empêchant de boire le somnifère qu'on lui versait chaque soir à son insu, il l'a mis à même d'agir lorsqu'a sonné l'heure de sa délivrance.
— Vous avez raison. Cet homme nous a en effet rendu de bien grands services! dit le colonel Renaud, examinant attentivement le pauvre diable, qui ne savait trop sur quel pied se tenir. Que demande-t-il ?
— Rien.
— Hum ! murmura le colonel, un tel désintéressement n'est pas naturel, je crains qu'il ne coûte trop cher.
— Vous vous trompez.

— Soit, je l'admets; mais enfin quelle récompense veut-il?
— Aucune.
— Comment! aucune?
— Non.
— Voyons; ce n'est pas pour rien obtenir en sa faveur que vous me l'avez amené ici, cependant, monsieur.
— Il désire entrer à votre service.
— C'est tout?
— Oui.
— Sans arrière-pensée? demanda Martial Renaud étonné.
— Je réponds de lui.
L'homme toujours immobile n'avait pas encore ouvert la bouche.
Le colonel réfléchit quelques instants.
— Ton nom? fit-il, son regard d'aigle toujours rivé sur le visage de l'ex-geôlier.
— Jann Marck.
— Tu es Breton?
— Et Breton bretonnant...
— D'où?
— Eh, dà!... du pays de Tréguier, monsieur le colonel.
— Ah! ah! s'écria Martial... Voyons cela un peu.
Et abandonnant subitement le français, il continua le dialogue dans le plus pur dialecte de Cornouailles.
— Quel est ton métier?
— Marin, de père en fils, monsieur le colonel... Toujours... excepté pourtant pendant la grand'guerre, où tous mes parents ont combattu pour le roi, comme de juste.
— Bien, ça, mon gars! Tu me plais... ma foi de Dieu!
— Tant mieux, monsieur.
— As-tu encore des parents?
— Où ça?
— Au pays de Tréguier?
— Toute ma famille.
— Est-elle riche ou pauvre?
— Mais, not' monsieur, elle n'est pas des plus pauvres, les vieux possèdent pas mal de bonnes terres là-bas.
— Bien. Écoute ceci.
— Je vous ouïs.
— Nous avons besoin d'hommes dévoués.
— Éprouvez-moi.
— D'après ce qu'on vient de me raconter, tu as déjà fait tes preuves.
— Alors...
— Attends. Chez nous, la plus légère trahison est punie...
Le Breton haussa les épaules.
Le colonel Martial Renaud continua comme s'il n'avait pas remarqué le mouvement du Breton:

— Punie de mort.

Jann Marck ne broncha pas.

— Les gars de Tréguier ne sont pas des traîtres, monsieur le colonel, répondit-il avec un sourire qui éclaira sa physionomie intelligente, mais seraient-ils des traîtres, qu'ils ne seraient pas des lâches..,

— Ce qui signifie...

— Que ce n'était pas la peine de m'adresser votre menace.

— A la bonne heure, mon gars! c'est carrément répondre! fit gaiement le colonel Renaud en lui frappant sur l'épaule. Tu es mon homme... seulement il faut attendre, je ne puis encore te dire ni oui ni non.

— Ah! pourquoi donc, sans vous commander, mon colonel?

— Parce que, mon garçon, je ne suis pas le seul maître ici.

— C'est juste.

— Pourtant, espère.

— Bon !

— Et d'abord, à partir d'aujourd'ui, tu resteras ici...

— Jusqu'à quand ?

— Jusqu'à nouvel ordre.

— Sans sortir ?

— Sans sortir.

—Et quand me ferez-vous une réponse définitive...? demanda le gars qui ne se sentait pas encore de la maison.

— Dans six jours au plus tard.

— Va pour six jours.

— Tu acceptes?

— Oui.

— C'est bien.

Le colonel Renaud frappa dans ses mains. Un domestique parut.

— Conduisez ce brave garçon à l'office...il doit avoir faim et soif... vous lui donnerez à boire et à manger... Ensuite vous le conduirez dans une chambre où il couchera jusqu'à nouvel ordre. J'ai ta parole?... ajouta-t-il en se retournant vers Jann Marck, dont le visage venait de prendre une expression joyeuse.

— C'est topé.

— Tiens-la bien.

— Je la tiendrai.

— Va, et attends ma réponse.,. Je ferai tout pour qu'elle te soit favorable.

— Que le bon Dieu et Notre-Dame d'Auray le veuillent !

Jann Marck salua. Le domestique l'emmena avec lui.

Une fois le Breton parti, le colonel Martial Renaud s'inclina galamment devant la personne qui le lui avait amené.

— Maintenant veuillez passer, je vous prie, ma chère Edmée, lui dit-il.

La jeune fille sourit et pénétra dans le cabinet, où le colonel la suivit immédiatement en refermant la porte.

C'était bien en effet Mlle Edmée de l'Estang dont le colonel recevait ainsi la visite inattendue.

IV

FRÈRE ET SŒUR.

Edmée se laissa tomber bien plutôt qu'elle ne s'assit dans un fauteui .
Elle était brisée de fatigue.
Mais son énergique volonté la soutenait quand même.
— Mon ami, où est Noël? demanda-t-elle tout à coup sans préliminaires, sans ambages, au colonel Renaud.
Le colonel hésita un instant, mais prenant enfin franchement une résolution, commandée surtout par la situation difficile dans laquelle il se trouvait :
— Sur la route de Paris.
— Parti ! répondit-elle en haussant les épaules d'un ton de mauvaise humeur.
— En chemin de fer... il y a une heure à peine.
— Parti! et je ne l'ai pas vu ! fit-elle avec regret.
— Vous le verrez bientôt.
— Je l'espère bien. Il n'est point parti seul, n'est-ce pas?
— Si fait !
— Mais... vous l'avez laissé...
— Vous le connaissez. Ce qu'il veut, il le veut bien.
— Que va-t-il faire à Paris, le savez-vous, Martial?
— Régler, terminer certaines affaires pressantes et indispensables.
— Après?
— Après?
— Oui.
— Il reviendra.
— Ici?
— Ici même.
— Dans combien de jours?
— Huit ou dix... au plus.
— Bien, je vous remercie. Je sais ce que je voulais savoir.
Elle se tut et réfléchit.
Le colonel Martial Renaud l'examinait à la dérobée; il se gardait bien de couper le cours de ses réflexions.
Il avait peur de donner, à la charmante jeune fille, l'occasion d'exercer l'empire qu'elle possédait sur lui.
Edmée de l'Estang était peut-être, avec son frère Noël, la seule personne devant laquelle le colonel Martial Renaud sentit fléchir son énergique volonté.
— Vous vous embarquez avant peu? demanda-t-elle brusquement.
— Mais...

— Répondez franchement, Martial.
— Oui.
— Croyez-vous donc quitter la France pour longtemps?
— Je l'ignore.
— Noël l'ignore-t-il aussi?
— Sans doute. Il n'est pas maître des événements.
— Et vous allez ?...
— En Amérique.
— Dans quelle partie de l'Amérique?
— Probablement en Californie.
— Qu'est-ce que ce pays-là? demanda-t-elle étonnée.
— Un pays presque inconnu aujourd'hui, mais qui dans quelques mois sera la terre promise de tous les ambitieux.
— Est-ce un long voyage?
— Trois mois au moins pour y aller avec un bon vent.
— Dans quel but vous rendez-vous en Californie?
— Ne me demandez pas cela.
— Pourquoi?
— Parce que je ne pourrais pas vous répondre, ma chère Edmée.
— Vous le savez pourtant.
— Oui, je le sais mon enfant, mais ce secret ne m'appartient pas.
— Il suffit. Je le devinerai, dit Mlle de l'Estang en souriant.
— J'en doute.
— Je suis femme, Martial.
— C'est vrai... en vous voyant sous ce costume, je vous avoue que je l'avais presque oublié, chère Edmée.

La jeune fille rougit légèrement du reproche discret que le colonel Martial Renaud lui adressait si finement, mais elle se remit et forte de ses bonnes intentions et de sa conscience, elle continua son interrogatoire.

— Sur quel navire comptez-vous partir, mon cher Martial? dit-elle.
— Sur le nôtre.
— Qui se nomme?
— L'*Éclaireur*.
— Quelle espèce de bâtiment est-ce?
— Un brick.
— Il est au Havre?
— Depuis un mois il est sur rade.

Il y eut un instant de silence.

La jeune fille était très visiblement embarrassée.

Cet entretien à phrases hachées l'agaçait horriblement.

Le colonel, de son côté, souriait en dessous en la regardant.

Évidemment Edmée, suivant le précepte du sage, tournait et retournait avec le plus grand soin ses paroles avant que de les dire; elle avait un but secret ou un désir, mais, quel qu'il fût, elle n'osait l'exprimer.

Ce devait être bien difficile à avouer.

Le colonel Martial Renaud eut pitié de la jeune fille.

Il reprit :
— Soyez franche, Edmée.
— Parlez.
— Chère Edmée!... fit le colonel Renaud avec émotion.
— Mon frère, que voulez-vous que je vous dise? répondit-elle doucement, aussi émue que lui en réalité, mais froide et calme en apparence, soutenue qu'elle était par sa malice au milieu de son émotion.
— Rendez-moi, je vous prie, la justice de reconnaître...
— Quoi?
— Que j'ai répondu jusqu'à présent avec une extrême complaisance et le plus clairement du monde aux questions qu'il vous a plu de m'adresser, reprit-il en souriant.
— Jusqu'à un certain point, je ne le nie pas, fit-elle en hochant la tête d'une façon tant soit peu mutine. Continuez.
— Me permettez-vous maintenant, ma chère Edmée, de vous adresser quelques questions à mon tour?
— Sans doute.
— Merci.
— Mais sur quoi donc voulez-vous m'adresser ces questions, mon cher Martial? reprit-elle avec inquiétude.
— Oh! tranquillisez-vous, Edmée, je suis fort discret de ma nature, ce ne sera donc pas sur ce que vous avez fait ou tenté de faire depuis notre dernière entrevue.
— Ah! vous le savez?
Et elle rougit.
— Je le sais.
— Vous le savez! répéta-t-elle.
— Croyez-vous que je m'intéresse assez peu à tout ce qui vous regarde, ma chère enfant, pour vous laisser ainsi voler de vos propres ailes, en l'absence de Noël!
— Ainsi, vous vous êtes occupé?...
— De tout ce que vous faisiez... oui, mademoiselle.
— Et l'on vous a renseigné?
— Sur tout.
— Et qui cela?
— N'ai-je pas ma police?
— Bien; j'admets cela à la rigueur, mon bon Martial... mais ce n'est pas sur ce que vous connaissez, n'est-il pas vrai, que vous comptez m'interroger? demanda-t-elle avec une secrète inquiétude.
— Je ne le pense pas, chère enfant, fit en riant Martial Renaud.
— Que me voulez-vous donc, alors, vilain homme? fit-elle avec une mine ravissante.
— Vous me répondrez?
— Oui.
— Franchement.
— Comme à un père... Je n'ai jamais eu de secrets pour vous, moi, vous

le savez bien, Martial, répondit-elle en appuyant avec intention sur le dernier mot.

— Bon ! un reproche !

— Vous le mériteriez, mais ce n'en est pas un... Je constate un fait, voilà tout. Maintenant, je vous écoute : Parlez.

— Que comptez-vous faire, Edmée, à présent que Noël est libre ?

— Le suivre, mon cher Martial, répliqua-t-elle nettement.

— Le suivre !

— Oui.

— Où cela ?

— Partout.

— En Amérique ?

— En Amérique.

— En Californie ?

— Surtout en Californie... dit Edmée avec une énergie croissante.

— C'est de la folie, Edmée !

— Croyez-vous ?

— Noël ne consentira jamais à vous prendre à son bord.

— S'il sait que je veux le suivre, Martial, mais il l'ignorera.

— Il ignorera quoi ? demanda le colonel réellement stupéfait d'une si audacieuse et à la fois si naïve abnégation.

— Que je l'accompagne, répondit-elle froidement.

— Ma chère enfant, vous parlez sans réfléchir et oubliez qu'on ne trouve pas tous les jours un navire se rendant dans ces rivages lointains, impossibles.

— Vous croyez ? j'en connais un cependant, moi, mon bon Martial, dit-elle avec un fin sourire et en fixant sur lui son clair regard.

Le colonel détourna la tête.

— Vous ? murmura-t-il avec un visible embarras.

— Moi.

— Au Havre ?

— Sur la rade même.

— Et ce bâtiment dont vous me parlez part prochainement ?

— Mon Dieu oui ! dans quelques jours, à ce qu'il paraît.

— Ah ! bien.

Martial avait compris.

Ce n'était pas sans peine, tant de prime abord le projet de la jeune fille paraissait fou et inexécutable.

Il lui dit avec douceur :

— Voyons, maintenant, causons sérieusement, voulez-vous ?

— Mais tout ce que nous disons là est sérieux... vraiment !

— Quels moyens emploierez-vous pour suivre ainsi Noël à son insu ?

— Je chercherai.

— Là, s'écria Martial ironiquement.

— Je trouverai.

— C'est une question.

— Attendez ! fit-elle avec vivacité.

— Tu es Breton ? — Et Breton bretonnant.

— Quoi?
— Ce moyen?
— Eh bien?
— Je compte sur vous pour le trouver, mon cher Martial.
— Mille remerciments! s'écria le colonel Renaud en bondissant sur son siège à cette brusque attaque. Sur moi! voyons, Edmée, vous voulez plaisanter sans doute?

— Pas le moins du monde, mon ami ; oui, je le répète, je compte sur vous, parce que vous êtes bon...

— Dites bête, tout de suite !

— Parce que, continua-t-elle de sa voix la plus douce et la plus câline, vous m'aimez comme une sœur, Martial, et enfin que vous aurez pitié de mon désespoir.

— Edmée !

— Martial ! vous le savez, pour voler au secours de Noël, pour le sauver, j'ai abandonné tout ! sans regret et sans hésitation.

— Je le sais, pauvre enfant !

— A présent je ne puis plus retourner auprès de mes parents autrement que ma main dans la main de Noël.

— Mais...

— Laissez-moi parler, Martial, reprit-elle avec une animation croissante ; vous m'avez demandé d'être franche, je le serai ; aussi bien, mieux vaut-il que nous nous entendions une fois pour toutes et que tout malentendu cesse définitivement entre nous ; d'ailleurs, ma résolution est prise d'une façon irrévocable : j'aime Noël de toute mon âme. Je l'aime jusqu'à mourir avec joie pour lui. Noël a un ennemi terrible, d'autant plus terrible que c'est une femme. Eh bien ! je me suis dit ceci, moi, pauvre jeune fille ignorante du monde, mais devinant bien des choses par le cœur, je me suis dit : cette femme est le mauvais ange de Noël, moi, je serai son bon ange.

— Adorable enfant ! murmura doucement Martial Renaud.

— Martial, j'ai été bercée tout enfant, au récit de nos poétiques légendes bretonnes... Eh bien !... je crois fermement à ces vieilles légendes vénérées ; pour moi, elles existent, elles prennent un corps. Je veux donc, quoi qu'il arrive, demeurer constamment auprès de Noël, inconnue s'il le faut, que m'importe cela ? mais toujours à son côté, afin de le défendre au besoin contre les perfidies de son mauvais ange.

— Et voilà pourquoi vous comptez sur moi, chère Edmée ?

— Oui, Martial, mon ami, mon frère, je ferai de vous mon complice.

— Mais...

— Votre concours m'est indispensable. Le navire que j'ai choisi, vous l'avez deviné déjà, ce navire, c'est le vôtre.

— Hélas ! je m'en doutais... s'écria Martial avec douleur.

— Il faut, mon ami, que vous me réserviez une place à bord.

— Que je...

— Je le veux.

— Non.

— Je vous en prie.

Le colonel hocha tristement la tête d'un air découragé.

— Vous me proposez simplement de m'associer à une folie, Edmée, murmura-t-il avec tristesse.

— Folie, soit, puisque vous le prenez ainsi, mais folie généreuse au moins ! vous en conviendrez, n'est-ce pas, mon bon Martial ! s'écria-t-elle avec entraînement.

— Que dira-t-il, lui?
— Il ne le saura pas, fit Edmée en le câlinant de son mieux.
— Si.
— Eh bien!... Je le suppose... mettons la chose au pis... Il le saura... Après? Voyons, là... Croyez-vous au fond du cœur qu'il vous en voudra beaucoup, Martial, à votre tour, répondez-moi franchement.
— Mais... vos parents?
— Oh! quant à eux... ils ne se douteront de rien.
— Cependant, cette fuite?...
— Je n'ai pas fui.
— Comment?
— J'ai demandé à mon père l'autorisation de me retirer pendant quelques mois au couvent du Sacré-Cœur.
— Ah!
— Vous connaissez les sentiments religieux de ma famille... Ma demande m'a été accordée sur l'heure.
— Eh bien?
— Eh bien! je suis allée au Sacré-Cœur; mais deux jours plus tard, j'ai écrit à mon père que je ne m'y trouvais pas bien et que je préférais, si cela ne lui déplaisait pas, me rendre dans le couvent où j'ai été élevée.
— Aux environs de Dinan?
— Oui, mon ami.
— Et votre père y a consenti?
— Sur-le-champ. Les motifs que je lui ai donnés et qu'il est inutile que je vous dise, l'ont convaincu, de telle sorte qu'il m'a chaleureusement félicitée de ma détermination, et de plus, il m'a autorisée à demeurer dans ce couvent aussi longtemps que je le voudrais...
— A quelle condition?
— A la seule condition de lui écrire une fois tous les mois et de le prévenir quelques jours à l'avance de mon retour.
— Et cette promesse, ma chère Edmée, comment la tiendrez-vous?
— Oh! bien facilement, Martial; la supérieure du couvent m'a presque vue naître, vous le savez. Elle m'aime beaucoup... Je lui ai tout avoué... Nous avons pleuré ensemble.
— Bonne femme... mais...
— Pas de mais, dit Edmée.
— Vous êtes allée à Dinan?
— Il le fallait bien.
Le colonel la regarda avec étonnement.
Tant d'activité, de décision, d'ardeur irrésistible dans un corps si frêle et si délicat, le pénétraient d'admiration.
— Continuez, mon enfant, reprit-il en la regardant d'un air pensif.
— La lutte a été vive!... je suis restée bien longtemps à prier et à pleurer avant de la persuader et d'obtenir qu'elle consentît à me servir.
— Cela se comprend.
— Enfin! cette bonne supérieure qui est une mère pour moi, s'est laissé

vaincre par mes larmes et elle a consenti, un peu contre son gré, je l'avoue, à entrer dans mon projet.

— Hum! hum! toussa le colonel, en souriant à l'idée du péché mortel commis si facilement par la supérieure.

— Enfin que vous dirai-je? elle est devenue ma confidente, ma complice.

— Après?

— Je lui ai remis douze lettres qui avaient été préparées à l'avance, écrites avec soin, destinées à être expédiées de mois en mois à mon père.

— Voyez-vous cela!

— Et naturellement, mon ami, la bonne supérieure ne m'a plus fait de difficultés et elle s'est chargée de les expédier l'une après l'autre.

— A merveille!

— Vous voyez... tout est prévu!

— En effet... tout, excepté le hasard. Cependant, ma pauvre Edmée!...

— Là où Dieu sert de guide, le hasard est supprimé, croyez-le bien, mon cher Martial, dit-elle avec solennité.

— Ainsi, vous êtes bien résolue?

— Irrévocablement.

— Et si moi, malgré cela, je vous refuse mon aide, mon concours? lui dit-il en la regardant fixement.

— Vous ne ferez pas cela; mais je vous le jure, Martial, au cas où cela serait, j'exécuterais mon projet n'importe comment; car rien ne pourrait m'y faire renoncer.

— Allons.

— Vous consentez?

— Oui! il le faut bien, morbleu! car Dieu m'est témoin que j'ai fait tout ce qu'il était humainement possible de faire pour vous détourner de votre imprudence et de votre folie.

— C'est convenu.

— Réfléchissez encore. Vous persévérez quand même?

— Quoi qu'il puisse advenir.

— Puisqu'il en est ainsi, comptez donc sur moi, Edmée. Vous partirez avec nous, et je vous le promets, Noël, ignorera, jusqu'à ce qu'il vous plaise de vous montrer enfin à lui, votre présence à bord du brick.

— Et comment vous y prendrez-vous pour cela, Martial?

— Cela me regarde, Edmée. Ne vous en inquiétez pas.

— Merci! oh! merci! mon frère.

— Oh! comme vous savez bien que vous faites tout ce que vous voulez de moi, en me donnant ce nom-là, Edmée!

— Je vous aime.

— Que Dieu et Noël me pardonnent ma faiblesse! pauvre enfant!

— Dieu est pour nous, vous dis-je.

— Puissiez-vous dire vrai!

— J'en suis sûre.

— Et maintenant, mon enfant, laissez-moi vous prier de vous retirer.

— Pourquoi?

— Vous ne vous tenez plus... vous êtes accablée de fatigue.
— C'est vrai ; mais mon bonheur est si grand, cher Martial, que je l'avais oublié. Merci encore une fois, mon frère.
Le colonel sonna.
Il fit appeler une servante, et lui confia la jeune fille.

. . . .
. . . .

Neuf jours après cette convention définitivement établie entre le colonel Renaud et Mlle Edmée de l'Estang, le capitaine Noël revenait enfin de Paris.
Son retour au Havre fut le signal du départ.
Le lendemain de sa venue, le brick l'*Eclaireur* déployait ses voiles et prenait la mer.
Depuis la veille au soir, Edmée était embarquée à bord du brick, et cachée ou plutôt blottie dans une mignonne cabine ménagée entre celle du comte de Warrens et celle de son frère, le colonel Martial Renaud.
Ainsi que cela avait été convenu entre les deux complices, M. de Warrens ignorait la présence de la jeune fille à bord.
Jeann Marck, l'ancien geôlier du comte de Warrens et définitivement admis, grâce à la puissante intervention du colonel, au nombre des Compagnons de la Lune et embarqué sur le brick en qualité de matelot, était seul chargé de servir la jeune fille.

V

EN CALIFORNIE

. . . .
. . . .
. . . .

Profitons de cette faculté dont les romanciers seuls ont le privilège : celui de parcourir d'un trait de plume les plus longues distances.
Franchissons d'un bond non seulement l'Atlantique, mais encore l'isthme de Panama, et arrêtons-nous sur les rives de l'océan Pacifique, dans cette baie sans égale parmi toutes celles connues jusqu'à présent, dans la baie de San-Francisco.
Disons d'abord ce que c'était que la ville de San-Francisco, à l'époque où nous reprenons notre histoire.
Et cela, plusieurs mois après les derniers événements que nous avons racontés dans notre précédent chapitre, c'est-à-dire environ vers le milieu de l'année 184...
Il est au moins inutile de décrire le port de San-Francisco.
Aucun port de l'univers n'est maintenant plus connu.

Chacun le sait :

Aujourd'hui ce port est le plus sûr, et peut-être le plus vaste du monde entier.

Il pourrait facilement contenir toutes les flottes du globe.

A l'époque dont nous parlons, le pueblo de San-Francisco, car, en réalité, ce n'était pas une ville, mais bien un simple et misérable village, complètement ignoré, le pueblo de San-Francisco, disons-nous, s'élevait en face de la baie, à six milles de l'Océan.

Les maisons, espèces de *paillottes* ou de masures construites en bois pour la plupart, étaient loin de passer pour confortables.

Quelques-unes de ces maisons seulement possédaient un foyer, c'est-à-dire une cheminée grossièrement bâtie, les habitants ne faisant de feu que pour cuire leurs aliments.

La population variait entre mille et douze cents âmes, selon la saison.

Cette population, essentiellement nomade et surtout chasseuse, ne se composait généralement que d'étrangers.

A peine y trouvait-on sept ou huit familles blanches ou passant pour telles originaires du pays, les autres étaient indiennes.

Au fond de la baie de los Carquines se trouvent trois bouches de rivière, auxquelles on donnait alors le nom des Trois-Fourches, j'ignore si ce nom leur a été conservé.

Elles sont formées :

D'abord, en face et au nord, par le rio del Sacramento ;

Ensuite, à droite et à l'est, par le rio de San-Joaquin ;

Enfin, à gauche et au nord-est, par le rio de Jésus-Maria.

Notons en passant qu'on croyait alors le rio de Jésus-Maria un cours d'eau d'origine distincte des deux autres, mais des explorations postérieures l'ont enfin fait reconnaître pour ce qu'il est en réalité, c'est-à-dire un des bras du Sacramento.

Le Sacramento lui-même se bifurque sept lieues avant son embouchure, et donne naissance à la grande île qui porte son nom.

Cette île très vaste mais basse et limoneuse, couverte de joncs et de roseaux, est presque toujours complètement inondée pendant la saison des pluies.

Quelques grands arbres surgissent seuls alors au-dessus des eaux, et forment un bouquet à l'extrémité sud de l'île.

C'est à ce lieu, d'un aspect assez pittoresque d'ailleurs, qu'on avait donné, dans le commencement de l'émigration, le nom de : *Rendez-vous des chasseurs*.

Car, alors, l'île était peuplée d'une quantité réellement innombrable de cerfs, de daims et de castors.

Par contre, on y rencontrait aussi parfois et malheureusement en fort grand nombre, des hôtes moins utiles et plus dangereux, des serpents à sonnettes.

Les Indiens des tribus voisines y venaient dans leurs balsas, espèces de radeaux construits en jonc, pour y chasser les loutres d'eau douce qui y affluaient.

Hélas ! où sont aujourd'hui les cerfs, les daims, les castors, les loutres, les serpents à sonnettes, les Indiens bravos les premiers chasseurs, et même les magnifiques arbres de leurs rendez-vous de chasse?

Tout a disparu.

L'île seule reste, métamorphosée, méconnaissable.

La civilisation a tout englouti sous ses coups incessants.

C'est dans l'angle compris entre le Sacramento et la Fourche, qu'était située la Nouvelle-Helvétie, la colonie fondée par le capitaine Sutter, ancien officier et suisse d'origine, dont le nom ignoré alors a eu plus tard un si grand retentissement dans le monde entier.

La croissance de l'État de Californie, qui aujourd'hui fait partie des États-Unis, a été si rapide, son développement si prodigieux, qu'on nous saura gré, nous l'espérons, de donner ici la biographie esquissée en quelques coups de plume, de l'homme si singulièrement choisi par la Providence pour opérer en quelques mois à peine et peut-être malgré lui et à son corps défendant, cette merveilleuse transformation.

Grâce à lui, une contrée à peu près déserte et complètement ignorée, excepté des baleiniers français et américains qui pendant l'hivernage venaient chasser la baleine dans la baie, est devenue tout à coup et presque sans transition l'un des centres les plus commerçants, les plus peuplés et les plus policés du nouveau-monde.

Cette biographie n'est pas nouvelle, elle date de plus de trente ans, ce qui lui donne une certaine valeur; nous l'avons extraite presque entièrement de l'intéressant voyage dans l'Orégon et les Calfornies de M. Duflot de Mofras.

Ce voyageur, lorsqu'il l'écrivait, était certes bien loin de se douter de la célébrité immense qui, quatre années plus tard, attendait l'homme inconnu dont il se faisait alors si bénévolement l'historien.

Le capitaine Sutter, né en Suisse, servit pendant douze ans les Bourbons de France dans la garde royale. Après la révolution de 1830, il quitta l'Europe et il se rendit aux États-Unis du Nord-Amérique.

Là, il exploita pendant quelques années une ferme sur les bords du Missouri.

En 1836, poussé par son humeur aventureuse, il se joignit à une nombreuse caravane d'Américains qui tentait un voyage d'exploration et se dirigeait par terre vers le rio Colombia.

Dans ce voyage, M. Sutter emmena trois Allemands avec lui.

Après avoir traversé les montagnes Rocheuses et souffert bien des ennuis et des fatigues, le capitaine Sutter arriva enfin assez malade au fort Vancouver, chef-lieu des établissements de la baie d'Hudson.

De là, après un séjour de sept ou huit mois nécessité par le mauvais état de sa santé, il se rendit aux îles Sandwich où il fit quelques opérations avec la Nouvelle-Archangel, capitale des colonies russes.

Il n'arriva en Californie que dans le courant de l'année 1839.

C'était sur le sol à peu près vierge de cette contrée que cet éternel voyageur devait enfin poser sa tente et essayer d'arrêter définitivement sa course vagabonde.

Le gouverneur pour le Mexique, le señor Alvarado, résidant alors à Monterey, capitale de la Californie, accorda à M. Sutter une concession gratuite de onze *sitios* ou parcs de grand bétail, c'est-à-dire de onze lieues carrées à prendre à son gré et dans le lieu qui lui paraîtrait le plus convenable.

Afin de ne pas avoir de voisins, singulière prétention et qui devait plus tard être si étrangement mise à néant, M. Sutter, après de longues recherches, finit par choisir enfin le terrain qui lui était concédé sur la rive gauche du rio Sacramento, entre la rivière *Sans Nom* et la *Fourche de la Plume*.

La *Fourche américaine* coule entre ces deux rivières et arrose les prairies.

La Nouvelle-Helvétie, nom que M. Sutter, en souvenir de sa patrie sans doute, voulut donner à son établissement, était située à deux milles à l'est du fleuve et à un mille au sud de la Fourche américaine.

L'ancien capitaine de la garde royale française, de cet établissement, fonda alors non pas une plantation, mais bien une ville en miniature, et qui plus est, une véritable place forte.

Du reste, voici la description exacte.

Dans l'espace compris entre le débarcadère et les bâtiments se trouvait une belle prairie ombragée de grands chênes.

Le fort de la Nouvelle-Helvétie s'adossait, au nord, à un petit ruisseau dont les bords escarpés concouraient à sa défense.

L'enceinte en était fermée par un mur de cinq pieds d'épaisseur, construit en *adobas* et soutenu par d'énormes pièces de bois.

Chaque face du quadrilatère présentait un développement de cent mètres.

Les angles, flanqués de bastions, avaient deux étages.

Les quatre pans étaient percés de nombreuses embrasures.

Une galerie extérieure couronnait toute la muraille.

L'armement du fort était réellement formidable; il se composait de seize canons courts et caronades en fer de divers calibres, achetés à bord de différents navires marchands ou *autres*, et de deux excellentes pièces de campagne en bronze, avec caissons, que les Russes avaient consenti à céder au capitaine.

Ce dernier possédait en outre assez de fusils à baïonnettes et de rifles pour armer quatre-vingts hommes, sans compter les pistolets et les armes blanches, telles que sabres, haches, poignards, lances et coutelas.

Il ne faut pas s'imaginer que cet établissement se fit facilement et surtout pacifiquement, bien au contraire.

Les Indiens *bravos* ou chasseurs, inquiets à juste titre du voisinage des blancs qu'ils détestent, avaient, à plusieurs reprises, essayé de déloger les nouveaux venus et même deux ou trois fois d'assassiner leur chef.

Ce ne fut qu'à la suite de sanglants combats et contraints par la force, qu'ils finirent par admettre la supériorité des étrangers, et par comprendre que décidément il leur serait plus avantageux de vivre en paix avec eux.

Il y avait alors à la Nouvelle-Helvétie même, engagés, aux îles Sandwich ou sur les baleiniers qui fréquentaient la baie, par le capitaine Sutter, trente hommes blancs, Allemands, Suisses, Canadiens, Américains des États-Unis,

— Enfin cette bonne supérieure s'est laissé vaincre...

Anglais et Français, presque tous occupés aux coupes de bois, aux forges et à la charpente.

Les autres engagés, vieux coureurs des bois émérites, divisés en petites escouades de trois, cinq et même dix hommes, parcouraient dans tous les sens la vallée et les rivières pour chasser l'ours, le daim et le castor.

Telle était la situation réelle de la colonie établie à San-Francisco, colonie qui, grâce à l'énergique direction du capitaine Sutter, était en voie de promptement prospérer, quelques jours à peine avant le grand événement qui allait non seulement changer la face de ce coin de terre presque inconnu, mais aussi avoir un retentissement immense dans le monde entier.

Nous dirons quelques mots, pendant que nous sommes en train, sur la découverte de l'or californien.

Comme la plupart des faits appelés à bouleverser l'univers, cette découverte se fit non seulement simplement, mais encore de la façon la plus vulgaire.

Voici le fait.

L'authenticité ne saurait en être révoquée en doute.

D'ailleurs trop de témoignages vivants sont encore là pour la défendre.

Le capitaine Sutter avait résolu d'établir sur la Fourche américaine une scierie mécanique destinée à l'exploitation de l'une des magnifiques forêts qui entouraient alors sa plantation de la Nouvelle-Helvétie.

Il commença d'abord par explorer les bords de la rivière en compagnie d'un charpentier américain nommé James-Williams Marshall.

Après d'assez longues recherches, l'endroit qui lui parut le plus propice à ses vues étant choisi, il chargea ce charpentier de la construction de sa scierie mécanique.

Williams Marshall se mit à l'œuvre sur-le-champ avec cette ardeur fébrile qui caractérise les Américains du Nord.

Son premier soin fut, naturellement, d'établir les fondations du bâtiment projeté.

Pour cela il lui fallut premièrement détourner le cours d'eau.

Or il arriva ceci :

Lorsque le lit du ruisseau eut été à grand'peine mis à sec, James Marshall, le charpentier, fut tout étonné d'apercevoir tout à coup, dans le fond, mêlés avec le sable, plusieurs morceaux assez gros, d'une matière jaunâtre, ayant la teinte de la gomme gutte et jetant aux reflets du soleil des rayons et des éclairs métalliques.

L'ouvrier, pendant assez longtemps, regarda curieusement mais sans beaucoup s'en préoccuper, ces morceaux qu'il prit d'abord pour des éclats de pierre.

Puis il choisit seulement, par une curiosité machinale et sans aucun but bien arrêté encore, ceux qui lui parurent les plus gros, les ramassa et les emporta.

Mais, à sa grande surprise, il s'aperçut que ces morceaux étaient fort lourds; alors, afin de les emporter plus commodément, il essaya de les briser à coups de marteau, ce à quoi il ne put pas réussir.

La pensée lui vint alors de les mettre dans le feu pour voir s'ils fondraient.

Il va sans dire que cette expérience ne lui réussit pas davantage.

Je ne sais qui a dit le premier, car cela a été souvent répété depuis avec une apparence de raison, que le Yankee sent instinctivement l'or, comme le fin limier hume, flaire, aspire le fumet du gibier qu'il n'aperçoit pas encore, mais dont il devine le voisinage.

La chose est, nous l'affirmons, incontestablement vraie.

Le brave ouvrier charpentier, malgré son ignorance complète, soupçonna cependant presque aussitôt l'importance de sa trouvaille : bon chien chasse de race.

Il abandonna tout ; sans hésiter et séance tenante, malgré un temps horrible, un ouragan épouvantable, il entassa ces singuliers échantillons, d'une matière inconnue, dans sa blouse de chasse qu'il jeta sur son dos et il se rendit tout courant au fort de la Nouvelle-Helvétie, résidence habituelle du capitaine Sutter.

Le capitaine ne s'y trompa point un instant, lui.

Après avoir examiné attentivement les échantillons soumis à son appréciation, il les essaya avec l'aide de l'eau régale, et il reconnut à l'instant que ce que son ignorant ouvrier prenait pour des pierres était tout simplement des pépites d'or, mais de l'or le plus fin.

Il le lui dit sur-le-champ avec la plus noble franchise.

Les deux hommes se promirent alors un secret inviolable, et, de compagnie, ils commencèrent la récolte du précieux métal.

La moisson dépassa de beaucoup toutes leurs espérances.

Il y avait de l'or partout.

Les deux associés n'avaient littéralement que la peine de se baisser pour en prendre leur charge en moins d'une heure.

Mais, ainsi que cela arrive toujours en pareilles circonstances, le soin même que prenaient le capitaine Sutter et Williams Marshall pour cacher leurs démarches, dérouter et donner le change à la curiosité, la vie mystérieuse qu'ils menaient depuis quelque temps, leurs longues absences sans causes déterminées, ne tardèrent pas à éveiller les soupçons des autres colons.

On les épia, on les suivit.

Ils furent bientôt, malgré toutes les précautions dont ils s'entouraient, pris sur le fait, et le grand secret fut découvert.

La nouvelle vola alors avec la rapidité de la foudre.

Elle fit, on ne comprend pas comment, le tour du globe en quelques mois à peine ; et une nuée d'aventuriers, venus de tous les coins du monde, s'abattit alors comme un vol de vautours sur le nouvel Eldorado.

Nous avons cru intéressant et surtout curieux de consigner ici ces faits qui ont été défigurés, et par conséquent, généralement inconnus en Europe, et de faire connaître en quelques lignes l'origine humble et modeste d'une contrée appelée, dans un avenir très prochain, nous en avons la conviction intime, à devenir non seulement le centre d'un immense mouvement commercial, mais probablement celui d'une civilisation nouvelle.

Le capitaine Sutter, le premier découvreur de l'or californien, est le seul peut-être envers lequel le sort, selon sa coutume, se soit montré ingrat ; presque ruiné, il a longtemps plaidé vainement contre les États-Unis, puis il a disparu, presque sans laisser de traces.

Était-ce donc là la récompense que cet homme énergique était en droit d'attendre de la justice des hommes !

Fermons ici cette parenthèse trop longue peut-être au gré du lecteur, mais qui était indispensable pour l'intelligence complète des faits qui vont suivre.

Maintenant reprenons notre récit.

La journée allait finir.

Le soleil disparaissait derrière les sommets neigeux de la Nevada.

Dans un site désert et pittoresque, sorte d'accore couvert d'arbres de haute futaie, qui s'avançait profondément dans le cours du rio Merced, deux hommes étaient assis auprès d'un feu mourant.

Ces deux hommes causaient à voix basse, comme s'ils craignaient, même dans cette solitude, que leurs paroles ne fussent entendues par quelque espion invisible.

Sous leurs pieds coulait le rio Merced.

Le rio Merced, torrent tombant du milieu de roches granitiques et syénites, qui, déchirées par plusieurs cataclysmes volcaniques, forment d'étroites vallées d'un aspect généralement sombre et désolé, le rio Merced, presque à sec durant l'été, roulait en ce moment, où la saison des pluies commençait, ses flots fangeux avec un bruit assourdissant.

Ce bruit aurait certes dû rassurer les deux causeurs.

A coup sûr, à deux pas de distance de l'endroit où ils se trouvaient, il devenait impossible de les entendre.

L'un de ces deux hommes portait le costume de cuir fauve, riche et bariolé, des rancheros californiens d'origine mexicaine.

L'autre, le costume non moins pittoresque, mais de beaucoup plus simple et surtout plus commode, des chasseurs canadiens.

Tous deux étaient armés jusqu'aux dents.

Un magnifique daim, fraîchement tué, et dont une partie achevait de griller sur des charbons ardents, était suspendu par les pieds de derrière à la maîtresse branche d'un madròna *arbutus Menziesii*, — arbre très curieux, qui, dans ce pays, acquiert des proportions énormes et même colossales.

Ces Européens, — car il était facile de reconnaître pour tels les deux chasseurs malgré l'épaisse couche de hâle jetée par le soleil sur leur visage, — ces Européens, disons-nous, causaient en français avec une nonchalance et un laisser-aller sans égal.

De leur tranquillité ressortait une conséquence certaine, c'est qu'ils savaient prendre leurs précautions contre le danger; ce même danger venu, ils ne seraient pas en peine pour lui faire face bravement.

— Ainsi, disait le chasseur canadien, le brick est parti de nouveau?

— Il y a cinq jours, répondit le ranchero.

— Vous l'avez vu partir?

— Je me trouvais à San-Francisco lorsqu'il a appareillé.

— Si je ne me trompe, voilà son cinquième voyage depuis notre arrivée?

— Tout autant, mon ami.

— Et chargé d'or?

— A couler bas comme toujours. Ma foi, compagnon, ajouta-t-il gaiement il nous faut en prendre notre parti : aujourd'hui, nous voilà tous millionnaires.

Et il se mit à rire.

— Ah bah! voyez-vous, cher ami, on a beau dire, mais lorsque la richesse atteint un certain chiffre, un peu plus ou un peu moins d'or ne signifie exactement rien, répliqua l'autre en retournant philosophiquement le quartier de daim.

— Bon! Mais encore faut-il qu'elle l'atteigne, ce chiffre!
— Plaignez-vous donc!
— Je ne parle pas pour nous.
— Notre fortune l'a dépassé de beaucoup, votre chiffre.
— C'est vrai... Du reste, nous avons bien fait de nous y prendre de bonne heure.
— Pourquoi cela?
— Parce que tout fait supposer que dans quelques mois, plus tôt, probablement même bien plus tôt que vous ne le pensez, le métier sera perdu et il ne vaudra plus rien.
— Vous croyez?
— J'en suis sûr. Encore un ou deux voyages au plus et, sur ma foi, j'ai l'intime conviction que le brick fera bien de nous emmener au plus vite loin d'ici.
— Pour quelle raison?

Le ranchero répondit par une question à la question qu'on lui posait :

— Combien y a-t-il de temps que vous n'avez mis le pied à San-Francisco? demanda-t-il.
— Plus de trois mois. Vous le savez, je ne puis quitter ma circonscription?
— Ah! oui... c'est vrai... J'oublie toujours... vous êtes chargé du commandement des chasseurs?
— Précisément.
— Comme moi de celui des bouviers.
— C'est beaucoup plus commode..., on va, on vient, on voit du pays.
— Oui, sous certains rapports, mais ce n'est pas ce qu'il y a de plus amusant, je vous assure... Enfin, quoi qu'il en soit, lorsque je suis revenu dernièrement à San-Franscisco avec le bétail que j'avais reçu l'ordre d'y conduire, le diable m'emporte, j'ai cru rêver.
— Bah! contez-moi ça!
— Figurez-vous que là où j'avais laissé, deux mois au plus auparavant à peine, quelques misérables cabanes...
— Eh bien?
— J'ai retrouvé une ville, mais une grande ville, une ville entière.
— Vous plaisantez! fit le chasseur.
— Pas le moins du monde, continua l'autre avec le même sang-froid, une ville, je vous le répète, avec des rues, des places, des cafés, des restaurants, que sais-je encore, des quais encombrés de marchandises.
— A la bonne heure!
— Attendez, ce n'est pas fini.
— Allez toujours.

— La baie contenait plus de deux cents navires de toutes formes et de toutes tailles portant tous les pavillons connus.
— Et la population ?
Elle monte aujourd'hui à plus de vingt mille âmes, sans compter que tous les jours il arrive de tout le littoral américain de nouveaux émigrants qui, à peine débarqués, sans jeter un regard en arrière, prennent, sans s'arrêter un seul instant au port, leur course vers les mines. La *fièvre jaune de l'or*, ce monstre insatiable, s'est emparée de tout le monde, a détraqué, tourné toutes les têtes; enfin, mon ami, c'est au point que des équipages entiers, capitaine en tête, désertent les navires, les abandonnent à la grâce de Dieu et de la tempête pour courir à la curée.
— Bon ! je m'explique alors le passage de tous ces nouveaux venus.
— Vous les avez rencontrés ?
— Je ne fais que cela depuis quelques jours. Dieu me pardonne ! Ils ont l'air de fous furieux se promenant en bande.
— Vous en verrez bien d'autres, mon cher Martial. Ce n'est rien encore, cela. Laissez prendre feu à la traînée de poudre, et vous verrez alors, et cela avant peu de temps, croyez-le bien, débarquer ici des aventuriers de tous les coins du monde. Dans quelques mois, j'en suis convaincu, la ville de San-Francisco aura une population de cent mille âmes au moins.
— Mais comment cette cité a-t-elle été bâtie si vite ?
— Bien facilement, cher ami, de la façon la plus simple et la plus primitive du monde, avec de vieilles carcasses de navires, des troncs d'arbres, des tentes... que sais-je, moi ? Toutes ces masures, tous ces comptoirs se sont alignés tant bien que mal. Il y a, je vous le répète, des boutiques de toute sorte, des cabarets, des maisons de jeu. L'hôtel de ville s'est installé sous une tente, et pour que rien ne manque on a même fondé un journal.
— Lequel ?
— Le *Californian*, naturellement, qui, sur ma foi, cher ami, n'est pas plus mal rédigé qu'un autre mal rédigé de notre vieille Europe..., ajouta-t-il en souriant. Eh ! mon Dieu, oui, il faut en prendre notre parti, la civilisation se déplace, l'or gouverne. Nous assistons à la naissance d'une grande ville, et qui sait, peut-être à celle d'un grand peuple, mon bon, bien qu'il commence par de fiers gredins, mais il en eut toujours été ainsi, les fondateurs de Rome furent des bandits.
— Tout cela est prodigieux, mon cher San-Lucar.
— Malheureusement, mon ami, toute médaille a son revers.
— Pourquoi chaque revers n'a-t-il pas sa médaille ? fit sentencieusement le colonel Martial Renaud en hochant la tête avec une ironie mélancolique.
— Eh bien ! mais je viens de vous le dire, il me semble, reprit San Lucar, l'affluence extraordinaire des étrangers de toutes sortes qui pullulent dans ce pays y a jeté les déshérités des cinq parties du monde.
— Cela devait être.
— On croirait, sur ma parole, que les plus dangereux malfaiteurs se sont tacitement entendus pour se donner rendez-vous céans. Le nombre de ces brigands est même déjà si considérable qu'on leur a donné un nom significatif.

— Ce nom?
— Est celui de *rowdies* ou *desperadores*. Ces drôles se croient tellement sûrs de l'impunité qu'ils ont poussé l'outrecuidance jusqu'à s'organiser militairement Leur lieu de rendez-vous est un *barroom* appelé Tamany-Hall, situé dans Portsmouth square. Ils sont littéralement aujourd'hui les maîtres de la ville. D'abord ils s'étaient intitulés les *hounds*; mais aujourd'hui qu'ils sont ou qu'ils se croient, comme je vous le disais, assurés de l'impunité, ils ont changé ce titre en celui de *regulators*. Ils ont des tambours, des fifres, et ils font en plein jour des promenades militaires à la barbe des honnêtes gens, qu'ils dépouillent ou assassinent en plein jour.
— Ont-ils un chef?
— Pardieu! ils n'y ont pas manqué, ils en ont élu un auquel ils donnent le titre pompeux de lieutenant, c'est un nommé *Sam Roberts*, que j'ai vu et que j'ai étudié de très près. C'est même lui, je vous l'avoue, qui est cause de mon voyage dans l'intérieur.
— Lui?
— Oui.
— Comment cela?
— Ce drôle-là, bien qu'il ait changé aussi adroitement de peau que de nom, et presque de visage et de son de voix, me donne fort à penser. J'ai le soupçon que ce fameux lieutenant des Regulators pourrait bien être une de nos anciennes connaissances.
— Qui donc?
— Je puis me tromper... Je n'affirme rien, n'ayant rencontré qu'une ou deux fois l'individu dont je veux parler, mais je répondrais presque sur ma propre tête que ce Sam Roberts n'est autre que...
— Que?...
— Marcos Praya.
— L'âme damnée de la comtesse de Casa-Réal! s'écria Martial en tressaillant à son nom comme San-Lucar avait tressailli à sa vue. Marcos Praya! répéta-t-il encore, au bout d'un instant, d'une voix profonde.
— Lui-même. Voilà pourquoi il faut absolument que je voie le capitaine... Il le reconnaîtra bien, lui!
— Ce serait une bien heureuse découverte! reprit le colonel Martial Renaud car jusqu'à présent malheureusement, vous le savez, cher ami, nos recherches sont demeurées constamment infructueuses.
— Cette fois, mon ami, nous ne ferons pas buisson creux, je ne sais pourquoi, mais j'en ai la conviction. Ce drôle nous mettra sur la piste, je vous en réponds.
— Dieu le veuille! San-Lucar...
Le colonel baissa tristement la tête.
— Qu'avez-vous, mon ami? lui demanda son compagnon.
— Rien que de très ordinaire, mon ami, cette lutte nous tue.
— Courage, ami, comme toujours nous vaincrons.
— Oui, mais à quel prix, hélas!
— A votre avis, que dois-je faire?

— Je ne sais. Pourtant si de Rioban n'arrive pas, dans cinq minutes au plus tard nous nous rendrons au placer.
— Le capitaine s'y trouve-t-il ?
— Pas encore. Mais soyez tranquille, ami, il doit arriver cette nuit même, avec un convoi de quarante bœufs.
— Combien avons-nous d'hommes au placer, en ce moment ?
— Soixante ou quatre-vingts, je crois, tout au plus...
— Et l'on peut en réunir ?
— Cent cinquante en moins de deux heures, trois cents en quatre heures, plus même si le besoin s'en fait sentir.
— Peut-être cela sera-t-il bientôt nécessaire, mon cher colonel.
— Hum ! voilà une mauvaise nouvelle.
— Peut-être, mais il ne s'agit pas de cela quant à présent, dites-moi, colonel ?
— Parlez, mon ami.
— D'où vient le capitaine ?
— De Sonora.
— Pourquoi si loin ?
— C'est là seulement qu'il est possible à présent de se ravitailler, tous les environs sont complètement épuisés.
— Qui a-t-il avec lui ?
— La Cigale, Jann Marck et six autres hommes pour toucher les bœufs.
— Quelle singulière vie nous menons depuis quelque temps, n'est-ce pas, mon cher colonel ? dit en riant San-Lucar.
— Elle ne manque pas de vicissitudes et de péripéties émouvantes, mais ce n'est rien encore, la fin sera belle, vous verrez, et nous aurons véritablement et sans mauvais calembour, des histoires de l'autre monde à raconter à notre retour à Paris... Si nous y retournons, toutefois, ajouta-t-il avec un sourire triste.
— Bah ! pourquoi voir si loin ? quant à moi, ma foi, je me trouve fort bien de cette vie-là, pour ma part, je vous le jure.
— Tant mieux ; cependant...

En ce moment un bruit presque imperceptible se fit entendre dans les buissons.

San-Lucar ne bougea pas.

Mais il n'en fut pas ainsi du colonel ; soit qu'il eût l'oreille plus fine, soit que le hasard le poussât instinctivement à se déplacer, il tourna machinalement la tête.

Ce mouvement, tout instinctif peut-être, lui sauva la vie.

Une détonation retentit.

Une balle siffla à son oreille.

Une seconde détonation suivit immédiatement la première.

Seulement nos deux amis n'eurent point vent de la balle.

Avant même qu'ils eussent eu le temps de se reconnaître et de reprendre leur présence d'esprit, un homme bondit à l'improviste comme un daim effarouché, hors des halliers ; cet homme passa comme un trait entre les deux

L'ouvrier regarda curieusement pendant assez longtemps.

causeurs, et après avoir tourné sur lui-même, il tomba comme une masse dans la rivière, en jetant un horrible cri d'agonie.

— Touché! fit une voix railleuse.

Presque aussitôt, Mouchette parut sur le sommet de l'accore, les traits dilatés par une expression de joie profonde, et tenant encore son rifle tout fumant à la main.

Le colonel Martial Renaud et le comte de San-Lucar avaient saisi leurs armes et venaient de se mettre en défense.

— Pas mal tiré, hein? pour un coup au juger, dit le gamin de cet accent gouailleur qui lui était habituel.

— Tu l'as tué? demanda le colonel.

— Entre le feu et l'eau. S'il en réchappe, c'est un malin, et je lui donne mon estime ; mais j'ai bien peur du contraire.

— Quel était donc cet homme? interrogea San-Lucar.

— Une canaille ! dit nettement le gamin de Paris, qui nettoyait son arme avec tout l'amour d'une nourrice débarbouillant son nourrisson, un espion, un mouchard, quoi ! qui a mis plus d'une minute à vous coucher en joue... J'étais trop loin... J'ai couru... Je n'ai eu que le temps d'épauler. Il a fait : Pif ! j'ai fait : Paf ! Il vous a manqué... Je l'ai touché... C'est bien fait pour lui... Bon voyage !

— Merci. J'ai senti le vent de la balle, fit Martial Renaud.

— Vous avez eu de la chance, mon colonel, car le gueux était tout près ; c'est égal, il faut avouer, entre nous, que c'était au bout du compte un fier *malagauche*.

— Comment es-tu ici, petit? demanda le colonel, qui n'était pas autrement ému de cet incident désagréable.

— Je suis d'avant-garde, mon colonel ; j'éclaire la route.

— Rioban arrive ! s'écria San-Lucar.

— Il ne sera même pas long à arriver, répliqua le gamin, vu que le voici.

En effet, au même instant, le vicomte de Rioban écartait vivement les buissons et accourait auprès de ses amis.

— J'ai entendu des coups de feu ! dit-il. Vous chassiez ?

— Oui..., la chasse au mâle..., grommela Mouchette.

— C'est Mouchette qui a tiré sur un fauve ! dit San-Lucar.

— Et qui l'a manqué ! à ce qu'il me paraît, reprit Rioban.

— Je l'aurais peut-être manqué si je l'avais visé, monsieur le vicomte, riposta le gamin de Paris de son air le plus innocent, mais dame, comme je ne le visais pas, je ne l'ai pas manqué. Voilà, mon maître.

San-Lucar se mit à rire. Le colonel aussi.

Quoique de Rioban trouvât dans son for intérieur l'enfant plutôt impertinent que drôle, entraîné cependant par l'exemple, il fit gaîment chorus avec ses deux amis.

Et Mouchette sans se démonter aucunement, le salua avec grâce, pour le remercier de son rire approbatif.

VI

OÙ LE COMTE DE MAUCLERC REVIENT SUR LE TAPIS

Cet incident n'eut point d'autres suites immédiates.

Après les premiers serrements de mains, le colonel demanda au vicomte qui allumait paisiblement un cigare :

— Rioban, allons-nous au *placer?*

— Rien ne presse, quant à présent, mon cher colonel. Nous pouvons rester ici quelque temps encore..., d'autant plus que je vois une occupation toute trouvée pour nous et qui n'est point à dédaigner, ajouta de Rioban en désignant le quartier de daim grillé et embaumant.

— Soit, reprit le colonel d'un ton de bonne humeur, soupons. Au fait en y réfléchissant bien, mieux vaut prendre des forces, car la course est plus que passablement longue d'ici au placer.

— Et je vous avoue que je meurs de faim, fit de San-Lucar.

— Moi aussi, dit de Rioban.

— Moi aussi, psalmodia Mouchette. Mais pourtant, ajouta-t-il d'un air contrit, tout en guignant le quartier de daim, si on veut que je mange, il faudra qu'on m'invite.

— Viens près de moi, mauvais gamin, lui cria en riant le colonel ; et quoique je te sois reconnaissant de la balle que tu viens de perdre et de planter si adroitement dans la tête du gueux auquel elle a fait faire une si belle cabriole, une autre fois...

— Faudra ne pas tirer?

— Justement.

— Elle est bien bonne, celle-là! fit le gamin avec une intonation de voix singulière, heureusement retrouvée plus tard par un journaliste bien connu à Paris et dans mille autres lieux, par son talent pour la réclame.

— Tu n'attendras pas qu'on épaule et qu'on vise à l'aise un de tes amis pour avoir le plaisir de tuer l'assassin. Tu crieras, et tes amis se garderont eux-mêmes.

Il y avait de la vérité dans ce reproche-là.

Mouchette le sentit.

Il baissa le nez, fit la moue, et dit :

— J'ai une course à faire. Monsieur Martial, gardez-moi ma part, voulez-vous? je reviens dans un instant.

Et comme il avait enfin terminé de recharger son arme, le gamin de Paris la jeta sur son bras, tourna vivement les talons, après avoir fait une pirouette, et sans plus de cérémonies il disparut dans les halliers.

— De la prudence, petit! lui cria-t-on.

Il était déjà loin.

Mouchette avait gagné l'affection de tous ses compagnons d'aventures.
On l'adorait.
Il était l'enfant gâté de la troupe.
On avait reconnu tant de cœur et d'intelligence sous cette frêle enveloppe; il avait donné à ses compagnons des preuves si nombreuses de bonté, de dévouement; on le trouvait toujours si gai, si brave, si insouciant du danger, que ni les uns ni les autres ne pouvaient plus se passer de lui. Ils se le disputaient.
La Cigale jurait que son ami Mouchette était un sorcier, et qu'il les avait ensorcelés, lui tout le premier.
Dès que les Compagnons de la Lune n'entendirent plus rien :
— A table ! dit Martial.
Chacun d'eux dégaîna son couteau, fouilla dans son bissac et en retira des tortillas de maïs en guise de pain.
Le colonel, après l'avoir retiré du feu, découpa le quartier de daim, et l'on se mit à attaquer à qui mieux mieux ces larges et appétissantes tranches de venaison.
Véritable repas de chasseur, celui-là ! Frugal et arrosé d'eau claire, mélangée de quelques gouttes d'eau-de-vie.
— Avons-nous du nouveau au placer? dit le colonel Martial Renaud tout en rebouchant sa gourde et la passant à son voisin.
— Oui, fit Rioban.
— Grave ?
— Très grave.
— Et qui se rapporte à notre affaire ? demanda San-Lucar.
— Intimement lié.
Les deux premiers hôtes de cet asile sauvage regardèrent le troisième avec anxiété.
Quel que fût leur appétit, les deux hommes cessèrent de manger.
Rioban reprit :
— Mes chers amis, en désirant rester ici quelques instants encore, vous avez deviné, n'est-ce pas, que j'avais plus d'un motif.
— C'est vrai, cher ami, dites ces motifs, nous vous écoutons.
— D'abord la faim, qui me tourmentait réellement, repondit-il en souriant.
— Après?
— Ensuite, vous avertir de ce qui vient de se passer là-bas.
— Au placer?
— Oui.
— Oh! oh! que s'est-il donc passé au placer, cher ami ? dites vite.
— Un peu de patience, de grâce. Ce matin, après avoir visité les travaux des mineurs, selon son habitude, René de Luz revenait tranquillement au rancho, c'est-à-dire au campement, lorsque à deux portées de fusil à peu près dudit rancho, à l'endroit où la route fait un coude, non loin de cet étang à l'apparence trompeuse et mortelle, que vous connaissez, il entendit tout à coup des pas de chevaux mêlés à la voix de deux hommes. René est prudent,

vous le savez; d'ailleurs il a depuis longtemps l'habitude du désert et sait les ruses qu'il convient d'y employer. Il s'effaça vivement derrière le rocher qui fait l'angle de la sente. Tout à coup, les chevaux s'arrêtèrent et la conversation des inconnus cessa. Notre ami supposa tout naturellement qu'il avait été aperçu et que ces deux hommes avaient de mauvaises intentions; il arma aussitôt son fusil, puis, cette précaution prise, il allongea la tête avec précaution, et regarda. Soudain, il tressaillit et, par un mouvement instinctif, quittant son abri, s'élança en avant. Les deux chevaux étaient arrêtés au milieu de la sente. Les voyageurs avaient mis pied à terre. L'un d'eux, agenouillé sur le bord de l'étang, buvait à longues gorgées. Le second, debout encore, se préparait cependant à suivre son exemple.

— Les malheureux!... s'écria le colonel Renaud, ils ignoraient donc...
— Oui.
— Mais ils étaient perdus!
— Ce fut en effet la pensée de René, continua le vicomte de Rioban, aussi cria-t-il de toutes ses forces :

« — Arrêtez! au nom du ciel! ne buvez pas, ou vous êtes morts!

« L'homme qui buvait ne l'entendit pas et continua. Mais, aux paroles prononcées par notre ami, celui qui se baissait et allait boire se retourna vivement. Soudain deux cris, l'un de fureur, l'autre d'étonnement, sortirent impétueusement de leur poitrine :

« — René de Luz!
« — Le comte de Mauclerc!
— Mauclerc! firent en même temps Martial Renaud et San-Lucar.
— C'était lui, oui, messieurs, reprit le vicomte de Rioban.
— Ah! ah! dit le colonel Martial Renaud en jetant un regard d'intelligence à San-Lucar, je commence à croire que vous ne vous trompiez pas dans vos soupçons de tout à l'heure, cher ami. Continuez, de Rioban.

Rioban ajouta :

— Mauclerc, presque agenouillé déjà, se releva vivement. Au cri poussé par lui, l'autre homme, le buveur, s'était redressé. Vous connaissez Mauclerc messieurs, fit le vicomte; vous savez quelle puissance cet homme de fer possède sur lui-même. Le premier moment d'émotion passé, il retrouva vite son sang-froid, bien qu'il comprît, que pris ainsi à l'improviste, toute lutte était impossible. D'ailleurs il était sans autres armes que son sabre; ses pistolets étaient demeurés dans les fontes, et sa carabine au pommeau de sa selle, tandis que René de Luz, lui, tenait à la main son rifle armé et prêt à faire feu.

« — Que voulez-vous dire, monsieur? demanda Mauclerc avec hauteur; pourquoi m'empêchez-vous de boire cette eau?

« René lui répondit froidement en lui désignant d'un geste son compagnon :

« — Regardez, monsieur, et vous ne m'interrogerez plus.

« Le compagnon de voyage de Mauclerc était inconnu à René. Cet homme, sans doute fatigué d'une longue route faite à cheval sous un soleil de feu, le front ruisselant de sueur, s'était, en apercevant l'eau claire et limpide de l'étang, senti pris d'une telle soif que, sans même songer à remplir son *chi-*

quilnuite, — espèce de gourde californienne que portent tous les voyageurs de ce pays, — il avait arrêté son cheval, s'était agenouillé sur le bord de l'eau et s'était mis à boire avidement. Aux derniers mots de René, il s'était relevé avec terreur. Au bout de quelques instants, il pâlit affreusement, tourna sur lui-même, puis il tomba.

« — Mon Dieu! cria-t-il. Qu'ai-je donc! je souffre horriblement!

« Mauclerc voulait le secourir.

» — Inutile! lui dit René. Votre compagnon est un homme mort.

« — Comment! mort?

« — Oui, monsieur, soit que cette eau ait été traîtreusement empoisonnée par les Indiens, soit, ce qui est plus probable, qu'elle se trouve sur une veine de cuivre, elle est mortelle

« Le malheureux voyageur se tordait en proie à des douleurs atroces en poussant des cris déchirants.

« Puis enfin il se roidit dans une dernière convulsion, ses traits se décomposèrent affreusement et il expira. Cet horrible épisode n'avait pas duré cinq minutes.

« — Vous ai-je trompé? demanda tristement notre ami à Mauclerc.

« Celui-ci était atterré, ses yeux hagards étaient obstinément fixés sur le cadavre déjà méconnaissable de son compagnon. Certes, le comte, nous sommes forcés d'en convenir, est un homme d'une grande bravoure. Il a joué bien souvent avec la mort. Mais cette fois il était livide, car la mort lui apparaissait pour la première fois peut-être sous un aspect hideux, étrange, qui l'épouvantait.

« — Mon Dieu! fit-il.

« Ce fut tout.

« René de Luz attendit que le comte se fût entièrement remis de son trouble. Cependant, peu à peu, Mauclerc, honteux sans doute de s'être ainsi laissé abattre et cela en présence d'un ennemi dont plus que tout il redoutait les sarcasmes, réagit sur lui-même et, à force de volonté, il réussit à dominer son émotion. Il se baissa, releva froidement le cadavre, le prit entre ses bras et l'attacha sur son cheval.

« Cela fait, sans prononcer un mot, il se remit en selle lui-même. René de Luz, toujours immobile à la même place, le suivait des yeux, le doigt sur la détente de son arme, prêt à faire feu au premier mouvement suspect de son ennemi. Mais celui-ci réfléchissait. Enfin, se redressant sur ses étriers, il jeta un regard sombre autour de lui et il s'aperçut seulement alors de l'attitude défensive de René. Il secoua la tête et dit le plus doucement qu'il lui fut possible :

« — Désarmez votre rifle, monsieur le vicomte de Luz. Vous venez de me sauver la vie, ce n'est pas en ce moment que je chercherai à vous ôter la vôtre. Je suis votre ennemi; je vous haïssais, je vous hais encore en cet instant de toutes les forces de mon âme; je désire ardemment me venger de vous; mais, sur ma foi de gentilhomme, loyale sera cette vengeance. Adieu, monsieur le vicomte. Priez le ciel qu'il ne nous remette jamais en présence.

— Un rude homme! fit le colonel.

— Un chien enragé, ajouta San-Lucar. Achevez, Rioban.

— Au premier mot du comte de Mauclerc, continua Rioban, René avait désarmé son fusil et l'avait rejeté en bandoulière. Les deux hommes se saluèrent alors silencieusement. Le comte de Mauclerc, sans rien ajouter, rendit la main et, après un léger signe de tête, il partit au galop, conduisant le second cheval en bride. Notre ami, toujours immobile à la même place, le suivit des yeux, jusqu'à l'angle de la sente. Quand il l'eut perdu de vue, il reprit tout pensif le chemin du rancho. J'étais là, par hasard, à son arrivée. Je le vis inquiet, je l'interrogeai. Il n'avait aucun motif pour se taire; il me raconta tout. Voilà, messieurs, ce qui s'est passé au rancho aujourd'hui, il y a quatre heures à peine, et ce dont je désirais vous donner avis avant d'y retourner... Que pensez-vous de la rencontre?

— Elle coïncide, dit Martial Renaud, avec une autre à peu près semblable que San-Lucar a faite à San-Francisco.

On raconta alors à Rioban ce qui concernait Marcos Praya.

Lorsque tout fut terminé :

— Nos ennemis se donnent la main, leur cercle se rétrécit autour de nous, dit le vicomte en réfléchissant.

— Bah! laissez-les se rapprocher, nous aurons moins de chemin à faire pour les atteindre. Tant mieux, s'ils se décident enfin à venir à notre rencontre! ajouta le colonel.

— C'est l'heure de la dernière lutte! reprit San-Lucar.

— Oui, de la dernière, reprit le colonel avec un accent étrange.

— Et la comtesse de Casa-Real? Quelles nouvelles en avez-vous, cher ami? Si son âme damnée, le Marcos Praya, est ici, elle ne doit pas être bien loin, elle, il me semble.

— C'est la seule chose qui m'inquiète en ce moment, s'écria le colonel Martial Renaud; je donnerais beaucoup pour savoir où elle se cache... Je parierais ma main droite que c'est elle qui dirige tous ces misérables contre nous, et surtout contre mon frère. Ah! par l'enfer! si jamais...

La voix de Mouchette, qui se fit tout à coup entendre dans les halliers, vint couper net cette menace par la moitié.

Mouchette revenait vers les Compagnons de la Lune en chantonnant le refrain d'une chanson de barrière :

> Nous étions quat'z'ouvriers,
> Qui voulions nous amuser,
> J'allions à la Courtille!
> Ousque l' vin blanc pétille!
> Nous faut du vin!
> Nous faut du vin!
> Du vin nous faut!
> Ohé!

Il chantait, le brave et insouciant gamin de Paris, avec autant de tranquillité narquoise que s'il se fût trouvé sur l'asphalte de son cher boulevard du Temple, au lieu d'aller et de venir à l'aveuglette à six mille lieues de la

France, dans un pays inconnu, où chaque pas cachait un danger, chaque buisson une embûche.

Au mot : Ohé! le gamin écarta les buissons, se glissa entre les branches et grimpa sur la plate-forme.

— Ah! te voilà, coureur! lui dit le colonel. Tu n'as donc plus faim?

— J'en... meurs... tout simplement, mon colonel, répondit d'un ton larmoyant Mouchette, qui s'assit sur l'herbe et mit les bouchées doubles, triples même parfois.

— Pourquoi nous as-tu quittés?

— Pour deux raisons, mon colonel ; la première que, sans m'en rien dire, vous espériez seuls écouter tout à votre aise M. le vicomte de Rioban qui avait une longue histoire à vous raconter.

— Tu ne désirais pas l'entendre?

— Moi!... fi donc!... mon colonel!... Et puis d'ailleurs je la savais.

Les trois hommes se mirent à rire.

— Et quelle est la seconde raison? reprit le colonel.

— Ah! ça, c'est autre chose, répondit le gamin, la bouche pleine des deux côtés. Je voulais savoir où était allé tomber mon gibier de tout à l'heure; vous savez, mon colonel, les chasseurs, c'est leur faible.

— As-tu trouvé poil ou plume de la bête?

— Mais oui.

— Réparation d'honneur.

— J'ai des cheveux, du drap et autre chose encore qui valait bien la peine de se déranger et de laisser refroidir le potage, répondit-il en ricanant.

— La bête était-elle morte, au moins? demanda Rioban.

— Tout ce qu'il y a de plus morte, mon colonel, répondit froidement Mouchette. La balle lui a traversé le cou.

— Au juger, c'est joli.

— Dame! oui!... Cependant il faut ajouter, pour être juste, qu'en tombant, le pauvre cher ami a encore eu la chance de se *casser les reins à la douce* sur les rochers.

— Mais pourquoi es-tu resté si longtemps? demanda San-Lucar.

— Voilà... c'est que comme la bête était blanche, je n'ai pas voulu la laisser dévorer par les zopilotes ou les gavilans, comme ils disent dans ce satané pays-ci.

— Et alors?

— Alors, je l'ai relevé, je lui ai attaché une belle pierre, bien propre, au cou, et puis j'ai jeté le paquet à la rivière.

— Bien, mon gars. Ainsi, cet espion était de race blanche, cet assassin n'appartenait pas à la race indienne?

— C'était un blanc pur, un blanc sans mélange, monsieur Martial.

— Je ne sais pas pourquoi, mais il me semble qu'il doit y avoir de la comtesse de Casa-Real là-dessous, pensa tout haut le colonel.

— Peut-être bien, mon colonel, répondit Mouchette sur le même ton, comme se répondant à lui-même.

— Qu'avez-vous, mon ami? lui demanda son compagnon.

— Je suis fâché de n'avoir pas songé tout à l'heure à examiner moi-même, et à essayer de reconnaître cet homme.

— Il n'y a rien de perdu, mon colonel, j'y ai songé pour vous.

— Petit diable!... tu l'as reconnu?

— Moi..., pas le moins du monde.

— Ah! eh bien?

— Eh bien! qui sait? Vous le reconnaîtriez peut-être, vous.
— Impossible, maintenant.
— Bah! pourquoi ça?
— Explique-toi.

Mouchette reprit :

— Comme le pauvre bonhomme était trépassé par sa faute et que par conséquent dans le monde où il était allé il n'avait plus besoin de rien, je me suis permis de le fouiller... Il n'était pas riche... il ne possédait que cinq ou six dollars, du tabac et du papier à cigarettes que je me suis bien gardé de lui laisser.

— Est-ce tout?
— Pas tout à fait.
— Va donc!

— En défaisant sa faja en crêpe de Chine, qui lui était inutile aussi puisqu'il était mort, et dont j'avais moi un besoin urgent, voilà ce qui en est tombé, mon colonel.

— Ah! qu'est-ce donc?

— Naturellement, continua l'imperturbable gamin, je l'ai ramassé précieusement et je vous l'apporte.

— Donne, mais donne donc!

En parlant ainsi, mais toujours sans se presser le moins du monde, le gamin de Paris retira de sa poche un petit portefeuille en cuir de Russie assez élégant, bourré de papiers, et il le présenta au colonel.

— Décidément, méchant gamin, tu es un garçon d'esprit! fit le colonel Martial Renaud en prenant vivement le portefeuille qu'il ouvrit aussitôt avec empressement.

— Rien qu'un! répondit Mouchette, moitié riant, moitié mécontent.

Cependant le colonel parcourait rapidement le contenu du portefeuille.

— Je ne m'en dédis pas, répéta-t-il au bout d'un instant, tu es un garçon d'esprit, Mouchette, et tu nous as rendu un immense service en tuant ce drôle.

— C'est ce drôle qui vous l'a rendu en se laissant tuer, fit le gamin.

— Qu'y a-t-il donc? demandèrent les deux Invisibles, se penchant avec curiosité vers le colonel Martial Renaud.

— Il y a, messieurs, que décidément le ciel se déclare en notre faveur!

Cela était dit avec une animation étrange de la part d'un pareil homme, ordinairement si maître de lui-même.

— Grâce à ce brave gamin de Mouchette, je tiens ce que depuis si longtemps nous cherchons vainement.

— Quel nez! oh là là! murmura Mouchette, engloutissant un morceau de viande qui faillit l'étouffer.

— Parlez-vous de la comtesse, mon ami? demanda San-Lucar.
— Oui.
— Elle est retrouvée?
— Oui.
— Et pouvez-vous nous apprendre où elle se cache?

— Bientôt, vous saurez tout..... mais d'abord il faut avertir mon frère.
— Ainsi, cet homme était un des émissaires de la comtesse de Casa-Real?
— Oui, un de ses plus précieux même, je vous le certifie.
— Joli gibier que j'ai tiré là! grommela Mouchette se levant et frappant du pied pour se dégourdir les jambes.
— Or çà! messieurs, reprit le colonel après avoir fermé le portefeuille et serré soigneusement les papiers qu'il contenait, maintenant que maître Mouchette a terminé son repas...
— Oui, j'ai fini..., fit le gamin d'un air placide.
— Et que rien ne nous arrête ni ne nous retient plus ici, continua le colonel Martial Renaud d'une voix sombre, nous pouvons nous remettre en route, n'est-ce pas?
— A vos ordres.
— Seulement, comme la nuit est venue, que la lune ne s'est pas encore levée et qu'on n'y voit goutte, vous me laisserez s'il vous plaît vous servir de guide.
— A vous voir une telle certitude dans ces taillis inextricables, une pareille infaillibilité de direction dans des sentes que les bêtes fauves elles-mêmes ne doivent pas toujours reconnaître, sur mon honneur, on jurerait, mon cher colonel, dit en riant le vicomte de Rioban, que quoique Parisien vous avez toujours vécu dans les déserts et dans les forêts.

Le colonel Martial Renaud sourit avec mélancolie.

— Et vous ne vous tromperiez pas, mes amis, reprit-il; mon enfance et une partie de ma jeunesse se sont en effet passées dans les immenses et terribles déserts de la Guyane, près desquels ceux-ci ne sont rien. Ainsi, vous pouvez avoir toute confiance en moi; je ne vous égarerai pas. D'ailleurs, notre course ne sera pas de longue durée. Nous ne sommes, en droite ligne, qu'à deux lieues à peine du camp.

— En droite ligne, je veux bien, dit Mouchette, mais avec les détours nous pouvons en compter quatre largement.

— Nous supprimerons les détours, mon gros joufflu, dit gaiement le colonel Martial Renaud. En marche, messieurs, et autant que possible en file indienne, s'il vous plaît, c'est-à-dire les pas des uns dans les pas des autres, et surtout du silence.

— Cristi! Seraient-ils étonnés là-bas, les amis, au boulevard Martin, dit à demi-voix l'incorrigible gamin de Paris, s'ils savaient comme je m'amuse crânement ici.

Ils se levèrent aussitôt et se mirent en route dans l'ordre que le colonel avait prescrit, et bientôt ils disparurent au milieu des buissons et des halliers.

Mouchette fermait la marche, les mains dans les poches de sa culotte et son fusil en sautoir.

VII

UN CAMP DE CHERCHEURS D'OR

Aux premiers temps de la découverte de l'or, les émigrants qui arrivaient soit par terre, soit par mer, à San-Francisco et de là, s'élançaient à corps perdu vers les *placeres*, dans l'espoir de conquérir en quelques semaines ces richesses qu'ils convoitaient si ardemment, les émigrants, disons-nous, soit par l'effet des circonstances, soit par suite d'un accord tacite, s'étaient partagé les deux régions de terres aurifères, selon leurs nationalités respectives.

La race latine, composée des Français, des Mexicains et généralement de la plupart des émigrants venus par mer et par conséquent d'Europe, car les Kanacks océaniens et les Chinois, qui plus tard devinrent si nombreux, n'avaient point paru encore, cette foule avide se dirigeait, par instinct, vers la région du Sud.

Puis tout leur manquait, ils établissaient tant bien que mal des camps provisoires aux environs d'Angeer, de Chinescamp, de Sonora et de Jamestown.

La race anglo-saxonne, elle, composée exclusivement des Américains du Nord, des Irlandais, des Anglais et des Allemands, campait dans la région septentrionale située sur la route de l'intérieur et des plaines de l'Est.

Rien de curieux comme les camps des émigrants, à cette époque, sur les *placeres*.

Chacun s'ingéniait selon sa fantaisie ou selon ses besoins, et établissait, dans la meilleure situation possible, sa tente, son *jacal*, espèce de cabane en feuillage, sa *paillotte* ou son *log-house*.

Le matin, à l'aube, les mineurs sortaient presque en même temps de leurs demeures dans les costumes les plus bizarres, les plus pittoresques et surtout les plus excentriques.

Ils descendaient aux *diggings* pour laver la terre de leurs *claims* et commencer ainsi leurs rudes labeurs de tous les jours.

Les plus riches ou les plus industrieux, associés entre eux, se servaient du *rocker* ou *cradle*, tandis que les chercheurs d'or isolés, Mexicains pour la plupart et peu industrieux, n'employaient que la *battee*.

Tous les jours de la semaine, c'était le même travail, la même fatigue.

Le dimanche n'était consacré ni au repos ni au plaisir.

Ce jour-là, le travail changeait, voilà tout.

Les mineurs s'armaient de leur pic et de leur battee, et au lieu de rester sous leurs tentes ils se dispersaient de tous les côtés à la recherche de nouveaux placeres plus riches et plus abondants que ceux qu'ils exploitaient.

Ils donnaient à cette recherche le nom caractéristique de *prospecter*.

Les gambusinos mexicains surtout et les plus anciens mineurs possédaient exclusivement cette faculté extraordinaire presque instinctive chez eux, qui leur faisait reconnaître, presque toujours au premier coup d'œil, les gisements aurifères les plus avantageux.

Aussi ces gambusinos émérites s'en faisaient-ils une spécialité.

Ils vendaient la révélation des nouveaux *placeres* qu'ils découvraient aux émigrants récemment arrivés, et qui par conséquent ne possédaient pas encore l'expérience nécessaire pour chercher l'or avec succès.

Cette existence plus que laborieuse était fort accidentée.

Cela se comprend.

Au milieu de ces solitudes inconnues, loin des bruits du monde civilisé, dans ces camps composés d'hommes étrangers les uns aux autres, et formés par le hasard, le moindre fait prenait tout de suite les proportions d'un événement grave.

Le soir venu, assis par terre devant les tentes, on causait des travaux du jour, du succès ou de l'insuccès des recherches, de l'arrivée prochaine des convois chargés de ravitailler les camps, question vitale entre toutes pour tous ces déclassés, que l'avarice, la misère et la convoitise avaient jetés dans ces déserts.

Puis on jouait.

On jouait avec frénésie.

Il fallait bien trouver un débouché à toutes ces richesses.

Des sommes folles étaient perdues en quelques minutes par des hommes qui, la veille, mouraient littéralement de faim, et que le hasard, toujours railleur, venait d'enrichir subitement en moins d'une heure peut-être.

On s'enivrait.

On dansait.

On se querellait surtout.

Le sang coulait à flots, dans ces rixes entre gens qui se jalousaient et se haïssaient, qui toujours avaient le couteau à la main, dont les mauvaises passions étaient surexcitées et qui appartenaient à toutes les nations du globe, nations toujours rivales les unes des autres.

Rien de singulier comme le spectacle de ces hommes, couverts de colifichets de toutes sortes, inondés de parfumerie par-dessus leurs haillons et leurs guenilles disparates, dont les poches regorgeaient d'or, et qui, après avoir gaspillé sans y prendre garde dans de folles orgies les mets les plus exquis, se trouvaient tout à coup exposés à mourir de faim, malgré leurs richesses, par le retard d'un convoi.

D'autres portaient des chemises de fine batiste, curieusement brodées, mais sales, noires et déchirées en maints endroits parce qu'ils ne savaient, à quelque prix que ce fût, par qui les faire laver ou raccommoder.

Jamais, dans aucun pays du monde, à aucune époque de l'histoire du monde, le luxe et la richesse n'ont été si étrangement associés avec la misère et la faim que dans les camps des mineurs californiens, lors des premiers temps de la découverte de l'or.

Rien n'étant encore organisé, aucune administration régulière n'existan à cause de l'incurie notoire de ce ramassis d'aventuriers, tout leur manquait bien souvent.

Dans une vaste plaine, entièrement bouleversée par les travaux des mineurs, sur les bords d'un étroit ruisseau, affluent perdu du rio Merced, s'élevaient une quarantaine de tentes, propres, coquettes et dressées avec une sorte de symétrie.

Ce groupe de tentes était un camp de chercheurs d'or.

Contrairement à ce qui se passait partout ailleurs, le plus grand ordre, la plus stricte discipline régnaient dans ce camp.

Tous les habitants de ce campement, au nombre de deux cent cinquante hommes environ, ne formaient pour ainsi dire, tant leur union était sincère, qu'une seule et même famille, travaillant en commun et obéissant à des chefs choisis et reconnus par eux.

Au commencement de son installation dans cette plaine, ce camp, vu avec jalousie par les mineurs étrangers, avait été souvent menacé.

A plusieurs reprises même, des menaces on en était arrivé à des voies de fait.

Le camp avait été très sérieusement attaqué cinq ou six fois non seulement par les mineurs des camps rivaux, mais encore par les brigands pillards de la savane et par les Indiens Bravos, ces ennemis sempiternels et déclarés de la race blanche.

Mais l'organisation des chercheurs d'or reposait sur des bases si puissantes et si solides, leur armement était si complet et leur discipline si réelle, que toujours les assaillants, quels qu'ils fussent, Blancs, métis ou Peaux-Rouges, avaient été repoussés avec perte.

Et cela d'autant plus facilement qu'au premier coup de feu une cinquantaine de chasseurs, invisibles jusque-là, sortaient pour ainsi dire de terre, prenaient ces assaillants en queue, les plaçaient ainsi entre deux feux et les obligeaient promptement à chercher leur salut dans une retraite précipitée.

De plus, chose plus extraordinaire encore, ce camp, depuis son installation, n'avait jamais connu la famine.

En sus des chasseurs dont nous venons de parler, chargés spécialement de protéger le camp contre les attaques des bandits et de suffire aux besoins journaliers des travailleurs, une seconde troupe d'une quarantaine d'hommes allait, chaque mois, soit à Sonora, soit même à Monterey, chercher des convois de bœufs, de vin et de farine, convois qui toujours, malgré leur grande valeur, arrivaient intacts, sains et saufs.

L'emplacement de leur camp avait été habilement choisi par ces chercheurs d'or.

Le rendement était considérable, et, grâce aux mouvements accidentés du terrain coupé dans tous les sens par des cours d'eau venant de rochers ou de hauteurs, les travaux étaient plutôt faciles que pénibles.

D'ailleurs, ces chercheurs d'or étaient en outre fournis d'un outillage complet et de choix, tel que leurs concurrents n'en possédèrent que fort longtemps après.

Le premier de chaque mois, un convoi formidable se formait.

Les pépites et le minerai étaient chargés sur des mules.

Puis le convoi s'acheminait sous bonne escorte vers la mer.

A son retour, il apportait des vêtements, de la poudre, des balles, des médicaments, enfin toutes les choses de première nécessité, qui manquaient partout sur les *placeres* à cause, nous l'avons déjà dit plus haut, de l'incurie des mineurs eux-mêmes, et qui, dans le camp dont nous parlons, se trouvaient toujours en abondance.

Entrons dans ce camp.

Nous y retrouverons la plupart de nos anciennes connaissances d'Europe.

Environ vers sept heures du soir, au moment où Mouchette tirait au juger sur l'émissaire de la comtesse de Casa-Real, caché dans les buissons de l'accore du rio de la Merced, le vicomte René de Luz, vêtu d'un élégant costume de *campecino* californien, se tenait debout au sommet d'un monticule assez élevé, une excellente longue-vue marine à la main.

De ce monticule fait de terres rapportées et placé au milieu du camp, le jeune homme examinait attentivement la prairie dans la direction de l'est-sud-est.

Tout à coup, avec la paume de la main gauche, le jeune homme repoussa vivement les tubes de la lunette, qui s'emboîtèrent et se replièrent les uns dans les autres, et, se tournant vers un homme immobile à quelques pas de lui :

— Filoche ! cria-t-il.

— Monsieur le vicomte ? répondit aussitôt l'ancien débardeur, qui se tenait immobile au bas du monticule, les mains croisées et appuyées sur l'extrémité du canon de son rifle dont la crosse reposait à terre.

— Ton cheval est sellé ?

— Oui.

— Bien. En selle ! mon garçon.

— Où vais-je ?

— Reconnaître ce cavalier qui accourt vers nous à toute bride.

— Où cela ?

— Le vois-tu, là ? tiens ! dans la direction de mon bras ?

— Je le vois, monsieur.

— Eh bien ! va.

— Ce n'est pas la peine de se déranger pour si peu.

— Comment ! ce n'est pas la peine ! demanda René de Luz, étonné que son subordonné osât discuter ses ordres.

— Je n'ai pas besoin d'aller le reconnaître... à cheval.

— Parce que ?

— Parce que je le reconnais très bien d'ici, monsieur le vicomte.

— A cette distance ?

— Oui.

— Il est à peine visible, fit le comte avec incrédulité.

— Possible. Je le reconnais pour sûr. Pourtant, dès que vous le voulez, monsieur le vicomte, j'irai tout de même à sa rencontre, cela m'est égal, à moi.

Il fit un mouvement pour s'éloigner.

— Arrête ! lui cria René.

Filoche obéit.
— Qui supposes-tu que soit ce cavalier si pressé de venir à nous?
— Je ne suppose pas, monsieur le vicomte..., je suis sûr.
— Bon. J'admets l'infaillibilité de ton coup d'œil. Qui est-ce?
— Pardi! c'est pourtant simple.
— Qui?
— La Cigale.
— La Cigale!
— Lui-même.
— Tu crois?
— Je vous ai dit, monsieur le vicomte, que j'étais sûr, répondit sèchement Filoche qui commençait à se trouver offensé par cette incrédulité persistante du jeune homme, par ce doute émis à l'endroit de sa vue.
— C'est juste.
— Et tenez...
— Quoi?
— Maintenant qu'il est plus rapproché..., il va bon train, le gaillard!
— Eh bien?
— Regardez son cheval.
— Je le regarde.
— En avons-nous beaucoup d'aussi grands et d'aussi râblés dans le camp?
— Mais...
— Regardez, monsieur le vicomte..., regardez... La Cigale ne porte jamais de chapeau, vous le savez, n'est-ce pas?... Eh bien! voyez-vous maintenant flotter les pointes du foulard qui couvre sa tête?
— Pardieu! mon garçon..., si ce que tu m'annonces est vrai...
— Comment! si c'est vrai..., ça l'est...
— Tu as des yeux de lynx...
— De quoi? demanda Filoche tout interloqué par ce mot qu'il ne comprit pas et qui lui parut hétéroclite.
— D'excellents yeux, mon ami, reprit en souriant le jeune homme.
— Oh! pour cela, ils sont bons, monsieur le vicomte!
— Moi, je n'y vois rien du tout.
— Tenez, monsieur..., à preuve..., attendez un instant..., vous allez apercevoir la fumée... La Cigale va tirer.
En effet, un léger nuage de fumée bleuâtre monta vers le ciel.
Puis, au bout d'un instant, le bruit d'une détonation lointaine vint mourir faiblement aux oreilles du vicomte René de Luz.
Cette dernière preuve le convainquit.
— Faut-il toujours partir, monsieur le vicomte? demanda Filoche.
— Inutile.
— D'autant plus qu'avant cinq minutes...
— Il sera ici?
— Oui, monsieur.
Le vicomte René de Luz descendit de son observatoire.
Suivi par Filoche, qui de son autorité privée s'était constitué son garde

— Arrêtez, au nom du ciel ! ne buvez pas ou vous êtes morts !

du corps ordinaire, il s'avança à grands pas au-devant du cavalier, accourant toujours à toute bride.

À l'extrême limite de l'horizon, on commençait à apercevoir un épais nuage de poussière, soulevé probablement par les pas pressés d'une nombreuse caravane.

Au moment où le vicomte de Luz atteignait la dernière tente, le cavalier entrait, ventre à terre, dans le camp.

En apercevant le vicomte René de Luz, le cavalier se redressa sur la selle, tira la bride, serra les genoux, et, par un prodige inouï d'équitation, il arrêta son cheval aussi net que si les quatre pieds de l'intelligent animal se fussent soudainement rivés au sol.

Filoche ne s'était pas trompé.

C'était bien la Cigale.

La Cigale, vêtu d'un costume mexicain complet et magnifique.

Armé jusqu'aux dents, le visage toujours doux et placide, et monté sur un cheval tirant sur l'éléphant, et qui devait être doué d'une vigueur extraordinaire pour ne pas plier sous le poids de notre gigantesque connaissance, il arrivait rapide comme le vent.

Ainsi que Filoche l'avait, un instant auparavant, fait remarquer à M. le vicomte de Luz, la Cigale avait, pour sa commodité personnelle, remplacé le chapeau mexicain à forme basse et à larges bords, par un immense foulard de soie, attaché au moyen d'une corde sur sa tête, selon la mode africaine.

Les pointes de ce foulard retombaient sur ses épaules, voltigeaient sans cesse autour de lui et lui donnaient une physionomie singulière.

Son costume, son armement, son étrange coiffure surtout le faisaient, de loin, ressembler à un Kabyle.

— C'est bien toi, la Cigale, fit René en lui tendant la main, et riant presque de l'embarras de Filoche, qui craignait de lui avoir été désagréable, en ayant raison.

— Dame, oui... et pour vous servir..., si j'en étais capable, monsieur le vicomte..., répondit aussitôt le géant, qui serra solidement la main qu'on lui tendait.

— La caravane arrive?

— Elle vient derrière moi.

— Oh! Elle..., je l'ai aperçue.

— Ce n'est pas bien difficile.

— Quand sera-t-elle ici?

— Avant une heure.

— Tout a bien marché en route?

— Tout.

— Le convoi est-il fort?

— Assez.

— Combien de pièces?

— Quarante-sept bœufs vivants..., douze vaches laitières..., des douzaines de jambons fumés..., vingt-cinq pièces de vin..., douze pipes d'eau-de-vie, quinze boucauts de sucre, autant de café..., trente barils de farine, et de la *grenaille*, répondit-il tout d'une haleine.

La *grenaille*, c'était toujours ainsi que le bon la Cigale nommait les munitions de guerre, plomb et balles.

— Diable! mais c'est réellement un convoi magnifique et qui arrive à souhait. Nous l'attendions avec impatience.

— On se presse, vous voyez.

— Jusqu'où êtes-vous allés?

— Jusqu'à Sonora..., pas davantage.
— Hum! c'est déjà assez loin. Et le capitaine, comment va-t-il?
— Il va bien..., mais..., mais...
— Mais quoi?
Ici le brave géant... se mit à bégayer de son mieux.
C'était un symptôme alarmant.
Il devait y avoir une émotion sous jeu.
On le sait du reste, la Cigale ne bégayait jamais pour rien.
— Le capitaine est... triste!
— Triste... lui?
— A en mou... mourir!
— Que me dis-tu là, bon Dieu?
— La vérité, monsieur de Luz. J'en suis encore tout ahuri de l'avoir vu tout le temps dans cet état-là.
— Que lui est-il donc arrivé d'extraordinaire, mon ami?
— A lui?
— Oui.
— Rien.
— A qui donc alors? demanda vivement René de Luz.
— A *elle*.
— A elle! répéta le vicomte, avec une surprise douloureuse.
— Vous comprenez?
— Pauvre enfant!... Parle... Oue s'est-il donc passé?
— Pas grand'chose.
— C'est impossible. La Cigale..., Passe-Partout est un homme qui ne se laisse jamais influencer que par des malheurs palpables... et encore! Parle, dis-moi tout, voyons, vivement, ne me laisse pas ainsi inquiet.
— Au moment de quitter Sonora... Elle a manqué...
— Mlle Edmée de Lestang? s'écria le vicomte avec douleur.
— Oui, fit simplement la Cigale.
— Mon Dieu!
— On a retardé le départ de deux jours. Dame! vous comprenez, monsieur le vicomte, nous avons eu du mal, allez! pour rattraper ce temps perdu là. On l'a cherché partout, pauvre demoiselle, sans pouvoir la retrouver.
— Enfin?
— Enfin... quoi..., elle avait disparu.
— Disparu!
— Oui, sans que personne puisse dire ce qu'elle est devenue.
— Et tu trouves que ce n'est rien, cela?
— Je ne dis pas ça.
— Si.
— Eh bien! je voulais dire le contraire..., voilà tout.
— Quel affreux malheur, mon Dieu! fit le jeune homme en laissant tomber tristement sa tête dans ses mains.
— Oui! pour ça... oui!
— Le capitaine doit être au désespoir!

— Triste! bien triste!... Je ne l'ai jamais vu comme ça! dit la Cigale en se mouchant avec bruit, pour calmer sans doute sa propre tristesse. Il en est comme un fou!

Tout en répondant aux questions du vicomte, la Cigale avait trouvé moyen de donner à Filoche deux ou trois témoignages d'amitié.

René réfléchissait aux malheureuses conséquences que pouvait avoir la fâcheuse disposition d'esprit dans laquelle le capitaine rentrait au camp.

Il releva la tête.

— Pourquoi t'a-t-on envoyé en avant?

— Parce que le capitaine veut que je parle au colonel.

— A son frère?

— Oui.

— Il est absent..., je l'attends d'un moment à l'autre.

— Bon..., ça ne fait rien.

— Pourquoi?

— Le cas d'absence est prévu.

— Après?

— S'il n'y est pas..., je dois m'adresser à un autre.

— A qui?

— A vous, monsieur le vicomte.

— Parle donc au lieu de me laisser ainsi inquiet pendant une demi-heure.

— Voilà, j'avais ma consigne, monsieur, vous savez. Fallait savoir si le colonel était au camp? Il n'y est pas! c'est très bien, alors, écoutez ; d'abord, continua le géant, qui faisait toujours régulièrement les choses...

— Qu'est-ce?

— Les cinquante chasseurs vont monter immédiatement à cheval.

— Bien.

— Cinquante travailleurs seront détachés des travaux et se tiendront prêts, eux aussi, de leur à part.

— En tout cent hommes.

— Oui. Ils prendront avec eux des vivres pour quatre jours au moins ; de la poudre, des balles, et surtout de l'eau.

— Ce sera fait.

— Le capitaine m'a ordonné de vous recommander surtout, monsieur le vicomte, d'avoir bien soin de choisir les chevaux les plus solides et les hommes les plus résolus.

— Bien! fit René.

— Des quarante hommes que nous ramenons avec la caravane, dix seulement suivront le capitaine, ajouta la Cigale.

— Et les trente autres?

— Ils resteront à la garde du camp.

— Ensuite?

— C'est tout.

— Alors, repose-toi.

— Quelle farce! répliqua le géant en riant à sa façon... Me reposer!..

pourquoi faire?... je ne suis jamais fatigué. Vous le savez pourtant bien, monsieur le vicomte.

— C'est vrai, mon garçon ; mais si tu es de fer, toi, il n'en est pas de même de ton cheval qui, lui, est de chair et d'os ; regarde-le, il n'en peut plus, le pauvre animal !

— Vous avez raison.

Et le géant mit pied à terre.

Manœuvre de l'homme qui, par parenthèse, sembla plaire considérablement à l'animal.

Sans perdre un instant, le vicomte René de Luz, aidé par Filoche et l'infatigable Cigale, se mit en devoir d'exécuter les ordres du capitaine Passe-Partout.

Les travaux des mineurs étaient terminés depuis une heure.

Les travailleurs se reposaient, rentrés sous leurs tentes.

— Mon cor ? demanda le vicomte.

Filoche s'éloigna pendant quelques instants, puis il revint avec l'instrument demandé, c'est-à-dire une magnifique Dampierre.

René prit le cor, l'approcha de ses lèvres et sonna un *mot*.

A peine le dernier son du cor s'évanouissait-il dans l'air, que les rideaux des tentes s'écartèrent à la fois.

Tous les travailleurs sortirent.

Ils vinrent se ranger silencieusement autour du jeune homme.

Celui-ci fit un geste de la main.

Ce geste signifiait :

— Attendez !

Puis il porta de nouveau le cor à ses lèvres.

Cette fois, ce ne fut pas un mot qu'il sonna, mais bien une fanfare tout entière, avec un brio, une force, une verve que peu de musiciens possèdent.

La fanfare éclata joyeuse, puissante.

Répercutée par les échos, elle alla mourir comme une plainte au fond des mornes ignorés qui cerclaient la plaine.

Un quart d'heure se passa.

Puis plusieurs hommes parurent.

Après ceux-là, d'autres.

Et d'autres encore.

Ces hommes vinrent se ranger, sans demander d'explication, auprès des chercheurs d'or.

Ces nouveaux venus étaient les chasseurs.

Lorsque le vicomte se fut assuré, par un regard jeté autour de lui, que personne ne manquait à l'appel, il prit la parole et communiqua aux assistants l'ordre qu'il venait de recevoir par l'entremise intelligente de la Cigale.

— Que ceux qui désirent faire partie de l'expédition sortent des rangs, ajouta-t-il en terminant.

Personne ne bougea.

René de Luz ne se déconcerta pas.

Il connaissait ses hommes.

Il répéta sa question.
Même silence.
— Filoche ! demanda René en souriant, que faire ?
— Prenez-en cinquante vous-même, monsieur le vicomte.
— C'est ton idée ?
— Dame ! oui ! Vous en demandez cinquante... et ils désirent tous y aller... Que diable voulez-vous qu'ils fassent... Je les plains bien, les pauvres diables !
— Je crois que tu as raison... Allons, mes amis..., que ceux que je ne choisirai pas ne m'en gardent pas rancune ; je prends au hasard.
— Moi d'abord, murmura Filoche.
— Oui, toi d'abord... au hasard !... répliqua René de Luz en choisissant Filoche, qui ne se connaissait pas de joie.
L'ex-débardeur, le collègue de la Cigale, était d'un naturel remuant ; la vie du camp l'ennuyait mortellement.
Les quarante-neuf autres furent trouvés en un instant.
— Vous avez dix minutes pour vous préparer, ajouta le vicomte.
Les chercheurs d'or s'éloignèrent de divers côtés, commentant à leur manière l'ordre imprévu qui venait de leur être donné.
Les dix minutes n'étaient pas encore écoulées que déjà cent chevaux complètement harnachés se trouvaient rangés sur deux lignes, au milieu du camp.
Près de chaque cheval, bride en main, il y avait un homme bien armé.
Le vicomte de Luz alors passa une minutieuse inspection.
Il n'eut pas un reproche à adresser.
Tous ces hommes, vieux soldats ou vieux marins, avaient obéi à la lettre.
Au moment où le jeune homme terminait son inspection, le colonel Martial Renaud et ses compagnons arrivaient.
Ils avaient entendu la fanfare, et ils s'étaient hâtés de rentrer au camp.
Ils arrivaient trop tard.
Le colonel Martial Renaud ouvrait la bouche pour demander au vicomte René de Luz l'explication de cette réunion extraordinaire d'hommes armés en guerre, lorsque tout à coup, un grand bruit, un brouhaha retentissant, lui fit tourner la tête et lui coupa la parole.
C'était la caravane, Passe-Partout en tête, qui pénétrait au galop dans le camp.

VIII

LE BRICK « L'ÉCLAIREUR »

Il nous faut maintenant interrompre notre récit et faire quelques pas en arrrière, afin de mettre le lecteur au courant des événements qui s'étaient passés depuis le jour où, par leur audacieux coup de main contre la ferme, les Compagnons de la Lune avaient si heureusement délivré leur chef et déjoué ainsi les projets de la comtesse de Casa-Real contre lui, jusqu'au moment où nous avons retrouvé le comte de Warrens sur les *placeres* d'or californiens, au milieu de ses amis et plus puissant que jamais.

Revenons donc au Havre, bientôt nous serons de nouveau en Amérique.

Le brick *L'Éclaireur* était réellement un charmant navire.

Fin voilier, coquet, bien *espalmé*, il atteignait sans trop de difficulté, grand largue par une bonne brise, douze et même treize nœuds à l'heure, ce qui était à juste titre considéré comme une marche supérieure, à cette époque où la vapeur, encore mal appliquée, n'avait pas laissé deviner toute sa puissance.

Déjà, depuis plus de quinze jours, il avait quitté le Havre.

La ligne équinoxiale était franchie.

Le vent était bon, la mer belle.

Tout permettait aux voyageurs une heureuse traversée.

La bordée de quart, réunie sur le gaillard d'avant par groupes de matelots, plus ou moins nombreux, charmait ses loisirs en dormant, en jouant aux cartes, ou bien en contant des histoires tout en ravaudant tant bien que mal des pantalons et des vareuses déchirés.

Notre ami la Cigale, le sifflet d'argent de maître d'équipage suspendu au cou par une longue chaîne aux lourds anneaux d'argent, se tenait immobile, les bras croisés, les yeux fixés sur la voilure, au pied du grand mât.

M. le comte de San-Lucar, debout sur son banc de quart, suivait d'un regard distrait le vol capricieux des satanites et des damiers qui tourbillonnaient et se poursuivaient avec des cris aigus dans le sillage du navire.

Un pilotin s'approcha respectueusement de lui, le chapeau à la main, et lui dit quelques mots à voix basse.

Le jeune homme se redressa.

— Pique huit! dit-il, jette le loch!

Un timonier prit la corde de la cloche et frappa quatre coups doubles.

Ce qui, en langage maritime, veut dire :

Quatre heures!

Huit heures!

Ou minuit.

Façon de sonner l'heure, excessivement simple, généralement adoptée en marine, et à laquelle il est impossible de se tromper.

La langue maritime est claire et concise par excellence.

Les marins n'ont pas comme les gens des villes de temps à perdre en paroles oiseuses.

Ils vont droit au but.

Cette fois les quatre coups doubles signifiaient :

— Quatre heures de l'après-dîner.

Aussitôt la Cigale porta son sifflet à sa bouche, fit une roulade perlée; puis de sa voix de stentor, qui fut entendue depuis la pomme des mâts jusqu'au fond de la cale :

— En haut! les tribordais! debout au quart! cria-t-il

Au même instant, les matelots qui étaient disséminés sur le pont s'affalèlèrent précipitamment et en tumulte par les panneaux de l'avant, en hurlant à qui mieux mieux sur tous les tons de la gamme chromatique.

— Debout! tribordais! debout! debout!

Pendant ce temps, les timoniers réunis sur la dunette filaient le loch destiné à constater la marche du navire.

Cette opération terminée, un pilotin vint à M. de San-Lucar et lui dit :

— Douze nœuds un tiers, lieutenant.

— Bien.

Cinq minutes plus tard, le quart était changé, c'est-à-dire que la bordée de babord était remplacée par celle du tribord, dont le tour était venu de se reposer.

Le vicomte de Rioban remplaçait M. le comte de San-Lucar; quant à la Cigale, en sa qualité de maître d'équipage, il reprenait sa première position au pied du grand mât.

Deux hommes sortirent en ce moment d'une chambre de la dunette et vinrent se promener en causant à voix contenue sous le vent de l'écoute de grand'voile.

Ces deux hommes étaient le premier M. le comte de Warrens et le second son frère, le colonel Martial Renaud.

En les apercevant, sans qu'il fût besoin qu'on leur en donna l'ordre, les matelots se retirèrent respectueusement sur le gaillard d'avant, afin de laisser aux deux officiers l'espace libre pour leur promenade.

Le comte Noël de Warrens ou le capitaine Passe-Partout, comme il plaira au lecteur de le nommer, n'était plus reconnaissable.

Il était maigre, pâle, affaissé, ses yeux, profondément enfoncés dans leurs orbites, entourés d'un cercle de bistre, avaient perdu leur éclat; lui-même ne se soutenait que par un effort extrême de volonté.

Une ride profonde s'était creusée à la naissance du nez.

Sa tête s'inclinait sur sa poitrine comme s'il n'eût plus eu la force de la tenir droite.

Le marasme sans cause connue dans lequel était tombé cet homme si énergique, depuis son départ de France, inquiétait, à juste titre, très sérieusement ses amis.

N'osant l'interroger, ils s'étaient adressés au colonel Martial Renaud, qui fort inquiet, lui aussi, de cette inexplicable prostration qu'il ne savait à quoi attribuer, leur avait promis de faire tous ses efforts pour découvrir les motifs secrets du chagrin de son frère.

Ce chagrin prenait des proportions telles que si l'on ne parvenait point, n'importe par quel moyen, à en conjurer au plus vite les effets morbides, dans peu de temps il pouvait en résulter danger de mort.

Voyant les deux frères se promener hors de la dunette, M. de Rioban fit un signe d'intelligence à maître la Cigale, qui s'était aussitôt vivement approché du jeune officier, et lui parla à voix basse, de manière à n'être entendu que de lui seul.

Le digne maître d'équipage s'avança alors d'un air indifférent vers le

De ce monticule le jeune homme examinait attentivement la prairie.

gaillard d'avant, où à son tour il échangea quelques brèves paroles avec les matelots de quart.

Cela fait, il retourna tranquillement à son poste au pied du grand mât.

Peu à peu, les matelots de quart s'affalèrent silencieusement les uns après les autres par les panneaux.

Il ne resta sur le pont que :

M. le vicomte de Rioban, l'officier de quart ;
Le timonier, à la barre ;
Maître la Cigale, l'épaule appuyée contre le grand mât,
Et Filoche, l'ancien débardeur et actuellement le chef du mât de beaupré, fumant sa pipe, assis à l'avant sur la bitte.

Cette solitude avait été, on le comprend, organisée instantanément et à dessein par l'officier de quart, afin de laisser aux deux frères toute liberté d'épanchement.

Cependant ceux-ci marchaient lentement côte à côte.

Pas un mot.

Enfin, le colonel, fatigué sans doute de ce mutisme obstiné, prit, selon l'expression vulgaire, sa résolution à deux mains.

Il s'arrêta tout à coup et regardant son frère bien en face :

— Noël ! lui dit-il, d'une voix brève.

Le comte de Warrens tressaillit comme un homme réveillé en sursaut, releva la tête et se passant la main sur le front, avec un geste rempli de lassitude.

— Tu as parlé mon frère, demanda-t-il.
— Oui, Noël.
— Que me veux-tu ?
— Es-tu disposé à m'entendre ?
— Toujours.
— Tu me répondras ?
— Oui, certes, fit-il en lui saisissant vivement la main.
— Tu devines ce que je veux te dire ?
— Je le devine.
— Et tu consens à m'écouter.
— Je ne veux plus avoir de secret pour toi, Martial ; ne sommes-nous pas une seule âme en deux corps ?
— Merci, Noël.
— Parle. Va droit au but.
— C'est ce que je veux faire. Nos amis sont inquiets, Noël, inquiets de ton état. Je ne t'ai jamais vu te laisser abattre ainsi, et, Dieu sait pourtant, frère, les dangers que nous avons courus côte à côte, les douleurs qui nous ont atteints. Tes amis et moi, nous voulons enfin, coûte que coûte et quoi qu'il arrive, connaître ton mal.

— Hélas ! frère, ce mal qui me ronge et causera infailliblement ma mort, e guérirez-vous ? demanda le comte en hochant tristement la tête.

— Nous essayerons, du moins, mon cher Noël, répondit Martial Renaud.

Son frère secoua de nouveau la tête d'un air de doute.

— Vous vous trompez, et toi tout le premier ; vous ne pouvez me guérir. Ce mal n'a pas de remède, frère !

— Allons donc ! Tu es fou, reprit le colonel en haussant les épaules d'un air de mauvaise humeur, la seule maladie sans remède, c'est la mort. Et quoi que tu en dises, tu n'en es pas encore là, grâce à Dieu. Parle donc sans plus tarder; d'ailleurs je suis ton frère, tout doit être en commun entre nous, tu l'as dit toi-même. Donne-moi la moitié de ta douleur, je l'exige, Noël.

Il y eut un court silence.

— Hé bien, soit ! dit enfin le comte, je ne résisterai pas davantage. Je t'aime, et puisque tu le veux, tu vas tout savoir.

Ils passèrent alors du côté du vent et s'assirent sur la drôme.

Maître la Cigale se retira sans affectation sur le gaillard d'avant.

Il s'assit sur la bitte, bourra sa pipe, la plaça au coin de sa bouche après l'avoir allumée et il se mit à causer avec son camarade Filoche, tandis que le vicomte de Rioban descendait de son banc de quart et allait de son côté se promener sur la dunette.

— Quelle solitude ! reprit au bout d'un instant le comte de Warrens en regardant autour de lui avec un sourire triste. On me traite donc comme un enfant malade ?

— Non pas, mon frère ! les hommes de quart sont en bas tout simplement parce que la chaleur est intolérable sur le pont, que la brise est faible..... et qu'il n'y a pas besoin d'eux ici en ce moment; mais ils se tiennent prêts à obéir au premier signal du sifflet de la Cigale, ou du porte-voix du vicomte de Rioban.

— Soit ! fit-il avec un sourire légèrement ironique; peu importe du reste. Écoute donc; d'ailleurs, je ne mettrai pas ta patience à une longue épreuve; mon récit sera court. Seulement il me faut prendre mon récit un peu plus haut. Après t'avoir quitté au Havre, tu te souviens, n'est-ce pas, que je me rendis à Paris ? Il me fallait, tu le sais, réunir la Vente suprême.

« Mon retour fut salué par de chaleureuses acclamations; tous nos amis se montrèrent heureux de me revoir.

« Ils me firent raconter dans les plus grands détails les péripéties de ma captivité et les moyens employés pour opérer ma délivrance.

« Je terminai en les avertissant que nous allions nous remettre à notre œuvre interrompue si brusquement par ma captivité.

« Là, les choses changèrent.

« Je suis le chef de notre société.

« Mais, tu le sais, j'ai au-dessus de moi, dans les circonstances graves, et celles où nous nous trouvions étaient critiques, les résolutions de la Vente suprême; résolutions qui doivent être votées à l'unanimité, sans qu'il me soit permis de prendre part au scrutin.

— Je sais cela, frère; je sais aussi que le docteur Martel te dit ceci, au nom de tous nos affiliés : « Les précautions sont prises pour que les personnes auxquelles la Société a juré de faire rendre justice ne voient pas leurs droits méconnus par un *statu quo* indispensable de quelques mois; la société veillera attentivement sur eux; les malheureux seront consolés, les pauvres secourus, les méchants surveillés et punis. Quant à vous, chef suprême de la Société des Invisibles, votre devoir est tracé : la Vente suprême a condamné la comtesse Hermosa de Casa-Real, non point parce qu'elle est votre ennemie, les haines particulières ne regardent pas la Société, mais parce qu'elle s'est rendue, par ses crimes, justiciable des Invisibles.

« C'est vous, comte de Warrens, chef suprême des Invisibles, qui êtes chargé d'exécuter ce jugement.

« Vous connaissez les motifs de notre détermination ; il est donc inutile de vous les redire. Partez, mais soyez sans crainte, frère, les intérêts de l'œuvre immense dont nous avons tous assumé sur nous la responsabilité ne péricliteront pas en votre absence. »

— Oui, ce fut bien ainsi que me parla le docteur Martel, au nom de nos chers compagnons, répondit le comte de Warrens. Je ne me rendis pas cependant tout d'abord à ses raisons, et je réclamai le vote : on consentit à me satisfaire ; ce vote, tu le sais, fut unanime. Il ne me restait plus qu'à obéir ; je m'inclinai, et, après avoir serré une dernière fois, la main de tous nos amis, je les quittai.

— Tu repartis pour le Havre immédiatement sans doute.

— Non, murmura le comte d'une voix sourde, non, je demeurai à Paris.

— Que fis-tu alors ? demanda le colonel en le regardant fixement.

Le comte se leva :

Une rougeur ardente marbrait les pommettes de ses joues, ses yeux brûlés de fièvre lançaient des éclairs ; il fit d'un pas saccadé quelques tours au hasard sur le pont, et revenant enfin s'asseoir près de son frère, qui ne l'avait pas quitté du regard, il murmura :

— Ce que je fis, Martial ?

Mais, se reprenant aussitôt :

— Écoute-moi bien, frère, murmura-t-il d'une voix sourde : tu sais, toi, n'est-ce pas, quelle grande douleur a flétri à jamais toutes mes riantes et fraîches illusions de jeunesse, tordu mon cœur et fait évanouir à jamais en moi tout espoir de bonheur.

Le colonel serra silencieusement la main de son frère.

— Eh bien ! je ne sais ce qui se passe en moi depuis quelques jours : le passé s'efface, je l'oublie ; mon cœur, que je croyais mort, je le sens battre dans ma poitrine ; mes illusions perdues renaissent plus vives ; je recommence à croire, je n'ose dire : à espérer. J'aime, Martial. Hélas ! plains-moi, frère, car cet amour fait à la fois le tourment et le charme de ma vie ; il me tuera ! je le sens, et pourtant j'en suis heureux.

— Frère ! s'écria le colonel.

— Pardonne-moi, Martial, mais si tu savais ce que je n'ose te dire, si je te révélais le nom qui est sans cesse sur mes lèvres et qu'elles ne peuvent prononcer, tu pleurerais avec moi des larmes de sang, car cet ange que j'aime de toutes les forces vives de mon âme, par une fatalité étrange, c'est la seule femme qu'il me soit défendu d'aimer. Oh ! je suis maudit !

« En sortant de la maison du docteur Martel où notre réunion avait eu lieu, je courus tout droit chez elle, je ne la trouvai pas ; depuis quelques jours elle avait disparu : elle s'était subitement retirée dans un couvent ; je parvins, à force d'instances, à savoir le nom de ce couvent, situé au fond de la Bretagne ; j'y allai.

— Eh bien ?

— Eh bien ! frère, il est de ces fatalités contre lesquelles toute lutte est impossible, reprit-il avec un rire amer, là devant ce couvent je me brisai contre un obstacle brutal, ridicule, une grille enfin, que ni prières, ni menaces, — car j'allai jusqu'à menacer, j'étais fou ! — ne purent me faire ouvrir.

« Alors, le cœur à jamais brisé, le désespoir dans l'âme, je me souvins de la mission dont on m'avait chargé et je revins tristement au Havre. Voilà tout ; mais je porte la mort dans mon sein, je le sais, et le devoir terrible que l'on m'a imposé accompli, j'espère que la terre américaine ne me refusera pas un tombeau.

— Frère, prends garde ! répondit le colonel d'une voix austère, tu doutes de la toute-puissante bonté de Dieu, tu blasphèmes, c'est mal et indigne d'un homme tel que toi !

— Moi ! détrompe-toi, frère, ce qui me tue, le sais-tu ? Ce n'est pas, ainsi que tu le supposes sans doute, la conviction que je puis avoir au fond du cœur, des difficultés que rencontrerait certainement cet amour insensé ; que m'importent ces difficultés, si grandes qu'elles soient, peut-être parviendrai-je à les vaincre ! Non, Martial, ce qui me tue, c'est la certitude que j'ai de ne pas être aimé, de ne l'être jamais.

— Noël !

— S'il en eût été autrement, quand j'étais là à peine à quelques pas d'elle, brisé, fou de désespoir, serait-elle obstinément demeurée sourde à mes prières, à mes larmes ? Non, non, Martial, tout est fini, bien fini ! je le sens ! Voilà le mal qui me consume, frère. Maintenant, crois-tu toujours pouvoir y porter remède ?

— Oui, je le crois sincèrement, Noël, répondit le colonel d'une voix profonde. Emporté par la passion, tu raisonnes mal, tu es injuste et ingrat envers cette femme ; tu l'accuses de froideur, et peut-être, sans que tu le soupçonnes, t'a-t-elle donné les preuves les plus éclatantes de cet amour que tu méconnais.

— Que veux-tu dire ?

— Rien, frère ; si ce n'est que tu as oublié, dans le récit que tu m'as fait, de me dire une chose, une seule.

— Laquelle ?

— Me dire le nom de la femme que tu aimes et que tu accuses avec tant d'amertume, mon cher Noël.

— Oh ! non, mon frère, reprit-il en secouant tristement la tête, non je ne l'ai pas oublié ; mais ce nom ne sortira jamais de mes lèvres ; n'exige pas cela de moi ; ce nom, je ne le révélerai pas même à l'heure de ma mort.

— S'il en est ainsi, Noël, répondit froidement le colonel Martial Renaud en se levant, comme je ne veux pas te voir ainsi souffrir sans essayer cette guérison que tu prétends impossible, je te dirai ce nom, moi.

— Toi ! s'écria-t-il avec une surprise mêlée d'épouvante.

— Ou plutôt non, reprit-il avec un affectueux sourire, je te dirai seulement : retourne-toi et regarde.

Et, tout en parlant ainsi, le colonel Renaud appuya affectueusement les mains sur les épaules de son frère.

Le comte de Warrens obéit machinalement à l'impulsion qui lui était imprimée, et il se retourna, mais soudain il tressaillit.

Une jeune fille, dont le bonheur rendait la beauté plus éclatante, se tenait calme et souriante devant lui.

— Edmée! s'écria-t-il avec délire, en tombant aux genoux de la jeune fille; vous! vous, ici! ah! c'est le ciel qui vous envoie! Edmée!... Vous êtes mon bon ange!

— Ne vous l'avais-je pas dit, mon frère, Martial? fit-elle doucement en se tournant vers le colonel dont les yeux étaient pleins de larmes; ne vous l'avais-je pas dit que je serais son bon ange!

Ils demeurèrent quelques secondes ainsi en proie à une de ces émotions pleines de joie ineffables qui ne se peuvent décrire.

— Relevez-vous, Noël, ajouta-t-elle au bout d'un instant en lui tendant sa main mignonne, je vous aime et je suis votre fiancée devant Dieu; vous ne pouviez venir à moi, je suis venue à vous; maintenant nous ne nous quitterons plus, la mort seule nous séparera; mais nous vivrons pour être heureux, n'est-ce pas, Noël?

— Oh! oui, s'écria-t-il avec feu, en couvrant sa main de baisers ardents, je veux vivre, Edmée, vivre pour vous! Tu avais donc deviné mon amour, Martial?

— Toi, n'est-ce pas moi, frère? Oui, je savais tout.

— Et je l'avais malgré lui fait mon complice, mon cher Noël, reprit la jeune fille avec un ravissant sourire.

Ces trois nobles et généreux cœurs n'avaient et ne pouvaient point avoir de secrets l'un pour l'autre.

. . . .

Edmée de l'Estang continua à habiter la cabine où elle avait passé de si longues et si tristes heures et dans laquelle maintenant elle se sentait si heureuse.

L'équipage du brick *L'Éclaireur*, composé d'ailleurs d'hommes dévoués, en voyant le respect profond dont le comte et tous les officiers entouraient la jeune femme, en reconnaissant sa charité, ce qu'elle avait fait pour leur chef, car Jann Mareck maintenant qu'il pouvait parler, ne se gêna pas pour tout révéler à ses camarades, se prit à aimer la jeune fille comme aiment les marins, c'est-à-dire d'un amour tout à la fois profond, naïf et superstitieux.

Mlle de l'Estang était si pure, si chaste, si belle et si bonne, que ces hommes primitifs, mais si énergiquement trempés et si accessibles aux douces croyances, en arrivèrent bientôt à se figurer que sa présence au milieu d'eux leur portait bonheur.

Sur un regard, sur un signe de la jeune fille, ils auraient tout bravé.

Malheur à celui d'entre eux qui aurait osé se risquer devant elle à prononcer seulement un mot équivoque!

Le ciel sembla, lui aussi, se rendre complice de la superstition des marins, qui ne nommaient plus Edmée que leur ange gardien.

La traversée fut magnifique; pendant un voyage aussi long, pas un seul instant il n'y eut l'ombre, non pas d'une tempête, mais même d'un gros temps.

Le cap de Horn, ce terrible passage, si redouté à juste titre par tous les marins, fut franchi en quelques heures à peine.

Une belle et chaude brise de vent arrière et un éblouissant soleil en firent un jeu d'enfant pour le léger navire.

Ou filait rapidement.

Bientôt, on pénétra dans l'océan Pacifique, ainsi nommé on ne sait trop pourquoi, car il est prouvé que les tempêtes y sont beaucoup plus fréquentes et souvent beaucoup plus redoutables que dans l'Atlantique.

Après avoir suivi pendant quelques jours les côtes dangereuses de la Patagonie et du Chili, le brick orienta au plus près du vent, hâla les boulines et s'éleva enfin en haute mer et prit le large pour aller aborder à Monte-Rey, port de la confédération mexicaine et alors capitale de toute la Californie.

Le capitaine du brick *L'Éclaireur*, ou pour mieux dire le comte de Warrens, ignorait complètement ce qui se passait alors à San-Francisco.

La nouvelle de la découverte de l'or était encore toute récente et par conséquent complètement inconnue en Europe quand il l'avait quittée deux mois auparavant.

M. de Warrens, afin de faire perdre ses traces à Mme la comtesse de Casa-Real, au cas peu probable où celle-ci aurait soupçonné ses projets, avait résolu pour plus de prudence de mouiller d'abord à Monte-Rey, d'y laisser provisoirement son brick et, de là, de se rendre par terre, avec ses gens, à un placer fort riche situé dans la Sierra-Nevada dont l'existence lui avait été révélée bien longtemps auparavant par des Gambucinos, placer qu'il avait déjà fait exploiter à une certaine époque.

Ce fut à Monte-Rey que le comte entendit pour la première fois parler de la découverte de l'or.

Cependant les choses eurent lieu ainsi que cela avait été d'abord arrêté :

La plus grande partie des Compagnons de la Lune prit terre à Monte-Rey.

On organisa une caravane, et, pendant que les chercheurs d'or s'enfonçaient dans les terres, à la suite du comte de Warrens, le brick, sous le commandement de sir Harry Mortimer, n'ayant plus qu'un équipage d'une quinzaine d'hommes, remettait à la voile et se dirigeait vers San-Francisco, après avoir changé de peinture, haussé ses lisses et modifié autant que possible sa mature, afin de ne pas être reconnu.

Le voyage des chercheurs d'or fut long, pénible et hérissé de difficultés de toutes sortes.

Il dura près d'un mois et demi, à travers une contrée inculte et des forêts vierges presque impénétrables, parcourues dans tous les sens par les bêtes fauves et les Peaux-Rouges, plus féroces qu'elles encore.

Chaque soir, un peu avant le coucher du soleil, la caravane faisait halte, sur le sommet d'un monticule, dans le voisinage d'un cours d'eau.

Les wagons, disposés en croix de Saint-André, étaient solidement enchaînés les uns aux autres et formaient une enceinte de fortifications infranchissables; les tentes dressées; puis des feux étaient allumés de distance en distance pour éloigner les bêtes fauves, et des sentinelles nombreuses veillaient à la sûreté commune.

Plusieurs fois les aventuriers, pendant cette longue course à travers le désert, eurent maille à partir avec les Peaux-Rouges, et se virent obligés de leur livrer nombre de combats acharnés, dont ils ne sortaient vainqueurs qu'après les efforts les plus désespérés et les plus intrépides traits d'audace.

Une fois entre autres, l'affaire faillit devenir grave pour les Français, ils n'étaient plus qu'à une quarantaine de lieues du placer qu'ils voulaient atteindre : c'était le soir, un peu avant le coucher du soleil, les aventuriers avaient fait halte; ils étaient occupés à établir le campement de nuit, lorsque tout à coup un épais nuage de poussière s'éleva à l'horizon, et une troupe ou plutôt une *manada*, ainsi qu'on dit dans le pays, de chevaux libres et sauvages en apparence se dirigea ventre à terre vers le camp.

Le comte de Warrens et son frère avaient, depuis trop longtemps, l'habitude de la vie des prairies pour se laisser prendre à ce grossier stratagème, qu'ils devinèrent aussitôt; ils crièrent aux armes! et chacun, le fusil en main, s'embusqua derrière les voitures et se tint prêt à défendre chèrement sa vie.

La situation était critique.

Les chariots et les wagons n'étaient pas enchaînés encore, et les mules étaient chargées; on les réunit en toute hâte et à grand'peine dans l'enceinte, et quelques hommes furent laissés à leur garde.

Soudain, un horrible cri de guerre retentit comme un coup de tonnerre.

Tout à coup les Indiens, couchés jusque-là sur le flanc de leurs chevaux, se redressèrent tous à la fois et s'élancèrent avec fureur sur les Français, en brandissant leurs armes au-dessus de leurs têtes.

Le premier choc fut terrible.

Cependant les aventuriers ne reculèrent pas d'une semelle; ils attendirent froids et impassibles et sur l'ordre de leur chef tirèrent presque à bout portant.

Puis un combat à l'arme blanche s'engagea, combat affreux et sans pitié.

Les Indiens se faisaient tuer avec un courage extrême.

Eux non plus, ils ne reculaient pas.

Deux fois même ils pénétrèrent jusque dans l'enceinte du camp.

Mais tout à coup ils furent à l'improviste assaillis par derrière.

Le colonel Martial Renaud les avait tournés et se ruait sur eux, à la tête d'une cinquantaine d'hommes bien montés, en même temps que les autres aventuriers, commandés par le comte de Warrens et formés en colonne d'attaque, s'élançaient bravement à la baïonnette.

Pendant quelques minutes la mêlée fut horrible, le carnage effroyable; la masse des combattants acharnés à s'entre-détruire oscillait à droite, à gauche, en avant, en arrière, mais sans se disjoindre.

Enfin les guerriers peaux-rouges, tous aussi braves, mais indisciplinés et moins bien armés que leurs ennemis, et de plus pris comme dans un étau par les deux troupes des blancs, commencèrent à plier, à se débander, et finalement à fuir dans toutes les directions.

Au bout de quelques minutes, cette fuite se changea en déroute complète.

— Edmée, vous êtes mon bon ange!

Ils étaient vaincus!

Pendant le combat, le comte de Warrens avait remarqué à plusieurs reprises, et toujours au premier rang de ses compagnons, monté sur un cheval fougueux, un Indien de haute taille, bâti comme l'hercule Farnèse, et dont, malgré les peintures qui le défiguraient, les traits étaient beaux, énergiques et intelligents.

Cet homme, très jeune encore, semblait être le chef des Peaux-Rouges : ceux-ci lui témoignaient un grand respect ; du reste, la plume d'aigle fièrement plantée au milieu de sa touffe de guerre, les nombreux *coups* dessinés en rouges sur sa poitrine, et les queues de loup attachées à ses talons le faisaient aussitôt reconnaître par tout homme connaissant les coutumes indiennes, pour *un grand brave*.

Ce chef fit, pendant le combat, des prodiges de valeur ; il semblait se multiplier ; toujours à dix pas en avant de ses guerriers, trois fois il les ramena à l'attaque des blancs avec un acharnement et une rage inouïs.

Enfin, lorsque les Indiens s'avouèrent vaincus et prirent définitivement la fuite, au lieu de suivre leur exemple, le chef poussa son terrible cri de guerre d'une voix stridente, et, sans s'occuper d'être ou non suivi par les siens, levant son tomahawk au-dessus de sa tête, il se rua comme un démon au plus épais des rangs des aventuriers.

Lui et le comte Warrens se trouvèrent alors face à face.

Le capitaine fit un geste.

Aussitôt les aventuriers s'écartèrent respectueusement.

Les deux ennemis se mesurèrent un instant du regard, puis, comme d'un commun accord, ils bondirent au-devant l'un de l'autre, se prirent corps à corps et s'enlacèrent comme deux serpents.

La lutte fut longue, acharnée ; le chef indien était doué d'une vigueur et d'une adresse peu communes ; mais il avait affaire à un redoutable adversaire.

Il fut à l'improviste enlevé de terre, rudement jeté sur le sol, et, avant qu'il pût faire un mouvement pour se relever et reprendre l'offensive, il sentit le genou du comte lourdement peser sur sa poitrine.

Le jeune et brave chef indien dédaigna de continuer plus longtemps une résistance impossible et, quoique vaincu et à la merci de son adversaire il resta calme et impassible ; pas un muscle de son visage ne tressaillit, il riva son regard hautain sur celui de son vainqueur.

Celui-ci leva son poignard.

Tout à coup une main retint son bras, tandis qu'une douce voix murmurait à son oreille ce seul mot :

— Grâce !

— Vous le voulez, Edmée, répondit aussitôt le comte en jetant son poignard, que votre volonté soit faite !

— Merci, Noël ! lui dit-elle en rougissant de plaisir.

Le comte tendit la main au Peau-Rouge toujours renversé sur le sol.

— Relevez-vous, chef ! lui dit-il.

— Pourquoi le Visage-Pâle ne me tue-t-il pas ? répondit froidement l'Indien, sans profiter de la permission qui lui était donnée.

— Parce que vous êtes un *grand brave*, chef, et que vous ne devez pas être tué comme un chien, répondit le comte.

— Bon ! reprit-il avec un sourire hautain et en se levant lentement, mon frère pâle veut m'attacher au poteau de torture... Soit ! Il verra comment sait mourir un chef.

— Vous vous trompez, Peau-Rouge, je ne le verrai pas, répondit avec courtoisie le comte de Warrens ; vous êtes libre.
— Libre ! s'écria l'Indien, en laissant pour la première fois paraître son émotion.
— Voici votre cheval et vos armes, vous pouvez partir.
L'Indien, sans répondre, bondit sur son cheval et saisit ses armes.
— Adieu ! chef, lui dit le comte, vous êtes mon ami, voici ma main.
— Voici la mienne, dit le Peau-Rouge ; et se redressant d'un air superbe en tendant sa main droite au comte qui la serra :
« L'*Epervier* est un grand chef dans sa nation ; que le *Bras-de-Fer* continue son voyage sans crainte : les guerriers sioux sont ses frères maintenant, ils déblaieront le chemin devant lui.
Puis, se tournant vers la jeune fille immobile et souriante auprès du comte :
— L'*Étoile-du-Matin* sera la sœur d'un chef ; qu'elle accepte ce Wampum, ajouta-t-il en lui présentant un collier de coquillages qu'il retira de son cou et en s'inclinant avec cette courtoisie remplie de grâce et de noblesse qui semble innée chez les Peaux-Rouges.
— Je vous remercie, chef, répondit la jeune fille. J'accepte votre présent, mais à la condition que vous ne refuserez pas le mien.
Et elle lui offrit un bracelet qu'elle portait au bras gauche.
L'Indien le prit en souriant.
— Que ma sœur soit heureuse ! dit-il. Peut-être un jour le chef sioux s'acquittera-t-il du service qu'elle lui a rendu aujourd'hui.
Après avoir prononcé ces paroles, l'Épervier enleva son cheval, et s'éloigna au milieu d'un nuage de poussière.
Le voyage dura dix jours encore, les aventuriers ne furent plus attaqués ; parfois, le soir, à l'heure du campement, l'Épervier apparaissait subitement accourant ventre à terre, il venait sans façon fumer son calumet au feu de son ami le *Bras-de-Fer*, ainsi qu'il avait nommé le comte de Warrens, qui le recevait toujours avec plaisir.
Un jour, le chef, après une de ses visites presque quotidiennes au camp des Français, retira la plume d'aigle fichée dans sa touffe de guerre et la présentant à Edmée :
— Que l'Etoile-du-Matin conserve cette plume, dit-il ; si jamais elle a besoin d'un ami, elle le lui fera trouver.
Cette alliance avec les Peaux-Rouges fut, en diverses circonstances, fort utile aux aventuriers, dans l'état où se trouvait la Californie à cette époque.

IX

PLOMB BRETON CONTRE ACIER MEXICAIN

Enfin, après des péripéties sans nombre et qui seraient trop longues à raconter, ce voyage se termina.

La caravane arriva sur le *placer*.

L'emplacement était des plus commodes, le site excessivement pittoresque et singulièrement accidenté.

C'était bien réellement le désert, tel qu'aux premiers jours de la création Dieu le laissa tomber de ses mains puissantes.

Nulles empreintes humaines n'apparaissaient encore à vingt lieues à la ronde.

Les fauves régnaient seuls en maîtres sur cette contrée, dont ils devaient être à jamais dépossédés dans un avenir si prochain.

Les aventuriers, oubliant aussitôt leurs fatigues et les dangers auxquels ils avaient été si longtemps exposés, saluèrent d'un long cri de joie la vue grandiose et majestueuse du désert, où désormais pendant de longs mois ils allaient vivre séparés du reste du monde.

Après avoir lui-même choisi avec le plus grand soin le terrain sur lequel il voulait placer son campement définitif, et l'avoir installé dans la position la plus commode et la plus avantageuse, le comte de Warrens distribua le travail à chacun de ses hommes.

Puis, quelques jours plus tard, jugeant que sa présence n'était plus indispensable sur le placer, laissant le commandement à son frère, il se dirigea en toute hâte vers San-Francisco, accompagné seulement de cinq personnes : Edmée, qui, sous aucun prétexte, n'aurait consenti à se séparer de lui, et à laquelle il fit endosser un costume masculin, le comte de San-Lucar, habitué depuis longtemps comme lui à la vie américaine, et enfin la Cigale, Filoche et Jann Mareck, ses trois séides.

Le comte de Warrens avait l'intention de passer d'abord à la colonie de la Nouvelle-Helvétie, afin de s'entendre avec le capitaine Sutter, qu'il connaissait de longue date, sur la façon de pourvoir au ravitaillement de sa troupe : question, on le comprend du reste, de la plus haute importance pour lui.

Sa surprise fut extrême en entrant à San-Francisco.

Il avait laissé au fond de cette baie, lors d'un précédent voyage, un misérable *pueblo*, ou, pour mieux dire, un *presidio* à demi ruiné et presque inhabité, et il y retrouvait tout à coup, sans transitions et sans que rien l'eût averti de ce féerique coup de théâtre, une ville de plus de vingt mille âmes, commerçante, animée, grouillante, comme une ruche d'abeilles, et grandissant si rapidement qu'elle menaçait avant six mois, si elle continuait ainsi, de devenir l'entrepôt général de tout le Pacifique.

Mais le capitaine était habitué depuis trop longtemps, par son existence accidentée, aux choses extraordinaires pour laisser voir la surprise intérieure qu'il éprouvait ; il examina tout froidement, dissimula son étonnement et, comprenant aussitôt l'immense parti que, dans sa position, il pourrait tirer d'un tel état de choses, il se mit immédiatement à l'œuvre.

Le brick l'*Eclaireur* était à l'ancre, dans la baie, depuis déjà plus d'une semaine ; le comte de Warrens fit débarquer toutes les marchandises dont le navire était chargé, construisit tant bien que mal une hutte en troncs d'arbres, dans la rue Montgomery, et ouvrit immédiatement un magasin sous la triple raison sociale Harry Mortimer, la Cigale and Co.

Comme les marchandises que la nouvelle maison de commerce mettait en vente étaient toutes de première nécessité, malgré l'élévation fabuleuse des prix, le débit en fut facile, et le brick, sous le commandement de M. de San-Lucar, repartit et fit coup sur coup deux voyages à Valparaiso, voyages qui furent excessivement avantageux pour la nouvelle maison.

Au bout de deux mois à peine la nouvelle maison Harry Mortimer, la Cigale and Co était une des plus riches et des plus importantes de la ville de San-Francisco.

De plus, grâce aux nombreuses relations qu'il était parvenu à se créer, le comte de Warrens était devenu, en peu de temps, l'ami intime de l'alcade Georges Hyde et du gouverneur Mason.

Si bien que, lorsqu'on installa le premier conseil municipal de la ville de San-Francisco, il fut tout naturellement proposé comme candidat et élu conseiller.

En agissant ainsi, le comte, que ses collègues ne connaissaient que sous le nom ou pour mieux dire le pseudonyme de Master Key, — Passe-Partout, — avait un but facile à comprendre.

L'ambition n'entrait naturellement pour rien dans sa combinaison.

Il voulait seulement, dans l'attente des événements graves qui ne pouvaient manquer de surgir, se trouver en mesure de tenir tête avec avantage, le moment venu, aux adversaires, quels qu'ils fussent, contre lesquels il pressentait qu'il aurait à lutter peut-être avant peu.

Il résolut donc de fixer provisoirement du moins sa résidence à San-Francisco même et de laisser à son frère, le colonel Renaud, la complète direction du *placer*.

De temps en temps il faisait cependant des excursions dans l'intérieur, en apparence pour ravitailler ses travailleurs et escorter des convois aux mines, mais en réalité dans le but de découvrir ses ennemis, qu'il sentait près de lui, sans pourtant pouvoir réussir à les apercevoir et par conséquent à les démasquer.

Du reste, nous constaterons ici que le riche négociant et conseiller municipal de la ville de San-Francisco, Master Key, ne ressemblait en aucune façon au brillant comte de Warrens que nous connaissons.

Il s'était si habilement grimé, avait si parfaitement modifié ses allures et parlait si correctement l'anglo-américain, qu'il était impossible de ne pas le prendre du premier coup pour un Yankee pur sang, grossier, vaniteux, sûr de lui-même, adorant le dieu dollar, comme tous les dignes citoyens de ce pays, appelés, dit-on, à régénérer la race humaine..., ce dont, entre parenthèses, Dieu nous garde!

Ses compagnons avaient suivi son exemple.

Habitués aux travestissements, ils avaient complètement réussi à se métamorphoser ; le brave la Cigale surtout était devenu un Kentuckien de la plus belle eau.

Brutal, rodomont, ivrogne et vantard en apparence du moins.

Tout le monde s'y trompait.

Il s'y trompait parfois lui-même tout le premier, le digne géant, et malgré lui il prenait son rôle au sérieux.

Les choses marchèrent ainsi, sans qu'il se passât rien de bien extraordinaire, jusqu'au jour enfin où le capitaine, qui était allé à Sonora prendre un nombreux convoi de bœufs, etc., etc., pour le conduire au placer, s'aperçut tout à coup, au moment du départ, qu'Edmée de l'Estang avait disparu.

Cette nouvelle causa une consternation générale dans la caravane.

Le départ fut aussitôt suspendu, et on se livra pendant deux jours entiers aux plus minutieuses recherches, mais sans résultat aucun ; on constata seulement que la jeune fille n'avait pas disparu seule.

Jann Mareck, affecté particulièrement au service de la jeune fille, ne se retrouva pas non plus, ce qui donna à supposer qu'il avait suivi sa maîtresse.

Cette coïncidence ne consola pas le comte de Warrens, bien loin de là, mais elle diminua son inquiétude.

Jann Mareck était un franc Breton, résolu, dévoué surtout, il en avait maintes fois donné la preuve ; la jeune fille ne se trouvait donc pas sans défenseur.

Cependant, le temps pressait ; de plus les vivres, et les munitions étaient sur le point de manquer au placer.

Bien contre son gré, le comte de Warrens fut contraint de donner enfin à ses hommes le signal du départ et il s'éloigna de Sonora, le cœur gros de tristesse et de soucis, se promettant dans son for intérieur de revenir en force aussitôt que cela lui serait possible.

Nous laisserons, quant à présent, la caravane continuer paisiblement sa route vers le placer et nous reviendrons à Sonora le jour même où le comte de Warrens en était parti, entre huit et neuf heures du soir.

Deux hommes, le nez dans leur manteau et le feutre de poil de vigogne aux larges ailes rabattu sur le front, suivaient la calle Mercaderes, en marchant à grands pas sur le milieu de la chaussée, et sans échanger une parole.

La rue était complètement déserte à cette heure avancée de la soirée ; seulement on apercevait à toutes les *esquinas* les *pulquerias* flamboyer comme des fournaises, et des sons aigres et criards, de *vihuelas* et de *jarabés*, accompagnés de rires et de chants discordants, venaient mourir comme une provocation joyeuse aux oreilles des promeneurs attardés.

Ces deux hommes étaient-ils bien des promeneurs?

Les *serenos*, qu'ils croisaient parfois sur leur passage, leur lançaient à la dérobée des regards louches et semblaient plutôt les prendre pour des *rateros* ou filous en quête d'une proie que pour d'honnêtes et paisibles citoyens ayant pignon sur rue et cherchant le frais, après une longue journée de travail.

Quel que fût, du reste, la position sociale de ces deux hommes, ils continuaient à marcher côte à côte, du même pas rapide, et toujours aussi silencieux.

Lorsqu'ils furent arrivés à l'angle de la plaza Mayor, ils tournèrent à droite, et, après avoir fait une dizaine de pas, ils s'arrêtèrent devant la porte d'une grande et belle maison, plongée dans une obscurité complète.

Les inconnus eurent un moment d'hésitation :

— Est-ce que l'on dormirait déjà là-dedans ? dit enfin l'un des deux à voix basse à l'autre, qui ricanait à part lui.

— Cela m'en a tout l'air, répondit en riant celui-ci.

— Que le diable te torde le cou, de rire ainsi comme un imbécile ! reprit le premier d'un ton de mauvaise humeur ; ne pourrais-tu mieux choisir ton temps ?

— Excusez-moi, señor Marcos Praya, je ne voulais pas vous blesser...

— Allons, bien ! reprit le premier interlocuteur d'un ton de mauvaise humeur. Voilà que tu me donnes encore ce nom, à présent. Ah çà ! tu deviens donc idiot, définitivement ? ne peux-tu pas m'appeler *Sam Roberts*, caraï ! ainsi que je te l'ai dit vingt fois déjà ?

— Vous avez complètement raison, querido señor, *Sam Roberts*, ne vous fâchez pas, *cuerno de vacca !* la langue m'a fourché, voilà tout ; cela peut arriver à tout le monde. Voyons, maintenant, que faisons-nous ? Nous ne nous sommes pas arrêtés tout exprès devant cette porte pour nous y disputer, je suppose.

— Un sot peut quelquefois dire la vérité sans s'en douter, grommela Marcos Praya, car c'était en effet cet honorable citoyen, tu as bien parlé cette fois, par extraordinaire.

— C'est heureux ! fit l'autre en haussant les épaules.

Le métis s'approcha et frappa deux coups légers à la porte.

— *Quien es ?* — qui est là ? — répondit-on aussitôt de l'intérieur.

— Ouvre, Anita, ouvre, querida ; c'est moi, Marcos Praya.

— Quelle brute que cet homme ! murmura son compagnon à voix basse, tout en haussant dédaigneusement les épaules, il se fâche parce que je lui donne son nom, et le voilà qui le dit lui-même maintenant.

— *A ver,* — voyons, — répondit la cameriste de l'intérieur.

Elle tira les verrous.

La porte s'entre-bâilla d'un demi-pied à peine, retenue qu'elle était, selon la coutume mexicaine et hispano-américaine, par une forte chaîne intérieure ; précaution prise contre les voleurs, amplement justifiée, du reste, dans ces contrées bénies du ciel, où le vol s'est élevé depuis longtemps à la hauteur d'une institution.

La jeune fille leva alors une lanterne qu'elle tenait à la main, examina sérieusement les arrivants et, lorsqu'elle se fut enfin assurée de l'identité de nos deux personnages, elle défit la chaîne et ouvrit la porte en disant seulement :

— *Adelante !* — En avant !

Les deux rôdeurs de nuit ne se firent pas répéter cette brève et assez sèche invitation et ils pénétrèrent vivement dans le *zaguan*, ou vestibule de la maison.

La porte se referma aussitôt derrière eux et la chaîne fut de nouveau tendue.

— Comment se fait-il que ce soit toi qui nous ouvres ce soir? demanda Marcos Praya à la camériste.

— Parce que la señora l'a voulu ainsi apparemment, répondit sèchement Anita. Ai-je des comptes à vous rendre? Voyons, venez-vous, señor Marcos Praya?

Le métis reconnut que la jeune fille n'était pas en train de causer; il se le tint pour dit et ne souffla plus mot.

La camériste leur fit alors traverser un *patio*, ou cour assez vaste : ils arrivèrent à une grande porte vitrée abritée par une large véranda; cette porte vitrée donnait entrée par quelques marches de marbre blanc, dans un large vestibule éclairé par une lanterne en verre dépoli; trois portes donnaient sur ce vestibule.

La jeune fille ouvrit la porte de droite, et précédant toujours les deux hommes, mais sans autrement s'occuper d'eux, elle les introduisit dans un salon richement meublé; puis elle souleva une portière, et ils se trouvèrent tout à coup dans un charmant boudoir éclairé par une lumière voilée, douce et mystérieuse.

Une femme était à demi couchée sur un sopha, blottie, comme un oiseau frileux, dans des flots de dentelles.

Cette femme était la comtesse Hermosa de Casa-Real.

La noble sirène paraissait toujours aussi ravissante qu'à Paris, où nos lecteurs ont fait connaissance avec elle dans la première partie de cet ouvrage.

— Ah! c'est vous, Marcos Praya, dit-elle d'une voix traînante et d'un air ennuyé en se soulevant sur le coude; quel bon vent vous amène ce soir? Je ne vous attendais que demain.

— J'ai fait diligence, señora.

— Avez-vous des nouvelles?

— Oui, señora.

— Importantes?

— Je le crois.

— Vous l'avez retrouvé? s'écria-t-elle avec un éclair dans le regard et en se relevant vivement sur le coude.

— Je crois que cette fois nous le tenons, señora, ou, du moins, nous le tiendrons bientôt, reprit-il avec un sourire sinistre.

— Ah! asseyez-vous et parlez, je vous prie, Marcos. A propos, quel est ce drôle qui vous accompagne?

— Hum! grommela celui-ci entre ses dents, drôle! En voilà un compliment! Pas aimable du tout, la niña! ah mais non! Faudra voir cela plus tard!

— C'est mon ami Diégo, répondit en ricanant Marcos Praya.

— Qu'est-ce que c'est que cela, Marcos, votre ami Diégo?

— Un charmant garçon, señora. Il ne paye pas de mine à la vérité; comme

Celui-ci leva son poignard.

vous voyez, il est même assez laid; mais je vous garantis qu'il est rempli d'intelligence, vous vous en apercevrez bientôt; et grâce à lui, je l'espère du moins, bientôt votre ennemi sera entre vos mains. Vous m'excuserez, mais je l'ai amené tout exprès en votre présence, afin que lui-même vous racontât comment la chose s'est passée.

— C'est différent; s'il en estainsi, vous avez bien fait de l'amener, Marcos.

Tiens ! dit-elle en lui jetant une bourse que l'autre attrapa à la volée avec un grognement de joie et fit disparaître aussitôt dans une de ses immenses poches : voilà pour t'avoir appelé drôle. Nous sommes quittes... Parle maintenant.

— Seigneurie, dit l'autre en s'inclinant respectueusement, je suis un digne Chilien, natif de Talca près Maulé : ainsi que vous l'a dit le señor Marcos Praya, je me nomme Diego de Pedralta y Fonseca Carnicero ; d'une famille de *cristianos viejos* sans mélange de sang indien dans les veines ; mais, comme j'ai la main un peu trop leste peut-être et que j'ai eu le malheur de *devoir* quelques vies dans mon pays, on m'a surnommé Matadoce — tue douze — nombre exact de ceux que j'ai eu le malheur de mener de vie à trépas dans mes moments de vivacité ; la police est excessivement bégueule au Chili et taquine au possible...

— Ah çà ! te moques-tu de moi par hasard avec ta sotte histoire dont je n'ai cure ; viens au fait vivement, *picaro !* s'écria la comtesse en fronçant le sourcil.

— J'y arrive, señora, j'y arrive ; un peu de patience, s'il vous plaît, répondit paisiblement le bandit. Or, comme la police me chagrinait fort et que je sentais la terre littéralement brûler sous mes pieds, je résolus de me faire oublier et de m'expatrier pendant quelque temps. A cet effet, je me rendis à Valparaiso. En ce moment, il y avait justement sur rade un brick français en charge pour le port de San-Francisco.

— Ah ! ah ! fit en dressant l'oreille la comtesse, qui commençait à s'intéresser au verbiage plus que décousu du bandit.

— Oui, Seigneurie ; j'avais entendu parler avec enthousiasme de la découverte de l'or, et par conséquent je brûlais du désir de me rendre au plus vite dans cette heureuse contrée, où, disait-on, l'or était si commun qu'on le ramassait à la pelle. Par un hasard que je bénis aujourd'hui, ajouta-t-il galamment, un des hommes de l'équipage de ce brick français venait de mourir subitement de l'*empacho*, une bien terrible maladie, señora. Figurez-vous...

— Vas-tu recommencer ? Passons, passons ; que m'importe, à moi, l'*empacho ?* interrompit durement la comtesse.

— C'est juste, señora, excusez-moi ; je continue donc. J'accostai le capitaine sur le port où il se promenait en fumant son cigare, et je lui demandai poliment s'il voulait consentir à me prendre à son bord, où je travaillerais pour mon passage, jusqu'à San-Francisco ; nous sommes tous marins, nous autres *costeños* — habitants de la côte. — Ce capitaine, qui est un grand diable d'Anglais, avec d'affreux cheveux rouges et dont les yeux brillent comme des revolvers, me toisa de la tête aux pieds et me demanda brusquement si je savais parler anglais. Je ne sais pourquoi, le diable me souffla sans doute et je lui répondis carrément non, bien que je parle l'anglais presque aussi bien que ma langue maternelle.

— Comment se nomme ce capitaine ?
— San Lucar.
— Singulier nom pour un Anglais, murmura la comtesse rêveuse ! Mais tout à coup, se frappant le front : C'est cela ! fit-elle avec joie, oui, oui, c'est cela !

— Quoi, cela? demanda Matadoce de son air le plus ingénu.
— Rien. Continue.
— Le capitaine sur cette assurance que je ne savais pas l'anglais, reprit-il en saluant de nouveau, consentit, sans trop de difficultés, à me prendre à bord, et à San-Francisco, comme il était sans doute content de moi, au lieu de me donner congé, comme je m'y attendais, il me proposa d'entrer à son service; c'est là que je connus la consignation du brick, un grand négociant yankee, un nommé Master Key.
— Master-Key est la traduction littérale de Passe-Partout, dit en riant Marcos Praya à la comtesse.
— Viva Dios! c'est vrai! s'écria joyeusement la comtesse de Casa-Real, nous sommes bien sur la piste.
— J'ai vu l'homme, reprit le métis, et, malgré la perfection de son déguisement, je l'ai tout de suite reconnu.
— Ah! fit la comtesse, dont un éclair de haine illumina la physionomie et lui donna une expression farouche; cette fois, il ne m'échappera pas, je le jure. Je suis contente de toi, ajouta-t-elle en s'adressant à Matadoce; veux-tu entrer à mon service? Et d'abord, prends ceci.
Et elle lui donna quelques onces.
— Je le crois bien, que je veux entrer à votre service, señora, répondit le bandit; vous êtes généreuse comme une mine d'or.
— C'est entendu, demain nous partons; sois ici au lever du soleil; vous, Marcos, demeurez, j'ai encore à causer avec vous.
— Va m'attendre à la posada, Diégo, dit le métis.
— Oui, señor.
Le bandit salua et sortit.
Dans le vestibule, il retrouva Anita, la charmante cameriste, qui l'accompagna silencieusement jusqu'à la porte de la rue, qu'elle referma sur lui.
— Ah! fit le bandit en respirant joyeusement et à pleins poumons, dès qu'il se retrouva en plein air, voilà une bonne soirée!... Elle est charmante, cette señora, j'avais définitivement des préventions ridicules contre elle, elle est peut-être un peu brusque à la vérité, mais son service doit être très agréable..., et surtout très productif.
Sur cette réflexion pleine de justesse, le bandit s'enveloppa avec soin dans son manteau et se dirigea à grands pas vers le Rio-Tuolumne, sur le bord duquel était située la posada où il avait établi son domicile.
Après avoir traversé la place Mayor, complètement déserte à cette heure, il s'engagea dans une ruelle assez étroite, nommée le *Callejon de las Viudas*, qui donne juste sur la rivière, à quelques pas seulement de la posada.
Mais à peine avait-il atteint le milieu de la ruelle que deux hommes se dressèrent subitement devant lui, et deux pistolets s'appuyèrent à la fois sur sa poitrine.
— Halte! lui dit une voix rude.
Matadoce était brave, il l'avait surabondamment prouvé; mais les Hispano-Américains sont essentiellement nerveux et redoutent surtout les surprises;

de plus, quoi qu'ils soient si lestes à jouer du couteau, ils ont une horreur instinctive pour les armes à feu, dont, en général, ils ne savent pas bien se servir.

Le bandit s'arrêta :

— Que me voulez-vous, caballeros? demanda-t-il d'une voix que la terreur faisait chevroter, est-ce mon argent? Vous n'avez pas de chance alors, je ne possède pas un réal, je n'ai rien sur moi! Hélas! je ne suis qu'un pauvre *paysano*, un *peon*. Je gagne à peine...

— Trêve de jérémiades! misérable! nous te connaissons de reste ; ainsi n'espère pas nous tromper. Quelle est cette maison d'où tu sors? Réponds et réponds vite.

— Je ne sais en vérité ce que vous voulez dire, caballeros.

— Prends bien garde à tes paroles et surtout, je te le répète, n'essaie pas de mentir, *bribon*, nous t'avons vu sortir de là...

— Sur la plaza Mayor? fit-il pour gagner du temps.

— Oui.

— C'est la maison où habite ma maîtresse, señores, fit-il en affectant un air vainqueur, une blonde superbe!

— Fort bien, et comment se nomme-t-elle, ta maîtresse?

— Elle se nomme...

— Parle, ou tu es mort.

— Je ne sais pas.

— Parfait; alors je sais, moi, ce qui me reste à faire.

— Arrêtez, au nom du Seigneur, caballero, arrêtez!... je crois que je me souviens maintenant de son nom.

— Tu fais bien. Voyons, comment se nomme-t-elle, et ne mens pas surtout!

— Elle se nomme la comtesse doña Hermosa de Casa-Real. Elle n'est pas blonde; au contraire, elle est très brune, avec des yeux qui brillent comme des escarboucles. Et, si elle est ma maîtresse, c'est qu'elle vient, à l'instant même, séduite sans doute par ma bonne mine, de me prendre à son service. Je fais les choses en conscience, vous le voyez, Seigneurie. Êtes-vous content de ces explications?

— Pas beaucoup, mais ce n'est pas tout encore, picaro : maintenant, dis-moi quel était l'homme qui t'accompagnait lorsque tu es entré dans cette maison!

— Oh! quant à lui, c'est le chef des regulators de la ville de San-Francisco, un personnage des plus respectables, Sam Roberts; caraï! il est bien connu.

— Ce n'est pas cela que je te demande. Son nom, vite.

— Je vous l'ai dit.

— Tu mens ou du moins tu essaies encore de mentir; prends garde! reprit l'inconnu en fronçant le sourcil.

Pendant ce rapide dialogue, Matadoce, qui avait repris tout son sang-froid et dont les bras étaient cachés sous son manteau, cherchait tout doucement à saisir son couteau qui était passé à sa ceinture.

— J'attends ta réponse, reprit l'inconnu d'une voix sourde.

— Eh bien! il se nomme Marcos Praya. Est-ce tout?
— Pas encore, compagnon. Maintenant, dis-moi : que venais-tu faire à cette heure chez la comtesse de Casa-Real?
— Caraï! vous m'ennuyez à la fin, vous, avec toutes vos questions saugrenues qui n'ont ni queue ni tête; me prenez-vous pour un imbécile? Allez au diable!

Et le digne Matadoce, qui avait enfin réussi à dégainer tout doucement son couteau, bondit de côté et en même temps se précipita à l'improviste sur l'inconnu.

Celui-ci, bien qu'il fût surpris par cette brusque attaque à laquelle il était loin de s'attendre, ne se démoralisa pourtant pas.

Il se contenta simplement de lever le bras gauche afin de parer le mieux possible le coup que lui portait le bandit et étendant froidement le bras droit :
— C'est toi qui l'as voulu! N'accuse donc que toi-même de ta mort! dit-il.

Et il lui brûla la cervelle.

Matadoce tomba comme une masse, sans jeter un cri, sans même pousser un soupir; il avait été tué raide.

— Oh! mon Dieu! qu'as-tu fait, Yann! s'écria avec douleur celui des deux inconnus qui jusque-là avait gardé le silence, pourquoi avoir tué cet homme?

— Fallait-il donc me laisser assassiner par cette bête enragée, notre demoiselle? répondit tranquillement le Breton, en montrant son bras, dont le sang coulait à flots.

Au bruit du coup de feu, deux serenos avancèrent craintivement la tête à l'angle de la place Mayor; mais après quelques secondes d'examen, peu rassurés sans doute par ce qu'ils voyaient, ils la retirèrent vivement sans oser se risquer davantage.

Yann Mareck les aperçut.
— Venez, n'ayez pas peur, leur cria-t-il résolument.

Les serenos semblèrent se consulter un instant à voix basse, mais après réflexion ils ne bougèrent pas.
— Venez donc, caraï! reprit-il; êtes-vous sourds ou imbéciles? Je veux vous faire gagner de l'argent.

Ce mot magique décida enfin les deux serenos; ils quittèrent leur embuscade et s'approchèrent lentement.
— Vous n'avez pas l'intention de nous faire mal, Seigneurie? demanda l'un d'eux en s'arrêtant à distance respectueuse.
— Eh non! au contraire.

Sur cette assurance, ils se risquèrent enfin à s'approcher tout à fait.
— Mon ami et moi, ainsi que vous avez pu le remarquer, dit effrontément le Breton, nous avons été arrêtés à l'improviste par cet homme; il nous a demandé notre argent et il en voulait sans doute à notre vie : j'ai reçu de lui un coup de couteau, voyez!
— Jésus! José! Maria! s'écrièrent avec une feinte compassion les deux serenos en se signant dévotement.

Les dignes gardiens de la tranquillité publique avaient parfaitement vu et, qui plus est, entendu tout ce qui s'était passé; mais, comme ils flairaient une bonne aubaine, qu'ils ne se supposaient pas les plus forts, et qu'en résumé le mort ne les intéressait que très médiocrement, ils feignirent d'ajouter la foi la plus entière au conte bleu que leur débitait avec un si magnifique aplomb le Breton Yann Mareck.

— Pourquoi n'avez-vous pas appelé à l'aide, Seigneurie? dit effrontément un des serenos; nous serions accourus à votre secours, n'est-ce pas, Pedrito?

— Je le crois bien! avec le plus grand empressement; d'ailleurs, nous sommes payés pour protéger les citoyens honnêtes.

— C'est vrai, mais dans le premier moment j'ai été tellement surpris de cette attaque que je n'ai pas songé à vous appeler; enfin, ce qui est fait est fait, il n'y a plus à y revenir; il s'agit maintenant de faire au plus vite disparaître ce cadavre en le jetant à la rivière.

— Est-il donc bien nécessaire, Seigneurie, de jeter cet homme à l'eau? demanda un des serenos d'une voix mielleuse.

— Oui, certainement. Mais il va sans dire, señores, que je vous autorise à le fouiller avant que de l'enlever d'ici, et de plus, comme je ne veux point que vous perdiez vos peines, acceptez, je vous prie, ces six onces d'or pour le léger service que je réclame de votre complaisance.

— Oh! Seigneurie! s'écrièrent les serenos, au comble de la joie, en s'emparant de l'argent qu'ils se partagèrent.

— Alors, c'est convenu?

— Vous allez voir.

Ils se baissèrent immédiatement sur le cadavre, qu'ils dépouillèrent et fouillèrent jusqu'à la chemise avec une dextérité qui prouvait une longue habitude d'un tel exercice, puis ils le roulèrent dans son propre manteau, l'enlevèrent par les pieds et par la tête, le portèrent sans désemparer jusqu'à la rivière, et cinq minutes plus tard le digne Matadoce descendait paisiblement le courant entre deux eaux.

Après avoir quitté les serenos, Yann et sa compagne, car nos lecteurs auront sans doute deviné que la personne qui se trouvait avec le brave Breton était Mlle Edmée de l'Estang, entrèrent dans la posada, où Matadoce et Marcos Praya étaient eux-mêmes logés, ce qui les avait fait découvrir.

— Qu'avez-vous, not' demoiselle? Vous tremblez? demanda avec intérêt le Breton à la jeune fille.

— Hélas! mon ami, répondit tristement la jeune fille, j'ai toujours malgré moi devant les yeux le cadavre de ce pauvre diable que vous avez si cruellement tué!

— Bah! pourquoi songer à cela? reprit-il avec insouciance : c'est un bandit de moins; l'important, c'est que nous avons découvert ce que nous cherchions.

— A peu près.

— Et comme Marcos Praya loge ici, la trouvaille sera facile à compléter avant qu'il soit peu, si Dieu est juste.

— Oh! s'écria-t-elle avec émotion, que nous avons bien fait de rester à Sonora. J'avais un pressentiment.

— Il ne vous a pas trompée, et maintenant, il s'agit de se reposer un peu. Bonsoir, et bonne nuit! not' demoiselle.

— Voyons avant tout votre blessure; peut-être est-elle grave, mon pauvre Yann? Laissez-moi l'examiner.

— Ce n'est qu'une simple déchirure, not' demoiselle, ce n'est pas la peine d'y penser; demain il n'y paraîtra plus. Le gueux avait peur, le couteau a tourné dans sa main. Bonsoir!

— Bonsoir! Yann.

Le Breton sortit.

Après avoir tant bien que mal pansé son bras avec une chemise qu'il déchira à cet effet, au lieu de rester dans sa chambre, comme un bon et fidèle serviteur qu'il était, Yann Mareck s'assit, le dos appuyé contre la porte de Mlle Edmée de l'Estang, et il dormit ainsi jusqu'au matin, la main sur ses armes.

X

COMMENT ON PEUT DEVENIR « ARRIERO » SANS Y PENSER

Contre toutes prévisions, rien ne bougea dans la posada, et la nuit tout entière se passa tranquillement.

Cependant vers quatre heures du matin, Yann Mareck fut brusquement réveillé par un choc violent.

C'était un quidam qui, en traversant le corridor dans l'obscurité, venait de trébucher tout à coup dans ses jambes, avait failli tomber et qui s'éloignait en grommelant.

Le Breton crut même entendre cet individu, tout en s'en allant, prononcer entre ses dents le mot : imbécile!

Cependant, comme Yann Mareck n'était nullement susceptible, surtout fort prudent de sa nature, au contraire, il ne se formalisa point de cette épithète peut-être un peu mal sonnante, se tint coi et laissa, sans répondre, le grommeleur s'éloigner paisiblement.

Puis, après avoir attendu quelques minutes, en prêtant attentivement l'oreille, convaincu, enfin, que l'inconnu était sorti de l'auberge, le Breton se leva, s'étira pour rétablir la circulation du sang dans ses membres engourdis, et il quitta la posada à son tour.

Il lui était venu un soupçon qu'il désirait éclaircir.

Ainsi qu'il l'avait prévu, le Breton n'eut pas besoin d'aller bien loin pour s'assurer de ce qu'il voulait savoir.

En débouchant du *Callejon de las Viudas* et, en arrivant sur la plaza Mayor, il aperçut une dizaine de mules chargées, arrêtées devant la maison de la comtesse de Casa-Real.

Les arrièros, selon leur coutume, menaient grand train : ils allaient et venaient, en gourmandant leurs mules, qui s'écartaient sans cesse, et en causant, riant et caquetant entre eux avec cette vivacité, cette animation joyeuse qui est un des côtés les plus saillants et les plus pittoresques du caractère méridional.

Une pensée saugrenue traversa tout à coup comme un éclair, le cerveau du Breton et donna subitement un autre cours à ses projets encore mal définis dans sa tête.

Le costume qu'il portait, et la façon dont il avait grimé son visage le rendaient complètement méconnaissable.

Marcos Praya sortait en ce moment de la boutique d'un pulquero, que les arrieros avaient fait lever, afin de se rafraîchir, et dans laquelle le digne majordome, vu son goût prononcé pour les liqueurs fortes, avait sans doute bu une ample rasade d'aguardiente de Pisco ou même de rhum, afin de conjurer le brouillard du matin, si malsain pour les poitrines délicates comme était la sienne.

Yann Mareck, qui ne perdait pas le métis de l'œil, l'ayant vu entrer directement dans la maison de la comtesse, devina ce qui allait se passer, et il pénétra à son tour dans la pulqueria: sa résolution était prise.

Plusieurs arrieros s'y trouvaient, groupés devant le comptoir ou assis à des tables : fumant, buvant, mangeant et causant.

Yann Mareck se fit servir une infusion de tamarin mêlée d'une goutte d'aguardiente blanche de Pisco, et avisant un arriero vêtu avec plus de soin et d'élégance que les autres et dont la mine futée et les yeux toujours en mouvement lui inspirèrent tout de suite une certaine confiance, il tordit une cigarette de paille de maïs.

Ensuite, s'approchant de cet arriero, il le salua et lui demanda poliment du feu.

En Californie, comme au Mexique et en général dans toutes les anciennes colonies espagnoles, il existe une espèce de franc-maçonnerie entre les fumeurs : d'abord le feu ne se refuse jamais, à n'importe qui ; ensuite une cigarette allumée établit instantanément une certaine liaison, ou, pour mieux dire, pose le premier jalon d'une connaissance qui, les circonstances aidant, peut rapidement devenir intime.

— Merci, caballero, dit le Breton en rendant la cigarette à laquelle il avait allumé la sienne.

— Il n'y a pas de quoi, répondit poliment l'autre en replaçant sa cigarette à ses lèvres, et avec une forte aspiration lâchant un énorme nuage de fumée par la bouche et par les narines.

— Je vous demande mille pardons, señor cabellero, mais je me suis aperçu, après être sorti de chez moi, en fouillant dans toutes mes poches que j'ai oublié mon *mechero*; je ne sais pas au juste en quel endroit, de sorte que depuis une heure j'étais enragé de fumer.

— Je comprends cela, répondit l'arriero d'un air de commisération, en aspirant de nouveau sa cigarette allumée, c'est terrible de ne pouvoir fumer quand on en a envie. Vous êtes sans doute du pays, señor?

— Non, señor cabellero, je suis du pueblo de San-José, répondit effrontément le Breton à tout hasard.

— Seriez-vous du pueblo de San-José qui se trouve près de San-Francisco?

— Halte-là ! lui dit une voix rude.

— Oui, de celui-là même, caballero, tout à côté, et, sur mon âme, je voudrais bien y être de retour, caraï !
— Qui vous en empêche, señor ?
— Ah ! voilà : bien des choses ; vouloir et pouvoir font deux, comme vous savez sans doute, caballero ?
— C'est vrai.

— S'il n'y avait que moi encore, cela irait tout seul, hélas! murmura-t-il tout en sirotant son infusion de tamarin, d'un air passablement mélancolique.

— Vous êtes deux?

— Oui, malheureusement : j'ai mon jeune frère avec moi, un enfant presque, très frêle, très mignon et très délicat.

— Diable!

— C'est bien là ce qui me contrarie... Est-ce que vous connaissez San-José, par hasard, vous, caballero?

— Je le crois bien que je connais San-José, et depuis longtemps même; c'est là que réside mon compadre Andrès Carnuto, le chasseur d'ours; vous devez le connaître? Et à chacun de mes voyages à San-Francisco, je ne manque jamais d'aller le voir.

— Bah!

— Ah! par exemple, voilà qui est singulier! Certainement je connais don Andrès Carnuto, répondit le Breton, qui jamais, depuis qu'il était en Amérique, n'en avait entendu parler; mais alors, puisqu'il en est ainsi, vous faites donc quelquefois le trajet de Sonora à San-Francisco?

— Depuis plus de dix ans je ne fais que celui-là, j'étais au service du capitaine Sutter, un Suisse; vous savez, le propriétaire de la plantation de la Nouvelle-Helvétie, un bien digne homme tout de même, ce capitaine Sutter, quoiqu'il soit *gringo* — hérétique. — Je ne fais que celui-là; aussi je connais la route sur le bout du doigt, allez, je vous le promets.

— Et aujourd'hui est-ce encore de ce côté-là que vous retournez?

— Eh bien, pourquoi donc pas, puisque c'est mon trajet habituel? Oui, señor, je retourne à San-Francisco, avec mes arrieros qui sont là. J'ai été loué, quelques jours, par un noble seigneur très généreux, qui m'a averti cette nuit de me tenir prêt à partir ce matin; et me voici à mon poste prêt à me mettre en route.

— Vous êtes donc l'*arriero mayor* de la *recua*, señor?

— Pour vous servir, caballero.

— Quel malheur que je ne puisse partir avec vous!

— Oui, ma foi! c'est un malheur, pour vous et pour moi, señor, car vous avez l'air d'être un bon diable.

— Vous êtes bien honnête, caballero, fit-il avec un soupir. Puis il reprit au bout d'un instant : « Si nous prenions un verre de pulque? »

— Je préfère l'aguardiente de Pisco : c'est une liqueur qui est bonne au corps. Le pulque est trop froid pour mon estomac.

— Va! pour l'aguardiente de Pisco, alors; nous trinquerons à notre rencontre.

Il appela le pulquero et fit servir.

Les deux hommes trinquèrent.

— A votre santé, señor...

— Don Benito Calaveras y Prusiano de la marquesita del Tronco Redondo, dit l'arriero mayor en saluant.

— Joli nom! fit le Breton avec admiration, joli nom! et qui promet, quoi qu'il soit peut-être un peu long.

L'arriero sourit avec satisfaction.
— Et vous, señor, serait-il indiscret de vous demander votre nom?
— Nullement, caballero : je me nomme Pacheco Sandras Cabrecillo pour vous servir si j'en étais capable, et mon jeune frère, dont j'ai eu l'honneur de vous parler tout à l'heure, Santiago; maintenant vous connaissez toute la famille, nos parents sont morts.
L'arriero mayor salua avec un air de condoléance.
— A votre santé! dit-il en portant son verre à ses lèvres.
— A la vôtre, répondit poliment Yann Mareck en imitant son mouvement.
— Eh, mais j'y pense, reprit-il au bout d'un instant, caraï, je ne sais pourquoi, caballero; mais, sur mon âme, vous m'intéressez : votre honnête figure me revient.
— Pas autant que me revient la vôtre, señor. Bien que je ne vous connaisse que depuis quelques minutes à peine, je vous considère déjà presque comme un ami.
— Merci, touchez-là, señor, vous êtes un *buen muchacho*.
— C'est ce qu'on dit.
— Je l'affirme. Eh bien! je crois en y réfléchissant qu'il y a peut-être un moyen d'arranger les choses.
Le rusé Breton dissimula soigneusement la joie que ces paroles de l'arriero mayor lui faisaient éprouver.
— Vous croyez, señor? Pour ma part, je vous avoue que je n'en vois pas, dit-il avec une feinte indifférence.
— Peut-être, amigo. Mais voyons, là franchement entre nous, êtes-vous ce qu'on appelle *hombre de a caballo*?
— Hum! c'est mal de se vanter soi-même; cependant je puis vous dire en toute conscience que je passe pour un des meilleurs *ginettes* de toute la basse et la haute Californie, répondit modestement le Breton, qui, en réalité, était excellent cavalier.
— Et votre frère Santiago?
— Il promet; je le forme, dame! Il ne va pas mal du tout, pour sûr! bien que pourtant il soit très jeune encore.
— Quel âge a-t-il?
— Environ quatorze ans.
— Et il sait bien lancer le lasso et manier un mustang?
— Caraï! je le crois bien! Il ne serait pas mon frère sans cela.
— C'est juste! Eh bien! puisqu'il en est ainsi, caballero, tout est arrangé entre nous, je vous emmène, ainsi que votre frère.
— Bien vrai?
— Dame! Écoutez donc, cela vous regarde après tout; voyez ce que vous voulez faire. Il ne tient qu'à vous seul.
— Oh! alors..., c'est fait!
— Et de plus, señor, non seulement sans qu'il vous en coûte un réal, mais encore je vous compterai, à votre frère et à vous, chacun vingt piastres, si je suis content de vous en arrivant à San-Francisco.
— Chacun vingt piastres! C'est magnifique, caballero : je suis confus de

tant de générosité; aussi, soyez tranquille, vous serez satisfait de mon service. Maintenant que faut-il faire?

— Écoutez-moi, dit l'arriero mayor en souriant avec bonhomie.

— Je suis tout oreilles.

— Ce caballero dont je vous ai parlé tout à l'heure et qui m'a loué ma *recua* est, à ce qu'il paraît, excessivement pressé d'arriver là-bas à San-Francisco.

— C'est sans doute un des grands négociants de la ville?

— Je ne sais pas ce qu'il est, et de plus je vous avoue franchement que cela m'est parfaitement égal.

— A moi aussi, señor, répondit en riant le Breton, de plus en plus intéressé.

— En conséquence, reprit l'arriero mayor, comme, excepté quelques misérables ranchos disséminés de loin en loin sur la route, nous avons constamment à traverser les déserts horribles, ce caballero a fait en même temps prix avec moi pour que j'emmène, outre ma *recua* de mules de rechange, une *caballeriza* composée de trente mustangs des prairies.

— Afin d'avoir toujours des relais préparés; je comprends cela.

— Voilà la chose.

— Et ces chevaux, vous les avez réunis sans doute, señor?

— Caraï! je n'y ai point manqué; ce sont tous des mustangs à demi sauvages que j'ai *lassés* moi-même, il y a moins d'un mois, dans les repaires les plus inexplorés des prairies de l'Ouest, de belles et nobles bêtes, s'il en fut jamais, de véritables *coursiers*, je vous l'assure, avec lesquels on va comme le vent.

— Je m'en rapporte à vous.

— La caballeriza est réunie tout entière depuis plus de huit jours déjà, dans la coral du *tambo de Guadelupe*.

— Très bien; en dehors de la ville, à une demi-lieue environ, sur la route de San-Francisco, señor, je vois cela d'ici. Ne m'en dites pas plus, c'est inutile.

— Oui, caballero, mes *mozos de mulas* les gardent; ils sont cinq. Voulez-vous vous charger de diriger la *manada*? Mes garçons seront placés sous vos ordres; votre frère vous donnera un coup de main à l'occasion, et, de plus, il y aura non pas vingt piastres, mais quatre onces pour chacun de vous deux. Cela vous va-t-il? Voulez-vous faire cela?

— Je le crois bien, que je le veux! señor! s'écria-t-il joyeusement.

— Eh bien, alors, c'est une chose entendue, n'est-ce pas?

— Parfaitement.

— Bon! Attendez un instant. Et il appela : Eh! Antonio!

— Voilà! répondit un arriero en accourant auprès de lui.

— Surveille le départ, *muchacho*, j'ai certaines affaires à terminer, je vais partir un peu en avant avec ce caballero; je vous rejoindrai à la sortie de la ville.

— Allez à vos affaires, ño Benito, je veillerai, soyez tranquille.

— Bien, muchacho, et merci; venez, don Pacheco.

— A vos ordres, répondit le Breton, en payant la consommation.
Ils sortirent.
L'arriero se mit en selle.
— Où est votre cheval? dit-il.
— A dix pas d'ici, dans la posada où j'habite avec mon frère.
— Justement, c'est notre chemin.
Ils se mirent en route.
— Il est donc bien riche, ce señor qui vous a loué? demanda au bout d'un instant le Breton, pour dire quelque chose.
— Il paraît; l'or coule comme de l'eau entre ses doigts.
— Eh mais! dites donc, ñô Benito, s'écria tout à coup Yann Mareck en s'arrêtant au milieu de la place d'un air décontenancé, je pense à une chose, moi.
— Laquelle?
— Croyez-vous, señor, que cela ne le contrariera pas, ce noble caballero, que vous m'ayez engagé ainsi ce matin, et sans le prévenir, à son service?
— D'abord, amigo, je vous ferai observer, entre nous, que vous n'êtes pas du tout engagé à son service, mais au mien, ce qui n'est pas du tout la même chose.
— C'est vrai, au fait; je n'avais pas songé à cela, il n'a rien à y voir.
— Pas la moindre des choses, continua l'arriero mayor, ensuite il est plus que probable qu'il ne s'apercevra même pas de votre présence parmi nous, présence dont, soit dit sans vous fâcher, il doit se soucier médiocrement. Et puis, en fin de compte, comme, à cause de vos occupations, vous serez toujours, soit en avant, soit en arrière de la caravane, il est à peu près certain que vous ne vous trouverez pas, à moins d'un hasard extraordinaire, une seule fois en face l'un de l'autre d'ici à San-Francisco.
— Vous avez mille fois raison, señor don Benito. Et il reprit allègrement sa route; au bout d'un instant, ils atteignirent la posada.
— C'est ici, señor, dit le Breton. Arrêtez, je vous prie; dans un instant, je suis à vous.
— Faites, faites; ne vous gênez pas, nous avons le temps.
Et pendant que le Breton entrait tout joyeux dans la posada, l'arriero mayor tordit gravement une fine cigarette de paille de maïs qu'il alluma au moyen de son mechero, instrument dont les Mexicains, les plus enragés fumeurs qu'il soit au monde, ne se séparent jamais sous aucun prétexte.
Cependant Yann Mareck ne perdit pas une seconde pour se rendre auprès de sa jeune maîtresse.
Mlle Edmée de l'Estang était éveillée, habillée, et toute prête à sortir.
Elle n'attendait que le retour de Yann Mareck pour quitter la posada.
Ainsi que l'avait dit le Breton à l'arriero mayor, elle avait l'air d'un jeune garçon de treize à quatorze ans.
Le fidèle Yann Mareck lui rapporta en deux mots, car il n'avait pas un instant à perdre, ce qui s'était passé entre lui et le Mexicain, et de quelle façon il avait trouvé le moyen de se joindre à la caravane.
La jeune fille sauta littéralement de joie à cette nouvelle.

— Maintenant, venez tout de suite, not'demoiselle, ajouta le Breton; le señor don Benito nous attend.
— Don Benito?
— Oui, l'arriero en chef.
— Ah! très bien, je vous suis.
— Surtout, not'demoiselle, n'oubliez pas que vous êtes mon frère, que votre nom est Santiago et le mien Pacheco.
— Bien, Santiago, n'est-ce pas? Je m'en souviendrai.

Yann Mareck sella en un tour de main les deux chevaux, régla le compte avec le posadero et ils sortirent.

Le señor nô Benito, immobile et droit sur sa selle, fumait philosophiquement sa troisième cigarette.

— Ah! vous voilà, dit-il en les apercevant, en route, muchachos; nous n'avons que trop perdu de temps déjà.

La connaissance fut bientôt faite.

Le digne arriero mayor, qui, en réalité, était un très brave homme, tout rond, était réellement enchanté de ses deux nouveaux employés et il se félicitait tout haut avec eux de cette heureuse rencontre.

Les trois cavaliers traversèrent la ville presque au galop et ils atteignirent bientôt, en riant et en causant, le *tambo de Guadalupe*, où la caballeriza était parquée.

Le señor nô Benito appela aussitôt ses garçons, et, dès qu'ils furent réunis autour de lui, il leur présenta le Breton et son soi-disant frère, en leur annonçant que le premier était désormais leur chef, et qu'ils auraient à lui obéir comme à lui-même en tout ce qu'il leur ordonnerait pour la direction de la *manada*.

Puis, la présentation terminée, ce qui ne fut pas long, le señor don Benito se retourna vers Yann Mareck :

— Ami Pacheco, lui demanda-t-il, connaissez-vous la route?

— A peu près, señor don Benito, répondit effrontément celui-ci, qui ne la connaissait pas tout.

— D'ailleurs, au cas où vous ne la connaîtriez pas très bien, cela importe peu; vos garçons la connaissent depuis longtemps, et ils savent où ils doivent s'arrêter.

— Très bien.

— Votre première journée est indiquée au rancho *de Ojo de Agua*.

— Je le connais, señor. Ce rancho est situé, je crois, si je ne me trompe, à cinq ou six lieues d'ici, tout au plus.

— C'est cela même, allons, je vois avec plaisir que tout ira bien.

En ce moment, les portes du tambo s'ouvrirent à deux battants, et une trentaine de chevaux entièrement nus s'élancèrent au galop sur la route, flanqués à droite et à gauche par les *mozos* qui, armés de longues perches les refoulant sans cesse sur le milieu du chemin, les empêchaient ainsi de s'écarter.

— Voilà votre manada, ami Pacheco, dit alors l'arriero mayor.

— Diablos! elle est bien nombreuse, répondit le Breton.

— Dame ! vous comprenez, les chemins ne sont pas positivement sûrs de ces côtés-ci, fit ño Benito, il est bon de prendre ses précautions, si l'on ne veut pas courir le risque d'être arrêté en route ; et le señor voyageur, qui probablement ne se soucie pas sans doute d'être dévalisé par les pirates des prairies ou les Indiens bravos qui pullulent dans les environs, a pris avec lui une escorte de vingt-cinq hommes bien armés, en cas d'attaque ou de surprise.

— C'est prudent.

— Allons, à ce soir, don Pacheco ; partez, et bon voyage ! La caballeriza est déjà loin ; et voyez, voici là-bas la caravane qui passe la guarita de la ville et arrive grand train ; dans un quart d'heure elle sera ici.

— A ce soir et merci encore une fois, señor don Benito ! j'espère que vous serez content de moi, dit Yann Mareck en enfonçant les éperons dans les flancs de son cheval.

Edmée l'imita.

Les deux cavaliers partirent aussitôt ventre à terre.

L'arriero mayor était paisiblement demeuré devant le tambo, sa cigarette de paille de maïs à la bouche.

Lorsque la caravane passa devant le rancho quelques minutes plus tard, il n'eut que la peine de se joindre à elle.

XI

DANS LEQUEL LE MORT CONSEILLE LES VIVANTS

Laissons le fidèle Breton Yann Mareck et sa jeune et charmante maîtresse Edmée de l'Estang courir après la manada que ño Benito leur confiait si galamment et occupons-nous pour le moment de la caravane nombreuse commandée par le métis Marcos Praya, qui se dirigeait vers la ville de San-Francisco.

En général, dans l'Amérique espagnole, où le service des postes était, jusque dans ces dernières années, complètement inconnu, et où il l'est probablement encore, car dans ces singulières contrées bénies du ciel l'incurie est passée depuis longtemps à l'état chronique, on a remédié autant que possible à cette pénurie de moyens de communication par des relais volants, composés de chevaux à demi sauvages, galopant en liberté, et sur lesquels on monte en cas de besoin.

Cette réunion de plusieurs chevaux de relais se nomme, selon les localités, soit une manada, soit une caballeriza.

C'était, ainsi que nous l'avons dit, d'une de ces manadas ou caballerizas louée par le métis au señor don Benito Calaveras, etc., etc., dont Yann Mareck avait réussi à se faire confier la direction sur sa bonne mine.

La caravane marchait dans le plus bel ordre : en tête, à longue portée de fusil, six cavaliers d'avant-garde, le rifle sur la cuisse, tenaient toute la largeur du chemin.

Derrière ces cavaliers, les mules de charge complètement libres, mais surveillées par les arrieros, suivaient en trottant le grelot de la *nena* ou *yegua madrina*.

Puis, à environ une centaine de pas en arrière afin de ne pas être incommodés par les flots de la poussière soulevée par le trot des mules, venaient la comtesse Hermosa de Casa Real, montée sur un magnifique mustang, et le métis Marcos Praya, son âme damnée.

Autour d'eux, à droite et à gauche sur les bords du chemin, seize cavaliers, le rifle droit, le doigt sur la détente, sur deux de front, surveillaient attentivement les flancs de la caravane.

Puis, à vingt-cinq pas en arrière encore, marchait une arrière-garde composée de trois cavaliers, surveillant deux lourds wagons traînés chacun par huit mules et portant tous les objets de campement et les vivres nécessités par un long voyage à travers le désert.

La comtesse de Casa-Real et Marcos Praya causaient entre eux à voix basse et, par surcroît de précaution, leur conversation avait lieu en français, langue complètement ignorée de leurs compagnons de route.

Marcos Praya faisait part à la comtesse de l'inquiétude qu'il éprouvait au sujet de la disparition subite de Matadoce, aussitôt après sa présentation à la comtesse, disparition qu'il ne savait à quoi attribuer.

Matadoce avait-il été assassiné? Avait-il trahi ses nouveaux maîtres?

Voilà ce que se demandait Marcos Praya sans pouvoir se répondre.

En effet, Matadoce, bandit de la pire espèce, il est vrai, mais en même temps grand calculateur, n'était pas homme à trahir, sans des motifs du plus grand poids, ceux qui le payaient bien, surtout une heure à peine après être entré à leur service : ce fait paraissait inexplicable.

Il aurait donc été assassiné?

Mais par qui?

Dans quel but?

Voilà ce que le métis ne pouvait deviner, et ce qui l'inquiétait fort.

La comtesse de Casa-Real ne partageait que très médiocrement l'inquiétude de son frère de lait.

Matadoce lui semblait être en somme un homme d'une importance beaucoup trop secondaire pour qu'un ennemi, quel qu'il fût, eût voulu s'en débarrasser.

Et puis quel ennemi l'eût attaqué?

Tout le monde, dans la ville, ignorait qu'il fût à son service, puisqu'il n'y était entré que la veille au soir même.

Sans doute, avec l'argent qu'il avait reçu, le drôle avait fait bombance et probablement fort peu scrupuleux de sa nature, il n'avait plus songé aux engagements qu'il avait pris.

Marcos Praya, en homme pratique qu'il était, hochait la tête d'un air de doute : tous ces raisonnements lui semblaient spécieux et ne le satisfaisaient

— Seriez-vous du pueblo de San-José?

point, et de temps en temps il se retournait sur sa selle, en arrière, dans l'espoir de voir enfin accourir le fugitif.

Mais c'était en vain que le métis se livrait à cette manœuvre ; aussi loin que la vue pouvait s'étendre du côté de la ville, la route continuait à être complètement déserte.

Cependant la caravane continuait à marcher assez rapidement.

Depuis la sortie de Sonora, elle avait constamment suivi les bords accidentés et ombrés de la rivière ; vers trois heures de l'après-dîner, quelques minutes après s'être remis en route, car les voyageurs, selon la coutume mexicaine, s'étaient arrêtés à onze heures du matin sous un épais bouquet d'arbres pour faire la siesta, déjeuner et laisser passer la plus grande chaleur du jour, on atteignit un gué.

La rivière faisait en cet endroit une courbe assez prononcée et barrait le chemin aux voyageurs.

Il fallait la franchir ; heureusement que cette rivière, comme la plupart de celles du Mexique, était assez peu profonde, d'une médiocre largeur et le gué très facile.

Les chevaux entrèrent dans l'eau, sans difficulté aucune, ce bain les rafraîchissait ; mais à peine l'avant-garde eut-elle quitté le bord et fait quelques pas en avant que les six cavaliers s'arrêtèrent subitement en jetant un cri de surprise et presque d'épouvante.

Marcos Praya, dont l'esprit était constamment tenu en éveil, mit aussitôt son cheval au galop et rejoignit l'avant-garde.

Il s'informa au chef des cavaliers de la raison qui avait fait pousser ces clameurs insolites à ses compagnons.

— Regardez, caballero, répondit respectueusement un des cavaliers en étendant le bras ; tenez, là, dans les herbes.

Le métis regarda.

Un cadavre, qui semblait n'avoir séjourné que quelques heures à peine dans l'eau, mais déjà couvert de myriades de moustiques, était arrêté au milieu des hautes herbes bordant la rive de la rivière.

Marcos Praya le reconnut aussitôt.

Ce cadavre, il n'y avait pas à s'y tromper une seconde, était bien celui de son nouvel engagé, Matadoce enfin.

Son crâne, horriblement fracassé, indiquait clairement à quel genre de mort le malheureux avait succombé.

Le doute n'était plus possible : le bandit avait été assassiné.

Le métis demeura un instant immobile, fronça le sourcil, puis, sans prononcer une parole, il revint tout pensif reprendre son poste auprès de sa maîtresse.

— Eh bien, Marcos ! que se passe-t-il donc là-bas à l'avant-garde ? lui demanda la comtesse, vous semblez atterré ; voyons, répondez. Que se passe-t-il ? qu'y a-t-il ?

— Ce qu'il y a, señora, dit-il enfin d'une voix sourde, il y a que je ne m'étais pas trompé : voilà tout.

— Que voulez-vous dire ? Parlez clairement, Marcos.

— Je veux dire, señora, que Matadoce ne nous a pas trahis, mais qu'il est mort.

— Mort ! vous en êtes sûr ?

— J'ai vu son cadavre.

— Ah ! fit-elle, saisie tout à coup d'un vague effroi qui glaça le sang dans ses veines ; et de quoi est-il mort ?

— Il est mort, señora, d'un coup de pistolet tiré à bout portant et qui lui a fracassé le crâne; puis son cadavre a été jeté à la rivière; il est là-bas, arrêté dans les roseaux et déjà à demi dévoré par les moustiques.

La comtesse baissa la tête.

Il y eut un court silence.

Ce fut la comtesse qui le rompit.

— Alors, nous sommes découverts, murmura-t-elle.

— Et peut-être suivis, ajouta le métis en hochant la tête.

— Le croyez-vous?

— J'en répondrais presque, señora; je me rappelle maintenant qu'hier soir, lorsque je me rendais chez vous, à l'angle de la calle Mercaderes et de la plaza Mayor, deux hommes étaient arrêtés. J'étais pressé; je les pris pour des serenos et j'ai continué ma route.

— Il fallait vous en assurer.

— Vous avez mille fois raison, señora, répondit-il avec dépit, mais je n'y ai pas songé; je me croyais si bien certain d'avoir réussi à dépister tous les espions, que sur le moment il m'a semblé inutile...

— Vous avez eu tort, Marcos, reprit-elle avec animation; vous le reconnaissez à présent, et trop tard, comme toujours. Dans notre situation, vous devriez vous en souvenir pourtant, aucune précaution ne peut être négligée; car une seconde d'oubli suffit pour nous perdre; il nous faut être incessamment sur nos gardes; nos ennemis sont puissants et adroits, ils peuvent tout; ce sont ces deux hommes qui ont fait le coup.

— Je le jurerais, señora.

— Marcos Praya, je vous le répète, prenez-y bien garde, répondit la comtesse de Casa-Real d'un ton de menace, ces négligences finiront par nous perdre; nous jouons, vous le savez comme moi, une partie mortelle en ce moment; souvenez-vous de la ferme des environs du Havre; n'est-ce pas par votre faute aussi que le comte de Warrens, que nous tenions pieds et poings liés en notre pouvoir, nous est échappé!

— Je le confesse, señora, répondit le métis avec humilité.

— Je vous ai pardonné, ne parlons donc plus de cette affaire, reprit-elle avec emportement; mais, Santos, je vous le répète encore, Marcos Praya, ne retombez plus dans une faute semblable, Dios! car, je vous en avertis, cette fois je serais impitoyable.

— Oh! maintenant soyez tranquille, je veillerai, señora, je vous en fais le serment sur ma part de paradis, ajouta le métis en se signant dévotement.

— Aussitôt que le camp aura été établi pour la nuit, vous expédierez dix cavaliers choisis en batteurs d'estrade, pour nettoyer les alentours de notre position, à deux lieues à la ronde, et non seulement tous les soirs, mais encore tous les matins avant le départ; vous ferez de même jusqu'à notre arrivée à San-Francisco; surtout, Marcos Praya, n'y manquez pas.

— Je n'aurai garde, señora; vous serez ponctuellement obéie, je vous le promets.

— De cette façon, les espions n'oseront sans doute pas s'approcher d'assez près pour nous reconnaître, et nous serons assurés d'atteindre la ville de

San-Francisco sans coup férir; une fois là, ajouta-t-elle avec un ricanement sinistre, nous n'aurons plus rien à craindre, et, au contraire, ce sera à eux à trembler.

Ils continuèrent à s'entretenir ainsi de leurs ténébreux projets pour l'avenir, et de l'espoir de plus en plus certain qu'ils avaient de se venger enfin de leurs ennemis, pendant toute la marche.

Vers sept heures du soir, la caravane atteignit enfin le rancho de *Ojo de Agua*, où elle campa pour la nuit.

El Ojo de Agua était, à cette époque, et est sans doute encore aujourd'hui, une misérable rancheria composée de sept à huit mauvaises huttes en feuillage, couvertes en vacois, à demi ruinées, et habitées par de pauvres diables de peones mourant de faim trois fois sur quatre, dont la seule industrie consistait alors à élever des moutons, qu'ils vendaient le plus cher possible aux voyageurs que le hasard leur amenait.

L'arrivée de la riche caravane fut pour eux une bonne fortune.

Ils trouvèrent en moins de dix minutes à se défaire à fort bon prix de leur troupeau, composé d'une vingtaine de moutons au plus, et d'apparence plus que famélique.

Marcos Praya, aussitôt le campement installé, fit appeler l'alcade de la rancheria.

Il débuta avec ce tout-puissant personnage en lui mettant deux onces d'or dans la main, somme énorme pour le pauvre homme et qui le fit pâlir de joie.

Puis il l'interrogea.

L'alcade ne savait rien.

Toute la ruse et toute l'astuce que possédait le métis, et Dieu sait si ces deux qualités étaient chez lui poussées à l'extrême, furent vainement mises en œuvre pendant un interrogatoire qui dura plus d'une demi-heure.

Il n'apprit rien.

Depuis au moins plus de trois mois, selon le dire de l'alcade, il n'était point passé un seul voyageur à la rancheria del Ojo de Agua.

Menaces, prières, rien n'y fit.

Bon gré, mal gré, le métis fut contraint de s'avouer vaincu.

Et pourtant il avait le pressentiment secret que cet homme, si niais et si ignorant en apparence, non seulement le trompait, mais encore se moquait de lui.

On avait dû le payer bien cher pour qu'il jouât si parfaitement son rôle.

Le digne alcade restait froid, digne, et n'opposait à toutes les questions qui lui étaient adressées, si pressantes qu'elles fussent, que quatre mots, toujours les mêmes :

— Je ne sais pas.

Contre le parti pris et la force d'inertie poussés à ces extrêmes limites, il n'y a rien à faire.

Marcos le comprit.

Il congédia l'alcade avec force remerciements; intérieurement il était furieux.

Dès que la nuit fut venue, il monta à cheval et, suivi de dix cavaliers, il poussa aux environs une reconnaissance désespérée.

A minuit il rentra au camp, bredouille, comme disent les chasseurs.

Il n'avait rien découvert, rien vu et rien entendu.

A quatre heures du matin il recommença courageusement.

Le résultat fut le même.

Si les mystérieux ennemis de la comtesse de Casa-Real étaient en campagne, ainsi qu'elle le supposait, il fut contraint de s'avouer à lui-même qu'ils jouaient serré.

Il se jeta avec une rage froide sur l'amas de feuilles qui lui servait de lit. Il chercha en vain le sommeil.

Marcos Praya avait le pressentiment sinistre, que les ennemis contre lesquels sa maîtresse luttait depuis si longtemps et avait si résolument entamé une lutte suprême, avaient tracé autour d'elle un cercle terrible, que ce cercle se resserrait de plus en plus et finirait à un moment donné, peut-être prochain, par l'étouffer, sans qu'il lui fût possible de s'échapper.

Au point du jour le camp fut levé et on se remit en marche.

— Eh bien, Marcos, demanda la comtesse au métis, qu'avez-vous découvert pendant vos rondes, cette nuit?

— Rien, señora, répondit-il avec abattement, et cependant...

— Et cependant? interrompit-elle, que voulez-vous dire?

— Je veux dire, señora, que l'heure du dernier combat ne tardera pas à sonner, nos ennemis nous enveloppent, je les sens, je les vois sans pouvoir les atteindre.

— Moi aussi, murmura la comtesse d'une voix sourde et tremblante, en devenant subitement pâle comme un suaire.

— Que devons-nous faire, señora? reprit le métis avec un accent d'hésitation étrange chez un pareil homme.

— Lutter quand même, *cuerpo de Cristo!* reprit-elle avec violence, en le regardant fièrement en face, et, si nous devons tomber, ne tomber que morts, et sur un monceau de cadavres sacrifiés à notre vengeance.

Et, cravachant son cheval d'une main fébrile, elle partit au galop à travers la campagne, au risque d'être renversée par l'animal devenu furieux.

Marcos Praya la regarda s'éloigner d'un air pensif.

— Ma vie lui appartient, murmura-t-il avec tristesse, tout en la suivant du regard.

XII

DANS LE DÉSERT

Nous ne suivrons point nos voyageurs pas à pas dans leur longue pérégrination à travers le désert, cela nous obligerait à tomber dans des redites fatigantes pour le lecteur et qui ne sauraient avoir aucun intérêt réel.

Nous reprendrons notre récit environ trois semaines après le départ de la comtesse de Casa-Real de Sonora.

La caravane était en marche depuis une vingtaine de jours.

La nuit tombait.

Le soleil, sans rayons et sans chaleur, apparaissait, comme une grosse boule d'un rouge ardent, au niveau des basses branches des arbres.

La fraîche brise du soir se levait; les oiseaux, dont les chants avaient cessé depuis longtemps déjà, commençaient à chercher un refuge sous la feuillée.

La caravane émergeait péniblement d'un vaste *chaparral* dans lequel, depuis dix heures du matin, elle était engagée.

On ne saurait mieux comparer un *chaparral* qu'aux *maquis* de la Corse : ce sont de jeunes taillis et des ronciers qui ne s'élèvent guère plus haut que huit ou dix pieds au-dessus du sol, mais dont le fouillis et l'enchevêtrement sont presque inextricables.

Presque toujours on est contraint de s'ouvrir passage à coups de hache.

Le paysage était triste, morne et désolé.

De hautes montagnes pelées, aux cimes inaccessibles, affectant des formes bizarres, qui les faisaient ressembler à des constructions cyclopéennes, cerclaient l'horizon; de loin en loin, quelques bouquets d'arbres rabougris, tordus et effeuillés, perçaient avec difficulté la couche de sable noirâtre qui formait le sol; pas une goutte d'eau, pas un brin d'herbe.

Aussi loin que la vue pouvait s'étendre, soit en avant, soit en arrière, on apercevait une ligne d'un blanc mat, large de six ou huit mètres au moins et formant les plus capricieux détours : ligne qui tranchait lugubrement comme un linceul sur la couleur noirâtre du sol environnant.

Cette ligne sinistre, à cause de sa blancheur même, était la route qui conduisait de Sonora à San-Francisco, ou, pour mieux dire, qui de San-Francisco conduisait aux placeres, à Sonora et à Monte-Rey.

Disons-le tout de suite, afin que le lecteur ne s'y trompe point, cette couche blanchâtre, épaisse de plus d'un mètre, répandue sur cette route, provenait des nombreux ossements d'hommes et d'animaux morts pendant leur long trajet à travers le désert.

Le vent, la pluie et le soleil avaient si bien émietté ces ossements qu'ils les avaient changés en une poussière impalpable, balayée par le plus léger souffle d'air.

Cette triste poussière humaine, semée comme à plaisir par la fatalité dans cette immense et lugubre vallée de Josaphat, saisissait à la gorge, aux yeux et aux narines, les voyageurs à demi suffoqués déjà par les exhalaisons de cet immonde charnier, qui renfermait, hélas! tant d'espoirs déçus, de convoitises trompées ou de misères souffertes !

Au-dessus de cette plaine, un ciel implacable, immense plaque de cuivre dont aucun nuage ne ternissait la morne réverbération, plombait ce terrible ossuaire.

Pas un être vivant.

Partout la solitude et le silence.

Partout l'image du néant et de la mort dans toute sa sinistre horreur.

Ce spectacle était horrible.

C'était à donner le frisson du découragement et de la terreur à l'homme le plus froidement résolu, à redoubler le spleen de l'Anglais voyageur le mieux disposé à oublier et à se distraire.

Les voyageurs s'avançaient lentement, péniblement, tristes, affaissés sur leurs montures fatiguées, qui marchaient la tête basse, en trébuchant à chaque obstacle, si faible qu'il fût.

En voyant tout à coup se dérouler devant eux cet immense et sinistre désert de sable, les voyageurs épouvantés poussèrent un cri de terreur, presque de désespoir.

Combien peu cette troupe découragée ressemblait en ce moment à ce qu'était la caravane lors de son imposant départ de Sonora!

Plus du quart des hommes et des animaux qui la composaient primitivement avaient succombé en route à la fatigue et à la misère; leurs cadavres, abandonnés et déchiquetés par les coyotes et les oiseaux de proie, n'étaient plus que d'horribles squelettes destinés à grossir encore la couche de poussière sans nom sur laquelle ils étaient restés étendus.

Les survivants, déjà squelettes eux-mêmes, maigres, hâves, exténués, désespérés surtout, les yeux enfoncés sous l'orbite, brûlés par la fièvre, et les pommettes des joues marbrées d'un rouge vif, ne se traînaient plus qu'avec une peine infinie, leurs regards mornes sans cesse fixés sur cet implacable horizon qui les enserrait comme un cercle de l'enfer sans qu'une éclaircie leur laissât entrevoir enfin le but tant désiré de leur course.

Ils avaient perdu jusqu'à la conscience du trajet accompli depuis leur départ; ils ignoraient où ils se trouvaient.

Les pauvres malheureux seraient certainement morts de désespoir, s'ils avaient pu savoir que huit longues journées les séparaient encore de San-Francisco.

Trois personnes, dans toute la caravane, possédaient seules ce secret, la comtesse de Casa-Real, le métis Marcos Praya et le señor Benito, l'arriero en chef.

Pour comble de misère, depuis deux jours les voyageurs, comme si tout devait les accabler pendant le cours de ce terrible voyage, avaient découvert une piste indienne qui semblait tourner autour d'eux; car d'espace en espace elle se faisait visible de tous les côtés à la fois.

Il fallait certes que les Peaux-Rouges fussent ou bien forts et bien nombreux, ou qu'ils connussent bien parfaitement la faiblesse des blancs, pour avoir laissé ainsi comme une sinistre raillerie des traces clairement marquées de leur passage, eux qui, lorsqu'ils le veulent, réussissent à les dissimuler si habilement.

Cependant, vers cinq heures du soir, sur un signe de la comtesse de Casa-Real, Marcos Praya donna enfin l'ordre de camper sur la lisière même du chaparral.

La fatigue était si grande qu'il eût été matériellement impossible aux hommes et aux animaux de pousser plus loin.

Nous l'avons dit déjà, le chaparral américain ne saurait être mieux comparé qu'aux maquis de la Corse, c'est-à-dire qu'il n'offre qu'un abri insuffisant à ceux qui s'y réfugient.

Voilà pourquoi la caravane avait dû en sortir, afin que, se trouvant à découvert et ayant de l'espace devant elles, les sentinelles pussent surveiller mieux les environs.

Les voyageurs, accablés de fatigue, entendirent avec un cri de joie l'ordre donné par le métis de faire halte, et, pour un instant ils semblèrent avoir recouvré toute l'énergie qu'ils avaient presque perdue.

— Nous sommes encore à plus d'une lieue de la caballeriza, fit observer à voix basse ño Benito à Marcos Praya pendant que les cavaliers s'occupaient avec une ardeur fébrile à établir le campement de nuit.

— Qu'importe? répondit celui-ci sur le même ton.

— Beaucoup plus que vous ne le supposez, señor caballero. Prenez-y garde, il vaudrait mieux continuer à marcher pendant une heure; la manada est campée au milieu de ce bouquet d'arbres que vous pouvez facilement apercevoir d'ici, reprit l'arriero mayor avec insistance.

— Je le vois, cher señor Benito, mais c'est bien loin encore, fit le métis avec un soupir de découragement, et nos hommes sont rendus de fatigue et d'épuisement.

— Oui, señor, c'est vrai, mais là-bas il y a un puits.

— C'est malheureux, mais maintenant il est trop tard pour nous y rendre; mieux vaut n'en point parler davantage; voyez, l'enceinte est déjà presque terminée, la tente de la señora est dressée et on allume les feux de veille. Bah! après tout, une nuit est bientôt passée, compadre; demain nous déjeunerons là-bas.

— *Quien sabe?* fit l'arriero mayor en hochant la tête.

Le campement établi, la joie sembla un peu renaître parmi les membres de la caravane, vieux aventuriers pour la plupart, qui, avec leur insouciance native, dès qu'ils faisaient halte enfin, oubliaient les misères passées et celles à venir pour jouir des quelques heures de repos qui leur étaient accordées.

L'espiègle Anita, la camériste favorite de la comtesse, s'approcha alors de Marcos Praya et de l'arriero mayor, et, de la part de sa maîtresse, elle les invita à partager le repas du soir.

Les deux hommes s'inclinèrent respectueusement et suivirent la jeune fille.

Chose étrange et cependant bien réelle, tandis que tous ces hommes, si vigoureusement trempés et accoutumés de longue date à la vie du désert, tombaient les uns après les autres autour d'elle, la comtesse de Casa-Real semblait n'avoir souffert en rien des fatigues et des privations sans nombre que cependant elle avait amplement partagées avec ses compagnons.

Ce corps si frêle, si mignon et si délicat, qui en apparence aurait dû être flétri, brisé et anéanti brutalement au premier choc de l'adversité, avait vaillamment lutté et était sorti vainqueur de la lutte.

Le moral avait dompté le physique.

La volonté de fer de la comtesse, son énergie surhumaine, avaient brisé tous les obstacles.

Elle était aussi belle, aussi calme et aussi souriante en ce moment au

Le doute n'était plus possible, le bandit avait été assassiné.

fond de ce désert horrible, entourée de mourants et de cadavres, que dans sa charmante retraite de l'allée des Veuves, à Paris, où pour la première fois nous l'avons présentée au lecteur.

Seulement, elle était un peu plus pâle, un peu plus svelte, et un pli imperceptible avait creusé sa ligne fatale et indélébile entre l'arc de ses deux sourcils.

— Asseyez-vous, señores, dit la comtesse de Casa-Real avec un sourire engageant à ses convives, et si nous devions mourir demain, eh bien! qu'importe! jouissons encore aujourd'hui des biens qui nous restent.

Les deux hommes saluèrent silencieusement, ils prirent place à droite et à gauche de la comtesse et Anita servit.

La pauvre enfant était bien changée, elle; elle ressemblait à un spectre.

Le repas fut court.

Les vivres commençaient à être rares; on les ménageait soigneusement et on les partageait avec une parcimonie extrême.

Cependant, lorsque le repas fut terminé et que les convives eurent allumé leurs cigarettes de maïs, cette suprême consolation des voyageurs et des malheureux, la gaieté sembla pour un instant renaître parmi eux.

La nuit était tombée, claire, étoilée, silencieuse et froide.

La comtesse de Casa-Real fit relever les rideaux de la tente, afin que ses regards pussent s'étendre de tous les côtés, et éviter ainsi que sa conversation fût entendue du dehors, puis s'adressant à Marcos :

— Que s'est-il passé aujourd'hui? demanda-t-elle.

— Un homme et deux chevaux sont morts, señora.

— Si cela continue ainsi, reprit-elle avec un sourire triste, il est probable que nous arriverons seuls à San-Francisco.

— Si nous arrivons, dit froidement l'arriero mayor en lâchant une énorme bouffée de fumée par la bouche et par les narines.

— Sur ma foi, vous êtes sinistre dans vos prédictions, señor don Benito, dit la comtesse avec intention.

— Je suis vrai, señora, répondit-il en s'inclinant courtoisement.

— C'est possible, mais la vérité est dure à entendre, quelquefois, señor, reprit-elle avec une certaine animation.

— Elle est dure toujours, señora, reprit sentencieusement l'arriero mayor sans se déconcerter le moins du monde.

Marcos Praya ne prenait point part à la conversation, il rêvait, les regards obstinément fixés sur l'horizon bleuâtre que les vapeurs nocturnes estompaient de brume.

— Si, du moins, reprit nonchalamment la comtesse de Casa-Real, vous connaissiez, señor don Benito, un moyen de nous sortir du mauvais pas où nous nous trouvons, je vous pardonnerais vos lugubres prédictions.

— J'en connais un.

— Vraiment?

— Sur l'honneur.

— Et vous ne me l'avez pas révélé, señor don Benito?

— Il n'était pas temps encore, señora.

— Pourquoi donc?

— Parce que nous étions trop éloignés de la ville de San-Francisco pour que ce moyen suprême pût être employé avec quelques chances de succès.

— Je ne vous comprends pas, señor.

— Voulez-vous me permettre de m'expliquer, señora?

— Sans doute; je vous en prie.

— Eh bien! puisque vous me le permettez, señora, ce moyen, le voici : il est simple comme tout ce qui est bon.

— Hâtez-vous, de grâce, je brûle d'être instruite.

— Écoutez-moi bien, señora, je vous en supplie. Ce n'est qu'un simple calcul, mais fort intéressant pour vous, je vous le jure; d'ailleurs vous pourrez bientôt en juger vous-même. L'un dans l'autre, avec les mules, et surtout avec les wagons que nous traînons à notre suite, nous ne faisons guère plus de quatre lieues par jour, et encore souvent nous ne les faisons pas, à cause des difficultés des chemins et surtout de la fatigue des animaux, n'est-ce pas, señora?

— C'est vrai, señor, mais je ne vois pas où vous voulez en venir?

— Patience, señora.

— Allez, allez; je vous écoute avec la plus sérieuse attention.

— Très bien; c'est surtout ce que je désire. Nous sommes à sept journées de mules de la ville de San-Francisco, à partir de ce soir, señora; c'est-à-dire, en comptant d'après notre marche habituelle, quatre lieues par jour, à vingt-huit lieues, mettons-en trente, si vous le voulez, señora, trente-cinq même, ceci ne fait absolument rien à l'affaire.

— Après?

— M'y voici, señora. Un mustang des prairies, ce que nous autres *hombres de a caballero* nous nommons un *coursier* en terme technique, peut, remarquez bien ceci, señora, c'est très important, peut, dis-je, sans se fatiguer, faire et cela est prouvé, lancé à toute bride, de cinq lieues à quatre lieues et demie à l'heure pendant douze heures consécutives; non pas tous les jours, ce serait trop lui demander, au pauvre animal, mais une fois de loin en loin, dans un cas urgent, critique même, comme, par exemple, celui où nous nous trouvons en ce moment.

— Vous êtes sûr de ce que vous dites, señor don Benito? s'écria la comtesse, dont le regard rayonna de joie.

— Je vous l'affirme, señora; et cela avec d'autant plus de certitude que j'ai moi-même plusieurs fois exécuté le tour de force dont je vous parle, dans des circonstances semblables à celle où nous sommes.

— Bien, bien, señor don Benito, continuez, reprit la comtesse vivement intéressée.

— Or, quatre lieues à l'heure, mettons quatre, si vous voulez...

— Oui, quatre, c'est plus sûr.

— Comme il vous plaira, señora; quatre lieues font en douze heures...

— Quarante-huit lieues! s'écria-t-elle.

— Remarquez en outre, je vous prie, señora, qu'en mettant les choses au pis, nous ne sommes tout au plus qu'à trente-cinq lieues du but de notre voyage.

— Ce qui veut dire?...

— Que bien montés, en moins de neuf heures, il nous est, si vous le désirez, très facile d'atteindre la ville de San-Francisco, même en ménageant nos chevaux.

— Vous en parlez comme s'ils existaient, ces excellents chevaux, señor don Benito, reprit-elle avec anxiété.

— C'est qu'ils existent réellement en effet, señora.

— Comment cela ?

— Mais à deux pas d'ici, señora ; votre caballeriza, à laquelle vous ne songez pas et dont vous ne vous êtes pas servie encore, se compose d'animaux de choix, lacés par moi, un à un, dans la prairie.

— C'est vrai ! señor don Benito, fit-elle avec entraînement ; mon Dieu ! comment ai-je pu oublier cela ?

— Je me suis souvenu, moi, vous le voyez, señora.

— Et soyez convaincu que je vous en remercie du fond du cœur, señor, car je vous devrai peut-être la vie.

— Seulement, reprit-il, songez-y bien, señora, il nous faudra abandonner les wagons, c'est-à-dire les bagages.

— Qu'importent les bagages ! s'écria-t-elle vivement, c'est arriver qu'il faut avant tout, quoi qu'il en coûte.

— Et vous arriverez, señora, j'en réponds sur ma tête, ce qui cependant est l'enjeu d'un fou, répondit-il en riant. Quant aux mules, elles suivront lentement, et comme quatre hommes seulement resteront avec elles pour les conduire, les vivres et l'eau que nous possédons encore seront plus que suffisants pour leur voyage : ils nageront même dans l'abondance au lieu de souffrir, les gaillards, comme cela leur est arrivé jusqu'à présent.

— Que le ciel vous récompense de la bonne pensée que vous avez eue, señor don Benito ! Quant à moi, soyez tranquille, le danger passé, je n'oublierai point et je ne serai pas ingrate envers vous, je vous le jure.

— Je n'ai fait que remplir mon devoir, señora ; ne suis-je pas, quant à présent du moins, à votre service ?

Tout à coup, Marcos Praya qui, jusqu'à ce moment était, ainsi que nous l'avons dit plus haut, demeuré complètement étranger à la conversation, les regards fixés sur l'horizon, poussa un cri étouffé, se leva d'un bond et s'élança hors de la tente, et cela si rapidement, qu'il disparut presque aussitôt dans l'obscurité.

— Que se passe-t-il donc ? s'écria la comtesse avec surprise.

— Je l'ignore, señora, répondit l'arriero mayor ; mais, selon toutes probabilités, don Marcos Praya aura aperçu quelque chose d'extraordinaire ; désirez-vous que j'aille... ?

— Non, non, restez, restez près de moi, señor don Benito ; Marcos Praya reviendra bientôt sans doute ; alors il nous expliquera lui-même la cause de cette étrange et subite disparition, dont le motif nous échappe en ce moment.

— A vos ordres, señora.

— Combien avons-nous de chevaux dans la caballeriza ?

— Trente, señora.

— Reposés.

— Depuis huit jours, señora, ils sont campés à environ une lieue d'ici. Vous les pourriez apercevoir s'il faisait jour. Dans la prévision de ce qui arrive aujourd'hui, j'avais donné à l'avance au chef de mes arrieros les ordres nécessaires, et ils ont été ponctuellement exécutés ; la caballeriza a fait en huit jours, et cela sans se fatiguer, le trajet qui nous en a coûté vingt.

— Mais alors, s'il en est ainsi, señor, nous voilà sauvés !

— Je l'espère, señora ; d'autant plus que vos serviteurs, vos deux servantes, mes six arrieros compris, vous, le señor don Marcos Praya et moi, nous ne formons en tout qu'un total de vingt-trois personnes, dont nous défalquerons ceux de nos arrieros, qui demeureront avec les mules, ce qui ne fait plus que dix-sept.

— Dix-sept, déjà si peu !... murmura la comtesse en soupirant.

— Hélas ! oui, señora, cela est malheureux ; en vingt jours, nous avons perdu dix-sept personnes ! sans compter les animaux ; qui sait ? les survivants ne résisteraient pas deux jours encore, peut-être.

— C'est affreux ! señor don Benito, murmura-t-elle tristement. Mais comment prévenir la caballeriza ?

— Je m'en charge, señora, si vous me le permettez.

— Mais vous êtes brisé de fatigue, señor ! reprit-elle.

— Je n'ai pas besoin de me déranger, señora. Je resterai ici ; je suis convenu d'un signal avec mon chef de la manada, deux fusées ; dès qu'il les verra, il lacera les chevaux et les amènera ici en quelques minutes.

— Reposons-nous alors, señor don Benito, et un peu avant le lever du soleil vous donnerez le signal ; seulement nous lèverons le camp et nous irons retrouver la caballeriza ; les chevaux seront ainsi plus frais.

— Bon ! une fusée suffira alors.

Un bruit assez fort se fit entendre tout à coup à l'entrée du camp ; des torches nombreuses brillèrent.

La comtesse de Casa Real ouvrait déjà la bouche pour ordonner à l'arriero mayor d'aller aux renseignements, lorsque plusieurs de ces torches se rapprochèrent rapidement de la tente, et, à la lueur rougeâtre qu'elles projetaient autour d'elles, la comtesse aperçut Marcos Praya ; un autre homme étranger au camp se tenait à ses côtés et courait vivement avec lui.

En l'apercevant, la comtesse jeta une exclamation de surprise.

En cet homme elle avait reconnu le comte de Mauclerc.

M. de Mauclerc s'avança vers elle et la salua aussi respectueusement et avec autant de grâce que s'il se fût trouvé de visite dans un salon parisien.

— Vous ici, monsieur le comte ! s'écria-t-elle avec joie.

— Oui, madame la comtesse, et bien heureux de vous rencontrer, répondit-il avec un charmant sourire.

— Vous me cherchiez donc ?

— Je me rendais à Sonora, madame la comtesse, tout exprès pour avoir l'honneur de m'entretenir avec vous de choses fort importantes, lorsque le hasard, ou plutôt ma bonne étoile, m'a fait donner, à environ une demi-lieue d'ici, il y a de cela quelques heures à peine, dans un campement de chevaux de relais qui vous appartiennent, à ce qu'il paraît ; les conducteurs de ces chevaux m'ont renseigné, et me voici, madame la comtesse, tout à vos ordres.

— Asseyez-vous là, près de moi, je vous en prie, monsieur le comte. Désirez-vous prendre quelque chose pour vous rafraîchir ?

— Mille grâces, madame la comtesse; les braves gens que j'ai quittés, il y a un quart d'heure à peine, m'ont invité à partager leur repas, et ma foi, comme je mourais littéralement de faim, je vous avoue que j'ai accepté.

— Bon, je n'insiste pas, mais vous m'avez dit avoir à me parler de choses importantes. Quoi de nouveau, comte?

— Tout, madame la comtesse. J'ai enfin, grâce à Dieu, retrouvé nos ennemis, sans qu'il en manque un seul, répondit-il avec un mauvais sourire et redevenant subitement sérieux. Ce n'est pas sans peine, à la vérité, mais je vous promets que cette fois, par exemple, si nous ne les capturons pas dans un immense coup de filet, ce sera notre faute, car je vous certifie que nos précautions sont prises, et bien prises.

— Merci pour la bonne nouvelle, comte! Vous êtes toujours le meilleur de mes amis. Maintenant veuillez, je vous prie, me renseigner, me donner des détails; vous comprenez, n'est-ce pas? que j'ai hâte de savoir...

Mais s'interrompant tout à coup et se tournant vivement vers l'arriero :

— Señor don Benito, allez donc voir un peu, je vous prie, ce qui se passe dans le campement, lui dit-elle en souriant; je ne sais quel singulier remue-ménage fait en ce moment Marcos Praya là-bas, au lieu de laisser nos gens se reposer.

L'arriero mayor se leva.

— Ne vous dérangez pas, señor, c'est inutile, dit courtoisement le comte de Mauclerc à don Benito, puis, s'adressant avec un fin sourire à Mme de Casa-Real : votre mayordomo, madame la comtesse, est tout simplement en train de lever le camp.

— Lever le camp à cette heure? Plaisantez-vous, comte?

— Pas le moins du monde, je vous le jure, madame.

— Mais pour quel motif si sérieux ce départ précipité? A peine sommes-nous campés ici depuis trois heures.

— Excusez-moi, madame la comtesse, mais c'est moi qui me suis permis de conseiller cette mesure à votre majordome. Les braves gens de là-bas, qui semblent, ma foi, être dans de très bons termes avec ces démons de Peaux-Rouges, m'ont averti en particulier qu'un parti considérable de guerriers indiens, qui rôde depuis plusieurs jours autour de votre caravane, a l'intention de vous attaquer à l'improviste cette nuit même, un peu avant le lever du soleil.

— Mon Dieu! s'écria la comtesse avec terreur, il serait vrai!

— Je le crains réellement, comtesse, répondit M. de Mauclerc; ces braves gens dont je vous parle semblent tenir ce renseignement de source certaine; ils m'ont assuré que ces féroces Indiens étaient des guerriers sioux, commandés par un chef très célèbre nommé l'Épervier, qui est, par parenthèse, le plus redoutable pillard des prairies, d'ici à la Sierra Nevada.

— Mais nous sommes perdus, mon cher comte, si cela est ainsi! s'écria la créole tout effarée.

— Ce que je vous annonce est positif, comtesse, je suis accouru ici en toute hâte pour vous instruire du danger suspendu sur votre tête et sur celles de vos compagnons, mais rassurez-vous, nous sommes sauvés, au contraire.

— Le señor conde a raison, señora, dit froidement l'arriero mayor. Mais grâce à nos mustangs, lorsque les Sioux assailliront le camp, nous n'aurons plus rien à redouter d'eux ; seulement, cette fois, señora, il nous faut absolument sacrifier nos bagages ; car mes pauvres arrieros seraient infailliblement massacrés et scalpés par ces féroces païens.

— Sacrifions ! sacrifions ! señor don Benito, je suis riche, grâce à Dieu ! peu m'importent les bagages ; sauvons les hommes d'abord, quant au reste, ce n'est rien.

— Merci, señora, dit l'arriero mayor avec émotion, vous êtes bonne autant que belle, le Seigneur vous protègera.

— Mais que ferons-nous des mules et des chevaux fatigués ?...

— Ils seront perdus, señora ! mais que pouvons-nous y faire ? D'ailleurs, que cela ne vous inquiète pas, au cas où ils tomberaient entre les mains des Indiens, ce qui, pour les chevaux, n'est pas probable, ils ne seraient pas maltraités.

— C'est quelque chose ! fit ironiquement le comte de Mauclerc.

Marcos Praya, après avoir réuni tous les membres de la caravane, leur avait en quelques mots expliqué ce qui se passait et la nécessité de prendre un parti s'ils ne voulaient pas être scalpés et impitoyablement massacrés par les Peaux-Rouges, qui peut-être, avant deux heures, attaqueraient le campement.

Cette nouvelle, si froidement annoncée par le majordome de la comtesse, remplit les aventuriers d'une indicible terreur.

Chacun alors, oubliant sa fatigue et sa faiblesse, s'était mis à l'œuvre avec une activité fébrile, tant est puissant chez l'homme l'instinct de la conservation.

On ne toucha à rien des bagages, qui furent abandonnés ; on jeta seulement du bois dans les feux, afin qu'ils durassent jusqu'au matin et trompassent les Indiens en leur faisant supposer que le camp était toujours occupé.

Puis les chevaux furent harnachés et sur l'ordre du métis chacun se mit gaiement en selle.

La comtesse de Casa-Real, le comte de Mauclerc, Marcos Praya et don Benito, l'arriero mayor lui-même, se chargèrent de tout l'or et des bijoux renfermés dans les wagons ; le reste des bagages et des approvisionnements de toutes sortes fut abandonné sans regret.

Puis, sur un signal du mayordomo, on sortit silencieusement du camp.

Afin de ne pas donner l'éveil aux sentinelles indiennes, probablement embusquées dans les broussailles aux environs du camp, le trajet, assez court du reste, jusqu'au campement de la manada fut fait au pas.

Ce trajet cependant dura une heure à cause de l'extrême fatigue des chevaux.

Aussitôt arrivés, sans perdre un instant, les selles furent enlevées aux chevaux fatigués et placées, toutes fumantes encore, sur les mustangs qui avaient été lacés et rassemblés à l'avance et étaient prêts à partir.

— En avant ! en avant ! cria alors la comtesse de Casa-Real d'une voix stridente, en se penchant sur le cou de son cheval et lui enfonçant l'éperon au flanc.

— Ah! Santiago! Santiago! s'écrièrent les Californiens en poussant le cri d'appel accoutumé des ginetes.

Toute la troupe partit comme emportée par un tourbillon.

Il était onze heures du soir.

A neuf heures du matin, la caravane atteignit les premières maisons de la ville de San-Francisco, sans avoir un seul instant ralenti sa course vertigineuse à travers tous les obstacles.

Pas un cheval n'avait bronché.

— Hein! s'écria le señor don Benito avec un orgueilleux sourire, quand je vous disais, madame la comtesse, que c'étaient de nobles et vaillantes bêtes!

XIII

OU L'ON VOIT QUE, SI L'AMOUR EST AVEUGLE, SOUVENT SES TEMPLES SONT BORGNES

Trois heures environ avant l'arrivée de la comtesse de Casa-Real et de sa suite, c'est-à-dire vers six heures du matin, une autre troupe beaucoup plus nombreuse que la sienne, et amenant avec elle cinquante ou soixante chariots et wagons chargés de marchandises de toutes sortes, était entrée à San-Francisco.

Cette première troupe était commandée par le comte de Warrens en personne, qui, en mettant le pied dans la ville, ne se nommait plus, ainsi que nous l'avons fait observer plus haut, que Master-Key; messieurs le baron de San-Lucar, le vicomte de Rioban et le vicomte René de Luz, galopaient à ses côtés, suivis de près par nos vieilles connaissances, la Cigale, Mouchette et Filoche, et le reste des aventuriers.

Les Compagnons de la Lune avaient à l'improviste levé leur camp et abandonné définitivement le placer.

Les aventuriers s'arrêtèrent d'abord à Portsmouth square.

Sur la place même trois hommes attendaient impatiemment le comte de Warrens.

Ces trois hommes étaient le colonel Martial Renaud, qui avait été expédié en avant, sir Harry Mortimer et le baron d'Eutragues, arrivé directement de France depuis deux jours seulement.

La troupe se sépara.

Les Compagnons de la Lune se dispersèrent aussitôt dans toutes les directions.

Les pauvres diables avaient hâte de goûter enfin à ces plaisirs, dont ils étaient sevrés depuis si longtemps.

Mais le capitaine savait où les trouver en cas de besoin.

Les voyageurs s'avancèrent lentement.

Les chefs se dirigèrent alors vers Montgomery street, où se trouvaient les magasins de la maison Mortimer, la Cigale and C°, suivis par les trois fidèles et une quinzaine d'autres de leurs camarades qui conduisaient les chariots et les wagons chargés.

Maintenant, comment le comte de Warrens, que nous avons laissé au camp des chercheurs d'or, prêt à monter à cheval, à la tête de cent hommes choisis pour retourner à Sonora, entrait-il au contraire ce jour-là à San-Francisco, à la tête de toute sa troupe?

Deux raisons très simples, mais péremptoires, avaient engagé le comte à modifier ainsi sa détermination.

Ces deux raisons, nous allons à l'instant même les faire connaître, mais pour cela il nous faut faire quelques pas en arrière.

Une heure environ après l'arrivée du comte sur le placer, à la tête de la caravane, un Californien, monté sur un mustang vif comme le vent, était entré dans le camp.

Ce Californien était expédié par Edmée de l'Estang au comte.

C'était un des arrieros de la caballeriza.

La jeune fille avait remis une lettre à cet homme, et lui avait donné dix onces.

C'est-à-dire une fortune pour le pauvre diable, une once équivalant à quatre-vingt-cinq francs de France.

Puis la jeune fille lui avait ordonné de ne remettre cette lettre qu'entre les mains de M. de Warrens.

L'arriero avait obéi consciencieusement.

Il avait loyalement gagné son argent, car il venait de faire près de cinquante lieues en deux jours : il était brisé de fatigue, mais, grâce à sa diligence, il arrivait à temps ; une heure de plus, il aurait été trop tard.

Edmée racontait au comte tout ce qui s'était passé depuis qu'elle l'avait quitté à Sonora sans l'avertir, et elle lui donnait rendez-vous à San-Francisco, où elle comptait arriver sous peu de jours.

Le comte, après avoir lu la lettre dix fois et l'avoir baisée plus de deux cents, la cacha dans sa poitrine; puis, ayant généreusement récompensé le messager de bonnes nouvelles, qui fut payé ainsi des deux côtés et ne s'en plaignit pas, il l'envoya se coucher, après l'avoir interrogé pendant au moins une heure.

L'arriero se retira en marchant d'un pas de somnambule.

Le brave garçon dormait littéralement tout debout.

On soupa gaiement et l'on porta maints toasts à la jeune fille, la gracieuse Étoile-du-Matin, ainsi qu'on la nommait depuis que l'Épervier, le grand chef sioux, lui avait donné ce gracieux et poétique surnom.

Après souper, on causa.

Les nouvelles apportées par M. le baron de San-Lucar étaient graves, tellement graves même, que le capitaine redevint aussitôt sombre et sérieux, donna l'ordre que le lendemain, au lever du soleil, le camp fût levé et que tout le monde, sans exception, fût prêt à partir pour la ville de San-Francisco.

Et comme le capitaine supposa qu'il n'aurait pas trop de tous ses hommes pour tenir tête aux événements qui se préparaient, et que d'ailleurs les aventuriers étaient assez riches, le camp fut définitivement détruit, les outils et les engins de toutes sortes vendus aux mineurs du voisinage et le placer abandonné à qui voudrait le prendre.

Le fait était que la quantité d'or qu'ils avaient recueillie pendant ces quelques mois d'un travail incessant et bien dirigé était incalculable ; et lorsque les Compagnons de la Lune se disaient entre eux en riant qu'ils étaient tous millionnaires, ils disaient la vérité sans s'en douter, ainsi que cela arrive souvent.

Nous devons constater tout d'abord que les deux tiers de ces richesses demeuraient en dépôt sous la surveillance de la vente suprême, entre les mains du comte de Warrens, pour les besoins de l'association ; mais le tiers qui restait suffisait amplement pour assurer une très belle fortune à chacun des affiliés qui avaient travaillé à l'exploitation du placer.

Voilà pour quelles raisons le comte de Warrens était revenu à San-Francisco, et, sans le savoir, n'y précédait que de quelques heures seulement son implacable ennemie, la comtesse Hermosa de Casa-Real.

Nous expliquerons maintenant, le plus brièvement que cela nous sera possible, la situation dans laquelle se trouvait en ce moment la nouvelle ville, et quels étaient les événements qui se préparaient : événements que le comte de Warrens avait jugés assez graves pour y apporter le concours dévoué de toutes ses forces.

Ces renseignements fort curieux et qui du reste ne sortent pas de notre sujet et n'entravent en rien notre action, dont le dénouement s'approche, intéresseront probablement le lecteur, en lui faisant connaître par quelles phases étranges, quelles singulières métamorphoses, cette ville, si promptement peuplée, fut contrainte de passer avant que d'atteindre le degré de splendeur où elle est enfin parvenue aujourd'hui, grâce à la courageuse intelligence de ses principaux habitants.

Ainsi que nous l'avons déjà dit plus haut, les *regulators*, ces bandits, les *hounds*, enhardis par l'impunité dont ils jouissaient, n'avaient pas tardé à se considérer comme les seuls et véritables maîtres de la ville et à se conduire en conséquence.

Nous citerons à ce sujet ce que rapporte un homme d'une haute capacité, et qui fut le témoin oculaire des faits.

Par cet extrait, dont l'authenticité ne saurait être mise en doute par personne, le lecteur sera plus à même de se rendre compte exactement de l'état de démoralisation complète dans lequel était tombée dès le commencement de sa croissance la malheureuse ville de San-Francisco, menacée jusque dans son existence par l'odieuse tyrannie de ces brigands.

« Le 15 juillet, c'est M. Ernest Frignet qui parle [1], les *regulators* revenaient en bande de piller, de l'autre côté de la baie, le camp de Contra-Costa, lorsque, sur la proposition faite à l'improviste de quelques-uns d'entre eux, ils changèrent de direction et se portèrent sur le quartier espagnol, qu'ils attaquèrent aussitôt au nom des Américains, dont ils voulaient, disaient-ils, venger les griefs.

« La résistance fut vive.

« La lutte se prolongea pendant une grande partie de la nuit.

---

1. *Histoire des Progrès de l'un des États-Unis d'Amérique, Californie.*

« Elle ne se termina enfin que par des scènes de meurtre et de pillage et par la destruction complète du camp espagnol.

« Ce sauvage attentat souleva toute la population.

« A la voix d'un courageux citoyen, nommé Samuel Brannan, que nous trouverons partout où il y aura une initiative à prendre dans l'intérêt général ou quelque danger à conjurer, on se rassemble, un meeting s'organise; l'alcade Leaworth demande des constables : tout le monde se présente aussitôt pour prêter serment.

« Alors on se choisit des chefs, on s'arme, et quelques heures après on se porte en masse au lieu de la réunion habituelle des *regulators*.

« Après une assez faible résistance, on désarme les *regulators* et on en arrête vingt des plus redoutés.

« Le même jour, la population, toujours réunie, institua un jury et une cour de justice afin de juger les prisonniers.

« Les formes furent rigoureusement observées, et, après un débat assez contradictoire, où toute liberté fut laissée à la défense, huit des prisonniers furent condamnés à la détention dans une prison que désignerait le gouverneur, et les autres à la déportation. »

En lisant les lignes qui précèdent, ne se croirait-on pas revenu aux plus mauvais jours du moyen âge, alors que la loi n'existait pas, ou était impuissante à protéger les individus, et que la force seule était le droit.

Heureusement pour la nouvelle ville à peine fondée, le bon sens pratique des Américains des États-Unis du Nord, leur puissance organisatrice surtout, les sauvèrent d'un irréparable désastre et peut-être d'une ruine complète.

Cette réaction des honnêtes gens contre les brigands, la vigoureuse répression qui en avait été la suite immédiate, rétablirent instantanément le calme.

Tout rentra aussitôt dans l'ordre, et, au moins, pendant quelque temps, San-Francisco redevint l'égale des villes les plus tranquilles et les plus sûres du monde.

Ces événements s'étaient passés pendant l'absence du comte de Warrens.

Par quel miracle Marcos Praya, le chef des brigands, réussit-il à échapper au châtiment qu'il méritait ?

On ne sait.

Toujours est-il qu'il parvint sans doute avec l'aide de ses complices à quitter sans être inquiété la ville, dans laquelle il devait rentrer effrontément quelques jours plus tard, à la suite de la comtesse de Casa-Real.

Les *regulators* avaient disparu, ou plutôt ils s'étaient transformés.

Expliquons brièvement en quelques mots ce changement incroyable, et qui n'est plus possible que dans un pays neuf, où la loi incomprise ne dispose encore d'aucune force, et où la liberté amène fatalement la licence, et à sa suite tous les excès.

Nous croyons que le lecteur sera curieux de connaître ces détails très exacts sur une contrée bien peu connue encore en Europe, bien qu'elle ait pendant près de dix ans occupé toutes les voix de la Renommée.

Les anciens *regulators* s'étaient tout simplement faits *politicians*, mot essentiellement américain, et par cela même intraduisible; dans cinquante ans d'ici, nous en avons la conviction, l'anglais, déjà si profondément altéré aux États-Unis, sera remplacé par une langue nouvelle qui surgira toute faite des milliers de dialectes qui sont aujourd'hui parlés dans cette contrée étrange.

Ils avaient appelé à eux tous les *desperadoes*, ou déshérités et déclassés du monde entier, qui, à la nouvelle de la découverte de l'or, s'étaient rués sur la ville de San-Francisco comme sur une curée ; de plus, le malheur voulut qu'il arrivât sur ces entrefaites un nombre assez considérable de *convicts* ou forçats, les uns échappés des pénitenciers d'Australie, les autres partis de Sydney avec leur *ticket of leave*, c'est-à-dire graciés.

Tous ces misérables se rendaient en Californie, dans le but hautement déclaré par eux de recommencer sur ce terrain nouveau leurs odieux exploits.

Une entente entière fut bientôt établie entre eux et les anciens *regulators*.

Une association ténébreuse se forma aussitôt entre ces brigands et s'organisa d'une façon d'autant plus formidable et plus terrible pour la partie saine de la population que les bandits, instruits par l'expérience, modifièrent complètement leur ligne de conduite, et, au lieu d'étaler leur cynisme au grand jour et de braver les honnêtes gens en face, agirent au contraire avec la plus extrême prudence et n'usèrent en toutes circonstances que de manœuvres secrètes et mystérieuses.

Alors, le meurtre, le vol, tous les crimes enfin, recommencèrent sur tous les points à désoler la malheureuse ville ; l'incendie s'y joignit, le fléau le plus terrible et le plus redouté dans un pays où toutes les constructions faites à la hâte et seulement provisoires étaient alors en bois ou même seulement en toile goudronnée.

Les choses prirent en peu de temps des proportions tellement alarmantes, que les honnêtes gens recommencèrent à trembler sérieusement pour leur existence, et n'écoutant plus que leur désespoir résolurent de sortir à tout prix de cette situation affreuse.

Une quinzaine de jours s'étaient écoulés déjà depuis le retour du comte de Warrens au port de San-Francisco.

Pendant ces quinze jours, il avait essayé vainement d'obtenir des nouvelles d'Edmée de l'Estang, qui, elle, lui aurait révélé sans doute où se trouvait la comtesse de Casa-Real, mais malheureusement toutes ses recherches étaient demeurées jusque-là infructueuses.

L'inquiétude du comte de Warrens était grande sur le sort de la jeune fille, dont il attribuait, dans sa pensée, le silence à des motifs de la nature la plus terrible.

Il ne se dissimulait pas que sa fiancée s'était, avec l'étourderie de la jeunesse et l'entraînement de la passion, engagée imprudemment dans une lutte sourde et acharnée, où elle devait à chaque instant courir des dangers affreux, contre des gens impitoyables, qui, dans aucun cas, s'ils découvraient qui elle était, ne reculeraient devant un crime si horrible qu'il fût pour assurer le secret de leur vengeance.

L'impossibilité complète dans laquelle le comte de Warrens se trouvait malheureusement réduit, de tenter la moindre démarche pour porter secours à celle qu'il aimait, ajoutait encore, s'il est possible, à son désespoir.

En effet, quel moyen employer ?
Quelles mesures prendre ?

Il ignorait même, malgré tous les espions qu'il avait lancés à sa recherche, si la jeune fille était parvenue à gagner San-Francisco, ou si, après avoir été reconnue, elle n'avait pas succombé, victime de son dévouement.

Pour comble de malheur, la ville était alors de nouveau depuis plusieurs jours littéralement retombée au pouvoir des bandits, qui, comptant sur leur nombre, relevaient audacieusement la tête de tous les côtés et faisaient la loi aux honnêtes gens tremblants de terreur.

Une démarche indiscrète ou mal calculée pouvait non seulement compromettre le comte, ce dont au reste il avait personnellement peu de souci, mais encore perdre celle qu'il voulait sauver et causer sa mort, si en effet elle était au pouvoir de ses ennemis.

Cette perplexité était affreuse.

Un jour M. le comte de Warrens, retiré dans sa chambre à coucher, était assis triste et sombre, les coudes sur une table et la tête dans ses mains.

C'était le soir, le temps était à l'orage; subissant malgré lui l'influence magnétique de la température, il se laissait tristement aller aux plus douloureuses pensées, lorsque la porte de la chambre s'ouvrit avec précaution, et Mouchette entra doucement.

Le comte, depuis qu'il le connaissait, avait pris le gamin en grande amitié.

Pendant sa longue traversée du Havre à Monte-Rey, il s'était plu à développer l'intelligence de cet enfant et à lui donner les principes d'une éducation que, depuis leur débarquement, il avait continuée, autant que cela lui avait été possible, et dont le gamin, disons-le à sa louange, avait profité avec une rapidité qui faisait l'admiration de tous ses amis.

M. de Warrens avait attaché l'enfant à sa personne, non point comme un serviteur vulgaire, mais comme un pupille, afin de l'avoir toujours près de lui.

Il va sans dire que de son côté Mouchette adorait son protecteur.

Au bruit de la porte ouverte et refermée, le comte avait relevé la tête :

— Que me veux-tu, cher enfant ? lui demanda-t-il d'une voix douce.

— Vous remettre une lettre. Excusez-moi, monsieur le comte.

— Une lettre, de quelle part ?

— Je ne sais pas, monsieur le comte; tout à l'heure, un homme que je ne connais pas est entré dans la cour où je me trouvais par hasard, me l'a mise dans la main en me disant : *Pour Master-Key, tout de suite, il y a urgence;* puis, avant que j'aie eu le temps de lui répondre, il a tourné les talons et a disparu.

— C'est étrange, dit le comte; donne cette lettre.

Mouchette la lui présenta.

— La voici, dit-il.

M. de Warrens étouffa avec peine un cri de joie : en lisant l'adresse, il avait reconnu l'écriture d'Edmée.

Il ouvrit la lettre d'une main tremblante et il la parcourut avidement des yeux avec une agitation fébrile.

Ses sourcils se froncèrent :

Il posa lentement la lettre tout ouverte sur la table devant lui et demeura un instant pensif; un nuage avait soudain passé sur son front et troublé sa joie.

Au bout d'un instant, il reprit la lettre et la lut une seconde fois.

Elle était bien d'Edmée de l'Estang ; cette écriture était bien la sienne, il n'y avait pas à en douter ; mais les pensées n'étaient pas celles de la jeune fille.

Ce n'était pas ainsi que la jeune fille parlait et écrivait.

Ce style n'était pas le sien : il régnait dans la forme dont cette lettre était conçue une gêne et un système de réticences continuelles qui inquiétaient le comte malgré lui et lui semblaient incompréhensibles.

Edmée lui donnait un rendez-vous et le pressait de s'y rendre, la nuit même, sans retarder d'un instant.

A plusieurs reprises elle appuyait, avec une insistance bizarre et que rien ne semblait justifier en apparence, sur la recommandation expresse de venir seul.

Pourquoi insister autant sur ce détail ?

De plus, le lieu que lui désignait la jeune fille dans cette lettre n'était nullement fait pour lui donner confiance.

Elle écrivait au comte de Warrens de se rendre à Sydney-Coves, et elle lui désignait une immense maison que celui-ci connaissait bien, et dont la plus grande partie, entre parenthèses, était occupée par un *bar-room*.

Sydney-Coves était à cette époque un quartier hideux, infect, composé de ruelles étroites et de bouges honteux.

C'était là que se réfugiaient tous les *desperadoes* de la ville et où se tramaient tous les complots contre le repos des honnêtes gens.

Le refuge redoutable d'où, comme abrités par un rempart infranchissable, ils bravaient impunément toutes les forces de la police, à peine organisée encore, et surtout mal recrutée parmi des gens plus disposés à pactiser avec les brigands qu'à sévir contre eux.

Le bar-room dont Edmée de l'Estang parlait dans sa lettre était particulièrement connu pour être un repaire infâme qui servait de quartier général à tous les brigands de Sydney-Coves, et le nombre en était grand ; c'était là, disait-on tout bas, que ces misérables tenaient habituellement leurs sinistres assises.

Il était prouvé jusqu'à l'évidence aux yeux du comte que ce rendez-vous cachait un piège horrible.

Edmée, il en avait la conviction intime, s'était vue contrainte, par la force sans doute, à écrire cette lettre, qu'on lui avait dictée.

Tout le prouvait.

Cependant le comte se leva.

— Mouchette, dit-il.

— Capitaine ?

— Prie M. Saturne de monter.

— Vous sortez, capitaine ?

— Oui, mon enfant.

— Mais il est plus de dix heures du soir, monsieur le comte, la pluie tombe à verse en ce moment, il tonne, la nuit est sombre, le temps est réellement affreux.

— Il faut que je sorte; va, mon enfant, dit-il affectueusement.

Mouchette ne répliqua pas et sortit en baissant la tête.

Au bout d'un instant, M. Saturne, le valet de chambre, entra.

Le comte lui fit un signe.

Le nègre, toujours impassible, froid et silencieux, habilla son maître.

Le comte aurait pu prévenir ses amis; il ne le voulut pas.

Il était résolu à répondre à un guet-apens par la loyauté.

Pourquoi?

La raison en était simple.

Parce que la lettre était entièrement de la main d'Edmée, qu'elle était signée par elle, et que le comte avait juré à la jeune fille de ne jamais douter d'elle.

Avec ce fanatisme de l'amour, à notre avis la plus absurde et en même temps la plus noble et la plus belle des passions humaines, il voulait à tous risques tenir son serment, bien qu'il eût, nous le répétons, la conviction intime que cette fidélité à sa parole, sur laquelle ses ennemis comptaient sans aucun doute, pouvait probablement être cause de sa mort.

Mais, si le comte était résolu à mourir au besoin, pour faire honneur à sa parole, il ne voulait pas du moins se laisser bénévolement égorger, ni succomber sans vengeance.

Aussi prit-il toutes ses précautions en conséquence.

Aussitôt que M. le comte de Warrens fut habillé, il congédia d'un geste M. Saturne, son valet de chambre qui, selon son habitude, se retira sans mot dire, puis il s'approcha de la muraille où ses armes étaient accrochées et formaient un magnifique trophée, et les examina pendant un instant.

Il choisit deux paires d'excellents revolvers à six coups de Collt qu'il chargea avec soin et passa à sa ceinture.

Cela lui donnait tout d'abord, en cas d'attaque, vingt-quatre coups de feu à tirer.

Cette précaution d'ailleurs n'avait rien d'insolite; à cette époque, tout le monde marchait armé jusqu'aux dents, à San-Francisco, surtout lorsqu'il s'agissait de faire une course de nuit dans un quartier perdu; aujourd'hui même, il en est encore ainsi; l'Américain ne marche jamais sans ses armes.

Le comte choisit ensuite un excellent poignard à lame droite et effilée comme une langue de vipère; il mit ensuite un solide casse-tête dans sa poche de côté, et finalement il prit une canne à épée; puis il s'enveloppa soigneusement d'un manteau pour cacher cet arsenal terrible, et il se prépara à sortir.

Armé d'une façon aussi formidable, le comte de Warrens, brave comme un lion, doué d'une force extraordinaire, d'une adresse remarquable et, de plus, déterminé à ne pas reculer d'un pouce, n'était certes pas un ennemi que l'on pût facilement affronter sans péril.

Il était brisé de fatigue, mais grâce à sa diligence il arrivait à temps.

En traversant l'atichambre, il vit Mouchette assis sur un banc.
Dès qu'il aperçut M. de Warrens, le gamin se leva.
— Où vas-tu? lui demanda le comte.
— Je vous suis, capitaine; n'est-ce pas mon habitude?
— Reste, ici, mon enfant, lui dit-il doucement; tu ne peux me suivre; aujourd'hui je dois sortir seul.

— Laissez-moi vous accompagner, je vous en prie, capitaine.
— Non, te dis-je ; ce soir, c'est impossible ; reste ici.
— Vous le voulez ?
— Je te l'ordonne.

L'enfant courba la tête, se détourna et se rassit tristement.

— Tu m'en veux, petit, tu es fâché contre moi, tu as tort, lui dit alors le comte avec bonté.

— Je n'ai pas le droit de vous en vouloir ni celui d'être fâché contre vous, capitaine, mais je sais ce que je ferai, fit-il en hochant la tête d'un air résolu.

— Que feras-tu ?

— C'est mon secret, cela, capitaine ; vous gardez les vôtres, laissez-moi maître de garder le mien, répondit Mouchette en le regardant de cet air gouailleur, dont il n'avait pu complètement se défaire encore, même vis-à-vis de Passe-Partout, son chef bien-aimé.

— Quelque folie, sans doute ?

— Je ne serai pas le seul, dans tous les cas, fit en riant le gamin.

— Allons, tu ris, tout va bien ; adieu, Mouchette.

— Au revoir, capitaine, à bientôt, répondit-il avec intention.

M. de Warrens sortit sans plus s'inquiéter de l'enfant.

A peine fut-il seul dans l'antichambre que Mouchette bondit sur ses pieds et s'élança vers une porte de communication.

— Alerte ! alerte ! cria-t-il.

Deux hommes parurent aussitôt, armés jusqu'aux dents.

Ces deux hommes étaient nos vieux amis, la Cigale et Filoche.

— Suivez-le, dit l'enfant, d'un ton qui n'admettait point de réplique, il va à Sydney-Coves, j'en suis sûr.

Les deux Compagnons de la Lune ne se firent pas répéter cet ordre ; sans hésiter, ils quittèrent la maison et s'éloignèrent au pas de course sur les traces de leur capitaine.

Et maintenant, comment se faisait-il que Mouchette connaissait si parfaitement l'endroit sinistre où se rendait en ce moment le capitaine des Invisibles ?

Nous le dirons, au risque de faire descendre le gamin dans l'estime du lecteur.

Mouchette, lui aussi, avait reconnu l'écriture de Mlle Edmée de l'Estang sur l'adresse de la lettre qu'il avait remise à son chef ; aussi en voyant l'émotion et la stupeur que cette missive avait causées au capitaine, il avait profité de cette prostration momentanée pour s'approcher doucement, se pencher et lire la lettre par-dessus l'épaule de son protecteur ; puis, cette lecture terminée, il s'était reculé en hochant la tête et en fronçant le sourcil, comme si un grand travail se faisait dans sa cervelle.

Cependant le comte s'était résolument mis en chemin, enveloppé soigneusement dans son manteau, la main sur ses armes, l'œil et l'oreille au guet, et tenant toujours le milieu de la chaussée de crainte de surprise.

Mouchette n'avait pas menti.

Le temps était en effet horrible ; la pluie tombait à torrents et le vent soufflait en foudre, le tonnerre roulait avec des grondements sinistres; de plus, la nuit était d'une obscurité telle qu'à quatre pas devant soi il était impossible de distinguer les moindres objets.

Le comte de Warrens marchait avec une difficulté extrême dans la terre détrempée, coupée d'ornières profondes et de flaques de boue; car, à cette époque, le pavage des rues et leur éclairage étaient choses complètement inconnues dans la ville de San-Francisco.

Les maisons ou du moins les huttes misérables qui en tenaient lieu étaient sombres pour la plupart; depuis le coucher du soleil, les habitants, renfermés chez eux sous triples verrous, dormaient ou essayaient de dormir.

Parfois, de loin en loin, le comte de Warrens passait devant la porte entr'ouverte d'un cabaret étincelant de lumière, d'où s'échappaient des chants, des cris, des rires ou les malédictions et les bruits d'une rixe.

Puis, à quelques pas plus loin, c'était une maison de jeu, morne, triste, silencieuse, aux portes hermétiquement fermées, mais dont les fenêtres brillaient dans la nuit sombre comme de sinistres et lugubres phares.

Sur son chemin, bien qu'il fût long, le comte croisa à peine trois ou quatre individus, drôles à la mine plus que suspecte, rôdeurs de nuit selon toutes probabilités *quærentes quem devorent*, mais que la démarche résolue et le regard étincelant de M. de Warrens engagèrent sans doute chaque fois, à se tenir prudemment à l'écart; en effet, ils le laissèrent continuer sa route sans lui rien demander.

Le comte atteignit enfin Sydney-Coves.

Les difficultés de marche diminuèrent alors beaucoup pour lui.

Le quartier des brigands était, contrairement au reste de la ville, complètement illuminé; il y faisait clair comme en plein jour.

Tous les cabarets de ce repaire hideux, tous les bar-rooms de bas étage, toutes les maisons de jeu ou autres, sans nom dans le langage des honnêtes gens, flamboyaient comme des bouches de l'enfer.

Les brigands étaient en liesse.

L'heure de l'orgie avait sonné pour eux, et les habitants de cette nouvelle cour des Miracles, en véritables oiseaux de nuit qu'ils étaient, s'en donnaient à cœur-joie.

Les chants, les rires, les cris, les hurlements, le bruit des vihuelas et des jarabés et des violons criards se croisaient dans l'air et se mêlaient avec les sanglots, les blasphèmes, les râles d'agonie et les coups de revolver, dont les lueurs traversaient et zébraient l'espace comme de sinistres éclairs.

A tous les coins de rue, dans chaque maison, pour ainsi dire, il y avait une dispute, une lutte ou un combat et souvent même les trois s'y trouvaient réunis, à la plus grande joie des hideux consommateurs, qui formaient en riant cercle autour des combattants.

Le sang, le vin, le wisky, la bière, le rhum, le pulque et le mescal coulaient à flots, et d'instant en instant le tumulte allait croissant.

Ce tumulte grondait comme les vagues de la mer en fureur et prenait rapidement les proportions gigantesques de l'orgie colossale et sans frein d'une population tout entière, abandonnée à ses féroces et sauvages instincts.

Le comte de Warrens n'eut ni une seconde d'hésitation, ni la moindre faiblesse; il continua rapidement sa route et s'engagea résolument dans cet épouvantable chaos, où toutes les passions mauvaises étaient en ébullition.

En quelques minutes il atteignit le bar-room qui lui était désigné dans la lettre qu'il avait reçue; et, après s'être assuré qu'il ne se trompait pas, il releva fièrement la tête, sans s'arrêter une seconde seulement, et franchit d'un pas ferme le seuil de ce bouge immonde.

Il passa sans encombre à travers la foule pressée et grouillante des buveurs avinés, dont pas un ne sembla remarquer sa présence, sortit de la salle par une porte de côté, pénétra dans une cour sombre et boueuse, la traversa presque à tâtons, poussa une porte entr'ouverte, suivit d'un pas ferme un corridor sur le mur duquel était accrochée une lampe qui répandait plus de fumée que de clarté, et s'arrêta enfin devant une seconde porte dont il tourna le bouton; alors il se trouva dans une chambre assez modestement meublée, éclairée par une lampe dont le verre dépoli ne projetait qu'une faible lumière.

Une femme, assise ou plutôt à demi couchée sur un sopha, placé au fond de cette pièce, la tête couverte par une mantille de dentelle noire, se tourna vers lui, et à son entrée, se redressant vivement en même temps qu'elle laissait tomber son voile sur ses blanches épaules :

— Soyez le bienvenu, monsieur le comte, lui dit-elle d'une voix railleuse.

Au même instant, le capitaine entendit qu'on verrouillait en dehors la porte par laquelle il avait pénétré dans cette pièce.

Le comte de Warrens feignit de ne rien entendre et conserva le plus grand calme; son visage demeura impassible, il sourit de son air le plus aimable et salua respectueusement, silencieusement, la personne devant laquelle il se trouvait.

Du premier coup d'œil il avait reconnu la comtesse de Casa-Real.

Il comprit aussitôt la machination dont sa loyauté l'avait rendu victime et il fut intérieurement satisfait de voir justifiés les soupçons qu'il avait tout d'abord conçus et il se prépara vaillamment à la lutte.

XIV

UN RENDEZ-VOUS D'AMOUR A SAN-FRANCISCO

Les deux mortels ennemis se trouvaient encore une fois en présence.

Mais il n'y eut manifestation de surprise ni d'un côté ni de l'autre.

La comtesse Hermosa de Casa-Real, à demi étendue sur le sopha, le coude posant sur un coussin, le corps penché en avant, les lèvres entr'ouvertes, laissant voir ses dents de perles, ses mains crispées sur le velours du meuble, semblait une lionne qui guette.

Le comte de Warrens, pâle, mais calme, se tenait immobile au milieu de la pièce.

Le buste cambré, la tête fièrement rejetée en arrière, le manteau repoussé derrière les épaules, les bras croisés sur la poitrine, les sourcils froncés et le front hautain.

Il y eut un silence de deux ou trois minutes, un siècle en pareille circonstance !

La comtesse de Casa-Real se décida enfin à engager l'attaque.

— Ce n'est pas moi, sans doute, que vous espériez rencontrer dans cette chambre, n'est-ce pas, monsieur le comte ? lui dit-elle d'une voix sèche et railleuse.

— Vous m'excuserez, madame la comtesse, répondit-il d'une voix brève et incisive, je ne reconnais pas à cette interrogation votre perspicacité ordinaire, j'en étais parfaitement certain, au contraire, et vous voyez, ajouta-t-il en baissant les yeux d'un air significatif sur sa ceinture garnie de pistolets, que je m'étais préparé en conséquence ; depuis longtemps je connais vos rendez-vous d'amour et de quelle manière il convient de s'y rendre.

— Monsieur ! s'écria-t-elle.

— Vous aurais-je offensée, madame la comtesse ? reprit-il toujours railleur.

La comtesse Hermosa se mordit les lèvres ; elle sourit avec dédain.

— M'offenser ! vous ? Oh non ! mais vous mentez, monsieur !

— Non, madame la comtesse, pas le moins du monde, je dis vrai ; en effet, quelle autre personne que vous pouvais-je espérer rencontrer dans un pareil bouge ?

— Monsieur ! s'écria-t-elle, mordue au cœur par cette rude riposte.

— N'y êtes-vous pas ? reprit-il en haussant les épaules.

— Soit ! vous avez raison, monsieur le comte. J'y suis, en effet, reprit-elle avec un rire amer ; mais celle qui vous a assigné ce rendez-vous ne s'y trouve pas, elle.

— Attention délicate que j'apprécie, comme je le dois, croyez-le bien, et dont j'aurai sans doute à vous remercier avant qu'il soit longtemps, madame la comtesse.

— Peut-être, monsieur le comte, répondit-elle avec ironie.

— Eh bien ! c'est ce que nous allons voir tout de suite, reprit-il en faisant résolument deux pas vers le sopha ; car vous allez me dire où se trouve en ce moment cette personne, n'est-ce pas, madame la comtesse ?

— Pardonnez-moi, monsieur le comte de Warrens, mais je ne vous ai pas fait venir ici pour m'entretenir de cette fille, répondit-elle avec un dédaigneux mépris.

— Ce mot dans votre bouche, madame, n'a rien de blessant pour la personne dont vous parlez, et dont l'honneur est tellement pur, que vos insultes ne sauraient l'atteindre, quoi que vous puissiez dire contre lui.

— Brisons là, reprit-elle durement, et venons, s'il vous plaît, monsieur le comte, au sujet de cette entrevue.

— Je n'ai consenti à venir vous relancer jusque dans votre antre, madame, que pour y chercher la jeune fille que vous avez enlevée, je ne sais comment, et dont vous voulez sans doute faire votre victime.

— J'ignore où elle est, monsieur, que m'importe cette créature! répliqua-t-elle en haussant les épaules avec dédain.

— Nous la chercherons ensemble, s'il le faut, madame la comtesse de Casa-Real, et nous la trouverons, j'en suis certain, répondit-il d'une voix ferme; car, je vous le jure, sur l'honneur de mon nom, je ne sortirai pas d'ici sans l'emmener avec moi, faites-y bien attention, madame..., sans elle, ou sans vous.

— Il serait important pour vous d'abord, monsieur le comte de Warrens, reprit-elle avec une ironie croissante, que vous fussiez assuré de sortir vous-même de cette maison où vous êtes; croyez-moi, avant que de songer à emmener cette femme, essayez de vous sortir seul d'ici, ce qui peut-être ne vous sera pas aussi facile que vous feigniez de le supposer.

— Si je n'en sors pas, c'est que je serai mort.

— Soit, s'il le faut, vous mourrez, dit-elle sèchement.

— Ah! cette fois, vous êtes folle, madame, s'écria-t-il avec un rire de mépris; avant même que vos assassins aient eu le temps de paraître, je vous aurais tuée.

— Essayez! reprit-elle froidement.

Le comte prit un revolver à sa ceinture et l'arma froidement.

— Vous le voulez? Eh bien! finissons-en donc, une fois pour toutes. Vous êtes une bête féroce, madame de Casa-Real, reprit-il d'une voix sourde, accentuée par une résolution effrayante; avec les bêtes féroces, on ne raisonne pas, on tue! Où est cette jeune fille?

— Voilà ma réponse, monsieur! dit-elle avec dédain.

Et elle frappa des mains.

Aussitôt un paravent, qui cachait le fond de la salle, tomba, et dix hommes apparurent, le pistolet au poing.

— Faites un geste, monsieur! et si, moi, je dis un seul mot, vous êtes mort!

— C'est possible, mais pas avant de vous avoir tué, sur ma parole, madame, répondit-il en levant froidement le pistolet qu'il tenait de la main droite à la hauteur de la poitrine de la comtesse, tandis que de la main gauche il prenait un second revolver à sa ceinture et le dirigeait sur le groupe des assassins.

Il y avait une résolution si implacable dans l'œil étincelant du comte de Warrens que la comtesse pâlit.

Elle avait peur.

Elle sentait instinctivement qu'il n'hésiterait pas.

Il n'avait qu'un léger mouvement à faire pour la tuer raide.

Il serait immédiatement massacré après, sans doute.

Mais, si elle mourait, que devenait alors sa vengeance?

Cet homme, seul contre dix ennemis, était maître de sa vie.

Elle le comprit, se mordit les lèvres jusqu'au sang et baissa la tête.

— Bas les armes! dit-elle d'une voix sourde aux assassins.

Ceux-ci abaissèrent leurs armes.

Le comte sourit.

— Quel bonheur que vous me connaissiez si bien, madame la comtesse!

dit-il tranquillement, sans cependant cesser de la tenir sous la menace de son revolver; une seconde de plus, et tout était fini. Voulez-vous maintenant avoir l'obligeance de répondre à la question que j'ai eu l'honneur de vous adresser?

— Répétez-la, monsieur, fit-elle d'une voix frémissante.

— Consentez-vous, oui ou non, à me rendre la jeune fille dont vous vous êtes emparée et à la remettre à l'instant entre mes mains, madame la comtesse?

— Non, c'est impossible, répondit-elle nettement.

— Prenez-y garde, madame! je ne menace jamais en vain, vous le savez. Où se trouve cette jeune fille?

— Oh! cela, je vous le dirai! s'écria-t-elle d'une voix sifflante.

— J'attends, madame.

En ce moment, un bruit assez fort se fit entendre au dehors; la comtesse pencha légèrement le corps en avant et sembla prêter l'oreille; puis, au bout d'une seconde, un mauvais sourire passa sur son visage.

Le capitaine, dont tous les sens étaient mis en éveil, devina aussitôt que ce bruit inconnu était sans aucun doute une nouvelle menace, un nouveau danger qui l'allait assaillir; peut-être un renfort qui arrivait encore à ses ennemis, si nombreux déjà cependant.

La résolution fut prise en une seconde.

Il bondit à l'improviste sur la comtesse de Casa-Real, l'enleva par la ceinture, la jeta sur son épaule, et à reculons il se réfugia dans l'angle le plus éloigné de la pièce, tout en ayant la précaution de se servir du canapé et d'une table comme barricade.

Ce mouvement avait été exécuté avec tant d'adresse, de vigueur et de célérité, que les bandits, surpris à l'improviste, n'eurent pas le temps d'essayer de s'y opposer.

Lorsque, remis de leur surprise, ils voulurent s'élancer au secours de leur maîtresse, il était trop tard!

Le comte de Warrens maintenait Mme de Casa-Real droite devant lui pour lui servir de bouclier, et il lui appuyait froidement un revolver sur la tempe.

— Arrêtez, ou elle est morte! cria-t-il d'une voix tonnante.

Les bandits s'arrêtèrent.

La comtesse râlait d'épouvante.

Ses dents claquaient à se briser; elle était livide comme un cadavre.

— Cruelle et lâche, dit-il en haussant les épaules avec mépris, la nature de la hyène, c'est bien cela! Ah! madame de Casa-Real, ajouta-t-il avec menace, vous avez voulu tendre un piège au lion! Eh bien! soyez satisfaite, vous avez réussi, il y est tombé! Mais, vive Dieu! tremblez maintenant, car il sera sans pitié pour vous, comme vous avez été sans pitié pour les autres.

— Grâce! murmura-t-elle, sans même savoir ce qu'elle disait.

— Grâce! reprit-il d'un ton sardonique. Comment dites-vous ce mot-là, s'il vous plaît, madame? Eh quoi! vous m'attirez dans le quartier le plus hideux de la ville, au fond d'un bouge infâme. Vous appostez dix assassins pour me massacrer sous vos yeux, et c'est vous, vous, madame, qui me criez grâce!

Oh ! vous raillez ou vous êtes folle, madame ! Répondez, sur votre vie, où est cette malheureuse jeune fille ? Rendez-la-moi, et alors, je vous le jure, je vous ferai grâce, mais à cette condition seule, madame.

— Elle n'est pas ici, murmura-t-elle d'une voix éteinte.

— Vous le jurez ?

— Sur mon salut éternel !

Le comte éclata d'un rire amer :

— Votre salut éternel ! Est-ce que je crois à vos serments, moi, madame ?

— Que voulez-vous alors ?

— Répondez nettement.

— Interrogez.

— Où est-elle ?

— Entre les mains du comte de Mauclerc.

— Entre les mains du comte de Mauclerc ! Infamie !

— Il y a deux jours, reprit la comtesse, à qui la terreur rendait la voix, et qui parlait comme dans un rêve, c'était le soir, vers onze heures, au moment de me retirer pour la nuit, je découvris tout à coup que cette jeune fille me trahissait. Jusque-là je l'avais prise pour un jeune garçon, elle m'avait rendu un grand service, elle semblait m'être dévouée, je l'aimais, j'avais toute confiance en elle.

— Mensonge ! lâcheté !...

— Oh ! je dis vrai.

— Hâtez-vous ! hâtez-vous ! Mauclerc !... Oh ! misérable femme !

Les assassins étaient toujours immobiles au fond de la salle.

Tout scélérats et bandits émérites qu'ils fussent, ces hommes se sentaient, malgré eux, saisis d'admiration pour cet homme, si brave, qui les avait domptés par la seule puissance d'une volonté énergique.

Mais le comte n'avait nullement confiance en de pareils misérables ; tout en interrogeant la comtesse, il les surveillait attentivement et les tenait sous son regard.

Scène étrange et terrible que celle qui se jouait en ce moment dans cette salle à demi obscure entre ces personnages dont les passions étaient excitées au plus haut degré, et qui tous comprenaient instinctivement qu'une horrible catastrophe était prochaine.

Au dehors, la tempête continuait toujours à faire rage.

Le bruit que la comtesse avait entendu un instant auparavant et qui avait presque cessé pendant quelques minutes avait recommencé : il croissait de plus en plus et se rapprochait rapidement.

La comtesse reprit :

— Le soir dont je parle, j'avais un ordre pressé à lui donner, j'entrai dans sa chambre ; il était tard, elle dormait ; je la reconnus alors pour une femme ; je devinai qui elle était, elle avait quitté son déguisement. Déjà une fois, vous vous en souvenez, elle avait essayé de vous enlever de mes mains ; la pensée d'une seconde trahison traversa mon cerveau.

— Une trahison ! dit le comte.

— Ne me trahissait-elle pas ? Répondez à votre tour.

— Soyez le bienvenu, monsieur le comte, dit-elle d'une voix railleuse.

— Continuez, madame, dit-il froidement. N'accusez pas, défendez-vous.
— Elle fut saisie par mon ordre, garrottée dans son sommeil, puis, malgré ses prières, jetée demi-nue dans un cachot.
— Infamie !... Oh ! vous paierez cher chacune de ses souffrances.
— Le poignard sur la gorge, je l'obligeai à vous écrire une lettre que je lui dictai ; elle eut peur, elle écrivit.

— Non, dit-il, vous vous trompez, madame, elle n'eut pas peur, car c'est une grande et loyale nature. Mais elle comprit que je viendrais et qu'elle serait vengée ! Et elle le sera, je vous le jure. Continuez.

— Quelques minutes à peine avant votre arrivée ici, je l'ai livrée à Marcos Praya et au comte de Mauclerc.

La comtesse s'arrêta.

— Parlez, madame ! reprit le comte d'une voix haletante.

— J'ai peur ! oh ! j'ai peur ! murmura la comtesse, qui frissonnait et cachait sa tête dans ses mains tremblantes.

Il l'obligea à se redresser.

— Je veux tout savoir, dit-il avec un accent terrible.

— Non ! non ! c'est impossible !

Elle sentit le froid du canon du revolver sur sa tempe.

— Non ! non ! s'écria-t-elle... Au secours !... A moi !

— Parlez... et songez-y... Le premier geste agressif de ces hommes vous tue.

— Otez cela ! ôtez cela..., et je parlerai..., oui..., je vous le promets...

Le comte éloigna le revolver.

— Pourquoi avez-vous livré cette jeune fille à ces deux hommes, madame ?

Elle sembla hésiter un instant.

Le comte fit un geste.

— Eh bien ! soit, je dirai tout ! s'écria-t-elle avec une volubilité étrange, comme si elle avait hâte d'en finir, hier je me suis abouchée avec un chef indien dont la troupe campe à quatre ou cinq lieues d'ici ! Je lui ai vendu cette femme ; le comte de Mauclerc et Marcos Praya ont été chargés de la lui livrer.

La comtesse de Casa-Real s'attendait sans doute à un éclat terrible après avoir achevé cette horrible révélation.

Il n'en fut rien.

Le comte de Warrens connaissait trop bien et depuis trop longtemps les mœurs des Indiens pour ne pas avoir la conviction que, provisoirement du moins, la jeune fille n'avait rien à redouter de leur part et qu'elle était au contraire en sûreté parmi eux.

Les Peaux-Rouges, à moins de circonstances extraordinaires et exceptionnelles, respectent généralement les femmes.

Il y eut un instant de silence.

— Et l'homme qui accompagnait cette jeune femme, vous ne m'en avez pas parlé, madame, qu'en avez-vous fait ?

— Je ne vous comprends pas, monsieur.

— Mlle Edmée de l'Estang, car peu importe à présent que vous appreniez son nom, avait un serviteur avec elle ; ce serviteur, qu'est-il devenu ?

— Ah ! s'écria-t-elle avec un mouvement de rage, cet homme, qui se faisait passer pour son frère, ce Pacheco, je comprends tout maintenant, il s'est enfui, le misérable !

Il n'y avait pas à se tromper sur l'accent de sincérité de la comtesse : cette fois encore, elle disait vrai.

Yann avait réussi à lui échapper.

Le visage du comte de Warrens sembla se rasséréner.

— Tout n'est pas perdu, peut-être! murmura-t-il à part lui; et, s'adressant à la comtesse toujours agenouillée : Vous allez me conduire à l'instant même auprès de ce chef indien, madame, lui dit-il froidement.

— Moi! s'écria-t-elle avec épouvante... Non..., non..., monsieur..., n'exigez pas cela de moi au nom du ciel!

— A l'instant même, je vous le répète, madame la comtesse, répondit-il en haussant les épaules avec dédain.

— Oh!... à cette heure de nuit, par cet orage effrayant, c'est impossible ; ayez pitié de moi, monsieur !

— Je le veux ; et pour que vos assassins ne tentent pas de s'opposer à notre départ, ordonnez-leur de sortir.

— Et vous me ferez grâce ! s'écria-t-elle avec anxiété.

— Peut-être, madame, répondit-il d'une voix profonde.

La comtesse était vaincue, brisée; elle n'essaya pas de soutenir plus longtemps une lutte impossible.

Elle fit un geste.

Les bandits se dirigèrent silencieusement vers la porte.

Tout à coup, avant même que les bandits l'eussent atteinte, cette porte s'ouvrit avec fracas et un homme s'élança dans la chambre, pâle, défait, ensanglanté, les habits en lambeaux, effaré, à demi fou de terreur.

— Nous sommes perdus, madame ! s'écria-t-il avec égarement ; le comité de vigilance nous a surpris à l'improviste, il cerne le quartier, le peuple est soulevé, il nous attaque de tous les côtés à la fois.

En entendant ces paroles, les bandits s'échappèrent aussitôt par toutes les issues en poussant des hurlements d'épouvante.

Le comte de Warrens bondit par-dessus son rempart improvisé en repoussant violemment la créole, qui perdit l'équilibre et recula en trébuchant jusqu'à la muraille, contre laquelle elle s'appuya haletante et il se précipita à l'improviste sur le métis.

De son poignet de fer le capitaine saisit le misérable à la gorge.

Celui-ci, qui ne s'attendait pas à cette brusque attaque, eut beau résister, son agresseur le renversa brisé sur le sol, et lui posant le genou sur la poitrine :

— Marcos Praya, lui cria-t-il d'un accent terrible..., la jeune fille que t'a livrée cette femme..., qu'en as-tu fait?... Réponds, misérable, réponds, ou tu es mort.

Et il lui appuya un revolver sur la tempe.

XV

OU LA LUMIÈRE SE FAIT

Aussitôt que la Cigale et Filoche avaient été lancés par lui sur les traces du comte de Warrens, Mouchette, sans songer à la pluie qui tombait avec une violence extrême, s'était placé, sur le seuil même de la maison, tendant le cou, prêtant l'oreille au moindre bruit et regardant obstinément au dehors, en essayant de percer les ténèbres épaisses de la nuit.

Au bout de quelques minutes, le murmure grossissant, comme une marée qui monte, d'une grande agglomération d'hommes qui s'approchait arriva jusqu'à lui.

Des torches luirent dans l'obscurité.

Enfin le gamin aperçut, à sa grande joie, une immense foule d'hommes armés, en tête desquels marchaient le colonel Martial Renaud, sir Harry Mortimer et les autres chefs des Compagnons de la Lune.

Il se précipita vivement à leur rencontre, se fit reconnaître d'eux, et les questionna avec inquiétude.

— Tout va bien, marmot, lui répondit en riant le colonel Martial Renaud, qui avait pris le commandement ; cette fois nous sommes en force ; le Sydney-Coves sera en notre pouvoir avant une heure. Vive Dieu ! nous allons enfin détruire ce repaire de bandits.

— Fameux ! Alors la patrie est sauvée !... s'écria joyeusement le gamin.

Et, sans en écouter davantage, il laissa les membres du comité de vigilance continuer leur route, et il s'élança en courant dans la direction suivie précédemment par les deux Compagnons de la Lune, que, malgré l'avance qu'ils avaient sur lui, il ne tarda pas cependant à rejoindre.

Ceux-ci marchaient presque sur les pas du capitaine, sans qu'il s'en doutât.

Voici ce qui était arrivé.

Un certain nombre d'habitants, les plus notables de la ville de San-Francisco, effrayés des meurtres continuels qui se commettaient chaque jour dans les rues et même dans les maisons, et convaincus de l'impossibilité matérielle dans laquelle, malgré son désir de le faire, se trouvait le gouvernement d'assurer sérieusement la tranquillité publique, s'étaient spontanément réunis en un grand meeting dans le but de remédier promptement au mal.

Puis ils avaient, après une longue et intéressante délibération, formé entre eux une association puissante à laquelle ils avaient donné le nom de *Comité de vigilance*.

Le comte de Warrens, sir Harry Mortimer et les autres chefs des Compagnons de la Lune avaient naturellement été des premiers à faire partie de cette philanthropique association.

Aussitôt après sa conversation avec le comte, Mouchette, voyant celui-ci bien décidé à se rendre quand même au rendez-vous qui lui était assigné, avait averti sir Harry Mortimer et le colonel Martial Renaud de ce qui s'était passé entre lui et M. de Warrens.

La résolution que le capitaine avait prise de se rendre, coûte que coûte, seul à ce rendez-vous dans Sydney-Coves, c'est-à-dire dans le quartier le plus dangereux de San-Francisco, parut aux amis du comte une folie et surtout une imprudence.

Les deux hommes frémirent de terreur à cette révélation ; car ils avaient, du premier coup, pressenti le guet-apens tendu à leur chef bien-aimé et les périls terribles qui le menaçaient et auxquels peut-être son courage ne parviendrait pas à le faire échapper.

Cependant il n'y avait pas une seconde à perdre pour essayer de le sauver.

Tandis que le colonel Martial Renaud, aidé par Mouchette, réunissait les Compagnons de la Lune, sir Harry Mortimer, lui, se rendait en toute hâte au siège du comité de vigilance, dont un tiers des membres, ainsi que cela avait été arrêté précédemment par l'assemblée, restait jour et nuit en permanence.

Sir Harrey Mortimer expliqua en peu de mots aux membres du comité, tout en modifiant légèrement la vérité, comment son associé Master-Key avait été, une heure auparavant, attiré par un faux rendez-vous d'affaires dans un guet-apens, tendu dans Sydney-Coves, pour y être dépouillé et étranglé par des assassins, selon toute probabilité.

Le comité, en apprenant que les bandits avaient osé pousser l'audace jusqu'à s'attaquer à un de leurs membres les plus considérés, avait bondi d'indignation.

Il résolut tout d'une voix d'en finir une fois pour toutes avec ces misérables brigands, en les attaquant et les enfumant, s'il le fallait, dans leur antre immonde.

Les ordres avaient été immédiatement expédiés à tous les affiliés du comité de vigilance, et moins d'une demi-heure plus tard cinq mille hommes au moins, tous bien armés, auxquels étaient venus avec empressement se joindre tout d'abord les Compagnons de la Lune, étaient réunis en bon ordre et pleins d'ardeur sous les fenêtres de la maison où se tenait le comité.

De là, quelques minutes plus tard, après avoir formé leurs rangs, ils se mettaient en marche, les membres du comité de vigilance à leur tête, pour aller donner l'assaut aux bandits et les forcer dans leur repaire.

Ces soldats volontaires, dévoués de l'ordre et de la tranquillité publique, se recrutaient chemin faisant et pour ainsi dire presque à chaque pas, parmi tous les honnêtes gens devant les maisons desquels ils passaient; de sorte qu'ils formaient déjà une masse imposante et considérable lorsqu'ils arrivèrent enfin à l'entrée du quartier de Sydney-Coves.

Alors on nomma des chefs secondaires, puis on se divisa en trois forts détachements, et, à un signal donné, le quartier maudit, complètement entouré, fut vigoureusement assailli par trois côtés à la fois.

Le colonel Martial Renaud et ses compagnons, dont la plus grande partie étaient des affiliés des Invisibles, poussèrent droit devant eux, et se dirigèrent, en renversant tous les obstacles qu'on essayait en vain de leur opposer, vers le bar-room, ou plutôt le coupe-gorge où leur chef devait sans doute se trouver en grand péril.

Pendant que ces événements se passaient au dehors, et que les *desperadoes*, ainsi que nous l'avons rapporté plus haut, surpris à l'improviste dans leurs hideux repaires et ivres pour la plupart, tentaient, mais trop tard, une défense qui heureusement devenait désormais impossible, le comte de Warrens, le genou sur la poitrine de Marco Praya, la main à sa gorge et le pistolet haut, lui adressait pour la seconde fois cette question, à laquelle le métis n'avait pas encore eu le temps de répondre :

— Misérable, où est la jeune fille que t'a livré cette femme?

— Je ne sais pas, répondit le métis d'une voix sourde.

Le comte de Warrens leva son arme, résolu à en finir avec lui, mais le bandit, très vigoureux et dont le péril décuplait encore les forces, fit tout à coup un mouvement imprévu si rapide, et en même temps si puissant et si bien calculé, qu'il réussit à se débarrasser de l'étreinte du comte et à se relever.

Le capitaine, surpris à son tour, recula en chancelant.

La comtesse de Casa-Real, abandonnée à elle-même depuis quelques instants déjà, mais cependant toujours aux aguets, se précipita à l'improviste sur le comte et s'empara du poignard qu'il portait à la ceinture.

Entre Marcos Praya, la créole et ceux de ses hommes qui étaient demeurés dans la chambre, la position de M. de Varrens devenait des plus critiques.

Cependant le comte ne désespéra pas ; il se prépara froidement à vendre sa vie le plus cher possible, afin de donner aux secours qu'il espérait le temps de parvenir jusqu'à lui.

Tout à coup une fenêtre vola en éclats, et plusieurs hommes, bien armés, firent irruption dans la salle.

— Nous voici ! cria Mouchette. Courage, capitaine... On y va!

Et s'apercevant du péril dans lequel se trouvait son protecteur, sans réfléchir davantage, le gamin s'élança vivement pour lui faire un rempart de son corps.

Le brave enfant arrivait juste à temps.

La comtesse de Casa-Real, affolée de terreur et de rage, en voyant sa vengeance sur le point de lui échapper encore et dont le bras était levé, plongea, par un mouvement machinal, sans savoir ce qu'elle faisait peut-être, le poignard dans la poitrine de l'enfant.

— En plein dans le mille! s'écria le gamin, en roulant tout sanglant aux pieds du capitaine; il est sauvé!... Je m'en moque!... Bien touché, m'sieu Benjamin.

Le comte de Warrens était sauvé, en effet, mais grâce à l'héroïque dévouement du pauvre gamin de Paris.

Mais, hélas! son salut devait lui coûter bien cher!

Au même instant, la porte céda et d'autres hommes se ruèrent tumultueusement dans la chambre.

Ces divers événements s'étaient accomplis avec une rapidité telle, que la comtesse de Casa-Real et son complice Marcos Praya avaient été saisis par les Compagnons de la Lune et garrottés avant même d'avoir pu se rendre clairement compte de ce qui se passait

Le comte de Warrens, étranger à ces événements, s'était agenouillé sur le sol, et les yeux pleins de larmes, il prodiguait les soins les plus empressés au pauvre enfant qu'il tenait sanglant, livide et les yeux fermés entre ses bras, mais qui conservait encore un sourire de triomphe sur les lèvres pâlies.

Ce brave la Cigale n'avait pu y résister, lui; il pleurait à chaudes larmes, en contemplant d'un air désespéré le pauvre petit qu'il croyait mort.

Enfin, le capitaine se releva; il avait les sourcils froncés, le visage pâle; il souleva l'enfant évanoui et il le plaça délicatement sur les bras étendus du géant; puis jetant un regard sombre et inquisiteur autour de lui :

— Il n'y a pas d'étrangers ici? demanda-t-il d'une voix sourde, nous sommes tous des Compagnons de la Lune?

— Tous ! répondirent les assistants d'une seule voix.

— C'est bien, colonel.

Martial Renaud s'avança.

— Vous répondez sur votre tête de ces deux coupables ?

Passe-Partout ne se servait pas du mot : Prisonniers.

Il avait dit : Ces deux coupables.

C'était une condamnation à mort.

Chacun le sentit.

Les prisonniers eux-mêmes le comprirent ; ils frissonnèrent.

— J'en réponds, répliqua le colonel Martial Renaud. Les jugera-t-on ?

— Oui.

— Séance tenante?

— Oui.

— Mais le comité de vigilance peut réclamer ce droit.

— Le comité de vigilance n'a rien à faire dans tout ceci. Frères, les coupables que voici appartiennent à la justice des Invisibles de Paris ; c'est pour eux seuls et sur un ordre émané de la Vente Suprême que nous sommes venus en Amérique. J'ai dit, fit Passe-Partout d'une voix qui empêchait désormais toute observation.

Le colonel Martial Renaud s'inclina respectueusement et se tut.

En ce moment, une certaine agitation se remarqua tout à coup dans un des groupes des Compagnons de la Lune, rassemblés dans un des angles retirés de la salle.

Un homme se détacha précipitamment de ce groupe.

Cet homme, c'était le baron d'Entragues.

Arrivé tout récemment de France, il s'était mêlé avec les derniers venus, et s'était fait immédiatement raconter les événements qui s'étaient passés.

Ecartant les Compagnons de la Lune qui se trouvaient devant lui, il s'approcha de la comtesse de Casa-Real, affaissée, à demi évanouie, sur un siège.

Elle le vit venir.

Instinctivement elle ferma les yeux.

La comtesse ne connaissait pas cet homme, et pourtant cet homme produisait sur elle l'effet de l'ange exterminateur.

Justicier ou bourreau, c'était lui qui devait lui porter le seul coup dont elle ne se relèverait jamais.

Arrivé près d'elle, à la grande stupeur de tous les assistants, qui ne comprenaient pas quels rapports avaient jamais pu exister entre ces deux êtres se voyant pour la première fois, le baron d'Entragues considéra un instant cette femme avec une expression d'indicible tristesse, puis il lui posa la main sur l'épaule.

— Levez-vous ! lui dit-il.

Elle se leva.

— Regardez !

Elle ouvrit les yeux.

— Venez !

Elle hésita.

Il la délia, il la prit par la main, et la traînant jusqu'auprès de la Cigale, qui, comme les autres, s'était arrêtée, tenant toujours son cher petit Mouchette serré entre ses bras, il lui cria d'une voix stridente :

— Femme, le reconnais-tu ?

La comtesse Hermosa de Casa-Real, les yeux hagards, fit machinalement signe que : Oui... d'un air indifférent.

— Femme, ajouta le baron d'Entragues, en baissant la voix, car il sentait qu'il allait blesser deux cœurs au lieu d'un, et que de ces deux cœurs l'un était celui d'un ami. Femme, tu as bien souvent, n'est-il pas vrai, redemandé ton enfant au comte de Warrens?

Un cri terrible répondit à la question du baron d'Entragues.

Mais ce cri, ce n'était pas la créole qui venait de le jeter.

C'était M. de Warrens.

Un frisson avait subitement passé par tout son corps.

Il avait peur de comprendre.

— Mon enfant? demanda la comtesse effarée, ma fille ! oui... Et il me l'a refusée... toujours !... malgré mes larmes ! malgré mes prières !... fit-elle avec un accent de haine indicible.

— Ta fille !

— Oui.

— Insensée ! Ton fils...

— Mon...

— Ton fils, malheureuse !... et ce fils..., tu viens de le tuer.

Un sanglot retentit.

Passe-Partout était tombé à deux genoux devant la Cigale, tenant toujours l'enfant évanoui dans ses bras de marbre, ils formaient à eux trois le groupe à la fois le plus terrible et le plus touchant qu'un sculpteur puisse travailler.

Un silence profond régnait dans cette chambre, si remplie de tumulte quelques minutes auparavant.

Les assistants vivaient comme dans un rêve poignant.

La comtesse de Casa-Real ne comprenait pas encore.

Elle croyait à une épreuve.

La comtesse râlait d'épouvante.

Le baron d'Entragues secoua mélancoliquement la tête, puis reprit et répéta :

— Femme, ne m'as-tu pas entendu? C'est toi qui as tué mon fils!

La comtesse de Casa-Real poussa un rugissement de lionne aux abois et bondit effarée jusqu'à Passe-Partout.

— Noël, lui cria-t-elle avec un accent de désespoir qui n'avait plus rien d'humain, Noël! répondez-moi.

Passe-Partout n'entendait point, il sanglotait toujours, à genoux sur le sol et la tête cachée dans ses mains tremblantes.

— On se trompe..., n'est-ce pas?... On veut me tromper...

Il se redressa pendant une seconde et secoua la tête négativement.

— Ma fille..., Noël..., vous m'avez toujours dit que mon enfant était une fille..., vous l'avez toujours dit.

Même silence de la part du comte.

Un éclair traversa alors comme un jet de flamme l'esprit de la misérable créature, toute sa fureur lui revint subitement :

— Ah! il m'a trompée!... Il m'a menti!... Il ne m'a pas laissée embrasser mon enfant, même à l'heure de sa naissance... Ah! la belle précaution qu'il a prise là..., ce père tendre..., ce père généreux..., ce père dévoué..., qui n'a seulement pas su ne pas se laisser voler son enfant, qui l'a perdu... abandonné peut-être... Ah! ah! ah! ajouta-t-elle avec un rire de damnée... Voyons, lâche! voyons, traître!... père sans cœur, sans entrailles..., mais dis-moi donc que ce n'était pas un fils... Jure-moi que c'était une fille..., jure-le... et je te pardonne.

Passe-Partout se releva lentement et regardant la malheureuse bien en face, les yeux dans les yeux :

— Fille dénaturée, tu as tué ton père... Femme adultère, tu as empoisonné ton mari... Dieu, je l'espère, n'a pas permis que tu fusses mère..., car cela serait trop horrible!... Regarde bien cet enfant, misérable créature... et prie que cet homme se trompe.

Il montrait le baron d'Entragues.

La créole prit la main pendante et glacée de Mouchette et la serra machinalement entre les siennes.

Elle attendait.

Quoi? Elle n'aurait su le dire.

La Cigale, immobile, la laissa faire.

Le baron d'Entragues détourna la tête et tendit silencieusement à Passe-Partout des papiers qu'il tenait à la main.

Le capitaine prit avidement les papiers, il essaya de les lire...

Il ne le put.

— Lisez cela, mon frère, dit-il au colonel Martial Renaud en lui remettant ces papiers..., lisez..., et si ces preuves parlent..., déchirez-les... je comprendrai.

Le colonel Martial Renaud se mit à parcourir les papiers.

— Qui vous a donc chargé de ces pièces, mon ami? demanda vivement Passe-Partout au baron d'Entragues, pendant que son frère les lisait tout bas.

— La haute Vente! répondit celui-ci en n'osant pas regarder son chef.

A ces paroles le comte de Warrens chancela, comme s'il venait de recevoir une balle en pleine poitrine.

— Oh! c'est bien vrai alors, car la haute Vente ne se trompe jamais, murmura-t-il d'une voix profonde.

Un cri affreux retentit.

Cri suivi de larmes, de sanglots et de convulsions.

Passe-Partout se retourna.

Il vit d'un côté le colonel Martial Renaud, qui, la tête basse et les yeux pleins de larmes, déchirait lentement, douloureusement, les fatales preuves attestant la filiation et la naissance du pauvre Mouchette.

De l'autre, la comtesse de Casa-Real tombant sur le sol, où elle demeurait immobile et insensible.

Elle venait de perdre connaissance.

Tout était vrai.

Une immense douleur s'empara de cet homme si fort et le terrassa.

Mouchette était son fils !

Il n'osa plus regarder le mourant, que la Cigale tenait toujours : le géant était aussi pâle que l'enfant.

Ils semblaient de pierre tous les deux.

Passe-Partout fit quelques pas au hasard, comme un homme qui se noie cherche à sortir de l'eau sans y parvenir.

Martial Renaud ouvrit ses bras.

Le frère tomba dans les bras du frère, en murmurant :

— Mon fils ! c'était mon fils !

Et ils pleurèrent ensemble.

XVI

CHATIMENT !

Le lendemain de la nuit où les bandits de Sydney-Coves avaient été définitivement tués ou dispersés et leur sinistre repaire réduit en cendres, vers quatre heures du matin à peu près, c'est-à-dire une heure avant le lever du soleil, une petite troupe de cavaliers, composée de dix personnes, sortait de San-Francisco.

Ces dix personnes étaient :

Le comte de Warrens ;

Le colonel Martial Renaud ;

Le vicomte de Luz, le vicomte de Rioban, le baron d'Entragues, sir Harry Mortimer, le comte de San-Lucar et notre ami Filoche, l'ex-débardeur.

Tous étaient bien armés, ils conduisaient prisonniers, au milieu d'eux, le métis Marcos Praya et la comtesse Hermosa de Casa-Real, libres en apparence, mais les pieds solidement attachés par de longues courroies en cuir tressé, passées sous le ventre de leurs chevaux, et surveillés de très près pour éviter toute velléité de fuite.

Les quelques rares passants qui se rendaient à la ville ou qui en venaient et que par hasard rencontrait la petite troupe, dans la campagne, à cette heure matinale, en apercevant de loin les prisonniers, s'écartaient avec crainte, supposant naturellement que ces deux personnes avaient été con damnées, à la suite des événements de la nuit, par le comité de vigilance.

Marcos Praya, quoi qu'il ne se fît aucune illusion sur le sort qui l'attendait, n'avait rien perdu de sa jactance ordinaire, il se tenait droit sur son cheval et portait la tête haute; bien que ses sourcils fussent légèrement froncés, cependant il jetait des regards insouciants autour de lui et fumait tranquillement un cigare de la Havane.

La comtesse Hermosa de Casa-Real n'était pas reconnaissable, elle avait vieilli de vingt ans en quelques heures; ses cheveux avaient complètement blanchi; livide comme un cadavre, les yeux hagards, à demi fermés, et affaissée sur elle-même, elle ne donnait d'autres signes d'existence que les sanglots incessants qui lui déchiraient la gorge, et ces deux mots qu'elle prononçait pour ainsi dire machinalement :

— Mon enfant!... mon enfant!... et toujours les mêmes.

Le conseil suprême des Invisibles, après son retour de Sydney-Coves, s'était réuni, vers deux heures du matin, dans la maison même du capitaine des Compagnons de la Lune, afin de juger les coupables sans désemparer.

Les accusés n'avaient voulu répondre à aucune des questions qui leur avaient été posées; ils avaient entendu prononcer leur sentence, Marcos Praya avec une indifférence affectée, la comtesse de Casa-Real sans paraître avoir conscience de ce qui se passait autour d'elle.

A peine le jugement avait-il été rendu, que les juges étaient montés à cheval, emmenant avec eux les prisonniers afin d'exécuter eux-mêmes la sentence.

La Cigale, pour la première fois de sa vie, avait refusé de suivre le capitaine.

Le brave géant n'avait pas voulu consentir à s'éloigner du chevet du pauvre petit blessé; de grosses larmes coulaient lentement sur ses joues brunies, sans qu'il songeât à les essuyer; il tenait une main de l'enfant dans les siennes et il le regardait dormir avec ce regard fixe et atone des grandes douleurs.

En somme, Mouchette vivait encore.

Pourtant le médecin n'osait pas répondre du blessé.

Le comte de Warrens avait baisé religieusement l'enfant au front; puis, après avoir serré affectueusement la main du pauvre colosse, il s'était éloigné sans prononcer un seul mot, le front pâle et les yeux pleins de larmes.

Cependant la petite troupe s'éloignait rapidement de la ville.

Le soleil, semblable à un globe rouge, tout irisé de flamboyantes gerbes lumineuses, commençait à apparaître au-dessus de l'horizon; le ciel, nettoyé par la tempête de la nuit, était d'un bleu d'azur; des parfums âcres s'exhalaient de la terre rafraîchie par la pluie; les feuilles des arbres étaient plus vertes et perlées de rosée, enfin les oiseaux, réveillés par l'aube matinale, commençaient leurs joyeux concerts, encore blottis sous la feuillée.

Ainsi par un étrange et saisissant contraste, tout riait et chantait dans la nature.

Les aventuriers continuaient, calmes, sombres et silencieux, leur course fatale à travers ce désert magnifique aux aspects si grandioses et si imposants.

Ils avaient depuis longtemps dépassé la limite des défrichements, et se trouvaient en plein désert, ils longeaient une route sinueuse à peine tracée à travers les broussailles et profondément encaissée que bordait le Sacramento.

Ils galopaient ainsi depuis plus de trois heures déjà sans s'être arrêtés une seconde, sans avoir même ralenti leur course si rapide ; leurs chevaux soufflaient, ils couraient toujours !

Depuis une heure ils s'étaient engagés dans une épaisse forêt vierge, composée d'arbres séculaires, d'une hauteur immense, dont les branches feuillues et entrelacées formaient un impénétrable dôme de verdure à plus de quatre-vingts pieds au-dessus de leur tête, lorsqu'ils débouchèrent enfin dans une vaste clairière.

Cet endroit était sans doute le but de leur course ; car, sans prononcer un mot, et comme d'un commun accord, ils s'arrêtèrent et mirent tous à la fois pied à terre en même temps et entravèrent leurs chevaux, afin qu'ils ne pussent s'éloigner et s'échapper dans la forêt.

Cette clairière, bordée de tous côtés par les arbres de la forêt, affectait une forme presque ronde.

Son centre était marqué par un *madronia* gigantesque, il avait plus de cent pieds de haut, dont le tronc énorme, jusqu'à une hauteur de quinze pieds environ, se trouvait entièrement dépouillé de son écorce.

Cet arbre était depuis longtemps bien connu dans le pays par les Indiens nomades, les coureurs des bois et les chasseurs sous le nom de l'*arbre des ours*.

Ce madronia devait ce nom à une particularité singulière.

Les ours gris, fort nombreux à cette époque dans ces parages, qu'ils ont maintenant presque complètement abandonnés, à cause du voisinage des Blancs, semblaient affectionner cet arbre, sur le tronc duquel ils avaient contracté l'habitude d'aiguiser leurs redoutables griffes, de sept à huit pouces de long : de là l'absence totale d'écorce jusqu'à une certaine hauteur.

Tous les autres arbres de la forêt étaient intacts.

C'était contre celui-là seul, sans qu'il fût possible d'en deviner les raisons, que les ours gris avaient constamment passé leur fantaisie brutale ; du reste, le madronia ne paraissait nullement souffrir de ces blessures journalières.

Lorsque les cavaliers eurent mis pied à terre, sur un signe du comte, on détacha les prisonniers, et on les descendit.

Le capitaine s'approcha de Marcos Praya, immobile et calme, sur le bloc de granit où on l'avait assis.

— Si vous vous rappelez une prière, faites-la, lui dit-il, car vous allez mourir.

Le métis haussa dédaigneusement les épaules et détourna la tête sans répondre.

Son parti était pris.

Filoche, l'ancien débardeur, avait détaché le *lasso* de cuir tressé et graissé, placé au pommeau de sa selle ; après l'avoir roulé dans sa main, il le lança adroitement sur une énorme branche du madronia, branche située environ à une vingtaine de pieds de terre.

Le lasso passa par-dessus la branche et son extrémité retomba de l'autre côté.

La pierre sur laquelle on avait assis le métis se trouvait au pied même de l'arbre.

Marcos Praya fumait toujours avec un sang-froid imperturbable.

Filoche amena l'extrémité du lasso à lui et il passa silencieusement le nœud coulant autour du cou du condamné, qui ne sembla même pas s'en apercevoir; puis, retirant de dessous sa selle une large pancarte préparée à l'avance, il la lui attacha sur la poitrine.

La pancarte portait cette mention en anglais, en français et en espagnol

MARCOS PRAYA, VOLEUR ET ASSASSIN.

— C'est fait, capitaine, dit ensuite Filoche en se redressant.

Le métis leva la tête, et jetant un long et triste regard sur la comtesse, qui le fixait avec égarement :

— Pauvre Hermosa, murmura-t-il, que deviendra-t-elle maintenant qu'elle ne m'aura plus près d'elle pour la défendre et la servir?

Et il poussa un douloureux soupir.

Ce fut tout.

Ces quelques paroles résumaient la vie entière de cet homme, vie tout entière de dévouement et d'abnégation : il n'avait vécu que pour elle; pour elle il allait mourir et à sa dernière seconde il ne songeait pas à lui, mais à sa maîtresse, et il la plaignait de rester seule et privée de son dévoué défenseur.

— Hisse! commanda le capitaine d'une voix sourde.

Les sept hommes s'étaient silencieusement rangés en demi-cercle devant l'arbre, pour assister à l'œuvre de justice.

Filoche hissa.

— Que Dieu te pardonne tes crimes! dirent les juges d'une seule voix.

Un sourire de dédain railleur plissa les lèvres blêmies du métis, qui lança une dernière bouffée de tabac vers le ciel et laissa nonchalamment tomber son cigare.

Tout à coup ce sourire s'effaça, son regard lança un fulgurant éclair et son visage prit une expression de rage impossible à rendre.

Un cavalier venait d'entrer au galop dans la clairière.

En s'apercevant de ce qui se passait, ce cavalier s'était brusquement jeté à bas de son cheval, et sans adresser la parole à personne, tout courant, il venait aider Filoche à hisser le misérable Marcos Praya.

— Yann Mareck! s'écria le capitaine avec une surprise joyeuse.

C'était en effet le brave Breton.

Lorsque le condamné fut hissé jusqu'à la hauteur de la branche, Filoche amarra froidement le lasso à la pierre même qui avait précédemment servi de siège au pauvre diable.

L'agonie du métis fut courte : elle dura à peine deux minutes.

La comtesse Hermosa de Casa-Real, toujours sombre et absorbée en elle-même, y assistait sans même la voir.

Lorsque les aventuriers furent bien certains de la mort du condamné, ils s'éloignèrent de l'arbre avec indifférence et se préparèrent à remonter à cheval; mais le comte de Warrens les arrêta d'un geste, et s'adressant avec une émotion contenue au Breton :
— Te voilà enfin, lui dit-il, où vas-tu, mon brave Yann?
— Nulle part maintenant, capitaine; je vous cherchais.
— Edmée?
— Rassurez-vous, capitaine, elle est saine et sauve, au milieu d'amis dévoués, respectée comme une reine.
— Dieu soit béni! s'écria le comte de Warrens avec un élan de reconnaissance. Dis-moi ce qui s'est passé, mon brave Yann.
— Ce ne sera pas long, capitaine.
— Tant mieux, mon gars, parle vite, je meurs d'impatience.

Les aventuriers se groupèrent curieusement autour du Breton, sans plus songer au métis que s'il n'avait jamais existé.

La comtesse de Casa-Real ne quittait pas le cadavre des yeux et elle murmurait incessamment à voix basse :
— Mon enfant! mon enfant!

Ce fut, hélas! toute l'oraison funèbre de ce terrible et dévoué serviteur qui, de son vivant, avait eu nom Marcos Praya!

— Pour lors, capitaine, quand la comtesse de Casa-Real, commença le Breton sans se faire plus longtemps prier, eut reconnu notre demoiselle, je compris que je devais me méfier; cependant je ne voulais pas m'échapper avant que de savoir ce que cette méchante femme avait l'intention de faire de nous : j'étais convaincu que notre demoiselle ne me trahirait pas; j'étais donc, à moins d'un hasard impossible à prévoir, à peu près tranquille sur mon compte.

« Je continuai donc paisiblement mon service dans la maison, comme si rien d'extraordinaire ne s'était passé.

« Les choses allèrent bien pendant deux jours; rien de nouveau; j'enrageais.

« Lorsque hier, à peu près vers trois heures de l'après-midi, la comtesse de Casa-Real s'enferma dans sa chambre à coucher avec le comte de Mauclerc et le hideux coquin qui pend là-haut comme un fruit mûr.

« Je me dis à part moi en voyant cela : Bon! il y a quelque chose!

« Les murs ne sont pas bien solides, vous le savez, dans Sydney-Coves; ils sont faits de vieilles planches de navire trouées comme des écumoires.

« J'appliquai mon œil d'abord, et mon oreille ensuite, à l'un des trous : j'avais le choix.

« C'était en ce moment la comtesse de Casa-Real qui parlait.

« Elle disait :

« — Vous partirez tous deux à la nuit tombante vers sept heures du soir; le chef peau-rouge est prévenu, il viendra au-devant de vous jusqu'à la *cañada* — ruisseau — des Lilas. Vous lui remettrez la péronnelle.

« C'est ainsi qu'elle nommait notre jeune maîtresse.

« — Il l'emmènera; l'affaire est arrangée entre nous depuis hier.

« En effet, la veille, la comtesse de Casa-Real était demeurée absente pendant presque toute la journée.

« — Elle deviendra la femme d'un chef indien, ajouta-t-elle en riant, elle n'aura pas à se plaindre. Puis vous reviendrez, et tout sera fini ; pour elle du moins.

— Oh ! pas de pitié pour toi, misérable femme ! s'écria le comte en jetant un regard de colère sur la comtesse qui n'avait pas changé de position. Continue, Yann.

— J'en avais entendu plus qu'il ne m'en fallait, capitaine ; je quittai aussitôt mon observatoire, je me rendis en toute hâte au corral, je *lassai* mon cheval, je le sellai, je pris mes armes et je partis immédiatement sans dire, bien entendu, adieu à personne.

« J'avais mon idée, capitaine ; je ne savais pas, il est vrai, où se trouvait la *cañada* des Lilas, dont avait parlé la comtesse de Casa-Real, mais cela ne m'inquiétait guère ; j'étais bien sûr que le premier venu me l'indiquerait.

« Ce fut ce qui arriva en effet : un brave Yankee, que je rencontrai par hasard, me renseigna tout de suite.

« Je m'y rendis tout droit, et après avoir fouillé les environs et m'être ainsi bien assuré que j'étais bien seul, je me blottis dans un fourré et j'attendis.

« Je demeurai là assez longtemps, mon impatience était vive ; je craignais qu'ils n'eussent changé leur itinéraire, lorsque vers huit heures du soir j'entendis un bruit de chevaux ; il faisait clair encore, je regardai ; le comte de Mauclerc et Marcos Praya arrivaient ventre à terre, notre demoiselle était placée entre eux deux.

« Ils s'arrêtèrent presque en face de moi.

« — Il était temps ! dit le comte, en étendant le bras vers la forêt, voyez, Marcos, voilà notre homme qui arrive là-bas avec une dizaine de ses compagnons.

« Je tournai aussitôt les yeux dans la direction que le comte indiquait à son complice : c'était vrai, capitaine.

« — Descendez, mademoiselle, dit alors le comte de Mauclerc.

« Notre demoiselle Edmée obéit sans répondre une parole.

« Elle ne daignait pas leur parler.

« Je n'avais pas un instant à perdre si je voulais essayer de la sauver.

« Dès que je vis notre demoiselle à terre, mon sang ne fit qu'un tour, je m'élançai brusquement hors du buisson et je tirai deux coups de revolver sur les scélérats en criant en même temps de toutes mes forces :

« — A moi ! à moi ! comme si nous avions été plusieurs.

« Le comte de Mauclerc tomba comme une masse sur le sol, je lui avais traversé la cuisse près de la hanche.

« Quant au métis Marcos Praya, que malheureusement ma seconde balle n'avait fait qu'effleurer, le brigand n'attendit pas son reste, il tourna bride aussitôt et s'enfuit ventre à terre, croyant sans doute que j'étais une centaine d'hommes à moi tout seul.

« Vous comprenez bien, capitaine, que je ne m'occupai pas de lui, j'avais

Passo-Partout était tombé à genoux devant la Cigale.

autre chose à faire pour le moment : je m'élançai au secours de notre demoiselle.

« En ce moment même, les Indiens arrivaient au triple galop.

« Je poussai un cri de joie, j'avais reconnu le chef qui galopait en avant de la troupe des guerriers :

« Le chef, c'était un ami, l'Epervier, le grand sachem des Sioux.

— L'Épervier, notre ami ! Oh ! alors elle est sauvée, je veux le voir, il faut que je lui rende grâces ! s'écria le comte de Warrens en proie à une émotion extrême. Où est-il ? Où est Edmée, ma chère Edmée ? Mon Dieu ! c'est un miracle !

— C'est ce que j'ai pensé aussi, capitaine ! foi de Breton ! Les Sioux sont campés à deux lieues d'ici tout au plus, dans la forêt; ils n'osent pas trop s'approcher de la ville, vous comprenez, à cause des Yankees.

— C'est juste.

— Alors, ma foi, j'ai vu notre demoiselle si triste, que je me suis chargé de vous aller chercher, capitaine, et me voici.

— Merci, mon brave gars, reprit le comte; tu es un vrai Breton; souviens-toi, Yann Mareck que je suis ton débiteur, pour le service immense que tu viens de me rendre.

Toutes les mains se tendirent spontanément vers le digne garçon, honteux et heureux à la fois de tant d'honneur.

— Et Edmée ? reprit encore le comte de Warrens.

— Oh ! notre demoiselle est respectée et choyée comme une reine ; soyez tranquille, allez, capitaine. Je n'en dirai pas autant du comte de Mauclerc, par exemple ; même, je crois bien qu'il file un mauvais coton ; après cela, vous me direz peut-être qu'il ne l'a pas volé.

— Sa blessure est mauvaise ?

— S'il n'y avait que cela, capitaine, ce ne serait rien, reprit-il en hochant la tête d'un air entendu, non, non, c'est autre chose ! L'Épervier et ses guerriers sont furieux contre lui ; le chef a juré par le *Wacondah*... — Il paraît que c'est son dieu, à cet homme... — qu'il lui réglerait son affaire, ainsi qu'à la comtesse s'il pouvait jamais réussir à mettre la main sur elle.

— Ah ! ah ! fit le comte de Warrens en jetant sur Mme de Casa-Real un sourire d'une expression étrange..., très bien, mon gars ! voilà qui vaut mieux !

— Notre demoiselle a eu beau intercéder en faveur de son ennemi vaincu, c'est comme si elle avait chanté la complainte du cloareck de Machecoul ; les Peaux-Rouges n'entendent pas de cette oreille-là ; au moment où j'ai quitté le camp, d'après ce qui se faisait, je présume qu'on s'occupait de préparer le supplice du prisonnier..., et je crois bien aussi qu'il aura pas mal d'agrément, si je ne me suis trompé.

— A cheval, messieurs ! commanda le comte de Warrens, à cheval et en route ! Nous n'avons pas un instant à perdre. Tu nous guideras, n'est-ce pas, Yann ?

— Oui, capitaine.

— Aide Filoche à remettre la comtesse de Casa-Real sur son cheval.

Le Breton obéit.

— Eh ! vieux, elle a donc été pincée à la fin, la méchante bête, hein ? dit-il à Filoche. C'est pas malheureux. Nous a-t-elle assez fait courir après elle, hein ?

— Oui, mon fils, mais il faisait rudement chaud tout de même ! répondit celui-ci clignant de l'œil.

— Bon! tu me conteras cela, n'est-ce pas? Ça m'amusera. Pauvre femme! ajouta-t-il ironiquement.

— Oui, parlons-en ; reprit Filoche en haussant dédaigneusement les épaules, avec cela qu'elle est aimable !... Scélérate, va !

On partit ventre à terre.

Une heure et demie après, on atteignait le camp des Sioux.

Les Sioux, au nombre d'une centaine environ, avaient établi leur campement dans une immense clairière de la forêt, sur le bord même du Rio Sacramento.

Au moment où arrivaient les Compagnons de la Lune, le comte de Mauclerc, dépouillé de tous ses vêtements et attaché, les bras étendus, au pied d'un arbre, de façon à ne pouvoir faire le plus léger mouvement, servait de but aux couteaux des féroces Peaux-Rouges, qui, avec une adresse infernale, s'appliquaient à ne lui faire que de légères mais douloureuses blessures.

Tandis que les aventuriers débouchaient au galop dans la clairière, ils l'entendirent qui s'écriait avec désespoir :

— Tuez-moi donc, bourreaux! tuez-moi donc, lâches!

Son horrible supplice durait déjà depuis plus de trois heures.

Tout le corps du misérable n'était plus qu'une plaie hideuse.

L'Épervier, en apercevant les étrangers, laissa un instant le prisonnier et il s'élança, le visage riant, à leur rencontre, pour leur souhaiter joyeusement la bienvenue.

— Où est la jeune fille, chef? lui demanda, après l'échange des premiers compliments, le comte de Warrens, qui ne voyait pas Edmée et qui ne cherchait qu'elle.

— L'Étoile-du-Matin est aussi bonne qu'elle est belle ! répondit sentencieusement le chef sioux, ce n'est pas une femme indienne! la douleur de son ennemi lui fait mal, la vue du sang lui répugne. L'Épervier lui a fait construire par ses jeunes hommes un *calli* — hutte — à deux portées de flèche du camp, pour qu'elle n'entende pas les gémissements de ce chien peureux, ajouta-t-il avec un accent de mépris intraduisible, en désignant le misérable comte de Mauclerc.

— Je sais où est notre demoiselle, dit vivement le Breton ; si vous voulez, capitaine, je vais la prévenir.

— Va, mon gars, va, mais surtout retiens-la jusqu'à ce que tout soit terminé ici ; cet affreux spectacle lui ferait horreur.

— Soyez calme, capitaine. Je n'ai pas de goût non plus pour ces charcutages-là, moi, répondit le brave et dévoué Breton, avec un indicible accent de dégoût.

Et il disparut dans la forêt.

— Mes frères pâles s'assoieront au feu d'un chef et fumeront le calumet avec lui, dit le guerrier peau-rouge.

— Avec plaisir, chef; vous nous faites honneur, répondit le comte.

— Que mes frères me suivent, reprit le sachem avec dignité.

— L'Épervier est un grand chef. N'abrègera-t-il pas le supplice de ce pauvre misérable? demanda le comte de Warrens, en désignant d'un air de pitié le comte de Mauclerc, qui poussait des hurlements de douleur et se tordait comme un serpent contre l'arbre auquel il était attaché, à la grande joie des Indiens.

— Qui? ce chien poltron qui pleure lâchement au poteau de torture, comme une vieille femme comanche? dit le guerrier sioux avec mépris; non, non, il ne mourra pas avant ce soir, au coucher du soleil.

— Mais songez, chef, que ses tortures sont atroces.

— Il ne souffre pas assez encore pour tout le mal qu'il a fait et celui qu'il a voulu faire, dit sèchement le chef.

Le comte de Warrens comprit, à l'accent dont ces paroles étaient prononcées, qu'il était inutile d'insister.

Il se résigna.

Tout à coup le sachem sioux poussa un cri terrible; l'Épervier venait d'apercevoir enfin la comtesse de Casa-Real, assise sur l'herbe et gardée par Filoche.

— Ah! chienne! s'écria-t-il d'une voix terrible en lui jetant un regard féroce, tu as donc osé venir dans mon camp! Attends! attends! c'est le Wacondah qui t'a conduite ici!

Et avant que les aventuriers, muets de surprise, songeassent à le retenir, l'Épervier les quitta et s'élança vers le comte de Mauclerc avec la rapidité d'une antilope.

Le chef sioux saisit brutalement le prisonnier par sa chevelure, brandit deux ou trois fois son couteau autour de sa tête avec un ricanement sauvage, et soudain il le scalpa.

A cette épouvantable mutilation, le comte de Mauclerc poussa un cri de douleur horrible, cri auquel les guerriers sioux répondirent aussitôt par des hurlements de joie, et l'Épervier revint tout courant vers la comtesse de Casa-Real.

Le redoutable chef indien brandissait à la main, avec des ricanements sinistres, la chevelure sanglante du prisonnier.

Il s'arrêta à deux pas de la créole, fixa sur elle un regard d'une expression railleusement cruelle, et, au bout de quelques secondes, posant brusquement la main sur elle :

— Chienne des Visages-Pâles, s'écria le sachem, en secouant la malheureuse femme par les épaules, tiens, voilà le prix de tes crimes... L'Épervier est un chef puissant et redouté dans sa nation, il ne tue pas les femmes..., il les châtie sans les frapper... Tiens

Et il lui jeta brusquement la chevelure sanglante au visage.

La misérable femme se leva toute droite, l'œil hagard, tout le corps agité de mouvements convulsifs; ses traits se contractèrent d'une façon épouvantable.

Tout à coup elle éclata d'un rire strident, elle bondit en avant en s'emparant vivement de la chevelure fumante encore, elle la pressa sur sa poitrine en s'écriant d'une voix qui n'avait plus rien d'humain :

— Mon enfant! ah! le voilà, le voilà, c'est lui; mon enfant!

Elle retomba alors accroupie sur l'herbe, et désormais insensible à tout ce qui se faisait autour d'elle, ne voyant, n'entendant plus rien, elle se mit à bercer cet horrible trophée, en chantonnant à demi-voix une de ces douces et mélancoliques chansons créoles avec lesquelles les femmes de ces pays endorment leurs nourrissons.

Les aventuriers, spectateurs impassibles jusque-là de cette scène horrible, poussèrent une exclamation d'horreur et se détournèrent presque avec épouvante.

La comtesse Hermosa de Casa-Real avait enfin reçu le châtiment terrible de tous ses crimes : elle était folle !

— Le Wacondah est juste, il l'a transportée dans la terre des Esprits ! dit le chef sioux avec stupeur.

— Ah ! s'écria le comte de Warrens en la regardant douloureusement, Dieu a trop puni cette malheureuse.

— Non, reprit le colonel, car elle ne souffre plus maintenant.

La folie de la comtesse la sauvait de la barbarie des Indiens.

Désormais, elle était sacrée pour les Peaux-Rouges, qui de même que les nations orientales, ceci est à remarquer, professent un respect instinctif pour les aliénés.

Le comte de Mauclerc était effroyable à voir; il n'avait plus figure humaine; les Indiens, excités par les tortures qu'ils lui infligeaient, s'acharnaient sur lui avec une rage infernale.

Le colonel Martial Renaud, le rude soldat, se sentit lui-même ému de pitié.

— Ce misérable souffre trop, murmura-t-il, ce supplice est effroyable; il faut en finir et tromper la haine de ces démons.

En prononçant ces mots, il détacha un revolver de sa ceinture, l'arma, ajusta froidement le malheureux prisonnier, qui lui jeta un regard de reconnaissance et lui cria : Merci ! d'une voix déchirante, et il lui brûla la cervelle.

Les Indiens, dont la rage était ainsi trompée, n'osèrent cependant faire aucune observation, tant leur respect était grand pour leurs hôtes.

Le comte de Varrens, guidé par le chef sioux, quitta alors la clairière et se rendit au calli où Edmée de l'Estang l'attendait en compagnie du Breton.

En s'apercevant, les deux fiancés, par un mouvement tout instinctif, s'élancèrent dans les bras l'un de l'autre sans pouvoir prononcer une parole, puis ils fondirent en larmes.

Enfin ils étaient réunis !

L'ange gardien avait définitivement vaincu le mauvais ange.

Ils regagnèrent la clairière à petits pas; la main dans la main, brodant à qui mieux mieux sur ce thème, vieux comme le monde, et qui pourtant est toujours nouveau; car il est l'expression la plus sublime de la félicité humaine : aimer, ce résumé de la vie tout entière.

Lorsqu'ils pénétrèrent dans la clairière suivis de l'Épervier et de Yann Mareck, qui se sentaient attendris, malgré eux, à la vue d'un bonheur si vrai, toute trace de supplice avait été déjà soigneusement enlevée par les soins des Peaux-Rouges et sur la prière des aventuriers.

La comtesse de Casa-Real elle-même avait disparu.

Les Indiens l'avaient emmenée sous le couvert; la malheureuse, inerte, domptée par la folie, s'était laissé conduire sans résistance.

Les aventuriers, pour faire honneur à l'hospitalité indienne, demeurèrent jusqu'au lendemain au lever du soleil dans le camp des Sioux, puis ils firent leurs adieux, remontèrent à cheval et reprirent le chemin de la ville.

La comtesse fut laissée au milieu des Indiens, pour qui elle était devenue digne de respect par sa folie.

Depuis lors on n'a plus entendu jamais parler d'elle.

Est-elle morte? Est-elle vivante? Nul ne saurait le dire.

Peut-être traîne-t-elle encore errante au milieu des déserts, à la suite de ses maîtres farouches, les restes de sa misérable existence!...

Dieu lui a-t-il pardonné?

. . . .
. . . .
. . . .

Huit jours plus tard, au lever du soleil, le brick *L'Éclaireur* donnait, toutes voiles dehors, dans la passe de Golden-Gate, doublant majestueusement l'île d'Alcatraz.

Bientôt après, il n'apparaissait plus en haute mer que comme l'aile d'un alcyon se jouant gracieusement sur la lame.

L'Éclaireur emportait tous nos amis.

Ils venaient enfin d'accomplir la terrible mission que, à leur départ de Paris, leur avait confiée la Vente suprême.

Ils rapportaient, en outre, des trésors incalculables, abandonnant peut-être pour toujours les rives de la Californie.

Ils se dirigeaient, toutes voiles dehors, vers cette mystérieuse île d'Amsterdam située aux confins du monde, où ils étaient impatiemment attendus par les frères qui s'y étaient réunis de tous les points du globe.

Puis, ce devoir accompli, ils devaient retourner en France, à Paris, reprendre la tâche de régénération sociale, à laquelle ils s'étaient si généreusement dévoués.

Ici se termine le premier épisode de l'histoire que nous avons entrepris de conter à nos lecteurs, épisode qui n'est en réalité que le prologue de ce drame terrible que nous avons intitulé les *Invisibles de Paris*, et dont peut-être nous dirons dans un avenir prochain le dénoûment, si le lecteur s'est intéressé à des personnages qui ne sont pas aussi fictifs qu'il le pourrait supposer.

TABLE DES MATIÈRES

CHAPITRES.	Pages.
I. — Diplomatie en partie double．	773
II. — Les Compagnons de la Lune.	784
III. — Un nouveau serviteur.	798
IV. — Frère et sœur.	805
V. — En Californie.	813
VI. — Où le comte de Mauclerc revient sur le tapis.	827
VII. — Un camp de chercheurs d'or.	836
VIII. — Le brick *L'Éclaireur*.	846
IX. — Plomb breton contre acier mexicain.	860
X. — Comment on peut devenir arriéré sans y penser	874
XI. — Dans lequel le mort conseille les vivants.	879
XII. — Dans le désert.	885
XIII. — Où l'on voit que si l'amour est aveugle, souvent ses temples sont borgnes.	896
XIV. — Un rendez-vous d'amour à San-Francisco.	908
XV. — Où la lumière se fait.	916
XVI. — Châtiment.	993

FIN DE LA TABLE DES MATIÈRES